大家文学课·外国文学与文化

法国现当代文学

从波德莱尔到杜拉斯

户思社 孟长勇 /著

MODERN AND CONTEMPORARY FRENCH LITERATURE: FROM BAUDELAIRE TO DURAS

北京师范大学出版集团
BEIJING NORMAL UNIVERSITY PUBLISHING GROUP
北京师范大学出版社

图书在版编目(CIP)数据

法国现当代文学:从波德莱尔到杜拉斯/户思社,孟长勇著.
—北京:北京师范大学出版社,2015.7
ISBN 978-7-303-17718-9

Ⅰ. ①法… Ⅱ. ①户… ②孟… Ⅲ. ①文学史-法国-现
代 Ⅳ. ①I565.095

中国版本图书馆 CIP 数据核字(2014)第 171437 号

出版发行:北京师范大学出版社 www.bnup.com
北京新街口外大街 19 号
邮政编码:100875

印　　刷:保定市中画美凯印刷有限公司
经　　销:全国新华书店
开　　本:170 mm×240 mm
印　　张:24.5
字　　数:544 千字
版　　次:2015 年 7 月第 1 版
印　　次:2015 年 7 月第 1 次印刷
定　　价:48.00 元

策划编辑:马佩林　　　　责任编辑:王　强
美术编辑:焦　丽　　　　装帧设计:焦　丽
责任校对:陈　民　　　　责任印制:陈　涛

前　言

法国是西方世界最具悠久文化传统和文化个性的国家。法兰西民族在自己赖以生存的热土上，不但创造了许多震撼世界的历史事件，而且创造了法兰西奇特瑰丽、魅力无尽的文学。这种文学的产生，一方面由于法兰西民族的热情奔放，另一方面因法国素有浪漫革新的传统，更因为在绵延千年的文化发展中，法国人推崇文化价值，追求自由丰富的艺术，于是才有了多姿多彩、语言生动、风格清新的文学。

从 17 世纪法国鼎盛时期始，欧洲人以崇尚法国文化为时尚，巴黎成为人们心向往之的圣地。19 世纪小说大师斯丹达尔、巴尔扎克、左拉及 20 世纪异彩纷呈的各现代主义文学流派使法国文学在世界文学中大放异彩。

近代以来，西方文化领域的思潮流派大多发端于法国，尤其在文学方面，其历史发展进程更显示出流派更迭、相互交替的特征。仅 19 世纪末到 20 世纪中叶，法国文坛就是各流派竞相涌现，思潮此起彼伏。自然主义、现实主义、象征主义、意识流、达达主义、超现实主义、存在主义、荒诞派戏剧、新小说等，蔚为大观。这些主义、思潮以及分属不同流派的作家作品，像朵朵浪花，支支溪流，拢归一川，汇于一河，成为法国现当代文学的大潮，涌出法兰西，奔向欧罗巴，影响全世界。一些大的流派对改变世界文学格局产生了重大影响。后期象征主义对英、美、德、俄、意及中国，超现实主义对欧、美、亚、非，存在主义对西欧、南北美及东方等，影响巨大，有目共睹。

其实，相对法国较传统的现实主义而言，19 世纪末之后出现的形形色色的文学流派大都可划归"现代主义"。现代主义（也称现代派）文学思潮，其思想特征是有鲜明的异化观念、较强的危机意识和表现自我的欲望。在艺术表现上，用主观心理真实取代客观现实。这一思潮全面否定了传统文学的审美价值和经验，着力进行新的思想探索和艺术创新，是 20 世纪流行的国际性文学思潮。

一直以来，法国文化的激进精神和法国作家的创新意识，使法国文学具有强烈、突出的先锋性。至 20 世纪，法国成为现代主义大大小小流派的最重要的发源地。当然，这些流派也非无本之木，各流派都能在历史上找到或远或近的源头。远一点，如普鲁斯特意识流之于 17 世纪心理分析小说。近一些，象征主义诗人兰波被奉为超现实主义的宗师，超现实主义剧作家维特拉克被尊为荒诞派戏剧先驱，存在主义文学来自存在主义哲学等。诚如 2010 年诺贝尔文学奖获得者马里奥·巴尔加斯·略萨描述的那样："法国文学让我眼花缭乱，那时我认为住在巴黎，呼吸着巴尔扎克、司汤达、波德莱尔、普鲁斯特呼吸的空气，可能会帮助我成为真正的作家；我想，如果不离开秘鲁，那只能是个冒牌作家。的确，我那些难忘的教益都归功于法国和法国文化，比如，文学既是一种爱好，又是一种训练，一种劳作和一种执拗的态度。我住在巴黎的时候，萨特和加缪还活着，还在写作，那是尤奈斯库、贝克特、巴塔耶和西奥兰的时代，是发现布莱希特的戏剧、英格丽·褒曼的电影、让-维拉尔的法国国家人民剧院、让-路易斯·巴劳特的奥德翁剧院、新浪潮、新小说以及安德烈·马尔罗演说（优美至极的文学作品）的时代，或许也是那个时期欧洲最有戏剧性的表演，是戴高乐将军高傲的奔腾时代。"① 诚然，只有继承而不创新不能成其为新流派，更不能在历史上留下独特而深刻的印记。

评说法国现当代文学流派，大体上应把握两种情形：一种是，不少作家有相同或相近的思想倾向和文学观念，并无严密的组织或统一纲领。一批作家出现后，评论家再冠以流派名称；或先有一个或几个代表性作家，再跟上一批追随者，别人谓其某某派，如存在主义文学、新小说派、荒诞派戏剧。另一种情况是，因共同理想组织起来，提出统一纲领的严格意义上的流派，如超现实主义。总体来说，讨论法国现当代文学流派，除把握两种状况，分析其继承和演变之外，还应关注各流派的历史影响，需要用跨民族、跨文化及世界性的眼光评价法国文学在世界文学格局中的意义。

本书作者长期从事法国文学教学与研究，在国内外学习、工作期间，搜集、积累了较为丰富的资料，而在国内培养硕士及与法国联合培养博士生的过程中，深感供学生研读的相关书籍匮乏，于是萌生了编写描述法国现当代文学书籍的想法。希望通过评析现当代文学流派及重要作家作品，理性而清晰地恢复法国现当代文学发展的原貌。通过对象征主义、普鲁斯特意识流、超现实主义、存在主义文学、荒诞派戏剧、新小说等主要文学流派进行梳理，勾勒出法国现当代文学发展的基本轮廓。

本书在总体设计和安排上，力图每一章节、模块各有侧重，如在对流派的概述中，突出流派产生的历史根源和理论依据；对重要作家作品的评述，突出其美学主张，尤其注意作家作品的接受与影响、国内外经典性评论等。这样的设计首先是考虑学习法语、中文、比较文学学生之需，同时兼顾更多的对法国文学感兴趣的读者，希望能为他们提供一个轮廓清晰又重点突出的读本。编写初衷能否实现，期待读者评判。

---

① ［秘鲁］马里奥·巴尔加斯·略萨：《读书和虚构作品的赞歌——略萨在接受诺贝尔文学奖时的演说》，载《外国文艺》，2011（1）。

目 录

第一章 象征主义诗歌

第一节 象征主义概述

说到象征主义，一般读者仅会联想到波德莱尔、兰波、马拉美和魏尔伦等。但是坐下来一番细究，实际情况则很可能与一般的见识有所不同。1891年，一位叫于勒·于雷的法国记者就"什么是象征主义"做了一项调查。当他把这一问题提给被认为是象征主义教父的马拉美和魏尔伦时，魏尔伦是这样回答的："我的感觉很好，也许我别无所有，但是却有感觉。……象征主义？我不明白——也许是德语吧。而且，象征主义到底为何物，我也不感兴趣。我痛苦，哭泣或者享受，我知道这都不是象征……我的本能中没有任何东西，迫使我寻找我自己流泪的原因；我不幸，写作的诗歌便悲伤，如此而已，除了本能所认为的美文之外，他们所说的别的种种讲究，并不存在！"

当记者问马拉美："是你开创了这个新的文学运动吗？"时，马拉美这样回答："我讨厌流派及所有诸如此类的东西……我之所以被视为流派领袖，是由于我对青年人的意见兴趣甚浓，再就是也许我诚恳地认可年轻人的作品，的确给我们带来了新意。"①

此时，象征主义在法国已经成为家喻户晓的文学流派，但是，马拉美和魏尔伦这两位被公认为象征主义的领袖人物，一个承认自己是年轻人的领袖，但并不承认他们的文学创新是流派；另一个则完全无视象征主义的存在。

一、象征主义诗歌的历史渊源和形成过程

象征一词源于希腊语，最初的含义是指两件一起抛出去的东西的总和。古希腊语中的含义指一分为二的木器，两个结盟城市的信使各执一块，见到自己的朋友或己方部队时，拿出自己的那块，便是"自己人"的证明。所以其最初的含义为"牌"或"块"，同时又因为这个词所表达的内涵，也有了"信条"的含义。希腊词汇与古法语产生融合之后，"象征"成为佩戴在传教士身上的标志。到了15世纪的法国，又表示"信仰"，进而由实意词汇逐渐演化成抽象概念。所以象征表达了这样两层含义：两种事物的结合体；这种结合体的符号或者证明。著名诗人兼评论家梁宗岱先生论述道："所谓象征是借有形寓无形，借有限表无限，借刹那抓住永恒，使我们只在梦中或出神底瞬间瞥见的遥遥的宇宙变成近在咫尺的现实世界，正如一个蓓蕾蕴蓄着炫熳芳菲的春信，一张落叶预奏那弥天漫地的秋声一样。"② 吴晓东在自己的著作《从卡夫卡到

---

① 潞潞：《面对面——外国著名诗人访谈、演说》，8页，北京，北京出版社，2003。
② 梁宗岱：《梁宗岱文集·Ⅱ评论卷》，67~68页，北京，中央编译出版社；香港，香港天汉图书公司，2003。

昆德拉——20世纪的小说和小说家》中使用了加缪关于象征的说法："一个象征的产生必须有两个平面，加缪说，一个平面是感觉的世界，一个平面是观念的世界。简单地说，就是用具象表达抽象。具象和抽象是一个统一体，互为前提。例如，十字架象征基督。一出现十字架我们就知道它象征基督，而不会联想到它是农民立在田里吓唬鸟的。在这里，十字架的具象形式和它的象征物是一个不可割裂的统一体。"① 象征主义就是从象征一词中发展演化而来。1821年，古里亚诺夫第一次在自己的哲学作品中使用了象征主义，用来表现和概括一种难以言表的精神活动和整体印象。罗伯特法语大词典在解释象征主义时，使用了保尔·瓦莱里的定义："象征主义一词一方面让人联想到朦胧、神奇、对艺术的不懈追求；另一方面也从中发现了难以名状的美学精神或可见与不可见的事物之间的应和关系。"② 国内学者郭宏安在论及波德莱尔时这样说："有人说，象征主义的作品，写在纸上的只是它本身的一小半，是它的结果，而它的一大半，是写在作者的头脑之中。象征主义诗人对事物的观察、体验、分析、思考都是在他动笔之前就完成了的，写下的往往只是一记心弦的颤动，一缕感情的波纹，一次思想的闪光，其源其脉，都要读者根据诗人的暗示自己去猜想，而诗人也认为他们是能够猜得到的。"③

莫雷亚斯在《象征主义宣言》中论述了象征主义的探索目标："赋予思想一种敏感的形式，但这形式又并非是探索的目的，它既有助于表达思想，又从属于思想。同时就思想而言，决不能将它和其外表雷同的华丽长袍剥离开来。……在这种艺术中，自然景色，人类的行为，所有具体的表象都不表现它们自身，这些赋予感受力的表象是要体现它们与初发的思想之间的秘密的亲缘关系。""可见与不可见的事物"也好，"纸上的和头脑中的事物"也好，"表象和初发的思想"也罢，象征主义的重点在于表现它们之间的亲密关系。

1883年前的法国诗坛，人们很少注意类似兰波、科比埃尔和马拉美这样的诗人。就在这一年，魏尔伦在莱昂·特雷泽尼克出版社出版了《可诅咒的诗人》。第二年3月，瓦尼尔出版社出版了这个小册子，虽然当时的评论并不多，发行量也很少，成功却不容置疑。这个小册子最成功的地方就在于，年轻一代的诗人们可以了解并接受那些他们根本不知道的诗人们。大众对已经渐渐淡出诗坛的兰波的了解还是因为一个名叫阿尔图·塞波的诗人，很多人误以为兰波就是后者，因为此人被称为"最伟大的诗人"。正是因为《可诅咒的诗人》，兰波才又作为"可诅咒的诗人"出现在读者的面前。马拉美出现在小册子中更让人觉得奇怪，他既不是一位具有反抗精神的人，也不完全令人陌生，而且他还活在人世，还在写作，但是魏尔伦认为他具有与众不同的智慧和策略，他是位传奇人物。就连仅仅在1873年发表过一本诗集《勉强的爱情》、1875年

① 吴晓东：《从卡夫卡到昆德拉——20世纪的小说和小说家》，37页，北京，生活·读书·新知三联书店，2009。
② 《小罗伯特法语语词典》，1904页，1988。
③ ［法］波德莱尔：《恶之花》插图本，郭宏安译评，152页，桂林，漓江出版社，1992。

不到 30 岁就去世的诗人科比埃尔，也因为作品被收入《可诅咒的诗人》而名噪一时。但是《可诅咒的诗人》的最大贡献就在于集中宣传了象征主义诗人的创作，使他们在文坛的影响来了一次集体爆发。

同样也是在 1883 年，于斯曼也发表了自己的自传体小说《逆流》，与魏尔伦的《可诅咒的诗人》一样，它的最大贡献就是帮助一群象征主义诗人得到公众的承认。保尔·瓦莱里在《文坛旧事》里描述了这本书的贡献："于斯曼叫 40 年前的青年认识了当时还无声无息的作家、默默无闻的画家、鲜为人知的艺术家。我就是读了这本书才知道魏尔伦、马拉美、奥迪龙·雷东和其他几个人的名字的，他们当时还几乎是无名之辈。"① 在魏尔伦、于斯曼的影响下，象征主义的外部环境逐渐形成，象征主义诗人渐渐被公众接受和承认，被遗忘的远离文坛的诗人、依然活跃在文坛的诗人集中在象征主义的舞台上光彩亮相。

德国作曲家、音乐戏剧家瓦格纳被誉为"未来音乐"的旗手，但是，巴黎报界却对这位旗手散布了种种流言，也编造了罗西尼评瓦格纳的趣闻，挑拨两位音乐大师之间的关系。为了消除这些不利流言，瓦格纳在 1860 年造访了罗西尼，罗西尼这样鼓励瓦格纳："有哪个作曲家没尝过那滋味！我自己也未能幸免。想当年，《理发师》首演之夜，坐在乐池中用羽管键琴为宣叙调伴奏的我，提心吊胆，提防着那些满怀敌意的观众。我甚至觉得他们想要我的命。"② 1870 年普法战争之后，瓦格纳曾经在法国遭到禁演。1883 年，瓦格纳去世，可是他的音乐在法国却越来越受到人们的喜爱和欢迎，巴黎的音乐厅里也越来越多地听到他的作品。1885 年，为了进一步推广这位音乐家的作品，一个以他名字命名的杂志诞生了。《瓦格纳杂志》不但宣传音乐家本人的作品，同时也使孕育着象征理想的瓦格纳神话得以普及。在追随者的眼中，瓦格纳不但是音乐家，更是思想家，他是最早追求精神和象征艺术的大师。他的诗歌中充满色彩，充满生命的感觉，波德莱尔在 1860 年 2 月 17 日写给瓦格纳的信中说道："您的音乐里充满了某种已经被提升、又使人向上的东西，某种渴望向更高处攀登的东西，某种过度的、极致的东西。为了说明这一点，请允许我借取绘画作为比较。我设想自己眼前扩展开一片极为广阔的红色。倘若这片红色代表激情，我便看见它渐渐地改变着，呈现出红色和粉红色的所有色调，最终变为熔炉中的那种炽白。描述某种更为强烈的炙热，描述更白的痕迹在其白色背景上留下的最后一道闪光，这大概会显得极为困难，甚至是不可能做到的。"③ 著名作家托马斯·曼这样评论瓦格纳的音乐"的确，瓦格纳不仅在描画外在自然、描画暴风雨、暴风雪、沙沙作响的树叶、波澜壮阔的海浪、彩虹和跳动的火焰方面是个无与伦比的画家，而且他在人的天性、永恒人心的描画上也独具洞察力。"

美因兹约翰内斯堡大学的安诺·明根教授对此是这样评论的："如果我们考虑到

---

① 潞潞：《另一种写作——外国著名诗人散文、随笔》，81 页，北京，北京出版社，2003。
② 辛丰年：《处处有音乐》，10 页，济南，山东画报出版社，2006。
③ 潞潞：《准则与尺度——外国著名诗人文论》，18 页，北京，北京出版社，2003。

图象艺术和自然景观对瓦格纳的重要性，那第一句从字面就可以理解。然而，第二句指的是瓦格纳留在听众心里的东西。他把自然景观融入了歌剧。音乐剧视觉理念的集中表现，即灯光和黑暗的艺术、虚拟的艺术和富有想象力的音乐的艺术是密切相关的。"① 瓦格纳就这样用音乐表现"暴风雨、暴风雪、沙沙作响的树叶、波澜壮阔的海浪、彩虹和跳动的火焰"。色彩的音乐或者音乐的色彩在他生命的音符中延伸着，也影响着象征主义诗人。

> 以音乐家命名的《瓦格纳杂志》更是象征主义的宣言，其发刊词就是证明：……没有象征，艺术家的作品就都不可能延伸至整个人类。象征更明显地来自于传奇行为，而不是简单的历史事实。瓦格纳善于发现并总结民间神话中的内在精神。他属于已经过去的前人，但后来的读者读他，却会有同时代的感觉，并且常读常新，永不过时。②

《瓦格纳杂志》在其 1885 年 8 月 8 日号上刊登了马拉美的著名文章《理查德·瓦格纳，一个法国诗人的梦想》。

> 一切均被浸入原始的河流：并没有直到源头。
> ……
> 即使真正富有想象和抽象能力，也因此而具有诗意的法兰西思想投下一片亮光，也会做出这样的选择：它会在这一点上完全赞同创造者的艺术，鄙视厌恶传奇。③

1886 年 1 月 8 日号的《瓦格纳杂志》上，发表了马拉美、魏尔伦、勒内·吉尔，斯杜阿尔·梅里尔、夏尔·莫里斯、夏尔·维尼尔、托尔多……德·维茨瓦和爱德华·迪雅尔丹等象征主义诗人纪念瓦格纳的诗作。一切准备就绪，象征主义的正式宣言必然会与这不寻常的 1886 年结缘，1886 年也将成为象征主义历史上值得记忆的日子。如果说 1883 年至 1884 年是马拉美和魏尔伦引领象征主义的话，1886 则是兰波年。这位已经停笔多年的诗坛天才与马拉美在 1883 年被魏尔伦誉为"可诅咒的诗人"，这个曾经发表《元音》《醉舟》等诗歌的兰波，突然间复活了，或者说是突然间被人们重新认识。1886 年，《风靡》杂志发表了这位已经远离诗坛、远离文学、在非洲的大沙漠中漫游的诗人的重要诗篇：5—6 月号上发表了兰波的《彩图集》，9 月号上发表了《地狱一季》。就在同一年，《彩图集》被结集出版，其中有一段魏尔伦的注解特别

---

① ［美］安诺·明根：《进入音乐画面：理查德·瓦格纳与 19 世纪多媒体娱乐》，申颖译，183 页，武汉，长江文艺出版社，2006。
② Bertrand Marchal：《解读象征主义》，46 页，Dunod，Paris，1993。
③ Bertrand Marchal：《解读象征主义》，46 页，Dunod，Paris，1993。

引人注目。

　　我们在这里给读者奉送的作品是 1873 到 1875 年这段时间，作者在比利时、英国和整个德国旅游期间撰写的。彩图集是英语单词 coloured plates，意即彩色图版，甚至就是兰波先生草稿所拟的副标题。

魏尔伦最后意味深长地说："人们说曾经有好几次他差点丧命。对此我们并不知晓。但是假如果真如此，我们会无比悲伤。即便他现在安然无恙，也希望他能知道这一点。因为我们曾经是他的朋友，现在依然是他的朋友——虽然离他很远"[1]

　　1886 年发生在法兰西诗坛上另一个引人注目的事件，是年轻的比利时诗人勒内·吉尔发表了理论著作《语言的炼金术》，与兰波的《文字的炼金术》遥相呼应。勒内·吉尔是马拉美和瓦格纳的崇拜者，他在解读瓦格纳音乐的同时，试图追寻波德莱尔、兰波、马拉美和魏尔伦的诗歌主张。他在《语言的炼金术》中明确提出了诗歌要追求"听觉的色彩"的主张。他与波德莱尔的应和理论不同，他所追求的不是主观判断，而是客观万物间的、人的器官之间的应和。因此，兰波的《元音》中的"A 是黑色；E 是白色；I 是蓝色；O 是红色；U 是黄色"在勒内·吉尔的笔下变成了"A 是管风琴；E 是竖琴；I 是小提琴；O 是铜管乐器；U 是长笛"。兰波所创造的"元音"和"听觉的色彩"在后者的笔下更加强烈。爱伦·坡所说的："人间的一张竖琴，也能弹奏出天使们不可能不熟悉的曲子，这就使我们时常感到惊人的愉快。因此，毫无疑问，我们将在诗与通常意义的音乐结合中，寻找到发展诗的最最广阔的领域。"[2] 得到了实践。勒内·吉尔在发掘象征主义诗人理论的同时，象征主义诗歌的理论也在不断完善和深入。

　　"埃德加·坡身上，波德莱尔发现了一种可喜的病态，这种不健康的气质与劫后潜伏的病态一脉相通。不过，这种病态恰恰适于文学创作。爱伦·坡是个悲剧的灵魂酒瓶的奴隶，他于神迷的恍惚中写出诗篇，做着离奇的怪梦，再将梦生成成杰作。"[3] 波德莱尔把爱伦·坡作品中的病态奉为至尊，在自己的作品中把它推向极致，而且他把自己的作品结集发表并定名为《恶之花》。"这一朵朵'恶之花'——形式精美的诗歌，将成为'颓废派'的圣经。'颓废派'这个字在波德莱尔的追随者身上用得多少有些滥，它既指这些人与众不同的外表，也指他们的艺术风格。《恶之花》感觉上的骚动将在以后许多年里搅乱诗人们的头脑，不但在法国，而且在英国也是这样。"[4] 让·莫雷亚斯虽然是魏尔伦和马拉美的拥戴者，但是并不承认是他们的弟子，他是年轻一代象征主义者的长兄。1885 年他建议评论界给"颓废派"换一个标签，也就是说

①　Bertrand Marchal：《解读象征主义》，47-48 页，Dunod，Paris，1993。
②　潞潞：《准则与尺度——外国著名诗人文论》，20 页，北京，北京出版社，2003。
③　潞潞：《命运与岁月——外国著名诗人传记、回忆》，42 页，北京，北京出版社，2003。
④　潞潞：《命运与岁月——外国著名诗人传记、回忆》，47 页，北京，北京出版社，2003。

用"象征派"替换"颓废派"。

1886 年的第三件大事，为了回答保尔·布德 4 月 6 日在《时代》杂志上发表的一篇指责马拉美的文章，1886 年 9 月 18 日，30 岁的让·莫雷亚斯摆出一副象征主义领袖的面孔，在《费加罗》的文学版增刊上对此进行了答复，这篇文章被后人誉为"象征主义"宣言。在对象征主义进行总结的同时，让·莫雷亚斯也给出了自己对象征主义的定义："象征主义诗歌反对说教、宣言、错觉，客观描写，力图为理念披上感觉的形式，但是这种形式并非目的，而用来表达理念，形式本身则处在从属地位。理念也绝对不会因此而失去自己绚丽多彩的外衣。因为象征主义艺术最根本的特点就是永远也不会把理念集中在自己身上。"[1] 让·莫雷亚斯的宣言发表之后，曾经与"颓废派"、"颓废派诗人"并存的"象征派"和"象征派诗人"终于可以独步天下了。尽管有些人因此把让·莫雷亚斯视为象征主义的领袖，但是瓦莱里却这样说："他们还宣布莫雷亚斯是这一新文学流派的领袖！当然，他算不上——只有马拉美才当之无愧。"[2]

让·莫雷亚斯所认为的象征主义到底是什么呢？首先，它拒绝文学的说教功能，拒绝浪漫主义，拒绝帕纳斯派（反对说教、宣言、错觉、客观描写等）。他所提倡的是一种柏拉图式的理想主义，用外在的形式表现内在的理念，理想才是诗歌所要追求的，才是形式之外的内在含义，是弦外之音。

无论读者接受与否，随着不断的归纳总结，及其理论的日渐成熟，象征主义终于拥有了自己的一席之地。此外，象征主义逐渐得到承认和接受，还有一个非常重要的原因，那就是 1886 年 10 月，古斯塔夫·卡恩和让·莫雷亚斯创建了名为《象征主义》的杂志。不过该杂志仅仅出版了 3 期就"寿终正寝"。11 月，爱德华·迪雅尔丹又发起创建了被视为象征主义的《独立杂志》，该杂志成为象征主义诗人发表自己诗歌的园地，马拉美也打算在该杂志上发表自己的诗歌。随着兰波的复活和再生及象征主义理论的不断完善和成熟，在组织结构、舆论准备及外部环境等方面，象征主义已具备了一个文学流派所具备的基本条件。

二、象征主义诗歌美学观的产生与嬗变

象征主义诗歌美学观的产生有着深刻的历史原因，也是文学本身发展的结果。下面将从历史的角度审视象征主义的美学观，探索象征主义诗歌的形成过程及其与众不同的审美观。

1. 历史的追溯

论及象征主义诗歌美学观，我们不禁要这样发问，它与古典主义、浪漫主义、现实主义、帕纳斯派、自然主义有什么区别？从产生的时代看，古典主义产生于 17 世

---

① Bertrand Marchal：《解读象征主义》，50 页，Dunod，Paris，1993。
② 金惠敏：《嚼着玫瑰花瓣的夜晚——瓦莱里与纪德通信选》，吴康茹、郭莲译，15 页，北京，经济日报出版社，2002。

纪，象征主义则产生于19世纪，几乎与其他文学流派产生于同一时代。这里特别提出古典主义，是因为两者之间虽然没有直接联系，但是细究古典主义美学观的演变过程，多少可以让我们感觉到其中的某种联系。

（1）古典主义美学观

17世纪的理论家给悲剧和喜剧以很重要的地位，撰写了不少有关悲剧和喜剧的著作。让·德·拉塔伊、皮埃尔·劳顿·德·埃加里尔和沃科兰·德·拉弗雷纳的《戏剧艺术》分别发表于1572年、1598年和1605年。他们最初只是打算对亚里士多德的诗歌理论进行评论，其中收入了两位著名意大利学者于勒·塞萨尔·斯卡利杰和卡斯泰尔韦特罗的评论。一般认为前者比较客观忠实地诠释了亚里士多德的诗歌理论，其中的观点也得到了大家的认可。但是后者在欣赏亚里士多德的同时，不断修改与删除其中的观点，增加了许多自己的观点，最后形成的是个人色彩非常浓厚的诗歌艺术理论。他是第一个提出并反复强调"三一律"，创建了逼真性理论的人。但是"三一律"并没有就此成型，随着越来越多的理论家从不同的层面进行论述，"三一律"逐渐完善成熟。1630年，沙普兰给戈多写了《关于二十四小时的信》，对时间一致提出了自己的见解。1640年，奥比尼亚克神甫发表了《戏剧的实践》，1660年高乃依发表了有关戏剧理论的三个演讲，《关于"三一律"：情节、日期和地点的演讲》。尼古拉·布瓦洛·德·彼雷奥在文学理论方面总结了高乃依、拉辛、莫里哀等作家的创作经验，1647年发表了诗歌理论著作《论诗歌艺术》。这本书路易十四亲自过目，成为古典主义的法典。布瓦洛继承了亚里士多德的模仿说，认为"理性"是艺术的最高原则，提出理性、逼真、自然三位一体的主张；为了求美就要求真，也就必须模仿自然。布瓦洛把古代罗马作家的创作经验视为永恒不变的准则，制定了各种文学体裁必须遵循的法则，其中虽然有合理可取之处，但是作为创作法规却束缚了作家的创作才能。高乃依对"三一律"多有微词，但还是尽量地适应"三一律"，按照"三一律"的要求写作。他的《熙德》就受到了官方的攻击，1638年沙普兰起草的《法兰西学院对熙德的批评》，迫使他接受"三一律"。其他同时代的作家拉辛等也都比较顺应地适应了"三一律"的要求。所以他们不但成了这一理论的实践者，同时也成了捍卫者。

古典主义戏剧要求作家严格按照"三一律"创作，也就是说，按照时间一律，地点一律，情节一律。时间一律就是要求剧情发展必须限制在24个小时内；地点一律就是剧情必须在某个固定的地点展开；情节一律就是一幕悲剧中只能有一个剧情。"三一律"也许有利于剧作家统一写作标准，但是同时，作家们却失去了创作的自由，所以高乃依认为，对批评家而言，"三一律"的作品也许更容易分析与评论，可是对艺术而言，就变得非常困难。浪漫主义作家们——特别是雨果——强烈地表现了他们的惊愕。他们难以想象，古典主义作家会像小学生一样接受"三一律"的要求和限制。因为艺术创造的自由、言论表达的自由以及感情抒发的自由，全都在空间、时间和情节的限制中淹没殆尽。所以纪德和瓦莱里认为，对于那些才华有限的作家，"三一律"或许还是个方便，但它极大地束缚了那些才华横溢的大师。当然也有古典主义作家在"三一律"规则中游刃有余，尽展才华，如拉辛等。他们在遵守规则的同时，写出了价值很高的作品。《安德罗玛克》《费德尔》等就是对"三一律"的最好注脚。随着时间的推移，越来越多的作家对这些写作规则提出质疑，就是没有异议的作家也逐渐摈弃了这些规则。但是，要想彻底废除"三一律"的影响，还需要等到浪漫主义的兴起。

（2）启蒙主义的美学观

18世纪的启蒙主义在某种程度上强化了对人们在思想观念和文学理念上的禁锢，18世纪的文学也体现出时代的特征。18世纪的启蒙文学是在对中世纪的等级制度、政教合一的政治宗教制度的反叛中形成的。在启蒙主义者眼里，"贵族特权、门第观念、社会不平等、宗教狂热和宗教迫害，都被视为谬误与不合理。"启蒙文学对真理的追求，对理性的追求均体现了这种理念。孟德斯鸠以《波斯人信札》揭示了封建社会的种种弊端，进而用《论法的精神》提出了解决这些弊端的办法，君主立宪为资本主义的建立奠定了法律基础，文学已经成为解决社会制度问题的钥匙。伏尔泰的作品涉及社会科学的方方面面，他以文学的笔端触及社会问题，他以自己的作品表达了对专制暴政和宗教迫害的反对，提出了信仰自由和唯物主义的宇宙观，他的作品与其说是文学的，不如说是哲学的、科学的。

狄德罗的文学作品涉及小说、戏剧等，表现的主题是揭露宗教生活的虚伪和黑暗，揭露教会的腐朽和违反人性，戳穿宗教的愚民言论，同时他还通过编写《百科全书》的办法，启蒙人们的思想，启迪人们的智慧，希望人们能够获得看穿这一切的知识和智慧。同时，狄德罗也发现了人身上的两种人格：一种是社会的、世俗的、充满才智的；另一种是天才，是隐藏在人的内心深处蠢蠢欲动的冲动或者犯罪欲望，这种冲动或者欲望常常会发出自己的声音。狄德罗把这种声音比喻为"暗夜里孤独的野鸟"、"不驯服的生灵"，只有在别的鸟入睡时，天才会点燃他的灯盏，它才"开始舒展歌喉，歌声响彻丛林，打破了夜的沉静和黑暗"。狄德罗希望文学作品能够摆脱传播思想的束缚，挖掘内心的冲动和欲望。《宿命论者雅克》以幽默的笔调游戏着人生，也渴望展示文学自身的魅力，然而却难以在法国得到认可，昆德拉点明了其中的缘由，"这位严肃的百科全书作者一旦进入小说领域，就变成了一个游戏的思想家：他小说里没有一句话是严肃的，一切都是游戏。这就是为什么这部小说在法国极不受重视。实际上，这本书蕴藏了所有法国已经失去又拒绝找回的东西。今天人们喜欢思想甚于作品。《宿命论者雅克》是无法翻译成思想语言的。"①

卢梭不仅通过自己的作品探索人类不平等的社会经济根源，同时也探索科学与艺术的关系，也就是说，他的作品不仅涉及理性，也涉及人性，不仅涉及科学，更涉及艺术，"自由和平等"的理念涉及对人性的重视。"由于十八世纪自然科学和唯物主义哲学的发展，这种文学在人物和环境的描写、故事情节的叙述上，较以前的小说戏剧更注重细节的真实。"② 18世纪的文学家更多地以文学的视角论述历史、哲学、政治学、法学、经济学等方面的问题，因此文学史成为社会思潮史，文学完全被淹没在对

---

① ［捷］米兰·昆德拉：《小说的艺术》，董强译，99页，上海，上海译文出版社，2004。

② 柳鸣九：《法国文学史》，第一卷，225页，北京，人民文学出版社，2007。

人在自然科学和社会科学的启蒙之中，文学自身的价值和使命完全被启蒙的使命所取代。对真理的追求使人们更容易以科学的视野来认识世界，向大众揭示所谓的真实世界，其实这些启蒙主义者也许忘记了艺术也可以表现真理，卢梭显然注意到了在认知真理的过程中人的主观能动性和创造性，在从社会经济的角度分析社会不平等的根源的同时，他试图摆脱这种程序化、格式化的思维方式，把自己活生生的不可复制、难以归类的个人体验写进了文学作品，以艺术的方式表现人类社会的不平等。"卢梭就是要把羞愧的、欢喜的、悲惨的热泪，或把爱呀、绝望呀、羞辱呀、精神的痛苦、狂喜的幻觉这些东西同所谓冰冷的逻辑、冷静的理智作个对照。"① 这时，艺术体现出它不同于科学的力量，这是法兰西的土地上发出的有别于他人的声音，然而浪漫主义要想在法国崛起，还需要外力的推动，这些力量来自德国和英国。

对法国的启蒙主义运动表示公开反对的并不是法国人，而是德国人。法国人自以为是的高雅的启蒙文学遭到了德国人的强烈反对。很显然，德国人首先发现了这种理性科学的思维方式给他们造成了很大的不适。以赛亚·伯林在自己的著作《浪漫主义的根源》中这样论述当时德国人的精神状态："德国虔诚派的去向引发了一种强烈的内倾生活方式，大量感人、有趣但是相当个人化和情绪化的文学以及对知识分子的仇恨。更重要的是，它引发了对于法国、假发、丝袜、沙龙、腐败、将军、帝王及世上所有不可一世事实却是财富、罪过、邪恶之化身的宏大形象的强烈憎恶。对于那些虔诚而屈辱的人而言，仇恨是一种很自然的反应。"② 身为德国人的约翰·乔治·哈曼如同自己的先辈圣·奥古斯丁在经历了一次荒唐而放荡不羁的个人生活之后，突然之间醒悟了。重读《圣经》时，他突然悟到了人的灵魂的强大需求和渴望，精神上的蜕变和升华突然之间完成了："他认识到犹太人的故事正是每个人的故事；当他读到路德记，读到约伯记，或读到亚伯拉罕受难时，上帝在直接对他的灵魂说话，告诉他有些精神性的东西具有无限的意义，远非那些表面的东西可以相比。"③ 约翰·乔治·哈曼以为，法国人自以为研究了一切，但是恰恰忘记了研究人的灵魂，人的所有外在的、物质的需要都已经按照事物的秩序安排好了，但却忽略了内在的需要，人成为没有灵魂的活死人。这种人的内心需要就是人们对艺术的渴望。另一位德国早期浪漫主义的代表人物谢林也发现了艺术在探索真理的过程中所扮演的不可替代的作用。他认为，除了科学意识空间中对真理的探索之外，人的意识也可以创造性地认识真理，"这种创造性地开辟理解空间的东西应该归于诗的艺术"。赫尔德从表白论的角度进一步深化了这种美学思想，他认为，人无论做什么都会表达自己的思想，一件艺术品所表现出来的美不仅仅体现在它美丽的外表、对称的结构、匀称的线条，还有创造者的思

---

① ［英］以赛亚·伯林著，亨利·哈代编：《浪漫主义的根源》，吕梁等译，58 页，南京，译林出版社，2008。

② ［英］以赛亚·伯林著，亨利·哈代编：《浪漫主义的根源》，吕梁等译，43 页，南京，译林出版社，2008。

③ ［英］以赛亚·伯林著，亨利·哈代编：《浪漫主义的根源》，吕梁等译，46 页，南京，译林出版社，2008。

想，也就是说创造者也通过它表白了自己的想法和情感。人的个性会在情感的表白中表现出来，人对物质的关注已经转移到了物质身上所表现出来的人的个性上。康德强烈地反对一种人支配另一种人的社会制度，尤其反对政治意义上的家长专制制度，他特别强调人的独立性，他这样写道："谁依赖他人，谁就不再是一个人了，因为他失去了立足之地，不过是别人的附庸而已。"从哈曼开始，到赫尔德和康德，我们可以清楚地看到，德国人对人的重视，对人的个性的挖掘，对人的个性的张扬的表白无论是从哲学的角度，还是从文学的视角均要比法国人早，也比法国人深刻。

古典主义、启蒙主义与浪漫主义的争论体现最明显的，当数歌德和席勒。朱光潜先生是这样论述他们的："歌德和席勒是由浪漫主义转到古典主义的。一般文学史家大半只把他们看成是德国古典主义的领袖，其实即使在他们中晚年的古典主义时代，他们也同时是浪漫主义的最有力的推动者和体现者，因为当时时代精神是浪漫主义的。"① 既是古典主义的领袖，同时又反对启蒙主义的僵化和教条，又是浪漫主义的有力推动者和体现者，歌德和席勒成为集大成者。这些观念和思想在歌德和席勒的身上的表现又不尽相同，而不同之处恰恰体现了古典主义和浪漫主义不同的审美观。歌德在其《谈话录》中，不但表明了自己对古典主义和浪漫主义的定义，同时也谈到了他与席勒的分歧，"近代许多作品之所以是浪漫的，并非因为它们是新的，而是因为它们是软、弱的、伤感的、病态的。古代作品之所以是古典的，也并非因为它们是古的，而是因为它们是强壮的、新鲜的、欢乐的、健康的……我主张诗要从客观世界出发的原则，认为只有这种诗是好的。但是席勒却用完全主观的方式写作，认为他走的才是正路。"② 歌德所认为的古典主义诗歌至少具备这样的特点"强壮的、新鲜的、欢乐的、健康的……要从客观世界出发"，而浪漫主义则是"软弱的、伤感的、病态的、是完全主观的"。

（3）浪漫主义诗歌的审美观

浪漫主义在法国的兴起，是 19 世纪 30 年代的事情。当时的法兰西正从一个封闭的社会，走向开放。此前的法国人，不知莎士比亚为何许人，对其近邻的英国、德国的其他文学巨匠如歌德、席勒等，也是一无所知。当莎翁的作品在巴黎上演引起轰动，当歌德、席勒的作品被译成法语，引起人们的惊讶时，法国人这才开始如饥似渴地阅读和模仿这些来自国外的文学作品。1826 年，法兰西大剧院的经理泰勒伯爵请雨果和戏剧演员特勒玛吃饭，当时雨果正在写一出关于克伦威尔的悲剧，特勒玛对雨果说："请抓紧时间，我已经等不及了，真想快点演你写的剧本。"然而此后不久，特勒玛便离开了人世。新剧甫成，斯人已去，对雨果和他所写的悲剧来说，这段现实成了真正的悲剧。剧本《克伦威尔》之所以在文学史上占有重要地位，并不是因为剧本本身，而是因为其序言的成功，雨果在序言中表述了他的戏剧美学观。雨果建议人们彻底与古典主义的写作规则决裂，尤其是与统治着古典戏剧的时间与地点一律的规则决

---

① 朱光潜：《西方美学史》，413 页，北京，人民文学出版社，1984。
② 朱光潜：《西方美学史》，413～414 页，北京，人民文学出版社，1984。

裂。"除了总的自然法则之外，别无其他法则……"《克伦威尔》被看成向古典主义写作规则和美学观发起进攻的号角，被看成新的文学流派的宣言，"把每一出戏剧的行动压缩在二十四小时以内，限制在一个撑着圆柱的大厅里，为了证明这种清规戒律的不近人情所作出的大声疾呼和舌枪唇剑，在今天的读者看来，仿佛正如那些受攻击的荒诞无稽的东西一样索然无味。但读者必须记着：在当时的法国，布瓦洛的权威仍然是至高无上，岿然不动的。"①《克伦威尔》在公开发行的第二天，也就是 1927 年的 12 月 6 日，《环球》杂志为其发表了专刊。而且理所当然地要发表圣·勃夫的评论文章，但是圣·勃夫所写的两页有关剧本的文章并没有发表，取而代之的是另一位名叫勒穆萨的理论家的两篇很长的文章。这两篇文章分别发表于 1828 年 1 月 26 日和 2 月 2 日。由此可见，当时的传媒对雨果所表述的立场非常重视。"思想和艺术的自由在舆论法庭上赢得了自己的事业，整个运动都转向了雨果，在开创新的文学理论的同时，他也许不知不觉改变了所有人的哲学观点。"② 雨果的观点遭到了保守主义的猛烈抨击，他们认为雨果滑向了自由主义的深渊。

雨果在《〈克伦威尔〉序》中，论述了浪漫主义的起源和特点，特别批判了古典主义束缚文学创作的清规戒律，反对它所提出的"这种气派、那种程度、这个界限、那个范围"，他在破除古典主义对文学创作束缚的基础上，提出了以对照原则为核心的浪漫主义创作原则，认为美与丑、崇高优美和滑稽怪诞是一个不可分割的整体。文学的任务就是要把这些东西和谐、统一地放置在作品中。他认为："丑就在美的旁边，畸形靠近着优美，粗俗隐藏在崇高的背后，恶与善共存，光明与黑暗为邻。"道德、英雄主义、高大形象不再被抽象化、简单化，不再与恶习、丑陋、可笑割裂，而成为有血有肉的形象，成为真正的、生活在人们中间的人。"雨果的理论主张也有一般浪漫主义者所具有的推崇'天才'、强调个性、以自我为中心的偏向。"③ 所以，"在诗歌的形式和内容上，浪漫派能够摆脱羁绊，向着历史的深处、心灵的深处、无垠的时空自由地发展。"④ 浪漫主义从夏多布里昂、拉马丁到雨果，也从软弱、伤感、病态到强调个性与自我。象征主义作家在继承和接受这些特点的同时，极力寻求自己的创作道路。

（4）帕纳斯派的美学观

当浪漫主义从反对古典主义束缚人性的创作中摆脱出来以后，也经历了从盛到衰的过程。瓦莱里曾经这样评论："浪漫派诗人所关心的几乎只是对心灵最初活动的影响，他们尽力沟通心灵的激情，而不注意读者的存在，也不关心我所说过的形式的条件。"当浪漫主义者从提倡解放人性的创作中衰落之后，开始进入了无病呻吟、多愁

---

① ［丹麦］勃兰兑斯：《十九世纪文学主流》，李宗杰译，第五分册，21～22 页，北京，人民文学出版社，1982。

② Anne Martin-Fugier：《1820—1848 年的浪漫主义作家》，85 页，Hachette litteraire，1998。

③ 柳鸣九：《法国文学史》，第二卷，131～132 页，北京，人民文学出版社，2007。

④ ［美］约翰·玛西：《文学的故事——写给大家看的西方文学史》，于惠平译，317 页，贵阳，贵州人民出版社，2004。

善感的滥情主义。感情的自由抒发变成了廉价的宣泄，失去了真诚的浪漫派诗歌也遭到了新一代诗人的反感。他们希望能够把浪漫主义从滥情主义的误区中解救出来。一位名叫肖德才格的批评家批评浪漫派过分地推崇自我："他们幻想着在琴弦上歌唱自己，把自己当作他们大话的唯一主题，洋洋自得地颂扬他们生活中最微不足道的事情；他们像一个画家一辈子不知疲倦地以一百种方式画自己……他们临泉自赏……永远是我，我歌唱，我旅行，我爱，我哭，我痛苦，我嘲弄，我辱骂祖宗或祈祷上帝……"① 19 世纪 30 年代追随雨果的青年诗人戈蒂耶坚决反对崇尚古典主义创作方法的理论，反对艺术是思想道德的工具，提出了艺术至上的思想。支持他的观点的诗人不但有波德莱尔、魏尔伦和马拉美，还有后来的法朗士。这些崇尚"为艺术而艺术"诗歌观的诗人们的许多作品，分别于 1866 年、1871 年和 1876 年发表在一个名为《当代帕纳斯》的不定期刊物上，人们因此就把这些诗人称作"帕纳斯派"。

帕纳斯派在矫正浪漫派诗人的滥情主义和反对为思想道德服务的同时，提出了唯形式为美的观点。威廉·岗特在《美的历险》中对戈蒂耶的美学观点大加赞赏："法国人正是依靠了这种不断闪现的普遍思想，才鼓起了勇气，去建功立业，创造美的作品。'为艺术而艺术'的含义是'道德的目的、深刻的思想、审慎精密的思考'，所有这些陈腐体面的创作装饰物跟无拘无束的创作实践毫不相干，实际上，它们显然妨碍了创作精神。"② 戈蒂耶认为，诗歌所要追求的是与思想无关的词句的华丽，所希望的是词句具有宝石般的特质，只有复杂的形式和诗歌的韵律和节奏才能够表达这种艺术，至于诗人的感情则可以放到一边。文学评论家泰纳认为诗歌应该表达感情，戈蒂耶则这样回答他，"泰纳，你似乎也变成资产阶级的白痴了，居然要求诗歌表达感情。光芒四射的字眼，加上节奏和韵律，这就是诗歌。"③ 戈蒂耶在他的诗歌《诗艺》里进一步强调了形式的重要性："对，作品要称心如意，形式必须反复推敲，谈何容易，诗句，珐琅，云石，玛瑙。……精雕细刻，琢磨不止；要让你飘忽不定的梦想，借块玩石，化成磨不灭的形象。"④ 威廉·岗特在《美的历险》中的论述可以帮助读者更深入地理解戈蒂耶的这种美学思想："文学中运用辞藻的步骤，也像画家、雕塑家、雕刻家运用颜料、大理石或塑形金属一样，一块珍奇石头的名称，比如绿玉或绿玉髓，也正像调色板上丰富的颜料一样——是语言马赛克上能感觉到的一小块美丽色片，而词的意义比起词的声音唤起的印象来，则是次要的。"⑤ 词语的意义被排除在诗歌之外，只有摆脱了意义，作为词语形式的声音、节奏、韵律等才能尽情地表现自身的美。这种诗歌主张对波德莱尔等诗人的影响是显而易见的。马拉美认为："帕纳斯派实际上是对诗歌形式的绝对维护，为了形式他们甚至不惜牺牲自己的个性。而年轻的诗人们则是直接向音乐去吸取他们的灵感，简直就是前无古人的创举，但他们也只是

---

① [法]波德莱尔：《恶之花》插图本，郭宏安译评，127 页，桂林，漓江出版社，1992。
② 潞潞：《命运与岁月——外国著名诗人传记、回忆》，43 页，北京，北京出版社，2003。
③ 柳鸣九：《法国文学史》，第二卷，223 页，北京，人民文学出版社，2007。
④ 程曾厚：《法国诗选》，321～322 页，上海，复旦大学出版社，2004。
⑤ 潞潞：《命运与岁月——外国著名诗人传记、回忆》，46 页，北京，北京出版社，2003。

为了减少帕纳斯派诗歌形式的生硬性罢了；依我看，这两种努力原是可以互相补充的。"① 戈蒂耶所提出的美学原则成了帕纳斯派的诗学原则，所以现在的文学史家大多倾向于将那些师从戈蒂耶，按照戈蒂耶诗学原则进行创作的诗人称之为帕纳斯派。从反对古典主义出发，到拥护提倡诗歌表达主观感情的浪漫主义，又经历了诗歌仅是一种艺术形式和完全排除表达诗人感情的帕纳斯派，波德莱尔为象征主义寻到了属于自己的创作道路。

2. 象征主义的美学观

象征主义在某种程度上继承了浪漫主义的审美观，同时又将其夸大和发展，从而逐渐形成了自己的审美观。"象征派则认为诗歌只是个人化的抒发，主张歌唱自我。他们认为，对于自己之外的真实，诗人是不可能描写的；象征主义的批评发言人里米高尔蒙特曾经说过，每个人的所作所为都是在表现自己个体的人格。"② 浪漫主义所强调的个性、自我与象征主义的自我、个体人格又有什么不同呢？象征主义所排除的个人感情又与帕纳斯派的主张有何不同呢？

象征主义诗歌追求独立于主观之外的诗歌，追求自由的诗体。这种追求的渊源也许会追溯到爱伦·坡，他在《一只黑猫》中特别强调了本能在诗歌创作中的作用："本能非但不是一种低级理性，而也许是最精密的智能。它在真正的哲学家看来就正如神圣的智力直接作用于其创造物。"③ 本能作为创作的源泉，摆脱了所有的理性，但是所产生的效果却远远好于理性对人们的要求，本能原汁原味地反映了诗人与客观审美体在接触的瞬间所划出的火花。波德莱尔就是沿着这样的思路和理念，构建起自己诗歌理论的基石的，而他的诗歌理论又成为象征主义诗歌的基石。因此便有了波德莱尔的《恶之花》，那一朵朵排除了说教功能，排除了诗人理性思维的毒花，妖艳而又美丽地独自开放在诗坛，诚如瓦莱里所指出的那样："波德莱尔的最大光荣在于……孕育了几位伟大的诗人，无论魏尔伦，还是马拉美，还是兰波，倘若他们不是在关键的年龄阅读了《恶之花》，也就不会有后来的这几位诗坛大家。……魏尔伦和兰波在感情和感觉方面继承了波德莱尔，马拉美则在诗歌的完美和纯粹方面延伸了他。"④ 波德莱尔在继承浪漫主义的二元论的同时，把"恶"提升到了一个重要地位，其对立面就是理想，就是难以企及的人生目标。诗歌中反复强调的恶，其实是在暗示、象征被现实生活所压抑的理想与美德。但是，他在诗歌中所反复描述的恶——乞丐、僵尸、同性恋者等形象却无法得到读者的认同与理解，这就更强化了诗人"伤感、病态"的悲剧色彩。"二元论"中突出恶，描述恶的写作手法却彻底影响了后来的象征主义诗人的创作。波德莱尔的应和理论和"二元论"的诗歌观也就成了象征主义理论的基

---

① 潞潞：《面对面——外国著名诗人访谈、演说》，7 页，北京，北京出版社，2003。

② ［美］约翰·玛西：《文学的故事——写给大家看的西方文学史》，于惠平译，317～318 页，贵阳，贵州人民出版社，2004。

③ 潞潞：《另一种写作——外国著名诗人散文、随笔》，12 页，北京，北京出版社，2003。

④ ［法］瓦莱里：《波德莱尔的位置》，引自《戴望舒译诗集》，117～118 页，长沙，湖南人民出版社，1983。

石。"个人受到的压抑，心灵的孤独，爱情的苦恼，对美的追求，对光明的向往，对神秘的困惑，这些浪漫派诗歌中经常出现的主题，虽然也经常出现在象征派诗人的笔下，却因表现手法的不同而呈现出别一种面貌。在表现手法上，他们普遍采用的是象征和暗示，以及能够激发联想的音乐感。象征在他们那里具有本体的意义，近于神话的启示。象征派诗人很少作抽象玄奥的沉思冥想，总是借助于丰富的形象来暗示幽微难明的内心世界。形象也往往模糊朦胧，只有诗人的思想是高度清晰的。与此同时，他们都非常重视词语的选择，甚至认为词语创造世界。"①

波德莱尔在《关于同时代几位诗人的思考》中对诗歌的意义提出了自己的见解："有一种错误……说得严重点是一种邪说，我所说的是寓教于乐，好像这是必然的结果，还有激情、事实和道德的邪说。很多人声称诗歌的目的是寓教于乐，诗歌若不是为了增强信心，不是为了美化风俗，就是为了展示那些有用的东西……诗歌，并不完全是为了探寻自我，责问灵魂，唤醒美好的记忆。它除了自身之外并无其他目的，它也不可能有其他目的。只有为了乐趣而写诗，写出的诗歌才会那么伟大、那么崇高、才无愧于诗歌，才称得上诗歌。""为了乐趣而写诗"进一步提升了主观本能与客观审美体之间的独特关系，诗歌不再是"探寻自我，责问灵魂，唤醒美好的记忆"的工具，诗人在创造的过程中也有了自己的独立地位。他们不再依附社会，依附道德。作为"洞察者"的兰波在写给自己的修辞学老师伊桑巴尔和朋友保尔·德梅尼的信中提出了"客观诗歌"和"我是他者"的论点："您所提倡的主观诗歌总是那么淡而无味。总有一天，我希望，许多其他人也和我一样，能够在您的原则里看到客观诗歌论，那时我就会真诚地看待您所做的一切。"② 特别强调了诗歌本体在审美中的重要性，他在把诗人排除在诗歌之外的同时，又渴望让诗人成为自己诗歌的主宰，成为能在"此世界"与"彼世界"畅通无阻的"通灵人"，能够自由地选择属于自己的文字。诗歌独立于诗人而存在，但是其造物主又是诗人。所以他认为："诗人是真正的盗火者。他要对人类、乃至动物负责。他应当让人感觉到、触摸到、聆听到他的创造。如果它从那边来时是规则的，就给它以形式，如果本无定型，就任其无形无状。找到一种语言。……这种语言将来自灵魂并为了灵魂包容一切，芳香、音调和色彩，并通过思想的碰撞，放射光芒。"③ 而魏尔伦对象征主义诗歌理论的最大贡献就在于他所提倡的诗歌的音乐性，他在《诗艺》中提出"音乐高于一切"的主张，论述了诗歌所追求的音乐境界，所以音乐性成了象征主义诗歌的重要因素。马拉美对象征主义诗歌的贡献就在于他提出了诗歌的暗示性和召感事物的功能，并对诗歌语言的暗示性功能进行了反复的阐释，他的这一理论丰富和拓展了象征主义诗学的内涵，他对这些诗歌的理论的讲解和诠释扩大了这一文学流派的影响，象征主义诗歌理论的基本特点也逐渐在这些代表人物的论述中闪现出来。追求独立于主观之外的诗歌，追求自由的诗体，"我是

---

① ［法］波德莱尔：《恶之花》插图本，郭宏安译评，152～153页，桂林，漓江出版社，1992。

② ［法］兰波：《Poesies, Une saison en enfer, Illuminations》，199页，巴黎，伽利玛出版社，1984。

③ 潞潞：《倾诉并且言说——外国著名诗人书信、日记》，46页，北京，北京出版社，2003。

他者"，诗人被排除在诗歌之外，诗人又没有脱离自己的诗歌，文字中所表现出来的自由和审美倾向，文字中所表现出来的纯洁和晶莹，文字中所表现出来的"还要音乐，只有音乐"的情结，所表现出来的"听觉的色彩"和召感事物的能力，从不同的角度，从不同的审美习惯反复地敲打着读者的感觉，刺激着读者的嗅觉，激荡着读者的听觉，是旋律，是色彩，是活力，是美妙的瞬间，是无法抹去的、回荡在周身的生命音符。

"因此，诗人们学会了：不总把他们的观念强加给诗。他们学会了隐身，学会了销匿，学会了让别的东西，而不是他们以往的自我或社会的自我说话。……这便是雅克·杜班说的'疯狂地无视我吧！'……'把我看不见的或阻碍我去识别的东西亮出来，让语言在施展中去撞击，去发现。'人们从中大体证实了马拉美的希求：'隐去诗人的措辞，将创造性让给词语本身。'"①

象征主义就这样从浪漫主义对古典主义的反叛中纠正并反叛了浪漫主义，也在帕纳斯派的萌芽中逐渐长出了自己的树荫。

第二节　夏尔·波德莱尔

一、生平与创作

"波德莱尔是现代及所有国家最伟大的诗人楷模。似乎每个人都准备将波德莱尔作为自己信仰的代言人。"这就是英国诗人艾略特对波德莱尔的评价。

夏尔·波德莱尔 1821 年 4 月 21 日出生在巴黎，出生时父亲已经 62 岁。父亲喜爱绘画、音乐和哲学，也十分疼爱自己的儿子，经常领着儿子在公园散步，向儿子讲述音乐、绘画、哲学、神学。那时的日子给波德莱尔留下了温馨的记忆："啊！对我来说，那些日子充满了母爱的温柔。我把无疑被你看作坏日子的那段时光称作'好日子'，这要请你原谅。不过，我那时一直生活在你心里；你属于我，仅仅属于我一个人。你那时既是我的偶像，又是我的知己。"② 虽然父亲去世时，他只有 6 岁，但是父亲对艺术的追求和执著，对生命的热爱和向往，影响了波德莱尔的一生。父亲的去世带给他的创伤还没有完全消退，波德莱尔又陷入新的痛苦之中。父亲去世不久，母亲很快再婚。波德莱尔对母亲与性格粗暴的欧皮克少将再婚十分反感，波德莱尔认为"他这个人既固执又笨拙"。母亲的改嫁也在年幼的波德莱尔心灵中留下了难以弥补的创伤，也逐渐形成了他反抗、叛逆的性格。为了避免波德莱尔与继父之间的矛盾，他被送到寄宿学校，小小年纪已经感到人生孤独，命运坎坷。他先是在里昂，后来在巴黎的路易大帝中学读书，但却被路易大帝中学开除。高中会考后，他进入大学学习法律。

为了表示对家庭的不满，他故意过着放荡不羁的生活，流连于巴黎的灯红酒绿之

---

① 王家新、沈睿：《二十世纪外国重要诗人如是说》，116～117 页，郑州，河南人民出版社，1992。

② 潞潞：《倾诉并且言说——外国著名诗人书信、日记》，37 页，北京，北京出版社，2003。

中。他的母亲对此十分担忧，所以决定让他离开巴黎一段时间，想通过改变环境来把他的生活引入正轨。1841 年，波德莱尔在波尔多登上了南海号客货轮，被送上驶往东方的船上，目的地是印度的加尔各答。途中他路经毛里求斯岛和留尼汪岛（当时称为波旁岛），波德莱尔无意岛上的美丽风光，还在怀念巴黎那五光十色的生活，他急于返回巴黎。但是这次旅行却给他留下了难以忘怀的回忆，他沉溺在美好的异国风光之中，采集着生命的图画和印象。当他 1842 年返回巴黎时，他声称自己"口袋里装着智慧回来了。"这次旅行时间虽短，但是却给他的人生和以后的创作带来了无穷的财富。他不但体验了浩瀚的大海，接触了充满灵性的大自然，领略了异国风情，而且也丰富了自己的人生经历。这一切将会在他的一生中影响到他的诗歌创作，同时也成了在失望的现实中，波德莱尔留给自己的理想王国。异国风情使他产生了创作灵感，回到巴黎后不久，他就以此为题材写出了自己最早的诗作，表达了他对异国风情的怀念。

这时的巴黎在波德莱尔的眼中仿佛焕然一新：街道、旅馆、行人都是那么不同以往，都是那么新鲜可爱。形成对照的是自己的家庭，他再也无法忍受自己的家庭和欧皮克将军，他决定带着父亲留给他的一万法郎金币离家出走。他挥霍着父亲的遗产，过起了放荡不羁、灯红酒绿的生活，沉醉在巴黎女郎放荡的欢声笑语中。他出没于巴黎的高级旅店，穿着讲究，与众不同。他想用他所认为的高贵、文雅甚至有些惊世骇俗的装束，来表示自己对世俗、低贱、无教养的蔑视；他想用在人前所表现出来的英武气概，表示对欧皮克将军的鄙视，同时也掩盖自己内心深处的痛苦。这个时期，他接触到了一批年轻画家，走进了他们的画室，同时也经历了巴尔扎克的《人间喜剧》的问世。浪漫主义逐渐被现实主义取代，"为艺术而艺术"也开始形成。波德莱尔就是在这种氛围中做着进入文坛的准备。虽然各种文学流派都对他产生了不同程度的影响，但他的追求既非现实主义，也非浪漫主义，也不主张"为艺术而艺术"。1843 年，一个偶然的机会，他在一家小剧院邂逅了一个名叫让娜·杜瓦尔的混血女子，从此他的生命和创作都与她结下了不解之缘。他体验着不同的巴黎生活：吸毒者、地痞流氓。他从地位低微的让娜·杜瓦尔身上发现不同寻常的生命活力和独特的美。但是，这个笨拙的女人总是让他失望，总是与他的理想相去甚远："让娜不但已经成了我幸福的障碍……，而且也成了我思想全面发展的障碍。……她一度曾具有某些好的品质，但现在已经失去了它们。在我这方面，我获得的是更清楚的判断力。与一个人生活在一起，她对你的努力却没有表现出丝毫的感激之情。她用自己一成不变的笨拙甚至恶意阻碍你的种种努力，她把你看成她的仆人和私产。她是一个什么都不愿意学习的造物。你亲自教她，她也无动于衷。政治也好，文学也好，根本无法与她交流。更有甚者，她对我本人，并不尊重，对我的作品也毫无兴趣。我的手稿若没有发表，没换成钱，她就会扔进火里。"① 生活在一起的这个女人真是让他无比烦恼，而另外一个女人，却令他充满希望和憧憬。这个女人就是萨巴蒂埃夫人。1852 年波德莱尔开始出入萨巴蒂埃夫人的沙龙，那是一个上流社会和文化名流都向往的地方。波德莱尔把萨

---

① 潞潞：《倾诉并且言说——外国著名诗人书信、日记》，28 页，北京，北京出版社，2003。

巴蒂埃夫人视为自己的诗神和保护神，视为自己梦寐以求的"远方的公主"，在她身上寄托了自己的精神向往和追求。他在 1853 年写给她的信中附上一首情诗："我像一个孩子或病人一样地以自我为中心。当我痛苦时我想着我爱的人们。通常我在诗歌中想着你，当我把诗歌写完之后，我无法抑制自己的希望，希望激发我诗情的人来读它——与此同时，我把自己隐藏起来，像一个非常害怕自己会显得荒谬可笑的人那样——在爱情中不是确实有些基本上滑稽可笑之处吗？"① 他要把自己的生命体验写进诗歌，要用独特的方式写出不同的诗歌。他寻求着，可是发现天空、大地、海洋等已经有人涉及。他不愿意重复别人，更不愿意无病呻吟地写诗。因此他不急于发表这个时期的诗歌，他希望自己的诗歌不同凡响。

他没有节度地挥霍父亲留下的家产，引起了家人的极度不安。1844 年，波德莱尔家族召开家族会议，向法院申请将波德莱尔所剩的财产交由一个仲裁委员会控制。该委员会专门为他指定了公证人昂塞尔，专门负责管理他的财产和私人收入，对他每月的花销作了限制。1861 年 5 月，波德莱尔在写给母亲的信中还耿耿于怀："我终于逃脱了。而从那时起，我就变成了地地道道的弃儿。我全身心地投入对快乐的追求，投入对刺激的无尽探索，旅行、精美家具、油画、姑娘等等。今天，我正在为此受到残酷的惩罚。对那个仲裁委员会，我只能有一个认识，那就是，如今，我知道了钱的价值，知道了一切与它有关的事物的重要性。"② 现实迫使他必须面对生活，必须解决自己吃饭问题，而他唯一能做的就是拿起笔，希望以此换取自己的生活费。他的诗作并未得到编辑先生们的青睐，他的有关画论的文章却受到了理论界的关注。他先后发表了《1845 年沙龙》和《1846 年沙龙》的长篇画评。这些画评以其新颖的观点、敏锐的感觉和流畅的文字令评论界侧目。同时也因其中提出了许多现代美学中的重大命题，由此而奠定了波德莱尔在文学艺术界的地位。同时在《1846 年沙龙》的封面上，波德莱尔预告了自己将要出版题为《累斯博斯女人》的诗集，这就是 11 年后将要出版的《恶之花》的雏形。1847 年，波德莱尔读到了一位名叫埃德加·爱伦·坡发表在《太平洋民主》杂志上的短篇小说《黑猫》，他抑制不住自己内心的激动："我已发现一位美国作家，他在我内心激起不同寻常的共鸣，我已经写了两篇关于他生平创作的文章，我是满怀激情写出来的……"③ 他被这位美国作家作品中所表达的思想、诗歌境界和诗歌语言所吸引，开始翻译这些作品，持续了 17 年。他在翻译埃德加·爱伦·坡的作品的同时，也不断地用自己的诗歌创作叙述着埃德加·爱伦·坡那种哀婉凄凉、郁郁寡欢的诗歌境界，也向往着通往彼岸的人造天堂、梦幻王国。"波德莱尔把自己当成了爱伦·坡，把他的话拿来当成了自己的话。与其说波德莱尔受了爱伦·坡的影响，不如说他与爱伦·坡早有灵犀，不谋而合，一见之下，立即心领神会，契合无

---

① 潞潞：《倾诉并且言说——外国著名诗人书信、日记》，21 页，北京，北京出版社，2003。
② 潞潞：《倾诉并且言说——外国著名诗人书信、日记》，37 页，北京，北京出版社，2003。
③ 潞潞：《倾诉并且言说——外国著名诗人书信、日记》，28 页，北京，北京出版社，2003。

间。"① 波德莱尔更加坚定了他的创作道路和方向，他陆续在不同的报纸杂志上发表自己的诗作，多次预告自己将要出版的诗集。1848 年 11 月，《酒商回声报》在广告中宣布波德莱尔的《边缘》将于次年 2 月出版；1850 年和 1851 年，《家庭杂志》和《议会信使》又两次预告《边缘》的诗集。从《累斯博斯女人》到《边缘》，这些被誉为"意在表现现代青年骚乱和忧郁"，"表现现代青年骚乱历史"的诗集预示着《恶之花》出版的舆论准备已经成熟，波德莱尔的创作也进入了高潮。

当 1857 年 6 月 25 日《恶之花》与读者见面时，立即引起了轰动，同时也引起了卫道士们的猛烈抨击。他们指责波德莱尔亵渎宗教，伤风败俗，说《恶之花》"丑恶与下流比肩，腥臭共腐败接踵"。刚刚因《包法利夫人》而审判福楼拜的第二帝国的法庭指责波德莱尔并追究其法律责任。有 3 首诗被指为亵渎宗教，8 首诗被指为伤风败俗。最后的审判结果是：亵渎宗教的罪名未能成立，伤风败俗的罪名成立，要求波德莱尔删除 6 首诗歌，罚款 300 法郎。波德莱尔受到双重打击，没有从出版诗集中得到自己所希望的名利双收，他写信向母亲要钱也遭到拒绝。失望至极的波德莱尔一气之下病倒了，心理、债务和病魔的打击使他陷入绝望之中。后来他去了比利时，在那里进行循环讲座，强烈地希望以此来改变自己的状况。在此期间，也就是到了 1866 年，他遭到病魔的袭击，突然患了半身不遂和失语症。1867 年 8 月 31 日，他完成了自己在人世间的游走，在贫困与无奈中，在一直与他相伴的女人——让娜·杜瓦尔的怀抱里，离开了人世。他死后与先他而逝的母亲一起，埋葬在巴黎蒙巴尔纳斯的公墓里。

二、诗歌美学观

什么是诗歌？波德莱尔在不同时期的论述中有过完全不同的观点。最初，波德莱尔认为诗歌具有实用目的。他曾经断言："艺术与道德是不可分割的"，他甚至嘲笑"为艺术而艺术"是"幼稚的空想"。但是后来受到了爱伦·坡的影响，关于诗歌的认识，他的观点逐渐发生了变化。什么是诗歌？他给出了内容不尽相同的回答。在《关于同时代几位诗人的思考》中，波德莱尔对诗歌提出了自己的见解："诗歌，并不完全是为了探寻自我，责问灵魂，唤醒美好的记忆，它除了自身之外并无其他目的，它也不可能有其他目的，只有为了乐趣而写诗，写作的诗歌才会那么伟大、那么崇高，才无愧于诗歌，才称得上诗歌。"波德莱尔在自己为《恶之花》草拟的序言中是这样论述诗歌的："什么是诗？什么是诗歌的目的？就是把善同美区分开来，发掘恶中之美，让节奏和韵脚符合人对单调、匀称、惊奇等永恒的需要，让风格适应主题，灵感的虚荣和危险，等等。"② 波德莱尔的诗歌美学也表现在他对诗歌与绘画、音乐和雕塑的关系的论述中："现代诗歌同时兼有绘画、音乐、雕塑、装饰艺术、嘲世哲学和分析精神的特点；不管它修饰得多么得体、多么巧妙，它总是明显地带有取之于各种不

---

① ［法］波德莱尔：《恶之花》插图本，郭宏安译评，18 页，桂林，漓江出版社，1992。
② ［法］波德莱尔：《恶之花》插图本，郭宏安译评，103 页，桂林，漓江出版社，1992。

同的艺术的微妙之处。"① 诗可以入画，可以与音乐相提并论，所以，诗歌是绘画，是音乐，是雕塑，是一种艺术门类。同时，他对美也提出了自己独特的看法："我发现了美的定义，我的美的定义。那是某种热烈的、忧郁的东西，其中有些茫然的、可供猜测的东西。……神秘、悔恨也是美的特点。"② 诗歌与音乐、绘画等艺术的相互应和，诗歌自身的审美情趣和独立的审美存在构成了波德莱尔诗歌美学的主要内容。"热烈的、忧郁的东西，其中有些茫然的、可供猜测的东西。……神秘、悔恨"等也成了他对美的定义。忧郁成为波德莱尔作品非常突出的特点，也成为破解他对美的定义的钥匙。他的诗歌美学观点更多地存在于他的诗歌创作之中，只有通过对他诗歌创作的分析才能更多地理解他的诗歌美学观点。

三、《恶之花》及其他

《恶之花》发表于 1857 年，初次发表时共收诗 100 首，分为 5 部分；再版时删除了 6 首，同时又增加了 32 首，也就是现在公认的版本，其结构如下。

第一部分：忧郁与理想，共收诗歌 85 首，是诗集最重要的部分。诗人用十分凝重，甚至残酷的笔调刻画了存在于他身上的双重性格。一方面，他渴望追求理想的生活和境界；另一方面，他又被日常生活带给自己的"烦恼"、"晦气"，尤其是"忧郁"所纠缠，无法摆脱它给自己心灵所造成的痛苦。在这追求无望，摆脱难求的困境中，诗人身心疲惫。忧郁是诗人为了表达多义的"烦恼"、"晦气"，身心的苦难和痛苦而借用的英语词汇。"理想"和"忧郁"的双重多元性和对立造成了诗人的最大痛苦。厌恶了现实生活中的苦难和折磨，他在寻求属于自己的理想，以便远离苦难和烦恼，但是他的屡次努力都无功而返，他也因此而更加绝望和痛苦。

第二部分：巴黎风貌，共收诗歌 18 首。诗人把巴黎描述成"蚂蚁般的城市"，充满梦幻，给创造者提供了一面多棱镜，既让人看到巴黎的丑陋、病态，又可以让人看到这个如魔术般的美妙城市的奇迹。诗人就淹没在这样的城市中，同时又在这里找到了自我和梦想中的理想。

第三部分：酒，共收诗歌 5 首。当诗人从梦幻中醒来，理想离他远去，他重新陷入失望之中，厌倦了巴黎的生活，厌倦了无望的现实，诗人只好借酒消愁，沉浸在醉酒之中，他试图以此忘记丑陋的现实，忘记现实中那个充满理想的自我。

第四部分：恶之花，共有诗歌 9 首。诗人看到了人类的劣根性，人类所犯下的罪行。淫荡的女人是这种罪恶的最直接的表现形式，诗人不无厌恶地看着人类丑恶的躯体，他没有勇气审视自己的肉体和灵魂。

第五部分：反抗，共有诗歌 2 首。绝望中的诗人怒火万丈，他不再相信上帝所承诺给人类的美好天堂，也许地狱中的撒旦才是他的希望，才能够把他从无穷的人间苦难中解救出来，所以他向撒旦发出了请求。

---

① ［法］波德莱尔：《恶之花》插图本，郭宏安译评，102 页，桂林，漓江出版社，1992。
② ［法］波德莱尔：《恶之花》插图本，郭宏安译评，113 页，桂林，漓江出版社，1992。

第六部分：死亡，共有诗歌 4 首。在经历了虚幻的天堂和人间地狱之后，诗人所有的幻想都破灭了。诗人、艺术家、穷人已经死去。新的希望也由此再生，诗人将在人间做最后一次游走，以便能有新的发现和奇迹出现。

1. 人与自然的应和，感官之间的相通

波德莱尔被视为象征主义的鼻祖。他不但继承了亚里士多德和古典主义的模仿论，而且继承和发展了浪漫主义的审美观。亚里士多德和古典主义的模仿论认为，现实世界是真实的，所以表现现实的艺术也是真实的。从现实出发，从自然出发就成了亚里士多德和古典主义美学观的重要特点。歌德进一步发挥了这一自然观，他不但强调了诗歌与现实的关系："现实生活必须提供诗的机缘，又提供诗的材料。一个特殊具体的情境通过诗人的处理，就变成带有普遍性和诗意的东西。"[①] 还特别强调了诗人与自然的关系。歌德所说的现实生活包含诗人的日常社会生活，包括整个自然界，歌德所描述的诗歌与现实之间的因果关系实际上是诗人和自然之间的关系：

> 我觉得，我认识你，自然，
> 所以我必须抓紧你。
> ……
> 自然啊，我对你多么怀念，
> 忠诚爱慕地探索你！
> 你将射出快活的喷泉，
> 从那无数的水管里。[②]

诗人与自然的关系就这样紧密地融合在一起。当诗人走向自然的时候，心中所萌发的遐想和惬意便不由自主地表现出来。歌德在《亲密的会晤》中是这样描述的：

> 我沿着山路，那样险峻而灰暗，
> 往下面走去，走向冬天的草原，
> 心神不定，想逃往附近的地方。
> 突然间像出现新的白日之光：
> 走来了一位少女，仿佛是天仙，
> 像诗人世界中的可爱的名媛，
> 理想的美人。我不再胡思乱想。[③]

自然世界与诗人的世界是那么和谐，诗人与万物世界的应和产生了心灵的极大满

---

① 胡经之：《西方文艺理论名著教程》（上），254 页，北京，北京大学出版社，1986。
② 转引自胡经之：《西方文艺理论名著教程》（上），255 页，北京，北京大学出版社，1986。
③ 钱春绮：《歌德名诗精选》，71 页，西安，太白文艺出版社，1997。

足和陶醉。雨果也在与古典主义的对抗中，强调了应和的生态诗歌美学观，提倡颂扬诗人的天性，讴歌自然。他强调："每个人身上都存在着音乐"，他哭泣、倾诉、欢笑，发出强弱、快慢、高低不同的声音，诗人的创造就来自表现这些最自然的声音和最自由的想象。诗人要像蜜蜂那样"张开金色的翅膀，飞来飞去，停在花朵上，吸取蜜汁，既不使花萼失去光彩，也不让花冠去其芬芳"。诗人不但要表现自然的声音，还要表现事物内部的顺序。"顺序是事物内部各种因素的合理安排，艺术家的自由创新就在于发现秩序，以丰富、自然、壮丽、奇特、强烈的情感色彩表现这种秩序。"①

　　波德莱尔继承发展了浪漫主义所强调的人与自然和谐相处的生态审美理论，并且进一步发扬光大了这一理论，从而奠定了象征主义人与自然相应和的审美观。"在他看来'世界是一个复杂的不可见的整体'，'是一部象形文字的字典'。表现周围世界的真实是小说的目的，而不是诗歌的目的，'诗表现的是更为真实的东西，即只在另一个世界才是充分真实的东西。'所谓'另一个世界'，乃是外部世界中万物之间、自然与人之间、人的各种感觉之间存在着的隐秘的、内在的、彼此呼应的关系。"② 波德莱尔特别强调万物之间和人的感官之间的对应关系。他认为宇宙万物之间，表面看去是没有次序、杂乱无章的排列，实则存在着神秘的应和关系，而这种应和关系也必然反映在人用来认知自然的感官中。波德莱尔在《感应》一诗中对这种应和关系进行了具体描写：

> 自然是一座神殿，那里有活的柱子
> 不时发出一些含糊不清的声音；
> 行人经过该处，穿过象征的森林，
> 森林露出亲切的眼光对人注视。
>
> 仿佛远远传来一些悠长的回音，
> 互相混成幽昧而深邃的统一体，
> 像黑夜又像光明一样茫无边际。
> 芳香、色彩、音响全在互相感应。
> 有些芳香新鲜得像儿童肌肤一样，
> 柔和得像双簧管，绿油油像牧场，
> 另外一些、腐朽、丰富、得意扬扬，
>
> 具有一种无限的扩展力量，
> 仿佛琥珀，麝香，安息香和乳香，

---

① 胡经之：《西方文艺理论名著教程》（下），390 页，北京，北京大学出版社，1986。
② 柳鸣九：《法国文学史》，第二卷，232 页，北京，人民文学出版社，2007。

在歌唱着精神和感官的狂热。①

波德莱尔在这首诗里，对应和理论作了最好的注解。在大自然神殿里，从表面上看，万事万物之间没有秩序、杂乱无章。它们各自发声，彼此混杂，它们以各种形式展示其存在，似乎是在各行其是。但波德莱尔却认为，含糊不清的声音，只是事物的表象，是事物呈现给人们的一种假象。在通往真相的道路上，还有一个中介，那就是诗人。诗人可以由表面假象直探事物的真相。诗人认为，表面杂乱无章的事物间存在着一种内在的应和关系，它们遥相呼应，共存于自然，构成了多姿多彩、变幻无穷的统一体。诗人通过象征着万物的符号，觅到了它们的真实存在。万物的存在形式不同，其表现形式也不尽相同——是可以遥望的草原，是可以触摸的肌肤，是可以聆听的音乐，是可以嗅闻的气味。而诗人呢，他"痴迷忘返，与这片浩瀚结为一体。他成为一个会移动的、喃喃自语的、它们中的一颗。"② 它们的这种表现形式的差异决定了它们的存在形式的不同。视觉上的、嗅觉上的和触觉上的事物共同存在着，因此，它们之间的应和关系便引申为人体器官之间的互相应和。波德莱尔认为，作为自然中的万物，如"香水"、"孩童的肌肤"、"双簧管"、"绿色的草原"等，这些能够刺激人的嗅觉、视觉、听觉和触觉的万物，首先是以物体的形式存在的。这些物体遥遥相对，相互感应，构成了浑然一体的世界。作者特别强调它们之间的应和关系，然后诗人对它们之间的应和关系进一步升华。他笔头一转，把这种应和关系上升到万物所代表的抽象器官上，如香水代表嗅觉，绿色的草原代表视觉、双簧管代表听觉、孩童的肌肤代表触觉。嗅觉告知心灵，听觉告知心灵，视觉告知心灵，触觉告知心灵，心灵感知广漠。在感知与嗅闻，与触摸之间，在感知与聆听，与凝视之间，诗人的感知世界扩展成了漫无边际的广漠，既互相应和，又互相交融。感知把嗅闻到的，触摸到的，聆听到的，凝视到的外部世界的万物统一在诗人的心灵上，化为心灵深处的丝丝快慰，化成了诗人丰富而曲折的感情世界。叶芝在《诗歌的象征主义》中这样论述："我宁愿认为，我们称之为情感的脚踩在我们的心灵上，感染我们，使我们摆脱心灵的桎梏；而当声音、色彩和形状间具有一种和谐联系，相互间一种优美的联系，它们仿佛变成一个色彩，一个声音，一个形状，从而唤起一种由它们互不相同的魅力构成的情感，合一的情感"③ 由色彩、声音、形状等构成的相互应和的万物世界映射在诗人的心灵上，诗人把万物间的应和关系高度提炼，使之升华为人体器官间的应和关系。升华后的这种关系赋予诗人以一叶知秋、见微知著的能力，同时也使其具备了贯通人体各器官的能力。换言之，人的器官之间的应和关系可以使诗人由嗅觉及触觉，由触觉而及听觉，由听觉而及视觉，由器官而及心灵。万物间的应对可及人的器官间的应对，反之，人的器官间的应对可及万物间的应对。诗人的任务是要通过自然中的万

---

① 辜正坤：《世界名诗鉴赏词典》，北京，北京大学出版社，1990。

② 张炜：《冬天的阅读》，177页，北京，东方出版社，1997。

③ 王家新、沈睿：《二十世纪外国重要诗人如是说》，54页，郑州，河南人民出版社，1992。

物，通过那些无序的事物重建诗歌王国的秩序。诚如彼埃尔·让·儒夫所说："思想和语言的高度统一、意义和文学符号的高度统一、大量心理活动现象的总和与富有吸引力的音节交替的高度统一，都要通过这种语言加以实现。"①

2. 二元对立关照下的现代理想主义

在浪漫主义的夕阳里，波德莱尔的早期诗作更多地表现出浪漫主义的特色，诸如："月亮做梦有更多的懒意"，"明亮的月亮"，"一串串眼泪"，"苍白的泪水"等。但是波德莱尔并没有在雨果等浪漫派诗人的树荫里前行，不再强调诗歌通过真善美所表现的道德功能，而更多地强调诗歌内在的功能，所以有一些学者把他列入了唯美派的行列。然而波德莱尔通过恶所引出的道德教训来表现他的美学思想，逐渐显现出自身的特色：应和二元论的审美趋势，今天和昨天、现实与理想、此世界与彼世界、地狱与天堂的对立形成了鲜明的对照，诗人在这种对立之中痛苦地生活着。现实是残酷的，此世界是黑暗的，如同地狱，而诗人恰恰就生活在这样的世界里，这个世界又是诗人走向理想世界的必经之路。离开这里，寻求属于自己的理想和天堂，是诗人的希望。波德莱尔的忧郁既不来自丑陋的现实，也不来自理想的无法企及。他的忧郁来自被人委屈和误解，父亲的离世带走了这个世界上唯一能够理解他的人，他被母亲误解，她以世俗的眼光限制了诗人的追求。他被欧比克将军所误解，这个不懂音乐，不懂绘画，不懂哲学的凡夫俗子激起了波德莱尔的极大愤慨。波德莱尔的痛苦还来自大众对他的误解，1857年《恶之花》面世时，第二帝国的法庭就判决他堕落，责令他删除6首有伤风化的诗歌，同时对他进行了罚款。诗人的忧郁来自别人无法理解他对美的渴望与追求，"他的眼睛好像在说：'我是人类中最下等、最孤独的人，没有爱情，也没有友谊，在这一点上，我连最下等的动物都不如。可是，我也是为了理解和感受不朽的美而生的呀！女神啊，请怜悯我的哀伤和狂妄吧！'"② 诗人的忧郁来自于"厌倦"，对折磨人肉体的现实的厌倦，对占据人精神的理想的厌倦，无法企及却又挥之不去，"哀伤和狂妄"写照了诗人的内心世界。没有人能真正理解他的追求，他多么希望脱离低俗无聊的生活，去追寻美好世界，所以他才会把自己想象成翱翔在天空中的"信天翁"。"诗人啊就好像这位云中之君，出没于暴风雨，敢把弓手笑看"，当它们翱翔在天空时是那么美丽舒展和自由自在，在这个搏击的世界里，诗人尽情地享受着天空带给自己的无穷想象，那是他灵魂栖息的地方，诗人与自然的暗恋是某种美丽的甜蜜。然而"一当水手们将其放在甲板上，这些青天之王，既笨拙又羞愧，就可怜地垂下了雪白的翅膀，仿佛两只桨拖在它们的身边。"它们一旦离开自己的世界便成为人类嘲讽的对象，它们因此变得那么不知所措。被这些凡夫俗子所代表的现实世界所误解造就了波德莱尔最大的忧郁，他没有力量摆脱眼前的水手们，只有委屈地与他们混迹在一起，内心的理想也因此遭到这些人肆无忌惮的蹂躏，痛苦的诗人只有继续着

① 王忠琪等：《法国作家论文学》，332页，北京，生活·读书·新知三联书店，1984。
② ［法］波德莱尔：《巴黎的忧郁·疯子与维纳斯》，胡小跃译，27页，上海，上海文艺出版社，2006。

自己的梦想，他把自己想象成"逃出樊篱的天鹅"，"它在尘埃中焦躁地梳理翅膀，心中怀念着故乡那美丽的湖；'水呀，你何时流？雷呀，你何时响？'"它们在现实中"仿佛又可笑又崇高的流亡者，被无限的希望噬咬！"天鹅在自己的世界里演绎着诗人的忧郁，已经逝去的希望和理想何时才能成为现实，诗人如同洁白的天鹅身处尘埃之中，心中却怀念着故乡那美丽的湖，尘埃里的肮脏与梦想中的纯洁，噬咬着诗人满怀希望的心，有谁能与诗人分担埋藏在心底的忧郁与痛苦，进入诗人的幻想世界。没有，这个世界到处都是对诗人的误解，诗人心中的委屈无处发泄，只有通过诗歌唱起心中的歌，追寻着自己的理想。梦幻中的女子，如同回忆中的闪光，片刻间便消失得无影无踪，仅留下诗人一声无奈的长叹：

> 喧闹的街巷在我周围叫喊。
> 颀长苗条，一身孝服，庄重忧愁，
> 一个女人走过，她那奢华的手
> 提起又摆动衣衫的彩色花边。
> ……
> 电光一闪……复归黑暗！——美人已去，
> 你的目光一瞥突然使我复活，
> 难道我从此只能会你于来世？
> 远远地走了！晚了！也许是永诀！①

在"喧闹的街巷"，诗人不经意间窥视到了"颀长苗条，庄重忧愁"的女子，偶发的事件赋予了诗人摆脱龌龊的能力，"你的目光一瞥突然使我复活"，已经逝去的过去通过她瞬间偶发的一瞥复活，现实中的女子被诗人瞬间演绎成理想的女性，美丽无法复制，无法在现实中再现。那是茫茫人海中的灯光，指引着诗人的脚步。现实中的一切都是诗人通向理想的把手，诗人把现实中的所有忧郁、不满、失望都演化成理想、满足和希望。过去的记忆中，隐藏着我的精神家园，隐藏着芳香与音符，秀发把诗人引向了理想的精神家园，在那里荡起了心灵的绝唱：

> 哦，浓密的头发直滚到脖子上！
> 哦，发卷，哦，充满慵懒的香气！
> 销魂！为了今晚使阴暗的卧房
> 让沉睡在头发中的回忆住上，
> 我把它像手帕般在空中摇曳。
>
> 懒洋洋的亚洲，火辣辣的非洲，

---

① ［法］波德莱尔：《恶之花》插图本，郭宏安译评，130 页，桂林，漓江出版社，1992。

> 一个世界，遥远，消失，几乎死亡，
> 这芳香的森林在你的深处居留！
> 像别人的精神在音乐上飘游，
> 爱人！我的精神在香气中荡漾。①

　　想象中的爱人的头发，在空中飘荡，具象化的头发随风飘荡，荡起了记忆中的芳香，荡起了精神家园中的乐章。心灵化的头发又具有了实物的某种质感，成为可视、可触之物。视觉中的头发通过亲密的接触传递出某种性感和渴望，飘荡的视觉延绵不绝，挑动起神秘的触觉，"浓密的头发直滚到脖子上"，视觉、触觉渐渐地向嗅觉中的芳香，向听觉中的音符过渡；现实中的头发也变得回味无穷，时间中的回忆又开拓出无垠的空间。时间、空间、记忆交织出隽永绵长的精神家园，那是诗人逃避现实时灵魂歇息的地方。诗人所追寻的不止是灵魂的栖息地，而是物质世界消亡之后的精神长存，因此"一个世界，遥远，消失，几乎死亡"，但是芳香却在消失的世界里存留，"我的精神在香气中荡漾"，肉体的消失不会妨碍爱的延续，物质的消失不会影响精神长存。"形式已消失，只留下依稀的梦"，"爱虽已解体，但我却记住其形式和神圣本质！"波德莱尔就这样摇摆在现实和理想、物质世界和精神世界之间，由此所形成的悖论以及诗人不即不离的立场构成了其诗歌的基本框架。"对于精神能力的肯定最终否定了腐朽，这种精神能力始终在自身中保留着腐烂肉体的形式和神圣本质：肉体尽可以发霉、散落和毁灭，但其观念继续存在，这是一种牢不可破的、永恒的结构。"②物质世界是要消失的，肉体是要毁灭的，但是精神必然存留，灵魂必然会在消亡的世界游荡，寻找自己的栖息之地。在诗人的眼中，这种栖息之地时而有形，时而无形。任何现实中的符号都会让诗人展开想象的翅膀，投入自己的世界。就如同葡萄酒与印度大麻带给人的幻觉一样，让人忘记时间和空间，现实和躯体，进入美妙的"人造天堂"："谁没有经历过葡萄酒所带来的深深的愉快呢？任何人都有需要平息的悔恨，需要回想的记忆，需要消除的痛苦，需要在西班牙建筑的城堡，这一切都曾乞灵于你——藏在葡萄酒树纤维中的神奇的上帝。"③ 葡萄酒可以平息人的悔恨，勾起人的回忆，消除人的痛苦。同时，不同地方所产的葡萄酒带给人的感官享受也不尽相同。不同的诗歌、戏剧和乐章需要不同的陶醉方式，世俗世界里的烦恼和忧郁都会随着酒力而演变成美丽的人间戏剧和不朽的生命乐章："自觉的音乐家应借助于香槟酒来创作喜歌剧。他会在酒中找到这一体裁所需要的轻快和不时泛起的喜悦。宗教音乐需要莱茵省或产于朗松地区的葡萄酒。一如在思想的深层底蕴一样，这其中有一种醉人的苦涩味；但是，歌颂英雄的音乐也不能不要勃艮第葡萄酒。它具有严肃的热情与爱国主

---

①　潞潞：《忧郁与荒原——外国著名诗人代表作品选》，9页，北京，北京出版社，2003。

②　[法] 波德莱尔：《恶之花》插图本，郭宏安译评，149页，桂林，漓江出版社，1992。

③　潞潞：《另一种写作——外国著名诗人散文、随笔》，23页，北京，北京出版社，2003。

义的冲动。"① 葡萄酒带给诗人的轻快、苦涩、热情是那么让人陶醉，让人流连忘返，让人忘记人世间的忧郁和烦恼，它是诗人由此世界通向彼世界的中介。印度大麻则具有不同的功效："取之核桃大的一块，或一小角匙的用量，你就会获得幸福之感。这种完美的幸福之感充满醉意、青春的疯狂和无限的福乐。"② 从葡萄酒到印度大麻，诗人不停地实践着自己追寻新诗歌的理论，但是当诗人从醉酒中，从麻醉中醒来时，等待他的依然是现实中的黑暗和失望、忧郁和病态。希望埋葬在诗人的心中，整个世界在他的眼中变得漆黑一团："希望被打败，在哭泣，而暴戾的焦灼在我低垂的头顶把黑旗插上。"③ 死亡也许是他最后实践自己诗歌理论的机会。

> 哦死亡，老船长，起锚，时间到了！
> 这地方令人厌倦，哦死亡！开航！
> 如果说天空和海洋漆黑如墨，
> 你知道我们的心却充满阳光！
>
> 倒出你的毒药，激励我们远航！
> 只要这火还灼着头脑，我们必
> 深入渊底，地狱天堂又有何妨？
> 到未知世界之底去发现新奇！④

波德莱尔彻底对这个世界失望了，无法承载由此所带来的忧郁，只好以自己的生命探究惊喜不断的未知世界，这就是让诗人迷狂，让诗人难以忘怀的诗歌世界。只有怀着孩提般的天真和聪慧，才会有不断涌现的新奇。"一般来说，孩子比大人更智慧。……他们感觉到自己处在一个新的未知的世界之中，因而对一切都充满着好奇，从来不强不知为知。"⑤ 诗人就是这个拥有智慧和天真的孩童，在未知的世界里畅游、探索并享受着美丽的生命。

3. 以"恶的意识"构建诗歌的审美价值

对这个世界的失望包含了双层意义，对现实的失望迫使诗人进入诗歌世界，对已经步入滥情的诗歌失望，迫使诗人创作新的诗歌语言。诗人的感情已经上升到狂怒的程度，狂怒表现了诗人的不满和失望，但是诗人并没有停留在狂怒的层面，他需要创造一个新的世界。上帝创造了人类，当他对人类的丑行不满意时，就有了摧毁人类的想法。波德莱尔对撒旦的赞美其实在很大程度上取决于后者所能产生的破坏力，所以这个在世俗世界以恶出名的撒旦成为波德莱尔摧毁那个已经没落的诗歌世界的巨人和

① 潞潞：《另一种写作——外国著名诗人散文、随笔》，22 页，北京，北京出版社，2003。
② 潞潞：《另一种写作——外国著名诗人散文、随笔》，33 页，北京，北京出版社，2003。
③ ［法］波德莱尔：《恶之花》插图本，郭宏安译评，97 页，桂林，漓江出版社，1992。
④ ［法］波德莱尔：《恶之花》插图本，郭宏安译评，190 页，桂林，漓江出版社，1992。
⑤ 周国平：《各自的朝圣路》，399 页，北京，东方出版社，1999。

赞美对象。波德莱尔在《恶之花》的卷首《告读者》里宣告了自己的诗歌追求："谬误、罪孽、吝啬、愚昧，占据人的精神，折磨人的肉体"，"魔鬼牵着使我们活动的线！腐败恶臭，我们觉得魅力十足；每天我们都向地狱迈进一步，穿过恶浊的黑夜却并无反感。"诗人接着把这些"谬误，罪孽、吝啬、愚昧"具象化为"贫穷的荡子"，"万千蠕虫"，"奸淫、毒药、匕首和火焰"，"豺、豹子、母狗、猴子、蝎子、秃鹫，还有毒蛇"。最后诗人道出了最丑陋的罪孽或者魔鬼："有一个更丑陋、更凶恶、更卑鄙！……它叫'厌倦'！"诗人所向往的这些"恶的意识"的代表当然是撒旦了，诗人对撒旦的赞美来自于其所创造的与上帝不同的世界，所有被这个世界遗弃的"焦虑和恐慌"，"麻风病人，受诅咒的贱民"，"死亡"，"流亡者"，"醉汉"等均受到撒旦的庇护。波德莱尔对撒旦的赞美是由衷的，因为他把自己比喻为世俗世界的撒旦，他心灵深处与撒旦相通：

> 撒旦啊，我赞美你，光荣归于你，
> 你在地狱的深处，虽败志不移，
> 你暗中梦想着你为王的天外！
> 让我的灵魂有朝一日憩息在
> 智慧树下和你的身旁，那时候
> 树叶如新庙般隐蔽你的额头！①

诗人对撒旦的认同首先表现在对后者的赞美上，撒旦的现状并不能掩饰心中的理想。诗人以客观的视角，从撒旦的角度完成了现实与理想的对立，"地狱的深处"与"梦想着你为王的天外"把一个伟大的撒旦的形象展现在读者面前，一个失败了的撒旦被罚入地狱，然而却不放弃自己的梦想。然后诗人笔调一转，把内心对话化了的语调转换为祈使语调，"让我的灵魂有朝一日憩息在，智慧树下和你的身旁"，此时此刻，灵魂的种子就会在你的额头发出新芽，诗人在撒旦的身躯里获得新生，也完全认同了撒旦。上帝所创造的诗歌在颂扬着善，撒旦所创造的诗歌在颂扬着恶，波德莱尔由此使诗歌获得了新生。

在波德莱尔所谓的恶之花里，除了撒旦，诗人还反复使用其他有悖世俗道德标准的形象击打、动摇、摧毁诗歌的社会功能及其所颂扬的道德准则。世俗大众无法接受，传统诗歌认为他为异类，波德莱尔内心对魔鬼的渴望和向往一般人很难想象。诗人有意识地接近能够毁灭人类的魔鬼，渴望着某种犯罪："魔鬼不停地在我的身旁蠢动，像摸不着的空气在周围荡漾；我把它吞下，胸膛里阵阵灼痛，还充满了永恒的、罪恶的欲望。"② 魔鬼时不时地用自己的邪恶魅力诱惑诗人，赋予诗人以特殊能量，激发了诗人内心难以抑制的冲动，他希望把这个让他"阵阵灼痛，还充满了永恒的、罪

---

① ［法］波德莱尔：《恶之花》插图本，郭宏安译评，178 页，桂林，漓江出版社，1992。
② ［法］波德莱尔：《恶之花》插图本，郭宏安译评，158 页，桂林，漓江出版社，1992。

恶的欲望"的魔鬼塑造成自己王国的上帝，展示美丽田野中那些无人瞩目的妖艳野花，在诗歌中挖掘邪恶的魅力。波德莱尔对邪恶形象的挖掘呈现出多样化的特点，并在诗歌中反复地咏颂这些被称为"恶"的形象，《女巨人》不再以侠士的形象出现，而成为诗人意淫的对象："我真想待在庞然的女郎身旁，仿佛女王脚下一只淫逸的猫。我真想看见她灵肉一齐开花，在可怕的嬉戏中自由地成熟；我就想酣睡在她乳房的荫下，仿佛山脚下一座平静的村庄。"① 诗歌不再颂扬巨人的忠义侠胆，而把它描绘成诗人恣意放荡的对象，展示出女巨人身躯的阴柔之美，"开花的灵肉"、"暗藏的欲火"、"壮丽的身躯"、"乳房的荫下"以魔鬼的魅力勾住了读者被弗洛伊德称之为"潜意识"的内心欲望。波德莱尔以诗歌的形式在不经意间触及了人的灵魂深处被前意识疏忽了、蒙骗了的未知世界，其中所释放的现代思想始终在对抗着人们赋予诗歌的启蒙和教育功能，而这种摆脱了理性控制的"恶的意识"恰是诗人最钟情的诗情，那是诗人最自由的灵魂之歌，诗人放弃了固守的道德卫士的立场，放歌颂扬这些"恶的意识"："风流女子"暗送给我们的"如袅娜的月"一般"奇特的目光"，淫妇送出的放荡的吻，"温存可人却使人颓靡的乐音"，它们虽然充满罪恶，却让诗人充满向往，让诗人留恋。诗人由此拓展开来，进一步挖掘那个既不是海洋，也不是天空，而是灵魂的未知世界，发现的惊喜和狂热给了诗人巨大的力量。一个个让人瞠目结舌却又感叹不已的形象源源不断地出现在诗人的笔下，"恶的意识"成了诗人的审美情怀。《吸血鬼》以对话和内心独白的形式表达了"我"和"你"难以离弃的关系，"你呀，壮似一群魔妖，疯疯癫癫，盛装而至，把我那受辱的精神，做成你的床和地产"。诗人用"赌棍离不开赌博"，"酒鬼离不开酒瓶"，"腐尸离不开蛆虫"来形容这种关系。《腐尸》用"丑恶的腐尸"，"淫荡的女人"，"腐败的肚子上苍蝇嗡嗡聚集，黑压压一大群蛆虫"，"一股黏稠的液体，顺着活的皮囊流动"等形象表述腐尸的繁衍与消失，诗人通过物质的升华与演变窥视到了物体与精神之间的交替变化，而且诗歌以恶的意识描述丑恶的物质世界，而以物质消亡之后的梦幻颂扬精神。"形式已消失，只留下依稀的梦"，物质与精神之间的依存关系成为诗人挥之不去的梦想。《两个好姐妹》以象征的手法刻画了女同性恋者对诗歌主题的挑战，用"放荡和死亡"及"无休止的耕作，却永远不出产"等形象对抗完美的诗歌形象。"无论是伛偻残废的老妪，鲜血淋漓的凶手，两个卖淫少女的相互抚爱的亲昵与淫荡，腐烂臭秽的死尸和死尸上面喧哄的蝇蚋与汹涌着的虫蛆，一透过他底洪亮凄惶的声音，无不立刻辐射出一道强烈，阴森，庄严，凄美或澄净的光芒，在我们灵魂里散布一阵'新的颤栗'——在那一颤栗里，我们几乎等于重走但丁底全部《神曲》底里程，从地狱历净土以达天堂。""吸血鬼"、"腐尸"、"同性恋者"、"女乞丐"、"赤裸裸的尸体"、"被杀的女人"、"醉酒的拾破烂者"、"赌博"等无法进入诗歌这个大雅之堂的形象，成了波德莱尔诗歌咏颂的对象，诗人以自己的独特视觉，还原了道德外衣下的本质，还原了诗歌的本质。波德莱尔向世界展示了它们无法抵御的魅力，以此来对抗生了病的缪斯、诗神、美、芳香和音乐，他的心

---

① ［法］波德莱尔：《恶之花》插图本，郭宏安译评，35 页，桂林，漓江出版社，1992。

里所希冀的正是以撒旦的力量破坏这个世界的固有秩序和规律，因此他成了真、善、美诗歌的破坏者，成了恶的诗歌的创造者，他的诗歌如同一株妖艳的毒草使人难以把持，身不由己地走向前去把它拥抱。忧郁、孤独的波德莱尔打开了充满诱惑的潘多拉之盒，放出了里面形形色色的魔鬼，这个世界由此不得安宁，这个世界由此更加真实和绚丽多彩。

4. 诗歌叙事中的复调尝试与寻求

波德莱尔以恶的主题从心底宣告了自己对诗歌道德功能、启蒙功能和宣教功能的对抗，这种反叛在叙事手法和诗歌结构上也可窥见一斑。米·巴赫金强调说："由各种声音组成的这种复调本身并不受'统一的作者意识'的束缚，并不'对象化，不囿于自身，不变成作者意识的单纯客体'。相反，作者的声音在这种长篇小说的结构里只是作为众多声音之中的一个施展身手。"① 雨果在波德莱尔之前和同一时期的创作中也意识到了这个问题："对他说来，不存在无生命的对象，不存在抽象的东西。他可以使他们都讲话、都唱歌、都唉声叹气或者威胁恫吓。"② 波德莱尔显然也注意到了这一点，他也一定厌倦了诗人以万能的叙述者出现在诗歌中的创作手法，他希望自己的审美观和价值观能通过不同的人物和声音传播出去，这些人物同时又不受作者意志的束缚，他们仅仅是作者实现自己叙事需要的声音，而这些声音最好既传达作者的思想观念和审美情绪，又符合人物自身和叙事需求。他在《人造天堂》里明确地表达了自己的主张："有时候自我消失了，那泛神派诗人所特有的客观性在你里面发展到那么反常的程度，你对外物的凝视竟使你忘记了你自己底存在，并且立即和它们混合起来了。……最初你把你底热情，欲望或忧郁加在树身上，它的呻吟和摇曳变成你底，不久你便是树了。"③《恶之花》的首篇以诗人、"他"出现，似乎包含了自传的成分。诗歌以诗人作为上帝的使者出现在"这厌倦的世界"开始，诗人从自传体的角度有意无意被认同为这首诗的作者，同时又被他、这个孩子反复替代出现，诗中的诗人、"他"和这个孩子与我、这首诗的作者通过第三人称区别开来，诗中的诗人、"他"和这个孩子与我的身份表现了这首诗的作者充实而独到的思想观念和艺术视角。随即产生了转换，主语从第三人称的诗人转换成"他的母亲"，诗歌作者的描述由此转换为叙事，叙事以描述中的诗人的母亲的内心独白展开，随即又产生了转换，"他的母亲"变成了第一人称"我"。母亲以"我"的身份继续叙事，抱怨不公的上帝赐予她的无法丢弃的礼物。"我"的独白形成了诗歌的内心对话，增加了叙事的真实性。"他的母亲恐怖万分，骂不绝声"以及母亲对上帝的抱怨"我宁愿生下的是一团毒蛇，也不愿喂养这招人耻笑的东西！"采用了间接引语从诗人的角度叙述了母亲的感受，然后以直接引语的形式叙述了母亲的不满和无奈。诗歌的作者很快就收回了"我"的叙事权利，

---

① ［俄］孔金、孔金娜：《巴赫金传》，张杰、万海松译，166 页，北京，东方出版社，2000。

② ［法］保尔·瓦莱里：《瓦莱里散文选》，唐祖论、钱春绮译，96 页，天津，百花文艺出版社，2006。

③ 梁宗岱：《梁宗岱文集·Ⅱ评论卷》，73 页，北京，中央编译出版社；香港，香港天汉图书公司，2003。

叙事又一次产生了转换，作者从自己的视角继续叙述，作者以接近诗人的口吻叙述了对母亲抱怨的不满。这时，作者通过"天使"转向了叙事的主体"这个被弃的孩子"，重新掌握了叙事的主导权，作者从叙述者的角度，掺杂着自传的成分来叙述他与自己成长的世界之间的关系。叙述随即由他转向"他的妻子"，以妻子的口吻叙述了夫妻之间的关系，妻子"我"的内心独白使夫妻关系不是从第三者的视角叙述出来，而是从关联方的视角，以内心对话化了的方式叙述出来。在"我"的叙述中，读者感受到了诗人所受到的轻蔑和侮辱。诗人在对话化了的妻子的叙述中，以"他"的身份处于奴役地位，被"我"所压制和误解。这时，叙事通过人称的变化再次转换，叙事主体自然而然地转向了"宁静的诗人"，他以"我"的口吻道出了心中的委屈和肩上所承担的使命。"我"的内心世界以内心对话化的形式叙述出来，形成了两组对话主体。"您，我的上帝"和"我们"为一组，"您"和"我"为另一组，在以两组对话主体构成的对话中，叙事在全诗的最后一段以中性的"它"结尾，表明我对"您，我的上帝"、"我们"和"我"之外的世界的迷恋。诗中的诗人，他和这个孩子，他的母亲，他的妻子与诗人，母亲的我和妻子的我，"您，我的上帝"和"我们"，"您"和"我"从不同的视角，以不同的声音传递了作者的审美观，这些代表了不同声部的人物形成了诗歌的复调和复式结构。诗人以同样的方式叙述了妻子、诗歌中的诗人对待命运的态度。诗人利用叙述视觉的反复转换表达了不同的人——诗人、母亲、妻子对诗人所承担的使命的不同态度。《信天翁》中的主人翁变成了"青天之王"、"有翼的旅行者"等，它们不是诗人，"诗人啊就好像这位云中之君"，诗人与诗歌中的人物之间存在着明显的不对等关系。"海上的飞禽"、"青天之王"、"有翼的旅行者"在理想的层面传播了诗人的追求，水手们则通过他们对信天翁的嘲讽和嬉戏真实地表现了诗人对现实的无奈，诗人以双声结构构建了这首诗的复调。《高翔远举》中诗人更多地使用了间接引语和自由间接引语，既在空间上保持了诗人与现实的距离，同时又使人产生了诗人精神活动的现实感。诗歌一开始没有点出主语，只是重复使用了表示动态的词汇，以"飞过池塘，飞过峡谷，飞过高山……"动态结构引出主语，"我的精神，你活动轻灵矫健"，而这种动态在诗歌里面不是用动词表达的，而是以介词短语 au-dessus de 和 par-delà 表现出来的。这里诗人没有用它指代"我的精神"，而用"你"指代"我的精神"，既保留了间接引语的距离感，又保留直接引语的语调以及由此产生的真实感和当下性特点。"我"是从诗歌的创作者的视觉描述的，"你"是从诗歌的内部结构描述的。描述"我"时，诗人置身诗外，描述"你"时，诗人置身诗中。"我"和"你"交叉在隐去的诗人身上，以不同的身份传递着诗人的声音。该诗的第四段发生了转换，诗人通过"那个羽翼坚强的人"转换到"他"这个可能在心里最接近诗人的人，他刚一出现就被"他的思想"打断，之后才以模糊的人回到叙述之中，这时诗人也用那个人确立了他至高无上的地位，因为那个人"翱翔在生活之上，轻易地听懂花儿以及无声的万物的语言。"唯有诗人，其他任何人是无法具备这种能力的。《我爱回忆……》以置身诗外的"我"开始，用神话世界的"男人和女人"、"他们和她们"拉开神话世界与现实之间的距离。然后诗人又置身诗中，"置身于男人和女人露出裸体的场面"，以自由间接引语的口吻既保留了诗人他们的不同，同时又保留了诗人与似乎与他们面对面的虚幻现实："还有你们女人，……而你们处女"。最后诗人把现实和虚幻、现在和过去通过第一人称复数融合在一起，构成了"我们"这个依然存在和已经"腐化的民族"。由"我"到"他们"，到"你们"，到"我们"，诗人既实现了现时的在场（以现在的"我"代表），也实现了现时的再现（以神话世界的"他们"代表），同时也描述了回忆中的真实（以"我"在回忆中与记忆中的"你们"的对话代表），最后描述了融合了过去与回忆的现实（以现实的"我们"代表），复式结构通过人称和句子结构的变化表现出来。保罗·德曼显然注意到了现时与现时的再现之间的矛盾："问题的悖论之处潜含于'现时的再现'这一提法。该提法结合了一个重复性样式和一个即时性样式，显然没有考虑到两者的不相容性。然而，这一潜在的张力支配着整篇评论的发展。从头至尾，波德莱尔始终处于现时的诱惑之下；在他眼里，任何时间意识都与现时紧密相连，以至记忆用于现时较之用于过去更为自然。……同样的时间两重性促使波德莱尔将现时的任何回想与'再现'、'记忆'，甚至'时间'这类词语联系在一起，而这些词语无一不在即时之表面唯一性中展示距离和差异的前景。然而，他的现代性，犹如尼采的现代性，同样是先前性之遗忘或取消。"①"我"、"我们"、"你们"、"他们""在即时之表面唯一性中"把现时、现时的再现、记忆等时间词语展示出来，联系在一起。他们不再是艺术视角中的客体，而是"有着自己充实而独到的思想观念的作者"在不同现时中的表现。此时此刻，"读者的眼前呈现出'有着众多的独立且不融合的声音和意识，由具有充分价值的不同声音组成真正的复调……'"② 诗人以占有优势的多声话语和内心对话化了的话语构建了诗歌的复式结构，同时又赋予了这些在复调中扮演不同角色的声音以自己不可替代的价值和作用。

四、接受与影响

　　波德莱尔所处的时代正是文学流派纷争的时代，他踩着浪漫主义的夕阳，迎着帕纳斯派的曙光开始自己的文学生涯。他的诗歌不但从浪漫主义中汲取了营养，吸纳了帕纳斯派的有用成分，更开创了现代诗歌的先河。"波德莱尔继承浪漫派的传统，给予诗歌以最崇高的地位，但他与浪漫派诗人不同，不是把诗歌看作纯'心灵'的产物，而认为诗歌与现实有关，诗歌与外部世界之间有一种特殊关系。"③ 排除诗歌的纯主观性，揭示了他与浪漫派诗人的不同，寻求诗歌与外部世界的关系又成为他认可帕纳斯派诗人的地方，后者特别强调诗歌的客观性，要求对外在世界精心描绘，以此来代替对内心世界的展示。这种客观性有时是对诗歌形式的雕琢，有时是对历史存在的揭示，有时是对现实状态，包括自然界的展示。他在浪漫派诗人那里继承了消极、忧

---

　　① ［法］雅克·德里达：《多义的记忆——为保罗·德曼而作》，蒋梓骅译，74 页，北京，中央编译出版社，1999。

　　② ［俄］孔金、孔金娜：《巴赫金传》，张杰、万海松译，166 页，北京，东方出版社，2000。

　　③ 柳鸣九：《法国文学史》，第二卷，317 页，北京，人民文学出版社，1983。

郁的情感表述，在帕纳斯派诗人中继承了诗歌客观性的观点，更在美国诗人埃德加·爱伦·坡的作品中寻求到了哀婉凄凉、郁郁寡欢的诗歌境界。爱伦·坡对诗歌异端的批评在波德莱尔那里得到了响应。对虚伪的批评和对诗歌的教化功能的批评都使波德莱尔深受影响。

爱伦·坡认为诗歌的最大敌人就是虚伪，其次便是诗歌的教化功能。他认为诗歌应该摒弃虚伪和教化，"我们这样想：单纯为诗而写诗、以及承认这是我们的意图，就会是承认我们自己极端缺乏真正的诗所具有的尊严和力量。——然而简单的事实却是这样，只要让我们内省自己的灵魂，我们立即就会在那里发现，天下没有比这样的一首诗——这一首诗本身——更加是彻底尊贵的、极端高尚的作品，这一首诗就是一首诗，此外再没有什么别的了——这一首诗完全是为诗而写的。"① 这样的论断与波德莱尔的观点又是何其相似："诗歌，并不完全是为了探寻自我，责问灵魂，唤醒美好的记忆，它除了自身之外并无其他目的，它也不可能有其他目的，只有为了乐趣而写诗，写作的诗歌才会那么伟大、那么崇高，才无愧于诗歌，才称得上诗歌。"② 同时，爱伦·坡对诗歌形式美、暗示性和音乐性的强调以及他在诗歌中所表现的怪诞和梦幻色彩都极大地影响到了波德莱尔的诗歌创作。波德莱尔不但这样实践着爱伦·坡的诗歌理论，而且他还坚持 17 年去翻译爱伦·坡的作品，狂热地享受着也许与自己生命体验接近的坡的作品，也在这种体验中逐渐形成了属于自己的诗歌。瓦莱里曾经这样论述："爱伦·坡对于诗的观念是表现在几篇论文之中，其中最重要的一篇（又是最少论及英国诗的技术的一篇）题名为《诗的原理》，波德莱尔是多么深切地为这篇文章所感动，他从而接受到一种强烈的印象，竟至把它的内容，而且不仅内容，就连形式本身也在内，也都当成他自己的东西……他把其中最有意思的部分，差不多没有改头换面并颠倒字句，引用到他的《奇异的故事》的译本的序文中去"③ 这也从另外一个侧面表明了波德莱尔和爱伦·坡之间这种水乳交融的关系。瓦莱里在同一篇论文中进一步论述了两位诗人彼此的接受与影响："波特莱尔，爱德加·坡交换着价值。他们每个人把自己所有的给予另一个人；每个人接受自己所没有的。后者把整个新颖而深刻的思想体系交给前者。他启发他，使他丰饶，在种种题材上决定他的意见：结构的哲学，技巧的理论，对于现代的理解和斥责，例外性和某种奇异性的重要，贵族的态度，神秘性，对于优美和准确的嗜尚，甚至政治，整个波特莱尔都受到浸染，兴感，深造。波特莱尔却把一种无限的广袤给予坡的思想。他将它提供给未来。这种在马拉美的名句中把诗人变作他自身的广袤，便是波特莱尔的行为，翻译，序文——这些都为可怜的坡的英灵打开那广袤并为他确保着。"④

---

① 潞潞：《准则与尺度——外国著名诗人文论》，18 页，北京，北京出版社，2003。
② Henri Mitterand：《文学——文选与资料·十九世纪卷》，302 页，Nathan 出版社。
③ ［法］瓦莱里：《波德莱尔的位置》，引自《戴望舒译诗集》，114 页，长沙，湖南人民出版社，1983。
④ ［法］瓦莱里：《波德莱尔的位置》，引自《戴望舒译诗集》，113 页，长沙，湖南人民出版社，1983。

在美国文学史上，爱伦·坡的地位并不显赫，是有了后来的波德莱尔才使得爱伦·坡声名鹊起，因为这两个名字总是被相提并论。更为可贵的是，波德莱尔又把这种影响传递下去，最终使这两个名字——爱伦·坡与波德莱尔——成为象征主义的象征。瓦莱里指出："波德莱尔的最大光荣……无疑就是他产生了几位十分伟大的诗人。魏尔兰、马拉美、韩波，如果未在有决定性的年龄读了《恶之花》，那么他们也许不会有这样的成就……魏尔兰作品中所发展着的亲切的感觉，以及神秘情绪和感官热烈的有力而骚乱的混合；使韩波的简短而猛烈的作品变成那么有力又那么有生气的那种登程的热狂，那种为宇宙所激起的性急的动作，那对感觉及其和谐的共鸣的深深的觉识，这些在波特莱尔的作品中都清楚地存在着而可以被辨认出来。……魏尔伦和韩波在情感和感觉方面继续了波特莱尔，马拉美却在完美和诗的纯粹的领域中延长了他。"① 过去对瓦莱里的这段话没有更深刻的理解，总以为"他产生了几位伟大的诗人"的说法言过其实，甚至认为，虽然魏尔伦对流动的、朦胧的、轻灵的诗歌音乐的追求，马拉美对暗示和召唤事物的诗歌语言的追求，兰波的生态美学和"凭借幻觉、错觉写诗"的美学主张都与波德莱尔的应和理论有着千丝万缕的联系，但是马拉美、兰波、魏尔伦等人的诗歌创造要远远超过波德莱尔，然而当我们阅读到他们的诗歌《乐曲声中》《秋歌》时，我们依稀看到了波德莱尔的《音乐》《秋歌》的影子，波德莱尔在他们的作品中继续体现着强大的生命力。波德莱尔诗歌的现代性不仅体现在他对同时代诗人的影响上，这种当下的时间性特点在时间和空间中被当代人进一步挖掘。

论及波德莱尔对现代文学的贡献恐怕很难有人超越，他有关诗歌现代性的观念一直延续到当代还在被人用不同的表述形式重复。有人说现代主义文学是从1856年福楼拜在《巴黎评论》上发表《包法利夫人》，1857年波德莱尔发表《恶之花》开始的，由此可以看出这两个人对现代文学的影响。波德莱尔初期的创作以艺术评论见长，《1845年沙龙》《1846年沙龙》等在艺术界产生了很大影响，他的诗歌创作更体现了他的美学思想，马拉美、兰波、魏尔伦等那个时代的诗人的诗歌创作均受到他的诗歌美学思想的影响。在他明确提出"现代性"一词之前，他早已经在自己的诗歌创作中实践着这一思想。

关于诗歌的音乐性，波德莱尔曾经在自己的诗歌中这样写道："音色多轻柔，多隐蔽；然而或平静或发怒，声音总低沉而丰富。这就是魅力和秘密。"② 他对音色的强调，对韵律、节奏的强调在魏尔伦的诗歌中更明确大胆地叙述为"还要音乐，永远要音乐！让你的诗句插上翅膀，让人们感到它逃脱灵魂的羁绊，在另外的爱情天地里翱翔。"③ 音乐不再是表达情感的工具，已经成为诗歌的元素，被诗人物象化，继而心灵化了。

---

① ［法］瓦莱里：《波德莱尔的位置》，引自《戴望舒译诗集》，117～118页，长沙，湖南人民出版社，1983。

② ［法］波德莱尔：《恶之花》插图本，郭宏安译评，70页，桂林，漓江出版社，1992。

③ 辜正坤：《世界名诗鉴赏词典》，448～449页，北京，北京大学出版社。

波德莱尔曾经在《巴黎的忧郁·众人》一诗里这样写道："诗人享受着这无与伦比的特权，他可以随意成为自己或他人。他可以随心所欲地附在任何人身上，就像那些寻求躯壳的游魂。"① 波德莱尔笔下的"自己或他者"在兰波那里成为诗人讽刺那些自诩为作家的工具。"因为我是他者。……假如老朽们没有找到'自我'，只找到虚假的意义，我们还不至于要扫清这些数以万计的朽骨。"② 他者的思想被马拉美进一步发挥，他主张"隐去诗人的措辞，将创造性让给词语本身。"他者的思想被兰波发扬光大之后穿越了时代，一直影响到现代的诗歌和美学观念。"一本书是另一个'自我'的产物，而不是表现在我们的习惯、社会、我们的恶习中的'自我'的产物。这个'自我'，如果我们想了解它，就要力图在我们的内心再创造出来：正是在我们的内心，我们才能达到它。"普鲁斯特好像从作家的内心深处窥视到了他者，而且他把它看作自己创作的新的矿藏进行挖掘，其结果让全世界的人都为之震惊。拉康从无意识的角度探索到了这位他者，认为"无意识是另外一个人在讲话"。关于这位他者，当代诗人让·贝罗尔进一步论述道："这是一个被社会磨灭、拒绝、消过毒的人，被弄成哑巴的受害者。他受着制约，他顺从，然而他渴望反抗。他有待于被表现，他应该去表现并自我显露。"③ 如果要从源头上论起的话，波德莱尔的影响早已经进入了关于美学的不同领域，在不同的空间吸收着阳光和营养。

在 1863 年发表于《费加罗报》的那篇著名的长文《现代生活的画家》中，波德莱尔在评论画家康斯坦丁·居伊时第一次明确使用了"现代性"一语。他认为，康斯坦丁·居伊寻找的是"我们可以称为现代性的那种东西，因为再没有更好的词来表达我们现在谈的这一观念了。对他来说，问题在于从流行的东西中提取出它可能包含着的历史中富有诗意的东西，从无常中抽出永恒"④；波德莱尔接下来对现代性做了如下论述："现代性是无常、瞬变、偶发的，这是艺术的一半，另一半是永恒而不变的。"⑤他认为人们"没有权利蔑视和忽略"。保罗·德曼在论及波德莱尔借康斯坦丁·居伊的绘画表达自己的美学观时以"幽灵"论之："评论中的康斯坦丁·居伊本身是一个幽灵，与真画家有某种相似之处，但又不同于真画家，因为他虚假地实现了仅仅潜在于真人身上的东西。即使我们认为，评论中的人物是一个中介，被用来表达对波德莱尔本人的作品的将来看法，我们仍可以说，在此看法中有一种类似的躯壳脱离和意义窄化"⑥。波德莱尔借用康斯坦丁·居伊的躯壳表达了自己对现代性的看法，现代性不但包含了"无常、瞬变、偶发"等特点，而且还体现在以现时的在场和再现表现出来

① ［法］波德莱尔：《巴黎的忧郁》，胡小跃译，47 页，上海，上海文艺出版社，2006。

② ［法］兰波：《兰波作品全集》，329 页，北京，东方出版社，2000。

③ 王家新、沈睿：《二十世纪外国重要诗人如是说》，116 页，郑州，河南人民出版社，1992。

④ ［法］波德莱尔：《美学珍玩》，郭宏安译，369 页，上海，上海译文出版社，2009。

⑤ 转引自童明：《现代性赋格——十九世纪欧洲文学名著启示录》，50 页，桂林，广西师范大学出版社，2008。

⑥ ［法］雅克·德里达：《多义的记忆——为保罗·德曼而作》，蒋梓骅译，74 页，北京，中央编译出版社，1999。

的"现时性"上："我们从现时的再现中获得的愉悦不仅在于现时可能展示的美，而且在于现时的本质。"德里达特别指出："这里，'现时的本质'被正确地译为'presentness'（现时性），这能使读者更加重视本体论差异，本质、单纯的现时和现时在场之间的差异。"① 圣·奥古斯丁、卢梭、夏多布里昂、拉马丁等在自己的作品中探索过时间的秘密，试图通过回忆再现逝去的时间，他们的努力为后来者的思考提供了有益的借鉴。波德莱尔试图通过时空转换探索时间的意义，他窥视到了时间的秘密，这就是它的现时性，"是的，时间又出现了；时间现在成了主宰；随着这个老头而来的还有他那些恶魔般的随从；回忆、悔恨、痉挛、恐惧、惊慌、噩梦、愤怒和神经功能症。……是的，时间在主宰，它重新建立起残暴的专制，而且，它用双重的刺棒驱赶我，好像我就是一头牛：'叫吧，蠢货！干活吧，奴隶！活下去，该死的！'"② 现时成了这个世界的主宰，其他的任何时空变化都要受到它的控制，诗人在这里不但描述了时间的再现，"回忆、悔恨、痉挛、恐惧、惊慌、噩梦、愤怒和神经功能症"就是再现的内容，依附在时间上表现时间，而且通过拟人的对话表现了时间的在场，时间与我的关系仅仅为证明我的在场。波德莱尔在《巴黎的忧郁·计划》里进一步论述了"偶发"以及诗歌"现时性"特点带给诗人的幸福和快乐："快乐和幸福就在随便碰到的客栈里，就在偶然发现的客栈里，这里真是快乐极了。"③ 他对偶发带来的巨大快乐赞不绝口，意想不到的效果超出了正常的灵感和想象，他在《巴黎的忧郁·恶劣的玻璃匠》中这样声称："某些人身上这种奇幻的精神，并非是劳动或撮合的结果，而是偶然的灵感所致，这种灵感带有很大的情绪性，医生们说这是歇斯底里的情绪，那些比医生想得高明的人说这是邪恶的情绪，在欲望的强烈方面就非常相似，这种情绪不由分说地迫使我们去做出许多危险的或不合适的行动。"④ 在"偶发的灵感"支配下，作为"我"的他者疯狂地"抓起一只小花盆"砸向玻璃匠身上的货架，他因此陶醉在自己的疯狂之中，他"瞬间变得无比快乐"。"无常、瞬变、偶发"其实是对规律性、连续性、直线性的反叛，是对复调、网状的强调，这样的探索是一个半世纪之前的波德莱尔开始的。本雅明认为，波德莱尔的诗歌描绘的是支离破碎的现代经验，或者说，诗人已经无法在现代生活中寻觅到他梦想中的真实的完整的经验了。波德莱尔的这一诗歌体验完全吻合了本雅明所论及的现代经验，现代经验的匮乏使得传统出现了裂隙。这种支离破碎的诗歌体验恰好与他所主张的"无常、瞬变、偶发"相吻合，也恰好是他最受现当代文学家青睐的地方。米兰·昆德拉把这样的裂隙定义为"终极悖论"，他谈到了小说的终结（断裂）以及在现代生活中无法实现自己梦想的困惑，他更在困惑之中提出了希望："这是不是在说，在'不属于它的世界'中，小说要消失？要让欧洲坠入'对存在的遗忘'？只剩下写作癖无尽的空话，只剩下小说历史终结之

---

① ［法］雅克·德里达：《多义的记忆——为保罗·德曼而作》，蒋梓骅译，70～71 页，北京，中央编译出版社，1999。
② ［法］波德莱尔：《巴黎的忧郁》，胡小跃译，18～19 页，上海，上海文艺出版社，2006。
③ ［法］波德莱尔：《巴黎的忧郁》，胡小跃译，100 页，上海，上海文艺出版社，2006。
④ ［法］波德莱尔：《巴黎的忧郁》，胡小跃译，35 页，上海，上海文艺出版社，2006。

后的小说？……假如它还想继续发现尚未发现的，假如作为小说，它还想'进步'，那它只能逆着世界的进步而上。"① 昆德拉从两个方面表达了波德莱尔式的困惑：现代小说的断裂以及对未知的发现。罗兰·巴特更是把小说或者诗歌的终结归为"写作的零度"，他说，今日"不再有诗人，也不再有小说家，留下的只是写作。"诗歌或者小说从此丢失了外在的存在符号和身份，终结随着完成而构建："诗成为一种无可归约，不具传承的性质。它不再是属性而是实体。因此它能安然地放弃记号，因为它独立自足，无须向外显示其身份。"② "无常、瞬变、偶发"也好像在表现着普鲁斯特在虚构的小说和真实的存在之间的对应关系，表现后者在瞬变、偶发的现实和永恒的记忆之间的对应关系。著名文学评论家安德烈·莫罗亚在论及普鲁斯特的这一特点时强调："自主的回忆不可能使我们感到过去突然在现在之中显露，而正是这种突然显露才使我们意识到自我的长存。必须发动不由自主的回忆，才能找回失去的时间。"③ 这种源于波德莱尔的"无常、瞬变、偶发"在普鲁斯特的作品中被无限地延伸和扩大，成为作者唤醒过去的魔法，因为"他把无穷的根赠给所有的分芽，那是在他生命期限内他在生活环境中撒下的萌芽。"④ 当代诗人让·贝罗尔追溯到这一现代诗歌观的源泉，他虽然没有明确波德莱尔在其中的作用，然而肯定了诗人们的努力："——连续性及直线型的终止，间断突变型的尝试。首先是诗人们看到了这一点，因为他们不再相信协调一致的自我的存在。"⑤ 我们依然可以从中看到波德莱尔的贡献。

　　波德莱尔所主张的现代性没有任何终极目的，没有提出任何人文主义试图实现的理想，没有目标和企图，唯一的目标和理想就是注重诗歌的本质，就是咏唱诗歌。他主张的诗歌是反启蒙、反宣教的，是与启蒙思想相对立的。这种主张一直影响到现当代的文学理论，雅克·德里达在谈到自己对文学的定义时，曾说"允许讲述一切的奇怪建制"。当他解释这种"奇怪建制"时，我们依稀看到了波德莱尔的影子："其实，它（指文学）可能还有另外的基本作用，甚或没有作用，于本身之外毫无意义。……作家可能被认为是不负责任的。有时候，他可以——我甚至要说他必须——要求某种不负责任，至少是对于意识形态的权力机关。……这种不负责任的职责、这种拒绝就自己的思想式创作向权力机构作出回答的职责，也许正是自责感的最高形式。"⑥ 当我们在字里行间读出文学和文学家的独立使命时，那种与波德莱尔思想的暗合让人大吃一惊。当我们津津乐道地谈论德里达超前的文学观时，突然发现一百多年前的波德莱尔已经给出了自己的观点。波德莱尔所提倡的诗歌"并不完全是为了探寻自我，责问

　　① ［捷］米兰·昆德拉：《小说的艺术》，董强译，25 页，上海，上海译文出版社，2007。

　　② ［法］罗兰·巴尔特：《罗兰·巴尔特文集·写作的零度》，董强、李幼蒸译，25 页，北京，中国人民大学出版社，2008。

　　③ ［法］安德烈·莫罗亚：《追忆似水年华》，施康强译，序，5 页，南京，译林出版社，1994。

　　④ ［法］保尔·瓦莱里：《瓦莱里散文选》，唐祖论、钱春绮译，134 页，天津，百花文艺出版社，2006。

　　⑤ 王家新、沈睿：《二十世纪外国重要诗人如是说》，117 页，郑州，河南人民出版社，1992。

　　⑥ ［法］雅克·德里达：《文学行动》，赵兴国等译，5～6 页，北京，中国社会科学出版社，1998。

灵魂，唤醒美好的记忆"，与德里达所提倡的对"意识形态的权力机关的不负责任"同时排除了文学的社会属性，他们以不同的形式强调了文学的自身功能和目的。波德莱尔认为，诗歌"除了自身之外并无其他目的，它也不可能有其他目的。"德里达也特别强调了文学自身的意义，认为："它（指文学）可能还有另外的基本作用，甚或没有作用，于本身之外毫无意义。"德里达对波德莱尔诗歌美学的现代性进行了深入的探讨和分析，提出了自己的美学理论，他一定是受到《仙女的礼物》的影响，对语言中的"给"与"拿"的关系产生了极大的兴趣，他甚至通过分析波德莱尔的《假币》提出了"礼物"的概念："语言关系作为礼物关系，它的'给'与'拿'是同时发生的。德里达说，像是语言在自己折叠自己，在折叠中向后撤退。从'给'恢复到'拿'，从'拿'恢复到'给'，这种复现就是语言的折叠效果。'词语意味'方向的自由保证了语义的自由。语言到处都可以为自己折出褶子，语言的漂浮有无限可能的方向。德里达说，这种情形像一个不必归还的礼物，因为没有送出去。"① 文学的这一非社会责任、排除了自身之外的功能成了当代人继续探索的主题。让·贝罗尔在论及诗歌在当今社会的作用时，特别强调："使主体与社会分化，发出请愿，拒绝空洞的符号，重视某些被社会嘲弄的价值，提出警告和期望。"② 对诗歌本身价值的追寻，对诗歌本质的挖掘，对非主流价值的重视，都成为现代诗歌的目的，波德莱尔对此的探究只能让今天的读者叹息他的伟大和超前。瓦莱特在谈到波德莱尔诗歌的特点时这样写道，"里法特尔之所以没有遭受借助词义分析的指责，没有掉进诠释的陷阱，是因为他一下子站在了词汇的高度：他认为，词义终究由词汇决定，应该把它们放置在词语、修辞和诗学背景中研究。"③ 他其实真正探究到了波德莱尔诗歌的本质，把诗歌的意义置于语言本身的环境之中，也就是说诗歌本身的环境之中，除此之外，别无他物。诗歌的现代性因为波德莱尔而延续至今，也常常使文学误入歧途，迷失方向。

波德莱尔是多么希冀异国文化，他的渴望竟梦幻般通过诗歌美学的现代性主张得以实现，这种主张不仅在西方文化背景中，而且也在中国文化背景中体现了当下的时间性特点。波德莱尔诗歌及其美学思想在中国的影响与中国的新文学运动有着密切的联系。中国诗体的大解放主要得益于外国现代诗歌形式的输入。"五四"以后，中国新诗受西方诗的影响，主要是间接的，就是通过翻译。白话译诗渐渐多起来，译成的大部分是自由诗，译者大多为留学生。他们在国外获得了新的文学意识和眼光，从形式和内容上都为中国新诗注入了活力，正如茅盾所说，"我们翻开各国文学史来，常常看见译本的传入是本国文学史上一个新运动的导线；翻译诗的传入，至少在诗坛方面，要有这等的影响发生"。"而据尹康庄考证，中国最早谈及象征主义的译介文章是发表在1918年5月《新青年》上陶履恭的文章《法比二大文豪之片影》"④。一年后，

---

① 金惠敏、赵士林、霍桂恒、刘悦笛等：《西方美学史》，第四卷，792页，北京，中国社会科学出版社，2008。

② 王家新、沈睿：《二十世纪外国重要诗人如是说》，119页，郑州，河南人民出版社，1992。

③ Bernard Valette, Baudelaire. Spleen et Ideal, éd. Ellipses, 1984, pp. 89-90

④ 陈太胜：《象征主义与中国现代诗学》，55页，北京，北京大学出版社，2005。

周作人在发表于《新青年》上的《小河》一诗的序言中，提到过法国波德莱尔和他的散文诗。20 世纪 20 年代初译介到中国最多且最有成就的要数波德莱尔的散文诗。仲密（周作人）在译波德莱尔散文诗八首的附记中称："……现代散文诗的流行，实在可以说是他的影响。"1918 年到 1924 年左右，《新青年》《晨报》《小说月报》《文学周报》《学灯》《文学旬刊》《语丝》等刊物上陆续发表了刘半农、周作人、沈颖、西谛（郑振铎）、苏兆龙等人翻译的屠格涅夫、波德莱尔的散文诗。1920 年到 1921 年间，《少年中国》系统地介绍了法国象征主义产生的根源及过程，系统介绍了波德莱尔、魏尔伦和马拉美等象征主义诗歌的代表人物。有的刊物还专门发表了介绍和讨论散文诗的文章，如郑振铎在一篇文章中说："我们要晓得诗的要素，决不在于有韵无韵"，而在于"诗的情绪与诗的想象，不必管他用什么形式来表现。有诗的本质、诗的情绪与诗的想象，而用散文来表现的是'诗'；没有诗的本质，而用韵文来表现的，决不是诗"。张闻天还翻译了长篇论文《波特来耳研究》，发表在 1924 年 4 月版的《小说月报》第十五卷号外《法国文学研究专号》上。鲁迅是通过日语和德语翻译波德莱尔的诗歌的，1924 年 10 月 26 日，鲁迅在《晨报副镌》上发表了波德莱尔的散文诗《自己发见的欢喜》的译文以及译者附记："波特莱尔的散文诗，在原书上本有译文；但我用德文译一比较，却颇有几处不同。现在姑且参酌两本，译成中文。"① 1924 年 12 月，徐志摩在《语丝》上发表了波德莱尔《恶之花》中的《死尸》的译文，他在序文中称赞该诗是"《恶之花》诗集里最恶亦最奇艳的一朵不朽的花"。徐志摩在自己的散文中这样论述波德莱尔："波特莱一辈子话说得不多，至少我们能听见的不多，但他说出口的没有一句是废话。他不说废话因为他说不出口除了在他的意识里长到成熟琢磨得剔透一些。他的话可以说没有一句不是从心灵里新鲜剖摘出来的。像是仙国里的花，他那新鲜，那光泽与香味，是长留不散的。"② 李金发对波德莱尔的接受源自他在法国留学期间，他"特别喜欢颓废派的《恶之花》及象征派诗，将他的全集买来，愈看愈入神，他的书简全集，我亦从头细看，无形中羡慕他的性格及生活。"③ 戴望舒在他所翻译的《恶之花掇英》中不但谈到了国内学者对波德莱尔的翻译与评价，同时还把瓦莱里的文章《波德莱尔的位置》翻译出来作为这本小册子的卷首，他在译后记中这样写道："对于指斥波特莱尔的作品含有'毒素'，以及忧郁，他会给中国新诗以不良影响等意见，文学史会给予更有根据的回答，而一种对于波德莱尔的更深更广的认识，也许会产生一种完全不同的见解。……以一种固定的尺度去度量一切文学作品，无疑会到处找到'毒素'的，而在这种尺度下，一切古典作品，从荷马开始都可以废弃了。至于影响呢，波德莱尔给予的是多方面的，要看我们怎样接受。只要不是皮毛的模仿，能够从深度上接受他的影响，也许反而是可喜的吧。"④ 杜衡在《〈望舒草

① 鲁迅：《鲁迅全集》，卷 10，237 页，北京，人民文学出版社，1996。
② 徐志摩：《徐志摩散文集》，243 页，北京，西苑出版社，2006。
③ 陈厚诚：《李金发回忆录》，53 页，北京，东方出版中心，1998。
④ 戴望舒：《戴望舒译诗集》，154 页，长沙，湖南人民出版社，1983。

序》里论述了与波德莱尔相似的诗歌美学观:"我们体味到诗是一种吞吞吐吐的东西,术语地来说,它底动机是在于表现自己与隐藏自己之间。"① 梁宗岱对波德莱尔的接受更是建立在创造之上的,他的诗歌理论和创作无不打上波德莱尔的烙印,他在解释象征之道时说:"像一切普遍而且基本的真理一样,象征之道也可以一以贯之,曰,'契合'而已。"② 梁宗岱自己翻译了波德莱尔的《应和》一诗,而且对诗歌进行了解释:"这首小诗不独在我们灵魂底眼前展开一片浩荡无边的景色——一片非人间的,却比我们所习见都鲜明的景色;并且启示给我们一个玄学上的深沉的基本真理,由这真理波德莱尔与 17 世纪一位大哲学家莱宾尼兹(Leibniz)遥遥握手,即是'生存不过是一片大和谐'。"③ 梁宗岱不但解释了波德莱尔的应和,解释了象征主义意境中的自我与自然的应和关系,更解释了生存的万物之间的大和谐。和谐之中的碎片让人体会到梁宗岱对波德莱尔诗歌现代性的领悟:"宇宙底普遍完整的景象支离了,破碎了,甚至完全消失于我们目前了。"④ 王独清在他的文章中也对波德莱尔的精神提出了自己的理解,他认为:"Baudelaire 底精神,我以为便是真正诗人底精神。不但诗是最忌说明,诗人也是最忌求人了解!求人了解的诗人,只是一种迎合妇孺的卖唱者,不能算是纯粹的诗人!"⑤ 波德莱尔所倡导的音乐与色彩之间的应和也在他这里得到了回应,他说自己更自觉地"想学法国象征派诗人,把'色'(Couleur)与'音'(Musique)放在文字中,使语言完全受我们底操纵"。关于卞之琳的诗的非个人化的观点,有学者这样论述道:"一首诗(也可以说,任何一部文学作品)的作者,或隐含作者,叙述者,主人公都是主体在不同层次上的表现。"⑥ 具有现代意义的复调诗歌叙事手法,"我是他者"的诗歌主张可以追溯到波德莱尔:"他可以随意成为自己或他人。他可以随心所欲地附在任何人身上的。"艾青主张"每天洗涤自己的感觉,从感觉里摄取制造形象的素材"。他对感觉素材的重视可以与波德莱尔从自然中摄取形象相媲美。他的诗歌创作在受到象征主义影响的同时,更把感情耕种在中国大地上,他用忧郁的芦笛倾诉着民族的苦难,也希冀着黎明的光辉。苦难中所隐含的曙光,梦幻中所吟唱的沉重使这位中国当代诗人更直接地从波德莱尔那里汲取了美学中的现代性,其当下的时间性特点在异国他乡也很突出。

中国的象征主义和现代派诗歌是在翻译和借鉴中发展壮大的,其中波德莱尔的影

① 李杭春:《多维视野中的百部经典——中国现当代文学卷》,183 页,杭州,浙江古籍出版社,2004。
② 梁宗岱:《梁宗岱文集·Ⅱ 评论卷》,68 页,北京,中央编译出版社;香港,香港天汉图书公司,2003。
③ 梁宗岱:《梁宗岱文集·Ⅱ 评论卷》,70 页,北京,中央编译出版社;香港,香港天汉图书公司,2003。
④ 梁宗岱:《梁宗岱文集·Ⅱ 评论卷》,71 页,北京,中央编译出版社;香港,香港天汉图书公司,2003。
⑤ 孙玉石:《中国现代主义诗潮史论》,51 页,北京,北京大学出版社,2005。
⑥ 李杭春:《多维视野中的百部经典——中国现当代文学卷》,189 页,杭州,浙江古籍出版社,2004。

响和作用不可低估："在这一现代类型中出现的诗人，都直接或间接找到他们接受法国象征派诗和它在其他国家的衍变所产生的各种流派的影响，对此种方法进行了幼稚的尝试。这里包括波德莱尔代表的法国上个世纪的象征派诗，包括本世纪 20 年代瓦莱里代表的法国后期象征派诗，包括 20 年代初美国和英国的意象派诗运动，也包括由象征派衍变而来的未来派等诗潮和运动。这些诗潮或多或少地都在中国刚刚诞生的新诗中产生过影响，产生了一些富有现代性因素的试验的萌芽。"①

波德莱尔从爱伦·坡，从浪漫派和帕纳斯派诗人，从现代生活的画家那里悟出并提出了诗歌的现代性，这一现代性具有与他同时代的当下时间性特点，具有当代人所处的时代的当下时间性特点，也具有当下的空间性特点，尽管后者必须通过时间来体现。那一行行波德莱尔的诗，犹如一声声叹息，唤醒了记忆深处沉睡的倒影，缓缓越过时空，被当下的时空翻新，继而向未来走去。

五、经典评论

"雅各布森和列维-斯特劳斯没有延续研究诗歌线性轨迹（阅读的含义）的方法，而是剖析诗歌的网状图形，以便能让诗歌的竖向应和（对应性、对照），这些应和使诗歌如音阶：结尾因此就可以回应开头，或者某一行诗预示另外一行诗，等等。因此，这些诗句绝对不能仅仅揭示其修辞效果，不能仅仅揭示读者所感受到的印象，而是要渐渐揭示诗歌真谛。

因此，神秘好像无法穿越。米歇尔·里法特尔说得非常对，他指出了雅各布森和列维-斯特劳斯的结构主义方法与他们的大胆结论之间的差异。他装出一副天真的样子，指出无法抵御对诗歌诠释的冲动。我不敢确定是否理解，但是我相信在几乎世俗的分析方法和哲学的焰火之间有着天壤之别。里法特尔之所以没有遭受借助词义分析的指责，没有掉进诠释的陷阱，是因为他一下子站在了词汇的高度：他认为，词义终究由词汇决定，应该把它们放置在词语、修辞和诗学背景中研究。其研究比雄心勃勃的结构主义研究更接近传统的风格研究，所以更具有说服力。"

"这种身后之大为人爱宠，这种精神的繁殖力，这种达到最高点的光荣，应该不仅仅依系于一些例外的状况。这些例外状况之一，便是那和诗的效能结合在一起的批判的智力。波特莱尔在这罕见的结合中得到一个主要的发现。他是生来富于感官而明确的；他是富于敏感的，而这敏感的要求便领导他去作形式的最精妙的探讨；但是如果他并没有由于心灵的好奇，无愧于在爱德加·坡的作品中发现一个新的精神世界的机会，那么这些天赋无疑只会使他成为戈谛艾的一个敌手，或是巴拿斯派的一个高手艺术家而已。明锐的魔鬼，分析的精灵，论理与想象，神秘性与筹算的最新鲜最迷人的配合的发明者，深钻并利用艺术的一切方法的文学技师，他觉得这都在爱德加·坡身上显现出来，而使他惊异。这些许多独特的见解和异常的预期都使他迷醉。他的才能因而变形了，他的定命因而灿然改变了。

---

① 孙玉石：《中国现代主义诗潮史论》，20 页，北京，北京大学出版社，2005。

在一个完全不同的天空之下，在一个专注于自己物质的发展，还漠不关心于过去，正在组织自己的未来，把全部自由给予各种经验的民族之间，有一个人，在差不多同一个时候，用着清晰、敏锐、洞明（在一个有诗的创造禀赋的头脑中，这些是从来没有遇见达到这样的程度的），来考察性灵的事物以及其间的文学产物。一直到爱德加·坡为止，文学的命题从来没有被人在它的前提中检验过，被人缩成为心理学的命题过，被人用那其中断然使用效果之理论和技术分析的方法去接触过。作品和读者的关系第一次被阐明而作为艺术的实证基础。这种分析，——而这便是以自己的价值向我们保证的一种情境——，在文学产品的一切领域中，也都清晰地可以应用并且证明。同样的观察，同样的辨别，同样的分量标志，同样的导线思想，也适合于那些用以对于感觉强力而粗暴地起作用的，用以征服爱好强烈的情感和奇异的故事的大众的作品，正如它们之支配那些最精练的样式和诗人的创造的精微的组织一样。"①

第三节　保尔·魏尔伦

一、生平与创作

关于魏尔伦，瓦莱里这样描述："有多少次我眼见他从我的门前走过，嬉笑怒骂的他，用残疾人或流浪汉吓唬人的粗木棍揾着地面。"②

保尔·魏尔伦1844年3月30日出生于法国东北部城市梅斯的奥特·皮埃尔大街2号。他的父亲是位军官，但温柔体贴；母亲喜爱幻想，他们原本希望要一个女孩，但是母亲3次流产，始终没有孩子。父母在结婚13年后才有了这个唯一的儿子，所以他们对这位晚来的家伙钟爱有加。魏尔伦的童年是在充满温情的家庭里度过的，他在《智慧集》里这样写道："可怜的家伙！所有的遗产，洗礼的荣耀，你的基督教童年，爱你的母亲……你都糟蹋殆尽。"③ 1845年他父亲所在的部队搬到南部城市蒙彼利尔，这座城市给保尔·魏尔伦留下了深刻的记忆，他对所经历的事情记忆非常清晰："我特别怀念那些非凡的宗教庆典，城里的年轻人在那里聚会，他们穿着不同颜色的道袍，多数都是白色的，道袍套在头上，上面留了三个供观看和呼吸的小洞，让我吃惊不小。"④ 早在少年时期，魏尔伦就钟情于诗歌并积极参加那个时代的文学运动，与戈蒂埃领导的当代帕纳斯派过从甚密。《当代帕纳斯》发表过他8首诗歌。他中学毕业后在巴黎市政厅当小职员，开始与当时的文艺圈交往。他早期的诗歌深受戈蒂埃的影响并打上了浪漫主义和帕纳斯派的烙印。

1866年，他发表了自己的第一本诗集《感伤集》，该诗集在写作技巧上娴熟地模

---

① 戴望舒：《戴望舒译诗集》，106～112页，长沙，湖南人民出版社，1983。
② ［法］保尔·瓦莱里：《瓦莱里散文选》，唐祖论、钱春绮译，24页，天津，百花文艺出版社，2006。
③ Jacques-Henri Bornecque, *Verlaine*, écrivains de toujours/seuil, 1966, p. 10.
④ Alain Buisine, *Verlaine Histoire d'un corps*, Editions Tallandier, 1995, p. 25.

仿了象征派诗人波德莱尔和帕纳斯派诗人勒孔特·德·李勒。1869年，他发表了自己的第二部诗集《戏装游乐图》，诗人描述了意大利喜剧人物和18世纪画家瓦托画中的田园风光，借此来实践帕纳斯派所提出的诗歌应该排除诗人感情的理论。他与玛蒂尔德·莫泰订婚后，经历了人生的一段幸福时光，创作了大量诗歌并收入诗集《美丽的歌谣》。此后，他的性情大变，不再到处拈花惹草，停止追求年轻姑娘，尽情享受爱情带给他的幸福时光。他相信这桩婚姻会给他带来巨大和温馨的心灵安慰。这段时间，他显示出旺盛的创作生命，他把自己创作的诗歌结集，在1870年发表了见证他与玛蒂尔德·莫泰爱情的诗集《美丽的歌谣》。这些美丽的诗歌表现了这样一个强烈的愿望：平静而单纯的生活，美好而甜蜜的爱情。然而这样的生活并没有延续下去。

1870年9月，他与兰波相遇，10月，魏尔伦和瓦拉达决定带着兰波到魏兰·波瑙莫家里吃饭。魏尔伦急于向朋友们介绍这位诗歌天才，兰波也没有让他失望。饭间，他朗读了自己的《醉舟》，这首诗深深地打动了当时在座的听众。瓦拉达在1871年10月写给布莱蒙的信中就可以证明："你没有去波瑙莫家吃晚饭实在是一大损失。在魏尔伦和我眼前展示了一位令人畏惧的诗人，他还不到18岁，名字叫阿尔图·兰波。他的手大脚大，一脸稚气，完全跟13岁的孩子没有区别，深黄色的眼睛，看似性格内向，但是好像更狂野，就是这位孩子征服了我的朋友们并让他们目瞪口呆，他的想象中充满力量和前所未有的颠覆。"[①] 自从魏尔伦迷上兰波以后，他所向往的平静生活和甜蜜爱情都将毁于一旦。1872年，他抛下妻子，追寻着兰波从比利时到达英国，与他在巴黎、伦敦和布鲁塞尔尽情地享受超出友情的友谊带给他的刺激和欢快。他们时而相聚，时而分别，时而欢笑，时而啼哭。此时此刻，魏尔伦处在了一种癫狂、混乱和病态之中。与兰波的共同生活使他产生了新的诗歌主张，也给他带来新的诗歌创作。他的诗歌感觉更加细腻，诗歌形式更加晶莹剔透。魏尔伦用心灵，用生命捕捉每一个词语，每一段描述，每一个色彩所带来的效果，每一缕阳光所产生的神奇。他把诗歌天地变成了自己幻想和驰骋心灵真实的象征之地。魏尔伦与兰波之间这种藕断丝连的关系在两位天才诗人的生命中产生了不同的效果。兰波认为是《地狱一季》，魏尔伦认为是《无言浪漫曲》。1873年，他与兰波的关系破裂，在比利时醉酒后开枪打伤了兰波，他因此而被判了两年监禁。

1874年，他把自己与兰波在流浪途中的印象写成了《无言浪漫曲》，以此向自己的妻子玛蒂尔德·莫泰致歉。这本诗集是魏尔伦在布鲁塞尔的狱中完成的，面对世界和语言，作为诗人的造物主表现出了超越一切的态度，他不愿意像兰波那样去对抗生命，对抗生活，他也不愿意被自己的心魔和内心的癫狂所异化。他之成为他者，是因为他把自己融进了多元化的现实世界，他更愿意被现实中的不同事物与人、不同的自然风光所影响。他所希望的诗歌语言是那样的美丽，是那样绚丽多彩，并不是因为词语本身的意义，而是因为词义的音调；并不是因为词语的厚重，而是因为词语的乐章。很少有人把心灵的颤动与陶醉用短暂和物质的词语表现出来。《无言浪漫曲》就

---

① Alain Buisine，*Verlaine Histoire d'un corps*，Editions Tallandier，1995，pp. 181-182.

是他与兰波交往这种生命状态和过程的表现，词语因为曲调而存在，词语因为无言而浪漫。面对词语，诗人不再存在，无言的词语用自己的曲调倾诉着浪漫的故事，如流水，似江河，词语打开了一个美妙的心灵天地和诗歌世界。经历了轰鸣和癫狂的人生体验，魏尔伦终于皈依上帝，回归自我。这种回归与皈依的结果就是心灵的反思和醒悟。出狱后，魏尔伦过了几年的教徒生活，这一时期的诗歌被收集在由此产生的另外一个诗集《智慧集》中。

据说《智慧集》是魏尔伦在比利时打伤兰波之后被判入狱期间写作的诗歌的汇总，还有人说是在他获释之后所撰写的。该诗集发表于 1881 年，其中的核心思想围绕着皈依，围绕着灵魂的回归。《智慧集》和《无言浪漫曲》是魏尔伦在与兰波相处的那段日子的见证，充分地表现了魏尔伦思想的转变过程和心路历程。从迷狂、紊乱、沉醉到宁静致远，魏尔伦经历了大彻大悟。这两本诗集与兰波 1873 年前后发表的诗歌及其诗集《地狱一季》完整地记录了魏尔伦和兰波在经历同一事件时的不同感受和生命体验。

1883 年，魏尔伦发表了一部在法国有重要影响的作品《可诅咒的诗人》（不列颠百科全书译为《厄运诗人》），重点向国人介绍被他认为是可诅咒的诗人，因为这些诗人在魏尔伦的眼里都是天才：兰波、马拉美、科比埃尔。已经渐渐淡出诗坛的兰波又作为可诅咒的诗人出现在读者的面前，马拉美这位象征主义的领袖人物继续着诗坛传奇，就连科比埃尔这位仅仅写过一本诗集《勉强的爱情》的诗人，也因为作品被收入《可诅咒的诗人》而名噪一时。魏尔伦是第一个使用"可诅咒的诗人"这样的词语来介绍这些象征主义诗人的人。表面看来，这些象征主义诗人被人诅咒，但是他们都是不同寻常的天才，绝对应该在法国文学史上占有一席之地。正因为这部著作，象征主义才在真正意义上被普通的法国读者所接受。他们终于从中发现了一批与浪漫主义诗人完全不同的诗人。所以，《可诅咒的诗人》赢得了年轻的象征主义诗人的喝彩和欢迎，魏尔伦也刚好借着他与兰波的不正常关系和这部著作的发表，彻底与当代帕纳斯派决裂。瓦莱里在谈到魏尔伦时这样说道："他来自艺术，又走出艺术。他摆脱了帕纳斯派，他处在，或者以为处在美学异教的末端。他反对雨果，反对勒孔特·德·李勒，反对邦维尔。他和马拉美关系良好，但马拉美和他是两个极端，这两个极端惟独在一件事——拥有几乎一样多的追随者和反对者——上相似。"[1]

魏尔伦晚年的诗歌代表着灵与肉的两种不同倾向，代表着他对纯洁灵魂的向往，同时又无法摆脱肉体的诱惑。在生活放荡的同时，他还在追寻诗歌的纯净。1884 年，他发表了收集了许多没有成集的旧作《今昔集》，其中著名诗歌《诗艺》受到了象征派诗人的热烈推崇。1888 年，"当人们以颓废诗人来对待他时，这种安排是比较正确的。"瓦莱里如是说。这一年，魏尔伦发表了《爱情集》，诗歌中充满虔诚的感情和对纯洁感情的向往。所以瓦莱里才发出了这样的感慨："品行不端、跟艰苦而又动荡的

---

① ［法］保尔·瓦莱里：《瓦莱里散文选》，唐祖论、钱春绮译，27～28 页，天津，百花文艺出版社，2006。

生活做斗争、不稳定的处境、在监狱和收容院内逗留、习惯性的酗酒、经常在下层社会鬼混和罪行本身，这些与文字优美的诗歌创作并不相悖。"① 而与《爱情集》平行的，是他在 1889 年发表的《平行集》，这个诗集收集了描绘他放浪形骸的诗作。在灵与肉的矛盾中，魏尔伦用诗歌，用文字，顽强地继续着自己的生命。《今日作家》是他在 1885—1893 年完成的又一本著作。1896 年 1 月，贫困潦倒中的魏尔伦在巴黎结束了自己的一生。他是"法国最纯粹的抒情诗人之一，现代词语音乐的创始人，是从浪漫主义诗人过渡到象征主义的标志。"②

二、诗歌美学观

魏尔伦的诗歌美学主张见于收进《今昔集》的著名诗歌《诗艺》。其中的很多主张在继续了波德莱尔美学思想的同时，特别强调了音乐与词汇之间的关系以及音乐在诗歌中的至高无上的地位。瓦莱里在谈到魏尔伦的这种追求时说道："魏尔伦身上的这种反动，鼓励他创造了一种与完美形式相反的形式，完美的形式使他厌烦。他有时候好像在音节和韵脚内探索，有时候似在寻觅最具瞬间音乐性的表达法。他甚至宣告他发明了一种诗艺：'音乐先于一切'。他为此偏爱诗的自由体……这种决定意味深远。"③

> 音乐高于一切，
> 最好用单音节，
> 朦胧与大气一体
> 轻盈无半点行迹。

"音乐高于一切"的起句在诗歌的结尾得到了进一步的强化：

> 还要音乐，永远要音乐！
> 让你的诗句插上翅膀，
> 让人们感到它逃脱灵魂的羁绊，
> 在另外的爱情天地里翱翔。④

第一，首先，诗人强调了诗歌的音乐性，强调了"音乐高于一切"的观点。词汇所创造的音乐开启了另一个空间，除了飘浮的音符之外，那里是一片纯洁、轻盈，是没有人间烟火的世界。词语符号被剥夺了所指，能指显示的只是他们的音乐天地，只

---

① ［法］保尔·瓦莱里：《瓦莱里散文选》，唐祖论、钱春绮译，28 页，天津，百花文艺出版社，2006。
② ［法］《简明不列颠百科全书》，242 页，北京，中国大百科全书出版社。
③ ［法］保尔·瓦莱里：《瓦莱里散文选》，唐祖论、钱春绮译，28 页，天津，百花文艺出版社，2006。
④ 辜正坤：《世界名诗鉴赏词典》，448～449 页，北京，北京大学出版社，1990。

是符号的音节形式。在诗歌所表现的音乐世界里，诗人不断强调词汇的音响效果，音节响亮的词汇，它们要有机结合，形成词语的相互交融和共鸣，形成诗歌的交响曲。其次，诗人强调词语的节奏、韵律和动感，在浑然一体的交响世界里，飘动着单音节所代表的音符，它们的流动在"朦胧与大气一体"的诗歌空间里划出了一道道难以察觉而又美丽无比的生命轨迹，诗歌中的气息如同随风飘荡的音符，拨动了心灵的琴弦，"轻盈无半点行迹"，然而却留下了一丝心灵的颤动。叶芝把这样的时刻叙述为："我们既睡着又醒着的时刻，这个创造的时刻，用一种迷人的单调致使我们静寂，用种种起伏致使我们振奋，从而处于也许是真正出神入定的状态，于是思想从意愿的重负下解放，在象征中展开。"① 同时诗人要求音韵平易近人，诗歌需要易于上口，避免说教和雄辩。

第二，诗人强调诗歌的表现形式和选择词语的方法："最难得的是灰色的歌，将模糊与清晰有机结合"。诗人由此表露出他所希望的诗歌境界：清晰与模糊、朦胧相结合，含义清晰的词汇中透出模糊、朦胧的诗意，如痴如梦，若明若暗，如梦似真。这样的诗歌境界又必须由充满暗示、象征和不同含义的词汇支撑，含义清晰的词汇则犹如朦胧境界中的一条小溪和线索，牵引着读者的思绪。词汇在清晰与模糊之间形成明暗对立的诗意世界，清晰的词汇好像一把利剑要刺透光尘后面的朦胧，挑落蒙在秀媚眼睛上的面纱，让"温馨的秋空中，闪烁熠熠星光的蔚蓝"。

第三，诗人强调了音乐与色调、与芳香之间的关系。魏尔伦继承了波德莱尔的应和理论，在强调音乐的主体地位时，特别指出不同的事物在人的感官之间所产生的不同反应。

> 让你的诗句成为真正的冒险，
> 在抽搐的晨风中缤纷
> 那晨风吹开落荷与百里香的花朵，
> 舍此一切都是文学赝品。②

现实的时空和空虚的想象构成了虚与实的诗歌空间，诗句断裂、飘浮其中，演化成飘荡的音符和花朵，好像真的被晨风吹开，漫天的飘香瞬间充斥在诗歌所构成的意境里。飘动的诗句随风而去，飘香的诗句空间成为无限的想象空间。"声音，或色彩，或形状，或所有这些，如果未曾建立成一种和谐的联系，他们的情感将只能在其他的思想中存在。"③ 这里的声音、色彩、芳香和形状构建了静中有动，动中含静，虚实相间的诗歌世界，既巧妙地把诗句的音乐性和它产生的视觉和嗅觉幻想结合在一起，又展示了魏尔伦希望创造的诗歌境界。"从那种通感割裂时间的效果中出现了一种审美

---

① 王家新、沈睿：《二十世纪外国重要诗人如是说》，56 页，郑州，河南人民出版社，1992。
② 辜正坤：《世界名诗鉴赏词典》，448～449 页，北京，北京大学出版社，1990。
③ 王家新、沈睿：《二十世纪外国重要诗人如是说》，55 页，郑州，河南人民出版社，1992。

的空间，在这'同质的、空无的'技术进步的节奏的缝隙中为灵魂辟出了一小块栖居之地；本雅明以他特有的方式把它定义为'气息'（Aura）。气息之所以是非意愿的回忆的庇护所，是因为'它极度地麻醉了时间感，并在它换来的同样的气息中引回了岁月。'……这种气息的效果在于它唤起感觉的不可穷尽性，因为花朵的馨香和一幅画的魅力本身都是滋养着审美的欲望的源泉。"① 诗歌现实既是现实，又是梦幻。如现实，我们可以从中发现、感觉到事物的存在；如梦幻，我们无法捕捉事物，无法看见事物，因为事物来自诗人的灵魂，属于诗人心灵的吟唱，正如克洛岱尔所说："在他最出色的诗歌中，应该承认这类诗歌并不多，我们会产生这样的印象，意即不是一位作家在诉说，而是一位作家无法抑制的灵魂在诉说。"② 没有了灵魂的吟唱，诗歌将失去所有华丽的外表，音乐也就成为失去依附物的空壳。

　　"追寻音乐高于一切，并不意味着仅仅注重节奏与音调，而是在反对话语分析模式时，孕育另外一种话语逻辑，一种框架与总和逻辑。目的是让词汇演奏，恰如音乐之于乐符或印象派画家之于色彩。魏尔伦的诗歌用配合和和谐取代话语逻辑的音节及其句法结构。从此，词语失去了它们严格意义上的词义或者准确的描述，词语成为暗示艺术的素材。"③

三、作品分析

　　从受浪漫派、帕纳斯派诗人和波德莱尔的影响开始，魏尔伦的诗歌创作逐渐形成自己的风格。他早期的诗歌虽然也有短暂的《美丽的歌谣》，但是更多地充满了愁情和对梦境的回忆，《亲切的梦》《秋歌》《月色》等大多沿用了浪漫主义、帕纳斯派和波德莱尔诗歌所表现的主题。《秋歌》更多地从浪漫主义那里吸收了灵感，多愁善感的感情与秋风秋色搅拌起拉马丁式的"略有些伤感的悲哀"，像拉马丁的《湖》那样搅拌起对往事的回忆：

> 长久听啜泣
> 秋天的
> 梵哦玲
> 刺伤了我
> 忧郁
> 枯寂的心。
> 使人窒息，一切
> 又这样苍白，
> 钟声响着，

① 胡经之：《西方文艺理论名著教程》（下），516～517 页，北京，北京大学出版社，1988。
② Alain Buisine, *Verlaine Histoire d'un corps*, Editions Tallandier, 1995, pp. 15-16.
③ Bertrand Marchal：《解读象征主义》，Dunod, Paris, 87 页，1993。

我想起
往昔的日子
不觉落泪。
我，犹如转莲
听凭恶风
送我漂泊
海北天南
像一片
枯叶。①

　　"长久听啜泣"既没有点出听的主语，也没有点出啜泣的主语，句子的倒装拉开了诗歌的空间，让"秋天的梵哦玲"展开，悠长地去刺伤我的心。因为是秋天，才会有"啜泣的梵哦玲"，因为忧郁、孤寂，心才会被刺伤。外部世界与内心世界的反复撞击和应和穿越悠长的空间，零零散散而又非常密切地作为整体出现。"窒息、苍白"的现实空间通过流动的钟声使岁月倒流，过去与现在吻合，没有着落的心像秋天的枯叶，飘零在往昔的岁月里。"啜泣"、"刺伤"、"送"、"漂泊"等动词使整首诗充满悠长的韵律和节奏，动感十足，同时也充分地揭示了诗人飘忽不定的心绪。"转莲"、"枯叶"、"恶风"等名词词组也表现了某种动感，与动词密切配合共同构建了整首诗的音乐气息。"朦胧与大气一体，轻盈无半点行迹。"无迹可寻，却在诗人的内心深处留下了秋天的哀叹和悲伤，浪漫主义的影子依稀闪现在魏尔伦初期的诗歌中。这首诗中的"恶风"、"枯叶"与拉马丁《沉思集》的《孤独》所表达的感情又多么相似，"林中的树叶纷纷扬扬，飘落大地，晚风吹起，满地的落叶被扫出山沟；而我，完全可以和一枚枯叶相比：狂风暴雨，请你们把我也一起吹走吧！"② 与拉马丁把自己比作林中的枯叶，直述让狂风暴雨带走相比，魏尔伦更加注重物象世界的心灵化，使心灵牢牢地依附在物象之中，彼此浑然一体，若有似无地击打着诗人和读者的内心世界。
　　除了创作初期对浪漫主义的秉承之外，魏尔伦似乎对帕纳斯派所主张的摒弃诗人主观感情，突出轮廓，增强造型美感的诗歌更感兴趣，他初期的诗歌大量地表现了这种思想。他对"形式越难驾驭，作品就越加漂亮：诗句、大理石、玛瑙、珐琅"的诗歌主张更是顶礼膜拜。早期《伤感集》中的《亲切的梦》和《美丽的歌谣》中的《月色》等诗歌中这样的痕迹更加明显：

　　我经常做这个梦，挥之不去又离奇，
　　梦里的陌生女郎：我有爱，而她有情，
　　但是每个梦并不全是同一个人影，

---

① 辜正坤：《世界名诗鉴赏词典》，446 页，北京，北京大学出版社，1990。
② 程曾厚：《法国诗选》，241 页，上海，复旦大学出版社，2004。

但又不全是别人，她爱我，知我心意。

……

她的目光仿佛是一尊大理石雕像，

而她说话的声音，遥远，安静，又深沉，

这声音已经沉默，但是有余音绕梁。①

    诗人用帕纳斯派的手法客观地描述了梦幻般的境遇，梦中的陌生女郎和影子被客观地展现在读者面前。整首诗的美全部表现在抽去了诗人情感的冰冷事物上，就连自己的梦中情人也"仿佛是一尊大理石雕像"，冷冰冰地没有热情，没有声音，在梦中闪现，缠绕着诗人的情感。用对物象本身的描述来表现诗人的审美情趣在魏尔伦早期的作品中非常突出，也在某种程度复原了诗歌自身的功能，纠正了浪漫派诗歌的滥情主义。

溶溶的月亮静悄悄，又愁又美，

使树林里的小鸟进入了梦乡，

使喷泉的水呜呜咽咽地沉醉，

苗条的水柱，四周是大理石像。②

    轮廓、造型等摒弃了诗人情感的形式，犹如一幅幅美丽、冰冷的静物画，展示着自然世界里未加修饰的形式美。用"溶溶"、"静悄悄"、"愁"和"美"来表现月亮的轮廓和形状，表现去除诗人情感后的状态。与此相对应的是对小鸟的描述，诗人摄取了这样的视角，没有描述小鸟的啼鸣，那样会破坏冷清的月光所构建的世界，作为衬托的小鸟只有以静物的形式出现，才会加重月亮的愁和美。诗歌中唯一的声音是"喷泉的呜咽"，与静寂的月亮和树林相比，水的呜咽又是那么的孤寂和无助，在由"苗条的水柱"和"大理石像"等线条和造型构成的静物背景中唱起了孤寂的歌。魏尔伦还经常用"荒凉，冷落的古园"及"枯了的眼睛，瘪了的嘴唇"等来强调轮廓和造型所产生的超越情感的客观美。

    当代帕纳斯派的印记在这首诗歌里显露无遗，就像《白色大调交响曲》所要表达的审美情趣一样："是白色大理石暗冷的躯体，古代的诸神曾借以寄身；是取本色银器，取乳白石，有一点光就会色彩缤纷"。

    然而当诗人从他与兰波的故事中解脱出来时，他的诗歌创作也发生了变化，他对词语的意义功能越来越淡化，而对词语的音节、音调、节奏、韵律等越来越重视，所以他把自己与兰波的经历称之为《无言浪漫曲》，没有语言意义，却有音节和韵律的浪漫曲。诗歌的意义不但可以透过若明若暗的词语捕捉，更可以透过由此所产生的无

---

① 程曾厚：《法国诗选》，382 页，上海，复旦大学出版社，2004。
② 程曾厚：《法国诗选》，384 页，上海，复旦大学出版社，2004。

眼空间捕捉，所以《无言浪漫曲》里便有了《泪洒我心中》的诗歌。

> 泪洒我心中，
> 像秋雨落满城，
> 何等缠绵的愁绪，
> 缭绕在我的心胸。
>
> 啊，这柔细的雨声，
> 跳荡在大地和屋顶；
> 啊，这缠绵的细雨之歌，
> 回荡在我怅惘的心中！①

　　"泪洒我心中，像秋雨落满城"，泪水与细雨划出两个空间，一个出自诗人的心灵，一个出自由心灵所引出的外部世界，当两个空间在这里交汇时，心灵之歌与自然之歌各自独立存在。"泪洒我心中"由一个无人称句开始时，诗人已经被排除在诗歌之外，但是这种看似排除了诗人感情的起句恰恰为诗人心中注入莫名情怀，无人称的"泪洒"与有我的"心中"以对立的形式开始，被物化了的泪水注入了心灵之中，无我与有我的对立为整首诗奠定了基调。无我融入有我之后，有我随之被引向秋雨飘飘的想象之城，引向兰波所描述的秋雨之城。无中生有的秋雨和城市又引出了自然之歌：细雨敲打着大地和屋顶，回应着诗人的内心世界。词语的韵律和着雨声在无垠的外部世界和诗人的内心世界流动，为朦胧模糊的空间注入动感和音乐。泪水与细雨突然间在朦胧的空间闪光显现。诗人用看似难以捕捉的词语以及它们所勾画出的内心与外部世界，让记忆长河里的难忘故事在不同的空间流动和畅想。"记忆既可以长期潜伏，也可以突然复苏。……记忆是一种始终处在现实之中的现象，是被人体验过的与现实的永恒联系；它被模糊不清、混杂一起、一体或漂浮不定、特别或象征性的回忆所充斥，它对任何变化，各式各样的场景，审查或放映都很敏感。"内心世界和外部世界同时闪亮起过去的记忆，与飘雨的城市和流泪的心交融在一起，因此，"这世界，就重叠在我们的心灵上。虽然我们不能穷尽它，但是它就在那儿，以文学的名义无止无休地诱惑着我们，召唤着我们。"② "我的心是如此伤情！"王国维所说的"无我之境，人惟于静中得之。有我之境，于由动之静时得之。"正是这首诗所要表现的境界，静时的无我之境和由动至静时的有我之境均被魏尔伦淋漓尽致地勾画出来。"他可能的全部恶行就是他内心恪守、扩展或是发展过这种美妙的发明力量，这种表达甜蜜、热忱、温柔凝聚的力量，没有一个人像他那样提供过。因为他擅长最能干诗人的一切精细敏锐。在外表看似平易，又具有天真的几乎稚童般音调的诗作中，没有人能像他

---

① 辜正坤：《世界名诗鉴赏词典》，448 页，北京，北京大学出版社，1990。
② 史铁生：《灵魂的事》，36 页，天津，百花文艺出版社，2005。

那样懂得隐藏或是溶解一种完美艺术的源泉。"① 无我之境和有我之境兼而有之的诗歌境界，在魏尔伦自《无言浪漫曲》以后的创作中愈发明显：

> 屋顶上的那角天幕，
> 蔚蓝，宁静！
> 屋顶上那棵大树，
> 摇晃轻轻
>
> 钟声在眼前的天上，
> 悠悠响起。
> 鸟儿在眼前的树上，
> 哭哭啼啼。②

"两个相距越远的景象，它们所表现的现实越接近，它们的力量就会越强大。"宁静的天空与轻轻摇晃的大树一静一动，构成了眼前的无我之境，同时也构成对立的动静境界。这种无言的动静境界被天空的钟声和树上的鸟叫声打破，远处的钟声与身边的鸟声表现了近似的动感世界。眼前是诗人的视觉世界，远处是诗人的听觉世界，它们共同构成了具有震撼力的诗歌意境。诗人最终会寄托自我于复杂的无我之境。他的诗句既表达了诗人静如止水的心灵，同时也流露着青春已逝的感叹：

> 你又如何虚扔，你呀，
> 哭泣阵阵，
> 你说，如何虚扔，你呀，
> 你的青春？

眼前宁静的诗歌空间，在动与静的变化之间，从近至远，由静到动。平静的空间飘扬起钟声，流动着小鸟的叫声，诗歌空间突然产生了一种看不见的气息，由自然世界的境界透露出诗人的心境。气息由表及里，逐渐进入诗人的心灵，演化成线性的记忆长河，历时性和现时性又在这样的空间里交叉。景象、意象、气息亦动亦静地出现在这个由词语构成的诗歌世界里，宁静的心境好像被某种不经意的东西所触动，无法摆脱。也许诗歌空间里流动的是记忆，也许是记忆印象。

> 我是我印象的一部分
> 而我的全部印象才是我

---

① ［法］保尔·瓦莱里：《瓦莱里散文选》，唐祖论、钱春绮译，25 页，天津，百花文艺出版社，2006。
② 程曾厚：《法国诗选》，387～388 页，上海，复旦大学出版社，2004。

　　我没有用记忆，而是用了印象。因为往日并不都停留在我的记忆里，但往日的喧嚣与骚动永远都在我的印象中。因为记忆，只是阶段性的僵死记录，而印象是对全部生命变动不居的理解和感悟。记忆只是大脑被动的存储，印象则是心灵仰望神秘时，对记忆的激活、重组和创造。记忆可以丢失，但印象却可使丢失的记忆重新显现。一个简单的例证是：我们会忘记一行诗句，但如果我们的心绪走进了那句诗的意境，整个诗句就毫厘不爽地从我们记忆里浮现出来。①

四、接受与影响

　　魏尔伦继承了浪漫主义、帕纳斯派和波德莱尔的诗歌创作理论，受到了瓦格纳音乐创作理论的影响，而且对中国现代诗歌产生了较大影响。徐志摩在《语丝》上发表的波德莱尔《恶之花》中的《死尸》的译文序中对象征主义所提倡的诗歌语言的音乐性，也就是魏尔伦强调的音乐高于一切的观点大加赞赏，指出"诗的真妙不在他的字义里，却在他不可捉摸的音节中"。这种主张与魏尔伦所主张的"朦胧与大气一体，轻盈无半点行迹"如出一辙。

　　受到魏尔伦等法国诗人的影响，在法留学时的李金发，就编了自己的第一本诗集《微雨》，并在国内出版，一时成为中国新诗诗坛上的一件大事。当时就有人称他为"魏尔伦的音调"。魏尔伦对李金发的影响，不单是文学界的见解，也得到了李金发本人的认可。朱自清称李金发第一个把"法国象征诗人的手法""介绍到中国诗里"。周作人等则给予了更高的评价，认为"其体裁、风格、情调都与现实流行的诗不同"。金丝燕曾经对两人的诗作过细致的对比研究。"按照金丝燕的研究，李金发对魏尔伦的接受，集中在诗体与形象上。李金发的《有感》一诗在诗的形式上源自魏尔伦的《秋歌》，而李金发与魏尔伦相类似的诗歌形式与题材有秋、死叶、月夜、雨、琴声、钟声、灵魂等。"② 李金发《一无所有》中的"风儿在窗外赶着雨点，屋瓦发出报复的沉吟，长林惟有灰死之色，给远山凭吊"③ 和《举世全是诱惑》中的"你向我洒泪洒得多了，给我心曲一个永远的回音"好像在回应魏尔伦的"啊，这柔细的雨声，跳荡在大地和屋顶；啊，这缠绵的细雨之歌，回荡在我怅惘的心中"，尤其是他的"微雨浅湿帘幕，正是浅湿我的心"与魏尔伦的"泪洒我心中，像秋雨落满城"所表现的情感和意境何其相似。当有人指出李金发的诗歌太过"欧化"时，他以自己师承魏尔伦作为挡箭牌，"……杨允达曾经说：'李金发是第一个以法国象征技巧写诗的人，他师承魏伦（即魏尔伦，引者按）自认为魏伦的弟子。但是他的毛病就是没有学到魏伦锻炼语言文字的功夫。'"④ 由此可见魏尔伦对李金发的影响。

①　史铁生：《灵魂的事》，36～37页，天津，百花文艺出版社，2005。
②　陈太胜：《象征主义与中国现代诗学》，65页，北京，北京大学出版社，2005。
③　吴欢章：《中国十大现代流派诗选》，182～183页，上海，上海文艺出版社，1989。
④　陈太胜：《象征主义与中国现代诗学》，72页，北京，北京大学出版社，2005。

穆木天在《谭诗》的诗学文章里写道："我忽的想作一个月光曲，用一种印象的写法，表现月光的运动与心的交响乐。我想表漫漫射在空间的月光的振动，与草原林木水沟农田房屋的浮动的调和及水声风声的响动的振漾，和在轻轻的纱云中的月的运动的律的幻影。"和他所主张的"诗是一个有统一性有持续性的时空间的律动"，他所希望的诗歌世界与魏尔伦的追求不谋而合："在人们神经上振动的可见而不可见可感而不可感的旋律的波，浓雾中若听见若听不见的远远的声音"，音乐性在诗歌中的作用显而易见。王独清"把'色'与'音'放在文字中"的提法也在音上更靠近魏尔伦。他认为"最高的作品"是"用很少的文字奏出和谐的音韵"，说自己最爱拉马丁、魏尔伦、兰波和拉佛格的作品，最倾心魏尔伦的音乐高于一切的主张。梁宗岱也谈到要"彻底认识中国文字和白话底音乐性"。他指出："把文字来创造音乐，就是说，把诗提到音乐底境界，正是一切象征诗人在殊途中的共同倾向。"

据好友杜衡回忆，戴望舒在学习法文期间，曾经直接阅读过魏尔伦的作品，而且戴望舒还把魏尔伦的《瓦上长天》（又译《屋顶上的那角天幕》）和《泪珠飘落萦心曲》（又译《泪洒我心中》）等诗歌翻译成汉语，他的《老之将至》《秋天的梦》似乎也残留着魏尔伦诗歌的痕迹："怕这些记忆凋残了，一片一片地，像花一样；只留着垂枯的枝条，孤独地""秋天的梦是轻的，那是窈窕的牧女之恋"[1]，《雨巷》更是在魏尔伦强调音乐性的影响下写作的代表作。但是戴望舒更强调诗歌的本体意义，他主张的："诗的韵律不在字的抑扬顿挫上，而在诗的情绪的抑扬顿挫上，即在诗情的程度上。"[2]与魏尔伦所主张的表现的并非文字，而是诗歌的气息又是何其相似。"诗情"和"气息"在兼顾传统和现代的同时，更注重诗人的创新，以有形传递无形，以无形展现有形。戴望舒前期的诗歌创作把魏尔伦诗歌主张中的现代性和中国传统诗歌的审美需求完美地结合在一起，而且在现代诗歌中延伸了这种需求。"戴望舒的前期代表作《雨巷》，将法国早期象征派诗人魏尔伦追求语言的音乐性、意象的朦胧性与我国晚唐的婉约词风相融合，使'中国旧诗风'产生了现代意义上的'创造性转化'。《雨巷》的现代汉语意味，不仅表现在'雨巷'这一富有民族情结和充满汉语诗意的象征体的朦胧美，还突出体现了以诗人情结为内在结构的现代汉语音节的韵律美。叶圣陶称赞《雨巷》'替新诗的音节开了一个新的纪元'。诗人注重汉语音节，并不影响内心开拓及诗意发掘，因为音节安排服从并巧妙融入象征的诗意方式之中。"[3] 魏尔伦主张文字的韵律、节奏、气息等，这些观点之所以能在中国产生更大的影响，是因为它们更多地符合了中国文人的传统审美习惯。

五、经典评论

"勉强指出诗人魏尔伦与他同时代的某位诗人或者画家之间的相似之处，并没有

---

① 戴望舒：《戴望舒精选集》，32 页，北京，北京燕山出版社，2006。
② 戴望舒：《戴望舒精选集》，135 页，北京，北京燕山出版社，2006。
③ 李杭春：《多维视野中的百部经典——中国现当代文学卷》，187 页，杭州，浙江古籍出版社，2004。

意义。他不像画家，是色彩专家，没有像他们那样表现自然中的光线或者关注自然中的静静青苔。他感觉比他们更像音乐家，更渴望使自己昏昏欲睡的梦幻。与福楼拜和莫泊桑需要丑化或展现现实相平行。事实上，还有一个文学上的印象派。龚古尔兄弟是对此意识最清楚的作家，他们奉献了最出色的散文样本，而且我们在此希望把他们与其作品区分开来。早在1865年3月，马拉美就给加扎利写信提到了自己的《海洛狄亚德》："我在那里找到了描绘和记录稍纵即逝的印象的特殊而又亲密的方法。"我们知道雨果用一句让人吃惊然而却很准确的话称魏尔伦为"我可爱的印象派诗人"。有时我们希望把这种魏尔伦的印象派限制在创作生涯的很短时间：1872—1874年，而且我们确信他随后就超越了这个时期。也许他变了，而且也明白了这种艺术因为单调所面临的窘境。但是，这种对所有事物的简单明了的感觉却为我们留下了袅袅余音，诗歌中也留下了不可捕捉的感觉，内心感受和感情没有被排除，而且还得到了印象的补充。除了1873年夏天《智慧集》中那首非常著名的诗歌《希望燃起……》外，诗歌中的印象和含而不露的象征相结合（稻草的细枝也许是优雅，胡蜂也可能是女人，水抚摸着凹坑中的卵石），魏尔伦的许多最美的诗歌依然属于印象派。与其说是创作，不如说是排列，而且诗歌中包含着逝去的时光中的悲剧成分，这些逝去的时光用对过去的怀念，用面对未来时的忧郁来装扮现在的印象。我们把那些最能使魏尔伦列入法兰西印象派诗歌集的诗歌列举如下：《今昔集》中的《清晨的天使》（最初用另外的标题在《帕纳斯》杂志发表），同一诗集中创作于他在狱中的几年（1873年10月）的《万花筒》以及后来突然发表在《平行集》中的《边缘》，后者是一首关于想象的诗歌。"①

第四节　阿尔图·兰波

一、生平与创作

> 可憎的伙伴并不知道真情：
> 在这个孩子身上修辞学的谎言
> 崩裂如水管，寒冷造就了一个诗人。②

这是被誉为"奥登一代"的英国诗人奥登在以《兰波》为标题的诗中对兰波的描画。

阿尔图·兰波1854年10月20日出生在法国的沙勒维尔，父亲是陆军军官，母亲生性专制，兰波深受其苦。少年兰波得不到母爱。他在上中学后，表现出了对诗歌的

---

① Henri PEYRE, Qu'est-ce que le symbolisme? P. U. F. 1974, pp. 93-94.
② 潞潞：《忧郁与荒原——外国著名诗人代表作品选》，244页，北京，北京出版社，2003。

狂热并得到修辞老师的理解、鼓励和指导。他不但是最优秀的学生，同时性格里已经表现出对世俗社会的鄙视和反抗，他感到自己身上萌发了对诗歌的偏爱和难以遏制的诗歌才华。1870年，他以一篇拉丁诗获得学区竞赛第一名，还在巴黎的《大众杂志》发表了他的第一首诗《孤儿的新年礼物》。这一年7月，普法战争爆发，他失踪了。他只身乘火车来到了巴黎，因无钱买票，半路上被拘捕，后来他的老师代交了罚款，才把他带回了沙勒维尔。到了10月，学校已经开学，他辍学之后，再次出走，游荡于法国北部及比利时，过着饥寒交迫，然而无拘无束的生活。1871年2月25日，他卖掉自己的手表，又去了巴黎，在极度饥寒中生活了半个月，于3月10日步行回到了沙勒维尔，之后他的性情大变，写出了许多愤世嫉俗、最激烈、最愤慨的诗歌，表达对现实生活的厌恶，对纯真生活的向往以及善恶之间的搏斗意识。他经常饮酒，拒绝工作，反对宗教，不遵守纪律。3月18日爆发了巴黎公社革命，5月28日，巴黎公社被镇压在血泊之中。在此期间，兰波是否去过巴黎，人们的争议很大。4月18日到5月12日，人们不知道他去了哪里。5月13日他回到了沙勒维尔，给他的修辞学老师乔治·伊桑巴尔写了一封信，就是他的第一封所谓的通灵人的信。信中兰波表达了对屠杀巴黎公社革命者的强烈不满："我将是劳动者。当狂怒把我推向巴黎的战场时，我便有了这样的想法。无数的劳动者倒在了那里，而我还在给你写信！现在还要工作，我永远、永远都不再工作，我罢工了！"① 同时提出了著名的"我是他者"的观点。两天以后的5月15日，他给自己老师的朋友保尔·德·维尼写了第二封所谓的通灵人的信，提出了自己的诗歌理论。由于他的新美学思想无法用现存的语言形式表现，所以他提出了寻找能够表现自己感觉的语言，必须创作属于自己的感官语言。

　　1871年8月，兰波把自己按照他提倡的诗歌意境所创作的几首新诗寄给了巴黎的魏尔伦，其中就包括那首著名的十四行诗《元音》。魏尔伦大为赞赏，立即复信欢迎他到巴黎去："来吧，亲爱的精灵，伟大的精灵，人们在呼唤你，人们在等待你。"9月，兰波又来到了巴黎，受到了沙尔·科鲁和魏尔伦的热烈欢迎。临行前，他写了一首技艺精湛、意境新颖的杰作《醉舟》。当他在朋友家里朗读了自己的新作之后，得到了大家的一致赏识，决定把他推荐给泰奥多尔·德·邦维尔。他先是在魏尔伦家里借宿了一段时间，随后他又先后在泰奥多尔·德·邦维尔和沙尔·科鲁家里借住。在巴黎期间（1871年9月至1872年7月），他和魏尔伦过起了同性恋的生活，结果流言四起。1872年初，社会上对兰波的评价分为截然相反的观点，有人认为他是诗歌天才，有的人指责他没有与人交往的能力。为了兰波，魏尔伦整日与妻子争吵不休。无奈之中，兰波只好暂时离开巴黎，回到了沙勒维尔，不久后又去了比利时。这时的魏尔伦，表面上和妻子的和好，可是到了1872年7月，魏尔伦抛弃妻子，随兰波流浪到了伦敦。两个人贫困潦倒，争吵不断。兰波希望尽快摆脱魏尔伦的纠缠，到年底时，他又返回了沙勒维尔。到1873年年初，兰波却又回到重病的魏尔伦身旁。他们在伦敦一起散步，一起在博物馆朗诵诗歌，度过了几个月的时间。4月魏尔伦去了比利时，

---

① ［法］兰波：《Poesies, Une saison en enfer, Illuminations》，200页，巴黎，伽利玛出版社，1984。

兰波去了罗什。他在那里又写了一些诗歌，成为后来出版的《地狱一季》的一部分。7 月时兰波来到布鲁塞尔，打算和魏尔伦一起返回伦敦。这时两人却发生了激烈争吵，兰波假意离开魏尔伦要返回巴黎时，被魏尔伦开枪打伤。兰波被人送到了马赛的圣约翰医院，一周后出院，回到了罗什的母亲身旁，在那里完成了散文诗集《地狱一季》，记录了他与魏尔伦那段不堪回首的生活："这是地狱，永恒的痛苦，瞧！无情之火升起来了，我受着应有的炙烤。滚开，魔鬼！……这仍是生活！假如永恒地罚入地狱！这难道不是一个想自残手足的人受到的应有惩罚？既然我相信是在地狱中，那我就是在地狱中了"① 兰波在《坏血统》这首诗里通过非常隐秘的方式解释了他与魏尔伦分别的原因："至于建立幸福生活，无论是否家庭生活……不，我无法做到。我太放荡不羁、太孱弱。只有劳动，生活才会多彩，古老的真理如是说：我、我的生活不是那么沉重呆滞，它飞翔、高高漂浮在行动——这个世界上珍贵的点上。"② 诗集在布鲁塞尔出版，尽管兰波略带讽刺地标价 1 法郎，但还是因为他支付不起印刷费而束之高阁，直到 1901 年才被人们发现。

　　1873 年成为兰波的转折之年，是他与魏尔伦分手的一年，也是他创作《地狱一季》的一年。所以，这一年是兰波的双重决裂之年：与魏尔伦分手，与表达个人感情的主观诗歌论者决裂，提出了新的文字的炼金术。从此以后，兰波开始浪迹天涯。1874 年 3 月，兰波又来到了伦敦。7 月他又到了英格兰的雷丁，一直在一家语言学校待到了 11 月，年底他回到了沙勒维尔。1873 年至 1875 年，他完成了早在《地狱一季》之前就开始创作的《彩图集》（百科全书又译为《灵光篇》），这部诗集直到 1886年才得以发表，完稿后即与诗坛告别，开始了流浪生活。《彩图集》是一部散文诗集，是他诗歌创新的顶峰，这种诗体也是他简洁奥秘风格的最好表现形式。1875 年 2 月，在开始自己将近 15 年的冒险生活之前，他来到了斯图加特，重新见到了魏尔伦（也许是最后一次）。

　　1876 年，他与荷兰军队签定了 6 年的服役合同，1877 年，他回到了沙勒维尔，后加入了美国海军。他的足迹遍及欧、亚、非三大洲。1891 年，他在非洲旅行的途中膝盖感到剧痛，这从他 1891 年 2 月 20 日在津巴布韦的哈拉雷写给母亲的信中就是证明："我现在很不好，至少我右腿上的静脉曲张让我痛苦不堪。这就是我们在这些凄凉的国家所收获的苦痛，静脉曲张因为感冒而更加复杂，而这里的天气并不冷，是这里的气候引起的。从今天算起，因为这可诅咒的右腿上的疼痛，我已经 15 个夜晚没有合眼了。"③ 他曾经希望去雅典，希望那里炎热的天气能够治好自己的病，他在无奈之中乘船回到了马赛，其中的疼痛无法想象，这也从他同年 5 月 21 日写给母亲的信中可以看出来："经历了可怕的疼痛之后，无法在雅典得到治疗，我乘邮船回法国。"

　　① 潞潞：《忧郁与荒原——外国著名诗人代表作品选》，30 页，北京，北京出版社，2003。
　　② ［法］兰波：《Poesies, Une saison en enfer, Illuminations》，130 页，巴黎，伽利玛出版社，1984。
　　③ ARTHUR RIMBAUD, *OEUVRES III ILLUMINATIONS suivi de Correspondance* （1873-1891），FLAMMARION, 1989, p. 139.

"经历了 13 天的痛苦之后，我于昨天到达。到达时过于虚弱，天气寒冷，我只好住进这里的教会医院，我每天付 10 法郎，含医生的费用。"① 之后不久，他就被截去一条腿，11 月 10 日在马赛去世，只活了 37 岁。"他的创作生涯从 15 岁到 20 岁，虽然只有短短几年，但他却成了象征主义的典范。几乎没有哪个诗人像他那样成为人们如此热心研究的对象，也没有哪个诗人对现代诗歌产生的影响比他更大。"②

二、诗歌美学观

兰波在《文字的炼金术》里曾经叙述过自己最初的喜好："很久以来，我自诩能享有一切可能出现的风暴，可以嘲弄现代诗歌与绘画的名流。我喜欢笨拙的绘画、门贴、墙上的装饰、街头艺人的画布、招牌、民间彩图、过时的文学、教堂里的拉丁文、满纸错别字的淫书、祖先的小说、童话、小人书、天真的小曲、单纯的节奏。"③ 他 15 岁时写给自己的修辞学老师的信阐述了自己的诗歌美学，"事实上，您所坚持的原则中只有主观诗歌：您固执地回到大学框架之中就是证明。您总是作为一个什么都满足的人，其实又什么都没有做，也不想做什么。更不要说您所提倡的主观诗歌总是那么淡而无味。总有一天，我希望，许多其他人也和我一样，能够在您的原则里看到客观诗歌论，那时我就会真诚地看待您所做的一切。"④ 兰波所提倡的客观诗歌，就是他在这封信中所说的"我是他者"，诗歌中的人不是诗人，而是他者。换句话说，诗人被排除在诗歌之外，诗歌不再是诗人感情的表现场，诗歌是一个独立的审美体，人们从中欣赏和仔细品味的是诗歌独立的结构。它所展示的独特的词语搭配、色彩搭配和音韵搭配，不需要其他任何人，包括诗人自己去作多余的解释和说明。要想独立于诗歌，诗人必然与众不同，他所希望成为的诗人是这样的人，"我要做诗人，我努力使自己成为通灵人：您一定不明白，我也确实不知道如何给您解释。那就是要通过各种器官所造成的错乱触及不为人知的事物。痛苦是巨大的。但是，应该强大，成为诗人，一出生就是诗人，我认识到自己身上的诗人气质。"⑤ 通灵者的诗人，在他 5 月 15 日写给老师的朋友保尔·德·维尼的信中表达得更加明确："想当诗人，首先就要研究关于他自身的全部知识；寻找其灵魂，并加以审视、体察、探究。一旦认识了自己的灵魂，就应该耕耘它。"

"我认为应该是通灵者，使自己成为通灵者。"

"必须使各种感觉经历长期的、广泛的、有意识的错位，各种形式的情爱、痛苦和癫狂，诗人才能成为通灵人；他寻找自我，并为保存自己的精华而遍尝苦药。在难以形容的折磨中，他需要坚定的信仰与超人的力量；他与众不同，成为伟大的病夫，

---

① ARTHUR RIMBAUD, *OEUVRES III ILLUMINATIONS suivi de Correspondance* (1873-1891), FLAMMARION, 1989, p. 140.

② 《简明不列颠百科全书》，卷 5，99 页，北京，中国大百科全书出版社。

③ [法] 兰波：《兰波作品全集》，王以培译，203 页，北京，东方出版社，2000。

④ [法] 兰波：《Poesies, Une saison en enfer, Illuminations》，199 页，巴黎，伽利玛出版社，1984。

⑤ [法] 兰波：《Poesies, Une saison en enfer, Illuminations》，199 页，巴黎，伽利玛出版社，1984。

伟大的罪犯，伟大的可诅咒者——至高无上的智者——因为他触及到了未知，因为他培育了比任何人都丰富的灵魂，他触及到未知，当他陷入迷狂，终于失去智慧的视觉时，他才真正看到了视觉本身。"

"所以，诗人才是真正的盗火者。"①

诗人应该具备穿越无限空间和灵魂的慧眼，应该具备摆脱常人所说的个人人格的束缚，应该成为"永恒"的代言人。现在的所有感官和语言环境均无法满足他创作新诗歌的愿望，无法满足他到达"未知事物"的愿望，所以他就必须创造能满足自己新诗歌的语言。"我们对新的诗人期待着，要求他们在思想的形式上有所创新"新的诗歌形式，新的诗歌语言，新的诗歌思想。

三、作品分析

兰波的诗歌创作分为四部分：诗歌，最新诗句（或新诗），地狱一季，彩图集。这四部分最后被收集在一个诗集里。

1891 年，自从诗集第一次出版以来，出版界形成了这样的传统：诗集的"诗歌"部分收集了兰波从 1870 年 1 月 2 日发表在《大众杂志》上的《孤儿们的新年礼物》到 1871 年 9 月中旬出发去巴黎之前在沙勒维尔创作的《醉舟》的所有诗歌。这一部分共收诗歌 41 首，既有深受波德莱尔影响的《感觉》《初夜》《致音乐》《恶》《冬日幻想》《我的流浪生活》，还有得到文学界一片喝彩的《元音》《七岁的诗人》《醉舟》等。

诗集的第二部分最新诗句（或者新诗）收集了兰波 1872 年的诗歌创作，许多出版社在出版时也将其命名为"新诗"，也就是说兰波最新发表的诗作。说是新诗，其实不过是相对而言，相对较新而已。这一部分共收集了兰波的 12 首最新诗作，与第一部分在创作上没有太多差别，依然采用的是韵律很强的自由诗体。这一阶段的诗歌创作仅仅是第一阶段的延续。除此之外，并无非常引人注目的创作出现。最新诗作共收集了 12 首诗，其中 10 首有标题，2 首没有标题。大部分诗歌所表现的依然是波德莱尔式的主题：《眼泪》《渴望的喜剧》《卡西斯的河流》《清晨的好想法》《耐心的节日》《饥饿的节日》《记忆》等。也有出版社把第一和第二部分合在一起出版，统称为诗歌。

诗集的第三部分就是他那本小册子，《地狱一季》强烈地表达了自己被罚入地狱的感受："我感觉自己像在地狱，所以，我就在地狱。"也可以说，这本小册子不是写出来的，是他倾尽全部身心的生命体验所构建的心灵大厦，他用一种强有力的手段，把自己的心灵历程呈现给读者。最初他曾经想用其他标题，"我用散文写了一些小故事，总标题：异教徒之书或者黑人之书。太愚蠢、太天真了。"直到发生他与魏尔伦在布鲁塞尔的悲剧之后，他才找到了"那个既是对通灵人传奇工程的总结，又是对爱情体验忏悔的最后标题"。

诗集的第四部分是《彩图集》，这本小册子所用的时间要很长，兰波早在创作

---

① ［法］兰波：《Poesies，Une saison en enfer，Illuminations》，202～203 页，巴黎，伽利玛出版社，1984。

《地狱一季》之前就开始写这本小册子，一直到 1873 年的转折年之后。从我们所看到的诗集标题来看，魏尔伦确认就是兰波自己的选择，但是在兰波的手稿里没有任何有关这本小册子标题的蛛丝马迹。因此，这本小册子就成了不解之谜，这些散文诗是兰波诗歌美学的最后见证：谜一样的文字（仅从标题就可以看出），评论界从不同的角度给予论述；具有厚度、朦胧似深渊的文字，掩卷长思，余味无穷。

兰波的诗歌创作虽然只有四个小部分，但是他的诗歌创作带给诗坛的影响绝不是这一本诗歌集所能装载的，他的独特在于他不但继承了从波德莱尔开始的象征主义审美观，而且在创作过程中不断探索，不断创新，使象征主义的审美理论向深度和广度发展开拓。正因为如此，象征主义才能够经得起时间的考验，才能够在法国文学史上上承浪漫主义，下启现代派文学。兰波是如何继承和发展波德莱尔的审美理论的，尤其是波德莱尔生态美学诗歌理论，让我们从兰波的诗歌创作略加论述。

1. 对波德莱尔生态美学诗歌理论的继承

兰波初期的创作深受波德莱尔应和理论的影响。他不但试图寻求存在于事物中的应和关系，同时又强调诗人自己在自然中所扮演的角色，尽量显露出自己的诗歌特色，显露出诗歌的生态美学。波德莱尔生态美学观对他的影响在早期的诗作里非常明显，他是这样描述自然界中的万物的关系的：

> 在那里，碧绿的土地在羊蹄下颤动，
> 大地的嘴唇轻吻着清亮的排箫，
> 蓝天下吹奏着伟大的抒情歌谣；
> 在那里，他站在原野上倾听，
> 活生生的自然发出回音；
> 那里的森林轻摇着歌唱的小鸟，
> 大地轻摇着人类，整个蓝色的沧海
> 和一切飞禽走兽，都在上帝的光辉里恋爱①！

"碧绿的土地在羊蹄下颤动"使视觉与触觉并列，"大地的嘴唇轻吻着清亮的排箫"将触觉与听觉交叉，"蓝天"与"歌谣"构成了视觉和听觉的统一，"他"与"自然""森林"与"小鸟"，"大地"、"人类"、"沧海"和"一切飞禽走兽"相互应和，歌唱着"生存不过是一片大和谐"。这种波德莱尔式的赞美，自然与人类的应和交叉必然上升为视觉、触觉和听觉的相互回应，它们各自展示着和谐的美丽和惬意。相互回应的大自然和人类既交叉融和又相互连接，同时它们也以运动的形态延伸向远方，延续的波纹和气息交叉在上帝所创造的世界里。同时"碧绿的土地"，"清亮的排箫"，"蓝天下吹奏着伟大的抒情歌谣"，"他站在原野上倾听，活生生的自然发出回音"，"森林轻摇着歌唱的小鸟"，"整个蓝色的沧海和一切飞禽走兽"等，也反映在人的感

---

① ［法］兰波：《兰波作品全集》，王以培译，11 页，北京，东方出版社，2000。

觉世界里并在那里延伸交叉，升华为视觉、听觉和触觉的和谐统一。

兰波所强调的自然生态美学观从一开始就展示了他对动态生命的追求，他不愿意把生命固定在一个点上，他的寻求与众不同，他要把自己融进自然，成为自然中的一员。他在《感觉》一诗中是这样描述的：

> 夏日蓝色的黄昏，我走向小径
> 脚踩着小草，麦穗轻轻刺着我
> 幻想着，我脚下感到一阵清凉
> 任凭晚风轻抚着头发
>
> 我什么也不说，什么也不想
> 无垠的爱情涌进我的心房
> 我将远去，去得很远
> 象波希米亚人那样
> 扑向自然，幸福得如同跟女人相依①

走向自然，并达到与自然浑然一体的境界，是兰波对波德莱尔应和理论的继承，同时兰波又想把这种应和以另外一种形式表现出来。我"脚踩着小草"，而麦穗又"轻轻刺着我"。我与小草、麦穗，与脚下的清凉和晚风融合在自然这样的统一体中，因此心中产生了一种无名而又快意的空白。远去的思绪犹如诗人的脚步，在自然中遨游，与自然交会。由此产生的美妙情怀既歌颂着自然与人相处的和谐，也歌颂着人在自然中所享受的绝对放松与自由。这首诗充满动态和节奏，通过"踩着"、"刺着"、"感到"、"轻抚"、"涌进"、"去"、"扑向"等动词充分地表现着"我"这位他者与自然界中的不同物种之间的特殊关系，表现着"我"与自然相互融和的程度。兰波以这种动态的形式歌颂着不断变化的自然与人类的应和关系。

如果说兰波在《感觉》一诗中对波德莱尔应和理论的继承尚不太明显的话，那么在《我的流浪生活》中诗人对应和理论的借鉴及生态美学观就相当明显了：

> 我将远去，双手插在羞涩的口袋里；
> 我的外套也一样成为理想；
> 我行走在天空下，女神！我是你的挚爱；
> 啊！我幻想着美丽无比的爱情！
> ……
> 我坐在路旁，侧耳细听
> 九月那美妙绝伦的黄昏

---

① ［法］兰波：《Poesies, Une saison en enfer, Illuminations》，23 页，巴黎，伽利玛出版社，1984。

> 感到额头那滴滴露珠
> 如芳香四溢的美酒①

这些诗句已经对波德莱尔应和理论有所突破。兰波不但表现了诗人与自然那种难分难舍、如同情爱的融合关系，而且更进一步，用超越、绝对的形式去表现人与自然和谐相处的应和关系。这时，诗人陶醉在时间和空间中，与自然中的一切那么和谐无间地融为一体。真个是"君不见诗人不复求应和，叙事状物纯自然"。"必须使各种感觉经历长期的、广泛的、有意识的错位，各种形式的情爱、痛苦和癫狂，诗人才能成为通灵人"……②若非如此，诗人何以能"侧耳细听"，"九月那美妙绝伦的黄昏"，何以能感觉那"芳香四溢的美酒"。聆听那可看、可摸、可闻而不可听之物；感觉那可看、可嗅而不可感觉之物。在诗人的感觉世界里，听觉、嗅觉、视觉与触觉之间已经畅通无阻，可以任意转换，此时的诗人已经成为通灵人，说明兰波已经把波德莱尔的应和理论发展到一定的高度。诗人认为，世界的万物之间存在着一种天然应和、无需转换的关系，为了认知这种关系，人的器官之间必须"经历长期的、广泛的、有意识的错位"。这一时期，兰波的诗歌创作在继承了波德莱尔的应和理论的基础上，强调外部世界与诗人内部世界的对立与和谐关系；强调现实与理想之间的关系；强调感觉的错位在认知自然中的作用；强调彼岸的理想，那时诗人可以摆脱所有现实的忧郁和烦恼，可以与自然融为一体，诗人可以驾驭醉舟，进入让人沉醉的诗歌世界：

> 大自然苏醒了，光线陶醉了，
> 受着阳光的爱吻快活地颤栗了……③

这不但是上帝送给孤儿们的新年礼物，更是自然送给诗人的礼物，诗人尽情地沐浴在上帝的光辉中。

> 从此我漂进了如诗的海面，
> 静静吮吸着群星的乳汁，
> 吞噬绿色的地平线；惨白而疯狂的浪尖，
> 偶尔会漂来一具沉思的浮尸……④

诗人在自己的世界里"静静吮吸着群星的乳汁，吞噬绿色的地平线"，而在他人的世界里如同"一叶迷失的轻舟陷入了杂草丛生的海湾"，然而他所追求的却是摆脱

---

① ［法］兰波：《Poesies, Une saison en enfer, Illuminations》，57 页，巴黎，伽利玛出版社，1984。

② ［法］兰波：《Poesies, Une saison en enfer, Illuminations》，202～203 页，巴黎，伽利玛出版社，1984。

③ 潞潞：《忧郁与荒原——外国著名诗人代表作品选》，17 页，北京，北京出版社，2003。

④ ［法］兰波：《兰波作品全集》，王以培译，137 页，北京，东方出版社，2000。

了他人影响的诗歌境界。诗人希望自己的世界"天光骤然染红了碧波，照彻迷狂与舒缓的节奏，比酒精更烈，比竖琴更辽阔"，碧绿与天色的融合在诗人的想象世界里伸展，穷尽在远方的地平线，穷尽在诗人的心灵深处。

兰波似乎并不满意"静静吮吸着群星的乳汁，吞噬绿色的地平线"，希望摆脱波德莱尔式的应和论，他进一步借题发挥，把诗人与自然的这种应和关系提升到诗人的内心世界和心灵深处高度统一、高度融和的和谐关系，使波德莱尔人与自然应和的生态美学理论再向前跨越一步。

2. 对波德莱尔应和理论的发展

> A 是黑色，E 是白色，I 是红色，U 是绿色，O 是蓝色：元音
> 总有一天我会说出你们神秘的出身①
> ……

在《元音》这首诗中，兰波似乎担心读者不理解他的这番良苦用心，干脆直接点明这种关系："A 是黑色，E 是白色，I 是红色，U 是绿色，O 是蓝色"。显而易见，诗人是要通过这几个具体的元音：A、E、I、U、O 来对声音，即对能造成听觉的材料进行升华。与这五个元音相对应的乃是五种颜色：黑、白、红、绿、蓝。在展示对应的颜色的同时，元音呈现出渐进式推进（A、E、I、U、O），静态的颜色与动态的元音在一种完美的对应中携手登场，动中有静、静中含动的诗歌状态成为整首诗的主旋律。兰波不再寻求，兰波已经认定 A 就是黑色，E 就是白色……元音就是颜色，声音就是色彩，听觉材料就是视觉材料。由此，兰波进一步描述道：

> A 是嗡嗡叫的苍蝇身上黑绒绒的紧身衣
> 围着臭气冲天的垃圾飞来舞去
> 阴影的海湾：E 是纯净洁白的蒸汽和帐篷
> 高傲的冰峰，白色的王冠，伞形花微微颤抖
> I 是愤怒或深深忏悔时
> 咳出鲜红的血，是美丽的双唇间的笑声
> U 是涟漪，是绿海那神奇无比的波动
> 是牛羊遍野的平静牧场
> 是炼金术印在智者额头那安详的皱纹②

A、E、I、U、O 这些可以产生音响效果的元音与那些可以看得见的黑色苍蝇，与

---

① ［法］兰波：《Poesies, Une saison en enfer, Illuminations》，78 页，巴黎，伽利玛出版社，1984。
② ［法］兰波：《Poesies, Une saison en enfer, Illuminations》，78～79 页，巴黎，伽利玛出版社，1984。

那些可以嗅得着的臭气，与那些可以触摸的双唇，与那些可以听得着的笑语，与那些能够感觉到的海水波动、伞形花的颤抖之间已经没有任何阻拦，可谓一马平川，任意驰骋。由元音至黑色，白色，红色，绿色；再至"臭气冲天的垃圾"，"阴影的海湾"，"纯净洁白的蒸汽和帐篷"，"高傲的冰峰，白色的王冠，伞形花微微颤抖"，"咳出鲜红的血，美丽的双唇间的笑声"，"涟漪，绿海神奇无比的波动"，"牛羊遍野的平静牧场"和"智者额头安详的皱纹"元音被涂上了色彩，被诗人形象化、心灵化了。进而论之，诗人由元音和颜色出发，最后落脚至更广、更宽的其他事物上，它们共同构成了深邃广阔的统一体。诗人首先论述了物体之间的关系，随后论述了物与人的融和，自然界的物体成为诗人寄托诗情的对象，诗人的感悟通过这些具象的物体生动地表现出来。人与自然高度应和的生态美学关系已经上升到这种应和关系在诗人的心灵深处所产生的极大满足、极端和谐的不同感官之间的应和关系。诗人之陶醉已经不在山水之间，万物之间，而在其心灵升华的精神世界之中。假如我们对该诗进一步升华，即进一步论述兰波对波德莱尔应和理论的发展，这首由听觉和视觉始，由触觉、感觉和嗅觉而终的诗在最后才点出诗人的真正意图，兰波这样写道：

> O 是神圣的号角刺耳怪叫
> 人间天上一片寂静
> O 是欧米伽，他眼睛里发出的紫色的光①

　　这三行诗不但延伸着前几段诗对应和理论的运用，同时 O 作为神圣的号角也是 A、E、I、U、O 字母循环圈的终点，它不但与前面 4 个字母形成延续，同时又是诗歌由此世界通向彼世界的开始。诗人描绘的那些怪诞形象给文学史留下了诸多的难解之谜。由此引发的不同诠释，反过来印证了这首诗的多元性。多元的诗歌才能创造出丰富多彩的文学，文学因此而充满张力，诗歌因此而魅力无穷。穷尽诗歌的含义，便成了一代又一代文学批评家们孜孜以求的目标。我们也来加入其中，就从这三行诗，来讨论兰波对波德莱尔应和理论的发展。

　　由于《元音》这首诗的不同寻常，我们不得不稍加驻足，对其中的关系作进一步探讨。在"神圣的号角"，"人间天上一片寂静"和"他眼睛里紫色的光"之间，存在着一种怎样的关系呢？尤其是"他眼睛里发出紫色的光"，他的眼睛究竟是指谁的眼睛？让我们暂时放下这首诗，审视一下兰波的创作与主张。兰波在 1871 年 5 月 13 日给他的中学老师伊桑巴尔的信中这样写道："我要做诗人，我努力使自己成为通灵人……那就是要通过各种器官所造成的错乱触及不为人知的事物。"②。他在写给老师的朋友保尔·德·维尼的信中表达更加明确："必须使各种感觉经历长期的、广泛的、有意识的错位，各种形式的情爱、痛苦和癫狂，诗人才能成为通灵人；他寻找自我，

---

① ［法］兰波：《Poesies, Une saison en enfer, Illuminations》，79 页，巴黎，伽利玛出版社，1984。

② ［法］兰波：《Poesies, Une saison en enfer, Illuminations》，199 页，巴黎，伽利玛出版社，1984。

并为保存自己的精华而饮尽毒药。在难以形容的折磨中，他需要坚定的信仰与超人的力量；他与众不同，成为伟大的病夫，伟大的罪犯，伟大的可诅咒者——至高无上的智者——因为他触及到了未知，因为他培育了比任何人都丰富的灵魂，他触及到未知，当他陷入迷狂，终于失去智慧的视觉时，他才真正看到了视觉本身。"① 要想成为诗人，成为各个器官、各个词语间的通灵人，就要用各个器官的错位所造成的错觉和幻觉去感知千变万化的事物，去寻求那能确切表现这种错觉的词语，通过已经存在的词语创造出新的不为人所知的诗歌。要想创造出一种全新的诗歌，诗人认为还必须通过对词语的反复精选，通过"文字的炼金术"才能达到目的。诗人正是通过自己独特的感官，通过听觉、视觉、感觉和嗅觉的交叉重叠，通过对表现那些错乱感觉的语言的寻求，创造出一种全新的、具有立体交叉感的诗歌。诗人的自豪也许就源于此。他在《地狱一季》中的《告别》那首诗里这样写道："我创造了所有的节日，所有的辉煌，所有的悲剧。我试图创造新的花朵，新的星球，新的形象，新的语言。"② 在另一首题为《文字的炼金术》里，诗人又这样写道："我创造了元音的色彩！A是黑色，E是白色，I是红色，U是绿色，O是蓝色。我通过本能的节奏，调整了每个辅音的运动和形态，我自豪地宣称自己创造的诗歌语言，总有一天会成为被人体的各个器官所接受的语言，我保留着对此的诠释权。"③

如果说波德莱尔的应和理论揭示了事物间、人体器官间较为简单的关系的话，兰波则刻意从全方位的角度寻求事物间那错综复杂的关系以及它们对人的各个器官所造成的不同刺激。兰波在《地狱之夜》里表达了自己对波德莱尔诗歌美学的摒弃以及自己的诗歌追求："——够了！……人们给我讲的错误、魔法、虚假的芳香、纯洁的音乐。——我坚持真理，我看到正义：我有一种健康而既定的评断，我准备成为尽善尽美的人……骄傲的人。"④ 他所追求的尽善尽美的诗歌就是通过对语言的寻求，来表现事物间错综复杂的关系，来表现它们在人的感官中所创造的不同寻常的效果；就是通过感官效果的变幻创造出丰富多彩的诗歌。

这样，我们就可以明确地感觉到，兰波不但在生活中声称自己希望成为通灵人，而且在诗歌中大胆地表白自己就是诗歌的创造者，即诗歌世界的造物主，他就是这个世界的主宰。只有真正主宰诗歌语言的人，才能反复提炼，反复选择，创造出丰富多彩、让人应接不暇的《彩图集》。诗人在自己早期的诗歌创作中，就有过自喻为上帝的思想，他曾经这样比喻自己的诗歌："那里的森林轻摇着歌唱的小鸟，大地轻摇着人类，整个蓝色的沧海和一切飞禽走兽，都在上帝的光辉里恋爱！"⑤ 那就是诗人所创

---

① ［法］兰波：《Poesies，Une saison en enfer，Illuminations》，202～203 页，巴黎，伽利玛出版社，1984。

② ［法］兰波：《Poesies，Une saison en enfer，Illuminations》，151 页，巴黎，伽利玛出版社，1984。

③ ［法］兰波：《Poesies，Une saison en enfer，Illuminations》，10～11 页，巴黎，伽利玛出版社，1984。

④ 潞潞：《忧郁与荒原——外国著名诗人代表作品选》，30 页，北京，北京出版社，2003。

⑤ ［法］兰波：《兰波作品全集》，王以培译，11 页，北京，东方出版社，2000。

造的世界，那也是诗人所希冀的世界，诗人创造了自己的诗歌世界。

了解了诗人的这一思想和创作主张，我们就会对"元音"中这几句诗有比较清晰的认识了。同时，按照兰波所说"我是他者"来推论，他者就应该是我，我和他者之间构成了同一关系。笔者认为，这段诗的最后一行，"他眼睛里发出的紫色的光"中的他，就相当于诗人所说的"他者"，作为"他者"的他应该就是"我是他者"中的我，也就是指诗人自己，诗人就是通灵者。由于有了这洞察一切的目光，诗人才能在词汇的世界里任意选择，任意组合，也才能通过对词汇的选择和组合创造出自己理想中的诗歌空间，创造出他主宰着的诗歌世界。诗人可以像造物主那样以自己的慧眼选择和抛弃自己的臣民：或让他们升入天堂，或把他们打入地狱，选择自己需要的词汇，抛弃世俗的词语。末世论不但讲到历史的终结，死人复活，而且还讲到最后的审判。末世论不但相信历史的终结，而且相信历史终结之后人类依然存在。最后的审判则决定它们的存在形式，苦难还是幸福。这样，我们也就可以对这段诗作出如下理解：神圣的号角吹响时，天上人间一片寂静，最后的审判即将来到，凡人、天使屏住呼吸，静静地等待着造物主的安排。此时此刻，造物主才双眼微睁，一片紫色的祥光降临宇宙。通过这一具有深刻文化背景的暗喻，诗人成了造物主，所造之物便是那崭新的诗歌世界。兰波在《坏血统》中这样写道：

天使们的理性之歌，从拯救者们的舰上升起来：这是神圣之爱，两种爱！我可以因人间之爱而死去，因忠诚而死！我把灵魂留下来，他们会因我的离去而越来越痛苦！你从海上的遇难者中选择了我，而留下来的那些人难道不是我的朋友吗？

拯救他们吧！

……上帝造就了我的力量，我赞美上帝。"①

诗人认为，上帝拯救了人类，上帝也造就了诗人的力量，让他拯救诗歌。诗人就是自己诗歌世界的主宰，他可以根据自己的喜好任意地选择适合自己审美标准的词汇，可以任意地用这些词汇创造自己的诗歌世界。至此，"那神圣的号角"，"天上人间一片寂静"和他眼睛里"紫色的光"便有了完整的答案。

由此可见，兰波在自己的诗歌创作中不但继承了波德莱尔的审美主张，而且通过对他的继承，发展并拓展了象征主义的诗歌。兰波利用感觉上的错乱让声音与色彩互相转换，让气味与形状互相交错；通过听觉与视觉、嗅觉与触觉的反复重叠，反复转化，用那些活的语言和形象建造起了兰波诗歌世界的立体空间。那就是兰波所创造的节日，所创造的辉煌，所创造的与众不同的新诗歌，新的诗歌语言。中国当代作家张炜在谈论兰波时这样写道："他让人想到了一种奇迹。天才和艺术的成熟，它的展现，总需要起码的时间和过程，而兰波似乎把这一切都省略掉。读他十几岁的诗作，人人都会对天才产生一种深刻的神秘感。遥遥感知着那个奇特的、也许几百年才会出现一个的灵魂，想象着人生的全部奥秘和美好——人的无穷无尽的创造力——无法不陷

① 潞潞：《忧郁与荒原——外国著名诗人代表作品选》，28 页，北京，北京出版社，2003。

于深深的感动之中。"①

3. 在未知的地平线探究诗歌的美学追求

兰波在初期的诗歌创作中表现了对人类生命起源的极大兴趣，他以初生牛犊不怕虎的气势宣告了兰波式的诗歌的登场，人们在惊呼之余只有欣赏。在兰波的眼里，诗歌谈不上启蒙，诗歌谈不上滥情，诗歌俨然成为幻想的世界，诗人留恋其中，在孕育生命的未知地平线，尽情地挥洒着自己的想象："太阳，这温柔与生命的火炉，将燃烧的爱情注入沉醉的泥土，当你躺在山谷，你会感觉大地正在受孕，并溢出鲜血。"（太阳与肉身）这个由太阳与大地孕育出来的生命，由"燃烧的爱情"与"沉醉的泥土"结合而成的生命用"丰沛的乳汁和无限光明""孕育着芸芸众生！"这是何等的气派和想象，诗人以气势磅礴的笔调叙述了太阳和大地之子的受孕与诞生，"燃烧的爱情"、"沉醉的泥土"与"溢出的鲜血"来预示多彩斑斓的人类的命运，激情、沉醉以最简洁的方式暗示了爱情的最高境界。兰波似乎根本没有陷入诗歌功能的怀疑论中，诗歌本体的观念从一开始就深深地植入他的创作之中。兰波很少谈论诗歌的功能，然而显而易见，他不希望诗歌妨碍人们的想象，妨碍人们的创造，他希望成为创造者，诗歌在诗人的生命中完成某种创造，体现自身价值，除此之外，诗歌不承担任何使命："我酿造了我的血。我的责任又将我放开。我不再想这些。其实我来自灵界，并不承担任何使命。"② 兰波希望以自己的方式解救人类被禁锢了的思维模式，因此，他才会这样呼吁和想象："思想，这匹被禁锢了太久太久的野马，让她从他的额头里窜出！她知道这是为什么！……让她欢蹦乱跳吧，人类将获得信心！"兰波似乎窥视到诗歌观念本身对人的思想的禁锢，回归本体让诗歌获得了更大的发展和想象空间。他对原始生命的追寻，对神话世界的向往，对原初的美的爱慕就这样成为诗歌的主题，成为他突破想象极限的栖息地。诗人把自己的笔端伸向了无垠的空间和深邃的历史，他在人类的起源地窥视到生命的本质，探索生命的意义："既然人类早已诞生，生命如此短暂，他来自何处？是沉浸在萌芽与胚胎的深海？还是在巨大的熔炉深处，自然之母使人复活？这活生生的造物，只为在麦田生长，在玫瑰丛中恋爱？……我们无从知晓！——我们被无知和狭隘的冥想所笼罩！"③ 这种来自人类起源地的原始美穿越历史隧道、浩瀚空间重重地击打到诗人的身躯，深深地震撼着诗人的心灵："原初的美光芒一现，神灵便在肉体的祭坛上震颤！"时间和空间在远古的地平线上交织在一起，诗人置身其中，成为亘古至今曾经存在和依然存在的万物中的一员，里尔克这样论述诗人在其中的位置："他有如一个物置身于万物之中，无限地孤独，一切物与人的结合都退至共同的深处，那里浸润着一切生长者的根。"人与物在源头的根处成为一体，生生不息，绵延不绝，在时空中行走至今，诗人从中寻觅到了厚重而古朴的美丽的生命轨迹。

① 张炜：《精神的丝缕》，102 页，上海，上海人民出版社，1996。
② ［法］兰波：《兰波作品全集·彩图集·生命》，王以培译，北京，东方出版社，2000。
③ ［法］兰波：《兰波作品全集》，王以培译，17～18 页，北京，东方出版社，2000。

　　兰波不满足仅仅停留在探究人类起源时的古朴与原始的美，他同时也把自己的想象伸向西方文化的源头，古希腊神话与圣经里的传奇故事在他的诗歌创作中以虚拟与现实交织的形式颂扬着诗人的美学追求。兰波在《太阳与肉身》中将自己的视觉停留在那些美丽的形象和瞬间，宙斯与欧罗巴的故事，颂扬着欧洲的起源和力量与美丽结合所流传的动人故事："骑在宙斯这头白牛的脖子上，欧罗巴赤身裸体，像个孩子一样晃来晃去，挥舞着洁白的手臂，扑向波浪中颤抖的天帝强壮的脖颈，天帝缓缓地向她投来朦胧的目光；她苍白如玉的面孔垂落在宙斯的额头，闭上眼睛，在神圣的一吻中死去，河水呜咽，金色的泡沫在她的头发上开满鲜花。"① 希腊神话中所记载的欧洲流传的宙斯与他所喜爱的女子的爱情故事，远古的文化之根颂扬着人性的美丽和自由。宙斯化身成强壮的白牛，以自己的力量、轮廓和线条引诱了美丽的欧罗巴。后者无法抵御强大的阳性引力，扑向宙斯的怀抱，与天帝在颤抖之中完成了柔情与力量的完美结合。诗人以短暂的诗句捕捉到了神话中至高无上的天帝与神圣无比的圣母之间最古朴的情感流露，神话去掉了披在身上的光环，回归到诗人的人文关怀。其实诗人并没有就此住笔，而是继续在伟大的宇宙之神的爱情故事中挖掘人性的美丽，带着诗意和沉醉，诗人继续在古老的神话中展开想象的翅膀，唱响生命之歌："——在沙沙作响的夹竹桃与忘忧树之间，一只梦中的大天鹅情意绵绵地游来，用她雪白的翅膀拥抱勒达"。

　　希腊神话中的英雄们在兰波的笔下以人的形象完成着诗人的诗歌追求，宙斯和欧罗巴、勒达的传奇故事被诗人演绎成力量与柔情、现实与梦幻的文字。当诗人以美妙绝伦来形容库普利斯时，他利用神话的形式赋予了诗歌以古朴典雅而又不失性感的美学特点："——当美妙绝伦的库普利斯经过，弯下她圆润灿烂的腰身，骄傲地露出丰盈的金色双乳，在她雪白的腹部点缀着黑色青苔。""圆润、丰盈"表现着库普利斯的成熟和线条美，"雪白的腹部点缀着黑色青苔"散发着女性神秘的诱惑。美人的出现必然会引出英雄，兰波诗歌中的这位英雄就是希腊神话中让人敬仰的赫拉克勒斯："——赫拉克勒斯，这位驯兽者，光荣与力量的象征，魁梧的上身披着狮皮，昂起温柔而可怕的头颅，向着地平线走去！"美妙绝伦的库普利斯在这位光荣的希腊英雄眼里，就是远方的地平线，他昂着头走去，如同走向生命的母体，人类的起源地。希腊神话中多彩美丽的众神在诗人的笔下纷纷展示各自的独特魅力，德律阿德斯这位林中仙女展示着守望者的孤寂和美丽："呜咽的河水浸染了她的满头青丝，在阴暗的林间空地，青苔布满星辰，这位林中仙女，默默地仰望苍穹……"月神塞勒涅对自己心仪的少年恩底弥翁的柔情是那么让人心动："轻轻地吻他，在苍白的光辉里，——心醉神迷的泉水在远方哭泣……"文化源头的这些形象不仅仅展现着自身健康、华丽，充满力量的生命之躯，也叙述着诗人的人文情怀和美学追求，他们经由诗人表白着诗歌的内在生命力。

　　诗人的文化寻求也是多元的，他不仅把笔端触向希腊神话，也触向阿拉伯世界，

---

① ［法］兰波：《兰波作品全集》，王以培译，21页，北京，东方出版社，2000。

更在诗歌中表现了浓郁的宗教文化色彩。萨拉丁也以幽默滑稽的形象出现在《吊死鬼舞会》中，那里也有兰波梦中的地平线："群狼的回应来自紫色的林中，地平线上，天空辉映着地狱的深红……"《圣经》中的传说经常会成为他隐喻生命经历的素材，撒旦成为诗人的同类，甚至与诗人相比，魔王也许只能自叹不如，诗人在对恶的追寻中超越了所有的想象，魔王称他为"恶棍"，称他"用你所有的胃口、你的私心和所有深重的罪孽，去赢得死亡"。诗人却不无骄傲地回答撒旦："啊！我太富有了：——可是亲爱的撒旦，我请求您不要怒目而视！我知道您是不喜欢作家描写或是教训人的"，诗人更甚于撒旦，他成为可怕的异教徒，希望从基督那里得到自由的身躯，他这样质疑基督："异教徒的血液重新归来，圣灵靠近，基督他为什么不帮我，不让我的灵魂自由、高贵？"诗人就这样用法国文学传统中的非主流的痞子形象来批评与奚落上帝："我从未在基督或代表基督的上帝的劝告中发现自己。"《地狱一季》把自己的生命体验与宗教文化密切地结合在一起，吟唱着诗人经历错位时的苦痛，经历扭曲爱情时受到的折磨。尽管他把这种感情体验描述为地狱、"永恒的苦刑"，但是依然抵御不住新奇的诱惑，在自己所认定的地平线尽头，吟唱着对生命的渴望和热爱。"我们不需要冒天下之大不韪去歌颂那种畸形之恋，可是我们现在更多地看的却是那种忘我的痴迷的寻求，那种令一个生命永远不能安分的、强大而特异的动力。"① "永远不能安分的、强大而特异的动力"使诗人不惜深入地狱般的深渊。他在《地狱一夜》中这样描述自己生命历程中的感受："我曾吞过一大口毒药。……我焦渴、窒息，喊不出声。这就是地狱，永恒的苦刑！……这依然是生命！——即使永远被判入地狱！一个自残手足的人被判入了地狱，不是吗？我自认为身在地狱，因此我入了地狱。"② 地狱不仅让人联系到西方的宗教文化，也让人联想到但丁。地狱对人的肉体的煎熬必然使人获得精神的升华，在地狱之中体验新奇和畸形的爱情，也是兰波对自己心目中那个地平线的探究。尽管这种探究充满磨难和"永恒的苦刑"，然而诗人好像凤凰在涅槃中重生："那是火焰与受火刑者一起升腾。"在经历了地狱的苦难和折磨之后，兰波依然使用《圣经》中的文化符号来表达自己升华了的内心世界，所以他的《彩图集》的首篇就以《洪水之后》来表达自己的真情实感，暗喻的宗教色彩非常强烈："正当洪水的意念趋于平静，一只野兔停在黄与飘忽不定的铃铛花间，透过蛛网，向彩虹致敬。"③ 对宗教的质疑，对宗教的反抗，也闪烁着兰波对崇尚个性与自由思想的颂扬和渴望。

"所有的不安都是源于生命深处的。他们是一些自觉的漂泊者流浪者。"张炜在《规避与寻找》中这样评价兰波，文字间充满崇敬和羡慕。源于生命深处的不安甚至让兰波不惜冒着触犯道德观念的危险，在同性的爱情中寻找未知的地平线。"出发，

---

① 张炜：《冬天的阅读》，83 页，北京，东方出版中心，1997。

② ［法］兰波：《兰波作品全集·地狱一季·地狱一夜》，王以培译，194 页，北京，东方出版社，2000。

③ ［法］兰波：《兰波作品全集·彩图集·洪水过后》，王以培译，227 页，北京，东方出版社，2000。

到新的爱与新的喧闹中去"（《彩图集·出发》）"你的头一转：新的爱情！你的头转回来：新的爱情！"（《彩图集·致一种理性》）诗人不惜折磨自己的身躯，不惜体验与魏尔伦扭曲的爱情关系，以期寻求到让他魂系梦牵的新奇，这是诗人在经历了与魏尔伦轰轰烈烈而又荒诞不稽的爱恋之后所得到的精神解脱和升华。有谁能够理解这种逃离的痛苦，迷恋新奇的执著，在迷茫和永不停歇之中，寻求生命赋予的所有神奇以及未曾触及的地平线，兰波在流浪的季节，在地狱的季节收集到了无数美丽的彩图，他骄傲地向着天空中的彩虹致意。"我在所知甚少的这个天才的身上，找到那么多令人激动的东西。它们像五彩矿石，从黑夜中开采出来，收在手边。我为此久久地激动，一次又一次抚摸这些矿石。"①

4. 现代主义时期的失落与幻想

"现代性原为一种抽象的哲学构想，他出自一批心地善良的启蒙思想家之手，迭经修补，形成一幅理想蓝图。由此看来，现代性是新生资本主义的梦想：他满腔激情，气势如虹，一扫中世纪蒙昧和封建传统的僵滞。从诞生之日起，现代性就不断向世界发布变革信息，许诺理性解决方案，发誓要把人类带入一个自由境界。"② 现代主义的兴起与巴黎的城市规划有直接关系，当奥斯曼被第二帝国任命为巴黎城市改建工作的主要负责人时，他提出了巴黎的城市建设规划，这个规划对巴黎的城市现代化起到了非常重要的作用。与此同时，这种城市的现代性不但没有实现最初的理想，把人类带入更加美好的"自由境界"，反而对固有的一些人文理想和传统造成了极大的冲击，造成了现代与传统的割裂。本雅明在《发达资本主义时代的抒情诗人》一书中这样论述了奥斯曼对巴黎城所造成的破坏："他用可以想象的最谦卑的手段——铁锹、锄头、撬棍等等诸如此类的东西——革命性地改变了城市的相貌。这些简陋的工具造成的破坏程度是巨大的。"③ 这种现代意义上的城市化进程产生了思想观念上的大变革。"吉登斯说：西方现代性的伟大，在于它将人类一举拔离传统，并且带来前所未有闻的巨大变革。"④ 这些由外部世界的变化引起的对人的心灵的冲击首先映射在诗人们的心灵上，波德莱尔通过忧郁的笔调表达了对这种现代主义的反叛，以此来表达对逝去的城市和理想的怀念。兰波和波德莱尔一样，对这种物质意义上的现代主义表现出极大的反感和忧郁。

"城市，带着烟雾和纺织机的噪音，远远跟在我们身后。啊！那是另一个世界，上天祝福的居所，层层绿荫！南方使我想起我的童年一次次不幸的经历，郁闷的夏天，巨大的压力和繁琐的科学，而命运总是让它们离我远去。不！我们不要在这贫瘠

---

① 张炜：《冬天的阅读》，84 页，北京，东方出版中心，1997。

② 赵一凡：《西方文论讲稿——从胡塞尔到德里达》，13 页，北京，生活·读书·新知三联书店，2007。

③ ［德］本雅明：《发达资本主义时代的抒情诗人》，张旭东、魏文生译，张旭东校订，105 页，北京，生活·读书·新知三联书店，2007。

④ 赵一凡：《西方文论讲稿——从胡塞尔到德里达》，25 页，北京，生活·读书·新知三联书店，2007。

的土地上度过夏季，在这里我们只会孤苦伶仃。愿这僵硬的手臂再也别延续这些‘亲切的画面’。"① 这是兰波在《彩图集·工人》一诗中对城市现代性与另一个世界的梦想之间的对抗所作的描绘，诗人的价值取向显而易见，眼前的具有现代性特点的城市开始纠缠人们的身体，现实中的城市已经被烟雾和噪音所取代，而跟在我们后边的"另一个世界"则是"上天祝福的居所，层层绿荫！"曾经经历过的现实也让诗人失望，"南方的不幸经历，郁闷的夏天，巨大的压力和繁琐的科学"，所有这些与希望，与心灵毫无关系的记忆恰如眼前的城市，那里是"贫瘠的土地"，只会造成诗人的孤寂和失望，诗人从自己的内心深处表达了对这种"亲切的画面"的忧郁和反抗。诗人毫不犹豫地表达着对这种物欲横流的现代性城市的反感，心灵被包裹在这些巨大的物质之中而无法摆脱，理性、科学以及现代性所展现给人们的是巨大的不适和失落。诗人被淹没在这样的城市之中，成为城市部件中的一个："我是现代大都会中的一介蜉蝣，一个情绪不算太坏的公民，因为所有的情绪都躲进了室内装潢和室外装饰，连同那些城市蓝图。"② 这个可以是任何人包括诗人自己的"我"被这种物质化了的城市所淹没，人的身体也被认同为城市的一部分。一个僵硬、高度统一的现代性城市除了"室内装潢和室外装饰，连同那些城市蓝图"之外，诗人十分失落地看到了文化的没落，文字失去了内涵："这里，你看不见一丁点迷信的建筑痕迹。道德和箴言最终简化成最简单的白话！"③ 人与人之间的关系变得陌生，人的生活变得单一，人对所从事的职业毫无兴趣，人就在这样的生活中老去。现代性城市犹如飘荡在这个大陆的幽灵正在渐渐吞噬我们的梦想："而我从窗口看见新的幽灵，透过浓重而永久的煤烟，飘向我们的绿荫，我们的夏夜！——新的复仇女神，出现在我们的村舍，我的故园，我的心灵之中，因为这里的一切好像是她们——无泪的死亡、我们活跃的女儿和女仆、绝望的爱情与在泥泞道路上呐喊着的美丽罪恶。"④ 面对眼前的景象和不断现代化的城市，兰波选择了逃离："我所有的轻蔑都有原因：因为我逃离。我逃离。我自我辩解。"⑤ 出发是他永恒的选择，"看透了。形形色色的嘴脸一览无余。受够了。城市的喧嚣，黄昏与白昼，日复一日。"⑥ 出发是为了能够摆脱现代的痛苦，城市的喧嚣，然而，他自己清楚地意识到，这种逃离是无法规避现代生活给他造成的不适和痛苦的："不过，逃避现代的痛苦，这种好事我不去多想"⑦。而且，他的内心深处依然存留着对这所城市的留恋和希望，他希望建造的城市能如自己幻想的那般美丽，演绎现代与古典的完美结合，他在《城市Ⅱ》中强烈地表达了自己的这种梦想："一座座钟楼发出人民的呼声。建在尸骨之上的城堡奏出新奇的乐章。所有的传说都在流传演变，鹿

① ［法］兰波：《兰波作品全集》，王以培译，248页，北京，东方出版社，2000。
② ［法］兰波：《兰波作品全集·彩图集·城市Ⅰ》，王以培译，250页，北京，东方出版社，2000。
③ ［法］兰波：《兰波作品全集·彩图集·城市Ⅰ》，王以培译，250页，北京，东方出版社，2000。
④ ［法］兰波：《兰波作品全集·彩图集·城市Ⅰ》，王以培译，250页，北京，东方出版社，2000。
⑤ ［法］兰波：《兰波作品全集·彩图集·不可能》，王以培译，214页，北京，东方出版社，2000。
⑥ ［法］兰波：《兰波作品全集·彩图集·出发》，王以培译，241页，北京，东方出版社，2000。
⑦ ［法］兰波：《兰波作品全集·彩图集·不可能》，王以培译，215页，北京，东方出版社，2000。

群涌入市镇。风暴的天堂崩溃。野人在节日之夜载歌载舞。一时间，我落入巴格达动荡的长街，那儿的人群正在沉重的微风中歌唱着新生活的美丽，而那微风中依然飘荡着山间传说中的幽灵，人们从中重新找回了自己。"① 这是他处的生活，这是诗人希冀的生活，然而这也是诗人自己所创作的梦幻。诗人以此来对抗现时的、眼前的城市，所以他对梦幻中的景色表达了深深的憧憬："怎样美好的怀抱，怎样的良辰吉日才能让我在睡梦之中，在轻微的动作之间，重返这片幽静？"兰波把城市现代化所造成的不适很快地转变成某种认可，诗人在继续留恋古老岁月用建筑艺术打上的烙印的同时，指责现代观念的野蛮："这座古城官邸远远超出现代野蛮观念中所能产生的最庞大的设想。人们永远无法描述那由亘古不变的灰色苍天、古建筑群中的帝国之光以及泥土之上永恒的皑皑白雪所共同酿造的阴沉的时日。"② 诗人一方面肯定了对古代建筑的缅怀和崇敬；一方面也向这座逐渐现代化了的城市致敬："人们以一种独特而壮丽的风格重建了这座美妙绝伦的古典建筑。……公园通过绝妙的艺术手段再现了原始自然。……不了解我们这个时代的人是无法领略的。……郊区和巴黎漂亮的街道一样优雅，可以享受的光彩夺目的空气；民主的元素就是数百个灵魂。在那里，房屋互不相连；郊区神奇地与乡村浑然一体，'公爵领地'，那些森林和神奇的庄家遍布永恒的西方，在那里，野性的贵族们在他们自己创造的光芒里捕猎自身的传奇。"③ 由《城市Ⅰ》中的对现代城市生活的失落和失望，到《城市Ⅱ》中对现代城市生活的憧憬与幻想，兰波在《城市Ⅲ》中颂扬了古典与现代的完美结合，也表达了自己的现代美学观念。

5. 追求质感与色彩的诗歌语言

新的诗歌语言是兰波步入诗坛就确定的目标，他多次在自己的诗歌里重复自己对新奇的渴望和向往，波德莱尔所说的"深入渊底，地狱天堂又何妨？到未知世界之底去发现新奇！"更让他不能忘怀。他在自己的诗歌里反复地咏颂着这个伟大的理想："而当你看见人类轻蔑古老的枷锁，抛开一切恐惧，去探索未知的地平线，你将赋予它神圣的拯救！"④

"探索"成了兰波挥之不去的梦想，"未知的地平线"成了兰波魂系梦牵的地方。他希望"探求一切，认知一切！"，他更渴望探索波德莱尔式的未知世界里的新奇。他又如何在那里展示词语的色彩，自然的神奇，心灵的渴望，未知世界在兰波的诗歌里可以分为3个方面：一是具象化的物质世界；二是心灵化的精神世界；三是组合千变万化的词语世界。外部世界主要用色彩强烈的景色来表现，精神世界主要用心灵的震撼来表现，词语的世界主要用词语的错位来表现，它们常常同时出现，从不同的层面冲击读者的视角和心灵。他的第一首诗《孤儿的新年礼物》就表现出了这些特点，他

① ［法］兰波：《兰波作品全集·彩图集·城市Ⅱ》，王以培译，252～253页，北京，东方出版社，2000。

② ［法］兰波：《兰波作品全集·彩图集·城市Ⅲ》，王以培译，255页，北京，东方出版社，2000。

③ ［法］兰波：《兰波作品全集·彩图集·城市Ⅲ》，王以培译，255～256页，北京，东方出版社，2000。

④ ［法］兰波：《兰波作品全集》，王以培译，16页，北京，东方出版社，2000。

用"雪白的纱裙"表现新年的"茫茫晨雾"，用"温热、鲜红"表现"太阳的热吻"。这些被物象化了的景色只有化作诗人内心的吟唱时才显现出无比巨大的力量和震撼，诗人自己也反复地使用"战栗"、"颤动"等词汇来表现心灵与自然的吟唱："新年披着茫茫晨雾，轻轻展开她雪白的纱裙，哭泣着微笑，战栗着歌吟……""他们时常在清晨的金铃中战栗，那金属的音调，久久地、久久地在玻璃罩里震响……"自然也被拟人化，与诗人一起唱着大地之歌，唱着生命之歌："大自然苏醒，光芒陶醉……半裸的大地欣然复苏，在太阳的热吻中，幸福地颤动……"

兰波在自己诗歌创作的开始阶段，无法摆脱借用具象的物质世界表达精神世界的手法，强烈的感情色彩，丰富的内心想象在兰波这位少年的笔下以一种让人震撼的方式展开。兰波用意思相同或者相近的词语的重复来加重这种色彩和情感效果，来强调诗歌延绵不绝的韵律和节奏。例如，他用意思接近的"颤抖、飘扬"来表现"长长的白窗帘"随风荡漾的动态效果，用"久久地、久久地"的重叠表达清晨的金铃"在玻璃罩里震响"的音响效果，用"白"来加强"雪"的色彩，用"白茫茫"、"温柔"来修饰孩子的睡梦，用"寒冬"、"冰雪封冻"修饰孩子们的"巢"。现实中的"寒冬"、"冰雪封冻"与梦幻中的"纯洁"、"温柔"形成强烈的对照，词语的重复，词义的重叠产生了反复与回荡的效果，激情的荡漾和冲击力在兰波丰富多彩的词语之中展现在读者的面前。

兰波非常注意使用充满动感的词汇赋予诗歌某种特殊的韵律，请看《醉舟》飘逸流荡的节奏，词语带着诗人的想象顺流而下："沿着沉沉的河水顺流而下，……河水便托着我漂流天涯。"诗人用写实的笔端描述了诗人驾着小舟飘荡在河流之上，任凭河流带着自己漂向远方，诗人在飘荡之中逐渐醉去，进入想象的幻觉世界，诗人依然以舒缓悠扬的节奏继续着自己的沉醉之旅："从此我漂进了如诗的海面，静静吮吸着群星的乳汁，吞噬绿色的地平线；此时天光骤然染红了碧波，照彻迷狂与舒缓的节奏"。诗人以"漂进"、"吮吸"、"吞噬"、"染红"、"照彻"等韵律十足的动词牢牢把握着诗歌的节奏，使之在浩瀚的空间之中飘逸，"如诗的海面"、"群星的乳汁"、"绿色的地平线"、"碧波"也因为这些词语而旋转飘动起来。诗人运用词语的变化不断地变换诗歌的节奏，他时而用"鸟粪和纷乱的鸟叫从栗色眼睛的飞鸟之间纷纷飘坠"，"静静地吸烟，在紫气中升腾，自由自在"，"披着新月形的电光，我急速奔流"表达自由自在的翱翔，奔放不羁的行走，诗人的思想在没有遮拦的大海天空中唱响自由的颂歌，迅疾而自由的节奏挥洒着诗人的豪情；时而以饱蘸深情的笔端抒发内心的渴望："我梦见雪花纷飞的绿色夜晚，缓缓升腾，亲吻大海的眼睛"，诗人以"雪花纷飞的绿色夜晚，缓缓升腾"表现梦幻中的节奏，抒发内心深处的情感需求，这种舒缓、悠长的韵律与急促的节奏相互交叉，有张有弛，尽情地展示着诗人心中难以穷尽的情怀。

古典主义诗歌把审美的注意力集中在物象上，挖掘了物质世界所具有的美；浪漫派诗人更注意把自己的感情寄托在物象上，挖掘诗人希望表达的审美观；兰波以自己小小的年纪已经敏锐地捕捉到词语在诗歌中的重要性，他以现代人的思想试图挖掘诗歌中还没有被发现的美。词语在兰波诗歌的审美体系中扮演着重要角色，词语已经成为兰波诗歌的审美对象。诗歌不再仅仅局限在它的社会功能，也不仅仅满足于诗人的自然属性，它成为一个独立的审美体，构成这种审美体的要素就是词语。兰波显然注意到了词语在诗歌中的独立作用，他不仅追寻词语的节奏和韵律，注意辅音的运动，元音的色彩，用他自己的话讲就是："我发明了元音的色彩！我规定每个辅音的形状与变动。总有一天，我将凭借本能的节奏，发明一种足以贯通一切感受的诗歌文字，我保留其中的诠释权。"词语在以词义表达韵律节奏的同时，诗人为它们规定了自身的轨迹，引领着诗歌自身的运动，空白寂静也被纳入了诗歌自身的韵律和节奏之中，色彩把物质和幻觉紧密地结合在一起。"这起初是一种探索，我默写寂静与夜色，记录无可名状的事物。我确定缤纷的幻影。"①

词语在赋予物象以丰富多彩的真实世界的同时，也表达了变幻莫测的幻影世界，自身的变化就体现了文字的真实。物象的真实既有可触摸的物质本身，也有物质自身所具有的色彩和形态，因此色彩和形态最后都落脚在真情实感的物象之上，与物象构成真实的物质世界，如《捉虱的姐妹》中的"银亮的指甲"、"纷乱的鲜花"、"浓密而沾满露珠的头发"，《醉舟》中的"金光闪闪的鱼"、"栗色眼睛的飞鸟"等。"指甲"、"鲜花"、"头发"、"鱼"、"飞鸟"等具象物赋予了词语某种可以触摸的质感，使"银亮"、"纷乱"、"浓密而沾满露珠"、"金光闪闪"、"栗色眼睛"坠落在具有质感的具象物上，词语成为可以触摸的物象，包含着诗人的审美情绪。

诗人在用质感十足的词语表达某种真实之外，也通过词语的搭配，展示"缤纷的幻影"，看似有形的词语却在诗意的空间飘逸。《初领圣体》中的"甜蜜的回忆映入他的脑海"，"他的灵魂陷入深深的悲伤"，"他的身心，笼罩着星期天纯真的幻觉，他有着红色的梦"等诗句用"回忆、脑海"，"灵魂、悲伤"，"幻觉、梦"这些非具象的词语来表现诗人意向中的"缤纷的幻影"，具象的消失让读者在空灵中感知诗情的流动。"甜蜜的回忆"、"灵魂""身心"等无法捕捉的词语融入"脑海"、"悲伤"、"幻觉"、"梦"等抽象的词语之中，构成诗人心中美丽而又多彩的幻影。看吧，那充满时空感的天空，飘满了幻觉者的灵魂。这些飘荡的文字，可望而不可及，不可及却又如影随形，如《记忆》中的"丘陵、小桥的影子"，具象的"丘陵、小桥"却只能依赖抽象的"影子"来表达它们的存在，这种以抽象表具象，以具象展示抽象的表现手法被兰波推向了极致。

为了使词语具有通透的质感，兰波经常以名词替代形容词，使名词失去某种具象作用，让形容词获得色彩十足的通透感。诗人在《记忆》中不说女人洁白的身体在阳光里闪现，而说"女人身体在阳光里闪现的洁白"，不说烟消云散的粉红的芦苇，而说"烟消云散的芦苇的粉红"，以物质（身体、芦苇）的色彩来代替物质本身，使诗歌落脚在缤纷却又属于非具象物质的色彩之上，而不是物质本身上，兰波表达了具象物质的通透和空灵。这样的词语搭配，已经成为兰波诗歌创作的惯用手法，诗人隐去

① ［法］兰波：《兰波作品全集·地狱一季·妄想狂·文字的炼金术》，王以培译，204 页，北京，东方出版社，2000。

了，词语本身也隐去了，只留下了缤纷的色彩代替词语在诗歌中游荡。"风中的玫瑰，月桂树枝头与纷飞乐音的鲜红"；"陈旧的碧绿"；"用里约热内卢的金黄取代莱茵河的碧蓝"，"鲜红"；"碧绿"；"金黄、碧蓝"在诗歌中成为主角，它们在歌唱着色彩的颂歌。

四、接受与影响

兰波所生活的时代决定了他对浪漫主义、帕纳斯派和波德莱尔的亲近，他最初崇拜浪漫主义，以帕纳斯派为荣，渴望成为一个帕纳斯派诗人，也特别渴望能够在《当代帕纳斯》杂志上发表自己的诗作，他1870年5月24日写给自己称之为导师的泰奥多尔·德·邦维尔的信就是证明："我之所以让优秀的出版商阿尔方斯·勒梅尔转给你这些诗，因为我热爱所有的诗人，所有杰出的帕尔纳斯诗人，——因为诗人就是帕尔纳斯派，——向往理想之美；因为您是沙龙的继承者，我们1830年的导师们的兄弟，一个真正的浪漫诗人，我天生爱您。……我也将成为一名帕尔纳斯诗人！"① 兰波寄给邦维尔的3首诗歌是《感觉》《奥菲利娅》和用拉丁文作为标题的《惟一的信仰》（后改为《太阳与躯体》），他甚至有点低声下气地哀求邦维尔，"如果您能使《Credo in unam》（《惟一的信仰》）在帕尔纳斯诗群中占有一席之地，我会高兴得发疯……我将成为帕尔纳斯派的末等诗人：这将成为诗人们的'信仰'……"② 而且他在写给德梅尼的书信中，也把邦维尔等人尊为通灵者："后期浪漫派是典型的通灵者：泰奥菲勒·戈蒂耶、勒孔特·德·李斯勒、泰奥多尔·德·邦维尔。然而观察无形、倾听无声与重新揭示死去事物的精神是两回事。"③ 兰波确实在某些方面把邦维尔作为自己追寻的榜样，他甚至写过一首致泰奥多尔·德·邦维尔的诗，以诗歌的方式与邦维尔探讨诗歌，并对后者诗歌创作的得失发表了自己的观点，这就是《与诗人谈花》。兰波在这首诗里，不仅表达了对邦维尔诗歌的认同和向往，他对诗人所拥有的"风中的玫瑰，月桂树枝头与纷飞乐音的鲜红！"表示出极大的羡慕，尤其是"当邦维尔先生使之化作血色的飞雪，陌生人的眼光在邪恶的文字中晕眩！"邦维尔诗歌的韵律和节奏以及搭配奇特的色彩、神色宁静的草原、蓝色的睡莲或向日葵让兰波神往。同时，兰波也直率地指出邦维尔诗歌创作的不足："可是亲爱的，现在，——这是真理——艺术已不允许以长如蟒蛇的六音步诗来描述惊人的桉树"。但是就这3首诗歌和其他兰波早期所创造的诗歌而言，其中帕纳斯派的影响不见得有多大，除了帕纳斯派的少量印记如"肉体，大理石，鲜花，维纳斯"之外，倒是在这些诗歌里，看到了波德莱尔的某些诗歌的印记，如他在《太阳与躯体》中所描述的让人陶醉的景致：

> 他曾显现于浩瀚的蓝色波光，

---

① ［法］兰波：《兰波作品全集》，王以培译，319页，北京，东方出版社，2000。
② ［法］兰波：《兰波作品全集》，王以培译，320页，北京，东方出版社，2000。
③ ［法］兰波：《兰波作品全集》，王以培译，333页，北京，东方出版社，2000。

波浪散发出肉花的芳香，
玫瑰色的肚脐将涌出雪沫，
这胜利的明眸仙女
使林间夜莺与心中的爱情放声歌唱！

　　这些表现色与香、物象与心灵密切相关的印记在他后来写给德梅尼的信中也比较明确地被提出来，进一步说明他对波德莱尔的敬仰和崇拜，"这种语言来自灵魂并为了灵魂，包容一切：芳香、音调和色彩，并通过思想的碰撞，放射光芒。……波德莱尔是第一位通灵者，诗人的皇帝，真正的上帝。"① 对象征主义的影响，兰波不像马拉美那么直接。很多时候他是通过作品，来传递这种影响，但是他的影响，并不亚于马拉美。当象征主义诗人重新审视兰波并发现他的价值的时候，他已经搁笔多年。当这位被魏尔伦誉为"可诅咒的诗人"突然间在文学界被人们重新认识的时候，崇敬、赞美接踵而至，《醉舟》《元音》等诗歌曾经是那么风靡，是那么让那个时代的诗人们陶醉，瓦莱里和纪德曾经反复抄写兰波的《醉舟》而且在书信中表达了对该诗的崇拜。对兰波散文诗的模仿也成为一种时尚，也成为年轻诗人进入文学界的捷径：年轻的比利时诗人勒内·吉尔发表了《语言的炼金术》的理论著作，与兰波的《文字的炼金术》遥相呼应。勒内·吉尔是马拉美和瓦格纳的崇拜者，但是他对兰波的模仿达到了无以复加的地步，兰波的"A 是黑色；E 是白色；I 是红色；U 是黄色；O 是蓝色；"在勒内·吉尔的笔下变成了"A 是管风琴；E 是竖琴；I 是小提琴；O 是铜管乐器；U 是长笛"。兰波是这样的诗人，不需要说得太多："诗人兰波足矣，诗人兰波无限"勒内·夏尔如是说。

　　在中国，较之于其他法国象征主义大诗人，兰波的名字虽然不如他们响亮。但细查中国现代文学史，就会发现，兰波之于中国，还是有着相当的影响的。茅盾等人认为 19 世纪后半叶是"象征主义大盛时期"，"开道者"为波德莱尔和魏尔伦，"创设者"是马拉美。朱光潜认为魏尔伦等象征主义诗人把声音抬到主要地位，有"'着色的听觉'（colourhearing）一种心理变态，听到声音，就见到颜色。"其实这种"着色的听觉"始于波德莱尔，发扬光大于兰波。有评论者认为李金发的诗歌在表现神经艺术的本色时，"有属于视觉的敏感"，如同兰波的"母音有色"。早期阶段，兰波在中国的影响与波德莱尔、魏尔伦等的主张密不可分。穆木天所说的"我要深汲到最纤纤的潜在意识，听最深邃的最远的不死的而永远死的音乐。诗的内生命的内射，一般人找不着不可知的远的世界，深的大的最高生命"与兰波对生命的探索及其所提出的"改变生活"，寻求新的诗歌语言如出一辙。王独清也说过，兰波是他最喜爱的四位法国诗人之一。王独清将兰波的《元音》中的"A 是黑色；E 是白色；I 是蓝色；O 是红色；U 是黄色"称作发现"'色'、'音'感觉的交错"，认为这才是"最高的艺术"。他努力学习"兰波将本为抽象符号的字母与色彩相连，形成一种虽谐音但组合纯属任意性的结

_____

① ［法］兰波：《兰波作品全集》，王以培译，331～333 页，北京，东方出版社，2000。

构"，所以他才在《玫瑰花》中写下了"水绿色的灯下"、"淡黄的头发"、"深蓝的眼睛"和"苍白的面颊"等表示颜色的语言结构。兰波主张隐去诗人，寻求文字中独立的诗意；而王独清则论述过"我们必须下最苦的功夫，不要完全相信什么 Inspiration（灵感）"。王独清主张"下最苦的功夫"锤炼文字，兰波则有"文字的炼金术"的见解。尤其是王独清所提出"音""色"与"力"的诗歌主张与兰波等四位法国诗人的理论可谓不谋而合，殊途同归。

戴望舒在受到魏尔伦的影响，写下著名的《雨巷》后，诗歌创作发生了很大变化，他在《论诗零札》中说："诗不能借重音乐，他应该去了音乐的成分。""新的诗应该有新的情绪和表现这情绪的形式。""诗的韵律不应只有浮浅的存在。它不应存在于文字的音韵抑扬这表面，而应存在于诗情的抑扬顿挫这内里。"① 金丝燕认为："这里，戴望舒将诗情与字句（即文字）对立，文字成为表现的工具——鞋子。这一文字——工具观点与法国象征派的文字——创造论者相去甚远。兰波、马拉美、吉尔等诗人在诗歌上试图隐去诗人，自然也包括诗情，而寻求文字本身的撞击性、偶然性、创造性，以使字词在诗的世界摆脱原有的约定俗成的意义，即散文世界的意义。……文字不再是工具，文字是诗歌创造本身。"② 戴望舒诗歌创作的这种变化并非"借重音乐"与"去音乐"的变化，而是他对诗歌本身的认识进一步深化的变化。兰波提出的"文字的炼金术"更加深刻地揭示了诗歌创作的内在因素及其所产生的无穷变化，这些观点促使戴望舒围绕诗歌反复思考，也引起了其诗歌创作的深刻变化，这种变化与兰波等诗人的影响不无关系。

五、经典评论

"兰波仅适宜于从诗学的角度看待，难道这会让人气愤吗？他的作品和生活是那么融和，既不是因为，也不是尽管它们与众不同。他作品的每一个动作，他生命的每一个时刻都属于这样的工程，阿波罗和柏拉图好像使之走向完美：诗歌所展示的，最不隐蔽的东西，作为规则从我们身边滑过，而属于崇高现象的东西则那么亲切地萦绕在我们身旁。我们被警告：在我们的脚和它踢起的石头之间，在我们的目光和巡视的田野之间，除了诗歌，这个世界便一无是处。真正的生活，不容置疑的巨人只有在诗歌的脊梁上才能构建。然而人类没有（或者永远不会有，或者还没有）这样至高无上的权力去随意拥有这种真正的生活，去随意产生快感，除非在短暂的闪光中获得类似快感高潮的体验。而在随后的黑暗之中，多亏这些短暂的闪光带给我们的认知，时间在流逝所产生的可怕空白和属于我们的渴望-预感之间，只会是极端诗歌及其所预告的通灵的未来状况，时间将分享，流逝，然而有利于我们，一半是果园，一半是荒漠。

兰波惧怕自己的发现，他的剧院中所上演的剧本让他惧怕，又让他眷恋。他担心

---

① 戴望舒：《戴望舒精选集》，138 页，北京，北京燕山出版社，2006。

② 金丝燕：《文学接受与文化过滤——中国对法国象征主义诗歌的接受》，332 页，北京，中国人民大学出版社，1994。

未知世界是真实的，因此，他也担心自己在认知世界里经历的冒险是真实的，这些点点滴滴积累起来的沉重的冒险经历将会导致自我的丧失。狡诈的诗人努力将咄咄逼人的现实放置在充满想象的空间，使之蒙上东方传奇、圣经色彩，他那令人叫绝的死亡本能将逐渐弱化、逐渐弱小。然而，狡诈是无用的，惧怕得到了证实，冒险确实存在。他所追寻和体验的生命境遇，就这样突显，如同一对牛角，用它那两只尖角刺入诗人的灵魂和躯体。"①

第五节　斯丹凡·马拉美

一、生平与创作

　　"从梦想到说话的过程占据了这个非常简朴的生命，一个具有异常敏锐智力的所有组合的生命。他活着就是为了在自身中实现令人惊叹的种种变革。在宇宙中，除了最终得到表现，他看不到其他可想象的命运。"② 斯丹凡·马拉美在 1885 年 11 月 16 日写给魏尔伦的信中谈到了自己的家世："是的，我是 1842 年 3 月 18 日出生在巴黎，我出生的那条街现在叫拉菲利埃。我的父亲和母亲在家庭大革命以后，相继在政府和登记局做官员；尽管他们一直处于高官的地位，我却逃避了从我襁褓中就被注定了的这种官僚生涯。我可以在我的好几位先人那里找到与登记局的行当完全是两码事的舞文弄墨的嗜好。……刚才我说'巴黎的家族'，因为我一直生活在巴黎，但我们的原籍却是布尔基宁、洛林甚至荷兰。"

　　"我很小的时候——7 岁时，就失去了母亲。先由祖母抚养，她很疼爱我。随后进寄宿学校和中学。"③ 他 15 岁时失去了姐姐，他的童年既悲伤，又很封闭，他的生活苍白而呆板。"他是一个很内向的人"，克洛岱尔如是说。这位性格内向的人从小却立下了志愿，希望将来能做大诗人："我有一颗拉马丁的灵魂，暗暗向往有朝一日能取代贝朗瑞，因为我在朋友的家里遇到过他。似乎要做到这一点不大容易。但我长期坚持，写了一百个小本子的诗，作为成为诗人的准备。假如我记性好的话，它们会永远存留在我的心灵里。"④ 1862 年中学毕业以后，这位爱伦·坡的狂热追寻者自认为自己没有其他能力糊口，所以就出发到英国，目的是为了学习英语，以便能翻译或者阅读到原版的爱伦·坡的作品并在未来的岁月里找一份教英语的工作。用他自己的话讲："学了点英语，只是为了更好地读爱伦·坡的书。20 岁去英国，主要是为了逃避；同时也想练练英语，还希望能在一个清静的地方当个教师，解决生存问题。后来我还

---

　　① ［法］兰波：《Poesies, Une saison en enfer, Illuminations》，139～140 页，巴黎，伽利玛出版社，1984。
　　② ［法］保尔·瓦莱里：《瓦莱里散文选》，唐祖论、钱春绮译，116 页，天津，百花文艺出版社，2006。
　　③ 潞潞：《倾诉并且言说——外国著名诗人书信、日记》，71 页，北京，北京出版社，2003。
　　④ 潞潞：《倾诉并且言说——外国著名诗人书信、日记》，71～72 页，北京，北京出版社，2003。

结了婚，因此而更加拮据。"① 1863 年以后，他如愿以偿，真的找到了一个英语教师的位置，先后在几个外省城市，如图尔隆、贝桑松、阿维尼翁等地教授英语。直到 1871 年，他才返回巴黎。

除了受到爱伦·坡的影响之外，马拉美对帕纳斯派的诗歌表现出极大的兴趣，随后又喜欢上了波德莱尔。他曾经宣称有必要创作一部难以阅读的作品，因为这样的作品才能表现他的雄心壮志。他对这部书进行了界定："一部书，一部多卷本的地地道道的书，一部事先构思好的讲求建筑艺术的书，而不是偶然灵感——即使这些灵感是美妙绝伦的——的集子……我要走得更远，我要说：书使人相信只有一本书，被某人——或者说某天才——不经意间写成的经典。"②

马拉美诗歌创作的变化来自《海洛狄亚德》。1864 年开始创作时是悲剧，后来在马拉美的诗歌创作计划中成为一部规模宏大的诗剧，但他生前只完成了三个片断。这个未完成的诗剧后来发表在 1869 年的《当代帕纳斯》上。《海洛狄亚德》表现了人类的生存困境以及意境纯洁而冰冷虚无的世界。写得最精彩，后来也最著名的，是第二个片断——海洛狄亚德同妈妈的对话。海洛狄亚德临镜驻足，惊于与自己的美貌而忘记了世俗的一切诱惑。"海洛狄亚德让我产生无限的遐想，这位身披海蓝色纱丽的海洛狄亚德，她的金发如燃烧的金色的火焰，她身着节日炫目的盛装，但表情却凄婉动人。她双手捧着镜子，孤芳自赏，孤影自怜，痴迷于镜中的幻影。"③ 镜中的自恋形象成了马拉美的虚拟诗歌世界，同时也是马拉美形成自己创作风格的开始。他 1864 年 10 月底写给朋友加扎利的信中宣称自己找到了表达事物的新方法，他希望使之成为自己诗歌创作的主要法则，"我终于开始创作我的《海洛狄亚德》，我心惊胆战，因为我在创造一种必须来自崭新诗歌的语言，我可以用下面这样的词汇定义它：描绘，非事物，而是其所产生的效果。诗句摆在那里，不应该由词语组成，而应该由意图组成。面对感觉，所有的话语悄无踪影。"④ 关于《海洛狄亚德》，他在同一封信里做了进一步说明："我选择了一个可怕的题目，当其中的感觉很敏锐时，就会让人觉得可怕，而当它们飘浮不定时，又会拥有神秘事物的奇怪态度。我的诗句，时不时会让人痛苦而且会像刀剑那样伤人。而我却从中找到了亲密和独特的描绘和记录瞬间印象的方法。更让人忐忑不安的是，这些印象前后相接，如同交响乐中的音符。我常常整日自问，这些印象是否能与那些印象相伴，它们之间的相关性和效果又是什么。"⑤ 因此，《海洛狄亚德》是一个里程碑，标志着他与帕纳斯派和波德莱尔诗歌主题的决裂，他的诗歌创作进入了具有强烈的个人特色的阶段。因此在经历了苦难、困惑的怀疑之后，马拉美才会这样宣称："我死了，又复活了。"他用另一种形式实践兰波"我是他

---

① 潞潞：《倾诉并且言说——外国著名诗人书信、日记》，71～72 页，北京，北京出版社，2003。
② 潞潞：《倾诉并且言说——外国著名诗人书信、日记》，71～72 页，北京，北京出版社，2003。
③ 金惠敏：《嚼着玫瑰花瓣的夜晚——瓦莱里与纪德通信选》，吴康茹、郭莲译，21 页，北京，经济日报出版社，2002。
④ Paul Benichou, Selon Mallarmé, 38 页，巴黎，伽利玛出版社，1995。
⑤ 潞潞：《倾诉并且言说——外国著名诗人书信、日记》，71～72 页，北京，北京出版社，2003。

者”的主张：“应该做一些超乎寻常或异乎寻常的事情，这样做总能得到回报，如作者的省略，作者的死亡等。（《关于书》）”①

标志着马拉美之“死与复活”的另一首诗，是《牧神的午后》。马拉美在创作被他自己称为“沉默的音乐”之作《海洛狄亚德》的时候，同时开始构思《牧神的午后》这首长诗。1865 年春天开始动手写作，最初起名为《牧神的独白》，也是计划写给剧院的剧本。然而写好的诗剧送给法兰西剧院时，却遭到了否定。后来马拉美又想在《当代帕纳斯》上发表，也遭到拒绝。到了 1876 年，经过反复修改的诗剧才以豪华单行本出版。谈到《牧神的午后》时，马拉美对他的朋友加扎利说：“或许你懂，需要付出多少个绝望的夜晚和梦想的白天，才能写出独特的诗句（至今我还没有写出这样的诗句），才能写称得上是在至高无上的神秘中使人分享诗人灵魂的诗句。”②《牧神的午后》也给其他艺术家带来了创作灵感。法国著名音乐家德彪西根据这首诗写了一首题为《牧神的午后前奏曲》。然而在公众一致看好的同时，评论界的反响却不尽相同。《费加罗报》的达古尔这样批评：“这类乐曲写起来挺有意思，但听起来却乏味得很！”“但是马拉美却写信给德彪西，说他的乐曲和自己的诗文可以说是珠联璧合。如果说略有不同的话，那就是在思乡之情方面，以及在光影之间，作曲家比他做得更加细腻丰富。”③ 为了回应评论界的指责，德彪西在谈到音乐和诗歌的关系时这样说道，“由于为了与原诗的总体印象更加切近，音乐的发展就显得艰难，……更确切地说，这是一种将所有细小微妙的差别都容纳于一个模式中的尝试，我的努力在逻辑上是可以被证明的。目前，这种（作曲）趋势仍在紧随（象征派）诗歌的上升而加剧，而且还对原诗的所述所感进行美的修饰……末尾以一个长句结束了全诗：‘爱侣，永别了！我将会看到你幻化而成的浮影。’”④ 所以说，《海洛狄亚德》和《牧神的午后》标志着马拉美诗歌创作的新起点，标志着象征主义诗歌马拉美时代的来临。

1870 年以后，马拉美的创作开始明显彰显自己的个性。1873 年在《戈蒂耶之墓》杂志上发表了《葬礼上的祝酒词》，1887 年被《独立杂志》再版。1872 年 10 月 23 日，著名诗人戈蒂耶逝世，有位名叫格拉迪尼的人建议出一本诗歌集纪念戈蒂耶。戈蒂耶的女婿采纳了这个建议，他希望这本诗集的形式是丧葬宴会，每一位参加的人都必须用诗歌的形式表达对这位大师的致意。马拉美既要按照要求发表祝词，用诗歌向这位大师致意，同时还想表达自己的诗歌主张，这首诗就是在这种背景下产生的。1883 年，魏尔伦在《镥》杂志上发表的《可诅咒的诗人》中发表了马拉美的《当阴影威胁时……》，虽然这首诗发表于 1883 年，但是它的写作年代要早。这首诗所表现的主题比较接近《葬礼上的祝酒词》，这一点得到了马拉美的确认，他在寄给魏尔伦的一组将要发表在《可诅咒的诗人》中的诗歌时写道：“我寄给你的诗歌是过去创作的。”其

---

① ［法］雅克·德里达：《文学行动》，赵兴国译，328 页，北京，中国社会科学出版社，1998。
② ［法］雅克·德里达：《文学行动》，赵兴国译，39 页，北京，中国社会科学出版社，1998。
③ ［法］让·巴拉凯：《德彪西画传》，储国国等译，119 页，北京，中国人民大学出版社，2004。
④ ［法］让·巴拉凯：《德彪西画传》，储国国等译，120 页，北京，中国人民大学出版社，2004。

中有写作于 1876 年的《爱伦·坡墓志铭》，还有更早时期的《圣女》和《诗歌的供奉》
（1865）。1875 年，美国巴尔的摩为纪念爱伦·坡逝世 25 周年，要立一座纪念像。当
时的组委会主席赖斯小姐邀请马拉美为纪念活动作诗，马拉美把自己创作的《爱伦·
坡墓志铭》翻译成英语，寄往美国。1877 年这首诗发表在《爱伦·坡纪念文集》上，
在 1883 年由魏尔伦发表以前，这首诗还作过修改。1877 年 11 月，他创作了"当灰色
的冬天来临时，在被遗忘的森林中……"《十四行诗》，这首诗直到 1913 年才第一次发
表在《新法兰西杂志》诗歌卷上，后来又被收入《马拉美诗歌全集》。1883 年，马拉
美突然间受到魏尔伦的《可诅咒的诗人》和于斯曼的《逆流》的眷顾，俨然成为象征
主义的领袖。他每星期二下午在巴黎罗马大街的住宅接待来访的客人，这些客人就是
崇拜他的年轻的诗人们，他向他们讲解自己的诗歌主张，与他们一起切磋诗艺，他与
年轻诗人们的聚会被称作星期二集会。但是他始终不愿意承认流派之类的说法："我
讨厌流派以及一切类似流派的东西。……我之所以被视为流派领袖，这首先由于我对
青年人的意见总是有兴趣；其次也许由于我诚恳地承认青年人的作品的确给我们带来
了新的东西。"①

　　马拉美补充了自己的诗集，增加了一些即兴创作的诗歌，但是他所希望的还是那
本他用毕生精力所撰写的"书"。这样一本书从马拉美步入诗坛初期就已经提出，这
本书的概念随着时间的推移，场景的变化而有所不同。马拉美第一次提到"书"时是
在 1866 年夏天，他把阴性名词"著作"写成阳性名词："今年夏天，我无限努力地创
作一部纯洁、美丽的著作。"（著作在法语里是阴性名词，这里作者用的是阳性名词）
他在写给欧巴乃尔的书信中说用 20 年时间写作一部 5 卷本的"书"，他已经有了写作
计划；他在写给加扎利的书信中又说这本书将是"关于虚无的精神主张"，由 3 首诗，
4 篇散文诗组成，用 10 年时间完成；他在写给维里尔的书信中说自己的余生中还有两
本书要创作"一本……表现美，另一本则属于自己，灰暗的寓意中充满虚无"② 但是
这一切都没有一个延续的答案，他所说的那本书到底是什么，却无人知晓。他在
1866—1867 年的书信中曾经打算把《海洛狄亚德》列进这本"书"中，他用了两个冬
天也没有完成这首长诗。直到 1885 年 11 月，在他写给魏尔伦的书信中，才清楚地描
述了那本"书"，"对大地做出神秘教理般的解释是诗人唯一的使命，是杰出的文学技
巧：因为书的节奏本身是客观地、活生生地伸入到书页里，叠合成梦幻或颂歌的
方程。"③

　　取名为《散文诗》的诗歌发表于 1885 年，后来没有太大的修改，但是今天发现的
两部手稿却与最终发表的诗歌相去甚远。1954 年 12 月 25 日发表在《费加罗文学版》
上的手稿由亨利·蒙托点评，另一部手稿见 1968 年尼载出版社出版的《马拉美资料大
全》，由卡尔·巴比埃点评。这两部手稿均没有《散文诗》的标题，也没有诗歌的题

①　潞潞：《面对面——外国著名诗人访谈、演说》，8 页，北京，北京出版社，2003。
②　Paul Benichou, Selon Mallarmé，55 页，巴黎，伽利玛出版社，1995。
③　潞潞：《倾诉并且言说——外国著名诗人书信、日记》，72 页，北京，北京出版社，2003。

记。1885 年 3 月，马拉美在《独立杂志》上发表了《贞洁、活力……（天鹅十四行诗)》，但是这首诗歌的创作年代不断引起人们的争论。有人认为，这首诗歌写于 1870 年以前，有的人认为，创作时间应在 1870 年前后。在这个悲剧题材中，诗歌表现了诗人实现理想过程中的悲剧，特别是当马拉美经历《海洛狄亚德》危机时的主题在这首诗歌中再次出现，理想中的天鹅，志存高远的天鹅被冰封的湖扼杀。《让我进入你的故事》于 1886 年发表在 6 月 13—20 日号的《时髦》杂志上，是一首十四行诗。1887 年 1 月，《独立杂志》发表了他的《我的书籍重新合上……》，理想所经历的悲剧重新出现在这首诗歌里，理想在现实中被"毁灭"，遥远的地方仅仅留下了当年的辉煌、冰冷、饥饿在诗歌中再现。《飘动的头发》最早发表在《艺术与时髦》1887 年 12 月号上，是题目为《集市叫卖》的散文诗的一部分。1889 年《飘动的头发》作为十四行诗单独发表在《神甫》第一期上，1890 年《青年比利时》2 月号上发表了十四行诗《飘动的头发》的《集市叫卖》。马拉美经常把这首诗歌单独发表，但是它与《飘动的头发》其中的联系却无法改变。当死神渐渐临近时，1897 年，他在《宇宙》杂志上发表了自己完整的诗歌主张和创作经验以及诗歌技巧的诗作《骰子一掷永远取消不了偶然》，展示了诗人对于自己的精神世界和自然界近于融合为一体的空蒙境界。这首充满神秘色彩的诗歌发表后不久，马拉美就于 1898 年 9 月 9 日在自己在枫丹白露附近的别墅里谢世了。

二、诗歌美学观

1. 诗歌的音乐性

早期的马拉美就关注并敏感于诗歌的音乐性，从《海洛狄亚德》的音乐序曲到《骰子一掷永远取消不了偶然》的发表，还有《牧神的午后》等，马拉美的所有诗歌创作都表现出了他对音乐的追求。1891 年，他接受法国记者勒·于雷关于《牧神的午后》的采访时，这样定义自己的诗歌主张："我试图在亚历三大诗体旁边，在它的所有的内容中增加一种日常的文字游戏，周围有钢琴伴奏，如同人们所说，是诗人自己所做的伴奏，而那些官方诗歌只有在重大聚会中才会走出羁绊。"[1] 他在接受"谈文学运动"采访中更加明确地说出了诗歌与音乐不可分割的关系："我们只求在诗歌中放进较多的空气，在气势宏伟的诗句之间，创造一种流动的、变化的东西，而这正是前一时期诗歌所缺少的。在乐队中，突然听到一段嘹亮的铜管乐的演奏，当然很美，但是如果只有铜管乐，就会使人厌倦。年轻人尽量延长庄严乐调间的距离，为的是使这种乐调在它们能产生整体效果时才出现。亚历三大诗体也是如此；这种诗体不是什么人发明的，它是语言这个工具天然的产物。从今以后，它不会再像今天这样执拗、呆板，而是显得更自由，更新颖，更轻灵。"[2]

马拉美对诗歌音乐性的主张与传统意义上的定义有较大的区别，黑格尔在他的

① Bertrand Marchal：《解读象征主义》，92 页，巴黎，Dunod 出版社，1993。
② 潞潞：《面对面——外国著名诗人访谈、演说》，6～7 页，北京，北京出版社，2003。

《美学》中，对音乐与诗歌的关系曾经作过这样的论述："在诗里声音本身并不那么复杂，并不是由人造的乐器发出来的，也不是用丰富的艺术形式组合成的，它只是把人类语言器官所发出的语音降低成为单纯的符号，这符号本身并无意义，只因为标志出某些观念，才获得价值。因此声音在诗里一般是一种独立的感性客观存在物，作为情感和观念的单纯符号，正因为它只是这种符号，它就具有本身固有的外在性和客观性。"① 马拉美对音乐在诗歌中所起的作用的要求远远高于黑格尔的要求："我所做的音乐，可以称之为，不是人们从词语音调的相近性之间所取得的，这样的想象自然而然；但是除此之外，话语排列所产生的神奇；或者说话语只能停留在这样的状态，作为与读者物质交流的工具，如同钢琴的键盘。确实在字里行间和目光上面，是一种绝对纯洁的交流，不需要像乐队那样要求软弦和直升式活塞，这些已经工业化了；诗歌与乐队一样，只不过它是文学的或者沉默的。"② 诗人不但要用文字为自己的诗歌伴奏，而且要在"诗歌中放进更多的空气"，在诗句之间"创造一种流动的、变化的东西"，在词与词之间"尽量延长庄严乐调间的距离"。流动的空气产生动感，产生韵律，词语之间的延长符又产生了节奏。词语已经不只是一种单纯的客观存在，不是一种单纯的音节符号，它更多的流动、变化的气息，有了更多的停顿、延续，自身的多样性从客观和内涵上尽情地表现着独立的存在。被排除在意义之外的词语已经勾画出来一幅美丽的音乐画卷，立体的音乐不但表现在诗句与诗句之间，表现在它们的神奇排列之中，也表现在每个诗句中词语的节奏变化和流动之间，表现在词语的停顿与延续之间。词语如同乐队的乐器，与读者产生了神奇的关系，这种关系成了一种物质存在的关系，词汇成了这种物质关系中最基本的元素。音乐的支离破碎及音乐内部所产生的网状空间进一步说明现代诗歌对音乐性的要求："以线条十分清晰见长的乐调已经成为过去，代之而起的是一种无穷无尽的破碎的乐调，它丰富了音乐的内容，同时又使人不感到音调的抑扬顿挫太着痕迹。"③ 这种破碎的乐调在诗歌之中又形成新的语言："诗行使用若干音、形单位给语言重新创造出一种完整、新异的词语，魔术般地将言语隔离起来"④。德里达在论述马拉美诗歌词语的统一性时说："马拉美在寻求词语的统一性时，营造音、形单位和意义的和谐时，也使词语被瓦解并释放出能量。词语对于他已经不再是语言的首要成分，其后果非常深远。"⑤ 瓦莱里在谈到马拉美对音乐的喜好时曾经说过："马拉美每个星期天都去听音乐会。他听音乐会全神贯注，不仅仅是为了音乐本身，而且是为了努力发掘音乐的奥秘。他手指中夹着一支铅笔，从乐曲中记录下他认为对诗有用的东西，他想从中提取不同的关系类型，把它们移植到语言领域。"⑥ 但与前人不同的是，在诗歌与音乐的关系上，他把诗歌视为最高的和支

①　[德] 黑格尔：《美学》，第三卷，上册，340 页，北京，商务印书馆，1984。
②　Bertrand Marchal：《解读象征主义》，92 页，巴黎，Dunod 出版社，1993。
③　潞潞：《面对面——外国著名诗人访谈、演说》，6 页，北京，北京出版社，2003。
④　[法] 雅克·德里达：《文学行动》，赵兴国译，331 页，北京，中国社会科学出版社，1998。
⑤　[法] 雅克·德里达：《文学行动》，赵兴国译，331 页，北京，中国社会科学出版社，1998。
⑥　潞潞：《另一种写作——外国著名诗人散文、随笔》，80 页，北京，北京出版社，2003。

配的艺术，音乐可以使诗歌取得暗示的、象征的最佳效果。

2. 召唤事物的诗歌

马拉美在接受记者的采访时，阐明了自己的诗歌美学观，"诗歌中应该永远存在着难解之谜，文学的目的在于召唤事物，而不能有其他目的。""世界最终的目的就是为了写出一本完美的书。"① 诗歌如何召唤事物？要想召唤事物就必须使存在的语言隐身，隐身的语言才能激发更多的想象，"诗歌中只能有隐语的存在。对事物进行观察时，意象从事物所引起的梦幻中振翼而起，那就是诗；……一点一滴地去复活一件东西，从而展示出一种精神状态，或者选择一件东西，通过一连串疑难的解答去揭示其中的精神状态：必须充分发挥构成象征的这种神秘作用。"② 存在是一种状态，诗歌就是要揭示这种状态。从事物的起点开始，终点将会是最原始的存在形式；同时，当存在本身就是答案时，诗歌就是通过一连串的推理和求证，证明存在的合理性，也就是诗歌的合理性。换句话说，隐语可以是推理过程中的不同符号，引发无尽的想象，引领着读者奔向终点的答案；也可以是终点的答案，本身就是一个语音场和词义场，引发无尽的同音和同义想象。诗歌不是要说出一种事物，而是要唤起人们对它们的想象，暗示它们的存在，因此，诗歌永远都会是个谜："直陈其事，这就等于取消了诗歌四分之三的趣味，这种趣味原是要一点点地去领会它的。暗示，才是我们的理想。"③

三、作品分析

马拉美的诗歌创作以对波德莱尔诗歌的模仿开始，但是却颠倒了后者诗歌创作的二元审美观。在马拉美的笔下，波德莱尔诗歌中的理想已经成为缠绕着诗人的噩梦"从容而冷静"，它就是"美丽如花朵一般可爱"的蓝天，懒洋洋地对诗人"发出嘲讽"，"无所作为的诗人感到难堪，他行经痛苦的贫瘠沙漠，诅咒自己的天才"。遨游、远航、他乡、逃避、拒绝让人伤心，同时又充满诱惑的现实世界等，波德莱尔诗歌中的主题，在马拉美早期的诗歌中充分地表现出来：

> 我闭上眼睛逃跑，可我总感到蓝天
> 却以令人震惊的悔恨那一般强烈，
> 注视我这空虚的灵魂。何处逃？哪片
> 黑夜可用来盖住蓝天伤人的轻蔑？④

诗人逃避的是现实中的理想。理想在马拉美的诗歌《蓝天》中已经成为妨碍他前

---

① 潞潞：《面对面——外国著名诗人访谈、演说》，8～9 页，北京，北京出版社，2003。
② 潞潞：《面对面——外国著名诗人访谈、演说》，8 页，北京，北京出版社，2003。
③ 董学文：《西方文学理论史》，211 页，北京，北京大学出版社，2005。
④ 程曾厚：《法国诗选》，387～388 页，上海，复旦大学出版社，2004。

行，嘲笑他无能为力的象征。理想的力量与诗人的空虚和无能形成了鲜明的对比，所以诗人只有走进"绝对的黑夜"，因为"黑夜可用来盖住蓝天伤人的轻蔑？"诗人在呼唤黑夜的同时，也寄希望于远方的大雾，因为大雾和黑夜一样可以掩盖嘲讽诗人的蓝天，因此，诗人发出了这样的呼唤：

> 大雾，请生起！播撒你雾蒙蒙的云烟，
> 向空中播撒破破烂烂的雾气浓浓，
> 去淹没秋季混沌杂乱的青灰色脸，
> 请建造一座巨大而又寂静的天穹！①
> ……

同样的主题在其早期的诗歌中也经常出现：

> 爱折磨人的梦想
> 怡然陶醉在哀愁的馥郁，
> 没有懊悔，没有惆怅，
> 在萦怀着她的心中留下一掬采撷的梦。②

《显现》把理想描述成折磨人却又让人无法抵御的梦想，但是诗人的这种理想经常在残酷的现实面前被击碎。波德莱尔笔下那极富象征意义的天鹅便是最好的注脚："冰封的湖"、"紧紧缠绕着羽毛的泥地"在一片纯净的世界里展示出理想与现实之间的巨大反差，展示出遥远美丽的理想如何在冰冷的现实中被扼杀，"往日的天鹅正在回忆起她自己"。这对矛盾恰恰成为《天鹅》最迷人的地方："若明，若暗，既有这份明白，吸引读者，又有这份隐晦，把人迷住。"③ 对过去岁月的缠绵同时也表现出诗人的失落，法国文学传统中的"黄昏"、"秋叶"等也在马拉美的诗歌中反复演化："我的灵魂飞向你的梅额，那里是梦境"，"灵魂"、"梦境"等无法捕捉的幻影飘落在"宛若忧郁的花园中"，因此灵魂随着花园的流水荡漾："那束忠实洁白的水流向着太空叹息！"载着诗人寄托的流水的叹息引起了太空的回应："太空把无限的颓唐映入池塘"，"映入池塘的颓唐"就是"黄昏的秋阳"，当后者"拖着一缕尾光挨过，死寂的水面，那里落叶的萎黄随风悠游，画出一道冰冷的犁沟。"《叹》就这样在天空、在池塘，在秋叶中穿过，留下了淡淡的袅袅余音。"黄昏的秋阳"使人联想到波德莱尔"晚秋柔黄的秋阳"，"浪漫主义的夕阳"等和圣伯夫的"夕阳拖着黄色的光翎"。"诗人用'落叶的萎黄'而不用萎黄的落叶，意在摆脱一种物质实感，造成一种空幻和灵动的意象

---

① 程曾厚：《法国诗选》，387～388 页，上海，复旦大学出版社，2004。
② 潞潞：《忧郁与荒原——外国著名诗人代表作品选》，36 页，北京，北京出版社，2003。
③ 潞潞：《忧郁与荒原——外国著名诗人代表作品选》，373 页，北京，北京出版社，2003。

色彩。"①

马拉美在早期的《蓝天》《海风》《花》《叹》《烟斗》等诗歌中不但继承了波德莱尔"过去与现在"、"现实与理想"、"此世界与彼世界"等二元论的审美主张，而且也经常用通感的方式表达自己的情感，只是他的表现形式比波德莱尔更加丰富和多变。《显现》在静谧的梦境中奏出了小提琴如泣似诉的旋律：

> 明月添愁。赛拉芬们垂泪
> 沉入梦境，手捏琴弓，在花雾的
> 静谧中，拉着断肠的提琴，
> 白色的呜咽翔过彩云朵朵的苍穹。②

梦境中的提琴不但打破了沉寂，而且带来了"白色的呜咽"和"彩云朵朵的苍穹"，忧愁、美丽的梦境，痛苦、欢快的提琴既带着无限的惆怅，又抒发着内心的愉悦。提琴和色彩构成的梦境就这样在马拉美的诗歌里继续着："怡然陶醉在哀愁的馥郁"。因此惆怅、愉悦的琴声，"白色的呜咽"和"彩云朵朵的苍穹"及陶醉、哀愁的馥郁交融，触动诗人内心的琴弦，使他"在萦怀着她的心中留下一掬采撷的梦"，他觉得"往昔，她走过我受宠的孩提时的酣睡，用她那半拢的双手撒下洁白如雪的芳星"。雷乌特写道，"马拉美的这首诗写于他由于波特艾尔的著作而名声大噪的时代，在这首诗里他采用了通感的技法：呜咽的声音和白色的通感（'白色的呜咽'），感官的通感，笑的显现唤出陶醉在芳香之中的星束（'洁白如雪的芳星'）。但是这首诗与其说是波德莱尔式的，不如说是马拉美式的，人们可以从朦胧的和带着眷恋的梦幻的基调上找到一种个人风格的象征主义。"③ "这些诗的气氛往往接近于英国拉菲尔前派绘画的气氛：表达上的忧郁情调，轮廓上的光辉的不确定性，形象的音乐性，和文字上的某种天真结合了起来。"④

马拉美诗歌创作的变化来自《海洛狄亚德》和《牧神的午后》，马拉美所创造的虚幻世界在这些诗歌里得到尽情表现。"'意象是在刹那间所表现出来的理性与感性的情结'，情结带有强烈的情感色彩，它不是一般意义上的立象呈意，而是物象心灵化和心灵物象化的交融性十分明显的晶体；是体现了心灵与物象的美感联姻，既来自物象对诗人的刺激又挣脱了自然具象而升腾到了相应思情高度的一种把握形态和感悟途径；是从实际的、客体的秩序中抽取而来，又为新的感知而存在的诗人的创造物——虚幻的审美'对象'。"⑤ "虚幻的审美'对象'"在马拉美的《牧神的午后》中达到了极致，梦幻般的美在纯净无比的诗歌里这样展现：古老的沉沉夜色中，飞出了诗人的

① 辜正坤：《世界名诗鉴赏词典》，440～441 页，北京，北京大学出版社，1990。
② 辜正坤：《世界名诗鉴赏词典》，440～441 页，北京，北京大学出版社，1990。
③ 辜正坤：《世界名诗鉴赏词典》，440-441 页，北京，北京大学出版社，1990。
④ 辜正坤：《世界名诗鉴赏词典》，440～441 页，北京，北京大学出版社，1990。
⑤ 杨匡汉：《中国新诗学》，118～119 页，北京，人民出版社，2005。

梦想，"带着迷离睡意"，进入梦幻世界。

> 这些仙女，我要让她们永存，
> 她们轻盈的红润那样明艳照人，
> 在层层灌木的睡梦中随风飞舞，我眷恋的难道是梦吗?①

　　评论家蒂波岱这样写道："这首诗形成了一个完美的简单而提纯了的中心点，一切朝柔韧发展的方向和一切才华横溢的阶段全都汇聚到了这个集中点上来了。"《牧神的午后》中的牧神"为了克服那追求玫瑰理想的缺陷"，"从你宛若泪泉的冷淡而湛蓝的眼睛里，从你的贞洁里飞出迷茫的幻觉"。这种幻觉在音乐声中不断变幻，演绎出诗人纯净的心灵世界，这些纯净、美丽的形象一会儿是"飞舞的天鹅，水中仙女"，一会儿是"亭亭玉立的水仙，每一朵都很纯洁"。在一片茫茫的世界里，仙女们的肌肤"是那样光艳，粉红，在天光中熠烁"，"我的笛声浇洒林丛"，肌肤、色彩、笛声交替着在梦幻中闪现，成为诗人梦醒时刻也难以忘怀的回忆，因为我"曾经被庄严的牙齿神秘地咬过一口"。此时此刻，咬过我一口的仙女知向谁边。诗人又回到梦中，用意象、笛声和飘动的影子创造出虚幻的诗歌世界。诗人抽去了所有具象化了的物质，用"在悠长的独奏中绮梦纷纷，我们用美与轻信之歌间的缤纷玄思来戏弄身边的美；让爱的私语如逝梦一样轻，如闭目冥思中清脆、惆怅如丝如缕的笛声一样柔美"来表现心灵的流动。"绮梦纷纷"，"缤纷玄思"，"爱的私语"，"如丝如缕的笛声"等纯洁柔美的非具象物不断延伸着诗人心灵的波涛，演绎着爱与梦幻的重叠交错。诗人随着自己的笛声进入了梦乡，发出了这样的感叹："啊，仙女，让我们充实自己的回忆。"因此"我沉入欢欣，把空笛举向夏日的晴空，将气息吹向她那光润的玉肌，带着贪婪的陶醉，一直注视到傍晚。"婀娜多姿的仙女们闪现在诗人的幻觉世界里，似真如假，让人难以忘怀。"或许你懂得，需要付出多少个绝望的夜晚和梦想的白天，才能写出独特的诗句（至今我还没有写出这样的诗句），才能写称得上是在至高无上的神秘中使人分享诗人灵魂的诗句。"② 这句话比较清楚地体现了马拉美写这首诗时所花费的心血以及诗人的诗歌审美追求。"作品越是经过苦思冥想，越是迭遭否认拒绝，就越是被不断投入到不灭的希望火焰中。艺术的对象受到伟大心灵的攻击就纯净了。艺术家逐渐抛弃那些粗糙笼统的幻影，他们从自己精神毅力中获取到大量见不到的业绩。严酷的选择吞噬了他许多岁月。而完成一词也不复有什么意义，因为思想凭借自身将一事无成。"③ 随着马拉美诗歌创作的不断个性化，这种"抛弃粗糙笼统幻影"，追求纯净、晦涩、隐义的倾向愈加明显：

---

①　潞潞：《忧郁与荒原——外国著名诗人代表作品选》，33页，北京，北京出版社，2003。
②　潞潞：《忧郁与荒原——外国著名诗人代表作品选》，39页，北京，北京出版社，2003。
③　[法] 保尔·瓦莱里：《瓦莱里散文选》，唐祖论、钱春绮译，115页，天津，百花文艺出版社，2006。

可以记忆的危机

没有任何事情

或者

完成的事件以便获得所有结果，非

人类的

会发生

就这样在诗句中创造出无法想象的空白和词语间的断层。词语之间的断层引发了意义的断层，"没有任何事情"，"会发生"被"或者"，"完成的事件"，"非，人类"所割裂。破碎的段落按照不同的词语组合奔向各自的搭配对象。路径是清晰的，但是当它们各自交叉时，读者已经迷失了方向，仅仅在词语的呢喃中体验着词语留下的长长空白和悠长余音。这种倾向在整首诗中延续，词汇的音节和能指形成了这样的集中点，分别向各自的方向散发。空白、断裂和词语一起构成了诗歌的一部分，暗示着诗歌的意义。

四、接受与影响

马拉美的影响要从他在巴黎的星期二集会开始，许多年轻诗人每个星期来到这里听马拉美讲解诗歌理论，而后他们用这些理论指导自己的诗歌创作，这对法国文学乃至世界文学都产生了巨大的影响。但是关于影响本身，马拉美自己并没有太多想法，星期二的集会在客观上为马拉美传播自己的诗歌主张提供了条件和机会。他在写给魏尔伦的书信中也有所提及："亲爱的魏尔伦，你的《可诅咒的诗人》，于斯曼的《逆流》是我的长期以来的空虚的星期二集会所感兴趣的，年轻的诗人们喜爱我们（马拉美主义者除外），人们以为我是企图产生某种影响，其实我们在那里也只是会会面而已。"在星期二集会的来客中，有后来成为后期象征主义著名诗人的瓦莱里、克洛岱尔，还有纪德等。1880—1898 年，星期二集会改在了星期日，地点也由罗马大街改在马拉美在巴黎近郊的乡间别墅瓦尔万，别墅靠近枫丹白露，面对塞纳河。克洛岱尔、拉佛格、瓦莱里、纪德等均来此集会讨论诗艺。马拉美也成了瓦莱里和纪德通信中经常谈论的话题。《骰子一掷永远取消不了偶然》刚刚在文艺评论期刊《国际都市》上发表，5 月 9 日纪德立刻从意大利写信给马拉美："它展示了如此简洁的令人钦佩的文学上的大胆尝试；它似乎达到一个高度，就像一个非常高的海岬，奇特地向外突出，它的前方什么也没有，只有夜晚、大海和充满曙光的天空。最后一页让我产生一种寒冷的情感，一种类似贝多芬某段交响曲激起的那种情感。"[①] 瓦莱里在写给纪德的信中也提到了这个细节："昨天我去了瓦尔万，自然是被那里迷人的邀请吸引去的。只有马拉美是一个真正纯朴直率的人，所以，每个人也应以同样简单的方式来结束交谈。……在

---

① 金惠敏：《嚼着玫瑰花瓣的夜晚——瓦莱里与纪德通信选》，吴康茹、郭莲译，263 页，北京，经济日报出版社，2002。

那里我读了你评论马拉美的《骰子一掷永远取消不了偶然》的信"①。纪德在写给瓦莱里的信中也谈到了他们之间的关系以及自己对马拉美的感情:"马拉美已把你的诗给了我。既然他批评了这些诗,他一定是很看重它们的。其中有几首诗我以前没有见过,我为之感到欢欣鼓舞。还有几首就不那么好了——但这也只是与你自己其他的诗相比较而言。……在巴黎我差不多就见到亨利·德·雷尼耶一个人,再有就是马拉美了。我的确很依恋他。"② 纪德甚至谈到亨利·德·雷尼耶的担心:"有一件事让他(德·雷尼耶)感到担忧。因为他尚不知道您很年轻,没有完全定型,因此也许他会担心马拉美对您的影响太深。"③ 瓦莱里在谈到马拉美对自己的影响时说:"在我年纪轻轻,才20岁时,也就是精神变化正处于奇特奥妙的关键时刻,我受到马拉美的著作的冲击;我知道了诧异,刹那的内心惊骇、眩晕,以及和那个年龄的偶像断绝关系。我觉得自己变成了一个狂热的崇拜者;我受到了一种决定性的精神征服,进展得像雷雨一般迅速。"④ 关于瓦莱里和马拉美之间的关系,梁宗岱《诗与真》中这样论述:"梵乐希(瓦莱里)尤不讳言他是马拉美——那最丰富,最新颖,最复杂的字的音乐底创造者——之嫡裔。他从没有说到马拉美而不说及自己的,也没有说及自己而不说及马拉美的。……就是他底诗之修辞和影像之构造,精锐的读者,尽可以依稀地寻出马拉美底痕迹。"⑤

法国现代诗歌无法回避马拉美,中国现代诗歌也不可避免地受到马拉美的影响,尤其是马拉美有关诗歌理论的主张总能在中国诗人那里得到回应。马拉美在《谈文学运动》中指出:"直陈其事,就等于取消了诗歌四分之三的趣味,这种趣味原是要一点点地去领会它的。暗示,才是我们的理想。"穆木天也明确提出了诗的暗示性:"诗的世界是潜在意识的世界。诗是要有大的暗示。诗的世界因在平常的生活中,但在平常生活的深处。诗是要暗示出人的内生命的深秘。诗是要暗示的,诗最忌说明的。"⑥ 马拉美关于"诗歌中应该永远存在着难解之谜,文学的目的在于召唤事物,而不能有其他目的","诗歌中只能有隐语的存在。对事物进行观察时,意象从事物所引起的梦幻中振翼而起,那就是诗"的观点在穆木天的论述中随处可见:"我想表漫漫射在空间的月光的振动,与草原林木水沟农田房屋的浮动的调和及水声风声的响动的振漾,和在轻轻的纱云中的月的运动的律的幻影。"穆木天所期望的诗歌意境不正是马拉美在《牧神的午后》中所创造的"在悠长的独奏中绮梦纷纷,我们用美与轻信之歌间的

① 金惠敏:《嚼着玫瑰花瓣的夜晚——瓦莱里与纪德通信选》,吴康茹、郭莲译,263页,北京,经济日报出版社,2002。

② 金惠敏:《嚼着玫瑰花瓣的夜晚——瓦莱里与纪德通信选》,吴康茹、郭莲译,145页,北京,经济日报出版社,2002。

③ 金惠敏:《嚼着玫瑰花瓣的夜晚——瓦莱里与纪德通信选》,吴康茹、郭莲译,94页,北京,经济日报出版社,2002。

④ 潞潞:《忧郁与荒原——外国著名诗人书信、日记》,62页,北京,北京出版社,2003。

⑤ 梁宗岱:《梁宗岱文集·II 评论卷》,20页,北京,中央编译出版社;香港,香港天汉图书公司,2003。

⑥ 陈太胜:《象征主义与中国现代诗学》,78~79页,北京,北京大学出版社,2005。

缤纷玄思来戏弄身边的美；让爱的私语如逝梦一样轻，如闭目冥思中清脆、惆怅如丝如缕的笛声一样柔美"的梦境吗？诗歌就这样在他们的笔下被魔幻化了。同时穆木天所主张的诗歌的音乐性的观点更接近马拉美对诗歌音乐性的认识。戴望舒在创作的初期接受了魏尔伦诗歌的影响，但是，他后来的诗歌理论和创作更多地与马拉美相似，所以他才会在《诗论零札》中这样论述："把不是'诗'的成分从诗里放逐出去。所谓不是'诗'的成分，我的意思是说在组织起来时对于诗并非必须的东西。例如通常认为美丽的词藻，铿锵的音韵等等。"① 驱逐诗歌不需要的辞藻和音韵，让诗歌没有其他目的而独立存在，好像就是马拉美诗歌主张的另外一种论述方式。梁宗岱在他 1934 年发表的《象征主义》中也谈到了象征的意义："（一）是融洽或无间；（二）是含蓄或无限。所谓融洽是指一首诗底情与景，意与象底惝恍迷离，融成一片；含蓄是指它暗示给我们的意义和兴味底丰富和隽永。"这些观点更接近马拉美通过具体的"客观事物"和"意象"来表现情感和思想。梁宗岱在同年发表的《谈诗》一文中提出了"纯诗"的观点："所谓纯诗，便是摒除一切客观的写景，叙事，说理以至感伤的情调，而纯粹凭借那构成它底形体的元素——音乐和色彩——产生一种符咒似的暗示力，以唤起我们感官与想象底感应，而超度我们底灵魂到一种神游物表的光明极乐的境域。""纯诗"是马拉美所主张的诗歌的最高境界，只有通过"音"、"色"、"暗示"等手段才可以企及。"纯诗理论"在瓦莱里那里得以继承并发扬光大，梁宗岱对纯诗理论的接受，源于马拉美，完善于瓦莱里。

五、经典评论

"诗人身上：耳朵在说话，嘴巴在聆听；智慧、警觉在梦想，进入童年的回忆；只有在睡梦中才能看清楚；意象和幻觉在观看；缺位和空白在创造。

一首诗永远也不会写完——每次都是因为发生意外才写完，也就是说才与公众见面。常常是因为厌恶，出版商的督促或者想到了另外一首诗……至于我，我发现同样的主题，几乎同样的词汇可以无穷无尽地反复使用，可以占据整个一生。

除了文本的意义，即内容之外，修辞从来还关心过其他事情吗？它所限定的替代总是从一个丰满的意义转向另一个丰满的意义；即使一个替代了另一个，它也只是作为意义才成为修辞的主题，即使这个意义作为能指或所谓载体的位置上，仍然如此。但是这样的修辞不涉及意指形式（无论音还是形）或句法效果，至少是词语控制落不到它们身上。一个意义之所以能确定，是为了让修辞或批评在文本面前有东西看或有事情做。

然而马拉美的所有文本，即使在它组织得最强有力的地方，意义仍然是不确定的；从此，能指不再让自己被横穿过去，它坚守，抵抗，存在，把注意力引向自己。写作之劳不再是一层透明的能媒。它抓住我们的注意力并且强迫我们在它面前戛然止步或与它一起工作，因为我们不可能朝它所"意指"的方向挥挥手就把它跨越过去。

---

① 戴望舒：《戴望舒精选集》，138 页，北京，北京燕山出版社，2006。

我们不妨从《英语词语》的段落中套用一句以表达这一永久的警告："读者，摆在你眼前的是，一件书写的作品……"①

第六节　洛特雷阿蒙

一、绪言

所有深邃的思想都有一个面具，开启面具的过程往往扑朔迷离。洛特雷阿蒙就是这样一位戴着面具的人物。一个多世纪以来，面对这位年仅二十四岁就离开人世的诗人，文学批评界对他的关注此起彼伏。由于其作品的复杂性和极端性，各方学者对这个曾经一度被置于世界诗歌发展史边缘地带的诗人众说纷纭、莫衷一是。

"我明白，我行将完全毁灭。"的确，除了《马尔多罗之歌》、两篇《论诗》和几封书信之外，他短暂的生命留给我们的线索少之又少。然而他的作品却如洪水猛兽一般充满了反叛和摧残，对一个没有丝毫防备的头脑来说是"不安全的"。有人认为洛特雷阿蒙的作品充斥着梦呓般的胡言乱语，只是一个不羁少年的信口雌黄，根本称不上文学作品；也有人认为作者是哗众取宠、不怀好意的恶作剧制造者，说这部作品是一个骗局，一种滑稽现象。对这些评论意见，好像洛特雷阿蒙在自己的诗句中就曾经预见过似的："古老的海洋，你的水是苦涩的，味道和批评界评论美术、科学和一切事物时分泌的胆汁一模一样。如果一个人有点天才，那他就被当作白痴。"②

在肯定的评论中，最重要的来自超现实主义流派。布勒东认为洛特雷阿蒙代表了现代诗歌的强大动力。阿拉贡说："一旦我们开始品味《马尔多罗之歌》，所有的诗歌都会显得乏味而且做作。"

洛特雷阿蒙的《马尔多罗之歌》全集于 1869 年交给拉特鲁瓦出版社出版，但是由于当时严格的文化审查而最终未能面世。几年后，这个版本由拉特鲁瓦卖给了在比利时的法国编辑兼书商洛泽。洛泽为原版本更换了封面并注明于 1874 年出版。1885 年，正是在洛泽的书店里，《马尔多罗之歌》引起了《青年比利时》主编马尔斯·瓦尔和几个为该杂志撰稿的诗人的注意，从此开始在一些作家中传阅。随后，该作品又被推荐给于斯曼、布洛瓦等人。在诗人死去 20 年后的 1890 年，《马尔多罗之歌》的再版是诗人真正意义上的复活。1891 年，古尔蒙在名为《Le Mercure de France》的杂志上再次提到这部作品，他认为，"如果精神病医生读过这本书，他们会将作者归入受迫害狂之列，因为他只看到了他本人和上帝，而且上帝令他不安。"拉尔博于 1914 年 2 月在《La Phalange》中分析并评价《马尔多罗之歌》，阿拉贡称之为"极其珍贵的资料"。而后，阿拉贡和布勒东都抄写了保存在法国国家图书馆里的《马尔多罗之歌》和《论诗》，并且在 1919 年 4 月和 5 月的第二期、第三期《文学》杂志中对作品的内

---

① ［法］雅克·德里达：《文学行动》，赵兴国等译，328～329 页，北京，中国社会科学出版社，1998。
② 韩耀成、王逢振：《外国争议作家·作品大观》，134 页，南京，译林出版社，1992。

容进行了详细地介绍，极力赞扬了这种文学革命，奉洛特雷阿蒙为超现实主义的先驱，并写下了《洛特雷阿蒙代表了现代诗歌的绝对状态：听听超现实主义的革命!》。布勒东说："直到今天，我都完全不能冷静地看待这种好像超越了一切人类之所能的意义。"布洛瓦评价说："至于文学形式，在这里找不到。这里是流动的熔岩，是荒诞、邪恶和凶残。"对文学界的墨守成规与故步自封极为不满的超现实主义创始人之一的艾吕雅则称："在 1866 年到 1875 年之间，诗人们都在系统化地将行将分裂的东西聚合在一起，洛特雷阿蒙做得比任何人都坚决。"

从国外来看，在整个 20 世纪，以布勒东为首的超现实主义者掀起了对洛特雷阿蒙及其作品的评论高潮。而后，在三四十年代，蓬热、巴什拉、布朗肖等人在法国的文学评论期刊上发表了大量举足轻重的评论文章。到了 20 世纪的六七十年代，《马尔多罗之歌》再次成为评论界的焦点。索勒尔、普莱奈、德保尔等人都给予洛特雷阿蒙以相当高的评价。其中，德保尔说："又一次，在夜里，我看见一道闪电，不知道这道电光落在何处，突然间，整个夜晚都被照亮了。在艺术上，只有洛特雷阿蒙的作品《论诗》如同这道电光一样令我震撼。"① 70 年代之后，评论界对洛特雷阿蒙的关注才稍有平寂，但是有关诗人的学术讨论会和评论文章仍然不断出现，毕竟这是一个非同寻常的灵魂。

二、生平与创作

洛特雷阿蒙，原名伊齐多尔·杜卡斯。他的父亲弗朗索瓦·杜卡斯是一所公立小学的教员，于 1839 年离开萨尔尼涅，前往乌拉圭。当时的南美洲接收了大量法国移民，如于勒·拉弗格就出生在乌拉圭首都蒙得维地亚，他的父母都是法国塔布人。几年后，弗朗索瓦·杜卡斯成为法国驻乌拉圭领事馆总领事，并在此期间积聚了一笔不小的财富。1846 年 2 月 21 日，已有身孕的达芙萨克与弗朗索瓦·杜卡斯结婚，并于 1846 年 4 月 4 日生下了伊齐多尔·杜卡斯。1847 年 12 月 9 日，也就是小杜卡斯出生 17 个月的时候，达芙萨克离开了人世。怪异的出身与缺失母爱的成长环境，对于塑造一个心智完整的儿童所起到的消极作用显而易见。诗人所表现出的异样气质，或许也与这些有着千丝万缕的关联。

伊齐多尔·杜卡斯出生在一座被围困的城市。1839 年，法国政府支持下的乌拉圭红党总统里韦拉流放了白党领袖奥里韦。同年，罗萨斯支持下的白党向红党发起进攻，乌拉圭就这样因为内战被搞得四分五裂。伊齐多尔·杜卡斯的童年时代就是在这样一个动荡国家中相对安逸的家庭中度过的。在这个被称为"小巴黎"的蒙得维地亚，乌拉圭传统和法国文化都在伊齐多尔·杜卡斯身上留下了烙印。1859 年，诗人被父亲送到法国塔布的一所皇家中学寄宿就读。诗人在那里结识了达泽，此人在《马尔多罗之歌》首次出版的第一支歌中反复出现，而后又被姓名首字母和各种动物替换掉。当时达泽 8 岁，诗人 13 岁。这次相识对诗人产生了重要的影响。大多有关伊齐多

---

① Valéry Hugotte：Lautréamont：*Les Chants de Maldoror*，120 页，巴黎，PUF 出版社，1999。

尔·杜卡斯生平的研究都试图挖掘他和这个小男孩之间友谊的秘密，也许在达泽身上可以找出受马尔多罗暴力虐待的所有少年人物的原型。

伊齐多尔·杜卡斯于 1862 年 8 月离开塔布，1863 年 10 月到波城，我们对他在此期间的经历一无所知。在波城，他跟随安斯坦学习修辞。据伊齐多尔·杜卡斯同班同学日后回忆，安斯坦是一位非常传统的修辞教师，对诗人当时已经表现出的离经叛道大为光火。1865 年，他完成了哲学班课程后，顺利通过文学业士考试。之后在波城待了一年准备参加理学业士考试，但是否顺利通过，我们无从知晓。1867 年 5 月，他回到蒙得维地亚，一年后又回到了法国，他的父亲在巴黎为他租了一间公寓。

1868 年 8 月，诗人匿名自费出版了第一支歌。他给好几位批评家寄去了样稿，其中包括雨果。在给这位当时处于流放中的文豪的信里，他这样写道："我颤抖着给您写这封信。我，这个世纪的无名小卒，而您，这个世纪的泰斗。"1869 年年初，一本名为《灵魂的芬芳》的诗集中，再次收入了第一支歌。虽然已两次出版，《马尔多罗之歌》还是不为人所知。但诗人不但没有气馁，创作之热情反而见涨。从 1869 年夏开始，诗人完成了六支歌，并交给拉克鲁瓦出版，这是唯一署名为洛特雷阿蒙的作品。这个笔名"洛特雷阿蒙"是从欧仁·苏的作品人物"Latréaumont"变换而来的。事实上，由于害怕第二帝国的文化审查，拉克鲁瓦拒绝发行如此丑恶的作品。洛特雷阿蒙的名字一直隐埋在阴影中。诗人并没有继续寻求出版《马尔多罗之歌》，而是以真名伊齐多尔·杜卡斯写了两篇《论诗》以期征服漠然的批评界和大众读者。《论诗》以使人惊奇的"剽窃"为特征，诗人将沃夫纳格、帕斯卡和拉罗什富科的句子加以修改后据为己有。两篇《论诗》好像是一个"将要出版"的书的序言，诗人打算写其余的部分吗？1870 年的法国面临着普法战争，"将要出版"的书被无限期地搁置了——1870 年 10 月 24 日，诗人在他的寓所里去世了，神秘的死亡引起了种种假设，简短的死亡证明书也未能说明什么问题：

伊齐多尔·吕西安·杜卡斯，作家，24 岁时去世。生于蒙得维地亚（南美洲），今天早上八时死于富布尔—蒙马特七号寓所中。未婚（没有其他信息）。

真的没有什么别的信息了吗？诗人写道："我即将断气时写下了这些文字。"好像已经预示着什么。19 世纪最血腥、最令人迷惑的作品的作者在第二帝国灭亡的时候死去了。

三、作品分析

洛特雷阿蒙的作品《马尔多罗之歌》中的第一支歌发表于 1868 年。从时间上来讲，这正是法国浪漫主义方兴未艾，象征主义悄然兴起的时期。19 世纪下半叶，欧洲资产阶级知识分子彷徨、苦闷，找不到出路，更希望在文学艺术领域中独辟蹊径。他们否定文艺的思想性，反对文艺的现实性和社会功用，渴望摆脱现实生活的桎梏，主张"为艺术而艺术"，提倡形式主义，否定文艺遗产，拒绝文艺传统，破坏艺术的基本形式和基本法则，反对现实主义和自然主义。① 出现了一批以标新立异、诡异怪诞的手法迎合读者的好奇心，或求助于古籍中记载的或与印象派画家的幻觉一致的超自然现象作为诗歌题材以刺激读者的感官的诗人。但这些作品并没有给读者留下深刻印象。

虽然莫雷亚斯于1886年在《费加罗报》上发表了象征派宣言，但事实上已经有波德莱尔、魏尔伦、兰波、马拉美等象征主义的先锋创作了大量的象征主义作品。因此，韦勒克认为，较为宽广意义上的象征主义可以看成是从奈瓦尔和波德莱尔到克洛代尔和瓦莱里的一场法国文学运动。其实笔者以为，通过作品发表年代，来给洛特雷阿蒙的作品定性的方法，应该回避。我们完全可以把他的作品看成一个发端于爱伦·坡，始于奈瓦尔和波德莱尔，以法国象征派为中心，辐射影响到欧美，波及亚洲以及拉丁美洲的国际性文学运动的一个分子。正如洛特雷阿蒙在1869年10月写给《恶之花》的出版商马拉西斯的信中所说的那样，"我像密茨凯维奇、拜伦、弥尔顿、苏特、缪塞、波德莱尔那样歌颂恶。"

面对灵魂最隐秘的运动，面对反复无常的悲伤，面对神经官能症的有幻觉的忧郁，洛特雷阿蒙选择了叛逆、反抗，在颇具象征主义现代派的作品中充满了对一切传统的叛逆。他的"反文学性"正如莫里亚克在出版于1958年的重要文学理论《当代反文学》中所讲的那样，"反文学，也就是从平板拘谨的传统中解放出来的文学，它被这种传统赋予了一种贬义，它是永远也无人可以达到的极端，是自人类有了写作活动以来所有诚实的人奔赴的一种方向"。在艺术手法上，"反文学与传统的写作风格彻底决裂，通过暗示、象征、对比、隐喻、烘托、意象、意识流等手法，揭示了人物内心的奥秘，表现人物的意识活动；在结构上，反文学通过变化突兀或多层次的结构，让时空变得错乱不堪。"② 的确，洛特雷阿蒙正是这样致力于描写罪恶、疯狂、狂妄而且充满怪诞甚至凶残的行为。他运用辛辣嘲讽的文字，以黑色小说的手法，将一切都夸张到惊世骇俗的地步，在夸张而狂热的描述中充满吸血鬼、死亡、坟墓、残杀、同性恋、变异、畸形、人格分裂等，表现了一种病态的、反常的审美情趣。通读全诗，可以看出这是一篇造反宣言，正如诗人在诗中所写："我的诗歌就是要千方百计攻击人这只畜生以及本不该孕育这种寄生虫的造物主。"诗中充满了对人和上帝的强烈憎恨、辛辣讽刺和无情咒骂，文字大胆，百无禁忌。《马尔多罗之歌》堪称"反文学"作品的典范，因而被超现实主义者视若神明。

从体裁上来讲，《马尔多罗之歌》的体裁归属一直是西方批评界争论的焦点。这部以叙事诗形式出现的作品被认为是诗体小说、诗体散文、散文诗。目前，大多数学者认为《马尔多罗之歌》的体裁是散文诗，正如诗人在第六支歌的第一节中所说："……以散文的形式（但我肯定效果将极富诗意）……"

"法国中世纪有一种半是散文半是诗歌的文学样式，叫做 la chantefable，意为歌唱

---

① 陈振尧：《法国文学史》，312 页，北京，外语教学与研究出版社，1989。

② 张晓明：《20 世纪法国主流文学的独特阐释》，载《四川外国语学报》，2004（1）。

的寓言，诗歌的部分要唱，散文的部分要说……代表作是产生于 13 世纪初的《奥卡森与尼柯莱特》，其散文部分抑扬顿挫，铿锵悦耳，被称作'节律散文'，从发展链条上看，与现代散文诗有某种联系，但它们中间的一个根本区别是，节律散文是散文，而散文诗是诗，而且散文诗的特点并不表现为'抑扬顿挫，铿锵悦耳'。这种半诗半散文的'弹词'进一步发展，便出现了一种介于日常语言和诗歌语言之间的散文，很快流行开来，并于 1540 年获得了'诗意散文'这一名称。17 世纪的古典主义者是严格区分诗与散文的，作家们被告诫要'十分注意在散文中避免用韵'。只有莫里哀例外，他不仅在句中应用这种文体，并且用过'诗的散文'一词。进入 18 世纪，法国诗歌呈现出一种衰败景象，诗人的感情倾诉不再能忍受诗的节奏和格律的束缚，而要寻求一种自由的表达，于是散文乘虚而入，……诗抑或非诗，形式上的节奏和韵律并不是决定因素。……在法国诗人非诗律化的斗争中，翻译起了决定性作用，如贺拉斯、塔西佗、弥尔顿等人的作品都被译成了散文。……可以说，是翻译家首先进行了散文诗的尝试。……进入 19 世纪，随着诗歌观念的更新，诗人们开拓了诗歌内容的新领域，进行了诗歌表现形式和表现手法的多种实验，现代自由诗和现代散文诗的出现，标志着诗歌史新时代的来临。"① 在法国开散文诗之先河的是贝特朗，其作品是《夜之卡斯帕尔》，出版于 1842 年，这标志着法国散文诗作为一个独立的文类诞生。正如研究家里谢所说，"贝特朗在文字的海洋里扔下一只瓶，日后波德莱尔，马拉美，可能还有兰波和阿波利奈尔，都大口畅饮瓶中的仙水"。在法国，从贝特朗、波德莱尔、兰波到洛特雷阿蒙；在美国，从惠特曼到金斯伯格，他们使现代散文诗无论内容和形式都具有挑战性的叛逆精神。它是新的思维的诗，新的语言的诗。

洛特雷阿蒙的《马尔多罗之歌》，这部"对未来诗学的预先解释"的作品，无疑是继贝特朗和波德莱尔之后的法国散文诗中屈指可数的上品，它与贝特朗的《夜之卡斯帕尔》、波德莱尔的《巴黎的忧郁》及兰波的两部散文诗集《地狱一季》和《彩图集》同属里程碑式的杰作。《马尔多罗之歌》舍弃了诗的韵律和节奏，诗句的节奏不再依赖分行而呈现散文式的分布。每支歌节数不定，每节长短不一，有时采取排比或回环的句式，造成反复咏叹的气势，达到了形式上的创新，正如苏珊·贝尔纳所说，"散文诗具有有机的统一性、无功利性的特点。也就是说，一首散文诗无论多么复杂，表面上多么自由，它必须形成一个整体，一个封闭的世界，否则它可能失去诗的特性。无功利性是说，一首散文诗以自身为目的，它可以具有某些叙述和描写的功能，但是必须知道如何超越，如何在一个整体内，只为诗的意图而起作用，换句话说，一首散文诗没有时间性，没有目的性，并不展现为一系列的事件或思想，它在读者面前呈现为一个物，一个没有时间性的整体。一首散文诗不进行脱离主题的道德的论述或解释性的展开，总之，它摆脱了一切属于散文的特点，而追求诗的统一和致密。"②《马尔多罗之歌》恰恰印证了散文诗的上述特点。

① 郭宏安：《巴黎的忧郁·译者序》，5~9 页，广州，花城出版社，2004。
② 郭宏安：《巴黎的忧郁·译者序》，13 页，广州，花城出版社，2004。

第一支歌

在第一节，作者就对读者提出了警告："愿大胆的、一时变得和这本读物一样凶猛的读者不迷失方向，找到偏僻的险路，穿过荒凉的沼泽——这些阴森的、浸透毒汁的篇章；因为，如果他在阅读中疑神疑鬼，逻辑不严密，思想不集中，书中散发的致命烟雾就会遮蔽他的灵魂，仿佛水淹没了糖。"① 这是否在告诉我们，面对这样一本读物，必须透过现象看本质，看清楚作者所谓的"恶"就真的是"恶"呢？马尔多罗"不是骗子，承认事实，自称残忍"，但这正是无恶不作的主人公的可贵之处，与那些"比岩石更坚硬，比铸铁更呆板，比鲨鱼更凶残，比青年更蛮横，比罪犯更疯狂，比骗子更背信弃义，比演员更异想天开，比教士更具个性，胜过天地间最不动声色、最冷漠无情的生灵"的伪善的人相比，主人公是值得颂扬的。"哎，什么是善？什么是恶？它们是一回事儿，表明我们疯狂地采用最荒谬的办法来达到无限的热情和枉然？或者，它们是两件不同的事？"在那个悲观、消极、厌世情绪占据世人灵魂的年代，面对善与恶，作者感到同样的迷茫。然而，纵观《马尔多罗之歌》，不能简单地以"善恶二元论"来进行价值批判，作者，或者更具体地说是主人公，徘徊在善恶之间。

第一支歌中有大量的排比句，其中气势最为磅礴的就是对古老的海洋的咏叹，每节以"古老的海洋"开始，以"我向你致敬，古老的海洋"结束，与其他呓语、谵言，这一部分的文字并没有显得十分突兀、癫狂，作者将古老的海洋的"辽阔"、"深邃"、"博大"与人类的"狭隘"、"肤浅"、"自私和伪善"相比，"古老的海洋，你哺育的各种各样的鱼独自生活，没有发誓要博爱"，而人类"不论老幼，每个人都像野人般生活在自己的洞穴中，极少出去看望和他一样蜷缩在另一个洞穴中的同类"。因为人类的狭隘，"如果一个人有点天才，那他就被当成白痴；如果另一个人形体健美，那他就是丑陋的驼背"。如同当时彷徨、郁闷的世人一样，"我经常自问，海洋的深度和人心的深度哪一个更容易认识……两者中间哪个更深，哪个更不可捉摸：是海洋还是人心？……我可以说，尽管海洋深不可测，他与人心在深度这一特性上的较量却不是对手"。

第二支歌

"我拿起创作第二支歌的羽笔"，然而，却受到了来自"天国的警察"的阻挠，接着又是一幅血腥的场面出现在读者面前，在血肉横飞的描写中，作者亵渎神明，辱骂宗教，痛斥造物主，"一个由人粪和黄金制造的御座，那个自封的造物主端坐在上面，心怀愚蠢的骄傲，身披用医院中未洗的床单做成的裹尸布"。这个丑恶的造物主声称："我创造了你们，因此我有权随意处置你们。"这样的造物主所创造的世界中的所谓的"人类的仁慈"被追赶马车的小男孩儿的境遇撕碎。诗人自导自演了马尔多罗与陌生人在花园里的对话，似乎是诗人对巴尔扎克的作品《高老头》中人物的无意识借用，"清除自己的敌人。这就是我最终要说的，以便让你明白当前社会建立在什么基础之上"。接着，开始了对虱子的描绘。虱子让"世界人民都吻着他们那奴隶的锁链，一

---

① ［法］洛特雷阿蒙：《马尔多罗之歌》，车槿山译，30 页，郑州，河南人民出版社，1995。

起跪倒在庄严的教堂广场上，跪倒在安放着这个丑陋、嗜血的偶像的台座前"，这种渺小却数量巨大的肮脏昆虫恰恰是出现在《马尔多罗之歌》中非常奇异而且拥有强大力量的动物形象之一。无数个虱子的力量足以歼灭人类，而人类显得那样的脆弱和渺小。面对遇难船只上人们的挣扎，马尔多罗从旁观者变为参与者，只为"让一切落入我手中的东西都必须死"。

第三支歌

第三支歌仅由五节组成，但是内容却充满了暴力、疯狂，令人不寒而栗。其中，马尔多罗和他的獒狗强暴小姑娘的场景充分体现了他人性中撒旦的一面，虐待狂的一面。善良、纯洁、天真是他的敌人；散布恐惧、无恶不作是他的天职，正如有些评论家提出的那样，《马尔多罗之歌》是一部动物寓言集，形形色色的动物在作品中占据了重要的位置。例如，在第三支歌中，鹰与龙的战斗便是如此。洛特雷阿蒙在创作中的惯用手法再次得到体现。他将《圣经》中的角色进行了象征反转，龙不再代表"恶"，而代表"希望"，鹰不再代表"希望"，而代表"恶"，那么，在战斗中鹰的胜利便是"恶"的胜利。第三支歌仍然充斥着对上帝的毫无倦怠的诅咒。最令人震撼的便是上帝到妓院寻欢的故事。上帝被描绘成一个放浪形骸、荒淫无耻的好色之徒。"我开始非常仔细地看，我看到了，这是一根头发……我的主人把我遗忘在这个房间，他没有回来找我。他从床上起身后，梳理了他那香气四溢的头发却没有发现我已经掉落在地上了……在投入到女人的怀抱后，他把我抛弃在这间与世隔绝的房间里。"诗人通过一根被上帝遗落在妓院式的女修道院中的头发对上帝猛烈的攻击，揭露上帝的罪行。修道院变成了妓院，令人想起萨德。

第四支歌

在这一部分中，作者继续着荒诞不经的叙述，"我很脏。虱子咬我。公猪看到我就呕吐。麻风使我身上布满鱼鳞般的疮痂，流着黄脓……我的颈背好似一堆粪肥，上面长出一朵巨大的伞形蘑菇。……我的双脚在地上生了根，……我左腋下，住着一家蛤蟆……我右腋下，一条变色龙在不断地追捕它们，以免饿死……"

这就是作者的一幅"自画像"吗？洛特雷阿蒙曾经说："我要用我的才华描绘残酷的乐趣。"在摧残他人的同时，不忘"残忍地"把自己变成没有半点人性的怪物。也许这正是作者的愿望所在，"我的愿望是，不再属于人类"。

和其他几支歌一样，古怪、突兀的叙述中仍不乏一些理性的言语，"世间再微乎其微的现象，只要存在一丝神秘，就会成为智者永不枯竭的思索对象"，"每个人都可以从对方身上看到自身的堕落"，还有对诗歌的看法，"直到当代，诗歌走错了路，它或者上天，或者下地，不了解自己的生存法则，并且不断地被那些正人君子讥笑……"到底什么是诗歌的真谛呢？是作者正在实践的诗歌创作方法吗？所谓"正人君子"是那些不了解诗人心声，视其创作为洪水猛兽的人吗？

第五支歌

在这支歌中，椋鸟、金龟子、贼鸥、鹈鹕、蟒蛇等动物的出现印证了"动物寓言集"的说法、训练有素的椋鸟、复仇的金龟子、代表着"恶"的蟒蛇。"我很乐意大量运用隐喻"，的确，在第五支歌中，一系列"美得像……"的诗句超乎了读者的期待视域，让人感到突兀、不可思议，大量表面看来矛盾的事物被摆放在一起，无疑是攻击诗歌和美的一部"战争机器"，在荒唐而且极端的比喻中，体现了新的美，是对传统语言的极端疯狂的颠覆。在此引出几句："（金龟子）美得像昆虫那两条长长的触角，更像仓促的埋葬，还像修复各种伤残器官的法则，尤其像极易腐臭的液体！"大段对同性恋者的描写，体现了主人公性虐待狂的一面，夸张露骨的叙述正是潜伏在全文中的色情倾向的表现。

"30多年了，我还没睡过觉"，之所以拒绝睡眠，是因为不愿让上帝侵入人在睡眠状态中的意识，是与被作者认为是"催眠术教师"的修辞教师的抗争，是读者拒绝被异化的唯一途径，也正是超现实主义者不断寻找的释放潜意识的方法。

在最后一节对一个"每晚都来吮吸我的血液"的蜘蛛的描写中，马尔多罗对自己的罪行进行了忏悔。复仇与忏悔再现了罪错的现实性。在这支歌的最后，诗人写道，"他等待晨曦来改变这种景象，带给他动荡的心灵一点可怜的安慰"，作者是否在希望，"黎明之恶"将会随着太阳的升起而消失呢？

第六支歌

第六支歌与其他几支歌的结构有所不同，由两节类似序言的部分和八节文字组成。序言对前五支歌进行了总结："我在我那些可以理解的夸张中仿佛开玩笑般辱骂了人、造物主和我自己"。作者认为"前五章的故事并不多余，它们是我这部作品的扉页，是建筑的基石，是我的未来诗学的预先解释"，这些是扉页，那么正文在哪里？人们并没有看到作者实现自己的规划，"今天，我要制造一篇30页的小说，……这篇不伦不类的序言的表达方式似乎不够自然……只有在将来出版了几本小说之后，你们才能更深刻地理解这篇由满脸煤灰的叛逆者写下的序言。"其他八节文字，描写了马尔多罗对少年麦尔文的诱惑。在诱惑面前让步是人的一种有限的自由。人之所以堕落，其原因并非性欲，而是这种有限的自由的结果，对于麦尔文就是如此。作者还描绘了麦尔文的家庭。父亲以一个古板且教条的修辞教师的形象出现在家庭的对话中，让麦尔文的心中充满了抵触情绪，似乎是作者叛逆不羁的性格特征和抑郁的精神状态的写照。

《论诗》

1870年，洛特雷阿蒙以真名伊其多尔·杜卡斯发表了《论诗》①。与《马尔多罗之歌》相比，《论诗一》及《论诗二》的论述更加理性化，更显逻辑性，可以说是作者诗歌观的集中体现。他认为，"自从拉辛以来，诗歌没有前进一毫米"，"本世纪诗歌的呻吟只不过是谬误"，"诗歌不是暴雨，不是龙狂风，而是庄严而富饶的河"。在他看来，"法语杰作全是中学颁奖演说，是经院话语"，这似乎是对评论界对其作品的冷淡态度的回击，不仅如此，作者还称，"不要理睬那些阴郁、平庸的作家：乔治·桑、巴尔扎克、大仲马、缪塞……"反对他们在作品中的情感泛滥，"如果你痛苦，不应

---

① 从内容上来讲，*Poésie I* 和 *Poésie II* 更像是有关诗歌的文学理论。

该向读者诉说。把这个留给自己吧"。

《论诗二》中，更多的是对人生的感悟性哲理，不乏对前人作品剽窃、抄袭和戏拟。"抄袭是必要的。进步导致这样做。它紧紧地靠近一个作者的语句，利用他的表达，抹去一个错误观念，换上正确观念。"同时，作者还分析了诗与哲学及诗人同道德家和哲学家的区别。在某些段落中，作者仍然保留了颠覆性的创作手法，如由一百多个名词组成的段落，谋求最大限度地坦白自我的内在真实。

四、作品分析

1. 洛特雷阿蒙与白日梦

打开《马尔多罗之歌》，各种信息纷至沓来。真实的、虚假的、符合逻辑的、不通常理的，就像很多陷阱，给不同的读者以不同的判断标准，低下的、高超的、非常现实的、过于诗意化的，等等。可见读者对文本的释意是五花八门的。对于洛特雷阿蒙的作品而言，它大量涉及人类精神世界的活动，充斥着非理性、非科学，甚至是非逻辑的内容。因此，精神分析法不失为一种可行的方法。在解读《马尔多罗之歌》的过程中，我们发现主人公马尔多罗的一些充满怪诞甚至凶残的行为恰似表现诗人的白日梦。

如前文所述，诗人在塔布就读中学时结识了一个名叫达泽的小男孩儿。从首次出版的《马尔多罗之歌》的第一部分来看，这个达泽对诗人产生了重要的影响。他们之间到底有什么秘密呢？诗人的哪些人生经历促使他写出了如此不羁、梦呓般胡言乱语的诗句呢？他的心智健全吗？显然，从现有材料中很难直接得到答案，这是一个谜。尽管在两次出版的第一支歌和后续的几支歌中，诗人尽力抹去自传的痕迹，"使读者精神错乱"。不少精神分析都从童年入手。童年是一个人的心理发展中不可逾越的过程。但是并非所有童年时的经历都长久地延续着。"长久延续的常常是对个体生活道路和个性心理影响深重，对个体的人生构成有深远意义的那些经历物。这种经历物并非是一个静态的、已经定型的'内容'，而是一个延续的、历时的动态过程。这种动态性又包含了两层含义。一方面，童年时的某种经验被纳入整个人生经验的整体长河中，其自身的意义和价值被不断地变换生成。另一方面，这种经验溶入生命活动和心理构成的整体后，参与了心理结构对新的人生经验和行为方式的规范和建构。"① 洛特雷阿蒙的童年是怎样的？他在十七个月大的时候失去了母亲，也就是说，他的童年是在一种缺失状态下度过的，他缺失母爱。这种缺失性体验伴随着认知活动的活跃。而个体认知的活跃正是为了消解"缺失"，但并非总能达到目的。于是，个体往往会出现某些奇异的认知现象，如产生错觉，幻想，癫狂等。人格心理学派马斯洛认为，婴儿出生后的头十八个月里，如果不能生活在一个充满爱的环境中，那么长大后他们可能会有心理病态，无法爱别人，也不需要别人的爱。几十年过后，根据当时同在一个修辞班学习的同学回忆说，伊其多尔·杜卡斯对索福克勒斯的《俄狄浦斯王》非常感

① 童庆炳：《现代心理美学》，124 页，北京，中国社会科学出版社，1993。

兴趣。俄狄浦斯得知真相后发出痛苦的嘶叫，挖去自己的双眼，诅咒命运的那一幕对伊其多尔·杜卡斯来说简直太妙不可言了。诗人甚至感到遗憾，认为俄狄浦斯的母亲死去的场景并没有使悲剧的效果达到无以复加的地步。如果暂不考虑这位同班同学几十年后的回忆的真实性有几分，那么也许就可以认为在《马尔多罗之歌》中残忍、暴虐的描写也是情理当中的，是诗人自然感情的流露。

弗洛伊德认为，人更多地表现为非理性的一面，丑陋、畸形等人所厌恶的非理性方面正是艺术创造的动力。作家创造出一个幻想的世界来倾注自己的感情。幻想只发生在愿望得不到满足的人身上，幻想与现实相对并替代现实，幻想之人以此得到心理补偿。成年人的幻想非常隐蔽和复杂，他们羞于自己的白日梦，这种白日梦产生的动力是未能满足的愿望。艺术幻想尽力掩饰和隐瞒欲望，艺术家靠创作在幻想中实现自己无意识的本能欲望，缓解自己的情感压力，得到情感上的宣泄。弗洛伊德还认为，创作是对过去，特别是童年受抑制的经验的回忆。艺术幻想是由现实生活的某种因素诱发而形成的，艺术幻想就是满足过去被压抑的愿望的手段。艺术家通过自我观察，将自己内心生活的冲突形象化，把自我分裂成各种成分，在作品情节中表现出来。在反常规作品中，艺术家扮演旁观者的角色来满足自己的愿望。弗洛伊德分析作品产生艺术效果的最根本的诗艺在于表达白日梦和幻想所使用的技巧。向别人直接讲述自己的白日梦和幻想会使人产生厌恶，因此艺术家通过变化和伪装使白日梦的自我中心特点不那么明显，并提供纯形式即审美的乐趣才能使自己的作品为人接受，使幻想得到艺术的升华。

在洛特雷阿蒙的作品中或相关资料中，上述论述不难得到印证，虽然作者在再版的第一支歌和其他五支歌中力图抹去自传的痕迹，"当一个中学的寄宿生，从早到晚，日日夜夜地被一个文明的贱民管制着，他不停地盯着他，使他地几年像几个世纪一样漫长。他感到心中的仇恨的波涛喧嚣激荡，像一股浓烟弥漫了他整个脑海，几乎要爆发出来。"[1] 1859 年，十三岁的伊其多尔·杜卡斯被父亲送到塔布的一所中学寄宿就读。也许在那里的生活与在蒙得维地亚的童年生活环境相差甚远。诗人独自离开了家并受到严格的管制，他渴望自由但时刻被压抑，这种孤独体验在内心产生了不可言状的仇恨。虽然诗人使用第三人称使作品的自我中心特点不很明显，但看得出，这是对过去生活的痛苦回忆。

体验即回忆，回忆即诗。

诗人颠覆传统修辞，文字大胆，百无禁忌的创作从上修辞班的时候就已经表现出来了。据修辞班的同班同学回忆，在 1864 年的学期末，一向批评伊其多尔·杜卡斯文章中过分言辞和风格的修辞教师安斯坦在班上读了一篇伊其多尔·杜卡斯的文章。开头的几句还比较庄重，接下来的内容让老师怒不可遏，文章不但没有改变以往的题材，反而变本加厉。他从未如此放纵过他疯狂的想象。思绪任意堆积，难以理解的比喻，自创的晦涩的词语，没有一句话遵从语法规则。老师认为这是对传统教学的挑

---

[1] ［法］洛特雷阿蒙：《马尔多罗之歌》，车槿山译，55 页，郑州，河南人民出版社，1995。

战，是一个恶意的玩笑。课后，伊其多尔·杜卡斯被罚留校。这个处罚重重地伤害了诗人，在诗人心中无疑埋下了一颗随时都会爆发的炸弹。一旦条件成熟，他便会以更加强烈的憎恨、辛辣的讽刺、无情咒骂的言辞来宣泄过去受到的压抑，实现颠覆传统创作的愿望。

诗人受创作潜意识的驱动，犹如做梦一般，感受强烈但无法解释，完全被情绪或梦牵着鼻子走。洛特雷阿蒙就是这样亦幻亦真地表达过去的缺失，他的创作或者是对自身创伤性记忆的补偿，或者是他本能的欲望宣泄，正如马拉美所说："梦境是诗人应达到的最高境界。诗歌应表现梦幻，在梦幻中创作现实世界中不存在的纯粹的美，美是神秘的，梦也是神秘的。"

2.《马尔多罗之歌》中的黑色小说特性

出现于18世纪末19世纪初的英国哥特小说之所以又被称作"黑色小说"，是因为，在这类小说中，"一切都被夸大到惊世骇俗的地步"，"容不得任何中间的、寻常的、平凡的、一般的东西"①。英国作家霍勒斯·瓦尔普在其哥特城堡里创作了以中世纪为背景的充满了罪恶、暴力和残忍凶杀的《奥特朗托城堡》，因该小说的副标题为"一个哥特故事"，由此开创了英国和西方哥特小说的先河。② 神秘、怪诞、恐怖、暴力、凶杀、邪恶是这类小说的基本特征，总之，一切沉浸在令人不寒而栗的"黑色"之中。在法国，"黑色小说"是与1789年法国大革命同时代的产物。大革命使公众对血腥的场面和令人痛心的现实生活习以为常。平淡无奇的情感小说已经不能激起公众的兴趣，哥特小说便应运而生。虽然没有产生像拉德克利夫、刘易斯、马图林这样的黑色小说，但是黑色小说所体现的特殊的审美形态却极大地影响了雨果、巴尔扎克、波德莱尔、洛特雷阿蒙等人。布勒东和其他超现实主义者从对《马尔多罗之歌》的钟爱上溯到对黑色小说的兴趣绝非偶然，正如布勒东所说："可以肯定，洛特雷阿蒙赋予马尔多罗与梅尔莫斯同样的灵魂。"从体裁上讲，《马尔多罗之歌》极具诗体小说和叙事诗的特征，因此，在审美特征上和创作手法上，黑色小说对洛特雷阿蒙的作品《马尔多罗之歌》的渗透性与影响力集中表现在以下几个方面。

第一，展现极端事件与场景，探索神秘体验，强调人身上多种非理性因素，以恐怖和丑恶为审美特征。③

格拉克说："洛特雷阿蒙的创作是现代文学巨大的脱轨器。"的确，看到诗人充满怪诞、恐怖、离经叛道的、旨在颠覆传统修辞的文字，我们就可以约略地领悟到了"脱轨器"的含义。洛特雷阿蒙运用辛辣嘲讽的文字，夸张而狂热的描述中充满幽灵、死亡、坟墓。他运用超自然和怪诞的题材强调暴力、死亡、厄运、情欲，表现了一种病态的、反常的审美情趣，流露出了阴郁、黯淡的情绪和病态、绝望、无可奈何、愤世嫉俗的思想倾向。诗中的主人公马尔多罗本人就是恶的象征，既是受虐狂又是虐待

---

① 李伟昉：《黑色经典：英国哥特小说论》，1页，北京，中国社会科学出版社，2005。
② 李伟昉：《黑色经典：英国哥特小说论》，3页，北京，中国社会科学出版社，2005。
③ 李伟昉：《黑色经典：英国哥特小说论》，15页，北京，中国社会科学出版社，2005。

狂，还不断地变换自身形态。面对人类的痛苦，他幸灾乐祸，并以疯狂的语言和行动来发泄心中的仇恨，犯下骇人听闻的累累罪行。他知道自己得不到宽恕，但仍在寻求得到宽恕。

在《马尔多罗之歌》中，极端事件与场景比比皆是。"为了在家庭中散播混乱，我和淫荡订立了契约"（第一支歌，第 7 节），这种"浮士德式的交易"至今仍是哥特小说最突出的主题之一。① "我真想像别人一样大笑；但是，这种奇怪的模仿却不可能。我抓起一把刃口锋利的折刀，划开双唇相交处的皮肉。我一时以为达到了目的。我在镜中凝视我自己的嘴……"（第一支歌，第 5 节）马尔多罗不仅是自虐狂，更是一个虐待狂。伴随着自我悔恨和对罪行的忏悔，他在对他人的迫害中享乐。悲惨而恐怖的描写富于刺激性。

> 应该让指甲长上两个星期。啊！多美妙，从床上粗暴地拉起一个嘴上无毛的孩子，睁大双眼，假装温柔，抚摩他的前额，把他的秀发拢向脑后。然而，趁他毫无准备，把长长的指甲突然插入他柔嫩的胸脯，但不能让他死掉；因为，如果他死了，我们将看不到他悲惨的模样。接着，我们就舔伤口，饮鲜血……②

与黑色小说一样，洛特雷阿蒙的创作也突出了古罗马塞内加式的残暴、罪恶。然而，洛特雷阿蒙走得更远，他强调了体验痛苦的过程，使受迫害者处于无法摆脱的痛苦和磨难之中。

在《马尔多罗之歌》中，洛特雷阿蒙对时间和环境的选择进一步加强了恐怖效果。因而，大多数暴力、凶残事件都发生在夜里，发生在刑场，发生在墓地。在"和淫荡订立了契约"的前夜，"我看见面前有一座坟"。一些对话场景在晚上，在墓场，与掘墓人之间展开，"每天夜晚，我展开翅膀进入我那垂死的记忆，回想法尔梅（马尔多罗的残害对象之一）。"残害行为发生在夜里，报复行为也发生在夜里。"每天夜晚，当睡意达到最深沉的程度时，一只巨大的老蜘蛛便从一个位于屋角地面的洞口中慢慢地探出头来。……它用爪子掐住我的喉咙，用肚子吮吸我的鲜血。"③ 之所以选择夜晚，"在于它与暴露具有'黑色'性质的邪恶与罪行密切相关。在这里，黑夜的自然颜色，与邪恶、罪行的'黑色'已融为一体"④。

第二，将怪诞作为审美范畴，其最突出的特征就是"把人和非人的东西怪异地结合"起来而呈现出来的状态，或者说"怪诞的标志就是幻想与现实之间的有意识的融合"⑤。

《马尔多罗之歌》热情赞美了各种非人的，但是极具人性化的事物。人与动物的

---

① 李伟昉：《黑色经典：英国哥特小说论》，39 页，北京，中国社会科学出版社，2005。

② ［法］洛特雷阿蒙：《马尔多罗之歌》，车槿山译，34 页，郑州，河南人民出版社，1995。

③ ［法］洛特雷阿蒙：《马尔多罗之歌》，车槿山译，195 页，郑州，河南人民出版社，1995。

④ 李伟昉：《黑色经典：英国哥特小说论》，96 页，北京，中国社会科学出版社，2005。

⑤ 李伟昉：《黑色经典：英国哥特小说论》，44 页，北京，中国社会科学出版社，2005。

怪诞结合，人与植物的怪异嫁接是诗人的最爱，人物往往从外貌到内心都显出畸形和怪诞。"其中占据主要位置的是那些形象丑陋、本性残忍的动物，如虱子、蜘蛛、螃蟹、奎蛇、章鱼、獒狗等。"① 这不禁使我们想到了卡夫卡的《变形记》所描写的那个异化的世界。这正体现了怪诞风格的主要特征："不同性质的因素，诸如植物、动物、人、建筑杂糅在一起。"② "我宁愿是母鲨鱼和公老虎的儿子"，"我从人类的头发上揪出一只母虱。人们看见我和它连睡了三个晚上，然后我把它扔进矿坑。人体受精在其他相同场合不会有任何结果，但这次却必然成功。几天以后，成千上万的怪物诞生在阳光下，聚集在质地坚密的纽结中"。他不光和虱子交配，还和母鲨交配：

> 于是，母鲨用鳍分开海水，马尔多罗用臂打着海浪，他们怀着深深的尊敬，在水下屏住呼吸，一起向对方游去，都想第一次凝视自己的活肖像。他们来到 3 米距离处，仿佛两块磁石毫不费力就突然地拥抱在一起，满怀庄严和感激，像兄弟或姐妹一样温柔。肉欲紧跟着这种友谊的表示而来。两只有力的大腿如同两条蚂蟥紧紧地贴在怪兽那发粘的皮肤上，臂膀和鳍片在所爱的对象身上交织在一起，而他们的喉部和胸部很快便成为一个蓝色的、散发着海藻气味的整体。他们在继续猖獗的暴风雨中，在闪电的光芒下，在冒泡的海浪做成的婚床上，被一道宛如摇篮的海底潜流卷走，翻滚着沉入不可知的海渊深处，在一次长久、贞洁、可怕的交配中结合在一起！③

与植物的结合和变异虽然在《马尔多罗之歌》中不多见，但仍然给读者的期待视域以极大的冲击，如在第四支歌的第 4 节中，"我的颈背好似一堆粪肥，上面长出一朵巨大的伞形蘑菇。我坐在一件丑陋的家具上，四个世纪以来没移动过肢体。我的双脚在地上生了根，直到腹部成为一种类似多年生植物的东西"。

怪诞的手法就是这样，"一方面，它创造了畸形和可怕；另一方面，创造了可笑与滑稽。它把千种古怪的迷信聚集在宗教的周围，把万般奇美的想象附丽于诗歌之上"。④

第三，基督教《圣经》题材与人物对创作的影响，体现善恶二元论的对立与转换。在《圣经》中可以找到马尔多罗的原型，如撒旦、该隐。亲人相残、乱伦凶杀、背叛与复仇等题材也出现在《马尔多罗之歌》中。善与恶、诱惑与考验、上帝与撒旦、罪恶与忏悔层层交错，相互交织。然而，诗人更多的是通过反讽、戏拟的手法，让善与恶换位，将撒旦与上帝倒置，"哎，什么是善？什么是恶？它们是一回事儿，表明我们疯狂地采用最荒谬的办法来达到无限的热情和枉然？或者，它们是两件不同的

---

① 车槿山：《洛特雷阿蒙作品全集》，代译序，18 页，北京，东方出版社，2001。
② 李伟昉：《黑色经典：英国哥特小说论》，60 页，北京，中国社会科学出版社，2005。
③ ［法］洛特雷阿蒙：《马尔多罗之歌》，车槿山译，108 页，郑州，河南人民出版社，1995。
④ 李伟昉：《黑色经典：英国哥特小说论》，63 页，北京，中国社会科学出版社，2005。

事儿？对……但愿善恶是一回事儿……否则，审判之日我会变成什么呢？"① 在作恶之后，主人公又感到悔恨，"是我自己在叙述一个我青年时代的故事并感到悔恨渗透我的心灵"。"忏悔者做忏悔的那种体验仍是深陷于情感、恐惧、苦恼原状之中的无识别力的体验。"② 在这里，不能简单地根据善恶二元论来对主人公做出评判，他是在善与恶之间徘徊。

马尔多罗对少年的诱惑再现了《圣经》中蛇对夏娃的诱惑，当然"女人并不是'第二性征'意义上的女人，每个女人和每个男人都是夏娃。在诱惑面前让步是人的一种有限的自由……'各人被试探，乃是被自己的私欲牵引诱惑的，蛇代表欲望的心理投影'③，从这一层面出发，是对马尔多罗对少年诱惑的另一种解释。

《马尔多罗之歌》中的"黑色"特征正是通过上述几个方面得到了淋漓尽致的表现。诗人力图通过胡言乱语、怪诞不羁来颠覆传统修辞，摧毁写作的概念。以让人始料不及的拟人化制造出诙谐的文字，这种幽默也是"黑色"的，法国"黑色小说"史上里程碑式的作品。

3. 洛特雷阿蒙作品中的互文性

互文性是一个产生于 20 世纪 60 年代末的术语，它出现在欧洲，更具体说，是在法国。朱丽亚·克里斯特娃在 1966 年和 1967 年刊登于《如是》杂志的两篇文章中正式提出了互文性这一术语。她是在分析巴赫金的著作的基础上推出互文性的概念的。

"横向轴（作者—读者）和纵向轴（文本—背景）重合后揭示这样一个事实：一个词（或一篇文本）是另一些词（或文本）的再现，我们至少可以读到另一个词（或一篇文本）。在巴赫金看来，这两支轴代表对话和语义双关，它们之间并无明显分别。巴赫金发现了两者间的区分并不严格，他第一个在文学理论中提到：任何一篇文本的写成都如同一幅语录彩图的拼成，任何一篇文本都吸收和转换了别的文本。"④

最后一句话使这个概念更加具体化。克里斯特娃在《文学创作的革命》中再次提到："互文性一词指的是一个（或多个）信号系统被移至另一系统中。"⑤ 这个原本产生于解构主义和文本创作研究的概念从被提出到逐步成熟，其内涵迅速增加，并处于文本分析的传统手法和现代理论的交叉点上，"互文性让我们懂得并分析文学的一个重要特性，那就是文学织就的、永久的、与它自身的对话关系。"⑥ 对互文手法的掌握就是对分析文本的重要手段的掌握，那么，互文手法有哪些呢？简单地说，有两种类型的互文手法：共存关系和派生关系。第一类又可具体到引用、暗示、抄袭、参考；第二类可具体为戏拟和仿作。

在洛特雷阿蒙的作品中，与逐字逐句和最直白的形式，即传统手法上的引用相

① ［法］洛特雷阿蒙：《马尔多罗之歌》，车槿山译，35 页，郑州，河南人民出版社，1995。
② ［法］保罗·里克尔：《恶的象征》，公车译，导言，7 页，上海，上海人民出版社，2005。
③ ［法］保罗·里克尔：《恶的象征》，公车译，译者前言，7 页，上海，上海人民出版社，2005。
④ ［法］蒂费纳·萨莫瓦约：《互文性研究》，邵炜译，4 页，天津，天津人民出版社，2003。
⑤ ［法］蒂费纳·萨莫瓦约：《互文性研究》，邵炜译，5 页，天津，天津人民出版社，2003。
⑥ ［法］蒂费纳·萨莫瓦约：《互文性研究》，邵炜译，1 页，天津，天津人民出版社，2003。

比，更多的是抄袭，这是一种未加申明的借用，但还是逐字逐句的。然而，"只有这样出于玩味和反其道而行的抄袭才具有真正的文学意义。"① 帕斯卡如是说："正如同样的思想不能通过不同的排列形成别样的话语一样，同样的词却通过不同的排列形成了别样的思想"，作者正是这样通过一种新排列成为他人话语的所有者。"互文"或文本被再次使用时所经历的各种转变方式在《马尔多罗之歌》和《论诗》等作品中通过使用修辞格得到了表现。例如，语序倒置这种方式，"就是颠倒被重复或引用的句子成分，就像在《诗论》中，帕斯卡和沃韦纳格的句子就被有规律地颠倒"②。其他一些互文手法也出现在洛特雷阿蒙的作品中，诸如改变词义，即重复使用一个词，同时使词义在新的背景下得到改变。例如，单从字面去理解一段原来有象征或隐喻意义的文字，反之亦然；省略，即断取已有的文本；夸张，即通过夸大语言形式转化原文。洛特雷阿蒙在《论诗二》中断然说道："诗应该由大家写，而不是一个人。"他是指创作应该考虑他人，他一反艺术作品的个性，把文学归结成属于所有人的素材。作者在《马尔多罗之歌》和《论诗一》《论诗二》里严格贯彻了这个原则："这些文本吸取了作者读过的所有的书，其中不乏戏拟和抄袭，诗人把这些手法真正发挥到美文的境界。他这些作品的特点是不羁和颠倒，体现在借用时故意不加标识的做法，从而使《论诗一》和《论诗二》成为名副其实的戏拟句集。尽管他的初衷最后恰恰推翻了文学理念本身，洛特雷阿蒙还是在玩味他自己和读者的记忆，他囫囵吞枣地大量引用，重叠交叉多种资料，并将所有这些和反语、罗列、挖苦等讽刺手法混在一起。"③《论诗二》中有这样一段话，"人是一棵橡树。大自然里再没有比他更结实的了。这个自然界无需全副武装地保护他。一滴水并不足以令他存活。甚至当自然界真保护他的时候，他也不比那不让他存活的更有失尊严。人知道自己的统治没有终结，也知道自然界总有一个开始。然而自然界一无所知：它充其量不过是一棵沉思的芦苇。"④ "从中可见拉封丹和帕斯卡被精心地交织在一起，成为一篇继杜多罗夫之后可以称为复调的话语，因为多种声音被重叠在一起：先前的句子和新组的句子表达一致，但总体的排列却表达了完全不同的意思。如果我们把头两个词拿出来和最后的三个词连在一起，就会看到帕斯卡著名的开篇辞：'人是一棵沉思的芦苇。'这种手法混合了抄袭和戏拟，改变了原来的两篇主要超文，一方面把它们串联起来，另一方面又颠倒了次序。"⑤ 比如，可以在《马尔多罗之歌》中看到马图林的《梅尔莫斯》的影子：梅尔莫斯离开那些前来救助海难者的农民，爬上了岩石，使出了全身力气叫喊……马尔多罗，在欣赏过那些海难者可笑的嘴脸后，站在岩石上，把手当成扩音器……

正如作者在《论诗二》中所说："一个小卒子也可以赋予自己一个丰富的文学内容，说出与本世纪诗人所言相反的话来。他可以把诗人的肯定句替换成否定句。反之

①　[法] 蒂费纳·萨莫瓦约：《互文性研究》，邵炜译，39 页，天津，天津人民出版社，2003。
②　[法] 蒂费纳·萨莫瓦约：《互文性研究》，邵炜译，29 页，天津，天津人民出版社，2003。
③　[法] 蒂费纳·萨莫瓦约：《互文性研究》，邵炜译，70 页，天津，天津人民出版社，2003。
④　车槿山：《洛特雷阿蒙作品全集》，241～242 页，北京，东方出版社，2001。
⑤　车槿山：《洛特雷阿蒙作品全集》，71 页，北京，东方出版社，2001。

亦然。"① 具体的手段很简单："（抄袭）很接近地使用作者的原句和表达，擦去错误的想法，代之以正确的看法。"② 俄国形式主义者认为："你越是想要弄清楚一个时代，就越相信你所认为的某个诗人的创作是从其他诗人那里原封不动的照搬而来的。"这样的说法也许有些过于极端，但是我们确实在洛特雷阿蒙的作品中发现有很多无意识借用的地方，《圣经》、波德莱尔、拜伦、福楼拜、荷马、雨果、谬塞、萨德等人的作品都或多或少地出现在《马尔多罗之歌》和《论诗》中。

20 世纪依然丰富地实践了洛特雷阿蒙的创作方法。造诗机器和取消文学产权的观点在这个世纪经历了众多的尝试，诸如超现实主义的自动写作。查拉认为："制造一首诗，这首诗应该是粘贴理念被真正文学化的反映。"③

五、接受与影响

洛特雷阿蒙的作品《马尔多罗之歌》和《论诗》发表后并未引起大众读者和文学批评界的关注，尽管作者曾经给几位批评家写信，请求得到他们对作品的只言片语的评价，然而直到作者离开人世都未能如愿。1890 年《马尔多罗之歌》的再版是诗人一次真正意义上的再生。从此，洛特雷阿蒙的作品逐步受到了文学批评界的重视，被视为现代文学的典范，其影响也开始逐渐扩大。

1. 对法国文学的影响

从表现手法上看，超现实主义者倡导意象的大量使用和堆积。这不是发现了两种事物之间的关系而产生的合理意象，而是完全自由的、"撞击产生的意象"，它近似一种心理的综合缩影。布勒东在《超现实主义宣言》中说："超现实主义吗？它是以口述、笔写或任何其他方式，穿过纯粹自发而传达人类真实思想的活动。在理性的控制之外，甚至在美学及道德之外，它听写涌自内心深处的意念。……它力求排除陈旧的既定观念；它寻觅生活中尚未尝试过的各种组合，它发扬梦幻的强力和不以现实为目标的臆想。"④ 他说，诗歌要"违反抽象的规律，以便使精神理解位于不同方面的两种思想对象的相互依赖，而思维的逻辑作用无法在这不同方面之间架设任何桥梁，并且先验地反对架设任何种类的桥梁"。⑤ 意象的混乱排列，跳跃式连接，突破狭隘的理性，把想象和梦幻渗入到日常生活中，力图表现意象和文字并列出现而获得的启示功能，这种罗列给人偶然组合的表面印象，其实体现了一种必然性。运用大量超现实意象的手法在象征派先驱兰波、洛特雷阿蒙等诗人的作品中已经有所显现，超现实主义则更为强调并充分地发展和实践了这种创作手法。

从审美价值上来看，超现实主义者认为只有下意识的领域，梦境、感觉、本能、呓语这些超现实的生活，才是创作的源泉。在艺术上，他们主张要产生使人惊奇的效

① 车槿山：《洛特雷阿蒙作品全集》，242～243 页，北京，东方出版社，2001。
② ［法］蒂费纳·萨莫瓦约：《互文性研究》，邵炜译，72 页，天津，天津人民出版社，2003。
③ ［法］蒂费纳·萨莫瓦约：《互文性研究》，邵炜译，72 页，天津，天津人民出版社，2003。
④ 廖星桥：《法国现当代文学论》，232 页，长沙，湖南师范大学出版社，1991。
⑤ 郑克鲁：《法国文学史》，下卷，1175 页，上海，上海外语教育出版社，2003。

果，并将这种使人惊奇的手法称之为抓住"事物的偶然性"，这种偶然性是"预感、奇特的相遇、使人吃惊的偶合的全部，它们不时地反映在人类生活中"。像"美味的尸体"这样的语言游戏，能表明对这种偶然性的追求："折纸的游戏在于使数人创作出一个句子或者一幅画，而不致使任何人意识到在合作，或者事前有过合作。这个例子变得具有经典性，它使这个游戏得以命名，从这个材料中获得第一个句子：要喝——新——酒的——美味——尸体。"① 超现实主义追求奇特事物的结果，是产生黑色幽默，幽默意趣是超现实主义作品的重要特色。"它是从事物的不规则排列和意想不到的组合中产生的，因为它不符合普通的现象和司空见惯的语言规则，于是产生一种隐含讽刺的意味，它体现了诗人对生活现实的无可奈何和玩世不恭的态度，含有一种挑战精神。"②

在创作风格上，超现实主义者不但继承了洛特雷阿蒙拒绝一切传统的风格，更进一步提出了"绝对现实"，即超现实。《马尔多罗之歌》这部充满叛逆的现代主义作品与超现实主义作品一样，都是反传统、反伪善、反虚饰、反工业文明、反宗教、反战争、反社会权威、反一切现成的制度和习俗、反浪漫主义的情感泛滥。他们同样严酷的、激烈的自我拷问，自我分裂，表现出人的恐怖情绪，变态心理的冲动，像是人类心灵与生命最阴暗的坟地。"美必应是痉挛性的，否则美不存在。"正是在这个意义上，布勒东奉洛特雷阿蒙为超现实主义的先驱。正如洛特雷阿蒙一样，诡异的现象和斑驳的图像是构成超现实主义的主色调和主旋律。奇特的梦幻世界和日常的理性世界共同进入"一个绝对的现实，一个超越现实的世界"。

在创作实践中，布勒东号召文学艺术家们挖掘新的心灵世界，用纯真的心理动力、纯粹的精神自动主义表现机遇、疯狂、梦幻、错觉、偶然灵感和无意识本能。因此，他们热衷于在梦境和潜意识中自由翱翔，神奇和怪诞构成了他们主要的艺术特点，残缺、畸变、痴迷、疯狂等超现实的事物是他们习以为常的表现对象，而躁动、战栗、瓦解、死亡则是他们作品中屡见不鲜的主题。超现实主义者的理论在洛特雷阿蒙的文字里得到了充分的印证。他们二者好似梦境中的呓语，充满癫狂、邪恶、血腥的描写，恰似一种潜意识写作，是"自动写作"，也是布勒东所称的"超现实主义魔术的秘密"，任凭思绪奔涌而出，信手拈来，奋笔疾书，"绝不信奉正统"，摒弃一切理性控制。正因为如此，以布勒东为首的超现实主义者对洛特雷阿蒙顶礼膜拜，奉他为先驱和精神领袖。

在《马尔多罗之歌》中一系列十分突兀、令人震撼的比喻就是他们之间所认同的风格与手法的集中体现。"美得像一篇论述主人的走狗画出的曲线的论文……美得像成长趋势与机体吸收的分子数量不相称的成年人胸脯停止发育的规律……美得像酒精中毒的双手的颤抖……"③ 对布勒东等人而言，"最美的意象就是包含着大量的鲜明的

---

① 郑克鲁：《法国文学史》，下卷，1176 页，上海，上海外语教育出版社，2003。

② 郑克鲁：《法国文学史》，下卷，1176 页，上海，上海外语教育出版社，2003。

③ ［法］洛特雷阿蒙：《马尔多罗之歌》，车槿山译，179～180 页，郑州，河南人民出版社，1995。

矛盾的意象"①，如"美丽得像自杀"、"忧郁得像宇宙"。布朗肖认为，"一系列的'美得像'将语言引入了极端疯狂的讽刺中"，洛特雷阿蒙强调想象的任意性。他最著名的比喻是："他美得像猛禽爪子的收缩，还像后颈部软组织伤口中隐隐约约的肌肉运动，更像那总是由被捉的动物重新张开，可以独自不停地夹住啮齿动物、甚至藏在麦秸里也能运转的永恒捕鼠器，尤其像一缝纫机和一把雨伞在解剖台上的偶然相遇！"②这个层层推进的比喻不啻一个宣告：现代诗歌不是人道主义的，它是一个美学实验，它要把不可能的变成可能。超现实主义诗人正是这样把喻体和本体之间的距离是否够远当成衡量诗歌意象好坏的标准。例如，布勒东著名的爱情诗《自由结合》便是最好的佐证：

> 我的妻子有着香槟酒和饰有结冰的海豚头喷水池般的肩膀
> 我的妻子有火柴般的手腕
> 我的妻子有机遇和红桃 A 般的手指
> 她的手指犹如切割后的干草
> ……

2. 洛特雷阿蒙对中国的影响

从 1917 年到 1921 年，中国文学最终完成了从古典向现代的历史过渡，"在诗歌领域，中国新诗的先驱们认为必须推倒文言文，实行白话文，推倒格律的束缚，实现诗体的大解放。"③"五四"新诗的新形式的因素和萌芽包容和孕育在民族事务的母体中，而外国诗歌的影响更有着深刻的启示、借鉴意义和重要的催生作用，正如鲁迅所说，文学革命运动的萌发，"一方面是由于社会的要求，一方面则受了西洋文学的影响"。"五四"白话诗的兴起，自由体对格律体的取代，在很大程度上得益于当时颇有声势的译诗活动。文字媒介成为外国文学对中国文学的影响得以实现的主要方式，如鲁迅读过的作家就至少包括果戈理、契诃夫、普希金、陀斯妥耶夫斯基、托尔斯泰、易卜生、拜伦、雪莱、厨川白村、有岛武郎等。本书洛特雷阿蒙对中国的影响时，以平行研究为理论基础，着重从艺术手法、审美价值的方面入手，一方面突显文学的本位意识，另一方面谨防陷入主观印象的泥沼。

（1）中国散文诗的译介和创作

国内对洛氏的译介和研究则明显滞后。多数读者对其不甚了解，或者相当陌生。也许是因为思想体系、价值观念以及审美取向方面的差异，曾经未能进入法国文学教科书的《洛特雷阿蒙之歌》一直没有中文译本。车槿山的《马尔多罗之歌》《洛特雷阿蒙全集》完整地将洛特雷阿蒙的作品展现在读者面前，他的评述也为研究者提供了

---

① Philippe Sellier：Oeuvres complètes，171 页，巴黎，Bordas 出版社。
② ［法］洛特雷阿蒙：《马尔多罗之歌》，车槿山译，208 页，郑州，河南人民出版社，1995。
③ 龙泉明：《中国新诗流变论》，13 页，北京，人民文学出版社，1999。

难能可贵的资料，开拓了研究者的视野。除此之外，从现有的相关论文看，大多是对作品内容的大致介绍，缺乏对文本深入的艺术探究。而且，国内尚未出现洛特雷阿蒙研究专著。对于这样一部具有极大冲击力，突破读者"期待视域"的作品而言，其研究现状未免令人遗憾。

作为一种独立的艺术形式，中国的散文诗创作，是伴随着"五四"文学革命的深入发展在中国出现的。它走过了一条"自发"到"自觉"的道路。19 世纪中期在法国产生并很快向世界蔓延的散文诗，被引入到中国的白话诗运动，促成了"作诗如作文"等打破"无韵则非诗"的极端口号的流行。"分段诗"的产生便是如此。中国古典诗，并不分段。1918 年新诗出现以后，便有了"分段诗"的产生，如沈尹默的《三弦》。此后，受到欧洲及俄国所谓"散文诗"影响，中国新诗中，分段诗便多了起来。分段的方法，当然是从西方散文中借用来的。当时许多诗人，对诗的本质，并不了解，离开了中国及西洋的外在形式，所写的作品，与散文十分接近，成就不大，也不流行。这种形式，一直到现在还有人在运用，时有佳作出现，并非新诗的主流。然而，在白话诗运动初期，散文诗一度成为新诗的发展方向，出现了"自由诗"与"散文诗"两个体裁术语混为一谈的普遍现象。从 1918 年起，初期白话诗人刘半农在译介外国诗歌和创作新诗的同时，便首先尝试散文诗创作，写了《晓》《饿》《雨》《静》等散文诗作品。1920 年，郭沫若在《时事新报》副刊《学灯》上，用《我的散文诗》为总题，发表了《冬》《她与他》《女尸》《大地的号》四首短小的散文诗作品。沈尹默的《月夜》通常被称为中国现代第一首散文诗。此时的散文诗创作处于"自发"阶段。沈尹默在《新青年》第五卷第二期上发表的《三弦》，标志着中国散文诗的创作进入"自觉"状态。20 世纪初，中国散文诗受到中国古代诗文的内在影响和外国散文诗外部规范，经历了由"散文化的诗"到"诗化的散文"的艺术演变，更多地继承了本土文化的诗歌传统，奠定了中国散文诗在文体上的独立，偏向于诗的基本形式。在此期间深受外国现代派影响，并且创作成就最大的当数鲁迅的散文诗集《野草》。它是中国散文诗的一朵奇葩，不仅开了一代散文诗的先河，更是今天散文诗的创作的典范，是介绍和学习西洋文学而产生的文艺硕果。

（2）《野草》与《马尔多罗之歌》

鲁迅说，他的确常常严厉地解剖别人，但更严厉的是解剖自己。《野草》的许多篇章体现了创作主体揪住灵魂严加拷问，正像《墓碣文》里所说，是"抉心自食"。《野草》主要不是反映作者日常生活的感受和社会文化层面的思考，而是反映了创作主体面对死亡、欲望、命运、存在、永恒、未来等生命现象时，意绪迷乱、情感困惑、意志坚韧的呢喃和呼啸。[①] 洛特雷阿蒙的作品也致力于揭示人物内心的奥秘，表现人物的潜意识活动，面对上帝、魔鬼、善、恶、负罪、忏悔时，人物内心的矛盾和冲突，更多地体现了人物"自觉意识域"以下非理性、非逻辑的一面。从表现手法上看，鲁迅对现代主义技巧的运用是本着"运用脑髓、放出眼光、自己来拿"的精神的。暗

---

① 摩罗等：《速读中国现当代文学大师与名家丛书·鲁迅卷》，153 页，北京，蓝天出版社，2004。

示、象征、意识流等现代派创作手法一一体现在《野草》中。然而，作为一个"反封建的斗士"，鲁迅对"丑之美、恶之花"这样厌世颓废的文艺倾向持反对态度。从《野草》中的篇章可以看出，虽然体现了创作主体的彷徨、迷惘，但终究是找到了脱离彷徨与迷惘的路，而不是退缩、躲避。在《野草》中看到的是"不免颓唐但绝不颓废，厌恶人生的黑暗而绝不逃避人生，是自我表现而又不仅为表现自我，艺术技巧高明却不是'为艺术而艺术'，文神秘幽深而不致消弭了现实的投影"①。显然，由于世界观和价值观的差异，此类特点在《马尔多罗之歌》中难见其踪影。

（3）现代作品的断裂性

法国著名现代性研究学者伊夫·瓦岱所提出的三种时间类型之一便是断裂模式。所谓断裂就是革新。他认为现代文学作品不仅在内容上体现了革命，而且还在形式上体现了新的尝试和革新。"与传统作家追求文本的连续性的做法相反，现代作家通过种种手段试图打破这种连续性，制造'断裂'效应，也就是说他们更加注重以暗示、对比、影射联想等象征的方法去建构文本的意义，使读者积极参与文本的解读，从作品的表面结构看到它的深层本质。……也就是说，文学艺术应该成为象征世界的建构者。"②《野草》正是一部以象征世界建构起来的著作。在象征派文学中，鲁迅特别重视"象征印象气息"，也就是茅盾所指出的鲁迅创作中的"象征主义色彩"。象征主义色彩不只是象征手法，而是包含象征、隐喻、暗示、烘托、通感、变形等手法并用而形成的效果，其特点是神秘幽深。因此，在《野草》中，大胆地吸收了象征主义的表现方法屡屡可见，《秋夜》《影的告别》《乞求者》《复仇》《墓碣文》《死火》等篇章都大量地巧妙地运用了寓意深刻的象征手法。在洛特雷阿蒙这里，"断裂性"表现在与"传统的断裂"。他运用断裂性的意象、象征的手法、机智的隐喻描写腐烂、丑恶、凶残，描写所有的罪恶、黎明之前的忏悔。充满怪诞、恐怖、离经叛道的、旨在颠覆传统修辞的文字让我们或多或少地领悟到格拉克所说的"脱轨器"的含义。洛特雷阿蒙运用辛辣嘲讽文字，夸张而狂热的描述中充满幽灵、死亡、坟墓。他运用超自然和怪诞的题材强调暴力、死亡、厄运、情欲，表现了一种病态的、反常的审美情趣，从而在形式与内容上都做到断裂与创新。

象征主义的先驱之一奈瓦尔很早就为神秘主义哲学所吸引，相信"梦是另一种生活"，使现实世界和超现实世界错位，因此，一切事物都是符号和象征。在《野草》中共有八篇散文诗以"我梦见自己……"开始，如在《死火》的开篇，"我梦见自己在冰山间奔驰"；《狗的驳诘》以"我梦见自己在隘巷中行走，衣履破碎，像乞食者"；《失掉的好地狱》中"我梦见自己躺在床上，在荒寒的野外，地狱的旁边"。"鲁迅宁愿成为梦中的清醒者，而不愿成为清醒的说梦者。"③ 梦中的意象时而"青白、冷硬"，时

① 中国社会科学院文学研究所鲁迅研究室：《鲁迅与中外文化的比较研究》，355 页，北京，中国文联出版公司，1986。

② 魏庆培等：《空洞、抵抗与断裂——论〈野草〉的现代性》，15～17 页，载《岱宗学刊》，2002。

③ 伍寅：《冲破绝望的呐喊——浅谈〈野草〉中象征主义的运用》，载《中共桂林市委党校学报》，2003 年，第 3 卷第 1 期。

而"阴冷、神秘"。最令人不寒而栗的便是《墓碣文》。梦中的景象阴森、恐怖：颓废的坟墓，苔藓丛生，剥落漫灭的墓碣，胸腹俱破、已无心肝而又复活的死尸，这些意象更具"黑色小说"的色彩。

如果鲁迅是"梦中的清醒者"，那么，洛特雷阿蒙更像是一个"清醒的说梦人"。《马尔多罗之歌》中的大部分意象犹如梦境一般，主人公受虐狂与虐待狂的一面在夜里似乎表露得更加鲜明，掘墓、凶残、暴虐、复仇、酷刑的场景通过梦呓般的语言像噩梦一样呈现在读者面前。这正是作品中超现实的特性体现。

六、经典评论

"我很脏"，39 节的开篇如是说。从虱子那个章节起，巨大的肮脏就开始运行，也许它已经取得了长足的进步。现在，马尔多罗直挺挺地立在地上，像个被自己的影子吞噬的树桩（如同上一段可怜的吊死鬼的尸体，现在却成了自己的绞刑架），变成了动物生命的共有体系，"黏稠王国"的所有网络组织：蟾蜍、变色龙、蝮蛇、蟹类、海类动物。首次见到马尔多罗时，他在黑暗之中"整整好几个小时"，头慢慢地向左转转，向右转转，我们远远超越了当初的打算。因此他才会 4 个世纪自觉自愿地端立不动，这时，时间被驱逐，他从中间的被动接受到现在完全与死亡吻合，始终维持着持续不断的压力，结果人被凝固和睡眠解构，账却虚伪地算在了开始下定的决心头上。洛特雷阿蒙不停地让人感受到这一点：假如狂暴的高潮引发了断裂，能够把自己从自身中解救出来，无限被动的力量在让时间睡去时也不是没有可能与不确定的生与死的瞬间相遇，此时此刻，相同的人消失，而另一个人靠近——双重可能循序渐进的考验就是马尔多罗的深刻体验。这里其实是"仇视"，"被你想象的要奇特的多"，反抗和战斗的意愿使他扮演了僵尸的角色，到现在还是个不确定的僵尸。然而，希望意愿，还有表面上自由的决定被部分囚禁；希望"在征服造物主之前""与病魔同在"的愿望自身就是病魔，这将是洛特雷阿蒙以后的发现，而他现在就把这一切通过奇怪的宝剑章节宣告出来，没有出鞘的宝剑被一个男人竖立在那里，他悄悄地站在宝剑的后面。①

第七节　保尔·瓦莱里

一、生平与创作

保尔·瓦莱里于 1871 年 10 月 30 日出生在法国南部地中海沿岸的港口城市塞特，这是一座因海滨墓场而闻名的城市。他的父亲是海关官员，科西嘉岛的一个海员之家的后裔，母亲出生于意大利的贵族世家。保尔·瓦莱里是他们的第二个儿子，从小他

---

① Henri Mitterand：Littérature, Textes et documents，p. 418；Maurice Blanchot：Lautréamont et Sade，Minuit，pp. 215-220.

就是一个对一切充满好奇的孩子。除了建筑和文学，他还热衷于音乐、物理、数学、绘画、哲学和政治等。他性格内向，朋友很少；但是在他少数朋友中就有后来成为哲学教授的福芒，作家卢维和纪德。他 7 岁上学，12 岁信奉天主教，并成为天主教徒，13 岁时随父母搬迁到蒙彼利埃，在那里读完中学。中学时代的瓦莱里博览群书，喜爱文学和绘画，尤其喜欢戈蒂耶、波德莱尔和雨果的诗歌。和同时代的许多青年一样，在风靡一时的魏尔伦的《可诅咒的诗人》和于斯曼的《逆流》的影响下，他很快就疯狂地喜欢上了象征主义诗歌，尤其崇拜被青年象征主义诗人尊为领袖的马拉美。16 岁那年，瓦莱里中学毕业，进入蒙彼利埃大学攻读法学，那一年，他的父亲去世。为了排解心中的郁闷，他去了热纳亚度假。可是他还是无法从丧父之痛中摆脱。于是他开始通过绘画和诗歌排遣自己心中的烦恼。大学时代，瓦莱里的文学天赋已显露无遗，尤其超强的诗歌创作才能，仅 1888 和 1889 两年，他就创作了上百首诗歌。他的诗歌无不打上孤独和沉醉带来的审美享受和烙印，瓦莱里凭借自己的才华和先师们的指点很快引起了诗坛的注意。

　　1889 年 7 月，瓦莱里在《海滨评论》上发表了他的第一首诗《梦》。1890 年 5 月，瓦莱里结识了皮埃尔·路易，经过后者的介绍，他很快进入巴黎的文学圈，作品逐渐得到了人们的认可。由于受到马拉美的影响及其作品的冲击，瓦莱里开始狂热地从事诗歌创作，先后发表了《月亮的升起》《威严的步伐》《水仙辞》等。1891 年，《辩论报》的一篇文章上曾载有“他（瓦莱里）的名字将会在人们口头传颂”。[①] 但是当人们认为瓦莱里将会像一颗新星在诗坛升起时，他的感情生活却经历了一场大的变故。1892 年瓦莱里 21 岁时，恋人离他而去，但是他对恋人的依恋久久留在心中，难以释怀。经过三个月的痛苦挣扎，就在 10 月 4 日到 5 日之间的那个风雨交加的“可怕的夜晚”，瓦莱里决定放弃爱情和诗歌，献身纯粹的理性和智力活动。他把自己的主要兴趣与精力转移到哲学思辨和数学研究上。同年 11 月，瓦莱里辞去了他在蒙彼利埃法学院的教授职务，同母亲一起去了巴黎。1894 年 3 月，瓦莱里在与台斯特先生夜谈之后，写了著名的散文作品《与台斯特先生促膝夜谈》。1927 年这部作品和其他几篇与台斯特先生相关的散文集结出版，题为《台斯特先生》。

　　1894 年底，瓦莱里定居巴黎，从事了不同工作，当过文稿起草员，作过私人秘书。1894 年到 1898 年，他先后撰写了《达·芬奇方法引论》《德国的征服》《军事艺术》和《语义学分析》等论文。1898 年 10 月，瓦莱里认识了莫里索，并与画家的妹妹奥彼亚一见钟情，两人于 1900 年 5 月 30 日结婚。3 年后他们有了儿子，6 年后有了女儿，这给瓦莱里的生活带来了不少快乐。期间，他拜访过纪德，还游览过许多地方，完成了作品《阿娜》。1908 年，瓦莱里在别人的文章中发现了许多自己早期的创作思想。因此他开始整理自己早期的一些文章，用手抄写了近一千页。尽管他很努力，但是成绩并不突出。所以在随后的几年里，他云游四方，结识了许多朋友。

　　在沉默了 20 年之后，瓦莱里诗歌观发生了很大变化，思想成熟了许多。1912 年，

---

　　① 张英伦等：《外国名作家传》（下），539 页，北京，中国社会科学出版社，1980。

瓦莱里在好友纪德和出版家伽利玛的鼓励和再三督促下，答应将自己青年时代写下的诗稿整理、修订并结集出版。在付印之前，他想写一首40行左右的短诗附在后面，作为与诗神永别的纪念。岂料此举却点燃了隐藏在内心深处的激情，瓦莱里竟然一发不可收拾，用5年时间写下了512行的长诗《年轻的命运女神》。结果延宕至1920年诗集才得问世，此诗集收诗21首，题名为《旧诗集》。《年轻的命运女神》获得了巨大成功，甚至被誉为法国诗歌中最优秀的诗篇之一。同年，瓦莱里发表了自己的另外一部力作《海滨墓场》，受到了读者的热烈欢迎和追捧，瓦莱里也一举奠定了自己在法国诗坛的地位。

1921年，瓦莱里先后发表了《在魏尔伦周围》《蛇的雏形》《建筑师》《灵魂与舞蹈》《十九世纪的芭蕾》等作品。同年3月，《知识》杂志的民意调查显示，瓦莱里以最高得票当选为当代最伟大的诗人。1922年，他把自己几年来创作的诗歌结集出版，题为《幻美集》，收录了《海滨墓场》《风灵》《石榴》和《曙光》等诗作。较之《旧诗集》，《幻美集》更能代表瓦莱里诗歌的独特风格。《幻美集》的问世，标志着瓦莱里诗歌创作的顶峰，与《旧诗集》一起受到了评论界和诗歌界的高度评价。从此，瓦莱里蜚声诗坛，他的许多诗篇如《织女》《女巫》《那咯索斯的话》《沉睡的姑娘》《那咯索斯的断想》《石榴》《海滨墓场》等都成了脍炙人口的名篇。

1923年到1936年，瓦莱里辗转欧洲，先后在布鲁塞尔、伦敦、米兰、罗马、维也纳和柏林等城市做讲座。他不但给大家讲解诗歌技巧和语言，还给大家讲解马拉美、波德莱尔、雨果等人的诗歌。1925年瓦莱里当选为法兰西学院院士，1937年被法兰西学院聘为教授，专门讲授诗学。1938年，瓦莱里被授予国家四级荣誉勋章，成为一名正式的官方诗人。他除了进行诗歌创作，从事诗学教学，还经常参加各类会议，收集介绍不同局势和不同热点问题的文章，收集那些对人类思想起到决定性影响的艺术家和作家的资料。同时他还应邀到许多国家讲学，会见各国政要和名人，也应约撰写哲学、政治学、经济学和神学等方面的文章，从1924到1944年，先后出版了《杂文集》，共5卷。

1944年，瓦莱里目睹了戴高乐将军凯旋，胜利进入巴黎。他在《费加罗》报上的一篇文章中欣喜高呼："自由是一种感觉。现在呼吸到自由的气息了。"[1] 同年，他还加入了法国作家民族阵线并发表了一系列作品：《司汤达作品短评》《对当代世界的看法》《象征主义历史》《呼吸》等。1945年，瓦莱里在他生命的最后时刻坚持完成了《我的浮士德》的创作，这是他一生最后一部作品。7月20日，就在巴黎解放后不久，瓦莱里因病在巴黎逝世，享年74岁。戴高乐亲自为他主持了隆重的国葬。他本应安葬在先贤祠，但考虑到他生前的遗愿，人们最终将他安葬在他的家乡——塞特的海滨墓园，墓碑上的铭文就引用了他《海滨墓园》中最后两行诗句：

多好的酬劳啊，经过一番深思

---

[1] 张英伦等：《外国名作家传》（下），542页，北京，中国社会科学出版社，1980。

终得以放眼远眺神明的宁静①

二、诗歌美学观

瓦莱里的诗虽具有哲理性，但是所谓哲理，并非指纯粹的思辨。瓦莱里从来就不喜欢纯粹思辨的哲学，他讨厌别人把他称为"哲学家"。他认为真正哲学的奥秘在于创立一个超越的秩序，而他自己却没有这个野心。事实上，他早就借台斯特之口说过哲学使他感到很不舒服。对瓦莱里而言，精神活动或者意识活动并不是纯粹抽象的思维活动，而是对于感性认识和感情活动的把握，或者说是介入；它是与感觉、印象、感情紧密相连的。这一点在《年轻的命运女神》与《海滨墓园》中都可以看得很清楚。正因为如此，瓦莱里才一方面写了像《石榴》这样对理性的礼赞，另一方面写了像《蜜蜂》这样充满感性的诗篇。它强调物质世界的刺激与印象对创造的意义。他的诗虽然大多数都蕴含着一定的哲理意义，但它并不完全是抽象的说理诗或幻想诗；他的诗歌充满了对强烈的感觉印象的描写，充满了对奇特的、突兀的形象和想象的描写，其中也含有丰富的象征底蕴。哲理潜藏在生动的感性画面背后，理智深入到感觉与感情之中，这是瓦莱里诗歌的一个重要特点。

在诗学理论上，瓦莱里继承并发展了马拉美的思想，他强调诗句的音乐感，但是他所强调的音乐感与波德莱尔、魏尔伦等人的不同，他更加强调音与义之间的和谐，词语之间的协调："要使音与义协调地结合是多么困难的事情，此外，辞语可以将种种不同的质地加以发展，一种辞语，可能是逻辑的，但却是不和谐的；它可能是和谐的，但却又是无意义的，它可能是显明的，但却又是不美的；它可能是散文的，亦可能是诗的。……语言是可以翻来覆去地由相互补充音位、平衡和韵律加以评断的。"②同时，他力图增大诗歌语言的密度和诗歌的整体容量来增加诗歌。因此，瓦莱里十分讲究用词的俭省，他常用一些生僻的词。瓦莱里年轻时就是马拉美耳提面命的弟子，他对马拉美也推崇备至。他称赞马拉美"具有大学者的气质"，把马拉美的诗歌理论比作"精确科学的建设"，认为马拉美用人工的、经过细密的推论、运用某种分析得来的概念代替了前人天真的欲望和其本能的或传统的行动。

瓦莱里的诗学或美学理论就受到了马拉美的影响。虽然他的理论并不能构成一种严格的系统，但是其内容却很丰富。他的理论核心可以说就是他的"纯诗论"。何谓"纯诗"？瓦莱里说："纯诗是从观察中推演出来的想象，它应该帮助我们明确关于诗的一般概念，引导我们对语言和语言对人的作用之间不同的、多样的关系进行十分困难而又十分重要的研究。"③ 他还说，"纯诗这个词之所以说不太合适，是因为它使人

---

① 张英伦等：《外国名作家传》（下），542页，北京，中国社会科学出版社，1980。
② 潞潞：《准则与尺度——外国著名诗人文论》，10页，北京，北京出版社，2003。
③ 潞潞：《准则与尺度——外国著名诗人文论》，6页，北京，北京出版社，2003。

想到与之风马牛不相及的纯道德，在我看来，纯诗的观念是与基本分析观念背道而驰的。"① 瓦莱里提出"纯诗"的概念，目的就是要把诗人与读者的审美兴趣都引导到语言以及语言和精神的关系上来。他指出："总之，纯诗是浓缩于观察中的幻想，应该有利于确定整体诗的观念，而将我们引向语言与其在人们的心灵中引起效果的千姿百态及形形色色的关系研究。"② 不难看出，这个理论是建立在唯心的理智主义基础之上的。瓦莱里自己也承认"纯诗"实际上是一个可望而不可及的目标，而整个诗歌的历史就是诗人为不断接近这个目标而艰辛劳动的历史。但是他对纯诗还是做出了自己的解释："总之，所谓诗，实际上是用摆脱了词语的物质属性的纯诗的片段而构成的。一句很美的诗便是诗的很纯的一种成分。通常将美的诗句比喻为一颗钻石，意在使人们看到这种纯质的感情是存在于各种精神之中的。"③ 瓦莱里所说的"诗"只不过是语言物质中一些纯诗的片段。从这样的思想出发，他提出了他关于诗的著名论断：诗是语言的语言。他在《论马拉美》中进一步论述到了纯诗："诗，无疑在方法上没有音乐那么自由。它只能极为艰难地按照自己的意志来给散文的词语、形式和对象发命令。如果他的命令实现了，那就是'纯诗'了。"④ 事实上，马拉美的诗学理论中就已经有"纯诗论"的雏形，不过马拉美偏重于从创作角度提出他的见解，而瓦莱里的"纯诗论"则涵盖了诗歌的创作和欣赏的全部过程。

以他的纯诗理念为基础，瓦莱里为诗歌的形式提出了定义：形式是"声音、节奏、词与词之间的形态比较以及这种比较的感应效果或者相互影响"。既然"纯诗"的理想实质上是语言创造的极致，那么由语言的各种机制所构成的形式便顺理成章地成为了诗歌创作与欣赏活动中的决定因素。瓦莱里并不否认诗歌的思想内容，然而他认为倘若语言在散文里的内容是主要的，那么在诗歌中起决定作用的则不是语言，而是形式。他甚至还进一步提出了诗歌是形式的女儿，而形式产生于作品之前。他曾多次介绍《海滨墓园》的创作经过。据他所说，在创作这首诗时，他心中先有了一个四、六顿的十音节诗的节奏，然后才逐渐找到了具体的词，最后才出现了主题。

由于瓦莱里重视理智在诗歌创作中的作用，把诗歌的语言形式置于决定性地位，因此他强调在语言形式上要反复推敲惨淡经营，对传统的"灵感论"则持保留态度。他不否认灵感的存在，然而他认为灵感的价值是"虚幻的、无法传达的"。瓦莱里多次批评"灵感论"，这显然和超现实主义宣扬的自动写作有关，他毫不掩饰对那种认为美的诗句来自于潜意识和梦幻的理论的反感。他曾用十分激烈的口气，说道："我宁可在完全有意识、完全清醒的情况下写出贫瘠的东西，也不愿意在精灵附体而不能自已时创造最美的杰作。"⑤

瓦莱里以"纯诗"为核心的美学和诗学理论是在20世纪初文学艺术领域里出现了

---

① 潞潞：《准则与尺度——外国著名诗人文论》，6页，北京，北京出版社，2003。
② 潞潞：《准则与尺度——外国著名诗人文论》，6页，北京，北京出版社，2003。
③ 潞潞：《准则与尺度——外国著名诗人文论》，6页，北京，北京出版社，2003。
④ 潞潞：《准则与尺度——外国著名诗人文论》，14页，北京，北京出版社，2003。
⑤ 袁可嘉等：《外国现代派作品选》第一册（上），22页，上海，上海文艺出版社，1980。

各种形式主义的大环境中产生的。他的诗歌在形式上虽然接近古典主义，但在诗的本质和审美价值上却和现代主义相同。

三、作品分析

谈起瓦莱里，有人认为他是一位无法描绘的作家："既不是哲学家，也不是艺术家；既不是语言学家、诗人、物理学家、符号学家，也不是心理学家、政治家、社会学家、人类学家，但同时又什么都是……"① 有着广博学识的他具有复杂的多向性，但是我们还是能从他的诗歌中找到一个永恒的主题。由于他的诗歌仍然遵循着传统诗歌的格律，因此他被看成一个"过于怀旧"的诗人，一个"十七世纪古典作家的效仿者"②。在那个多变的年代，瓦莱里的诗歌创作先是经历了感觉与智力的矛盾，而后又经历了试图找到二者之间的融合甚至要超越其矛盾的过程，最终形成了一种与超现实主义为代表的现代思潮相对抗的古典美学观。这一点，我们可以从瓦莱里的一生中推断出来：最初是感性与理性独立发展的阶段，而后是继 1892 年的感情危机之后二者的决裂阶段，接着是通过诗歌《幻美集》的创作将二者奇迹般的融合，最后他像作品中的人物——浮士德一样努力追求一种超人的境界。

1. 少年时期的创作

1892 年以前的瓦莱里就已显现出了他在诗歌创作方面的天赋，18 岁时就已写出了百余首诗歌。由于得到了先师马拉美的真传，才华横溢的瓦莱里很快就名声大噪。感性的才华与理性的智力在这期间各自独立发展。后来，瓦莱里回顾道："当我赋予我的想象物和我的意志以一种神奇的力量时……我就想起了往日我歌唱并向往的俄耳甫斯"。③

> 神灵在歌唱，顺着威力无比的节奏，
> 奇异的石块向着太阳竖立，
> 人们看见朝向炽烈的苍穹
> 耸起那圣殿和谐的金色高壁。
>
> 他唱着，俄耳甫斯，坐在灿烂的天边！
> 歌声披上了薄雾的盔甲，
> 神奇的里拉迷住了斑岩，
> 这位"音乐家"建筑的宇宙
> 将准确的古老节奏

---

① 周国平：《诗人哲学家》，215 页，上海，上海人民出版社，2005。
② 周国平：《诗人哲学家》，214 页，上海，上海人民出版社，2005。
③ 周国平：《诗人哲学家》，218 页，上海，上海人民出版社，2005。

　　　　　与里拉琴歌颂的广漠灵魂相连！……①

　　波德莱尔笔下的应和在瓦莱里这里找到了回应，"音乐家建造的宇宙""与广漠灵魂相连"；"奇异的石块"与太阳相向；人类与圣殿相呼应。这里人物的关系超越了波德莱尔所歌颂的应和，人神合一，色彩与音乐融合，诗歌世界被无尽地扩展到了神话世界，超越了人的感官，穿越了宇宙世界，真实与想象在无垠的广漠中既对立又统一。俄耳甫斯是诗歌魔力的化身，他赋予普通世界以和谐的色彩，使自然界的万物产生共鸣，或与人的感觉相呼应。相反，此时瓦莱里的智力正在被一个更隐秘、更真实、更难以接近的自我所困扰着，它就像水中的倒影一样穿越"黄昏温柔的阳光"、"绿林的密叶"、烈日的暴晒，像"冷冰的精灵"虚无缥缈，若隐若现：

　　　　　哎！虚浮的影像啊不尽的泪涛！
　　　　　黄昏一缕温柔的光照，
　　　　　穿过绿林密叶萧萧，
　　　　　烈日将我变成一个赤裸裸的情郎，
　　　　　冷冰的精灵，绰约而缥缈……
　　　　　悲伤的水流引我来这苍白的地方！②

　　2. 青年时期的创作

　　1892年，21岁的瓦莱里在偶遇罗维拉之后，就陷入感情旋涡。一夜之间，他自己亲手改变了他的生活道路。他放弃了诗歌理想，一方面把主要精力和兴趣转移到了哲学思辨和数学研究，另一方面在想象中继续他的真的追求与美的创造。柏拉图教他深思；达·芬奇和笛卡尔教他不仅要深思而且要创造；贝多芬等音乐大师教他怎样使诗情更幽咽更颤动；拉·封丹、拉辛、马拉美教他怎样用文字来创造音乐……

　　那种莫名其妙、失去常理的单相思使他痛苦不堪，他第一次惊惶地发现人身上还有这种不可驾驭的力量，情感的大江横冲直撞，理智的大堤顷刻颠覆。于是情感危机又导致了一场精神危机。创作的才智被这种强烈的情感所窒息，加之马拉美和兰波那登峰造极的诗歌完美得令人绝望，于是瓦莱里就在十月那个风雨交加的夜晚，决定放弃他的文学创作生涯。弃绝爱情，息影诗坛，钻研数学，探讨精神机能与思维方法……从此瓦莱里开始了他长达20余年的沉默与深思的生活。《达·芬奇方法引论》和《与台斯特先生促膝夜谈》便是这段时期苦修的结果。在1894年发表的散文作品《与台斯特先生促膝夜谈》中，他以古典主义简约洗练的笔法刻画了一个生活清峻、思想严格的知识分子形象——台斯特先生。台斯特经过二十多年的自觉训练（故事叙述者称这种训练为"理智操"）能够随时用清醒的意识和周密的思维控制自己的行为

---

① 周国平：《诗人哲学家》，218页，上海，上海人民出版社，2005。
② 周国平：《诗人哲学家》，218页，上海，上海人民出版社，2005。

活动，包括情感活动和行为。他把人的本质归结为精神力量，经年累月坚持不懈地试验理智行为可能达到的深度和广度。他很早便认识了人类的可塑性的重要。他探索了这种可塑性的界限和机制，并对他自身的可塑性有过许多梦想。台斯特先生是一个智力的怪物，他对大千世界各种令人心醉神迷的感觉无动于衷。"我终于相信台斯特先生成功地发现了不为我们所知的精神法则……我感到他能够支配自己的思想。"① 作为自己思想和记忆的主宰，台斯特先生享有一种彻底的精神自由，他是瓦莱里在自我意识极端兴奋的状态下产生的一种怪诞的幻觉。不言而喻，瓦莱里在这里描述的正是他自己的探索和梦想。台斯特抛弃了书籍，停止了写作，以便把全部的心智集中在自我的认识上。他说："把我折磨的最厉害的是什么？是彻底阐发自己思想的这个习惯——一直走到自我尽头的这个习惯。"②

1895 年，瓦莱里的重要著作《达·芬奇方法引论》在《新评论》杂志上发表。这篇论文并没有讨论达·芬奇的科学方法或艺术理论，而是以文艺复兴时期这位学识渊博、技艺全面的"巨人"为例，证明了从精神本原讲，诗与科学之间并非天然地存在着不可逾越的鸿沟；精神最重要的特征在于它具有综合能力，能够把感官的印象加以综合的整理。因此，艺术创造的起点不是自发产生的灵感，而是理智对感觉的作用，是诗人的精神活动，后者的起点则是形式和结构。这部著作奠定了瓦莱里诗歌创作和诗学理论的基础。

20 余年的默察与潜思，瓦莱里已在无形中、沉默里长成为茂草密林了；只待星星之火，便足以点燃，形成辉煌的火的壮观。这一场大火终于爆发。1913 年，在他的好友——1947 年诺贝尔文学奖获得者纪德及其他友人再三催促下，瓦莱里答应将自己青年时代的诗稿结集出版。付梓前，他想写首 40 行短诗附后，纪念与诗神的永别。未料这一首小诗之念，竟成了星星之火，使瓦莱里诗兴大发，演变为燎原之势而一发不可收，以至于它最终燃烧成了一首五百余行的长诗——《年轻的命运女神》。这首诗对法国知识界的震撼之大、影响之深是惊人的。一位评论家称"我国近来产生了一桩比欧洲战争更重要的事，那就是保尔·瓦莱里的《年轻的命运女神》"。一首诗竟比一场战争更重要，可见其受推崇的程度之深。这位复活的诗人与 1892 年的危机中隐去的诗人相比发生了质的变化：瓦莱里告别了那个完全靠智力而生存的日子，他的感性生活得到了重生。回顾以前的生活，他猛然意识到，自我一面在感觉，一面在思考，同时还在接受并抗拒着感官的呼唤和智力的明晰。就像他的诗中所说的一样："我们处在感觉连续的状态……自我实际上不过是感觉的产物。"③ 除此之外，他的作品《年轻的命运女神》《海滨墓园》《石榴》等也成了脍炙人口的佳作。

《年轻的命运女神》是瓦莱里"放弃诗歌艺术多年"以后重返诗坛的宣言书，它标志着诗人经过二十余年的"理智锻炼"之后，终于找到了自己诗歌创作的道路。从

---

① 周国平：《诗人哲学家》，219 页，上海，上海人民出版社，2005。
② 袁可嘉等：《外国现代派作品选》，第一册（上），24 页，上海，上海文艺出版社，1980。
③ 周国平：《诗人哲学家》，220 页，上海，上海人民出版社，2005。

题材上看，这首长诗仍旧像《旧诗集存》中的许多作品一样选材于神话，但实际上诗歌已经超越了神话的内容并赋予题材以全新的象征意义。诗中描写了年轻的命运女神午夜惊梦，感觉巨痛侵入体内。物质世界里各种强烈而新鲜的印象侵扰、刺激、压迫着她。回忆过去一度沉湎于波动的激情，她悔恨不已。极度的悔与痛中，她想一死了之。然而东方已经孕育着曙光，女神重新又感到了生命的冲动。这种冲动尽管还潜伏在心灵深处，但却已经主宰了她的意志。女神重新又昏昏睡去，当她再次醒来时，东方已经破晓，诗中最后说道：

> 啊，太阳，尽管我不愿意但我却应该，
> 崇拜我的心灵，你从那里见到了自己，
> 温柔而强烈的重新出生的欢喜。
>
> 就在感恩的胸中那金光的世界
> 清新的血液向着那火焰澎湃！①

《年轻的命运女神》是诗人矛盾心境的产物。就像他自己所说"它是一场梦幻，因而就有一场梦幻的中断、恢复与意外。不过这场梦幻的人物是自己的意识……就像一个人半夜醒来，整个人生都活跃在他的眼前，同他谈论着自己……"② 实际上，全诗只是对一连串的心理活动进行了交替描写，刻画了一个人的意识在一夜之间发生的变化。

因此，这首诗的主旨是描写"意识在一夜之间的变化"，它清楚地表明诗人在创作上已经超越了《旧诗集存》。诗人已经不再满足于一般地刻画主观印象，一般地表现心灵的朦胧状态，而是力图用诗的形式反映人的意识对感觉和感情状态的关照，对心灵复杂运动的探索，让隐蔽的、潜在的心理活动经过理智的整理和加工从而进入诗的境界。我们从诗中看到气象万千的物质世界、日新月异的感觉印象、内心世界的反应变化，这些无时无刻不在撞击着有感有知的人。然而人生的真正价值却不能在变动的感觉世界中寻找，它只能从一个永恒的秩序中寻找，而这个永恒的秩序只有通过意识的关照、探索、判断才能够被把握。因此我们不难看出，这是西方传统的哲学精神在瓦莱里诗歌中的反映。

从《年轻的命运女神》这首诗开始，瓦莱里在诗歌中就突出了理智的作用，突出了思考的地位。用他自己惯用的术语来说，这首诗突出表现了"有意识的意识"。此后他的诗歌大多带有较浓重的哲理色彩，形成了具有诗人个性特征的哲理诗。也正是在这个意义上，瓦莱里的诗歌才被称为理智的诗歌。

瓦莱里的哲理诗以他著名的诗篇《海滨墓园》而登峰造极。《海滨墓园》是瓦莱

---

① 袁可嘉等：《外国现代派作品选》，第一册（上），34 页，上海，上海文艺出版社，1980。
② 张英伦等：《外国名作家传》（下），540 页，北京，中国社会科学出版社，1980。

里的代表作品，也是西方象征主义诗歌中的名篇。长诗写作于诗人从哲学的沉思向现实生活回归的转折时期，其主题表现的是关于绝对静止和人生变易的对立统一关系，是诗人经过 20 余年的哲学沉思后对自己复杂的心路历程的艺术探索。《海滨墓园》这首诗和《年轻的命运女神》一样采用了独白的形式。所不同的是，在《年轻的命运女神》中诗人借女神的"口"讲话；而在《海滨墓园》里，诗人则直接出面，侃侃而谈。诗人静坐在海滨的一座墓地里，远眺碧海蓝天，近观乱岗墓冢，宇宙演化、人生变幻，万千想象纷至沓来，诗人浮想联翩，慨然而歌。在这首诗里，生与死、动与静、永恒与无常、无限与有限、绝对与相对、物质与精神等传统的哲学问题都被纳入了诗人的审美视野。诗人思考的结论是绝对、纯粹、永恒，是不断的运动和变迁在精神的运动中获得的人生意义。

在这段"自我独白"中，诗人倾注了他平生最普通、最持久的思想和感情，同时联系了他少年时代的活动和家乡墓园所在的地中海海边风光，在意象和思路上作了种种对比和呼应，谱写成了一支情景交融的抒情曲。全诗是对人生况味的思索，"我"成为无法认识事物的大海中的岛屿；诗人企图表现人与周围环境的对立，短暂的存在与永恒不变的时间之间的不协调。这首诗共 24 节，每节 6 行，每行 10 个音节。诗的前四节是对"公正的'中午'"（太阳）和"永远在重新开始"的大海的礼赞。接下来的四节是由大自然的永恒联想到人生的短促。再下面九节写万物都为重生而死亡："红红的泥土吸进了白白的同类，生命的才华转进了花卉去舒放！"最后四节是新生之歌："风起了"，"新鲜气息"吹来，"起来！投入不断的未来！"瓦莱里在诗的前面引用了古希腊诗人品达的一句隽语："不，亲爱的灵魂，别期望什么无限的生命，而相反，要穷尽你从现实里所能完成的一切。"① 它点明了这首诗的主题。从自然的不朽和人生的变易的对比，得出肯定现实、面向未来的结论。这个立意既是积极的，也是辩证的。诗的结尾召唤海涛击碎凝固静止的物象，希望自己的诗篇随着海风高扬，表现了诗人的自信、热情和勇气。应该指出，瓦莱里在这首诗里虽然高呼"起来！投入不断的未来！"，表示要"畅饮风催的新生"，要"奔赴海浪而去"，但这并非意味他就要准备介入现实的生活与斗争；因为对他而言，"未来"、"海浪"、"新生"属于心态层面。这首诗赞美的是人的精神力量、意识力量，是人自觉地运用意识反映自我赋予人生的生命价值。瓦莱里曾说过："人的特征是意识，意识的特征是永恒的无穷尽的探索，是对于在意识中出现的所有东西——无论何物——无例外、无休止的超脱。它是与出现的事物在质量与数量上均不相干的无止境的行动，聪明的人应该凭借这样的行动最终有意识地使自己得以永远拒绝任何一种存在。"② 这个思想是《海滨墓园》的驻足点，也是瓦莱里整个后期诗歌创作的立足点。

《海滨墓园》是瓦莱里最含有自传性，最富有哲理性，同时也是最充满抒情性的一首诗作。目前，它已被翻译成世界各种语言，为广大诗歌爱好者所熟知。但是，由

① 张英伦等：《外国名作家传》（下），541 页，北京，中国社会科学出版社，1980。
② 袁可嘉等：《外国现代派作品选》，第一册（上），36 页，上海，上海文艺出版社，1980。

于长诗是作者长期进行哲理思考的结果，因此无论其内涵、象征还是暗示的意义，也都显得晦涩难懂，十分含蓄、复杂，往往有多重的理解。不过这也正是象征派诗歌的突出特点。

3. 中年时期的创作

1920 年后是瓦莱里真正成熟的阶段，他的感性与智性在这个阶段得到了协调发展。1921 年发表的作品《建筑家》可以看成是和《与台斯特先生促膝夜谈》相对立的作品。思想家苏格拉底懊悔自己是一个空幻的智者，他为自己没能成为一个建筑家而深感遗憾，因为他本来是具有这份天资的："难道还有比一个智者的影子更虚浮的东西吗？""我本来可以建造，歌唱……唉，沉思消耗了我的时光！我断送了一个什么样的艺术家啊！……我鄙视了什么，可又创造了什么呢！……"① 通过苏格拉底这段辛酸的独白，我们仿佛听到了瓦莱里对一个沉默了二十余年的诗人所做的深刻追悔。自1892 年他判处文学死刑之后到 1917 年《年轻的命运女神》问世，已经过去了整整 25个年头。这本来是一个诗人最多产的年代，可是瓦莱里却错过了。他意识到自己犯了错误，排除了人的感性，于是他又重新找回了自己曾经迷失于沉思的灵魂，重新跃入了充满感性的大海：

> 不，不！……起来！投入不断的未来！
> 我的身体啊，砸碎沉思的形态！
> 我的胸怀啊，畅饮风催的新生！
> 从大海发出的一股新鲜气息
> 还了我灵魂……啊，咸味的魄力！
> 奔赴海浪去，跳回来一身是劲！②

如果说《年轻的命运女神》是"感觉的诗篇"，那么收入《幻美集》的 21 首诗作已构成了一曲感官与智慧的交响乐。经过 30 年的冲突，诗人的灵魂终于达到了一种微妙的平衡：一个智力生活的分析家与一个对外部世界十分敏感的诗人在这部诗集中握手言和。就像他的作品《诗》中一样，瓦莱里把诗人比作吃奶的孩子，把母亲喻为智慧，把诗的语言比作智慧的乳汁；意在表达一个人对智慧的追求必须有耐心和节制，过分的冲动和极端的严谨都会使他的源泉中断。

> ——哦我母亲的才智，
> 你流出一阵温馨，
> 是什么样的疏失
> 使她的乳汁干涸殆尽！

---

① 周国平：《诗人哲学家》，220 页，上海，上海人民出版社，2005。
② 周国平：《诗人哲学家》，220 页，上海，上海人民出版社，2005。

一扑到你的怀中，
被你白皙的手臂紧束，
我随你的心潮摇动，
象宝藏丰富的海的起伏；
在你阴沉沉的天边，
倾慕你娇柔的颜容，
我感到，饮着黑暗，
我的心涌入一片光明！
……
告诉我，是什么虚妄的顾忌，
是什么怨恕的影幻，
使这绝妙的文思
在我的嘴边中断？

哦严谨，是你向我表明
我不喜爱给我生命的灵魂！
天鹅飞逝般的寂静
再也不能支配我们！①

　　此外，《幻美集》中的每一首诗歌都是瓦莱里感性与智性的完美结合。如果我们不了解瓦莱里，我们就不知道这部诗集产生前他所经历的悲剧性冲突，同时我们也就更不可能理解这部诗集所孕育的真正含义。

　　4. 晚年时期的创作

　　瓦莱里生命的最后五年，是他追求感性与智性的完美结合而产生的超人境界的阶段。在这个时期，为满足感官享乐与智力的好奇而将自己的灵魂出卖给魔鬼的传奇式人物浮士德引起了他的注意。他把写于 1940 年的两个剧本《吕斯特，水晶小姐》（喜剧）和《宇宙的厄运》（梦幻剧）收为一集，题为《我的浮士德》。剧中的人物浮士德和他的女秘书吕斯特是瓦莱里精神的双面镜，一面是纯粹的思想，冷酷的智慧，清醒的意识；一面是清新的感觉，蓬勃的生机，开朗的性格。作者的用意并不是要将感觉与智力的矛盾并列出来，而是要在二者之间建立一种有机的联系。于是就产生了一个问题：人类怎样才能在各种面目中找到自己的本来面目？"精神不会在个人身上认出自己，我也不是镜子中的我。因为可能性不会只有一个客体作为形象。一个人要囊括这么多潜在的东西……那么生命实在太不够了！"②

────────────

① 周国平：《诗人哲学家》，221 页，上海，上海人民出版社，2005。
② 周国平：《诗人哲学家》，223 页，上海，上海人民出版社，2005。

如果感觉和智力赋予人的双重性源于一种更神秘、更深广的双重性，那么人的感觉与智力的结合只有在某种超人状态下才能实现。瓦莱里的这种超越常人的愿望将浮士德与吕斯特结合在了一起。正像浮士德在《宇宙的厄运》中所说：

> 我能挫败天使亦能背弃魔王，
> 去爱去恨我都嫌懂得太多，
> 我的存在已超出了一个创造物。①

最后，两个仙女对浮士德说："你就知道否定。NON 是你的第一个字，也是你的最后一个字。"②

诗人瓦莱里的一生正是一个不断自我否定的成熟过程。情感与智力的平衡发展，从达·芬奇的精神万能和台斯特的智力崇拜到《年轻的命运女神》和《建筑家》中的情感复苏；在从《幻美集》中所形成的和谐到《我的浮士德》中所表现出来的超脱，都构成了瓦莱里他特殊的人格魅力。

作为思想家，瓦莱里的武器是他的智力；作为诗人，他不得不承认他的创作离不开感觉。前半生，他已经意识到了二者之间的矛盾，但一直没有找到解决的办法。后半生，特别是在他的晚年，无论是在理论上还是在实践上他都找到了自己的办法。理论上，他反对将二者相对立，认为二者之间是内在联系着的："感觉是智力的原动力，把它同智力对立起来是错误的……感觉为思想提供了创作的火花……"③ 实践上，瓦莱里认为艺术的特性是有意识地用智能开发和挖掘感觉领域，支配感觉的不同功能以实现自我的控制。在《诗与抽象思维》一文中，瓦莱里把一切属于感觉范围的东西视为"现存"，把一切属于思想范围的东西视为"非现存"。而诗的创作就是在"现存"与"非现存"之间来回的摇摆。这样一来，诗歌与艺术创作就成了智力世界和感觉世界之间的通道。然而，归根结底，到底是谁在一首诗中讲话？马拉美认为是语言本身。对瓦莱里来说，则是"活生生的和有思维能力的人"。总之，他认为，"语言来自于声音，而不是声音来自于语言"。④ 他所说的声音是指诗中的"声音"，就是感觉着、思维着的人的声音。这些观点为他后来提出"纯诗"美学主张奠定了理论基础。

瓦莱里的诗歌除了少数外都是格律诗，他的诗歌音律符合极其严格的十四行诗，这使他的诗歌在形式上接近古典主义。《旧诗集存》中的大部分作品以及《年轻的命运女神》都采用了亚历山大体，到写《幻美集》时诗人逐渐放弃了这种典型的古典形式，较多地采用了八音节或十音节体；有时甚至还采用了奇数的七音节体，如《织女》，这使诗句显得就更富有流动的美感。尽管诗人在音节上采用了灵活多变的形式，

---

① 周国平：《诗人哲学家》，224 页，上海，上海人民出版社，2005。
② 周国平：《诗人哲学家》，224 页，上海，上海人民出版社，2005。
③ 周国平：《诗人哲学家》，225 页，上海，上海人民出版社，2005。
④ 周国平：《诗人哲学家》，226 页，上海，上海人民出版社，2005。

但他却始终恪守诗歌的格律统一，使每首诗在诗体和诗节上保持着一致。在诗歌的韵律上，瓦莱里更是一丝不苟，他不但坚持用韵的传统，而且还爱用富韵，如《蛇的诉说》。

总之，瓦莱里同马拉美一样，做诗刻意求工。他把艺术家喻为建筑师，因为建筑师能看到自己的想象受到平衡法则或物质材料的抗拒力等具体问题的限制。至于语言，瓦莱里认为它像一道复杂的代数题符号；因此，他把具体的意象大胆地同最抽象的词组相结合。在诗歌的晦涩难懂方面，瓦莱里也发展了马拉美的主张。他认为，诗歌只能近似于自然，因此诗歌的晦涩既是诗歌本身不完善的标志，也是诗歌本身优越的标志。他认为，如果诗歌达不到明晰的目的，那是因为这种明晰是理想的纯粹的明晰。他还认为，写诗与阅读诗歌都同样存在着困难，写诗是困难的艺术，读诗也是困难的艺术。因为阅读的本身就需要创造。瓦莱里的这种诗歌理论为晦涩难懂的朦胧诗歌开辟了新的道路。

5. 诗歌的创作技巧

（1）通感的手法

瓦莱里的诗歌多运用波德莱尔的通感理论，努力捕捉事物在诗人感官上留下的印象，表现出不同感官印象之间的联系，描写感情的反应和变化，力图赋予主体的印象和感情以不同凡响的个性特征，如《织女》：

> 织女端坐在窗口的蓝光中
> 悦耳的花园在缓缓摇摆；
> 她醉了，听那旧纺车嗡嗡。
>
> 畅饮了蓝天，倦意袭上心来
> 秀发滑过纤细的手指，
> 她依稀入梦，低垂下脑袋，
> ……
> 沉睡的少女织出一缕孤独的毛线；
> 无力的影子却神秘地将自己编织
> 随着酣睡的素手，那十指纤纤。
>
> 梦从纺车上逸出有如天使
> 悠优涌散，秀发顺从温柔的机杼，
> 在抚摸下起伏如波永不歇止……①

十四行诗《明亮的火》中，作者也是在尽力捕捉并且夸张自我心灵特征的同时，

① 袁可嘉等：《外国现代派作品选》，第一册（上），40页，上海，上海文艺出版社，1980。

抒发了一种忧郁的、朦胧的、多少带点神秘色彩的感情，力图反映出他们的心灵深处潜藏着一种不可名状的压抑感：

> 倘若它们的快乐爆发，将我惊醒的回声
> 只把一具死尸抛在肉体的彼岸，
> 好似空空的海螺中大海的低吟。
>
> 我陌生的笑声回荡在耳畔，
> 那是怀疑——旁边是突兀而起的奇景，
> 我活着还是已经死去，是睡还是醒？①

（2）以含蓄代替激情

瓦莱里的作品采用了浓缩和精练的表现手法，凝聚着作者的思想和感情，以低低的吟唱，寥寥数语便概括出丰富的内涵，而其中的主调一般都显出冷峻与痛苦：

> 人来了，未来却是充满了懒意，
> 干脆的蟑声擦刮着干燥的土地；
> 一切都烧了，毁了，化为灰烬，
> 转化为一种何等纯粹的精华……
> 为烟消云散所陶醉，生命无涯，
> 苦味变成了甜味，神志清明。②

人世间的物质经过时间的摧毁化为乌有，一切不复存在，然而在这已经不复存在的物质世界里，凸现出精神和生命的意义，物质向精神的过渡就这样完全对立而又非常统一地展现出来。《海滨墓园》这一节诗的前三行概括了人生和世界的必然结果和自然状态，第四句突起嬗变，以诗人追求的"绝对"境界传递出一种人生观。感情一起一伏，但一经跳跃、升华，诗意就凝练了。

（3）借音韵增强冥想

瓦莱里认为，诗只有通过音乐性的语言才能被理解，因为诗的特征是神秘的感觉，所以音韵比语义含义更能表现主观感觉的力量。《海滨墓园》一诗就是用巧妙多变的双声叠韵来强化象征的主题思想，使读者读诗时在"配音"中进行冥想，幻化出象征的各种景象。瓦莱里在创作这首诗时，起先一直回荡在心里的是没有内容的六行十音节的诗歌节奏，然后才倾注了他的平生思想与感情。他在写这首诗的过程中一直思考着，如何使诗的结构与乐曲的结构相吻合。他认为，在寻求"表达无法表达的感

① 袁可嘉等：《外国现代派作品选》，第一册（上），41页，上海，上海文艺出版社，1980。
② 袁可嘉等：《外国现代派作品选》，第一册（上），42页，上海，上海文艺出版社，1980。

情"的途径中，音乐性通常起着向导作用。

> 正像果实融化而成了快慰，
> 正像它把消失换成了甘美
> 就凭它在一张嘴里的形体消亡，
> 我在此吸吮着我的未来的烟云，
> 而青天对我枯了形容的灵魂
> 歌唱着有形的涯岸变成了繁响。
>
> 美的天，真的天，看我多么会变！
> 经过了多大的倨傲，经过了多少年
> 离奇的闲散，尽管是精力充沛，
> 我竟然委身于这片光华的寥阔；
> 死者的住处上我的幽灵掠过，
> 驱使我随它的轻步，而踟蹰，徘徊。①

　　同时，瓦莱里还重视诗艺，这一点与唯美主义诗人相通。他借以丰富的手段来扩大诗歌的表现手法。然而，他过于注重表现形式，重视理念超过了感觉，重视梦幻超过了生活，重视纯粹的音乐而轻视了语言的准确表述，一味地追求奇特的比喻和对应，象征的晦涩也由此产生。

　　（4）借用象征性的暗喻

　　《海滨墓园》这首诗，作者通过对自然永存而人生无常的鲜明对照，昭示了肯定现实、介入生活的积极主题。瓦莱里把这首诗写成了"自我独白"，一方面"表示诗人空虚的思考和空灵的抒情，像一个站在家乡的海边墓园里，双目凝视大海、思绪累累的孤独者"，另一方面，"《海滨墓园》已不是一个处于梦幻之中的孤独者的独白"，它富有"哲理性"。

> 这片平静的房顶上有白鸽荡漾。
> 它透过松林和坟冢，悸动而闪亮。
> 公正的"中午"在那里用火焰织成
> 大海，大海啊，永远在重新开始！
> 多好的酬劳啊。经过了一番深思，
> 终得以放眼远眺神明的宁静！
> ……
> 起风了！……只有试着活下去一条路！

———————————

① 袁可嘉等：《外国现代派作品选》，第一册（上），43页，上海，上海文艺出版社，1980。

　　天边的气流翻开又合上了我的书，
　　波涛敢于从巉岩口溅沫飞逬！
　　飞去吧，令人眼花缭乱的书页！
　　迸裂吧，波浪！用漫天狂澜来打裂
　　这片有白帆啄食的平静的房顶。

——《海滨墓园》①

　　以上两节诗文充满了象征性的暗喻，大海在诗中即为诗人的化身。那海面的变动不止，犹如人的心灵起伏，而海的深处的静止，犹如死者的坟墓，显得既孤独又神秘。现实中的海面，心灵中的海面，坟墓中的看不见的宁静的海面，三幅图画通过一条神秘的纽带交织在一起，使诗歌显得既清晰又朦胧。"大海，大海啊，永远在重新开始"如同日复一日的人生，在波涛之中，在卷着精神寄托的气流中，在狂暴之后，最后到达了"放眼远眺神明的宁静"这种宁静致远的人生境界。全诗突出描写了三个象征意象：象征生命永恒形式的大海；象征宇宙绝对精神的太阳；象征人生归宿的墓园。在诗中，屋顶是大海的象征，白鸽是白帆的象征；除此之外，诗人还用偶像崇拜者暗示基督教徒，空浮的梦想暗示基督教的不朽说，明眸皓齿、迷人的酥胸、满脸红晕暗示浮华人生，等等。全诗的开头与结尾遥相呼应，画龙点睛。大海摆脱了最初静观默想的滞留状态，激荡沸腾；诗人弃绝永恒与不朽，选择运动与生活，肯定现实，面向未来，使诗歌成为对变动世界、相对世界和感官世界的一首颂歌。对生命与死亡这一人生问题的高瞻远瞩，殚精竭虑；这也正是瓦莱里诗歌的奥秘所在、魅力所在。

　　叠韵的精美华伦，用词的准确新颖，句法的大胆独到使瓦莱里诗歌在抒情的段落中回荡着乐章的激情；这一切使瓦莱里的哲理思想包裹在了严密精巧的外衣之中，使象征的暗喻更加丰富多彩。我们可以从他的短诗《石榴》中看出这种思想和艺术特点。

　　坚硬的石榴饱绽开，
　　是经不住结子过量，
　　我似见大智的头颅，
　　因发现太多爆裂开来！

　　啊，豁然裂开的石榴，
　　你们傲然的膨胀，
　　阳光在你们催逼下，
　　使宝石隔墙噼啪响，

　　似赤金的干燥的表皮，

---

　　①　张泽乾等：《20世纪法国文学史》，110页，青岛，青岛出版社，2004。

> 在内力的作用下，
> 迸出红宝石的玉液，
>
> 这条闪光的裂口，
> 使人想到我的心灵，
> 心中的隐秘结构。①

石榴是智能的象征，它的构造如同人的大脑，思想的孕育有如石榴颗粒的成熟，思想射出火花好像石榴迸出果汁。抽象的东西变得具体、可感，意象色彩也变得鲜艳起来了；而且比喻也恰当、巧妙。此诗采用 14 行 8 音节诗体，既严谨又有新鲜感，摆脱了诗歌过去那种呆板的格调。总之，此诗无论是诗意还是形式，都是耐人寻味的。

四、接受与影响

瓦莱里是在象征主义苗壮成长时期生长的，他必然会受到象征主义诗人们的影响，也就更有可能成为象征主义森林中的一棵大树。他也和其他象征主义诗人一样对埃德加·爱伦·坡产生了浓厚的兴趣，这时候的爱伦·坡已经声名鹊起。瓦莱里在1881 年曾在给纪德的信中解释了他与爱伦·坡一起成长的事实，他说是爱伦·坡把他改变成和他一样的人。瓦莱里天天都在读他的书，他在瓦莱里心中的形象一天比一天高大。后来瓦莱里感觉到他更像巨人般伟岸，希望成为像他一类的人。但是瓦莱里认为自己完完全全地变成类似于他那样的人或许就真成为凤毛麟角的稀罕之物了。他从读爱伦·坡的书到希望成为爱伦·坡那样的伟人，对爱伦·坡的崇敬之情溢于言表。他在写给纪德的另外一封信中对爱伦·坡进行了高度评价："关于坡，我本应对此保持沉默，因为我已下决心不再谈论此话题了。坡是唯一一位这样的作家——没有任何过失、瑕疵。他从不自欺欺人——他的行为从不受本能所左右——即使让他对迷狂作一综合概括，也会不失于理智与乐观……"② 他不但把爱伦·坡奉为精神上追求的崇高目标和需仰视才见的伟人，而且也通过诗歌创作实践他的理论。同时他还把波德莱尔的《恶之花》和兰波的《醉舟》抄下来反复吟咏。他也希望得到马拉美的指点，在1891 年 1 月给纪德的信中写道："我在叔本华的书中读过若干这样的宏伟篇章，我还想深入波德莱尔、我自己的内心深处，去了解这种冲动和愿望，尤其想读一读那些如何描绘这种心醉神迷的冲动的片段。此外，还想了解一向孤独的爱伦·坡和马拉美，他们的内心愿望。"③ 马拉美却告诉他："惟有孤独能够给你以指点。"④ 1891 年 8 月，

---

① 郑克鲁：《繁花似锦——法国文学小史》，188 页，武汉，武汉大学出版社，1986。
② 金惠敏：《嚼着玫瑰花瓣的夜晚——瓦莱里与纪德通信选》，吴康茹、郭莲译，139 页，北京，经济日报出版社，2002。
③ 金惠敏：《嚼着玫瑰花瓣的夜晚——瓦莱里与纪德通信选》，吴康茹、郭莲译，101 页，北京，经济日报出版社，2002。
④ 张英伦等：《外国名作家传》（下），539 页，北京，中国社会科学出版社，1980。

他在写给纪德的书信中谈到了他对兰波的《醉舟》的崇拜："我为大海那样的景物之美所陶醉，它那毫不畏惧、想征服一切的冒险精神是我竭尽全力所要理解的……为了理解海之魂，请您再读读这首绝妙的诗《醉舟》，这首诗奇妙绝伦，但又有真情实感，的确有点不可思议——简直就像海中的罗盘"。①

瓦莱里作为后期象征主义流派的大师，他的诗学理论和美学观点必定会对后来的诗歌创作带来一定的影响。超现实主义的领袖布勒东在接受记者采访时把瓦莱里作为19世纪与20世纪之间的联系人，他说："是的，这个人肯定是保尔·瓦莱里，他是其同类中独一无二的诗人。长期以来，他对我是一个谜。我几乎将其发表于1896年的《与苔斯特先生共度晚会》铭记在了心间，这部作品发表的那一年也是我出生的那一年，他发表于《桑托尔》杂志上，他是该杂志的创办人之一。我对这部作品啧啧称道，甚至有时苔斯特先生这个人物在我眼前活了起来，并走出了他的框子——瓦莱里的中篇小说——在我耳边鼓噪他那些酸辛的抱怨。直至今天这个人物仿佛依然在我耳边诉说着形形色色的怨憾，而且我觉得这些怨憾是不无道理的。"② 因此，瓦莱里当时所提出的纯诗理论曾在法国文学诗坛上引起过不小的争论，甚至他的影响早已经超出了法国国界。在他之后，还有像里尔克、叶芝、艾略特等一些诗人沿着象征主义的道路继续前进。在瓦莱里诗歌创作的鼎盛时期，中国的许多诗人也曾有幸结识过这位象征主义大师，并在他的影响下，吸收了他的纯诗理论主张，并把象征主义诗歌流派的思想带到了中国。因此，伟大的诗人瓦莱里及其他的诗歌对中国文学的发展有着极其深远的影响。

1. 瓦莱里与梁宗岱

梁宗岱在中国现代新诗史上有着不可忽视的地位，同时在中外文化交流史上也占有一席之地。这些都源自于他长期留学法国的生活。期间，他结交了许多法国文化界的顶尖人物，如瓦莱里、纪德、罗曼·罗兰等。他把法国象征主义的思想植入中国，同时又将陶渊明等中国诗人带给了全世界。

梁宗岱是我国一位深受东西方文化浸润、陶冶的诗人、学者和翻译家。在他的求知生涯中，一位西方大诗人、学者对他的精神、学识有着深刻、长久的影响。这位诗人兼学者就是法国现代派文学大师保尔·瓦莱里。据梁宗岱自己所言，法国当代著名诗人——保尔·瓦莱里深深吸引和影响了他。据他回忆，接触瓦莱里，首先是他的诗，接着就是他整个人在"意识和情感的天边出现"，"使他对于艺术的前途增添了无穷的勇气和力量"。他们经常在一起探讨诗歌的创作，瓦莱里毫无保留的真诚议论和精辟见解，给梁宗岱的思想造成重要影响，同时也使梁宗岱的生活道路发生了改变。

保尔·瓦莱里告诉他，求学要务求实学，看重博采；吸取西方文化，要从其精义

---

① 金惠敏：《嚼着玫瑰花瓣的夜晚——瓦莱里与纪德通信选》，吴康茹、郭莲译，101页，北京，经济日报出版社，2002。

② 潞潞：《面对面——外国著名诗人访谈、演说》，1页，北京，北京出版社，2003。

入手，而不是也不必为虚名去钻某一门学科的牛角尖。这些深刻的见解给梁宗岱以启迪，使他豁然开朗。于是，梁宗岱决定放弃攻取任何学位，潜心到英国、法国、德国、意大利等国著名学府听课，广泛吸取文化营养。认真阅读，同时进行翻译和写作。在保尔·瓦莱里的影响和鼓励下，梁宗岱开始在著名的《欧罗巴》《欧洲诗论》等杂志上刊登了他自己用法文或英文写的诗歌。大作家罗曼·罗兰读了这些诗后，对梁宗岱大加赞许，并由此引发了他与梁宗岱的一段交往。

除去自己写诗外，梁宗岱还将自己喜爱的中国古代诗人的优秀之作译成法文或英文，献给热爱诗歌的法国人民。1928 年寒假期间，梁宗岱将自己最喜爱的中国大诗人陶渊明的十几首诗和几篇散文译了出来。保尔·瓦莱里读了这批译作，十分喜爱。他劝梁宗岱将这些诗印成单行本，并答应亲自作序。这样，在梁宗岱的介绍下，瓦莱里认识了中国古代大诗人陶渊明。谈及陶渊明的诗，他赞赏道："现在，我只须把这思想引申下去，便可以归到这本书上了。极端的精巧，在任何国度任何时代，永远要走到一种自杀：在那对于朴素的企望中死去；但那是一种渊博的，几乎是完美的朴素，仿佛一个富翁的浪费的朴素，他穿的衣服是向最贵的裁缝定做，而它的价值你一眼是看不出的……"这对陶渊明的评价的比喻，真正贴切到了极点。

虽然梁宗岱比保尔·瓦莱里年轻二十多岁，但是瓦莱里对梁宗岱的欣赏，梁宗岱对瓦莱里的崇敬，使得双方的交往十分契合。在欧洲留学的后几年，梁宗岱以一个孜孜不倦的异国求知者，常常追随在瓦莱里左右，"瞻其风采，聆其清音"。瓦莱里常常向梁宗岱叙述自己少年时的文艺活动，或深情颤诵兰波、马拉美等大诗人的作品，甚至欣然告诉梁宗岱自己的诗作构想以及创作体会，并且蔼然鼓励梁宗岱在法国文坛上继续努力。瓦莱里认为，灵感是一时的，而诗歌是要经历很长的时间才能创作出来的，一首好诗是意识和劳动达到顶峰状态的产物。写诗的伟大和荣耀就在这里。经过灵感的多次触发，运用思维和技巧，才能写作出诗歌来。他说："神灵好意地轻易给了我们第一句诗，但是要靠我们写出第二句。为了让它成为一句天才的好诗，需要运用一切经验和智力的办法。"他在诗作名篇《水仙辞》中也曾咏叹过"人间的一切可能在无穷的等待中产生"。瓦莱里关于诗歌创作过程的教诲，使梁宗岱大为受益，他告诫自己不去写"即兴篇"和"急就章"，应当精益求精，把诗写得完美些，纯粹些。这一切使得梁宗岱对自己的艺术前途增加了勇气和力量。

激动之余，梁宗岱把译出的保尔·瓦莱里年轻时第一次发表的诗歌《水仙辞》，寄回国内，刊登在著名的《小说月报》上面。1930 年，上海中华书局又出版了《水仙辞》的单行本。通过梁宗岱，这位法国大诗人的作品首次与中国读者见面了。为了使中国读者更深入地知晓这位大诗人，梁宗岱于 1928 年 6 月初，在巴黎完成了一篇全面介绍瓦莱里生平、人格、艺术的长文《保尔·瓦莱里先生》，从中可以清楚地读出梁宗岱对保尔·瓦莱里的崇敬和精深见解，这是我国至今对这位大诗人评论的最精美的文字之一。

总之，梁宗岱的一生受保尔·瓦莱里的影响是极大的。他曾在一篇文章中这样说："影响我最彻底、最完全，使我亲炙他们后判若两人的，是两个无论在思想上或艺术上都几乎等于两极的作家：一个是保尔·瓦莱里，一个是罗曼·罗兰。因为秉性和气质的关系，瓦莱里影响我的思想和艺术之深永远是超出一切比较之外的：如果我的思想有相当的严密，如果我今天敢对于诗以及其它文艺问题发表意见，都不得不感激他。"梁宗岱早年的诗作，风格轻盈自在，后来在他所写的艺术论文中，行文却浓郁而绵密，几乎篇篇有保尔·瓦莱里文章的引文，有瓦莱里思想的渗透。我们可以从他深刻的思想和精辟的艺术见解中清楚地看出保尔·瓦莱里对他深切而广远的影响。

"在梁宗岱关于象征、象征灵境及象征之道的理论阐述中，我们可以发现，梁宗岱在其象征主义诗学建构中，从自己特定的'期待视野'出发，以现时的文化建设现实为基础，促进了中西文化的'对话'，既达到了对西方文化（法国象征主义）的阐释性理解，同时又使中国传统诗学观念在新的现实语境中获得新生，在现实的基础上被重建。"①

2. 瓦莱里与王独清

作为象征主义诗学的重要理论范畴，西方的"纯诗"理论依次经历了爱伦·坡、波德莱尔、马拉美这样一个渐次的历史过程，才在瓦莱里手中得以最终提出。1920年，瓦莱里在为柳西恩·法布尔的诗集《认识女神》所撰写的前言中首次提出"纯诗"概念。"纯诗"自其诞生之日起就为诗坛所瞩目，并对 20 世纪的诗歌发展有着重要的影响。就在 20 世纪 20 年代中期，基于对当时诗坛创作的需要以及诗歌艺术本质的思考，中国诗坛也出现了提倡和探讨"纯诗"的声音。

王独清毫不讳言，他的诗歌创作思想来自于法国象征派的启发。他说，他从他最喜爱的四位法国诗人中学习到了他们的长处：马拉美的"情"，魏尔伦的"音"，兰波的"色"，瓦莱里的"力"。他当年在向这些诗人学习的时候，做好一首诗时，便翻出他们的某几首和自己的意思相同的诗来比较，要是自己的诗差得太远，就狠命地撕掉，重新再做。的确，王独清的"纯诗"与瓦莱里的"纯诗"显然有着一定的联系，但是王独清并不是法国象征派的忠实弟子，他并没有全盘照搬法国象征派的诗歌理论，而是从法国象征派诗歌中选择了他所需要的东西。王独清的"纯诗"主张当时在中国诗坛上有着创新的意义，同时在创造社中也有着革命的意义，因为创造社是主张自我表现的，认为诗是"生之颤动，灵的喊叫"，他推崇直觉，强调灵感，认为诗不是"做"出来的，只是"写"出来的。为此，郭沫若为诗歌的创作拟定了一个公式：诗＝（直觉＋情调＋想象）＋（适当的文字）。在日本的穆木天也接受了法国象征派诗人瓦莱里的影响，提出了"纯诗"的主张，但是其诗歌观的主要内容则是提出了"诗的统一性"和"诗的持续性"。前者是说"一首诗的内容，是表现一个思想的内容"，也就是说诗的内容要凝练集中；后者是说"一首诗是一个先验状态的持续的律动"，也就是说一首诗要有一个完整的形象。在形式方面，穆木天虽然也提出了"诗要兼形与音乐之美"，但是却没有具体的设想。王独清的《再谭诗》是对穆木天《谭诗》一文的响应。在《再谭诗》中王独清也明确地提出了自己的公式。这个公式在表述的方法上依

---

① 陈太胜：《象征主义与中国现代诗学》，126 页，北京，北京大学出版社，2005。

照郭沫若的方式，而在内容上则加以变革。他将郭沫若的（直觉＋情调＋想象）更改为（情＋力），特别是将郭沫若的（适当的文字）更改为（音＋色），突出地强调对于文字表现手段的重视。而且他还反复地说，"我们须得下最苦的功夫，不要完全相信什么灵感"。

王独清的诗在当时就已经具有了一定的艺术水准，而且直到今天还有一些作品大半也是这些"分行，押韵，限制字数"的作品。其入选《象征派诗选》的诗共十首，而这类作品如《玫瑰花》《但丁墓旁》《能唱》《月下的歌声》《威尼斯（二）》《威尼斯（三）》等就占了 8 首。

3. 瓦莱里与盛成

说起盛成先生与法国诗人瓦莱里的交往，恐怕还要追溯到盛成留法勤工俭学的那段岁月，可以说他们之间的一段难忘友谊，与《我的母亲》这本震动法国文坛的著作紧密相连。瓦莱里一生中曾经先后与两位中国作家有过密切的交往，一位是诗人梁宗岱，另一位便是盛成。而瓦莱里与盛成的交往更深厚真挚，并且超越了文学和诗歌的范畴，深入到东西方文化底蕴的精髓之处，成为中法文化交流史上一段值得永远纪念的文坛佳话。

早在盛成初到法国的时候，正值超现实主义"达达运动"在巴黎兴起，并且很快发展成第一次世界大战后的欧洲新兴文艺潮流。盛成作为"五四运动"的积极参与者，也怀着对新时代、新事物的追求与憧憬加入到"达达"狂飙中来，成为主张文艺与科学相结合的"行动派"成员之一。而保尔·瓦莱里自始至终受到超现实主义者的推崇，特别是被誉为"达达精英"的诗人安德烈·布勒东，他曾直言不讳地将瓦莱里称作是"深沉的摧毁者"。

在一个偶然的机会中，盛成结识了他仰慕已久的诗人保尔·瓦莱里。原来，他们兄弟二人刚刚参加完母亲的葬礼。于是，盛成便提笔给瓦莱里写了一封慰问信。信中这样写道：

"当你失去母亲的时候，才会热爱你的母亲。当你失去母亲的时候，你才认识到母亲的慈爱……亲人的丧失是世界的丧失，心灵的痛苦是人类的痛苦。所以我谨以一名普通的勤工俭学学生的名义来安慰著名诗人，所以我是在怜悯与同情一个受苦的人。"盛成同时乘兴写就一首诗，题献给瓦莱里。这首题为《嬗变》的法文诗后来收入他的第一部法文诗集《秋心美人》。瓦莱里收到这封信后，也很礼貌地回复一信，没想到这封信日后却改变了盛成的命运。

后来，瓦莱里为盛成的处女作《我的母亲》作了长达十六页的序言，据说这是他一生中所写的最长的序。同年 6 月，《我的母亲》由巴黎亚丁阶书局作为"东方丛书"的第一卷出版了。第二年春天，在海外获得巨大荣誉的盛成准备返回祖国。临行前他专门向瓦莱里告别，两人并肩漫步在巴黎的星形广场上，瓦莱里充满深情地对盛成说："成！世界是一所大学，我们终生不能毕业。"1934 年，当盛成再次来到巴黎与瓦莱里畅谈往事时，瓦莱里告诉盛成，现在东西文化所面临的不仅是同化问题，更重要的是如何互相消化和吸收的问题。当问及盛成家庭时，瓦莱里把自己的签名照片送给盛成，以作纪念。同时他也希望盛成回到中国以后，把长诗《海滨墓园》和甲午战争时的诗作《鸭绿江》译成中文。岂料此次见面竟是两个朋友的最后晤谈。瓦莱里去世后，盛成没有忘记诗人的最后嘱托，他以旧体格律诗的形式，把《海滨墓园》译成了中文。

1995年7月，九十七岁高龄的盛成由夫人李静宜女士陪同，再度来到阔别多年的法国，出席"瓦莱里逝世五十周年"纪念活动。他们来到诗人的故乡塞特，看望和悼念盛成的朋友，伟大的诗人保尔·瓦莱里。蓝天大海的背景下，雪白的坟茔上撒满了鲜花，那一片一片的花瓣，仿佛要把一幕幕的往事唤回眼前。正如盛成在那首缅怀瓦莱里的诗中所写的一样："墓出黄花生死路，帆飞白鸽去来人。"

五、经典评论

用文字来创造音乐，就是说，把诗提到音乐底纯粹的境界，正是一般象征诗人在殊途中共同的倾向。梵乐希（瓦莱里）尤不讳言他是马拉美——那最丰富、最新颖、最复杂的字的音乐的创造者。他从没有说到马拉美而不说及自己的，也没有说及自己而不说及马拉美的。浅见者流，因而讥诮他在诗里没有新的创造，以为他都是踏马拉美底旧辙的；而他底狂热的崇拜者，则又以为他们两者之间，有天渊之隔，毫无影响底迹象。平心而论，梵乐希的艺术观，到某一程度上，是完全采纳他底先进的。就是他底诗之修词和影像之构造，精锐的读者，尽可以依稀地寻出马拉美底痕迹。况且马氏逝世，他正当感受性最富之年。这老师底高洁惓惓的一生，影响于他底人格，因而影响于他底艺术之深而且永，自不待言。可是马拉美底模糊，恍惚，昼梦般的迷离，正是梵乐希底分明，玲珑，静夜底钟声一般的清澈。前者的银浪起伏，雪花乱溅，正是后者底安平静谧的清流，没有耀眼的闪烁，只有澹激的绉纹。前者底是霜月下的雪景，雪景上的天鹅底一片素白空明，后者底空明中细认去却有些生物飞腾，虽然这些生物也素白得和背景几不能分辨。

参考文献

1. 车槿山：《马尔多罗之歌》，郑州，河南人民出版社，1995。
2. 陈太胜：《象征主义与中国现代诗学》，北京，北京大学出版社，2005。
3. 陈振尧：《法国文学史》，北京，外语教学与研究出版社，1989。
4. 程曾厚：《法国诗选》，上海，复旦大学出版社，2004。
5. 戴望舒：《戴望舒译诗集》，长沙，湖南人民出版社，1983。
6. 辜正坤：《世界名诗鉴赏词典》，北京，北京大学出版社，1990。
7. 韩耀成、王逢振：《外国争议作家·作品大观》，南京，译林出版社，1959。
8. 胡经之：《西方文艺理论名著教程》，北京，北京大学出版社，1988。
9. 金惠敏：《嚼着玫瑰花瓣的夜晚——瓦莱里与纪德通信选》，吴康茹、郭莲译，北京，经济日报出版社，2002。
10. 金惠敏、赵士林、霍桂恒、刘悦笛：《西方美学史》，第四卷，北京，中国社会科学出版社，2008。

　　11. 李杭春：《多维视野中的百部经典——中国现当代文学卷》，杭州，浙江古籍出版社，2004。

　　12. 李伟昉：《黑色经典：英国哥特小说论》，北京，中国社会科学出版社，2005。

　　13. 梁宗岱：《梁宗岱文集·Ⅱ评论卷》，北京，中央编译出版社；香港，香港天汉图书公司，2003。

　　14. 廖星桥：《法国现当代文学论》，长沙，湖南师范大学出版社，1991。

　　15. 柳鸣九：《法国文学史》，第一卷，北京，人民文学出版社，2007。

　　16. 柳鸣九、罗新璋：《法国浪漫派作品选》，天津，天津人民出版社，1983。

　　17. 龙泉明：《中国新诗流变论》，北京，人民文学出版社，1999。

　　18. 鲁迅：《鲁迅全集》，卷10，北京，人民文学出版社，1996。

　　19. 潞潞：《另一种写作——外国著名诗人散文、随笔》，北京，北京出版社，2003。

　　20. 潞潞：《面对面——外国著名诗人访谈、演说》，北京，北京出版社，2003。

　　21. 潞潞：《命运与岁月——外国著名诗人传记、回忆》，北京，北京出版社，2003。

　　22. 潞潞：《准则与尺度——外国著名诗人文论》，北京，北京出版社，2003。

　　23. 摩罗等：《速读中国现当代文学大师与名家丛书·鲁迅卷》，北京，蓝天出版社，2004。

　　24. 汝信：《论西方美学与艺术》，桂林，广西师范大学出版社，1997。

　　25. 史铁生：《灵魂的事》，天津，百花文艺出版社，2005。

　　26. 孙玉石：《中国现代主义诗潮史论》，北京，北京大学出版社，2005。

　　27. 童明：《现代性赋格——十九世纪欧洲文学名著启示录》，桂林，广西师范大学出版社，2008。

　　28. 童庆炳：《现代心理美学》，北京，中国社会科学出版社，1993。

　　29. 王家新、沈睿：《二十世纪外国重要诗人如是说》，郑州，河南人民出版社，1992。

　　30. 王忠琪等译：《法国作家论文学》，北京，生活·读书·新知三联书店，1984。

　　31. 吴晓东：《从卡夫卡到昆德拉——20世纪的小说和小说家》，北京，生活·读书·新知三联书店，2009。

　　32.《小罗伯特法语词典》，1988。

　　33. 辛丰年：《处处有音乐》，济南，山东画报出版社，2006。

　　34. 杨匡汉：《中国新诗学》，北京，人民文学出版社，2005。

　　35. 叶廷芳：《里尔克散文》，北京，人民文学出版社，2008。

　　36. 袁可嘉等：《外国现代派作品选》，第一册，上海，上海文艺出版社，1980。

　　37. 张炜：《冬天的阅读》，北京，东方出版中心，1997。

　　38. 张泽乾等：《20世纪法国文学史》，青岛出版社，2004。

　　39. 赵一凡：《西方文论讲稿——从胡塞尔到德里达》，北京，生活·读书·新知三联书店，2007。

　　40. 郑克鲁：《法国文学史》，上海，上海外语教育出版社，2003。

　　41. 周国平：《各自的朝圣路》，北京，东方出版社，1999。

42. 朱光潜：《西方美学史》，北京，人民文学出版社，1984。

43. ［丹麦］勃兰兑斯：《十九世纪文学主流》，李宗杰译，第五分册，北京，人民文学出版社，1982。

44. ［德］本雅明：《发达资本主义时代的抒情诗人》，北京，生活·读书·新知三联书店，2007。

45. ［德］黑格尔：《美学》，第三卷，北京，商务印书馆，1984。

46. ［德］席勒：《席勒文集　VI》，张玉书译，北京，人民文学出版社，2005。

47. ［俄］孔金、孔金娜：《巴赫金传》，张杰、万海松译，北京，东方出版社，2000。

48. ［法］安德烈·莫罗亚：《追忆似水年华·序》，施康强译，南京，译林出版社，1994。

49. ［法］保尔·瓦莱里：《瓦莱里散文选》，唐祖论、钱春绮译，天津，百花文艺出版社，2006。

50. ［法］波德莱尔：《巴黎的忧郁·疯子与维纳斯》，胡小跃译，上海，上海文艺出版社，2006。

51. ［法］波德莱尔：《巴黎的忧郁》，胡小跃译，上海，上海文艺出版社，2006。

52. ［法］波德莱尔：《波德莱尔美学论文选》，郭宏安译，北京，人民文学出版社，2008。

53. ［法］波德莱尔：《恶之花》插图本，郭宏安译评，桂林，漓江出版社，1992。

54. ［法］波德莱尔：《美学珍玩》，郭宏安译，上海，上海译文出版社，2009。

55. ［法］蒂费纳·萨莫瓦约：《互文性研究》，邵炜译，天津，天津人民出版社，2003。

56. ［法］弗朗西斯·雅姆等：《法国九人诗选》，上海，上海人民出版社，2009。

57. ［法］兰波：《Poesies. Une saison en enfer. Illuminations》，巴黎，伽利玛出版社，1984。

58. ［法］兰波：《兰波作品全集》，王以培译，北京，东方出版社，2000。

59. ［法］罗兰·巴尔特：《罗兰·巴尔特文集·写作的零度》，李幼蒸译，北京，中国人民大学出版社，2008。

60. ［法］让·巴拉凯：《德彪西画传》，储围围等译，北京，中国人民大学出版社，2004。

61. ［法］雅克·德里达：《多亿的记忆——为保罗·德曼而作》，蒋梓骅译，北京，中央编译出版社，1999。

62. ［法］雅克·德里达：《文学行动》，赵兴国等译，北京，中国社会科学出版社，1998。

63. ［捷克］米兰·昆德拉：《小说的艺术》，董强译，上海，上海译文出版社，2004。

64. ［美］约翰·玛西：《文学的故事——写给大家看的西方文学史》，于惠平译，贵阳，贵州人民出版社，2004。

65. Anne Martin-Fugier：《1820-1848 年的浪漫主义作家》，巴黎，Hachette littéraire 出版社，1998。

66. ［瑞士］菲利普·雅各泰：《菲利普·雅各泰诗选》，姜丹丹译，上海，上海人民出版社，2009。

67. ［英］以赛亚·伯林著，［英］亨利·哈代编，吕梁等译：《浪漫主义的根源》，南京，译林出版社，2008。

68. Alain Buisine，*Verlaine Histoire d'un corps*，Editions Tallandier，1995.

69. Arthur Rimbaud，OEuvres Ⅲ Illuminations suivi de Correspondance（1873-1891），Flammarion，1989.

70. Henry Nicolas，*Mallarmé et le symbolisme*，Librairie Larousse，1986.

71. Philippe Sellier，*Oeuvres complètes*，BORDAS-PARIS MONTREAL.

72. Paul Benichou，*Selon Mallarmé*，Gallimard，1995.

73. Henri PEYRE，Qu'est-ce que le symbolisme?，P. U. F. ，1974.

74. Jacques-Henri Bornecque，*Verlaine*，écrivains de toujours/seuil，1966.

75. Bernard Valette，*Baudelaire. Spleen et Ideal*，éd. Ellipses，1984.

76. Bertrand Marchal：《解读象征主义》，巴黎，Dunod 出版社，1993。

第二章　马塞尔·普鲁斯特

第一节　普鲁斯特的生平

权威的普鲁斯特研究专家，法国当代评论家让-伊夫·塔迪埃将普鲁斯特赞为"二十世纪最伟大的作家"。如果我们仔细衡量普鲁斯特作品在小说、文学批评领域的价值，这种赞誉并不过分。昆德拉在《小说的艺术》中表达了对这位先驱深深的敬意："随着普鲁斯特离开，一种宏大的美缓缓离我们而去，越离越远，而且是一去不返了。"①

普鲁斯特去世后，"《追忆似水年华》② 继续它那缓慢而沉重的推进，走向一致的国际性的认可"③，凭借与众不同的艺术性征服了各国的读者。随着 50 年代《让·桑德伊》《驳圣伯夫》的出版，1986 年《失踪的阿尔贝迪娜》另一个版本的问世，普鲁斯特带给研究者、读者的惊喜不断，人们对他作品的理解与诠释也越来越深刻。今天，无论从哪个角度而言，小说的发展史还是文学批评的演变，人们都无法忽视他的存在。

在《驳圣伯夫》一书中，普鲁斯特抨击了圣伯夫关于文学作品的主张，认为从人的传记、家庭史和个人特点去领会作品的批评方法是一种错误的文学观和批评观，因为这样的方法忽略了作品本身，无法深入到作品之中去分析其艺术性。普鲁斯特认为作家具有两个自我，一个是生活中的"我"，一个是创作中的"我"，"作家的自我只能在作品中体现"。当我们真正要展示一个"小马塞尔"如何成为一个"伟大的普鲁斯特"时，他的生平应当是作为创作者的生平，反映了作家的创作经历。实际上，我们谈论他的生活，就已经在谈论他的作品。

1871 年 7 月 10 日，普鲁斯特出生于巴黎近郊的小镇奥德伊，那里景色迷人，风光无限，花园环绕着住宅，布罗尼公园更为这个小镇增添了几分田园风光。如果说奥德伊是普鲁斯特童年生活中的一个真实存在的花园，那么伊利耶市就显示了他的想象力。从 6 岁起，他每年随父母去伊利耶市度复活节假。《让·桑德伊》中，伊利耶市以真实的名字出现，记忆中的奥德伊和伊利耶则在《追忆》中融合在一起，成为贡布雷

---

① ［捷］米兰·昆德拉：《小说的艺术》，董强译，35 页，上海，上海译文出版社，2004。

② 对于 "A la recherche du temps perdu" 的译文，我们在这里采用约定俗成的 "追忆似水年华"（以下简称《追忆》）。除此之外，目前周克希先生为上海译文出版社翻译的版本，采用了 "追寻逝去的时光"；沈志明先生翻译的《普鲁斯特精选集》采用了直译 "寻找失去的时间" 以保留 "时间" 这一重要的主题；徐和瑾先生独自担纲为南京译林出版社翻译的文本，延续了 "追忆似水年华" 这一译文，但第一卷的卷名改成了《在斯万家这边》。此外，译名还有 "追忆似水年华"、"忆华年" 等。

③ Marcel Proust, André Gide, *Autour de La Recherche Lettres*, Préface de Pierre Assouline, Editions Complexe, 1988. 引文出自序言。

小镇。

父亲阿德里安·普鲁斯特是一位杰出的医学院教授，他的医学研究在当时具有广泛的影响。加缪在创作《鼠疫》时，就参考了普鲁斯特医生的专著《欧洲鼠疫预防》，《追忆》中的医生戈达尔就有普鲁斯特父亲的影子。后来，普鲁斯特的弟弟罗贝尔·普鲁斯特继承父业，成为一名优秀的外科医生。罗贝尔比马塞尔小两岁，体格强壮，喜欢运动；马塞尔自幼体弱，九岁时哮喘发作，得到家人特别是母亲更多的照顾与疼爱。马塞尔与弟弟并不像某些研究者运用弗洛伊德理论分析的那样，马塞尔害怕弟弟分享母亲的爱，实际上，马塞尔一直关爱着罗贝尔。在《驳圣伯夫》的一篇文章《返回盖尔芒特》中，普鲁斯特描述了"我"五岁半的弟弟与他的小羊羔难舍难分的一幕，他的悲痛、他的反抗、他的愤怒跃然纸上，可爱模样令人爱怜万分。那个愤怒地叫嚷着"马塞尔巧克力上的奶油比我多"的小男孩，就是普鲁斯特作品中的罗贝尔。如果说在《追忆》中，罗贝尔从贡布雷消失了，这也是为了使叙述者"我"晚间与妈妈吻安的情节更加悲惨。

母亲让娜·韦伊出生于一个富有的犹太经纪人家庭，从小受过良好的教育，爱好音乐、文学，通晓英语和德语。在普鲁斯特翻译英国评论家拉斯金的作品时，母亲首先将英语译成法语，普鲁斯特根据母亲的译本润色、加注、作序，最后由好友的表妹玛丽·诺林杰修改。普鲁斯特对母亲充满了爱，当人们问他人生最大的不幸是什么时，他回答道："离开母亲"。从母亲和外祖母身上，普鲁斯特继承了对书籍的热爱，对阅读的激情。他在《芝麻与百合》法文版的序言《关于阅读》（1919 年编入《仿作与杂集》时，题目被改为《阅读的日子》）中曾经这样写道："我们童年时代过得最为圆满的日子，也许恰恰是那些我们曾以为荒废掉的日子，那些我们同一本十分喜爱的书在一起的日子。"[①] 这个从小喜爱阅读，在餐厅、房间、花园等场所阅读的小男孩，从一个个作家的作品中，汲取与自身精神相契合的东西，逐渐形成了自己独特的美学观。

1882 年 10 月普鲁斯特进入塞纳河右岸的贡多赛中学学习，后来升入修辞班、哲学班各学习一年。这所中学里洋溢着活跃的文学气氛，批评家圣伯夫、泰纳、作家龚古尔兄弟都是这所学校的校友。普鲁斯特就读时，象征派大师马拉美在此任教。在中学期间，普鲁斯特结识了一些志同道合的朋友，共同创办杂志。他相继为《星期一杂志》《二年级杂志》《绿色杂志》《丁香杂志》等刊物写稿，负责文学批评专栏。这个时期的习作虽然幼稚，但其中可见普鲁斯特某些美学观点的端倪与其他作家的影响。写于 1886 年的《蚀》，受到夏多布里昂的影响；《云》中的景物描写受到波德莱尔的熏陶，《追忆》中的叙述者在山楂树前的喃喃自语已经在这篇文章中得到了体现："无数次，我带着喜悦的激动向树叶、向鸟儿们倾诉我的痛苦，朝理解我的生灵打开心窗，

---

① John Ruskin, *Sésame et les Lys*, traduction et notes de Marcel Proust, Editions Complexe, 1987, p39.

同时还有那些神圣崇高的神灵，他们能给予我诗意的慰藉".① 在评论戈蒂耶的小说《弗拉卡斯上尉》的文章中，普鲁斯特称赞了作家回忆过去的独特方式。虽然当时的大评论家布吕蒂耶在继法盖之后感叹这部作品缺乏思想，普鲁斯特却得出了相反的结论，他认为戈蒂耶的作品体现出与法朗仕相似的现代颓废派的先驱特征："假如我真要以柏拉图的方式建造理想国，我将以完全颓废的方式建造它；思想被驱逐，公民们凝视着天空冥想。"② 通过作品来评价作家的艺术性是普鲁斯特一生坚持的批评方法。

中学毕业后，普鲁斯特自愿应征，在奥尔良 76 步兵团服役一年。普鲁斯特的军营生活是平静的，无大喜也无大忧，但是却给他留下了美好的回忆。《欢乐与时日》《让·桑德伊》《盖尔芒特家那边》都有对军营生活的描述。随后，他遵照父亲的意愿，在法学院和政治学院注册，攻读法律和政治学专业，1893 年获得法学学士学位。然后，普鲁斯特到索邦大学注册，选读哲学，1895 年获得文学学士学位。

早在中学期间，普鲁斯特通过同学的引荐开始出入上流社会一些夫人的沙龙，如斯特劳斯夫人、阿芒·德·加亚维尔夫人、玛德莱娜·勒梅尔夫人的沙龙，结识了大作家法朗仕、阿尔封斯·都德和莱翁·都德父子等。在勒梅尔夫人的沙龙里，普鲁斯特结识了罗贝尔·德·孟德斯鸠伯爵，对普鲁斯特的创作产生了重要的影响。因为孟德斯鸠出身名门望族，是巴黎圣日耳曼区贵族沙龙的座上宾，依靠他的引荐普鲁斯特得以进入这个名望最高、最难进入的小圈子，结识显赫的贵族世家。在普鲁斯特的眼中，伯爵具有杰出的艺术鉴赏能力，身上具有世纪末的颓废风尚而且反映了同性恋贵族的盛衰，为《追忆》中夏吕斯男爵这一人物的塑造积累了素材。1903 年到 1904 年期间，普鲁斯特为《费加罗报》写下了《一个历史性的沙龙：马蒂尔德公主的沙龙》（1903 年 2 月 25 日）、《丁香花园和玫瑰画室：玛德莱娜·勒梅尔夫人的沙龙》（1903年 5 月 11 日）、《今日的音乐，往昔的回声：爱德蒙·德·波利涅克亲王夫人的沙龙》（1903 年 9 月 6 日）、《德·奥松维尔伯爵夫人的沙龙》（1904 年 1 月 4 日）、《波多卡伯爵夫人的沙龙》（1904 年 5 月 13 日）。这些沙龙聚集了当时形形色色的人物，有显赫的贵族、巧于辞令的外交官、各种流派的艺术家，"它们负载着的历史性、艺术性和文学性，成为小说家观察生活的理想场所"③。

出入上流社会时，普鲁斯特从来没有懈怠写作。1890 年 11 月到 1891 年 9 月间，普鲁斯特积极地参与杂志《月刊》的编辑工作。年仅二十岁的普鲁斯特尝试着不同的文学类型，有文学批评、诗歌、小说。在 1891 年 2 月这一期上，普鲁斯特署名"M. P."发表了自己的第一首诗《诗歌》④，这是一首波德莱尔式的情诗。《月刊》的最后一期刊登了普鲁斯特的《诺曼底事物》和他的第一篇短篇小说《回忆》。1892 年初，贡多塞中学毕业的一群校友经过激烈的讨论决定创办一份文学月刊，为了表示对

① ［法］让-伊夫·塔迪埃：《马塞尔·普鲁斯特》，第一卷，124 页，伽利玛出版社，1996。
② ［法］让-伊夫·塔迪埃：《马塞尔·普鲁斯特》，第一卷，135 页，伽利玛出版社，1996。
③ ［法］涂卫群：《普鲁斯特评传》，74 页，杭州，浙江文艺出版社，1999。
④ ［法］让-伊夫·塔迪埃：《马塞尔·普鲁斯特》，第一卷，218 页，伽利玛出版社，1996。

古希腊哲学家柏拉图的敬意，刊物取名《宴会》。普鲁斯特在这个杂志上不断发表习作，既有短篇小说、评论杂记，也有他为认识的上流社会的夫人们做的肖像描写，如题献给法朗仕的短篇小说《维奥朗特或社交生活》（后收入《欢乐与时日》）。文学评论则体现了普鲁斯特阅读后的思考，如对"美"的探讨。《宴会》杂志由于资金短缺仅存活了一年，停刊后一部分撰稿人转向《白色杂志》，普鲁斯特也成为了该刊物的合作者，发表了不同题材的作品，包括短篇小说、散文诗、观感和文学评论，其中的评论札记在普鲁斯特去世后由罗贝尔整理于 1927 年出版，取名为《纪事文集》。普鲁斯特选取了在《白色杂志》上发表的部分作品，加上他的其他作品于 1896 年由卡尔曼-列维出版社出版了《欢乐与时日》。这是普鲁斯特从 14 岁开始十年写作的结果，虽然流露出幼稚与雕琢，但记录了普鲁斯特早年对不同文学体裁的探索：人物和风景描写、小说、仿作，融抒情、冥想与哲理于一体的短文等。普鲁斯特请大作家阿纳道尔·法朗仕作序、画家玛德莱娜·勒梅尔绘水彩插图，还附加了他的好友、作曲家雷纳尔多·阿恩所作的四首钢琴曲，但这部集子却并未如普鲁斯特所料在文坛上掀起重大反响。

1895 年至 1900 年间，普鲁斯特在创作一部长篇小说《让·桑德伊》。这部小说包含着作家本人生活和思想的宝贵材料，但作品缺乏结构，造成了写作中无法逾越的困难，普鲁斯特最终不得不放弃已经完成的 1500 多页手稿。1952 年传记作家安德烈·莫洛瓦从普鲁斯特侄女芒特-普鲁斯特夫人那里发现了这批杂乱的书稿，交给出版商贝尔纳·德·法洛瓦整理出版，与读者见面。

普鲁斯特放弃《让》的写作，另外一个原因在于他的兴趣发生了转移，他的文学探索也进入了一个新的阶段。他在 1899 年 12 月 5 日致玛丽·诺林杰的一封信中写道："很长一段时间里，我都在写一部长篇作品，但是始终未能完成。……半个月以来，我开始了一件与我通常的工作毫不相干的小事情，那就是对拉斯金以及某些教堂的研究。"[1] 而这项"微不足道"的工作竟然足足花了他 6 年时间，即 1900 年至 1905 年，6 年之后，"他将失去他所爱的一切，处于一种孤独的境地"[2]。但是，"将会拯救普鲁斯特的人物，是拉斯金，当时最伟大的艺术理论家。为了翻译他的作品，普鲁斯特放弃了小说，将他的才华用在了另一个人的风格上，但翻译他人作品的同时，他变得自由了"[3]。拉斯金关于建筑美学的一系列著作引起了普鲁斯特的兴趣：《建筑的七盏明灯》《威尼斯之石》《圣·马克的平台》《亚眠的圣经》。1900 年，拉斯金去世，普鲁斯特发表一系列评论文章，如《法国的拉斯金朝圣》《拉斯金在亚眠大教堂》《约翰·拉斯金》（后来成为《亚眠的圣经》的序言）。1904 年和 1906 年普鲁斯特翻译的两部著作《亚眠的圣经》《芝麻与百合》相继出版，他在译文中加了许多注释，并作序。这些具有丰富知识与见解的序言与注释，是普鲁斯特对拉斯金作品的阐释与解读，体现了

---

① ［法］让-伊夫·塔迪埃：《让·桑德伊》，前言，伽利玛出版社，1952。
② ［法］让-伊夫·塔迪埃：《让·桑德伊》，前言，伽利玛出版社，1952。
③ ［法］让-伊夫·塔迪埃：《让·桑德伊》，前言，伽利玛出版社，1952。

普鲁斯特对建筑、宗教、阅读等方面的思考，也反映了他自身的美学原则及其批评方法。在翻译过程中，普鲁斯特虔诚而恭敬，力求忠实原文，在句子的表达、节奏、音乐性等方面都力求对应，这种小心翼翼的专注之情来自于他对拉斯金的深深崇拜与喜爱："我相信我们每个人都负载着自己特别喜爱的灵魂，有责任让人了解并喜欢他们。"① 其次，普鲁斯特以拉斯金的作品为指南，沿着这位"朝圣者"的足迹踏上寻找"美"的路途，对中世纪的教堂作了大量的资料研究和实地考察，为日后的小说创作积累了丰富的材料。

这段时期是普鲁斯特艺术思想非常丰富的发展时期，他对艺术产生了极大的兴趣，做了多次旅行。1900 年他在母亲的陪伴下前往威尼斯，参观教堂和壁画；1902 年10 月他与朋友一起去荷兰旅游，在海牙欣赏到了荷兰画家维米尔的名作《德尔芙特的景色》；他还坐车去各地旅行，观访各种风格的教堂，欣赏诺曼底、布列塔尼等地区的景色。

这些艺术上的出游可以算是普鲁斯特的精神之旅，使他的艺术思想日趋成熟，他对建筑、绘画的思考将会在作品中出现。但在写作上，普鲁斯特还在等待，等待将自己拥有的原材料恰如其分地统一在一个新的整体中的机会，避免《让·桑德伊》中布局的凌乱。在后半生，由于哮喘的加重，普鲁斯特不得不深居简出，但每次出门不是为了看演出就是为了看画展，这种外出也是为了写作，所以涂卫群在自己的专著《普鲁斯特评传》中说他是"为了写作而生活"。一个作家，他拥有着超乎寻常的敏感心灵，由于身体的原因，不得不待在一个墙壁贴满了软木的封闭空间里，白天与黑夜的分别已不存在，过去与现在的区别早已消除，他成为了空间与时间的主人。普鲁斯特曾经说过："当我是小孩子的时候，我认为，历史上任何一个人物的命运都没有诺亚悲惨，由于洪水的缘故他被封闭在方舟里 40 天"②，但是当他被封闭在自己的诺亚方舟里面时，他说道："我必须呆在方舟里面时，我那时才明白没有任何时刻比诺亚身处方舟时能让他如此清晰地看待世界，尽管船只封闭了，大地一片黑暗。"③ 在这个环境中，他的心灵常常处在不平静的状态，因为回忆那些失去的美好时光而激动，激动之后又归于平静。当他失去双亲后，写作更成为了他生活的目的，成为了"寻找失去的时间"的方式。

1908 年是普鲁斯特创作生涯关键的一年，1 月他写作了《罗贝尔与小羊羔，妈妈出发旅行》，这个片断后来收入《驳圣伯夫》。针对当时的"勒穆瓦纳事件"④，普鲁斯特模仿不同作家的风格写下了 7 篇杂文发表于 2 月 22 日到 3 月 21 日的《费加罗报》上，这七位作家是巴尔扎克、法盖、米什莱、龚古尔、福楼拜、圣伯夫、勒南。从此以后，小说创作将会是他写作的中心，翻译的时代结束了。普鲁斯特还仿照雷尼埃和

---

① ［法］让-伊夫·塔迪埃：《马塞尔·普鲁斯特》，第一卷，732 页，伽利玛出版社，1996。

② Marcel Proust, *Les Plaisirs et les jours*, Gallimard, 1924, p. 11.

③ Marcel Proust, *Les Plaisirs et les jours*, Gallimard, 1924, p. 11.

④ 勒穆瓦纳向专门经营钻石业务的德·比尔公司总裁谎称，他发现了制造钻石的秘密，从该公司骗取了大笔资金。事情败露以后，勒穆瓦纳被逮捕。当时的新闻界对此事做了大量的报道。

圣西门的风格进行创作，对这些作家的模仿被收入 1919 年出版的《仿作与杂集》。

同一年，普鲁斯特已经开始酝酿一部长篇小说，他把他的许多想法写在了一本小小的记事本上，研究者们称之为"1908 年记事本"。在《芝麻与百合》的序言中，普鲁斯特指责圣伯夫低估了他同时代的几乎所有伟大作家，他希望写一部作品来批驳圣伯夫的批评方法。但在当时，普鲁斯特还在犹豫，对即将写作的作品的体裁举棋不定，"应该写一部小说呢，还是写一部哲学研究？我是小说家吗？"在理论和叙事之间的徘徊反映在《驳圣伯夫》中。1909 年普鲁斯特准备出版他完成的小说《驳圣伯夫，一个早晨的回忆》。在致《法兰西信使》总编阿尔弗雷德·瓦莱特的信中，他写道："我完成了一本书，书名暂定为《驳圣伯夫，一个早晨的回忆》，它是一部真正的小说，一部某些章节极为下流的小说。其中一个主人公是同性恋……圣伯夫的名字并不是偶然出现的。此书以对其作品、对美学的长篇探讨结束（您也可以这样认为，和《希尔薇》对民间歌曲的评论结束一样）。但当我们快读完作品时，我们将发现（我希望如此）整部小说都是最后一部分艺术原则的阐释，您也可以这样认为，最后一部分是放在结尾的序言。"① 正如普鲁斯特自己解释的，这部小说由于体裁的创新，还由于涉及同性恋题材，遭到了瓦莱特和其他出版商的拒绝，在普鲁斯特生前未能问世，被发现时跟《让·桑德伊》一样是一叠散乱的手稿，由贝尔纳·德·法洛瓦整理于 1954 年出版。

普鲁斯特作品的内容形式标新立异，与当时读者的"期待视野"不相符合，没有得到他那个时代的出版商的青睐，多次遭到拒绝。就像普鲁斯特自己在书中写道的："有些颇有独特见解的作家，他们只要某些处理手法稍有出格，立即会引起公愤，原因就在于这些作家没有迎合公众的趣味，没有提供公众那些已经习惯了的老一套的东西。"② 直到后来《新法兰西杂志》愿意出版他的作品，他才结束了为作品的出版四处奔波的日子，但他从未因受到拒绝而停止写作。在《驳圣伯夫》被退稿后，普鲁斯特继续他的写作，用他生命最后的十几年完成了杰作《追忆》。这部 7 卷本作品的写作过程是一个不断扩充、修改的过程。普鲁斯特是一位非常严肃的作家，他的校对工作是对原作进行大量修改与增补，他曾这样描述自己的校对工作："迄今为止，我的校对不能算是校对，原作中每 20 行剩下 1 行（被一部新作所代替）。校样被划掉，我在能找到的所有空白处进行改写，并且我在上下左右都粘上一些纸片。"1912 年，普鲁斯特感觉到作品已经完成，他试图将 1250 页的新作分两卷，总标题定为《心灵的间歇》，2 卷的题目分别是：《失去的时间》《寻回的时间》。我们可以发现，2 卷的标题均以"时间"为题眼，前后对应，上下对称。但不久以后，随着写作的进程，2 卷的篇幅已增至 3 卷，中卷的标题普鲁斯特还犹豫不定，不知道是用《永恒的崇拜》还是用《在如花的少女们身旁》。1913 年 5 月，普鲁斯特重新确定了总标题和各卷名称，用《追

---

① ［法］让-伊夫·塔迪埃：《马塞尔·普鲁斯特》第二卷，伽利玛出版社，1996 年版，第 84 页。
② ［法］马塞尔·普鲁斯特：《追寻逝去的时光》，第一卷，周克希译，297 页，上海，上海译文出版社，2004。

忆似水年华》代替了《心灵的间歇》，第 1 卷使用《在斯万家那边》这个与本卷主题相关的标题，后面 2 卷的标题分别为《盖尔芒特家那边》和《寻回的时间》。但《追忆》的出版历经艰辛，普鲁斯特曾先后请求法斯盖尔、伽利玛、奥朗多夫 3 位出版商出版其作品，都遭到拒绝。奥朗多夫出版社的主编恩布洛的回复甚至充满了讽刺："我也许是孤陋寡闻，不学无术。可是，一位先生居然能用 30 页的篇幅来滔滔不绝地描写他在床上如何辗转反侧，难以入眠，对此我百思不解。"最后，年轻的出版商贝尔纳·格拉塞同意以作家自费付印的方式出版他的作品，《在斯万家那边》几经周折于 1913 年 11 月 14 日问世。但由于第一次世界大战的爆发，格拉塞出版社暂停出版工作，格拉塞本人住进了医院，后面 2 卷的出版工作停滞了。失望的普鲁斯特继续修改他的作品，在战争期间将后面的 2 卷扩充为 6 卷，分别是《在如花的少女们身旁》《盖尔芒特家那边》《索多姆和戈摩尔》《女囚》《失踪的阿尔贝迪娜》（或《女逃亡者》）、《寻回的时间》。涉及阿尔贝迪娜的内容都是后来添加进去的，为了作品的整体结构，他还通过添加的方法，在各卷进行铺垫，构成了一个叙事、理论相结合的结构。我们需要指出的是，这里列出的 7 卷是根据权威的"七星书库"版本介绍的，但研究者们对这部作品的结构至今并没有取得一致的见解。1986 年普鲁斯特的侄女芒特-普鲁斯特夫人去世，她的继承人之一纳塔莉·莫利亚克·黛尔在一个布满灰尘的抽屉里发现了一些普鲁斯特临终前经他亲自校正过的打印稿，这就是篇幅较短的《失踪的阿尔贝迪娜》版本。这个发现对普鲁斯特的研究具有重要的意义，结束了研究者、出版商几十年来在《失踪的阿尔贝迪娜》和《女逃亡者》两个标题之间犹豫的时代，确定这一卷的名称为前者。

1916 年，经过长时间的协商，普鲁斯特离开格拉塞出版社，自此他的作品改由曾拒绝过他的《新法兰西杂志》出版。1919 年《在如花的少女们身旁》《仿作与杂集》和再版的《在斯万家那边》同时在巴黎的书店销售，同年在朋友们的奔走下，《在如花的少女们身旁》击败罗朗·多热莱斯的《木十字架》获龚古尔文学奖，赢得欧美一些国家的学者、作家的关注。在他生命的最后两三年中，普鲁斯特的创作十分丰富。他一方面修改、补充作品的校样，并精心挑选小说中独立的片断在报纸杂志上发表，使作品早日与读者见面。同时，他还写作了一些批评文章。《仿作与杂集》的出版，说明普鲁斯特对仿作所提出的文笔问题进行了重新审视，杂集主要收入了为拉斯金作品撰写的文章。普鲁斯特还为画家雅克-埃米尔·布朗施的著作《从大卫到德加》作序。1920—1921 年，《新法兰西杂志》刊登他两篇重要文章：《谈福楼拜的风格》和《谈波德莱尔》，同一时期，他又为保尔·莫朗的中篇小说《微弱的储备》作序。1921 年他前往杜伊勒宫的"网球场"大厅观看荷兰画展，再次欣赏了他最喜爱的画家维米尔的作品《德尔芙特的景色》，但参观时突感不适，他把这段经历用在了描写作家贝戈特临终时的痛苦情形。普鲁斯特感到死亡已经逼近，全力以赴地修改手稿，于 1922 年 11 月 18 日去世。其中，《盖尔芒特家那边》《索多姆和戈摩尔》在生前出版，而《女囚》《失踪的阿尔贝迪娜》和《寻回的时间》在作家逝世后由罗贝尔整理陆续出版。

第二节　普鲁斯特的美学思想

普鲁斯特的创作过程完整地向我们展示了他美学思想的形成、完善过程。这些观点融合了他对文学、音乐、绘画、建筑、哲学等的体会与理解，其形成过程是他不断寻找与自身思想最契合的美学原则的过程，是一直追求艺术的真相与"美"的过程，是希望在"失去的时间"寻找幸福与欢乐的过程。但是一生中，他美学思想中最基本的原则并没有发生巨大转变，从青年时期到生命的终点，他不断丰富自己的美学观。他的美学观点、关于小说的美学构思集中体现在《驳圣伯夫》这部关于"小说的小说"和《寻回的时间》中，总的说来，主要有以下几个特点。

在普鲁斯特的美学思想中，哲学占据着重要的地位。长期以来，由于柏格森是普鲁斯特的姻亲，更由于两者的师生关系，人们便认为这位创造了"生命冲动"与"绵延"这两个哲学术语的诺贝尔奖获得者对普鲁斯特的美学思想具有重要影响。的确，普鲁斯特和柏格森在时空观的认识上具有某些相似性。他们都坚持物理时间与心理时间的对立，崇尚直觉，认为直觉和行动无关，不受功利的支配，属于生命和意识本身的流动即意识的向内运动，通向意识的深处。因此直觉是非逻辑的，有助于直接、完全地重现过去的情景，反映人的内心生活，而在迸发的瞬间，现在、未来与过去融合在一起，从瞬间走向绝对与永恒。但是，他们对时空的认识却存在极大的差异性，造成了他们对回忆的方式持有不同的观点。柏格森套用笛卡尔的名言"我是一个思考的东西"提出"我是一个延续的东西"。他的"绵延"，是指时间具有不间断性，是内在的心理的延续，而空间也是心理的空间，是一种同质空间即"用空间的固定概念来说明"[1] 的空间。与柏格森的时间说相反，普鲁斯特认为时间具有间断性和不确定性，处在无穷无尽的变化之中，时间的间断性引起了空间的间断性，"时间以空间的形式出现"[2]，是一种异质的空间。时间与空间的独特性令普鲁斯特的回忆也具有独特性。他比柏格森走得更远，认为回忆存在"无意识回忆"和"有意识回忆"的区别：在某些特别的时刻，在感觉的帮助下，借助一个不起眼的东西或一件微不足道的小事，"现在"与"过去"通过"无意识的回忆"偶合在一起，将囿于某一物质对象中过去的时刻解放出来，使我们在现在重新体会到过去的幸福，因此战胜了时间，获得了永恒，体会到了事物永恒的面貌，领悟到了艺术的真相。而柏格森的学说不存在这种"无意识回忆"与"有意识回忆"的区分。普鲁斯特在时间、空间方面的观点正好"与柏格森的'纯绵延'说相反，恰恰是柏格森批评的那种'假绵延'"[3]。

那么，普鲁斯特的哲学观点到底受谁的熏陶呢？在他的求学生涯中，贡多赛中学为期一年的哲学班学习和后来索邦大学的文学专业课程令他在敏感、渴望知识的年龄

---

① ［法］马塞尔·普鲁斯特：《普鲁斯特精选集》，沈志明译，20 页，济南，山东文艺出版社，1999。
② 这是普鲁斯特在《反圣伯夫》（*Contre Sainte-Beuve*）一书中描写盖尔芒特城堡时的一句话。
③ ［法］马塞尔·普鲁斯特：《普鲁斯特精选集》，沈志明译，20 页，济南，山东文艺出版社，1999。

接受了对他影响深远的哲学思想。阿尔封斯·达尔吕是一位信仰新康德主义的伦理学家，他是普鲁斯特在贡多赛中学时哲学班的老师，在普鲁斯特上索邦大学期间继续给予教导。普鲁斯特曾经宣称："没有人给予我的影响能与达尔吕相比。"从他身上，普鲁斯特受到了康德理想主义的熏陶，认识到人类的价值与道德观念的关系。受这种哲学思想的影响，普鲁斯特最基本的哲学观点就是崇尚道德观念。此外，索邦大学的哲学老师拉比埃，令普鲁斯特明白了"艺术"与"时间"、"自然"与"艺术家"的关系：艺术是时间的主人，当它选择表现生命中的某个时刻时，这个时刻便成为永恒；自然向艺术家传达美，但是却保留着秘密，需要艺术家去认识它的美，成为自然的主人；而"回忆"的重现需要条件，需要与过去相似的印象或感觉存在才能引起回忆。普鲁斯特的哲学根源还应该来自英国哲学思想。在刚刚完成《欢乐与时日》时，普鲁斯特读到了英国哲学家卡莱尔的作品《论英雄及英雄崇拜》，并听取了关于他学说的一系列讲座。这位哲学家认为，历史是伟人的历史，诗人是属于任何时代的英雄人物，他们像先知一样能够进入宇宙中的神秘世界；表面只是外观，是可以看见的事物，真理藏在事物的深处；在当代，英雄变成了"文人"，他们被派遣来向世人揭示这种神圣的真理，因此他们应该全身心地投入到这种使命中去。这种哲学观点与拉斯金提出的观点一致："艺术家"位于自然与大众之间，能够使事物永恒，发掘艺术的规律并获得快乐。

"美"是艺术家对于生命、对于人生强烈深厚的爱的表现。普鲁斯特美学思想的中心是对"美"和"真理"的追求。翻译、阅读拉斯金的作品，帮助普鲁斯特深刻了解了这位美学家的思想，令他掌握了一直想付诸实践的艺术方法，给他指明了到达艺术终点的路径。普鲁斯特认为，美到处存在，但是隐藏在平凡的物体中，艺术家的使命就是发现这些"美"。在《追忆》中，作者突然指出人们未曾注意到或者漫不经心地观看而没有尽力了解的事物具有的价值，发掘了极其微小的事物具有的美：如一丛英国山楂树、一个罗马小教堂，向读者展示它们的重要意义。这种"美"来自艺术家的眼光。大艺术家常常掀开无聊丑恶的帷幕，为世人展现事物独具的美："像梵·高用一把草垫椅子，德加或马奈用一个丑女人做题材，画出杰作一样，普鲁斯特的题材可以是一个老厨娘，一股霉味，一间外省的寝室或者一丛山楂树。他对我们说：'好好看：世界的全部秘密就藏在这些简单的形式下面了。'"除了"美"之外，普鲁斯特执著地追求并且意欲发现的，便是真理。普鲁斯特的"主观真实论"在评论界引起了强烈反响。在作者的眼中，现实分为两种：一种是简单的、客观的、表面的；另一种则是复杂的、主观的、内在的。例如，一个教堂留给个人的独特感受、特殊印象。而这种内在的个人的独特感受才是最基本的、"唯一真实"的现实。普鲁斯特小说中的一段话可以帮助我们了解他对这种主观印象的重视程度："不管印象的材料显得多么微不足道，不管印象的痕迹显得多么不可靠，可是唯有印象才是真实的一种选材，正因为如此，唯有印象才值得让精神去理解，因为倘能从印象中抽取出这真实，唯有印象才能使真实导致尽善尽美……由于艺术是由这些周围的真实生活组成的，而且在自己内心才能达到这些真实，所以浮动着一种诗意的氛围，一种神秘的温馨；这种神秘只是我们穿越而过的半明半暗。"① 因此，一个真正的艺术家应该用个人独特的视野重新创造世界，应该服从个人的内心感受，摒弃传统的、约定俗成的艺术方法和创作原则，以表达他细微的主观印象。"显然，普鲁斯特所忠实的'现实'、'真实'和'客观'是指在人物的意识里留下的印象，他的任务是'记录'、'翻译'人物心理活动的轨迹，他把人的精神世界当成了反映的对象，他的创作兴趣不再是对客观事物的描绘，而是对人物的主观心理活动的深入挖掘，他的职责就是赋予时间的具体感觉一种全新的艺术形式，这种全新的艺术就是要进入人物的内心，直接地观照他们的复杂心理，直接地表现他们内心的种种感受。"② 那么，普鲁斯特是如何表达这种主观的精神上的"真实"呢？安德烈·莫罗亚在为《追忆似水年华》写的序言中说："普鲁斯特眷恋的现实都是精神性的，但是因为人既是灵魂，又是肉体，他需要物质性的象征帮助他在自身和不能表达的东西之间建立联系。普鲁斯特最先懂得，任何有用的思想的根子都在日常生活里，而隐喻的作用在于强迫精神与他的大地母亲重新接触，从而把属于精神的力量归还给它。"③ 这段话包含着深刻的美学思想，给我们指出了普鲁斯特表现"主观真实"的手段——隐喻。一般说来，艺术中的隐喻总想从形而上世界回到栩栩如生的形而下世界，它是观念、意义对美的意蕴的要求。通过揭示某一陌生事物或某一难以描写的感情与一些熟悉事物的相似之处，隐喻可以帮助作者和读者想象这一陌生事物或这一感情。普鲁斯特的隐喻的独特性在于他将那个可以透过现实看到的东西与我们熟悉的味觉、嗅觉、触觉这一类永远真实的基本感觉，或者与自然界中的动植物形象联系起来。在普鲁斯特笔下，夏吕斯男爵与絮比安调情的场面通过隐喻的运用，被描写得惟妙惟肖，令人心生赞叹。例如，"絮比安呢，我平素十分熟悉的那副谦逊、善良的样子瞬间荡然无存——与男爵完美对应——抬起了脑袋，给自己平添了一种自负的姿态，怪诞不经地握拳叉腰，翘起屁股，装腔作势，那副摆弄架子的模样，好似兰花卖俏，引诱碰巧飞来的熊蜂。"④ 这种隐喻不止一处，絮比安被比作卖俏的兰花、卖弄风情却故作姿态的雌鸟、引诱昆虫的菊科花卉，而夏吕斯与之对应被比作采花蜜的雄蜂、主动讨好的雄鸟、被花蜜引诱的昆虫。而在隐喻手法的运用中，普鲁斯特充分发挥了他的想象力，表现了他对身边事物的深刻认识，融入了他关于心理学、政治学、科学方面的见解，为读者清楚地揭示了身边的一个个符号。他这种对"美"与"真理"的追求，决定了他对艺术创作的严肃态度。在他眼里，艺术创作是人生中最崇高的事，并不是艺术家一时的追求，而是终生的劳作。艺术家应该奉献一切，甚至是用他的生命去寻找真理和美。因此，艺术家应当深入到他心灵的最深处，通过灵感感受到永恒的真理，而美的愉悦是伴随着真理的发现。他进一步指出，唯有艺术才能揭示真理，唯有以艺术作品的形式才能显示世界的永恒。艺术家，不管是作

① 郑克鲁：《现代法国小说史》，112 页，上海，上海外语教育出版社，1998。
② 刘成富：《试论普鲁斯特的文学创作》，载《扬州大学学报》，2011 年第 5 卷第 6 期。
③ 刘成富：《试论普鲁斯特的文学创作》，载《扬州大学学报》，2011 年第 5 卷第 6 期。
④ ［法］马塞尔·普鲁斯特：《索多姆与戈摩尔》，许钧、杨松河译，4 页，南京，译林出版社，1991。

家、画家、还是音乐家，都以自己独特的方式追寻艺术的真理和美，向人们揭示出平凡的事物具有的珍贵价值。而艺术家在展现这些真理的同时，找到了真正的自己。

时间与回忆一直是他美学思想的主题。普鲁斯特打破了历时的、线性的传统叙事方式，他的时间直接播撒在空间，借助空间的排列描述时间的"同时"，空间与时间同时出现，相互渗透，交织在一起。过去与现在相互交融，人们可以处在两个不同的瞬间，而且还延展至时间之外，趋向于某种永恒的境界。因此，这是一种棱柱形、立体状的新观念，"昔"就是"今"，"今"就是"昔"，"今"与"昔"结合，呈现一种繁复交错的时间。同时，普鲁斯特笔下的时间，其显现常常是以具象的形式出现。正如法国随笔作家阿兰说过的，普鲁斯特从来不直接描写一件客观事物，总是通过另一件事物的反映来突出这件事物①。于是，"一个小时并不只是一个小时，它是一只玉瓶金樽，装满芳香、声音、各种各样的计划和雨雪阴晴"②，时间便通过有形的、对人来说相对更具像的对象来显示，这个对象可以是物，如钟楼、城市，也可以是在时间流逝中的人，如阿尔贝迪娜就像一个时间的女神，不由分说地敦促"我"去寻找过去。

时间的流逝带来遗忘，遗忘从冥冥之中慢慢升起，淹没人们最美丽、最宝贵的记忆。但是，"过去"却并未真正消失，正如普鲁斯特在《驳圣伯夫》序言中写道："我们生命中的每一刻一经过去，立即寄寓并隐匿在某件物质对象之中，就像民间传说中的灵魂托生那样。生命的每一刻都囿于某一物质对象，只要这一对象没有被我们发现，他就会永远寄寓其中。我们是通过这个对象来认识生命的那一时刻的；它也只有等到我们把它从中召唤出来时，方能从这个物质对象中脱颖而出。而它囿于其间的对象——或者不如说感觉，因为对象是通过感觉与我们互相关联的，我们很可能无从与之相遇。因此，我们一生中的许多时间，很有可能就此永远不复再现。"③ 那么，在普鲁斯特的美学中，怎样才能令"过去的时刻"重现呢？首先，借助于智力的回忆是不可靠的，因为它无法抓住过去的真实。普鲁斯特在《驳圣伯夫》中一开始就对智力的作用提出了质疑，"我对智力的评价与日俱减。而我日益清楚的则是，作家只有摆脱智力，才能在我们获得的种种印象中将事物真正抓住，也就是说，真正达到事物的本身，得到艺术的内容。"④ 所以，唯有无意识回忆才能与时间抗争，重现当时的真实。这种不由自主的回忆，是偶然的不再生的，靠灵感、想象和直觉，常常显得杂乱无章，通过当前的一种感觉与记忆中的这一相似的感觉偶合，由一杯茶带来的某种滋味、散步场上的树木、钟楼的气息将我们奇迹般地带回到过去，重温过去的往事。艺术家在这种时刻感到自己征服了永恒，因为任何东西只有在其永恒面貌，即艺术面貌下才能被真正领略、保存。《在斯万家那边》第一部分《贡布雷》一开始便向我们揭示了"有意识回忆"与"无意识回忆"这两种回忆方式带来的巨大差异。半梦半醒的

---

① 罗大冈：《生命的反刍——论〈追忆似水年华〉》，载《外国文学评论》，1988 (4)。

② 《追忆似水年华》，第七卷，徐和瑾、周国强译，193 页，南京，译林出版社，1991。

③ ［法］马塞尔·普鲁斯特：《追寻逝去的时光》，第一卷，序言，3～4 页，上海，上海译文出版社，2004。

④ Marcel Proust, *Contre Sainte-Beuve*, Gallimard, 1954, p. 43.

"我"有意回忆在贡布雷度过的岁月，但是只能想起过去生活的零星片断，"除了同我上床睡觉有关的一些情节和环境外，贡布雷的其他往事对我来说早已化为乌有"①。那些沉没在茫茫黑暗中的往事，需要"小玛德莱娜"点心的奇迹才能真真切切地全部呈现出来。一个冬日，母亲劝"我"喝点茶暖暖身子，叫人送来一块"小玛德莱娜"，让"我"就着茶吃。当茶与点心渣混在一起接触到"我"的上颚时，"我"浑身一震，一种极度的快感向我袭来。"我"在内心苦苦搜寻，"不用说，在我的内心深处搏动着的，一定是形象，一定是视觉的回忆，它同味觉联系在一起，试图随味觉而来到我的面前。"② 最后，回忆突然出现，原来那点心的味道，正是他年幼住在贡布雷时，每个星期天在莱奥妮姑妈房间里吃的那块点心的味道。于是，贡布雷的一切，"大街小巷和花园都从我的茶杯中脱颖而出"③，终于令"我"想起了有意识回忆无法触及的往事。除了味觉，普鲁斯特还运用现实的嗅觉、触觉、听觉等去寻求逝去的时间。在《寻回的时间》中，重病在身的叙事者"我"去盖尔芒特公馆作客，当他走进公馆时，一只脚踩在断裂了的台阶上。待他重新找到平衡，将脚踏在一块尚未琢得方方正正、比旁边一块稍低的石板上的时候，他再次产生了与往日小玛德莱娜点心的味道给他带来的极度幸福感完全相同的感觉，他心头的一切忧郁与不快立即烟消云散。正如普鲁斯特所言："（作家）在用两种感觉所共有的性质进行对照中，把这两种感觉汇合起来，用一个隐喻使它们摆脱时间的种种偶然，以引出它们共同的本质。"④ 就是说，隐喻在两种感觉之间建立了一种艺术的联系。通过隐喻，唤起真实的感觉，让人形成特殊的生命感受，从而使隐喻成为一种寻找失去的时间和达到永恒的途径。

同时，由感觉而导致的印象使往事历历在目，而呈现的画面又经常是空间性的，正如本雅明指出的："他真正的兴趣在于时间流逝的最真实的形式，即空间化形式。"这种空间化的时间，主要表现在：时间融于空间之中，时空的界限被打破了，时间借助空间来表现，普鲁斯特对此曾有精彩的描述："人是一种没有年龄的生物……他被围在他周围的时间所筑成的四壁之内，并在其间漂浮，如同漂浮在一只水池里，池里的水位会不断变化，一会儿把他托到这个时代，一会儿又把他托到另一个时代。"本应是前后的时间，被形象地表现为上下漂浮的空间，时空混淆了；同样，回忆也被赋予了空间性。往事的回忆常常穿越不同的时间，但却联系到空间性的地方、人物，空间其实是变形的时间。

普鲁斯特美学思想的重要组成部分是关于文学批评的理论，他通过对圣伯夫实证

---

① ［法］M·普鲁斯特：《追忆似水年华》第一卷，李恒基、徐继曾译，44 页，南京，译林出版社，1991。

② ［法］M·普鲁斯特：《追忆似水年华》第一卷，李恒基、徐继曾译，46 页，南京，译林出版社，1991。

③ ［法］M·普鲁斯特：《追忆似水年华》第一卷，李恒基、徐继曾译，47 页，南京，译林出版社，1991。

④ ［法］M·普鲁斯特：《追忆似水年华》第七卷，徐和瑾、周国强译，193 页，南京，译林出版社，1991。

主义批评方法的驳斥，充分表达了自己的批评方法，这些理论集中体现在《驳圣伯夫》的5篇文章里：《圣伯夫的方法》《热拉尔·德·奈瓦尔》《圣伯夫与波德莱尔》《圣伯夫与巴尔扎克》《德·盖尔芒特先生的巴尔扎克》。实际上，普鲁斯特与圣伯夫在批评理论上最大的分歧、最根本的不同之处在于文学批评的标准，普鲁斯特也是以此为依据批驳圣伯夫的。

圣伯夫是第一位实证主义文学评论家，他的批评方法是斯达尔夫人将宗教、气候、政治制度等引入文学批评方法①的延续，但他开创了一种新的批评类别，即"肖像"研究，特别重视作家的生平研究。他认为，作家是社会的一员，与文化、语言、意识形态连接在一起，受到特定的历史团体的限制；作家的生平经历零散地分布于作品中，因此，批评家的任务就在于，借助作者的生活经历去发现作者流露在作品中的思想，因为它们是作品的真正内涵，是作品"唯一"权威的意义。时间的流逝会使这一内涵变得模糊，但是通过生平研究可以重现作品的"意义"。这种被朗松称之为"描写性批评"的方法，常常通过生活中给予的印象刻画出作者的伦理肖像，通过作家的生活来阐释作品。这种关注生平的批评方法与当时回忆录、个人日记的大量出现有紧密的关系，当然它的产生具有重大的意义，将人们从一种通过作品想象作者的方式解放出来，结束了去想象"荷马是否存在、匿名的武功歌的作者是谁"的时代，可以更好地了解作者，也使作者从19世纪开始成为被关注的中心。就是说，在作品与作家的关系上，圣伯夫的中心在"作家"，作品只是认识作家的一种媒介，是构建作家肖像的手段。随后出现的泰纳则是运用三个著名的因素即种族、阶层、时代来分析个人的创作，仍然缺乏对作品独特魅力的关注。朗松在前人的基础上，坚持历史与作品的联系，提出了历史批评方法，这一批评方法忽视了作品内在的联系和统一。20世纪初的作家们对此做出了回应，佩吉对朗松等为代表的历史批评方法的指责、普鲁斯特对圣伯夫批评方法的批驳、瓦莱里对占统治地位的这种"文学史"方法的思考，总的说来是一种去除历史影响、从文本本身美学特点出发的阅读方法，他们更喜欢的是一种带有读者敏感性的阅读方法，并认为这是唯一可以掌握作品奥秘的批评方法。

因此，普鲁斯特在《驳圣伯夫》中借圣伯夫之名来驳斥这种历史批评的方法，指出圣伯夫由于批评标准的错误，否定了几乎所有与他同时代的具有独创性的大作家。他论述了"灵感"的重要性及"文学创作"的特殊性，提出以作品为切入点去分析作家、分析作品："一本书是另一个'自我'的产物，而不是表现在我们的习惯、社会、我们的恶习中的'自我'的产物。这个'自我'，如果我们想了解它，就要力图在我们的内心再创造出来：正是在我们的内心，我们才能达到它。"因此，"作家的自我只能在作品中体现"。普鲁斯特进一步解释了作家"文学创作"的特殊性，认为作家的写

① 斯达尔夫人在1800年出版的著作《论与社会机制相关联的文学》中指出应当重视伦理、政治原因等因素在文学发展中的地位，地区分了"南方文学"、"北方文学"、"中世纪文学"、"希腊文学"等，将宗教、气候、政治制度等引入了文学批评，在文学与历史、社会之间建立了联系，关注到了文学中长时间受到忽视的历史特征。

作完全是在封闭的状态中完成的，是"孤独"的作品，是作家真正的"自我"的产物，是生活升华的结晶，在他的社交活动、往来书信中不能完全解释清楚。所以作家表现在作品中的思想不一定都能从他的经历和活动中找到答案，作家的通信也并不总是涉及作品（巴尔扎克就是一例），借此普鲁斯特批驳了圣伯夫强调的书信的重要性。普鲁斯特"两个我"的分析，实际上与波德莱尔、瓦莱里所提倡的应该"区别人与艺术家"的方法在本质上是相同的："一幅好的图画是艺术家反映的自然，而最好的批评是富于才智和敏于感受的心灵反映的这幅图画。因此，对于一幅图画的最好评论可以是一首十四行诗或一首哀歌。"① 例如，在关于奈瓦尔的评论中，普鲁斯特分析了这种历史批评方法的误区。于勒·勒梅尔从《希尔薇》的开端就得出结论，将奈瓦尔看成是一个"纯粹的高卢人"，这是核实从泰纳传下来的历史批评的一个前提，即文学创作由作者的种族决定，也就是说勒梅尔给作品强加了一个其自身并不包含的意义。

同时，普鲁斯特以自己的理论为依据，阐述了自己对奈瓦尔、波德莱尔、巴尔扎克、斯丹达尔（后来还有福楼拜）几位作家的看法，做出了与圣伯夫完全不同的评价，挖掘出了他们作品中独特的魅力以及巨大的文学价值，并肯定他们都是一流的作家：奈瓦尔以特殊的方式表现梦幻，阐明人类心灵说不清的细微差别和几乎抓不住的印象；波德莱尔以象征和通感的手法表现精神世界；巴尔扎克描绘了广阔的社会阶层；斯丹达尔擅长心理描写；福楼拜精心锤炼语言和风格。时间是最好的见证者。圣伯夫认为重要的作家在文学辞典中消失了，反之被他贬低的这些作家却在文学史中占有举足轻重的地位。这种以作品为切入点，重视作品的语言、作家的风格，认为文学作品远不是表达已知的事物，不是世界已知经验的反应、升华，而是未知含义的创造与揭示的批评方法，为后来的主题批评提供了启示，使得主题批评在心理批评、社会批评这些将作品与外部环境、作家生活、历史、社会相联的批评方法中独树一帜，宣称："对懂得阅读的人来说，作家与世界、他人的联系，和他自身一样，全部包含在作品中，作品是作家自我创造、自我暴露之地。"②

在普鲁斯特的批评理论中，他拒绝作品与作者的混淆，即在作品中寻找作者，或在作者身上寻找作品的图像。他的理论创新还在于他对阅读的重视，对"读者"的重要作用的认识。普鲁斯特有非常精彩的关于阅读的叙述，刻画了不同类型的读者，认识到阅读对作品的重要意义："如果说一种好的阅读令作品增色，相反，差的阅读则使作品失色。"③ 普鲁斯特更拒绝将作品看成"静止的偶像"，认为不同的阅读对作品产生的认识应该是"运动的"，这其实也是作品生命力的所在。他更重视个人对作品理解的差异性，他在《驳圣伯夫》中写道："优秀的书籍由陌生的语言写成。我们每个人对每个词都有自己的理解，或者至少产生自己的形象，而这常常是一种误读。但

---

① 刘波：《普鲁斯特论波德莱尔》，载《外国文学评论》，2002（3）。
② Anne Maurel，*La critique*，Hachette，1994，p. 55.
③ Michel Jarrety，*La critique littéraire française au 20ᵉ siècle*，1998，p. 29.

是，在美的作品中，我们所有的误读也都是美的。"① 这种对"误读"的宽容传递给了读者，发挥了读者的创造性和对作品理解、阐释的丰富性，不再是寻找圣伯夫提倡的作者隐藏在作品中"唯一"的意义。与作者两个"我"相对应，读者也应该有两个"我"。当读者阅读的时候，读者处在孤独的状态，是一个向心灵沉淀的过程，读者"内心深处的我"就与作者写作时的那个心灵深处的"我"相遇了。在《寻回的时间》中，普鲁斯特就指出"实际上，读者在阅读时就是他自己的读者"。"书本只是自身得到一次独特经验的场所，在某种程度上，人们阅读只是为了更好地变成我们过去已经成为的样子。佩吉和普鲁斯特就这样颠覆了他们时代的批评方法，这是因为阅读不是朝着写作者的过去，而是相反朝着阅读者的将来转向了，《驳圣伯夫》就这样经典般地向《追忆似水年华》过渡。"② 而且，普鲁斯特特别重视每次阅读经验，每次阅读都是与作品的对话，读者阅读时与外界、当时的印象与阅读的作品融合在一起，形成了一种独特的感受，在第二次阅读时这种感受因为阅读外界环境、阅读时间的差异不一定能重现。因此普鲁斯特提出了阅读的建议："只读一位作家的一部作品，这只是与这位作家的一次相逢。不过，与某个人聊一次，我们就能发现他身上一些独有的特征。那么，我们只有不同环境下的重复才能认识特有的、主要的特征。"

普鲁斯特的这些美学理论，其中容纳了小说家、诗人、哲学家的思想，就像他写道的那样："小说家的主题，诗人的眼光，哲学家的真理，以一种近乎必然的方式摆在他们面前，可以说外在于他们的思想。艺术家正是通过使他的心智服从于传达这一眼光，接近这一真理而真正成为他自己。"③ 于是，小说家的主题——《追忆》中主人公马塞尔如何成为小说家，诗人的眼光——隐喻，哲学家的真理——"美"与"真实"，便构建起了普鲁斯特浩瀚的心灵世界。

第三节　作品分析

作品是作家存在的理由，也是他不被遗忘的前提。在写作中，作家将自己的真诚、严肃、智慧、怜悯等情感都融入了作品中。普鲁斯特是一位严肃的作家，他的作品给我们展示了一个比天空更广阔的心灵世界。我们在此重点分析《欢乐与时日》《让·桑德伊》《仿作与杂集》与《追忆似水年华》等作品。

《欢乐与时日》借公元前 8 世纪古希腊诗人埃希奥德的《劳作与时日》而命名，是一部汇编成册的随笔集，收录了普鲁斯特青年时期各种文学体裁的作品。这部作品在出版时并未引起很大的反响，但是后来它也得到了很高的评价，如纪德 1927 年写道的："今天当我重读《欢乐与时日》时，在我看来这本出版于 1896 年的精美作品是如此辉煌灿烂，而我却诧异自己当初竟没有为之目眩。但是今天，我们的眼光已经老

① Michel Jarrety, *La critique littéraire française au 20ᵉ siècle*, 1998, p. 29.
② Michel Jarrety, *La critique littéraire française au 20ᵉ siècle*, 1998, p. 30.
③ 涂卫群：《从普鲁斯特出发》，27 页，北京，社会科学文献出版社，2001。

道，因此在这里欣赏到当初没能发现的马塞尔·普鲁斯特新书中的一切。"① 纪德的言论揭示出《欢乐与时日》与《追忆》之间的密切联系。这部早期作品主要有以下的特点。

首先，它的体裁多样，反映了普鲁斯特从中学时期起对各种文学体裁的探索，主要有短篇小说、诗歌、散文诗、仿作、肖像描写、风景描写等。其中，每篇短篇小说内容独立，有自己的题目；而一些篇幅短小的片断式的文章主要收在《意大利喜剧片段》和《遗憾、时间的彩色梦境》两个题目下；诗歌则以《画家与音乐家画像》为题。其次，这部作品也反映了普鲁斯特对结构的精心追求。从布局上看，这部随笔集独具匠心，各种体裁相互交织穿插。例如，集子以两个短篇小说《巴尔达萨尔·希尔旺德的死亡》和《维奥朗特或社交生活》为开端，后面紧跟《意大利喜剧片段》；然后又是另外的两个短篇小说(《布瓦尔和白居榭的社交生活和音乐嗜好》《德·布莱弗夫人的忧伤假日》)。诗歌《画家与音乐家画像》位于集子的中心，普鲁斯特以诗歌的形式给音乐家、画家们描绘肖像，赞美了绘画与音乐。整部作品最后以短篇小说《嫉妒的末日》作为结束。这种布局并不是以作品的先后顺序排列，以小说开始也以小说结束，普鲁斯特希望的是像《追忆》一样的独特结构——循环结构。

这部作品里的 7 篇短篇小说，已经揭示了青年时期的普鲁斯特对某些主题的兴趣：梦幻与现实、风雅的魅力、爱情与嫉妒、难以启齿的欲望与经历、负罪感、记忆，等等。例如，《巴尔达萨尔·希尔旺德的死亡》中，主人公希尔旺德在去世前，一个遥远的村庄传来的钟响令他突然回想起温馨的童年时光，这是一个"无意识回忆"的场景：他回想起童年的自己无法入睡时，母亲在身边陪伴他；他回想起自己被家庭教师夸奖时，母亲极力忍住的激动之情；《维奥朗特或社交生活》则展现了一个艺术爱好者由于迷恋社交生活忘记了自己对艺术的责任，"早晨在床上她仍然读书和冥想，但心智迷离，她的心智现在停留在事物之外，并进行自我观照。这种观照不是为了深入地研究自我，而是为了享乐地和卖弄风情地自我观赏，如同面对一面镜子"②；《德·布莱弗夫人的忧伤假日》描写了爱情的痛苦：布莱弗夫人的爱情跟斯万的爱情一样，她开始没有意识到爱情的产生，后来在悲痛中才知道自己实际上坠入了爱河；《一个女孩的忏悔》是这部集子中最有名的短篇小说之一，它带有某种自传成分。叙述者"我"是一位年轻的女孩，母亲目睹了其任人引诱的一幕后十分悲痛，遭受打击去世。这篇小说描写了母爱、描写了"我"对母亲深深的依恋。母亲晚间与叙述者吻别的一幕，主人公决定自杀前写出自己的作品，但是由于缺乏意志，这项工作一直拖延至明天等，这些特征都用在了《追忆》的叙述者马塞尔身上。年轻女孩的社交生活令她体会到了肉体的愉悦，也令她感觉到自己的错误，从心底涌出无尽的悲伤与歉意，因为

---

① Marcel Proust，André Gide，*Autour de La Recherche Lettres*，Préface de Pierre Assouline，Editions Complexe，1988，p. 116.

② Marcel Proust，*Les plaisirs et les Jours*，Paris，Gallimard，1924，p. 58.

"我似乎令母亲的灵魂哭泣、令我的守护天使落泪了"①。她在自杀前忏悔的她的这种难以启齿的恶习，难道仅是在异性朋友引诱下的堕落吗？这种负罪感如此强烈，她称之为思想的自杀和对母亲犯下的最大的罪过，以至于研究者们在她的忏悔中看到了一种改头换面的同性恋。如塔迪埃就女主人公的负罪感写道："但是哪种爱会罪恶到给人以'难以忍受的悔过'并且驱使人进行一些供认，而这些供认不被理解，最终被谎言加以掩盖？如果不是同性恋？又会是什么呢？"② 从中我们也看到普鲁斯特对感官享受的厌倦，因为在这篇小说开始时他便引用《模仿耶稣基督》中的一段文字："人们欢快而去，常常悲哀而归，晚间的享乐带来清晨的悲伤，因而感官的愉悦先是使人感觉良好，但最终伤害人、毁灭人。"③《城市的一次晚餐》像斯万参加的"维尔迪兰小集团"的晚餐一样，聚集了不同的客人，如人道主义者、平民贵族、公爵夫人等。女主人就像维尔迪兰夫人一样，喜欢控制晚餐中的谈话。年轻的奥诺热在出入社交生活时变得懒惰，忘记了自己的文学使命；最后一篇小说《嫉妒的末日》已经存在典型的普鲁斯特式的爱情，有对"脖子"的狂热喜爱，如同《追忆》中叙述者喜欢阿尔贝迪娜的脖子一样。在爱情中，爱情的忧虑与暂时的平静相互交织，爱情伴随着嫉妒、谎言、偷窥，这已经是"斯万之恋"的一次预演。

这部随笔集的一个非常重要的价值，就是揭示了普鲁斯特早期写作的叙述角度。它的叙述人称十分灵活，有"我"有"他/她"，有时还有像信件一样的写给"你"。例如，题献辞以"我"的名义献给逝去的好友，《一个女孩的忏悔》以"我"叙述，《巴尔达萨尔·希尔旺德的死亡》《维奥朗特或社交生活》《嫉妒的末日》《德·布莱弗夫人的忧伤假日》都采用"他/她"叙事，在一些散文诗中以"我"叙事。总的说来，普鲁斯特用"我"主要是为了表达瞬间的印象、隐秘的思想和感情，第三人称的"他/她"主要是用来讲述具有相对故事性的故事。但无论是"我"，还是"他/她"，都与普鲁斯特社会中的"我"很近。这种人称上的犹豫在《让·桑德伊》中显得非常的明显，普鲁斯特在《让》的题记中写道："我是否能够将这本书称为一本小说？它也许不能算是，它更像是我生活的本质，采集于它所发生着的撕裂的时刻，没有任何杂质。这本书不是写成的，而是收获而来的。"这第一人称的使用，表明这是一部自传性质的作品。后来则较多采用第三人称叙述，时而又用"我"而不是"他"，说明普鲁斯特还在寻找一种既能讲述主人公的故事，又能表达作者思想的写作方式。

小说《让·桑德伊》从形式上说，大部分手稿是作者即兴写作，由于作者事先没有确定写作提纲，只把种种感受和印象随时记录下来，情节、人物都不连贯，形成了许多长短不一的片断。后来，普鲁斯特无法克服写作中的困难，不得不放弃这部还未成形的作品。但从内容上来看，这部作品向我们展示了丰富的细节，正如塔迪埃所言："《让·桑德伊》的特点之一实际上就是向我们揭示了青年普鲁斯特，年龄在25至

---

① Marcel Proust, *Les plaisirs et les Jours*, Paris, Gallimard, 1924, p. 151.

② ［法］让-伊夫·塔迪埃：《马塞尔·普鲁斯特》，第一卷，246 页，伽利玛出版社，1996。

③ 涂卫群：《普鲁斯特评传》，113 页，北京，社会科学文献出版社，2001。

28 岁之间，他说出了自己的一切并相信将其隐藏在了他的人物身上"①，带有极强的自传色彩，这也是为什么某些研究者将其定义为"自传体小说"。

　　小说描写了主人公让·桑德伊童年和少年时代的生活，他对母亲的挚爱，他的阅读经历，他与同学的友情，他的社交生活、恋爱经历、军旅生活；记录了德雷福斯案件，刻画了形形色色的上流社会人物。我们可以看到一个跃跃欲试的普鲁斯特，他似乎还不是很清楚怎样构思并讲述故事，还不知道怎样布置小说的结构，一切都在尝试中。这似乎也预见了这部作品的最终结局。这部作品的文学价值主要体现在：第一，它揭示了普鲁斯特这个时期的美学观点，在后来拉斯金作品的翻译中得到启发，于《驳圣伯夫》中逐渐成熟，并被作者在《追忆》中付诸实践。在字里行间，普鲁斯特在不断地思索美、文学的价值、现实与艺术的关系、作家的写作等问题，如"诗人能找到的唯一美丽的事物，存在于他自己身上"；"文学的价值并不存在于作家眼前闪过的事物，而是存在于作家的精神所依附的作品中"。关于作家与作品的关系，在这部作品中也时有体现："我们将会明白哪些是秘密的联系，在作家的生活与他的作品之间，在现实与艺术之间，在生活表象与令表象拥有无穷的深度、并使艺术脱颖而出的真理之间都存在哪些必然的联系。"第二，这部作品已经预先展示了将会在《追忆》中出现的众多人与物，如让上床睡觉的时刻与马塞尔一样是痛苦而残酷的；那句圣·沙昂乐句与凡特伊乐句同样是爱情的"国歌"；还有那童年的钟声、苍蝇的振翅声等事物所唤起的"无意识回忆"，当类似的"现在"与"过去"突然迸发时，生命的本质就摆脱了时间，时光聚集的过去被重新找到了；让与马塞尔同样是由于懒惰缺乏意志，一天又一天地推迟写作的计划，并因此而怀有深深的愧疚感，两个主人公都盼望在《费加罗报》上发表文章以及发表后都拥有无比的喜悦之情；出于对爱情的妒忌，让与斯万都在深夜敲击爱人的窗户，后发现弄错了房间。我们还将发现人物的相似性与主题的延续性，如让的朋友贝尔当在《追忆》中变成了罗贝尔·德·圣卢，画家贝戈特在《追忆》中成为了文学家的名字；以及具有同性恋倾向的弗朗索瓦兹似乎预示了阿尔贝迪娜这个人物的诞生。由于时间的流逝，无论是让的父母，还是《追忆》中叙述者的父母、斯万都摆脱不了衰老的命运。但是，两部作品最大的不同在于叙述方式的差异。在《让·桑德伊》中叙述者以第三人称为主，间或插入第一人称"我"。一个叙述者（第一人称的叙述者，外在的作者"我"）在一级叙述层次讲述由作家 C 讲述的让的故事，而这个 C 的叙述角度是第二叙述者，同时作为第一叙述者的被叙述对象，但对 C 叙述的主人公让的故事而言，他又是脱离于这个故事之外的。我们可以感受到，普鲁斯特此时正在努力寻找一种最适用于作品的叙述角度，缺乏《追忆》中那个具有多重身份的第一人称叙述者"我"，无法引出形形色色的人物，给整部小说带来了布局的困难。从《让》中的"他"到《追忆》中的"我"，也是一个普鲁斯特在寻求写作中的"自我"即真正的自我的过程。当说"他"时，"他"离这个真正的自我很遥远，离社会中的"我"很近；当说"我"时，他离社会中的"我"很远，离写作中的"我"

---

① ［法］让-伊夫·塔迪埃：《让·桑德伊》，前言，伽利玛出版社，1952。

更近了。第三，这部作品充满大量细致入微的景物描写，在对大自然中花草树木细致的刻画中，一朵花、一片云、一棵树含有无穷的生命力。主人公让是一个喜欢散步的男孩，他徜徉于大自然的时候，让人感受到他与自然的无比和谐。这些零散的片断犹如一篇篇充满诗意的散文，显示出作者细腻的笔调、敏锐的观察力和丰富的想象力。

《仿作与杂集》于1919年出版，内容分为两部分：仿作收录了普鲁斯特1908年在《费加罗报》发表的针对"勒穆瓦纳事件"写下的7篇仿作和他另外添加的对雷尼埃和圣西门的2篇仿作（他去世后发表的3篇仿作涉及的作者是拉斯金、梅特林克和夏多布里昂）；杂集主要收录他关于拉斯金研究的一系列论文。

普鲁斯特具有非常敏感的直觉，这种直觉使他能够抓住他所读过的作家的独特风格。他曾这样声称："当我阅读一位作家时，我很快辨认出话语之下那使一位作家不同于另一位作家的歌曲的曲调"①，这种辨认曲调的能力使他对不同作家的风格具有深刻的了解：不仅是对其风格（语调、表达方式），还是对他的文学理论或者文学精神与趣味，这是一种使"我"努力从精神与风格上成为他人的创作。1908年普鲁斯特模仿的7篇仿作中，模仿的对象有小说家、文学批评家、历史学家，仿作的体裁也各不相同；对巴尔扎克和福楼拜的仿作采用的是小说的形式；对圣伯夫和法盖的仿作属于文学批评；对勒南和米什莱的仿作则带有随笔的性质；他还模仿了龚古尔兄弟的《日记》。

对巴尔扎克的仿作包含两部分，巴黎贵族沙龙的闲聊场景和一段承上启下的解释。这说明，在普鲁斯特眼中，巴尔扎克叙事技巧的独特性在于他擅长写对话，通过对话揭示人物之间的复杂关系与他们微妙的心理状态；同时，巴尔扎克小说情节的发展依赖于叙述者的解释性陈述。关于福楼拜的仿作则围绕法庭上富有戏剧性的场面来组织，作品充满对人物动作和环境看似充满偶然性的细节记录，作者本人对于叙述则很少介入。同时，普鲁斯特注意到了福楼拜的语言创新：在动词的使用上，福楼拜经常使用未完成过去时表现人物，用简单过去时表现事物，这种与习惯相反的用法揭示出一种新视角。于是在仿作中，普鲁斯特主要使用了三种动词时态：未完成过去时、简单过去时和现在分词式，从而掌握了福楼拜创作风格中的关键因素。除了《居斯塔夫·福楼拜的勒穆瓦纳事件》这篇直接模仿福楼拜风格的文章，还有一篇模仿圣伯夫写作风格的对他本人仿作的批评《圣伯夫发表在〈立宪党人〉专栏里的对居斯塔夫·福楼拜关于勒穆瓦纳事件的小说的批评》。普鲁斯特笔下的圣伯夫在这篇评论中不断引述现实生活中的人物来批评福楼拜在观察和描写中的错误，对这篇作品的艺术特征没有丝毫的理解，认为福楼拜在叙述中缺乏解释性句子，所以描写缺乏真实性。

普鲁斯特在青年时期大量阅读了勒南的作品。这位历史学家、宗教学家鼓励人们寻找在表象之下隐藏的真相，尤其偏爱描述与回忆相关的画面，擅长使用长句，作品充满音乐性。勒南自由、流畅、优美、抒情的文风在普鲁斯特的仿作中缓缓流淌，后来普鲁斯特用同样的笔调描写了贡布雷的环境。在对米什莱的仿作中，普鲁斯特则再

---

① 涂卫群：《寻觅普鲁斯特的方法——论阅读》，载《外国文学评论》，1998（3）。

现了这位散文家与众不同的语言风格：句子短小精悍，常常出现没有主语的省略句。对龚古尔兄弟《日记》的模仿中，"有意味的新发现与无意味的细节交织在一起，使作品的文学性受到极大的伤害。因此，当普鲁斯特模仿龚古尔兄弟第一人称的'我'时，他似乎在考虑与他们日记中的'我'拉开距离的可能性；他在寻找某种既说'我'又超出'我'的狭隘性的第一人称，他在寻找一个更具文学性的虚构的'我'"①。

在对不同作家风格的模仿中，普鲁斯特渐渐形成了自己的风格，从模仿走向真正的创作。这部作品的另一部分"杂集"揭示了普鲁斯特对拉斯金的研究过程，主要有《朝圣的日子》《约翰·拉斯金》《阅读的日子》等文章。普鲁斯特希望从拉斯金的作品中得到启发，解决自己在写作《让·桑德伊》的过程中反映出的局限性。有评论者用"羚羊挂角，无迹可寻"来形容拉斯金对普鲁斯特在艺术上的影响。的确，拉斯金喜爱乔托、贝利尼、卡尔帕乔、波提切利、透纳等画家，他们对中世纪艺术的兴趣都被普鲁斯特写进了小说。可以说，拉斯金的思想与意象到处存在，但是这种存在是经过普鲁斯特将之吸收并熔炼后的存在。从1906年起，普鲁斯特对拉斯金的兴趣明显减退，这是因为他认识到了拉斯金作品的缺憾和他自己与这位基督教美学家的分歧。他对拉斯金的批判主要是针对拉斯金精神深处和作品中的"偶像崇拜"。在拉斯金的美学观点中，真诚与偶像崇拜、美学与伦理学常常冲突并互相妥协，理论上美从属于道德和真理，但实际上道德和真理从属于美，从属于由于不断妥协而歪曲了的美。这就使他由于对宗教的虔诚而无法深入理解美和道德。同时，拉斯金在考察艺术作品时，往往不是从整体上进行研究，而是对某件事物特别注意，进行孤立的研究（如亚眠大教堂门上的山楂花）。普鲁斯特反对这种孤立的方法，认为会损害艺术作品的整体和谐和美学价值。

普鲁斯特对拉斯金作品的阅读与翻译，是为了他自身的内在需要，当他的美学思想成熟以后也就疏远了这位美学家。

小说家赵丽宏将《追忆似水年华》比作心灵的一片花园，是"内心深处最隐秘的情感源源不断地喷出来、流出来、飞出来，呈现出的一个丰富而美妙的世界"②。的确，这部作品是"一种不可思议的综合，它把神秘主义者的凝聚力、散文大师的技巧、讽刺家的锋芒、学者的博闻强识和偏执狂的自我意识"熔于一炉，充分体现了普鲁斯特小说独一无二的特点，是20世纪法国文坛里程碑式的作品。它通过独特的结构形式，独具风格的叙事语言，深入细致的分析刻画，向读者展示了法国第三共和国时期上流社会的生活，并惟妙惟肖地揭示出人物细腻微妙的心理和幻觉，是"一个庞大的形式体系支撑着的世界，它不是现实的世界，而是可感觉到的意义的世界，是艺术

---

① 涂卫群：《普鲁斯特评传》，175～176页，杭州，浙江文艺出版社，1999。

② 赵丽宏：《心灵的花园——读〈追忆似水年华〉随想》，载《小说界》，2004（4）。

家所体验过、并将由公众来体验的想象的统一体。"①

　　这部作品缺乏传统长篇小说的结构特点，即缺乏一个贯穿始终的中心情节。长期以来，小说家用符合戏剧规律的故事情节，将各种各样的素材串联起来，尽量使作品变得有声有色。但这种流行的长篇小说模式，却被普鲁斯特完全打破了。从表面上看，《追忆似水年华》没有一个完整的结构，没有清晰的线性情节，传统小说中的各种要素（典型环境里的典型人物、故事情节、高潮、结局等）都在这部小说中消失了。作者似乎凭着创作灵感信笔发挥，随意调整主题，然而却展现了主人公内心错综复杂的心理感受。这也正是普鲁斯特创造性的体现，他摆脱了传统小说依赖的现实背景，转而寻找心灵中的现实。整部作品似乎随着主人公那些随意而生、偶然而来的联想来叙述生命的历史，从不准备达到一个完整的结局，将无数不连贯的、琐碎的、转瞬即逝的片段融合在一起。但是，与零散不堪的表层结构相对应的，却是极富艺术特色的深层结构，"事实上，如此结构出色的作品并不多见。已完成的小说巍然如一座建筑，各部分的平衡，线条的和谐取胜于其间。"② 这种严谨的结构，被普鲁斯特的传记学者克洛德·莫里亚克称之为"串式结构"：它十分精确地把人物形象一个接一个地串联起来，新的人物把正在发展的故事情节打断，取而代之的是以另外一个故事情节，而后者随后也被打断。整部小说的总体结构，就是普鲁斯特精心追求的像大教堂一样的结构。对此，他曾说过："我曾经想过为我的书的每一卷分别选用如下标题：大门，后殿彩画玻璃窗，等等。这部作品唯一的优点正在于它的整体，它的每个细小的部分都很结实……"③ 因此，由结实的细小部分构成的这7卷作品是一个相互联系的整体：童年时代，斯万家那边和盖尔芒特家那边构成了叙述者"我"散布的两个方向，随着似乎独立的两个部分渐渐展开，整部小说逐渐形成一个有机的整体，而盖尔芒特公爵夫人的侄子罗贝尔·圣卢与斯万的女儿吉尔贝特的联姻为这个教堂搭上了拱顶石，把斯万家那边和盖尔芒特家那边连接起来，使全书呈现了一个宏伟的教堂的原貌，因此，各卷都是作品不可分割的部分。例如，首卷《在斯万家那边》只有与其他部分联系起来，才能被真正地读懂和领悟。在普鲁斯特的笔下，第一卷没有承担传统的展示情节故事框架的任务，而是变成了"某种暂时的思想和精神形成过程的框架"，"人物构造由展示人物性格发展的完整性和人物语言、行动的具体性转换成了展示人物的思想、意识形成的独立性"④，是对传统叙述结构的反叛。维尔迪兰小集团中的画家比施，后来成为了伟大的画家埃尔斯蒂尔；"我"在外叔祖父家遇见的那位穿红衣服的女子，原来就是奥黛特，后来成为了斯万夫人，后来又成为了福什维尔夫人；

---

　　① ［法］让-伊夫·塔迪埃：《普鲁斯特与小说》，桂裕芳等译，428 页，上海，上海译文出版社，1992。

　　② ［法］克洛德·莫里亚克：《普鲁斯特》，孟湄译，145 页，北京，生活·读书·新知三联书店，1991。

　　③ ［法］马塞尔·普鲁斯特：《追寻逝去的时光》，第一卷，周克希译，7 页，上海，上海译文出版社，2004。

　　④ 刘成富：《试论普鲁斯特的文学创作》，载《扬州大学学报》，2001 年第 5 卷第 6 期。

"我"在妓院里遇见的那个女子，后来成为了拉谢尔，已经是圣卢深爱的情妇。

但是，全书仍然存在一根潜在的贯穿始终的逻辑轴线，即叙述者"马塞尔如何成为小说家"这一过程，因此《追忆似水年华》是一部关于艺术的小说。马塞尔从小便希望成为小说家，但是他不断地怀疑自己的写作才能。例如，当盖尔芒特夫人让他把正在酝酿的作品的主题讲给她听时，"（我）竭力想找出一个能让自己把握住某种无限的哲学意义的主题时，我的脑袋瓜子就不听使唤了，眼前一片空白，我觉得自己没有天才，也说不定是有种什么脑子的毛病妨碍了它的诞生。"① 由于对自己才能的怀疑以及缺乏行动的意志，他一直推迟自己的写作计划，并且热衷于上流社会的社交生活。但他逐渐发现，笼罩在谎言下的上流社会和他经历的爱情所带给他的幸福是虚幻的，不断流逝的时间在无情地吞噬着生命，他陷入深深的苦恼。在《寻回的时间》中，他借助于无意识的回忆再现过去的幸福，超越了时间因此不必再担心遗忘和死亡。"我"进而悟出："真正的生命，终于发现和照亮了的生命，因而实实在在感受到的生命，就是文学"，他在痛苦之中认识到"艺术作品是失而复得的时间的唯一手段"，在小说的结尾处毅然决定开始写作，希望借助艺术把摆脱了时间制约的瞬间固定下来。

小说布局的成功取决于小说的叙事艺术，这部作品的核心，便是小说中具有多种功能的第一人称的叙述者"我"，而"第一人称的叙述是有意的美学选择的结果"②。普鲁斯特用自己的一部分生平经历塑造了叙述者这个人物，但这个叫马塞尔的叙述者"我"并不等于作者，普鲁斯特也一直将自己与叙述者区别开来："叙述者说'我'，而他并不总是'我'"③。《追忆》的叙事焦点集中在"我"这个人物上，通过这个人物的视角引出形形色色的人物。于是，通过这种"内聚焦"的叙述方式，叙述者除了讲述所见所知的事之外，还讲述打听到的事情。例如斯万与奥黛特的爱情故事发生在"我"出生以前，这个故事是"我"离开贡布雷多年以后听说的爱情故事。由于作者采用了"内聚焦"的叙述方式，叙述者的视角带有局限性，不得不依靠其他视角的协助。全知全能的小说家的干预，就可以帮助叙述者描写未曾经历的场面。

在叙述方式上，小说借"追述"来"预述"，或者利用"预述"来"追述"。前者指叙述者在追述过去发生过的事情时，经常以现时为立足点，追述过去对未来的展望。就是说，叙述者回首往事，实际上在写未来，从过去想象未来。小说第 2 卷《在如花的少女们身旁》，叙述者回忆往事，想起斯万在婚前精心谋划，希望妻子女儿日后能够跻身上流社会的沙龙。叙述者追述往事时，却写了斯万对未来生活的憧憬，这就是借"追述"来"预述"，追述与预述交织在一起。于是，当过去的"未来"发展成

---

① ［法］马塞尔·普鲁斯特：《追寻逝去的时光》，第一卷，周克希译，190 页，上海，上海译文出版社，2004。

② 郑克鲁：《普鲁斯特〈追忆似水年华〉的多声部叙事艺术》，载《临沂师范学院学报》，第 26 卷第 2 期。

③ 郑克鲁：《普鲁斯特〈追忆似水年华〉的多声部叙事艺术》，载《临沂师范学院学报》，第 26 卷第 2 期。

为"今日的现在"，现实便打破或者纠正了原来的幻想，斯万婚后多年，奥黛特依然是盖尔芒特沙龙不受欢迎的人，与斯万当年的心愿截然相反；后者则指叙述者对未来的憧憬与展望中，常带有"追述"的特点。叙述者在写"未来"时，他不是写未来将发生的事情，而是写"将来的往事"，在对未来的憧憬中出现过去或者现在发生的某段往事。《在斯万家那边》中，叙述者一家在某年夏日每天都吃芦笋："许多年以后我们才知道，我们那年夏日之所以每天都吃芦笋，是因为分派剥洗芦笋的可怜的厨娘闻到芦笋的味道就发哮喘病，结果她的哮喘真的发作，最后不得不辞离了。"在这里，叙述者虽然交代"多年以后我们才知道"，这是对将来发生事情的"预述"，然而发生的却是那年夏天的往事，得知了那年每天都吃芦笋的真实原因，原来是莱奥妮姑妈的厨娘弗朗索瓦兹想独揽大权，于是设计赶走其他仆人。这段文字貌似在写未来，实际上在写过去，从日后将要获得的认识来揭示过去或现在某一事件的意义，这样有助于尊重叙述者的视角，避免成为全知全觉的叙述者。上述两种方式的重叠使用，使小说的时序变化呈现出"无时序"状态，打乱了小说单级的时序颠倒，使时序呈现多级的复合变化；在叙事的节奏上，篇幅庞大的场景叙述与停顿的交替出现，使得极端的省略形式和无比膨胀的饱和叙述互相更迭，造成张弛有序的叙述节奏，形成强烈的节奏对比。《追忆》依然具有传统的场景叙述，即具有戏剧性情节的场景，如斯万与奥黛特的那些卡特兰之夜。但是小说具有五个最具代表性的庞大场景，它们分别是："维尔巴里西斯家的日间聚会"、"盖尔芒特家的晚宴"、"亲王夫人家的晚会"、"拉普利埃城堡的晚会"、"盖尔芒特府邸的日间聚会"。这五个场景的功能打破了传统的场景功能，不再是戏剧冲突集中的地方，整个场景的故事时间都是一个下午或一个晚上，但是叙述的篇幅却都在百页以上。每个场景并没有线性地叙述情节，很少交代这些聚会过程中发生的事情。普鲁斯特借这些场景，由一次晚宴或一个下午传递、描述与该场景并无特殊关联的信息、背景，以叙述者为中心，过去、现在自由穿插，任回忆、想象、议论、描写、心理分析等融合在一起，而传统的故事情节处于停滞的状态，得到的是一个个臃肿的场景。例如，《寻回的时间》中"盖尔芒特府邸的日间聚会"，故事的时间持续了仅仅 3 个小时，但是整个叙述的篇幅却长达 190 页，除了 50 页叙述聚会过程中发生的事情，140 页均用于叙述无意识回忆所触发的往事，以及叙述者的艺术观点、写作计划，等等；在叙事的频率上，《追忆》中单一性叙事与重复性叙事相互结合，前者指叙事上"讲述发生过一次的故事"，后者指"讲述发生过若干次的故事"。《追忆》第 1 卷的"贡布雷"部分，除了斯万来访、凡特依小姐与女友亵渎凡特依先生的照片等单一性场景，存在大量的重复性叙事，作者的大部分笔墨用来叙述过去在贡布雷时每天或每星期重复发生的事情，并且常常借助于表示习惯与重复的时间状语。例如，小说的第一句就是典型的重复性叙事："在很长一段时期里，我都是早早就躺下了。"① 这句话中的时间状语"在很长一段时期里"表明"早早躺下"这个动

---

① ［法］M·普鲁斯特：《追忆似水年华》，第一卷，李恒基、徐继曾译，3 页，南京，译林出版社，1991。

作重复发生了多次，呈现出一种周而复始的状态。重复性叙事贯穿了整部小说，这反映出普鲁斯特对不同时刻的相似性具有极度的敏感，极容易发现此时此刻与彼时彼刻的相似之处①；在叙述的人称上，除《斯万之恋》采用第三人称叙述，其余全部用第一人称叙述。整部小说的叙述者是成年人，他回首往事，讲述"我"（马塞尔）即主人公年轻时的爱情，记述自己思想的演变，寻求生活的真谛。叙述的"我"和被叙述的"我"这两个声音或并列或交织，到最后主人公兼叙述者决定写一部书时，二者才合二为一。除此之外，我们时而还能听到无所不知的叙述者（作者）的声音，于是作者、叙述者、主人公统一起来，都叫马塞尔，所以三者之间具有非常微妙的关系。这种叙事方式无论是对西方当代小说还是对中国当代小说都产生了重大的影响。

从内容上看，时间和回忆是普鲁斯特小说美学的两大主题，爱情也是另外一个重要的主题。普鲁斯特具有独特的爱情观，通过斯万和马赛尔的情感经历，他对爱情做了鞭辟入里、细致入微的心理分析。但总的说来，普鲁斯特笔下的爱情是悲观的、令人绝望窒息的，建立在平等的、两心相悦基础之上的爱情并不存在。《追忆》主要存在两种形式的爱情：异性之恋、同性之恋。前者以斯万的爱情、马塞尔对吉尔贝特、阿尔贝迪娜的爱情、圣卢对情妇拉谢尔的爱情为例；后者主要以夏吕斯男爵、青年军官圣卢、裁缝絮比安、凡特伊小姐、阿尔贝迪娜等男女同性恋的恋情为例。爱情中有快乐、焦虑、烦恼、嫉妒、猜疑与痛苦，最终是感情的冷淡与遗忘。而在爱情中陷得越深也最容易受伤害。在异性之恋中，作者都是从单方面的男性角度出发，叙述他们堕入爱情的感受，爱情的对象是一个被动的接受者的角色。同时，普鲁斯特笔下的爱情还是艺术的产物。例如艺术的魅力帮助了斯万爱情的产生。当斯万与奥黛特相识时，奥黛特的美是他不感兴趣的一种美，"这种美不能激起他的丝毫欲念，甚至会引起一种生理的反感"，她的面孔给他带来的是深深的失望。但是，作为艺术爱好者的斯万有一个特殊的爱好，喜欢在大师的画作中找到现实生活中人们的一些特征。有一次，他突然从波提切利的画作《耶斯罗的女儿》中看到了奥黛特的某些特征，发现了奥黛特的艺术价值。在早期的短篇小说《冷漠的人》中，普鲁斯特也曾运用同样的手法，女主人公玛德莱娜在勒佩脸上看到了路易十八高贵、柔弱的面庞，给滋生的爱情蒙上了艺术的光彩，赋予了爱情新的含义。除了绘画之外，音乐、文学起到同样作用。凡特伊奏鸣曲中的那个乐句令斯万久已干涸的心灵仿佛对音乐产生了一种默契的感应，他把这个在维尔迪兰家再次听到令他激动万分的乐句看成是爱情的一种信物、一种纪念，把他和奥黛特紧紧联系在一起的"国歌"。至于文学，在后来叙述者对吉尔贝特的爱情中，"我"对她的爱最初不是因她本人而生，而是因为爱屋及乌，因为他倾慕的大作家贝戈特是她的老朋友，他们常常一起同桌共餐，参观游览，就像叙述者自己承认的："就说吉尔贝特吧，我之爱她，难道主要不是因为她戴着贝戈特女友的光环，和贝戈特一起去参观大教堂吗？"因此，斯万小姐增添了无限的魅力，这也成为了爱情诞生的先决条件。爱情与嫉妒同样不可分离。马塞尔·穆勒曾指出："对

---

① 张寅德：《普鲁斯特小说的时间机制》，载《外国文学评论》，1989（4）。

马塞尔·普鲁斯特来说，陷入爱情，嫉妒之情随之产生。"① 的确，在《斯万之恋》甚至整部《追忆似水年华》中，爱情与嫉妒的关系是唇齿相依，不可分割，有爱情便会有嫉妒，假如爱情中没有了嫉妒，爱情肯定也会随之消失。在对同性恋的描写中，普鲁斯特分析了他们的心理特征，试图对他们的变态行为做出解释。性欲倒错的爱情由于难以启齿，他们就不得不掩盖自己的秘密，不得不生活在谎言之中。他们的行为常常表现得古里古怪，令人费解。在《追忆》中，这类反常的爱情被当成一种恶习，普鲁斯特字里行间流露出悔恨与羞愧，这似乎是他自身忏悔与自我剖析的需要。

　　《追忆》的另一个突出特色便是普鲁斯特独树一帜的语言风格。纪德曾经对此有过精彩的论述："我在普鲁斯特的文章风格里寻找缺点而不可得。我寻找在风格中占主导地位的优点，也没有找到。他不是有这样那样的优点，而是一切优点无不具备……他的优点并非先后轮流出现，而是同时一齐出现。他的风格灵活生动，令人诧异。任何另一种风格，和普鲁斯特的风格相比，都显得黯然失色，矫揉造作，毫无生气。"② 普鲁斯特独树一帜的语言风格主要受拉斯金的影响，句子绵长而婉转，画面丰富，语言富有音乐性、节奏感，常有对事物方方面面的分析，传达着强烈的诗意。在长期的翻译过程中，普鲁斯特受到潜移默化的影响，他希望创立一种美的语言，即标志着个人的选择、爱好、犹豫的语言。于是，在他笔下，句子需要表达错综复杂、极为微妙的关系，而且有充分的因由要表达，看似"冗长"对他来说却完全必要。画面层出不穷，异常精彩，让翻译家觉得"犹如一棵树分出好些枝桠，枝桠上长出许多枝条，枝条上又长出繁茂的叶片和花朵"（周克希语）。这种语言风格主要表现为大量复杂重叠的长句和丰富多彩的句型。这些长句或并列，或交错，或连绵，形成了一种容纳多个复合句的立体的句法结构，由各种从句（关系从句、状语从句等）、插入句或者标点符号构成，使得句子绵延不绝、容量充沛，有助于表达细腻、曲折、复杂的感情，宣泄内心各种印象、感觉、意念。在小说第 1 卷"贡布雷"部分，叙述者躺在床上回想他曾住过的那些房间：冬天的那些房间、夏天的那些房间、属于路易十六风格的房间和天花板高得出奇的房间。这个著名的句子原文长达 51 行③，依靠关系代词 où、que、qui 和分号、冒号、破折号等标点符号逐层递进，向纵深发展，描写了"我"对这些房间方方面面的感受。除了长句之外，《追忆》中还具有丰富多彩的句型。大量平淡朴实的短句，与华丽多彩的长句相互衬托。普鲁斯特还常常改变句子的正常词序，将关键的单词置于意想不到的地方，使得整个句子具有了与众不同的语言效果。例如，"窗玻璃上轻轻一声，好像有什么东西碰了一下，接着是一阵簌簌落落的声响，仿佛有人在上面的窗口往下撒沙子，然后这声响弥散开来，渐渐形成一种节奏，流

---

① M. Mullet, *Les voix narratives dans La Recherche du temps perdu*, Librairie Droz, Genève, 1983.
② 罗大冈：《生命的反刍——论〈追忆似水年华〉》，载《外国文学评论》，1988（4）。
③ Du côté de chez Swann, Gallimard, folio, 1987, pp. 7-8.

畅、洪亮而富有乐感，无穷无尽，无所不在：这是雨声。"① 整句话的中心词"雨声"被放置了句子的末尾，前面用一系列形象的动词、形容词描写了"未见雨点而先闻其声"的过程，使得这雨声的描写意味隽永。在用词上，普鲁斯特喜欢将几个名词、形容词、动词并列使用，这种并列产生了一种节奏美，符合细致的观察和表达内心活动的需要。例如，他在描写莱奥妮姑妈房间的气味时写道："（这些气息）就变得像乡镇上报时的大钟那样闲适，那样一丝不苟，悠忽而又有条不紊，无忧无虑而又高瞻远瞩，有如洗衣女工那般清新，有如早晨那般宁谧，充满虔诚的意味，怡然自得地把整座小城笼罩在一种和平的氛围里……"②，这一系列的形容词与人的嗅觉、触觉等结合起来，展示了一个不平凡的房间，这里的空气充满着"一种滋养膏腴、沁人心脾的静谧的精华"，甚至让人"垂涎欲滴"③。同时普鲁斯特对人物的语言进行了精心的描述，通过语言透露出人物的身份、地位、个性、文化水平，塑造了一个个丰满的人物形象，而语言的变化也反映出人物社会阶层的改变。女仆弗朗索瓦兹的语言充满了语法错误，话语里的某些词汇完全是普鲁斯特新创的，在字典中不存在，却极其生动传神。她把单词 lion 发成 li-on，译者为了用汉语体现她的语言特色，聪明地分别译作"狮子"与"柿子"④，把单词 parentèse 看成是 parenté，把 perfidité 看成是 perfidie，体现了一个没有文化的女人生动的语言；前大使诺尔普瓦的语言具有外交辞令，显示了他谨慎持重的外交习惯；奥黛特爱赶时髦，说话时喜欢夹杂英语外来词，从斯万那里学会了上流社会惯用的某些词语和特殊的发音。普鲁斯特的语言实际展示出了"纷乱的思绪、丛生的意念、心灵的感受、思想的演变、认识事物本来面目和探索人生真谛的过程"⑤。

《追忆似水年华》在小说艺术上的探索，给后来的小说家们带来精神上的震撼，为 20 世纪各国的小说家们呈现了一个陌生的形式和未知的世界。

---

① "Un petit coup au carreau, comme si quelque chose l'avait heurté, suivi d'une ample chute légère comme de grains de sable qu'on eût laissés tomber d'une fenêtre au-dessus, puis la chute s'étendant, se réglant, adoptant un rythme, devenant fluide, sonore, musicale, innombrable, universelle: c'était la pluie." ［法］马塞尔·普鲁斯特：《追寻逝去的时光》，第一卷，周克希译，114 页，上海，上海译文出版社，2004。

② (les odeurs), oisives et ponctuelles comme une horloge de village, flâneuses et rangées, insoucieuses et prévoyantes, lingères, matinales, dévotes, heureuses d'une paix…) ［法］马塞尔·普鲁斯特：《追寻逝去的时光》，第一卷，周克希译，55 页，上海，上海译文出版社，2004。

③ ［法］马塞尔·普鲁斯特：《追寻逝去的时光》，第一卷，周克希译，55 页，上海，上海译文出版社，2004。

④ La comparaison d'un homme à un lion, qu'elle prononçait li-on, pour Françoise, n'avait rien de flatteur. "把人比作狮子——她说成柿子，出自弗朗索瓦兹之口是绝无恭维之意的。" ［法］马塞尔·普鲁斯特：《追寻逝去的时光》，第一卷，周克希译，98 页，上海，上海译文出版社，2004。

⑤ 李赋宁：《欧洲文学史》，第三卷，上册，192 页，北京，商务印书馆，2002。

第四节　接受与影响

文学上的接受与影响实际上就是文学的继承，这种继承使生活在不同时间、不同空间的人因为对文学的喜爱被联系在一起。一位作家就是一名勤奋的阅读者。阅读他人的作品、模仿他人的风格，恰恰是为了不断地发现自己，使他写作的独立性更加完整。普鲁斯特阅读了大量的文学作品，这一点从他作品、通信中的引用、他的模仿习作可窥一斑，这些作家有圣西门、塞维尼夫人、圣伯夫、福楼拜、巴尔扎克、波德莱尔、奈瓦尔、勒南等。作品《追忆似水年华》被认为是一部创新的小说，但这种创新并不是割断了传统的创新，而是继承了法国文学的优秀传统的创新，是在传统的基础上的发展。文风的旷达、高雅与回忆录作家圣西门一脉相承；娓娓动听、徐徐道来的叙述方式当来自书简作家塞维尼夫人；梦境细致的描绘，爱情深刻的分析来自奈瓦尔；巴尔扎克作品中的秘密移植到了普鲁斯特的人物上，《人间喜剧》看似分散实为一体的结构用在了《追忆》的布局中；句子的音乐性，偏爱与回忆相联系的画面当来自勒南。这种继承是一种创造性的继承，这些作家的影响在普鲁斯特身上就如同盐入水，有味可尝而无迹可寻，帮助普鲁斯特形成了他自己独特的风格。就像普鲁斯特从别的作家那里汲取知识的营养，锤炼自己的写作技巧，在今天，他也成为了后代作家们参考的对象，他的作品跨越国界，跨越偏见，以无法阻挡的魅力征服了各国读者。于是，我们在不同国家、不同时代的文学作品中辨出了他的影子。

普鲁斯特在中国的接受与小说这个文学类别于 19 世纪末在中国出现强烈的变革要求息息相关。在 19 世纪末期，鸦片战争后西方文化的融入，政治意识、伦理意识、民族意识、人生经验、思维方式等汇聚成新的时代精神，小说界出现了强烈的改革要求。以下 3 个因素促使小说界进行变革：（一）近代都市生活在很大程度上接受了西方生活方式的影响，改变了人们的审美趣味和艺术眼光。同时，由于近代教育的发展，读者大众逐渐壮大，而"读者阶层的逐渐扩大影响着以他们为对象的文学的发展"[1]。从生活到精神由传统向现代转变的都市读者，希望小说进行改革以适应他们新的审美趣味。（二）大众传播方式在近代兴起，小说改变了口头讲述、传抄、私下刻印的方式，发展到报刊连载和大批量公开发行，推动了小说叙事体式、叙事语言等的改变，使得读者从隐秘转向公开，主体意识大大增强。作者为考虑读者的阅读反应，从而改变小说的创作方式。（三）"人的观念"的解放让人的个性挣脱了几千年政治专制和伦理专制的束缚，"从前的人，是为君而存在，为道而存在，为父母而存在，现在的人才晓得是为自我而存在了。"[2] 小说家们开始强调作品的"人文"性质，重视对人的命运、人的性格、人的心灵的关注，小说的表现内容由对人的外部环境的描述更多地转

---

① ［法］伊恩·P·瓦特：《小说的兴起》，高原、董红钧译，33 页，北京，生活·读书·新知三联书店，1992。

② 郁达夫：《中国新文学大系·散文二集·导言》，上海，上海良友图书公司，1935。

向对人的内心世界的挖掘。同时，提倡创作自由、张扬个性、强调小说创作中的鲜明的艺术特征，可以使作家们充分发挥个人才能，大胆地进行艺术探索。

人类的进步，社会的变迁使得模式单一的古典小说很难适应社会的变化，读者的需求。古典小说的线性结构、全知全觉的叙述模式、"讲述性"的语言都是追求小说的"故事性"，为小说的"娱乐性"功能服务。但在新的时期，小说被赋予了新的功能，促进社会变革，启迪人的心智，小说的娱乐功能降低，服务社会变革的功能增多。小说家们要求扩大小说功能，使小说由"稗官野史"的通俗文学转变为"启迪蒙昧"、"改良群治"为追求的严肃文学，使小说由文学的"边缘"向"中心"位移。在这一变革过程中，无论是清末民初"小说界革命"的倡导者，还是新文化运动的先驱们都将目光转向了外国文学，希望借用"它山之石"，为中国小说界输入新的血液。于是，大量的小说家被译介进入中国，其中就有普鲁斯特。

20 世纪 20 至 40 年代是普鲁斯特在中国接受的第一个阶段，最初只有报刊、杂志上对普鲁斯特的介绍片段和作品翻译的节选。1923 年，茅盾在《小说月报》第 14 卷第 2 号上介绍两位去世的法国小说家：皮埃尔·洛蒂和马塞尔·普鲁斯特。在茅盾的笔下，普鲁斯特被介绍成一位著名的小说家，在献身文学事业之前是一位"烟草制造家……一九〇九年被举为法兰西学会会员"①，作品《在斯万家那边》于 1913 年发表，《在如花的少女们身旁》获得 1919 年龚古尔文学奖。很显然，作者肯定混淆了普鲁斯特和他同代的一位小说家马塞尔·普雷沃的名字，这也间接地反映出作者并不了解普鲁斯特这位作家。两部作品的翻译节选分别是卞之琳 1934 年发表在天津《大公报》上的《睡眠与记忆》和《法文研究》上的《嫉妒的末日》（选自《欢乐与时日》）。《睡眠与记忆》译自《追忆》开头的片断，描写了叙述者在梦中似睡非睡、似醒非醒时的一些幻觉，没有人物、没有故事，就像某些读者谈到的"不是小说的章节，而像一篇绝妙的散文"②，给习惯了传统小说故事情节的读者呈现了一种陌生的形式。后来这篇译文收入卞之琳先生的散文集《西窗集》，在写于 1936 年的一篇散文《成长》中，诗人更是触及到了时间与回忆的主题，他感叹时光的流逝，岁月的无情：年轻人成为老人后，当他回想自己年轻时的甜蜜往事，"像普鲁斯特一样，作'往事之追寻'，那时候不觉得荒凉吗？"③ 在诗人的眼中，这种回忆是悲伤的，还不是普鲁斯特作品中那种能够重温过去幸福的回忆。

除译文外，我们不能忽视一些报刊、杂志上的简短介绍，因为这些简短的还不能算作文学批评的文章给中国读者勾画出普鲁斯特的独特形象，部分文章已经在向读者慢慢介绍普鲁斯特作品的某些现代性。例如，在《现代》杂志上，普鲁斯特的名字出现了 5 次④，如戴望舒翻译的《世界大战以后的法国文学》（贝尔纳·法伊）、《关于雷

① 沈雁冰：《新死的两个法国小说家》，载《小说月报》，1923 年第 14 卷第 2 号。

② 赵丽宏：《心灵的花园——读〈追忆似水年华〉随想》，载《小说界》，2004（4）。

③ 卞之琳：《陋室铭——卞之琳散文随笔选集》，北京，中央编译出版社，2005。

④ Isabelle Rabut, Angel Pino, *Pékin-Shanghai*, *Tradition et modernité dans la littérature chinoise des années trente*, Bleu de Chine, Paris, 2000，pp. 269-270.

蒙·拉迪盖》（让·科克多）及施蛰存翻译的《新的浪漫主义》（奥尔德斯·赫胥黎）等文章中都提到了普鲁斯特的名字，注意到了普鲁斯特对心理的刻画，认为他是心理小说流派的作家。但同时，对普鲁斯特也存在误解，在周起应《到底是谁不要真理，不要文艺?》的批评文章中，普鲁斯特被看成资产阶级文学的不道德的作家，居然用六页的篇幅来描写一个女人的微笑，普鲁斯特被打上了阶级的烙印。随着20年代象征主义理论被引进中国，三四十年代的批评家们运用英美文学的观点来解读普鲁斯特，使得普鲁斯特渐渐在读者眼中成为了"象征主义"的代表作家。例如，《西窗集》中，普鲁斯特的名字是与波德莱尔、马拉美、瓦莱里等象征派大师连在一起；1933年《北平晨报》发表了由曹葆华翻译的美国批评家爱德蒙·威尔逊批评专著《阿克塞尔的城堡：1870—1930年间想象文学》8的部分章节①。在《象征主义》一章中，作者明确指出普鲁斯特是第一位将象征主义理论运用到文学创作的小说家，将普鲁斯特纳入了象征主义的阵营。普鲁斯特虽然拥有"象征主义"的头衔，但批评者渐渐地认识到他作品的美学价值，虽然有些认识还比较肤浅，不是在对普鲁斯特作品仔细阅读基础上的批评。例如，叶灵凤在《谈普洛斯特》中指出《追忆》具有自传的色彩，它"着重于内心分析，人物的活动不过是他所要描写的精神活动的佐证而已。在这方面，普洛斯特是承继着他的前辈斯坦达尔的遗产，远在乔伊斯的《优力栖斯》之前，为现代小说着重于内心分析的大路奠下了第一块基石"②。20世纪40年代后期，盛澄华在《〈新法兰西评论〉与法国现代文学》《普卢及其〈往事追踪录〉》中对普鲁斯特有着更为详尽的论述，他指出：普鲁斯特"藉他独特的风格和方向替现代小说开拓了一片新天地，他曾是纪德和N. R. F.同人所最叹赏的一位作家"③。他以详尽的笔墨分析了《追忆似水年华》，称这"是为'遗忘'和'记忆'所写的一部史诗"，把这部作品判断为一部"江河小说"，"但他并不用一般写实的手法，认为这只能软弱地划出每一事物的线条与平面，而不足以深入到事物的本质世界，一个更丰富而内在的世界。因此普卢独创了他一己的文体，一种紧随思想节奏与生命节奏的文体。"④ 这个时期，对普鲁斯特作品分析比较深刻的一篇文章是发表于1942年《法文研究》的《普鲁斯特》，作者认识到了《追忆》中的艺术价值，如时间、回忆以及艺术的功能，认为普鲁斯特是一位先驱者，给予未来的小说家重要的启发。

从本质上说，普鲁斯特的作品满足了中国当时小说改革的需要，他的接受是在具有了"期待视野"基础上的接受，他对内心世界的探索也符合当时小说表达人的心灵的要求。"象征主义作家"这个形象的产生，是中国20世纪20年代到40年代文化过

---

① 曹葆华译自威尔逊《阿克塞尔的城堡》一书的章节有《象征主义》，发表于《北平晨报》1933年12月4日、12月5日、12月7日，同一篇译文又以《象征派作家》的题目在1935年重新发表（1935年5月23日、6月13日、6月27日）。

② 叶灵凤：《读书随笔》，50页，北京，生活·读书·新知北京三联书店，1988。初版由上海杂志公司出版，1936年。

③ 钱林森：《法国作家与中国》，547页，福州，福建教育出版社，1995。

④ 转引自吴晓东：《象征主义与中国现代文学》，93页，合肥，安徽教育出版社，2001。

渡的结果，也是中国当时的文学批评与英美文学批评双重作用的结果。但是 30 年代以后，小说创作渐渐采用现实主义的美学原则，小说成为服务政治的工具。普鲁斯特的小说不能适应这种需要，和很多小说家一样，在 20 世纪 50 年到 70 年代末在中国受到了排斥。从接受美学的角度看，这个阶段的接受也是时代精神选择的结果。首先，这是一个强调群体价值而否认个人价值的时代，艺术表达独特性的存在与同时代的艺术要求相对立。其次，"社会主义的现实主义"成为作家认识社会、表现社会生活的主要创作方法，小说成为以塑造高大全式的人物形象、叙述故事情节为主的为社会主义服务的文学体裁。故事情节的完整性与人物形象的生动性成为小说艺术的审美原则。普鲁斯特的作品无法适应这种僵硬的艺术模式，形式上它不具有完整的故事情节，内容上它主要描绘的是上流社会的生活，这决定了这位"资产阶级"作家的作品无法为大众服务，也就无法被翻译与出版。从本质上讲，普鲁斯特小说所表现出来的现代意识，所隐含的丰富内涵，所使用的叙述手法根本不可能被提倡单一价值观与美学观的时代和大众所认知。普鲁斯特只能被当做实现和认知社会主义价值观的障碍，对他的译介也就无从谈起。

20 世纪 70 年代末期，随着性格多元论的兴起，"人的观念"又一次解放，文学个性再次苏醒。这也形成了普鲁斯特在中国接受的第三个阶段。在这个时期，中国的读者、研究者对现代派文学的认识渐渐深入，给予了普鲁斯特高度的评价。廖星桥先生的评论字字珠玑，极具代表性："作者有着驾驭语言的杰出本领，文字如行云流水，情节连接自然，雕刻恰到好处，整部作品并不见斧雕之痕，倒像一座由无数的大小回忆之层垒筑起来的巧夺天工的象牙之塔，实在是法国文学宝库中一件艺术佳品。"①

从作品的翻译上看，20 世纪 80 年代初期普鲁斯特作品的节译已经出现在一些作品选或者文学刊物中。例如，桂裕芳翻译了《小玛德兰点心》的片断和《斯万的爱情》节选（收入《外国现代派作品选》B 卷②）；《世界文学》1985 年第四期刊发了《欢乐与时日》中的短篇小说《巴尔达萨尔·希尔旺德的死亡》、散文诗《梦》③ 的翻译，1988 年第 2 期发表了《普鲁斯特传》和《追忆似水年华选章》，前者是雷蒙·皮埃尔-坎《马塞尔·普鲁斯特，他的生活，他的作品》的前五章，后者是《贡布雷》的选译。除了节译，从 1985 年开始，在南京译林出版社的倡导下，十几位专家学者合作翻译了《追忆似水年华》7 卷。这个全译本由多名译者共同翻译，每位译者在文本理解、文字表达的能力与习惯上都不相同，在很大程度上影响了全书风格的统一，但中国读者首次看到了这部杰作的全貌。随着普鲁斯特研究在中国的深入，为了使整部作品风格统一，由一位译者翻译整部作品成为必然，目前周克希先生、徐和谨先生担当起了以一人之力翻译整部作品的工作。随着他们译作的陆续问世，他们对原文的理解、表达、译者的风格对原文的传达等方面都给普通的读者提供了比较的对象。除此

---

① 廖星桥：《法国现当代文学论》，48 页，长沙，湖南师范大学出版社，1991。

② 袁可嘉等：《外国现代派作品选》，B 卷，北京，北京燕山出版社，2006。

③ 题目为《梦》（外四篇），但包含有《梦》《湖边邂逅》《散布》《宛如月光》《栗树》。

之外，普鲁斯特其他作品和对普鲁斯特作品的评论著作也陆续被翻译出版，如《驳圣伯夫》、克洛德·莫里亚克的《普鲁斯特》、安德烈·莫罗亚的《普鲁斯特传》（1998）、让-伊夫·塔迪埃《普鲁斯特和小说》等。总的说来，这一时期的翻译作品，一方面让我们了解到了普鲁斯特文学创作的整体情况，它不仅是一位小说家，还是一位批评家；另一方面，传记的翻译展现了普鲁斯特的生平，能帮助我们更好地理解他的作品。而评论著作的翻译则有利于理解普鲁斯特作品的艺术性，理解他的美学主张。经过几代译者不懈的努力，普鲁斯特不再是一个抽象的名字，他渐渐由高高耸立的文学殿堂走入寻常百姓家，凭借网络、电台、报纸等传播形式，他的作品拥有了越来越多的读者，如上海《新民晚报》从 2003 年开始以《普鲁斯特的美文》这个总题目连载周克希先生译文中的一些片断：凡特伊奏鸣曲、斯万之恋等；上海广播电台著名主持人叶沙在自己主持的《上海心情》《相伴到黎明》节目中，将周克希先生的译文介绍给听众。

　　从文学批评上看，20 世纪 80 年代初期中国对普鲁斯特的评论明显落后于作品的译介。批评家们在英美文学思想的影响下，认为普鲁斯特是"意识流先驱"。《现代小说技巧初探》中将普鲁斯特与乔伊斯、海明威、福克纳、卡夫卡等作家并列在一起，认为他是运用意识流"这种语言进行创作的代表人物"。这种说法得到了大家的赞同，后来在很多文学史的著作中延续了这个说法。例如，《外国现代派作品选》的 B 卷介绍了几位运用"意识流"进行创作的代表作家：普鲁斯特、伍尔夫、乔伊斯、福克纳和横光利一（日本），认为"典型的意识流小说中的人物上场时，不带任何身世介绍或环境描写，有的连名姓也不具备，而是通过独白讲自己的感受"，而它的基本方法是自由联想、内心独白和旁白等，并且意识流小说家"打破传统小说以时间为序的结构，而采用过去、现在和未来有时彼此颠倒，有时互相渗透的写法"[1]。普鲁斯特也运用了这种创作方法，是"意识流小说的鼻祖之一"。但令人惊异的是，法国本土关于普鲁斯特的文学研究，却极少使用"意识流"，而使用"内心独白"来表现普鲁斯特作品中的独特性，能不能并入"意识流"的范畴，是不是像威廉·詹姆斯说的那样是"一条斩不断的流"，还需我们进一步的探讨。这一时期，我国理论界开始译介国外当代文学理论，弥补我国长期与外界隔离带来的理论上的匮乏，希望改进文艺理论创新与研究落后的状况。例如，1984 年出版的《法国作家论文学》，介绍了从第一次世界大战到 1982 年期间法国文学中有代表性的作家的文论。虽然编译者当时或多或少还受到苏联意识形态的影响，但这本文集大量介绍了作家们对小说理论的探讨：有他们的经验谈，有他们理论的阐发或者对小说技巧问题的探索。其中，《论美感》《艺术的直观》两篇译作介绍了普鲁斯特的美学思想，就像前言中写道的：普鲁斯特"则专注于自己的直觉、内心，他的世界常常借回忆和内心的细微颤动来显现；吸引他的是某种感受、几缕飘忽无定的轻烟。"[2] 选译的《艺术的直观》，则清楚地揭示了普鲁斯特关于文学创作的理论，诗人能感受到美的神秘规律，而"美使诗人赏心悦目，他能

① 　袁可嘉等：《外国现代派作品选》，B 卷，1～3 页，北京，北京燕山出版社，2006。
② 　王忠琪等：《法国作家论文学》，3～4 页，北京，生活·读书·新知三联书店，1984。

在任何事物中找到美，并且将它传达给我们。"① 在当时，这种对"美"的追求，对内心世界的探索，有利于丰富当时的文艺思想。

20 世纪 80 年代后期，随着普鲁斯特作品的翻译，普鲁斯特的研究者们渐渐挖掘普鲁斯特作品的美学内涵，围绕作品的结构、时间、符号、语言、叙述艺术、阅读等发表了大量的文章，如《普鲁斯特小说的时间机制》（张寅德）、《寻觅普鲁斯特的方法——论阅读》（涂卫群）、《论〈追忆似水年华〉的叙述程式》（张新木）及《论〈追忆似水年华〉中的符号创造》（张新木）等。在这些作品中，涂卫群女士关于普鲁斯特研究的专著《从普鲁斯特出发》，对普鲁斯特的写作进行了思考，从《追忆》的体裁与结构、叙述人称与视点等方面探讨普鲁斯特小说的技巧问题，并以普鲁斯特为"出发点"，将其作品置于更为广阔的 19 世纪、20 世纪文学创作和 20 世纪文学批评的背景上加以讨论，令读者不但得以进入普鲁斯特的创作世界，同时得以进入 20 世纪文学写作和文学批评的核心；张寅德先生从比较文学的角度通过普鲁斯特对中国当代作家的影响进行的研究具有新意，可以说给外国学者展示了普鲁斯特"在中国"的情况，为普鲁斯特在世界各国的接受研究添加了来自中国的声音。这些研究者大多是专门从事法国文学研究的学者，他们运用掌握法语语言的优势，直接接触到当代法国普鲁斯特研究专家们的专著，由此更加深刻地理解作品，了解国外普鲁斯特研究的最新动态，从而形成他们自己的批评观点。

当然，中国当代的作家们对普鲁斯特并不是采取漠然视之的态度。20 世纪 80 年代初期，中国文坛展开了对小说文体与小说手法革新的讨论，随之也开始了文学自觉意识的觉醒，作家们对现实生活矛盾与个人生存意义也展开了整体性的思考。普鲁斯特的作品被翻译成中文后，作家们都非常关注这部具有独特风格和艺术性的作品。对作家们而言，阅读与写作常常是连为一体的。普鲁斯特对中国当代作家们的影响主要体现在两个方面：作家们的批评言论和他们的文学创作。

首先，我们可以从作家的批评言论中看到他们对这位作家的关注，对他作品的赞赏，这是他们阅读后的思考。张炜称普鲁斯特是现代艺术"伟大"的代表作家，对《追忆似水年华》给予了很高的评价："大概可以说成前无古人后无来者的书。几乎看不到借鉴，也看不到模仿——所有的模仿都不会成功。"而普鲁斯特是一位"自信从容、旁若无人的精神巨人了。他只在自己的世界中邀游，这差不多就是一个生命的全部意义"②；陈村在《谈〈追忆似水年华〉》中真切地谈到了作为一个读者面对这部浩瀚杰作的感受，谈到了他自己对普鲁斯特细腻风格的赞赏：作品不以情节、人物取胜，而是以奇怪的思绪取胜。它从回忆开始，不厌其烦地记录过去的生活，"没什么东西是他不能形容的。他给我们的是可以捉摸的，接近丰富的，变化多端又很实在的观察和叙述。它是心理的记忆，也能读作写实……他的网编织得细密，每个细部都有

---

① 王忠琪等：《法国作家论文学》，72 页，北京，生活·读书·新知三联书店，1984。
② 张炜：《精神的丝缕》，103 页，上海，上海人民出版社，1996。

声有色"①；赵丽宏的《心灵的花园》是一位小说家以散文的笔触抒写他对普鲁斯特作品的阅读体会，记述了他对普鲁斯特"时间与回忆"、"人物形象刻画"等方面的分析与感受，指出"仔细地阅读这部小说，我们会对人生、对世界改变一些看法，包括对自身"②；王安忆则肯定《追忆》是一部有价值的作品，普鲁斯特用无数细节和回忆重新塑造了另外一种生活。

普鲁斯特的影响还以互文性的形式体现在作家们的创作中，从简单的引用普鲁斯特的名字或者其作品《追忆》中的某些片断，到作家们在回忆、时间、叙述方式等方面的借鉴，使普鲁斯特的巨著在近20年中得到了更加充分的诠释与解读。同时，从对普鲁斯特作品的阅读到作家们个人的创作，这也体现了他们对普鲁斯特作品不同的理解方式。在陈染的《无处告别》中，黛二小姐沉浸在对往昔的回忆和对未来的幻想中，普鲁斯特的作品成为了他的陪伴物："黛二像一个墨守陈规、刻板单调的女人那样，躺在沙发里，一天一天捧着普鲁斯特的《追忆似水年华》冥想，于平淡中感悟那远远的忧伤。"③ 孙甘露在《译与翻》中讲，他得到了王道乾先生翻译的《驳圣伯夫》，又通过昆德拉的作品进一步了解了普鲁斯特，他说："无须讳言，包括我本人在内的许多人深受西方文学的影响，而这种影响主要是通过中文译本获得的。"在《呼吸》中，主人公罗克也是普鲁斯特回忆方式的实践者：自主的回忆和不由自主的回忆，靠不由自主的回忆，他回想起了那个拥抱他的男子；王小波在"时代三部曲"的《黄金时代》中谈到了对普鲁斯特作品的感受："普鲁斯特写了一本书，谈到自己身上发生过的事。这些事看起来就如一个人中了邪躺在河底，眼看潺潺流水，粼粼流光，落叶，浮木，空玻璃瓶，一样一样从身上流过去。"④ 作者认为，《追忆》这个题目的中文翻译不应该译作"追忆似水年华"，而应该译作"似水流年"："这个书名怎么译，翻译家大费周章。最近的译法是追忆似水年华……照我看普鲁斯特的书，译作似水流年就对了。这是个好名字。"⑤ 于是，作者采用了"似水流年"为小说命名，讲述了王二的叙述者"我"回忆的种种往事，并且"我"非常珍视自己的过去："似水流年是一个人所有的一切，只有这个东西，才真正归你所有。"⑥ 在《纸戒指》中，卫慧为第一人称的叙述者"我"（苏趣）营造了凄清、孤寂的氛围来阅读普鲁斯特的《追忆似水年华》。小说以普鲁斯特作品开始："冬季的壁炉整夜燃着熊熊的火，木柴毕毕剥剥地响着，才灭又旺……随手翻到一页，见到 M. 普鲁斯特在漫无尽头的追忆中这样描写。石英钟发出雨滴般轻细的声音，夜色如水银一样沉重而灵动地蔓延了我的小屋。"可以说，小说的进程与苏趣对《追忆》的阅读同步，像普鲁斯特的叙述者一样，苏趣也在不断地对写作展开思考。在格非的笔下，我们可以发现很多他对普鲁斯特作品的思

① 《小说家》编辑部：《聚焦20世纪文豪》，13～14页，天津，百花文艺出版社，2002。
② 赵丽宏：《心灵的花园——读〈追忆似水年华〉随想》，载《小说界》，2004（4）。
③ 陈染：《无处告别》，78页，南京，江苏文艺出版社，2005。
④ 王小波：《黄金时代》，161页，西安，陕西师范大学出版社，2003。
⑤ 王小波：《黄金时代》，161～162页，西安，陕西师范大学出版社，2003。
⑥ 王小波：《黄金时代》，162页，西安，陕西师范大学出版社，2003。

考。例如，他认为小说的功能之一就是反抗遗忘，而普鲁斯特的遗忘"变成了纷至沓来的记忆本身"。当他对"现实"思考时，他认为"对于普鲁斯特来说，现实是一条持续流动的河道，它不仅和过去紧紧相连，同时也与未来密切相关"①。当他谈到故事时，他认为"作为一部伟大的划时代的杰作，《追忆似水年华》彻底结束了线型故事的历史，并为故事的发展、走向提供了无限丰富的可能性"②。格非还欣赏普鲁斯特的直觉，对他作品中的"遗忘"与"回忆"非常感兴趣。在一篇题为"小说与记忆"的文章中，他还写下自己一次听到肖邦的钢琴曲后产生的不由自主回忆的经历：通过肖邦的曲子，他突然回想起了童年的一幕，感受到了这个下午宁静的气氛与竹子的味道。在他创作《背景》《边缘》时，他试图将这种感觉写入作品中③。对马原而言，《虚构》的叙述者"我"是三个马原的统一：一个是作为作者的马原，即真实存在的马原；一个是作为小说叙述人的马原，他是小说中讲故事的"我"；一个是作为被叙述者而存在的马原，即小说中的主人公。这个具有三重身份的"我"集作家、叙述者和主人公于一身，这个马原从叙事角度与《追忆》中的马塞尔是多么的相似。

余华对普鲁斯特的作品有着自己独特的见解。他认为，文学应该传达个人的经验，而不是大众的经验，就像"普鲁斯特在《复得的时间》里这样写道：'只有通过钟声才能意识到中午的康勃雷，通过供暖装置所发出的哼声才意识到清早的堂西埃尔。'康勃雷和堂西埃尔是两个地名。在这里，钟声和供暖装置的意义已不再是大众的概念，已经离开大众走向个人"④。在《契诃夫的等待》中，余华高度赞扬了普鲁斯特作品的魅力，认为普鲁斯特"让等待变成了品味自己生命时的自我诉说，我们经常可以读到他在床上醒来时某些甜蜜的无所事事"，这恰恰是体会生命存在的美好时光。于是，"普鲁斯特的等待和但丁的等待是叙述里流动的时间，如同河水抚摸岸边的某一块石头一样，普鲁斯特和但丁让自己的叙述之水抚摸了岸边所有等待的石头，他们的等待就这样不断消失和不断来到"⑤。对他的创作而言，余华希望他的想象力能够像田野上的风一样自由。"只有这样，写作对我来说才如同普鲁斯特所说的：'有益于身心健康'。"⑥ 从这些字里行间，我们可以发现普鲁斯特对余华创作的影响，正如他自己说道："川端的作品笼罩了我最初三年多的写作。那段时间我排斥了几乎所有别的作家，只接受普鲁斯特和曼斯菲尔德等少数几个多愁善感的作家。"⑦ 当然，普鲁斯特对余华而言，不仅仅停留在多愁善感这个特征上。《在细雨中呼喊》像《追忆》一样，是一本关于回忆的书，同样重要的是作者对时间的感受，它成了碎片。于是，跟普鲁

---

① 格非：《小说叙事研究》，7页，北京，清华大学出版社，2002。

② 格非：《小说叙事研究》，49页，北京，清华大学出版社，2002。

③ *Lettres en Chine Rencontre entre romanciers chinois et français*. Edition Bleu de Chine, Paris, 1996, pp. 53-54.

④ 余华：《没有一条道路是重复的》，179页，上海，上海文艺出版社，2004。

⑤ 余华：《温暖和百感交集的旅程》，52～53页，上海，上海文艺出版社，2005。

⑥ 余华：《温暖和百感交集的旅程》，194页，上海，上海文艺出版社，2005。

⑦ 余华：《温暖和百感交集的旅程》，193页，上海，上海文艺出版社，2005。

斯特一样，余华试图表达出人们热爱回忆的理由，因为回忆能带来幽默和甜蜜。如同小玛德莱娜使叙述者"我"想起了贡布雷的一切，余华则认为："一个偶然被唤醒的记忆，就像是小小的牡丹花一样，可以覆盖浩浩荡荡的天下事。"与《追忆》一样，余华的这部作品或多或少融合了作者生活中的感受和理解，而这样的感受和理解也以记忆的方式得到了重温。在韩文版的前言中，余华将自己的写作经历与普鲁斯特做了比较，当普鲁斯特的脸放在枕头上时，光滑的绸缎让他产生了清新和娇嫩的感受，唤起了他的记忆。于是，余华写道："我现在努力回想，十二年前写作这部《在细雨中呼喊》的时候，我是不是时常枕在自己童年和少年的脸庞上？"而更为重要的是，"《在细雨中呼喊》有着一种在余华之前的作品中极为罕见的坦然、放松与真诚，在某些地方甚至令人想起普鲁斯特的《追忆似水年华》。与余华之前其他的作品相比，它呈现出某种惊人的率直与朴素，除了在叙述上经常出现的视角转换及由此带来的时空既分裂又同一的流动、恍惚效果外，整部作品几乎可说是朴实无华。"①

　　在法籍华裔作家程抱一先生的小说《天一言》中，主人公天一以第一人称的方式讲述了玉梅、浩郎和"我"之间的爱情和友谊，并以个人的视角，展现了从抗战前到"文化大革命"期间处于中西两个世界之间的一代知识分子的彷徨及对人性真与美的追求。在中文本版的序言中，作者详尽地阐述了自己运用第一人称自叙的理由，他希望自己写的这部小说不是通常意义的小说，而是如同法国作家普鲁斯特所设想的那种小说："他撰写《追忆似水年华》时一再表示：'真正的生命是再活过的生命。而那再活过的生命是由记忆语言之再创造而获得的。'"② 主人公天一历经岁月的磨难，但是在回忆往事时，"他克服了疲倦和痛苦，寻回尊严，整个模样都变了，变得谦和而平静，从他口中似乎产生了一股超然的力量，重新再造了一个命运。"③ 这就是回忆的力量，在回忆中我们寻回了失去的时间，找到了心灵的宁静，真正的生活是永恒的，"真实生活里什么都不会丧失，而不会丧失的东西将有一个延续和无疑知晓的未来。"这正是叙述者天一理解的关于"时间"的概念，是哲学教授 F 给予天一的启发。于是，他这样写道："当我到了法国，读到《追忆似水年华》这本书时，便又想起他这番话。和普鲁斯特相反的，我将写一本《追寻未来时光》。时间的法则，至少对我而言，以我和玉梅之间的经历，不是在完成、实现中，而是在延期和未完成中。"④ 其实，"我"所坚信的过去延续至将来，真实生活中的往事会成为永恒，因此他要写的《追寻未来时光》与普鲁斯特的《追忆似水年华》便具有了相通之处。天一和朋友浩郎都热爱艺术，浩郎是一位诗人，天一是一位接受过中西艺术熏陶的画家。当命运在他们和他们的同时代人身上镌刻深深的残暴时，他们变得异常渺小，经历了痛苦与醒悟之后，诗人浩郎终于去写，画家天一终于去画，在艺术中完成了人生的自我救赎，这是

①　王世诚：《向死而生：余华》，189～190 页，上海，上海人民出版社，2005。
②　程抱一：《天一言·自序》，杨年熙译，1 页，济南，山东友谊出版社，2004。
③　程抱一：《天一言·前言》，杨年熙译，4 页，济南，山东友谊出版社，2004。
④　程抱一：《天一言》，杨年熙译，122 页，济南，山东友谊出版社，2004。

普鲁斯特笔下的主人公马塞尔感受到的艺术的力量。两位作家的目的，都是希望在回忆中进行超越年华的再创造，用艺术的眼光，从新的角度，以新的精神去看待过去，从而展示真正的生活。两者之间的相似性，正如程抱一自己承认的："我写小说时处于普鲁斯特所说的一种状态。他认为真正的生命不止于生命那一瞬间，当时生活过的要以语言去寻求，去重新体现。用语言才能给生活以光照和意义，生活真正的奥秘和趣味才能全面地展示出来。"①

我们将普鲁斯特与这些作家联系在一起，希望在具体论证的基础上辨认普鲁斯特到底为当代作家们带来了哪些艺术表现方式，分析他们如何在吸收西方滋养的过程中创造性地把异质的因素转化为自己内在的美学风格，将普鲁斯特融入自身独特的艺术创作中，这才是普鲁斯特真正的影响所在。同时，面对普鲁斯特这样一位独特的作家，深受中国传统美学思想熏陶的中国作家如何来感受、体验、思考、鉴赏、评说，这也是普鲁斯特研究中的一个充满魅力的话题。

第五节　经典评论

"他没有通过行动本身拥抱生活，他追赶上了它。生活好像被模仿呈现在无数关联之中，最细微的形象在作者自身的经历中也能轻易地找到这些关联。……他作品的魅力存在于每个细节。人们可以随意翻开作品；其生命力并不来源于前面的叙述，在某种程度上也不取决于由此得到的幻觉；它取决于人们称之为由文本本身编织出的活性本身。普鲁斯特分割了其他作家习惯跨越的一切，而且还给我们这样的印象，我们可以无限分割下去。"②

"难道有几种回忆过去的方式吗？至少有两种。人们可以试图借助智力，通过推理、文件和佐证去重建过去。这一自主的回忆绝不可能使我们感到过去突然在现在之中显露，而正是这种突然显露才使我们意识到自我的长存。必须发动不由自主的回忆，才能找回失去的时间。那么不由自主的回忆怎样发动呢？得通过当前的一种感觉与一项记忆之间的偶合。我们的过去继续存活在滋味、气息之中。普鲁斯特写道：'不要忘记，我生命中有个反复出现的动机……比对阿尔贝蒂娜的恋情还要重要的动机，即重温旧事，这也是献身艺术者的上好材料……一杯茶、散步场上的树木、钟楼等等。'马德莱娜甜饼便是出色的例子。

叙述者一旦辨认出这种形似海贝的饼干的味道，整个贡布雷便带着当年他曾在那里感受到的全部情绪，从一杯椴花茶中浮现出来；亲身的经历使这座小城在他眼里倍觉动人。当前的感觉与重新涌现的记忆组成一对。这个组合与时间的关系，犹如立体镜与空间的关系。它使人们产生时间也有立体感的错觉。在这一瞬间，时间被找回来了，同时它也被战胜了，因为属于过去的整整一块时间已变成属于现在的了。因此艺

---

① 程抱一：《天一言》，杨年熙译，282 页，济南，山东友谊出版社，2004。
② Proust, *Combray*, Collection de Petits classiques, Larousse, 2002, p. 388.

术家在这种时刻感到自己征服了永恒。任何东西只有在其永恒面貌，即艺术面貌下才能被真正领略、保存：这就是《追忆似水年华》的根本、深刻和创新的主题所在。"

参考文献

1. 卞之琳：《陋室铭——卞之琳散文随笔选集》，北京，中央编译出版社，2005。

2. 卞之琳：《西窗集》，南昌，江西人民出版社，1981。

3. 陈染：《无处告别》，南京，江苏文艺出版社，2005。

4. 陈平原：《中国小说叙事模式的转变》，北京，北京大学出版社，2003。

5. 陈思和：《中国当代文学史教程》，上海，复旦大学出版社，2004。

6. 程抱一：《天一言》，杨年熙译，济南，山东友谊出版社，2004。

7. 格非：《小说叙事研究》，北京，清华大学出版社，2002。

8. 季桂起：《中国小说体式的现代转型与流变》，济南，山东大学出版社，2003。

9. 刘成富：《试论普鲁斯特的文学创作》，载《扬州大学学报》。

10. 罗大冈：《生命的反刍——论〈追忆似水年华〉》，载《外国文学评论》，1988（4）。

11. 潘丽珍：《浅析〈追忆似水年华〉的爱情观》，载《解放军外语学院学报》，1993（2）。

12. 钱林森：《法国作家与中国》，福州，福建教育出版社，1995。

13. 涂卫群：《从普鲁斯特出发》，北京，社会科学文献出版社，2001。

14. 涂卫群：《寻觅普鲁斯特的方法——论阅读》，载《外国文学评论》，1998（3）。

15. 涂卫群：《普鲁斯特评传》，杭州，浙江文艺出版社，1999。

16. 王世诚：《向死而生：余华》，上海，上海人民出版社，2005。

17. 王小波：《黄金时代》，西安，陕西师范大学出版社，2003。

18. 王忠琪等：《法国作家论文学》，北京，生活·读书·新知三联书店，1984。

19. 吴晓东：《象征主义与中国现代文学》，合肥，安徽教育出版社，2001。

20. 叶灵凤：《读书随笔》，北京，生活·读书·新知三联书店，1988。

21. 伊恩·P·瓦特：《小说的兴起》，高原、董红钧译，北京，生活·读书·新知三联书店，1992。

22. 袁可嘉等：《外国现代派作品选》，B卷，北京，北京燕山出版社，2006。

23. 张寅德：《普鲁斯特小说的时间机制》，载《外国文学评论》，1989（4）。

24. 赵丽宏：《心灵的花园——读〈追忆似水年华〉随想》，载《小说界》，2004（4）。

25. 郑克鲁：《现代法国小说史》，上海，上海外语教育出版社，1998。

26. 郑克鲁：《普鲁斯特〈追忆似水年华〉的多声部叙事艺术》，载《临沂师范学院学报》第26卷第2期。

27. ［法］克洛德·莫里亚克：《普鲁斯特》，孟湄译，北京，生活·读书·新知三联书店，1991年。

28. ［法］马塞尔·普鲁斯特：《普鲁斯特精选集》，沈志明译，济南，山东文艺出版社，1999。

29. Genette Gérard，*Figures III*，*Métonymie chez Proust* et *Discours du récit*，Paris，Seuil，1972.

30. Compagnon Antoine，*Proust entre deux siècles*，Paris，Seuil，1989.

31. Curien Annie，*Lettres en Chine Rencontre entre romanciers chinois et français*. Editions Bleu de Chine，Paris，1996.

32. Curtis Jean-Louis，*Proust et Ruskin*，Bulletin Marcel Proust，n°45，1995.

33. Hans Robert Jausse，*Pour une esthétique de la réception*，traduit de l'allemand par Claude Maillard，Editions Gallimard，Paris，1978.

34. Jarrety Michel，*La critique littéraire française au 20ᵉ siècle*，1998.

35. Jouve Vincent，*La poétique du roman*，Colin.

36. Marcel Proust，André Gide，Autour de La Recherche Lettres，Préface de Pierre Assouline，Editions Complexe，1988.

37. Maurel Anne，*La critique*，Hachette，1994.

38. Proust Marcel，*Les plaisirs et les Jours*，Paris，Gallimard，1924.

39. Proust Marcel，*Pastiches et Mélanges*，in *Contre Sainte-Beuve*，Bibl. de la Pléiade，1971.

40. Proust Marcel，*Contre Sainte-Beuve*，Gallimard，1954.

41. Proust Marcel，*Ecrits sur l'art*，GF Flammarion，Paris，1999.

42. Proust Marcel，*A la recherche du temps perdu*，collection Folio，Gallimard，1987.

43. Rabut Isabelle，Pino Angel，*Pékin-Shanghai*，*Tradition et modernité dans la littérature chinoise des années trente*，Bleu de Chine，Paris，2000.

44. Ruskin John，*Sésame et les Lys*，traduction et notes de Marcel Proust，Complexe，1987.

45. Tadié Jean-Yves，*Marcel Proust*，*Biographie*，*I*，*II*，Gallimard，1996.

46. Tadié Jean-Yves，*Proust*，*le dossier*，Paris，Belfond，1983.

47. Tadié Jean-Yves，*Proust et le roman. Essai sur les formes et techniques du roman dans A la recherche du temps perdu*. Paris，Gallimard，1971. collection 《Tel》，1986.

第三章　超现实主义

第一节　超现实主义概述

　　几乎所有的研究者都认为超现实主义是法国20世纪影响巨大的文学艺术流派，但是在自己的研究中又很少作为一个章节来叙述，其中的原因也许正是超现实主义已经超越了文学，影响到艺术和社会生活的方方面面。有学者指出："作为现代主义的一个分支，超现实主义是发生在法国并对西方产生重大影响的一个文学艺术流派，并且是现代主义诸流派中历时最长、流传最广的一个文学艺术流派。"[①] 但是在论述法国20世纪文学流派时却没有把超现实主义列入其中。另有学者这样论述："超现实主义是两次世界大战期间从法国流行到欧美的现代主义文学流派。……超现实主义对后来的荒诞派、黑色幽默和魔幻现实主义产生了重大影响。"[②] 然而在论述现代主义文学时没有选择一位超现实主义的代表作家。其中的原因可能还在于这一流派的复杂性以及反叛精神，在一部涉及外国文学史的教材或者著作里，很难在有限的篇幅里对其做全面和有深度的总结论述。

　　超现实主义20世纪20年代产生于法国，是继象征主义、未来主义、表现主义之后，现代主义文学又一有广泛国际影响的流派。

　　超现实主义作为一个文学艺术流派具有明确的政治倾向、社会团体和文学理论以及一套实验性的艺术方法，是第一次世界大战后在法国兴起的对资本主义传统文化思想的反叛运动。其所涉及的领域不只限于文学，也涉及绘画、音乐、戏剧、雕塑及电影等艺术。

一、超现实主义形成的社会条件

　　战争和革命构成西方现代主义文学形成和发展的独特背景。19世纪末20世纪初，世界资本主义的发展进入帝国主义阶段。1914年爆发的第一次世界大战，是人类在"现代文明"社会上演的一场生灵涂炭的悲剧，是帝国主义国家统治集团为克服国内的政治经济危机而发动的战争。这场战争加深了原有的危机和资本主义固有的矛盾，促使人民群众进一步觉醒。它不仅未能从根本上解决问题，反而使原有的矛盾进一步积聚。"通过一场战争来结束一切战争"，这种将残酷与美好混为一体的愿望最终被证明是不切实际的。

　　法国在第一次世界大战中实现了对德国的复仇，但从此陷入长达4年多的战争磨难。法国人为这场战争付出了沉重的代价。它把法国人民带入水深火热之中，人民生

---

① 聂珍钊：《外国文学史》，第四卷，72页，武汉，华中科技大学出版社，2004。
② 郑克鲁：《外国文学史》（下），107～108页，北京，高等教育出版社，2005。

活突然陷入困难和无助，战争给法国留下了巨大的创伤，人们对传统的理想、文化和道德产生了怀疑，尤其是青年知识分子对现状表现出强烈不满、对传统价值体系表示反叛，同时战争带给他们的幻灭感让他们陷入深深的不幸，他们希望能够通过反思获得新生。1918 年，第一次世界大战终于结束，这场由多个国家参与、10 多亿人口被卷入的血腥战争对广大参战国人民来说的确是深重的灾难，成千上万的人被夺去生命，众多国家毁于战火，整个欧洲满目疮痍，遍地废墟。法国虽然是战胜国，但是也遭受了沉重的打击，战争耗尽了法国的有生力量。憎恶、失望和反抗，这便是战争结束时大部分法国人，尤其是青年人的情绪。

严酷的社会现实，粉碎了西方知识分子对理性王国的最后希望，青年知识分子觉得，他们精心继承并信以为真的文化将他们出卖，战壕里的苦难生活和战场上的狂轰滥炸表明，曾经让欧洲人洋洋得意并一直坚守的理性主义价值观和文化观在这里竟一文不值，毫无意义。在他们看来，第一次世界大战已经充分证实，过去的文化原来只是一批"假货"，正是这批"假货"导致了欧洲人的自相残杀。

从理念上说，超现实主义多少受到十月革命的影响。十月革命是人类历史上第一次社会主义革命的胜利，开辟了人类探索社会主义道路的新时代。马克思列宁主义传遍世界，极大地震撼了资本主义世界，同时沉重地打击了帝国主义的统治，极大地鼓舞了国际无产阶级革命运动和殖民地半殖民地被压迫民族的解放运动。革命的理念和思想深得人心，摧毁一个旧世界，建立一个新世界正是超现实主义从十月革命中所汲取的灵感，十月革命让战后的知识分子看到了建立新世界的希望。

超现实主义文艺思潮的出现反映了第一次世界大战后欧洲青年对现实的恐惧心理和狂乱不安的精神状态。无奈的工人们于是在工会的领导下组织起来了，他们的觉悟不断提高，罢工、游行，但由于资产阶级的阴险狡诈和工人队伍内部的分化，斗争相继失败。而俄国十月革命的成功，却又给全世界的工人阶级和无产者带来了希望和生机。

法国人把 20 世纪初至第一次世界大战前的这段时期称为"美好时代"，法国开始第二次工业革命，经济飞速发展，人民生活水平日益提高，法国成为世界上第二大殖民强国。19 世纪末以来，西方科学技术飞速发展，工业化程度不断提高，资本主义文明进入一个新的阶段。第二次工业革命期间，法国的经济快速发展，与此同时，垄断组织也逐步强大起来，到 20 世纪初，法国实现向垄断资本主义的过渡。迅猛发展的生产力，飞速进步的科学技术，以及科学理论的丰富和发展，极大地拓宽了人们的视野，人们的认识能力得到提高，人们的思维方式发生巨大的变化。相对论、量子论等现代学说的创立表明，自然科学突飞猛进的发展是 20 世纪文化观念急遽变化的直接诱因。建立在理性科学基础上的资本主义在这一时期极大地满足了人们的物质需求，然而这种资本的快速膨胀并没有带给人们幸福，反而带来了灾难。

人们普遍感到无助、迷茫时，开始质疑传统的价值观念，开始反思当时盛行的理性主义。于是在西方表现危机意识的现代主义文学应运而生。20 世纪的风云变幻和扑朔迷离的现实，使当代作家对传统的价值观念产生怀疑，也使当代读者的审美意识和思想情感方式发生了巨大的变化。当代读者不再是被动的接受者，他们要求能动地探索，他们不喜欢作家为他们提供现成的答案，使他们产生必然如此的阅读期待。因此只有多样性的文学形式才能满足他们多方面的认识需求和审美需求。因而，探索新的创作方法成了当代作家的共同课题，各种文艺思潮和流派的出现和更迭也就是一种历史必然了。

二、超现实主义形成的历史根源

　　第一次世界大战结束后，新一代作家登上文坛。他们认为战前在文学领域占主导地位的文学已经过时，力图标新立异，树立新风，以适应时代潮流。超现实主义是一种政治色彩极为浓重的文学思潮流派。它是现代主义文学的一个重要组成部分，当然也对同时代的其他文学流派产生了影响。

　　浪漫主义是 18 世纪末 19 世纪初欧洲普遍流行的一种文艺思潮。它是法国革命、欧洲民主运动和民族解放运动高涨时期的产物。浪漫主义文学是对法国革命和启蒙思想的反响，是对古典主义的反拨。浪漫主义的显著特点是对大自然的歌颂，成就主要在于最适于感情抒发的诗歌方面。他们大胆使用夸张手法，充分地发挥作家的主观想象力，多以大自然为背景，情景交融地描写奇异的情节和情感化的人物。这种创作手法对后世文学流派影响甚大。而超现实主义将梦幻奉为神明，与浪漫主义不谋而合。超现实主义的干将阿拉贡就曾自我标榜为雨果的弟子，可见超现实主义对浪漫主义有所传承。

　　现实主义作为 19 世纪的主要文学流派之一，是资本主义确立和发展时期的产物，作品也是这一时期激荡复杂的社会历史的艺术记录。现实主义的主要特点就是真实地展示社会生活的各个方面，深刻地揭示现实矛盾。其主要任务就是以文学作品的形式映射、批判和否定现实，以实现文学和政治目的。而超现实主义也在努力地否定现实，但是在实现目的的过程中，政治远远超越了文学，文学成为超现实主义者实现他们目的的手段和途径。超现实主义者始终对社会持否定态度，他们对现实抱有强烈的抵触情绪，反对现代文明的一切形式，提出"破坏一切，打倒一切"的口号。二者之间有一定的联系。

　　象征主义的出现更是为超现实主义提供了理论支持。它崛起于 19 世纪 70 年代的法国，一批不满巴黎公社失败后的社会现实，而又找不到精神支点的年轻人组成文学团体，出版文学刊物，形成象征主义文学流派。象征主义者反对浪漫主义的浮夸，不满帕那斯派的雕琢空泛，他们努力捕捉诗人在一瞬间的感受和幻觉，通过暗示、隐喻等写作手法，构成一种朦胧的、晦涩的、谜语式的艺术风格。他们主张诗歌应当表现自我的梦幻，而不是重演现实。"从许多方面看，超现实主义是象征派诗人兰波文学主张的直接继承。"[1] 兰波强调诗歌的暗示性，认为诗的力量不在于它的抒情或雄辩，而在于它所激起的想象和联想，他不崇奉形式，主张用象征和隐喻来表达人的错综复

---

[1]　袁可嘉：《欧美现代派文学概论》，300 页，桂林，广西师范大学出版社，2003。

杂、千变万化的内心世界。他在写给自己修辞学老师的信中指出："必须使各种感觉经历长期的、广泛的、有意识的错位，各种形式的情爱、痛苦和癫狂，诗人才能成为通灵人；他寻找自我，并为保存自己的精华而遍尝苦药。在难以形容的折磨中，他需要坚定的信仰与超人的力量；他与众不同，成为伟大的病夫，伟大的罪犯，伟大的可诅咒者——至高无上的智者——因为他触及了未知，因为他培育了比任何人都丰富的灵魂，他触及未知，当他陷入迷狂，终于失去智慧的视觉时，他才真正看到了视觉本身。"

兰波的创作虽只有短短四五年的时间，诗作留有140首左右，诗作多表现梦境和幻觉，缺乏逻辑性，不可捉摸。诗人常常达到一种"陷入迷狂，失去智慧"的状态，诗人彻底摆脱了理智的束缚，而这正是后来崛起的超现实主义者们最为常用的艺术表现手法。兰波渴望"改变生活"的主张与超现实主义者的变革理念不谋而合，这绝不是历史的巧合，而是兰波的艺术创作的确对超现实主义者们产生了深远的影响。影响超现实主义的象征派诗人岂止兰波一人，象征主义的先驱之一奈瓦尔很早就为神秘主义哲学所吸引，相信"梦是另一种生活"，是人的潜意识的某种反映，梦使现实世界和超现实世界产生错位，因此，一切事物都是符号和象征。阿拉贡和布勒东第一次发现保存在法国国家图书馆里的《马尔多罗之歌》和《论诗》时是多么惊喜呀，这个名叫洛特雷阿蒙的人的作品让他们顶礼膜拜，他们如饥似渴地阅读并抄写他的《马尔多罗之歌》，他们在1919年4月和5月的第2期、第3期《文学》杂志中对作品的内容进行了详细的介绍，极力赞扬了这种文学革命，并写下了（《洛特雷阿蒙代表了现代诗歌的绝对状态：听听超现实主义的革命！》）。布勒东认为，洛特雷阿蒙是"精神上的第一位超现实主义者"。内瓦尔、兰波、洛特雷阿蒙等象征主义的先驱或象征主义诗人已经先于超现实主义挖掘人的潜意识或者梦境，先于超现实主义者试图改变世界，改变生活。曾经有人说波德莱尔不是象征主义的鼻祖，而是超现实主义的先驱，从这个角度来说，这话有一定道理。更符合实际的说法应该是，波德莱尔既是象征主义的鼻祖，也是超现实主义的先驱。

20世纪初反叛精神最强烈的文艺流派未来主义兴起于意大利，随后传入俄国，在法国、英国、德国、波兰等国也有一定影响。未来主义的创始人是意大利诗人、戏剧家马里内蒂，代表人物有帕拉泽斯基、戈沃尼、帕皮尼、索菲奇等。未来主义的基本特征是"否定一切"，认为文学艺术的使命应该是勇于探索未知，面向未来，从反映停滞不前的、死气沉沉的现实，转而反映新的现实和以此为基础的新的价值观念，"歌颂进取性的运动"、"机器文明"，歌颂资本主义都市动乱的生活，赞美"速度的美"和"力量"，展示人的意识的冲动。未来主义者以同旧的传统文化相决裂、追求文学艺术内容和形式的革新为旗帜，在他们看来，战争、暴力、恐怖，都是为着摧毁旧的传统、创立新的未来所必需的，因而都是应该赞美的。他们鼓吹文学艺术应该歌颂战争，因为战争是"伟大的交响乐"，是"世界的唯一洁身之道"。这些主张与超现实主义极力反对现实，反对现存的一切，主张社会变革一致。

未来主义者否定一切文化遗产和传统。他们认为人类既往的文学艺术和现存的文化都已腐朽、僵死，无法反映当今飞跃发展的时代，提出"摒弃全部艺术遗产和现存文化"、"摧毁一切博物馆、图书馆和科学院"的口号。他们打着探索和认识现代生活的本质的旗号，把爱情、幸福、美德这些传统的主题排斥于文学艺术之外，把脱离人类社会的、抽象的因素如"运动"、"速度"、"力量"等视为美的准绳，因而不可避免地陷入虚无主义。

在艺术形式上，他们提倡以"自由不羁的字句"为基础的诗，以便随心所欲地表达运动的各种各样的形式、速度以及它们的组合。他们强调直觉，主张用一系列的"类比"、"感应"、"凌乱的想象"，排斥理性和逻辑，表现作者朦胧的、奥秘的感受和不可理解的事物，表现病态、梦境、黑夜，甚至死亡。一些未来主义者走得更远，要求取消语言规范，消灭形容词、副词和标点符号，而仅仅借助奇特的文字游戏，词语的字体变化，各种图案的剪贴、组合，模拟自然界杂乱的声音，甚至使用枯燥的数学符号、乐谱，来赋予字句以他们想表达的含义，从而开辟了通向非理性主义和形式主义的道路。而超现实主义者竭力提倡自动写作法，提倡写梦和"白日梦"，旨在最大限度地展示自我的内心世界。它展示纯粹精神的神奇魅力的创作手法和未来主义的创作手法可以说是异曲同工。

从直接根源来讲，超现实主义是从达达主义发展而来的，由达达主义同象征主义结合后演变而成。超现实主义者们宣称达达主义是其先驱。"达达主义出现于第一次世界大战期间。1916 年初，一群旅居瑞士苏黎世的文人组织了一个名叫'伏尔泰小酒店'的小俱乐部。在俱乐部的一次聚会上，诗人特里斯唐·查拉随便用裁纸刀插入一本德法大字典中，从刀尖所指的那一页上找到'达达'（'Dada'，本是初学说话的幼儿语言，意思是'马'），用这个词作为文艺活动的旗号并无任何意义。……他们因偶然的机会发现了这个词而欢欣鼓舞，立即赞成把他们的一切行为称为'达达'。"[①] 达达主义者的口号就是："用永生来作尺度，一切动作统归虚妄。"达达主义者的思想根源是对资产阶级的价值观念的极端憎恨以及对第一次世界大战的绝望。这反映了欧洲青年一代的苦闷与彷徨以及他们寻求解脱的愿望。当达达主义者来到巴黎准备寻找更为适合其生长的土壤时，他们遇见了毕加索、布勒东、阿拉贡等人，而法国的这些作家正在寻找新的艺术表现语言，因此，达达主义对于超现实主义的形成起到了至关重要的作用。

达达派大喊大叫一阵后偃旗息鼓，没有取得什么成果，但它却孕育了超现实主义。超现实主义的首领和创始人布勒东和另外两个创始人阿拉贡、苏波在 1919 年即作过超现实主义的创作尝试，并创办《文学》杂志，杂志的宗旨是反对一切文学传统，因此《文学》亦即反文学。查拉于 1920 年来到巴黎，布勒东等人和其他一些作家、艺术家，如艾吕亚等组织起达达主义集团，这些人后来都成为超现实主义的骨干。他们接受了达达主义否定传统的主张，但一开始就和查拉的达达主义有分歧。1922 年，布勒东在《文学》杂志上发表文章，指责达达的活动只局限于表示不满和抗议，表示要

---

① 聂珍钊：《外国文学史》，第四卷，73 页，武汉，华中科技大学出版社，2004。

用对超现实的有条理的追求来取代虚无主义的哄闹和反抗，宣告与达达主义决裂。布勒东 1924 年 10 月发表《超现实主义宣言》，系统地阐述了超现实主义的宗旨和基本主张，从此法国超现实主义团体正式建立，并吸引了一批作家、艺术家加入队伍。同时，超现实主义集团有了自己的常设机构"超现实主义办公室"、刊物《超现实主义革命》。他们通过各种方式来宣传摧毁传统文学的主张，推行他们的超现实主义理论，同时进行大量的创作活动。1924 年好几部有影响的超现实主义作品问世，造成极大的声势。

从文学渊源上来说，"法国传统文学对于超现实主义运动的影响不用说是任何其他国家所不能比拟的。各种比较学派的评论家自然可以从它悠久的历史和众多的流派、作品中寻根溯源，各见仁智。不过，被超现实主义者所认可的法国先驱只有五位：波德莱尔、兰波、内瓦尔、洛特雷阿蒙和阿波利奈尔。"[1] 波德莱尔在《巴黎的夜景》和《散文小诗》中表现出对资本主义世界的全力反抗和强烈的个人欲望，他认为神奇的事物就藏在平庸乏味的日常生活中，诗人或艺术家的任务就是通过各自的体验去发现这些神奇的事物并通过作品把它们表现出来，这正是超现实主义艺术创作的宗旨。兰波对于超现实主义的影响，上文中已提及，在此不作赘述。内瓦尔在其代表作《奥蕾莉娅或梦幻与生活》中表现了现实世界和超现实的梦幻世界有种神秘莫测的沟通。在他的作品中，现实生活和梦境好似水乳交融，十分和谐，两者之间的过渡转换显得轻松自然。这与后来的超现实主义者们的艺术表现手法不谋而合。洛特雷阿蒙在其代表作《马尔多罗之歌》中使用纯下意识的写作手法，作者完全不受理智的控制和语言惯例的制约，一连串的想象、意念和幻觉在他笔下如潺潺流水源源而出。他毫无顾忌地撕碎了一切传统的形象。他的这种写作手法备受超现实主义者青睐。在这五个先驱中，阿波利奈尔对超现实主义者们的影响最直接。他是当时著名的诗人，在文学青年中有极大的影响。他还是第一个使用"超现实主义"字眼的人。他认为诗无处不在，任何东西都可以成为创作素材，人要极力寻找这些普通的形象不寻常的组合以及它们在特定环境下给人的启发和暗示，诗人往往只有在无意之中，尤其是在感到惊奇的情况下才容易领会这些启示。也许阿波利奈尔对超现实主义运动的最大贡献就在于此。另外，阿波利奈尔把他的剧本《蒂蕾西亚的乳房》称为"超现实主义戏剧"，更是这一称谓的滥觞。这个剧本以幽默的笔调嘲弄法国人不肯养育孩子的习气，指出"只要生孩子就能救国"。这对超现实主义者的黑色幽默也有启迪。阿波利奈尔所希望的是超越了爱国主义的胜利，是某种文学创新的胜利，他的创新和探究被超现实主义者视为圣旨：

> 胜利归根结底是
> 更好地看到远方
> 看到近处的一切

---

① 柳鸣九：《未来主义 超现实主义 魔幻现实主义》，88 页，北京，中国社会科学出版社，1987。

一切都会有一个新名称。①

三、超现实主义形成的理论依据

第一次世界大战带给欧洲的只有灾难，人们普遍感到无助迷茫，开始质疑传统的价值观念，开始反思当时盛行的理性主义，于是人们转而求助于形形色色的非理性主义哲学，19 世纪许多哲人的理论，再次引起普遍的兴趣。

"超现实主义的哲学基础是亨利·柏格森的直觉主义和弗洛伊德的梦幻心理理论及精神分析学，并在一定程度上受到黑格尔哲学的影响。"② 柏格森是 20 世纪著名的哲学家，生命哲学和直觉主义的代表。柏格森对超现实主义影响最大的是他的生命哲学学说，而他的生命哲学又集中地反映在其代表作《创造进化论》中。柏格森在这部著作里提出了"生命冲动"的概念。他认为："整个世界自始至终进行着由'生命冲动'激发的一种'创造的进化过程'，精神在这一过程中发挥主导作用，——智能是意识由内向外的运动，面向物质而背向生命和意识，所以智能从已知的功利角度出发，不可能把握不受智能支配的不断创新的生命冲动。"他力主将哲学研究的对象从空间转移到时间，从外部的物质现象进入内在的运动变化过程，并以非理性的知觉为基础，建立新的生命哲学以替代传统的科学和理性主义的哲学。从超现实主义的文学主张来看，他们受到弗洛伊德和柏格森的双重影响。弗洛伊德是心理分析的创始人，主要著作有《梦的解析》《日常生活的心理病理学》和《精神分析学引论》。他从某种纯生物学的观点出发，并最终建立了心理学，不加限制地看到了隐蔽本质。他提出了"无意识"的学说，他"将'无意识'置于其关于心理的描述系统之中，即心理是由潜意识、前意识和意识三个层次所构成。……无意识要想进入意识层次就必须经过'前意识'的严格稽查。通常的情况是唯有'前意识'疏忽了、被蒙骗了，'无意识'才能以隐喻等形式混入意识。"认为"无意识"是精神的真正实际，艺术应该被理解为"无意识"的外显或者升华，只有"无意识"被艺术升华或者表现出来时，才具备了审美的性质。弗洛伊德对"无意识"做了进一步的说明并把其作为人的心理或者人格以及表现形式的决定性因素。"他进一步将'无意识'或'本我'解释为被压抑的性本能。换言之，如果说'无意识'是'黑色大陆'即一个区域的话，那么在这里东奔西突的就是性本能、性欲望和性冲动。"而重视直觉、生命美学，强调潜意识和梦幻等理论都对超现实主义产生重大的指导性影响。"超现实主义深受弗洛伊德学说影响，执意追求的是现实和梦幻的结合，是不受任何理性干预的'纯粹的精神自发现象'。"

在第一次世界大战期间，超现实主义的主将布勒东曾在一所军队精神病院服役，其间他曾读过奥地利学者弗洛伊德的著作，而且还试图运用"解梦"原理来帮助精神病患者解除心理上的创伤。超现实主义文学的主要成员最初都是从达达主义分化出来

---

① Philippe Audoin：*Les Surréalistes*，*écrivains de toujours*，9 页，巴黎，Seuil 出版社，1973。

② 柳鸣九：《未来主义　超现实主义　魔幻现实主义》，207 页，北京，中国社会科学出版社，1987。

的，因此都具有激烈的反对传统文化和资本主义社会异化的倾向。超现实主义形成的最初动因就是文学家们不满达达式虚无主义的哄闹反抗，想用超现实的追求来解放人性，从而改革社会和人生。超现实主义者1925年1月27日发表的声明中说："我们不是无政府主义者，我们设想的革命纯粹是具有社会形式的革命。"在反对摩洛哥战争的问题上，超现实主义者曾和法国共产党合作，但他们又坚持超现实主义运动的独立自主性，不接受法共领导。超现实主义者在第二次世界大战期间是反对法西斯主义的，政治上支持抵抗运动。

布勒东是超现实主义文学的理论家，先后发表三次超现实主义宣言。后人将这些宣言编辑成书。布勒东的理论颇多自相矛盾之处，但总体上具有稳定性。但是我们要强调的是布勒东的不懈努力对超现实主义的产生和发展起了重大作用。

超现实主义作为法国20世纪20年代产生的一个重要文学艺术流派，它是时代的产物，它借鉴文学传统，又与20世纪初的社会变革和科学进步密切相关，对后来的荒诞派、黑色幽默和魔幻现实主义产生了重大影响。"超现实主义不仅在小说、诗歌、戏剧等方面锐意革新，而且曾在广泛的艺术理论和艺术创作领域发生作用。在雕塑、建筑、电影特别是绘画等方面，直到今天，我们仍可以感受到它的重大影响。因而超现实主义在西方现代文艺发展史上有着不可忽视的特殊地位。"[1] 在法国文学史上，继超现实主义之后，又出现了几种比较有影响的文学流派，譬如存在主义、荒诞派戏剧、新小说等。这些文学流派，各有特色，互不相同，但是它们都注重人物内心世界、个人情绪、联想乃至个人的幻想和幻觉，都有超现实主义的印记，这说明虽然超现实主义在30年代逐渐走向衰退，但它的影响却持久长远，直到今天仍为人津津乐道，这一现象值得我们认真研究。

第二节　安德烈·布勒东

一、生平与创作

1896年2月19日，布勒东出生于法国奥恩省的一个小店主家庭，他的母亲为人严厉、苛刻，父亲却宽厚、仁慈。父亲期望布勒东通过读书学到最基本的知识，成为一个有教养的人，甚至能当上工程师。但是布勒东从小显示出对文学的狂热与迷恋。为了不违父命，他最终选择学医。他对将要从事的职业没有偏爱，只不过觉得当医生能给他许多诗意般想象的空间。然而，学校的生活使他感到压抑，只有诗歌才能摆脱苦闷。在一位老师的引导下，他阅读了波德莱尔、马拉美等象征主义诗人的作品，激起了强烈的好奇心，通过读诗，他懂得了词语所可能有的魅力。1914年，正处于求学时代的布勒东鼓起勇气写信给象征主义诗人保尔·瓦莱里，他要听诗人为他讲解马拉

---

① 柳鸣九：《未来主义　超现实主义　魔幻现实主义》，85页，北京，中国社会科学出版社，1987。

美，"在好多年当中，瓦莱里不仅是他的思想导师，还是他的教父"①。第一次世界大战爆发，布勒东应征入伍，担任救护伤病员工作，有机会接触到弗洛伊德的精神分析学，由此对精神病理学深感兴趣。他大量阅读了弗洛伊德的著作，尤其对迁移、升华作用、心理联想等极为敏感。作为精神病科医生，布勒东曾将弗洛伊德关于下意识的阐释应用于战时病人护理、实验和观察中。弗洛伊德的精神分析学成为他以后从事超现实主义文学创作的理论基础。

1917 年，布勒东有幸被派往巴黎医疗部队，回到巴黎他结识了当时达达主义团体中的许多重要作家，在阿波利奈尔的引见之下，他与同时代诗人菲利浦·苏波结下了友谊，随后又认识了阿拉贡。瓦莱里曾经形象地称他们三人为"三个火枪手"，他们共同创办了《文学》杂志，宣传超现实主义的主张。1919 年，布勒东出版了第一部诗集《当铺》，这部带有浓郁的象征主义色彩的诗集，是他初登诗坛的信号。1921 年，布勒东与苏波合作出版了第一部超现实主义作品《磁场》，这是他们用"自动写作"方式写出来的文字，没有逻辑的连贯，也没有理性的痕迹，像是无数散乱的句子的堆砌，展示"第一次世界大战"后青年一代黑暗、绝望的心态。这在超现实主义发展史上具有重大的意义。1920 年，布勒东邂逅了美丽的西蒙娜，两人最终走进了婚姻的殿堂。

1924 年，对于布勒东和超现实主义来说，都是具有重大意义的一年。这一年布勒东成立了事实上早已存在的超现实主义小组，发表了《超现实主义宣言》，并创办《超现实主义革命》杂志。由于后来又有个《第二次超现实主义宣言》，所以人们往往把 1924 年的宣言称为《第一次超现实主义宣言》。《第一次超现实主义宣言》明确提出了超现实主义的定义："超现实主义，阳性名词。纯粹的精神学自发现象，主张通过这种方法，口头的、书面的或以任何其他形式表达思想的实实在在的照实记录，不得由理智进行任何监核，亦无任何美学或伦理学的考虑渗入。"② 根据这种理论建构，布勒东动员并组织超现实主义团体的成员共同进行创作实践，相继发表了一系列诗歌、小说、评论及随笔。1925 年，布勒东发表的随笔集《可溶解的鱼》，正是他对"自动写作"方法的又一次实践，他只是将三个月来用自动写作法编写的一个个"小故事"作了筛选，将其中的 1/3 挑出来编在一起。

1927 年爆发的摩洛哥战争，给了超现实主义者参与政治和社会斗争的机会，他们对战争的立场使他们和采取相同态度的法国共产党日趋接近，并且最终导致两者之间的合作。布勒东与许多超现实主义者加入了法国共产党。"布勒东有一句名言：'马克思说改造世界，兰波说改变生活，这两个口号对我们来说是一回事。'这说明超现实主义要进行的是个人革命而不是社会革命，他们的政治活动至多只是捍卫个人的自由。"③ "对布勒东等超现实主义者来说，与法共的合作或者接受他们的某些

---

① ［法］亨利·贝阿尔：《布勒东传》，袁俊生译，32 页，上海，上海人民出版社，2007。
② 柳鸣九：《未来主义　超现实主义　魔幻现实主义》，259 页，北京，中国社会科学出版社，1987。
③ 吴岳添：《法国小说发展史》，311 页，杭州，浙江大学出版社，2004。

观点，决不意味着放弃他们在超现实探索中的独立性。"① 也就在这个时候，布勒东邂逅了美丽的娜嘉，酝酿并创作出自传体散文诗《娜嘉》。由于意见不合，超现实主义团体内部此时也开始出现危机，苏波等脱离运动。1928 年布勒东出版《超现实主义与绘画》，对超现实主义的绘画理论进行阐述，这是布勒东超现实主义艺术理论的重要著作。

1929 年第 12 期由《文学》更名而来的《超现实主义革命》刊登了布勒东撰写的《第二次超现实主义宣言》，按照布勒东的说法，《第二次超现实主义宣言》目的是重申超现实主义的原则，"纯化超现实主义"，努力在政治活动和超现实主义的探索中寻找一种平衡。为了贯彻自己的主张，布勒东在《第二次超现实主义宣言》中猛烈攻击了那些"异端分子"，主要是主张抛弃超现实主义的人。但是，"阿拉贡事件"还是使超现实主义运动的内部危机达到了高潮。布勒东与阿拉贡这一对曾经十分亲密的战友，分歧越来越大，最终导致决裂。显赫一时的超现实主义陷入了低潮。1931 年，布勒东发表了长诗《自由联合》，该诗因其优美的形象和新颖的手法而获好评。次年的《长白头发的手枪》是一部诗思飞扬的作品。1934 年发表的《水汽》则是布勒东流传很广的一部诗集，它以《狂爱》《娜嘉》《自由联合》等构成了爱情诗系列。

第二次世界大战爆发后，布勒东入伍，积极参加抵抗运动。他在其作品《黑色幽默文选》被政府禁止出版后，决定离开法国。1941 年至 1946 年，他流亡美国，宣传其超现实主义的思想，为此创办了《VVV》杂志，也正是在这份杂志上，布勒东发表了《第三次超现实主义宣言之序言》，"《第三次超现实主义宣言》本身始终没有问世，原因不得而知。但是有一点是明显的，那就是布勒东正处于彷徨状态，他在《序言》里固然陈述了他对人的精神力量所抱有的信心，但表露更多的还是他内心的辛酸和悲观。"② 在此期间，布勒东完成了长诗《傅立叶颂》，这首诗通过歌颂傅立叶抒发了自己对自由与和平的向往，并以幽默讥讽的笔调对当时的社会黑暗进行鞭笞。大战结束后，布勒东于 1946 年回到法国，力图恢复超现实主义运动团体，在世界各地举办作品展，宣传超现实主义运动。不过应当指出，比起 30 年代的状况，超现实主义在战后的活动无论在规模还是取得的成果上，都大不如先前了。布勒东在此时的主要作品有散文诗《处方 17》，该诗以中世纪传奇人物梅露茜娜为化身，旨在表达一种企图摆脱精神束缚的欲望。

1966 年 9 月 28 日，布勒东在女儿的怀中平静地去世。让·许斯特接替他领导超现实主义团体，但是团体本身就存在的种种分歧、矛盾以及当时形势的改变，促使超现实主义瓦解。1969 年 10 月 4 日，让·许斯特在《世界报》发表了法国超现实主义者的最后一个宣言《第四章》，他在宣言中正式宣布超现实主义这一运动寿终正寝。

---

① 柳鸣九：《未来主义 超现实主义 魔幻现实主义》，109 页，北京，中国社会科学出版社，1987。
② 柳鸣九：《未来主义 超现实主义 魔幻现实主义》，120 页，北京，中国社会科学出版社，1987。

二、作品分析

1.《娜嘉》

《娜嘉》作为布勒东的代表作，体现出超现实主义的理论主张及创作特征。但是它的文体的归属备受争议，有人称它为小说，有人又加以具体限定地说它是诗体小说，也有人将它视为叙事体散文。"《娜嘉》标志着超现实主义在文体上的一次重要突破。诗的语言，散文化风格，小说的外型构造糅为一体，使小说失去了原有的模样，使散文又变得不像是它自己，而诗的意味与色彩更加剧了某个单纯文体的变异和杂容。"① 如果称它是一种无体裁或杂体裁的作品或许更为准确、恰当。

作品的名字叫《娜嘉》，可是对娜嘉的叙说却大约只占到三分之一，与传统的小说模式大相径庭。阅读后很难对主人公作一个明确的评价，她的形象特征，性格特点我们不得而知，但是这个人物却给我们留下不可泯灭的印象，同时又富有神秘感。整部作品也可看成是一份亦真亦幻的追忆式记录，对梦幻的潜意识活动的记述，一段段插语无特定的时空界限，无前因后果的逻辑关系，它们自由切换，随意流变，令人难以捉摸。根据作品内容，可将其分为三个部分。作者以第一人称的语气和视角陈述见闻感受，构成了小说的主线。"我是谁？"作品的开头提出一个现代最严峻的社会和哲学课题。接着按情节发展的时间顺序进行叙述。首先提起的是先贤祠广场的"伟人旅馆"。"我"1918 年前后就居住这里，后来搬到海滨瓦郎热维尔镇的昂戈庄园，直至1927 年。"我"以自身为对象，对沉思和梦幻展开几乎是断断续续的实验。随后，"我"展开了对往事的追忆——在阿波利奈尔的《时间的颜色》初次上演的那天，"我"被一个青年错误地看成是自己已经逝世的朋友。"我"此时脑中又浮现出自己的朋友巴秀（巴秀死于在梦幻记录的实验中过分地服用麻醉剂），以及巴秀生前在《蒂蕾齐亚丝的乳房》中扮演的角色。又如，"我"在夕阳西下时分在巴黎与人相遇，不出三天，"我们"就又可以重新相逢。最后描写一个中国人发明了一种分身术，一个人闯进纽约，变成几百个跟他一模一样的人。这一切使"我"魂飞魄散……作品中充满了类似这样的无序回忆与联想，构成了小说第一部分的主要内容。

小说的第二部分讲述了娜嘉的故事，相对而言这一部分似乎更容易被读者所理解。娜嘉在现实当中确有其人。她和布勒东相遇，并产生一种关系，这种关系既不是爱情，也非友谊，又不是一种男女私情，而是一种神秘而又微妙的关系。小说告诉我们，1926 年 10 月初，布勒东在巴黎的一条街上偶然见到娜嘉，这个青年女子正处于十分贫困的境地。她衣衫褴褛，身体孱弱，但步履轻盈，好像在跳舞似的，他和她打招呼时，她并没有拒绝，她向他讲述了自己的生活：她孤身一人，远离父母和亲友，3 年前来到巴黎，想谋求一份工作，可到处碰壁。但娜嘉并没有屈服于这种现实环境，她与其他过路人不同，因为她的头始终是抬得高高的。她这样对布勒东作自我介绍："我叫娜嘉，在俄语中这是'希望'一词的前半部分。"布勒东一见她，就被她的眼睛

---

① 周颐：《何处方能寻觅"我"——论布勒东的〈娜嘉〉》，载《外国文学评论》，1992（4）。

吸引住了。布勒东问她："您是谁？"她毫不犹豫地回答："我是一个游荡的灵魂。"次日，布勒东与她再度相见，娜嘉换了一身装束，显得极为典雅，与昨日相比判若两人。这个女人有满脑子的梦幻感觉，具有非凡的联想能力。她喜欢自言自语地讲述一些怪诞的故事，从中找到生活的乐趣。她的精神绝对自由放松，随时随地能捕捉各种奇特的信息。她以自由、解放的精神，无畏地蔑视惯常的生活习俗和在传统中延续的公认的清规戒律。她还具有超强的联想能力，对事物具有自己独到的认知能力，发现种种常人看不到也想不到的新问题、新看法，向布勒东揭示出一个以肉眼无法窥破的新世界。娜嘉用非凡的想象力启迪布勒东去认识生活具象背后的精髓与真谛，这种联想与想象之光果然照亮了布勒东的整个心灵，促使他视野大开。娜嘉渴望获得最大限度的自由，却因其疯狂的言行举止最终被关进了精神病院，连她原先有的那点自由都被剥夺了。娜嘉到底是疯了还是没有，布勒东认为毫无意义，但是把娜嘉关进了精神病院却是可悲而又可恨的一件事，布勒东对此极为愤慨。

小说的第三部分主要写"我"的联想。这里，有对娜嘉的追忆，对《娜嘉》一书的插图照片缺陷的思考，对城市形式变幻的妄想，"我"对下意识所作出的贡献的评估，以及对"美是什么"所作的超现实主义式的演绎与探索。

在布勒东笔下，娜嘉形象的内涵是极具深刻性和多义性的。"女主人公娜嘉既是一个活生生的存在于现实当中的一员，又是作者幻化的一个形象，也是布勒东借以自我表现，宣传其超现实主义思想的一种艺术幻影。"① 从外观看，娜嘉形象的真实性不容置疑。布勒东与她在拉法耶特街相遇，娜嘉衣着寒酸，身体瘦弱得走不动路，她的目光既黯然神伤又不卑不亢。从她对布勒东的讲述中得知，娜嘉是几年前从外省来到巴黎谋生的，这个单身女子无依无靠，每天在大街上游来荡去。她有过爱她的男人，生过女儿，也当过妓女，贩过毒品，坐过监牢，最终被送进疯人院。这一切足以说明，她是一个普普通通、真实可信的现实人物，这在西方社会的日常生活中随处可见。倘若从精神上看，娜嘉形象又值得我们怀疑。她似乎有特异功能，能随时发出遥感信号，预测到常人肉眼难以看到的事物现状。她可以看见旅馆地底下有一条地道，她可以预知窗外在一分钟后将闪出红光。她有极强的预知力、感受力和联想力。她对着一千个人的过去、现在、未来，竟然能精密而不可理喻地一一尽知其始末。她可以随时接受或捕捉各种奇特的信息。她每天都在自言自语，神秘莫测，似真似假，随处飘零，戏称自己"是一个游荡的灵魂"。体现在娜嘉形象上的肉体与精神、躯壳与灵魂的双重矛盾，正好说明她是作者刻意追求的超现实主义精神的化身。

小说《娜嘉》也是布勒东倡导的"自动写作"方法最成功的一次艺术实践。在《娜嘉》里，布勒东把每天的日常琐事和失常的心理糅合在一起，把真实和幻想结合在一起，用小说的形式阐释了深奥的超现实主义理论。尽管这部作品有一定的故事情节，但它与一般的小说不同，议论和抒情占去了绝大部分内容。布勒东在思想和艺术上走向了一条虚无主义道路。《娜嘉》在文体上的散文化倾向也是一种"有意味的形

---

① 柳鸣九：《未来主义　超现实主义　魔幻现实主义》，146 页，北京，中国社会科学出版社，1987。

式"。散文的特性在于散漫，不求外部形式上的逻辑拘束与整饬，时间与空间的调度更加自由，写实和表意的发挥各尽其兴。利用散文的特性来促进"自动写作"，使作品的行文显得十分自由，词与词的组合、句与句的衔接、段与段的组合往往可见随意偶合的迹象。整部小说带有诗化散文、随笔的风格，有时有一定的故事情节，但并不刻意构思，结构松散，变幻莫测。叙事缺乏连贯性，思维跳跃，断断续续，构成全篇。这既是布勒东所主张"自动写作"方法的一次伟大的实践，同时也显现出超现实主义创作的重要艺术特色。

2.《磁场》

布勒东的出色在于他集各家之大成，不断丰富自己的理论，而且善于把理论运用于自己的创作实践。布勒东与苏波在《文学》杂志上发表的第一部超现实主义作品《磁场》，正是他将自己"自动写作"理论应用于创作中的有效实践。

《磁场》的篇幅并不长，其内容主要描述战后法国青年的绝望心理。书中写道："除了死寂的星星，我们什么也不知道。我们的双唇比荒芜的沙漠还要干涸，我们两眼茫茫，毫无希望！……今日傍晚，我们双双坐在绝望的河畔，甚至再也不能进行思维。当我们扬声欢笑之时，路人惊奇地回头张望，然后又急忙转过头。我们甚至引不起别人对我们的鄙夷。"这是作家用自动写作方式写出来的文字，没有逻辑连贯，没有任何意向的明示与暗喻，只有泉水般的澄澈和喷涌，像是无数散乱的句子的堆砌，但它们很美，它的美主要体现在难以用原有的阅读方式去理解去感受。只有读者的思维沿着作者的潜意识流动时，才会产生出一种美的感受，一种不可明辨的奇妙感从词语之间的空白之处油然而生。布勒东认为，只要忠实无误地把每时每刻在脑子里出现的话语记录下来，就能够使人看到人的思想真实情况以及人对事物的具体感受。因此，诗的内容在他看来就必须反映一个滔滔不绝的"流"。布勒东在诗中排除了标点符号，其目的就是为了强调意识的"不停顿性"。布勒东说，《磁场》是从预先规定好的各种思维和表现手法下解放出来的一次尝试，一次反传统文字的语言和思维方式的大胆尝试。这个尝试使布勒东感到极为兴奋，因为他写的内容与苏波写的具有一些共同的特征：非常奇怪的印象，丰富的激情和大量的形象。通过这种"自动写作"的方法，布勒东试图想要表达思想的真实活动情况。

布勒东在《磁场》集里有一首"水杯中的风暴"：

> 水产批发商举止庄严的朋友快跟上
> 我的提包里不止一个诡计
> 带着独特的绿色透明
> 人们没有向我们的欲望
> 展翅飞翔的量热器的意念
> 在那里美丽的情感性带着32℃的热度交谈着
> 我害怕大海的凶恶
> 桨也忍受不了别人的帮助

> 我们为心脏跳动所丈量过的生之希望
>
> 就是一条长长的小溪
>
> 它因有漾着音乐的花束的杂沓而流淌不尽①

这首诗将一个静止的水杯通过幻觉形式写出微观上的放大了的宏大场面，诗中的每一句都与水杯有关，最后由水杯又幻化成对人的本身存在的一种形而上的意念。这种不考虑传统道德和美学思想的记录，在布勒东的眼里，不仅能够获得对人与世界及其相互关系的认识，而且能够解决人生中的主要问题。它可以帮助人们摆脱社会对人的束缚，认识主观世界和客观世界的丰富内涵。在"自动写作"的过程中，布勒东发现："思想的速度并不快于话语的速度"，也就是说，人并不是先有思想，然后才诉诸语言表达的，思想是在语言产生的同时产生的。

诗集《狂爱》也是布勒东具有代表性的一部作品。布勒东以超现实主义者独特构建的"爱情"为理念，表达对未来模糊不清的预感，以一种宗教式的虔诚、柏拉图式的神秘的爱情理念来颂扬女性，其中夹杂着某些病态的相思成分。但在艺术表现上，布勒东在诗歌创作中采取了意识与现实分离，以虚为实，运用意象群叠化和象征手法，使诗作呈现出新颖奇特的感染力和开放性结构，这是值得肯定的艺术亮点。

三、美学主张

作为超现实主义的倡导者和理论家，布勒东不但在创作实践上是其他超现实主义者效仿的楷模，同时他对法国文学创作理论的贡献也很大。他借鉴了一些哲学和美学理念，并将其应用到创作实践当中，由此形成了自己独特的艺术思想。布勒东的美学主张体现在以下几个方面。

首先，"诗歌就是人的思想的真实的记录"。

超现实主义的成就主要表现在诗歌方面。但是超现实主义作家对于诗歌的理解和传统的诗论大相径庭，他们的诗论基本上是建立在对传统诗歌美学的无情批判和反拨的基础上。布勒东把诗歌理解为思想的自由表达，理解为对理性的反抗。诗人在写作时只要把脑子里涌现出来的东西快速记下来就行，根本不需要进行筛选，词与词之间不一定要有什么联系。这样的诗歌美学源于弗洛伊德的"谈疗"，布勒东最初在治愈受到战争创伤的士兵时，就采取了"谈疗"的办法。弗洛伊德认为："在精神分析的治疗中并无别的什么东西出现，只有一种词语的交换。"超现实主义者反对创作前的构思和推敲，而是强调对无意识的意识、挖掘和呈现，就相当于把患者引向了造成他病根的事件，他就会得到感情上的舒解一样。布勒东和艾吕亚写道："不知道语言、动词、比较、思想和语调的变化是何物，也不去构思作品的时间结构及其结局，不问半句为什么写，怎样写，在这种情况下创作是何等自豪，鹦鹉学舌，人云亦云是极其

---

① ［法］布勒东、苏波：《磁场》，葛雷译，98 页，巴黎，伽利玛出版社，1968。

可怕的事情。"① 他认为在诗歌创作中只有一种方法：听任"不认识的主人"下意识地进行深刻的、彻底的自我表达。只有一个考虑：不要干预。随意的，听任意识的流动，这样的诗句组织虽然偏激，却也大大地革新了诗歌的语言，开拓了诗歌的意境，意象十分丰富。能够把描述两种不同事物的词语拼合起来，两种词语之间原来的距离愈远，他们之间的拼合就愈出乎意料，就愈恰当，它所产生的意象就愈有震撼力。在《警觉》里，布勒东把诗的形象写得十分支离破碎，凌乱不堪，句与句之间几乎没有任何联系。但是读者可以发现，通过意象的随意转换，通过文字的游戏，布勒东摒弃了传统的逻辑语言、文字规范。在理性的控制之外，甚至在美学和道德的控制之外，他"真实地"记录了自己的思想内涵。

其次，对无意识的探索。

关于无意识与艺术的关系，古希腊时期的柏拉图就用迷狂来叙述灵感，认为迷狂就是灵感的表现。灵感就来自无意识，奥古斯丁把无意识描述为意识中无法意识的那一部分；康德称其为"人类的黑色观念"；叔本华用"冰山"作比喻，认为露出水面的是意识，深藏其下、不知其巨的则是无意识。把无意识作为一种美学范畴进行研究，常常被理解为非理性。因为"美必须是对象性的，而且必须是意向性对象"。而艺术是对对象的呈现，这种呈现用黑格尔的话讲就是"理念的感性显现"。布勒东早在"一战"应征入伍作为战地医院的医生时，就曾阅读了大量弗洛伊德关于精神分析的著作，利用"谈疗"的方法找到造成士兵病根的事件，治愈士兵内心的病魔。同时他对梦想、想象、潜意识等产生浓厚的兴趣。弗洛伊德在《精神分析学引论》中指出："任何梦都是某种欲望的（虚幻）实现。"他认为梦是最享有特权的生活，任何梦都有特定的含义。布勒东把关于精神分析的理论引入文学创作，他认为，那些"无意识领域"如梦境、感觉、本能、呓语等超现实的东西，就是作家创作的源泉和手段，失去意识控制的"精神错乱和梦幻"被看成了真正的精神活动。布勒东试图突破狭隘的理性，把想象和梦幻带到日常生活中，力图找到"内部真实"和"外部真实"的统一，找到理性与非理性的统一，找到一个"精神点"，在那里，生与死，现实与想象，过去与未来，可言传的与不可言传的，高与低以及上与下等都被看成是相互矛盾的对立面。通过这个假想的、先验的"精神点"，布勒东希望让矛盾的各个方面在这个"点"里达到和谐与统一。所以，布勒东把探索潜意识作为自己的重要任务，作为自己把握世界真实的主要手段。在他看来成为作家并非难事，只需注意潜意识的信息和排除理智的干扰就行。

再次，"梦幻记录"和"自动写作"的方法。

布勒东主张采用的创作方法主要有："自动写作"、"梦幻记录"、"绝妙的僵尸"等。从时间上说，"自动写作"是超现实主义者最早采用的创作方法，1919 年，布勒东和苏波合作写了《磁场》一书，这是第一部"自动写作"的作品，也是第一部超现实主义的著作。在《第一次超现实主义宣言》中，布勒东阐述了"自动写作"的方法，

---

① 柳鸣九：《未来主义 超现实主义 魔幻现实主义》，146 页，北京，中国社会科学出版社，1987。

他还特地给这一节安上个小标题，即"超现实主义魔幻艺术的秘密"："超现实主义的书面文章，或曰初稿，亦即定稿。找一个尽可能有利于集中注意力的静僻处所，然后把写作所需要的东西弄来。尽你自己之所能，进入被动的、或曰接受性的状态。忘掉你的天才、才干以及所有其他人的才干。落笔要迅疾而不必有先入为主的题材，要迅疾到记不住前文的程度，并使你自己不致产生重读前文的念头。"① 他所主张的"自动写作"就是要在写作过程中不受任何意向、逻辑和已知事实的约束，词与词的组合、句子与句子的衔接都纯粹是随意的和偶然的。他认为这种写作是在精神不受控制的状态下进行的，换言之是潜意识在支配着这一创作活动，甚至在创作中排除了标点符号，其目的就是为了强调意识的"不停顿性"。这种不受理性束缚，不考虑传统道德和美学思想的创作方法，在布勒东的眼里，不仅可以帮助人们摆脱社会对人的束缚，认识主观世界和客观世界的丰富内涵，还可以解决人生中的主要问题。在"自动写作"的过程中，布勒东发现："思想的速度并不快于话语的速度，因而也就不见得难住了人的舌头，甚或是难住了疾书之中的秃笔。"② 也就是说人并不是先有思想，然后才诉诸语言表达的，思想在语言产生的同时产生。

布勒东主张的"梦幻记录"法，在他看来梦是处于清醒与睡眠之间的状态，人处在梦幻状态中，理智不起任何作用，不受任何逻辑和俗规的压抑和强制，能够让人们与原始的力量进行交流，因而人就可能处于彻底的精神自由状态。他把梦幻看成是把握客观现实的一种方法，它比日常生活还要真实。梦能够把人的最隐秘的东西全部显现出来，它既能显示过去和现在，也可以预知将来，它能够直接反映人的灵魂和世界的内在秘密。在布勒东看来，表达了梦，理解了梦，也就能够真正地理解了自我，也就能够真正理解人们所处的这个世界。他希望能够进入内心的黑暗，附身在思想的源泉上，倾听到神秘的声音，把自己在梦幻中所见到的东西如实记录下来。

1925 年起，布勒东对"绝妙的僵尸"的创作方法产生了浓厚的兴趣。布勒东和艾吕亚 1938 年合写的《超现实主义简明词典》曾经给这种游戏下了一个定义："精美的尸体。——这一游戏的内容是好几个人合写一句话或合画一幅画，每个人干完便把纸折叠起来，后面一个人就无从知道前面的内容。使这一游戏得名的经典例子便是用这种方法得到的句子：'精美的——尸体——将喝——新酒'。"③ 虽然这种创作方法产生了许多荒谬绝伦、毫无意义的组合，但布勒东却对此有极大的热情，他认为这不仅可以使人摆脱理性和逻辑的束缚，而且能够激发人的想象力和创造力，能够创造出一种神奇的"美"。实际上，无论是哪一种创作手法，"布勒东都把逻辑、理性看成是'最令人憎恨的牢笼'排除在外。他们凭借着集体的灵感和个人的想象，同时亦寄厚望于读者的联想能力，试图通过他们的实践验证语言的近乎于无限的组合能力和启示能

① 柳鸣九：《未来主义　超现实主义　魔幻现实主义》，262 页，北京，中国社会科学出版社，1987。
② 柳鸣九：《未来主义　超现实主义　魔幻现实主义》，257 页，北京，中国社会科学出版社，1987。
③ 柳鸣九：《未来主义　超现实主义　魔幻现实主义》141 页，北京，中国社会科学出版社，1987。

力，并展示词句、线条以及思想的随意连结所创造出的光怪陆离、富有活力的形象。"①

最后，"自由即美"。

布勒东的全部美学思想可以概括为"自由即美"。"所谓自由就是作家和诗人在不受任何外部条件的控制下，使潜存在诗人意识深处的一种原始性的语言以其本身固有的形态自然地以话语的形式或文字的形式呈现出来，从而达到一种超越任何隔障的，处在无限广阔的时空之中而浩瀚无际的纯质状态，这就是一种超越现实的东西——更高一级的现实。"② 具体说来，布勒东关于"美"的认识表现在以下三个方面：第一，美是一种抽搐。"抽搐"是医学上的一个名词，它是病人在失去自我精神控制下的一种失意识的动作。而在布勒东看来，文学艺术之美的表现就是一种抽搐状态。这种抽搐之美，既不纯属于一种自然状态，也不纯属于一种主观意识，它是介于二者之间的一种超自然、超意识状态，是一种不受任何外源力和内源力控制的，由其自身的自然状态和审美主体自然的意识状态瞬间相接时所呈现的一种纯自然性的独特现象。第二，美是一种奇妙。奇妙是一种偶然中的必然成分，是一种必然中的偶然因素，是一种既非自然形态又非人工所能为的艺术神秘。布勒东在《超现实主义宣言》中说，奇妙总是美的，不管哪一种奇妙都是美，甚至可以说，只有奇妙才是美。奇妙在艺术中的出现总是在人处于"非理性"状态时，自动写作和梦幻记录是创造奇妙艺术的最佳写作状态。第三，美是一种发现。布勒东认为美的东西已经存在，只是我们没有发现或处于隐蔽状态，它处在外部世界或人的内心，关键是要将它显示出来。

四、接受与影响

超现实主义曾是一场文学运动，一度声势浩大，并涉及绘画、音乐、建筑等领域，在十余个国家引起反响。布勒东作为超现实主义的奠基人，在其兴起和发展的每一个时期都发挥着先锋作用。他同其他理论家一样，他的文学理论的提出也受到过以前或当时文艺思潮的影响。③

（一）浪漫主义

浪漫主义文学最早产生于 18 世纪末，它发端于英国和德国，在 19 世纪上半叶达到鼎盛时期，席卷全欧，对后来的文学流派产生了深远的影响。浪漫主义的一个显著特征是：强调个人感情的自由抒发，有强烈的主观性。重视幻想与想象，进一步发展了对梦境的探索。梦境既有现实生活的折射内容，大量是非理性的精神表现。布勒东同样也推崇梦境，当然这首先是受弗洛伊德的精神分析法的影响，但也在相当大的程度上继承了浪漫主义的精髓，同时又将它发展、丰富。布勒东很早就承认，可以把超现实主义看成是浪漫主义的尾巴，"然而却是一根很有攫握力的尾巴"。

① 柳鸣九：《未来主义 超现实主义 魔幻现实主义》，144 页，北京，中国社会科学出版社，1987。
② 葛雷：《布勒东的超现实主义美学及其诗歌创作》，载《外国文学评论》，1990（2）。
③ ［法］菲利普·奥杜安：《超现实主义者》，巴黎，瑟伊出版社，1973。

（二）象征主义

如果说浪漫主义对布勒东的影响还不是特别大的话，他对象征主义的借鉴则是很直接的。象征主义产生于19世纪中叶的法国，象征主义认为现实的世界并不是真实的世界，它只是"彼岸世界"的一种象征，为了认识这个"彼岸世界"，只能凭借"直觉"，即一些非理性的神秘的内心体验。象征主义的表现方法是将内心体验曲折、隐晦地表现出来。布勒东在早期求学期间就阅读了波德莱尔、马拉美等象征派诗人的作品，并且把瓦莱里看成是自己的导师和教父。1919年，布勒东的第一部诗集《当铺》出版，这部诗集带有早期象征主义色彩，其中《绿金》一诗的艺术手法及情调非常接近马拉美。布勒东也将象征派诗人兰波视为超现实主义的先驱。兰波的《醉舟》表达了对现实的不满和反抗，充满了寓意和象征。他的诗强调直觉和幻觉的因素，具有神奇的意象和梦幻的色彩，给布勒东以极大的启发。布勒东吸收了象征主义关于"直觉"的精神内核，提出了自己的创作理论。"现实只是'影子'和'乌有'，只有'超现实'，即潜意识和无意识才是真实，才反映世界的本质。象征主义执著追求的'彼岸世界'正是超现实主义热衷向往的'超现实'境界。可见两种文学派别在文学主导思想上的脉络基本上是相同的。"①

（三）弗洛伊德的精神分析学说

布勒东在学医期间阅读了大量弗洛伊德关于精神分析的理论著作，他本人也拜访过这位大师。布勒东关于超现实主义理论正是以弗洛伊德关于精神分析理论为基础的。弗洛伊德把一切艺术活动都看成是无意识的表现形式，都是与现实相对立的。艺术创作的原动力是"不能满足的愿望"，艺术家只要让被压抑的欲望在幻想中得到宣泄，便能产生艺术作品。因此艺术应该是"白日做梦"。因为梦是理性松懈后的产物，是一种典型的无意识活动。以梦的方式进行创作，才能得到"净化"的艺术作品。在这种学说的指导下，超现实主义者认为，只有处在梦幻当中才更真实。因此，他们鼓励在半醒半睡的状态下进行创作，从而透过客观的世界表象来认识它的本质。"自动写作"和"梦幻记录"正是弗洛伊德理论在创作中的具体实践。

布勒东关于超现实主义的理论正是建立在对各种不同的思想、流派的反拨与借鉴的基础之上，既反传统又与传统的学说有割舍不断的联系。正是由于超现实主义的出现，西方现代文坛才显示出丰富繁荣的景象。同时其代表人物布勒东在理论上的创新与突破，又启迪了后续的文学流派。

超现实主义之后，法国文坛相继出现了存在主义、荒诞派戏剧、"新小说"派等较有影响的文学流派。虽然不同的流派各具特色，互不相同，但都特别注意描写人的内心世界、个人的情绪、联想乃至个人的幻想和幻觉。这些流派的作品并不重视描写客观环境，也不重视情节，着重表现主观世界，在表现手法上常常以暗示为主，兼用幻想、怪诞等手法，以此来代替叙述、描写和说明。从这几种流派所具有的共同特点中，可以看到布勒东关于超现实主义理论的印记。布勒东的理论和创作影响了这些流

---

① 安少康：《超现实主义及其承上启下的作用》，载《法国研究》，1989（1）。

派，为它们的兴起与发展，提供了一定的支撑。

超现实主义对中国现当代文学的影响远不及浪漫主义、现实主义，甚至不及象征主义、表现主义、意识流的影响那么明显。不过在文学创作实践上，还是有些作家或多或少地接受超现实主义的一点影响，如田间的长诗《中国，农村的故事》，戴望舒的《我用残损的手掌》等，这些诗中可以看到超现实主义的一点影子。《我用残损的手掌》被认为是运用了超现实主义的梦幻手法，描写诗人用手掌抚摸祖国地图的种种感觉和幻觉。袁可嘉认为，这种幻中见真的手法就是超现实主义的。"用超现实的手法来写来自现实生活的诗情，这在新诗向现代派借鉴的道路上，应该说是一个突破。"①

五、经典评论

"他身上有一种与众不同的诗人个性，喜欢非凡之物、勇于向困难挑战，但又不失平衡。他很聪明，即使在无意识的情况下也能保持清醒的理智。他给人留下的印象极为深刻，绝对是一个奇特的人物。"②

"布勒东在表现中（藉着精神分析、人种学、艺术史等）迎纳知识，某种意义上，他是我们的歌德……"③

第三节 菲利普·苏波

菲利普·苏波，超现实主义的奠基人之一，诗人、小说家。他早期受达达主义的影响，后与布勒东合作发表《磁场》，被认为是超现实主义理论的首次实践，在当时影响极大。他狂热地推动超现实主义运动，创作了许多典型的超现实主义作品。直到1929年他正式宣布与超现实主义决裂后，其作品的风格才发生了根本性的变化。然而，苏波对于超现实主义运动的杰出贡献不可磨灭，他的创作对其他超现实主义者产生了深刻的影响。

一、生平与创作

1897年，苏波出生在巴黎西南郊沙维尔镇一个大资产阶级家庭。他的父亲是一位名医，舅舅是汽车厂的老板。苏波很小的时候，他的父亲去世，他心情很苦闷，始终无法忘记与死亡的初次接触。苏波读过很多的诗，早就对兰波、雷维蒂和阿波利奈尔的诗作着迷。苏波当过兵，但从来没有见过战壕。许多人在战事中送了命，而苏波安然无恙，由于充当实验品中毒，他曾在医院住了好几个月。在病床上，苏波怀着敬意把他的第一首诗寄给了阿波利奈尔，并在后者的协助下，他在《SIC》上发表了这首

① 袁可嘉：《西方现代派诗与中国新诗》，载《读书》，1985（5）。
② ［法］亨利·贝阿尔：《布勒东传》，袁俊生译，2页，上海，上海人民出版社，2007。
③ ［法］亨利·贝阿尔：《布勒东传》，袁俊生译，2页，上海，上海人民出版社，2007。

诗。之后，阿波利奈尔又将菲利普·苏波介绍给布勒东。接着，苏波的诗作陆续在皮埃尔·雷维蒂所办的《南北》期刊上发表。1917 年，苏波出版了第一本诗集《水族馆》。1918 年，第一次世界大战结束了。憎恶、失望和反抗，这便是战争结束时大部分法国人，尤其是青年人的感觉。这一年，苏波继承了父亲的遗产，并把它用于实现他与阿拉贡、布勒东一起商讨的"文学梦想"。在法国，这三个青年由于对现政权和传统文化的痛恨和反抗而联合在一起，人们称他们为"三剑客"。1919 年起，他们对达达主义有所了解。一致认为：只有在所有领域进行一场全面彻底的革命，才能洗涤战争这一野蛮行径，真正实现纯洁的人类文明。正是出于这一考虑，他们觉得达达主义是少数几种可能拯救人类文明的途径之一。起初，他们并没有明确的诗歌追求，所以很快受了由特里斯唐·查拉在瑞士发起的达达主义运动的影响。苏波对《达达主义宣言》中各位作者抗击社会的毅力深有感悟。1919 年 1 月 17 日，他在给查拉的信中写道："我坚持向您表达我对《宣言》的赞赏之情，我感到很震惊，并十分钟爱它。"之后，因为缺乏资金，皮埃尔·雷维蒂决定从 16 期停止出版《南北》杂志，苏波也就不再在这个刊物上发表作品。但与此同时，1919 年 3 月，苏波与阿拉贡、布勒东却实现了他们的"梦想"：在巴黎创办《文学》杂志。取名"文学"只不过是他们用以嘲讽文学的手段，希望通过这个杂志在新老文学工作者之间架起桥梁，杂志的宗旨是反对一切文学传统和偏见。

1919 年夏初开始，苏波如饥似渴地涉猎文学的各个领域，甚至拒绝休息。当他不在《文学》杂志社里工作时，他就在巴黎到处游荡，电影、戏剧和展览都不能满足他。当大家认为他在睡觉的时候，其实他是在写诗，在写他所谓的"真实的诗"。从 1920 年到 1922 年，苏波都是达达主义运动的忠实参与者、推动者。

后来，他和布勒东觉得达达主义虚无色彩过浓，便想试验其他创作方法，于是二人以"自动写作法"写作并发表《磁场》（1920），这部小说成为真正超现实主义的第一步。同年，两人还合作写了两个短喜剧《请您》和《您会忘记我》，在达达主义运动期间上演。次年，苏波发表《风中玫瑰》，表现了生活所带来的痛苦和忧郁之情。

后来，达达主义者的创作失去活力，其成员间的纷争接连不断。但对超现实主义三剑客（苏波、阿拉贡、布勒东）来说，这却是一个契机。他们通过《磁场》与"自动写作法"重新建立了联系。1924 年，布勒东发表《超现实主义宣言》，成立了事实上早已存在的超现实主义小组。但是苏波却由于性格中的独立因素，始终有些默默无闻。他只是对日常的集会、试验、研究成果、散步和神秘主义学者的笔录或集会感兴趣。自 20 年代起，苏波有意识地放弃"自动写作法"，开始以精雕细刻的方式进行创作，不过仍与该运动保持着一定的联系，写了《我们到西部》（也译作《韦斯特韦戈》）（1922）和《乔治亚》（1926）两本诗集。他对同伴参与政治活动采取了保留的态度，对那些被超现实主义团体开除的艺术家和作家，还和他们保持友谊，这体现了他性格中的妥协性和折中主义。出于对友谊的忠诚，他斥责超现实主义运动内部所出现的分裂。后来，他再也无法忍受朋友之间的纷争，毅然决定做一名记者。当记者前，苏波对他们说，这是友情的末日。苏波的言行让布勒东感到震惊和恼火，他激烈地斥责，一个诗人不应该这样误入歧途！而苏波拒绝加入超现实主义，这也正是超现实主义者排挤他的一个原因。

1924年12月1日，超现实主义运动的期刊《超现实主义革命》出版，苏波写了《阴影中的阴影》的引言，他这样写道："我的言行一致，也就是说，与那些在我生活之外的人完全对立。"其实，早在1924年6月《文学》最后一期上，苏波已经对他的言论进行了忏悔。在那段情绪低落的日子里，他常常自言自语道："我失去了我的生活。"

1929年底，当《第二次超现实主义宣言》发表的时候，决裂的局面形成了。布勒东甚至对许多昔日的战友大加责骂："为什么我们要继续做令人厌恶的事情呢？一个警察、几个放荡公子、两三个皮条客、几个精神病患者、一个傻瓜……难道他们能组成一个有趣的、无害的、充满生命力的团体？一个由计件付酬的人们组成的团体？"对此，苏波与普列维尔、阿尔托、马松等人共同编写了题为《第二次超现实主义宣言》的抨击性小册子，对布勒东及其追随者进行了猛烈的反击。布勒东在《一具僵尸》中开除了苏波，虽然如此，苏波对于这一运动的杰出贡献却是不可磨灭的。被开除之后，苏波创办了《欧洲杂志》和《新写作》。从那里他开始了解外国文学，特别是俄国文学和美国文学。与此同时，作为报刊合订本的负责人和作家，苏波进行了大量的出版活动，出版了许多小说，还为很多报刊撰稿，并继续创作诗歌。他最完美的诗歌当属《乔治亚》，这个诗集表达了对女性疯狂的爱情、对贪婪肉欲的绝望以及梦幻般的妄想。此后，他放弃一切，作为一名记者而环游世界，并在美国、俄国、德国和意大利写了一系列新闻报道。20年代，苏波创作了四部具有超现实主义色彩的小说，包括《巴黎的最后夜晚》。与他的诗作形成鲜明对照的是，这些小说风格激越，气势恢宏，多以自由与反抗为主题。30年代，他还发表了有关波德莱尔、阿波利奈尔、布雷克、洛特雷阿蒙、缪塞等的评论。1937年，他出版了《诗歌全集》，汇集了自己1917年至1937年的全部诗作。在这本集子中，他以丰富多彩的笔调表现出对奇特性自始至终的喜爱。紧接着，苏波的风格开始迎合大众，特别是在战争中所写的《颂歌》。之后，他又找回属于自己的奇特怪诞的灵感：《无语》《曙光》《献给我的孩子们的朋友的诗》。

1938年，苏波负责创办了"突尼斯广播电台"。由于他传播关于反维希政府的观点，1942年他离职了。离职期间，他利用关系网在美洲为《法国快报》效力。回国后，他1946年创办了《幻想报》，并重操旧业，作为记者为广播电台撰稿。从1951年到1977年，他一直是广播节目的制作人，同时致力于翻译和戏剧创作。1966年9月28日，布勒东去世。超现实主义小组由许斯特领导，活动照常进行。但是许斯特于1969年10月4日在《世界报》上发表《第四章》表明，小组在布勒东去世之后已不可能保持一致，实际上宣告了超现实主义运动的结束。70年代，苏波又转回到诗歌创作，并再版了他的诗作。1973年，苏波整理了他的诗，出版《诗与诗学1917—1973》，其中包括许多从未发表的作品。1980年，他出版《画评》，次年，出版《为了忘却的记忆1914—1923》。他创作后期的作品显得题材多样却相对冗长，他在诗歌、戏剧和翻译中加入了许多重要的评论和肖像。

虽然苏波常常行事低调，但他在超现实主义运动中扮演着重要的角色。他向往自由以及各种形式的冒险，任何东西都不能阻止他。苏波经常关注每个人的行动，并毫不犹豫地出版那些与他文学道路大相径庭的法国和外国作家的作品。对于自己的作品，他常常以"碌碌无为者"自居而感骄傲："我憎恨成功……我认为应该毫不犹豫地成为失败者"，他经常这么说。苏波一生始终没有放弃诗歌创作，他以超现实主义诗人的形象被载入法国文学史册。

二、美学主张

1. 下意识书写法

什么是下意识书写法呢？布勒东解释，在最能使思想集中和开动的某处落座，让人拿上笔墨纸砚，尽量让思想处于消极状态和接受状态忘记你的天赋才能和别人的天赋才能，反复对自己说，文学是一条糟糕透顶的路，任意为之。不事先拟定主题，奋笔疾书，快得无暇细想，也不想看看自己到底写了些什么。第一句话肯定会自己冒出来，因为某个跟我们的有意识的思想不同的句子是无时无刻不在闹腾着要表现出来。而写下面的一句话可就难了。我们的有意识的思想活动无疑会渗进这下一句话。如果第一句话就有些微意识观念影响的话，下文可就不好写了……要毫不迟疑地抹去那变得过于明白的句子……

在创作实践中，苏波和布勒东急于彻底摆脱先辈的影响。苏波想从他所崇拜的三位先驱阿波利奈尔、雷维蒂和桑德拉的影响中走出来。而布勒东希望能够在创作中遗忘马拉美和瓦莱里。这种想法将他们带到了空虚的边缘。虽然茫然的感觉占据了他们，但是，暂时的失望不会遮挡住他们的眼睛。

他们常常思考这个问题："如何让语言迸发出火花？"苏波认为应该实行全面的革新。于是他想放弃传统的写作方法，尝试一种新的体验。他对布勒东说，他想杂乱无章地写作，就是说把从脑海一闪而过的东西都记录下来。这是一种对文学作品的废除，因为他憎恨一切传统的文学形式。出于同样的想法，布勒东提出了"精神分析法"。第一次世界大战期间，布勒东是在卫生队服役时接触弗洛伊德心理学的。1917年，布勒东阅读了《西格蒙德·弗洛伊德精神分析法入门》一书，并一直专注于梦的解析。初期，他和苏波进行了无休止的讨论。布勒东在自己的房间里一连几小时踱来踱去，而苏波则沿着塞纳河畔散步，没有目标，没有希望。直到有一天，光明突然出现了：他们偶然在一个书店歇脚的时候，发现了一篇名叫《精神的无意识活动》的文章。这正是皮埃尔·雅内[①]于1899年在巴黎大学取得哲学博士学位的论文。雅内在文中提倡一种治疗精神病患者的新方法：通过多次的自动写作。为此，他邀请了一些患者去随意写出心中所想，无论形式和内容。对雅内来说，下意识书写只不过是一种新治疗法的诞生，而对于苏波和布勒东来说，这意味着一种可能，即某种新的文学创

---

① 皮埃尔·雅内：法国实验心理学创始人之一。

作。苏波想起波德莱尔曾说过："为了符合灵魂抒情的需要，一篇诗意的散文应该没有节奏、韵脚，有一些生硬又兼具灵活。"

在下意识书写法的尝试中，苏波不对文字进行改动，甚至也不去抹掉他们灵感的喷涌，他是在眼睛几乎闭着的情况下进行文学创作的。他就是要借助下意识书写法来解放被超我压抑的本我，解放经弗洛伊德证实存在的无意识，解放人类思想从未被窥透的最深层的东西。于是，布勒东和苏波两人各写各的，既没有事先细想，也没有互相商量。但是用这种方法写出的近50页文字却有很多相似之处。他们把各自写的东西凑在一起，便成了《磁场》这本书。之所以采用这个名称，是由于他们认为物质和精神的世界只是一个处于永恒的振动之中、一切都在无形地相互干扰和联系的磁力场。他们在写《磁场》的时候，像刚发现"珍贵的矿脉"的人一样狂热，八天之内便写完了这本书的主要部分，但是他们承认再也无法坚持下去了。甚至可以说《磁场》的结尾本身也类似于"自杀"：在《一切都完了》的标题下，是一张印有安德烈·布勒东和菲利普·苏波名字的名片。据布勒东在1930年所作的解释，这张放在书末作为告辞的名片的含义，是表示两位作者想不留痕迹地消逝。这里以《磁场》中的一段作为自动写作法的例证：

> 奔驰的亮光逐渐消逝，同时唤醒肥大植物无穷的窸窣声。进口的化学资源如同香一样沉重地燃烧。眼下地梦有花饰的魅力在水平线扩展。在沸腾的天空中，烟雾变成黑灰，叫声达到最高度。噩梦的怪论无边无际地不连贯地跳舞。[1]

下意识书写法虽然在消除习俗对思想的束缚方面不无积极意义，甚至由于它独特的现实观而被超现实主义者视为一种革命力量，但是它毕竟不是什么成功的创作方法，更不是通向所谓"超现实"的道路，因为靠大剂量的毒品催眠而引起的幻觉，会造成种种不正常的精神状态，以至一些超现实主义者把自杀作为了结一切的手段。

2. "爱情至上"

爱情在超现实主义的价值体系中至高无上，妇女被认作"物质世界的基石"。甚至妓女，也没有失去她们的自由天赋和道德的纯洁，娜嘉便是突出的例子。爱情可以大大激发男子的灵感和想象，看到自己内心世界的形象，激励自己摆脱一切社会、文化和思想的束缚。波伏娃作为一个女权主义者，她在《第二性》一书中曾经清楚地说明了妇女在超现实主义者心目中的形象："这个奇特的女子有血有肉而又带有人工雕琢的痕迹，纯朴自然而富有人情味，她和超现实主义者喜爱的那些意义含混不清的物体一样，具有很大的诱惑力。……几乎所有的诗人都认为妇女体现了人的天性；但布勒东认为她不仅表现了、而且解放了这种天性。女性是不可缺少的媒介，没有她整个世界就会沉默。……"[2] 许多超现实主义诗人都在作品中讴歌了女性在他们心目中的

---

① 郑克鲁：《繁花似锦——法国文学小史》，231页，武汉，武汉大学出版社，1986。
② ［法］波伏娃：《第二性》，第1卷，359～361页，巴黎，伽利玛出版社，1953。

特殊形象。在想象的配合下，爱情使平庸的日常生活呈现出奇观，并使人们产生更多的追求和希望。"对我来说，女性的外貌是一种不同寻常、动人心弦的东西。女性的元素是极其重要的，我不仅在创作尝试中表现这个重要性，而且逐渐趋向本能。我认为那里有对孤独的安慰，以及更多。我喜欢女性的东西。可能您会对我说，这是挺自然的事……然而这种狂热将会走得更远。例如，我很反感别人在我面前说女人的坏话，常常正是女人造就真正的男人。"①

3. 电影观

超现实主义运动在 20 世纪 20 年代兴起的时候，电影也正从默片发展到有声片。超现实主义者发现，电影是实践自己理论的最理想的工具。苏波认为，电影对超现实主义者来说是一个巨大的发现，因为电影提供了表达、改变和实现梦幻的不同寻常的可能性。超现实主义者就欲借助电影找到表达梦幻的最美妙的方式。苏波认为，把超现实主义梦幻搬上银幕完全可能，比起文章和戏剧来，电影能给人以更高的权力。电影比文字作品能更迅速、更强烈地表现出超现实主义的激情。在这种认识的指导下，苏波从 1917 年起写了一些超现实主义的电影诗，如《冷漠》等。他说这些诗是写给那些有能力导演这些作品的人的。德国一个电影导演 W·鲁特曼很快根据这两首电影诗拍出了电影，其他超现实主义者纷纷仿效。布勒东、贝莱、戴斯诺斯、艾吕亚、阿拉贡、达利等都曾经创作了一些电影诗或电影剧本，并且在一些杂志上发表。当然，一方面，其中一些人也并不期望自己的作品被拍成电影，而仅仅是进行一种尝试，但另一方面，也有些超现实主义者不写任何脚本，也不依据别人的脚本，就动手摄制超现实主义的电影。这是些名副其实的"下意识影片"，以各种事件偶然的拼凑和无意义的罗列为特点，有时干脆就是直接再现导演的梦境。

三、作品分析

《伦敦颂》

就像许多诗人一样，苏波对战争的恐怖深有所感，决心与纳粹主义战斗到底。他以自己的方式与突尼斯、阿尔及尔和美洲的纳粹主义做斗争，竭尽所能通过广播为自由法国服务。由于他的工作和责任心，他及时掌握了大量信息，了解时事，知道何种恐怖行动袭击了欧洲以及欧洲人民如何顽强抵抗，这些信息在战时所写的诗歌中得以证实。

伦敦是顽强抵抗纳粹主义的城市，特别是在经历炮弹的反复轰炸后依然坚固，广播节目依然传送到被占领的欧洲地区。在那段日子里，每天晚上，苏波都会听 BBC 的节目。为了感谢他伦敦的朋友们，苏波写下了《伦敦颂》：

> 这夜伦敦第一百次的空袭/这是黑夜，残暴、愤怒的黑夜/黑夜满怀不断生息的焦虑/首轮的轰隆声已经落在远处/也已看到始发的火光和信号/来的似乎是混

---

① Bernard Morlino：*Philippe Soupault*，*Qui êtes-vous?*，*LA MANUFACTURE*，1987，*p*. 163.

乱、震撼与恐怖/沉默的人们在窥探熟悉的嘈杂/在等待死寂化为盛大的节日/伦敦、伦敦，伦敦一如往常/今夜伦敦第一百次的空袭……墨尔本在听，在听的城市还有/渥太华、好望角、奥克兰，/全世界各京城，法兰西乡间/与巴黎

整首诗带我们走进战争年代。在伦敦，炮火连天，硝烟弥漫。空袭带来的混乱，人们备受震撼。全世界都在关注这个地方，诗人也不例外，作为一个文人，他放眼世界，关注那个时代所有的社会变革，充分体现了人道主义精神。

《我们去西方》

1917 年，苏波开始创作诗集《我们去西方》。1922 年，他退出文坛的论争，开始外出作长途旅行，回来后出版《我们去西方》一书。这本旅行诗集虽然有纪实因素，但仍带有强烈的超现实主义色彩。就如题目所显示的，这本书是旅行的邀请信。与他的超现实主义同伴相反，菲利普·苏波并不迷恋巴黎，一心想要环游世界。幸运的是，他实现了这个愿望。在这本《我们去西方》的诗集中，苏波用大量笔墨表现了生存的痛苦以及凄凉的流浪生活，这在战后许多文学作品中表现十分突出。

奇异的旅行者没有行李/我从来没有离开过巴黎/我的记忆没有离开我一步/我的记忆随着我像只小狗/山羊夜半在天空中闪烁/我比山羊还蠢……我想去纽约或者布宜诺斯艾利斯/去领略莫斯科的雪/某天晚上，乘一艘邮船动身/去马达加斯加或者上海/上溯密西西比河/我去过巴比宗/我重读了一遍柯克船长的游记/我在富有弹性的苔藓上睡觉/我在一朵银莲花旁边写诗/从累累枝头摘取佳句/小铁路使我想起横贯加拿大的铁路/今晚我笑了，因为我在这里/在这晃动的玻璃杯前面/我微笑着/看到未来

这是一次想象中的旅行，诗中出现了很多不同的地方：巴黎、纽约、布宜诺斯艾利斯、莫斯科、马达加斯加、上海、加拿大等。在这些地方，诗人过去的影子和一些想象物相互交织着。此刻正在巴黎的诗人，却把柯克船长的游记与那些他向往的城市联系在了一起。在整首诗的末尾，一个清晨，诗人又唤起了对巴黎的回忆，回到了现实生活，又有对未来的一点点希冀。

四、接受与影响

1. 对阿波利奈尔和洛特雷阿蒙的接受

"超现实主义"一词最早是法国诗人阿波利奈尔提出来的，他在谈自己的"超现实主义戏剧"《蒂蕾西亚的乳房》时说，"当人想要模仿行走时，他却创造了丝毫也不像腿的车轮。这样，他便不知不觉地做了超现实主义的事情。"这段话告诉我们，人即使是模仿自然，也应该充分发挥创造性的想象能力，不可一味刻板地模仿。如果说阿波利奈尔创造了"超现实主义"一词，那么，苏波又给它作出规定：超现实主义就是由脱离了理性控制的心理而产生的创作。

阿波利奈尔曾在《新思想和诗人们》中说："诗人不仅是美的代表者，他们同时也是，而且首先是真实的代表者，由于真实为诗人们打开通向神秘的未知世界的道路，因此惊奇、意外是现代诗歌主要动力之一。"事实上，阿波利奈尔在其作品中处处表现出他不惜一切代价反对僵化的风格和传统的形式，流露出他追求现代性的倾向。他认为，诗无所不在，诗存在于一切事物之中：它固然体现在书画里，但是更大量地存在于街头巷尾。任何普通、平庸，甚至粗俗不堪的事物都可以成为诗歌的源泉。但是诗人要极力寻找这些普普通通的形象的不寻常的组合以及它们在特定环境下给人的启发或暗示。苏波接受了阿波利奈尔这一观点，在自己的创作中，努力使作品成为所谓"真实的诗"。苏波的诗作《伦敦颂》，其节奏和景象不能不使人们想起阿波利奈尔的《烧酒集》。对于这个集子，苏波熟记在心。无独有偶，苏波歌颂世界上城市的方式使人们想起了阿波利奈尔关于巴黎、德国的诗。

超现实主义者发现了洛特雷阿蒙，被他的作品所吸引并深受启发。点着蜡烛，苏波一遍又一遍地读洛特雷阿蒙的诗。他非常惊叹，并被洛特雷阿蒙的语言的回旋缠绕搞得晕头转向。生动的语言使苏波幻想着自己与椋鸟群融为一体，与委屈的童年所做的抗争更使苏波回想起自己那段隐藏很深的记忆。读过洛特雷阿蒙的诗后，苏波学会了用美好的狂热鄙视那些蒙住双眼、不被理解的人。那些词句使苏波深受震动："在我的一生中，遇到过那些我不能接受的男人们。他们做出许多愚蠢的举动，并通过许多方法使他的同类们变得愚蠢，并毒害这些灵魂。他们称这种行动的动机是：荣耀。"①

正是对洛特雷阿蒙代表作《马尔多罗之歌》的"崇拜"，使第一批超现实主义者（布勒东、阿拉贡、苏波）于1918年聚集在了一起。使苏波倾倒的，正是洛特雷阿蒙作品中纯属下意识的写作：作者完全不受理智的控制和语言惯例的制约，一连串的想象、意念和幻觉在他笔下如潺潺流水源源而出。他毫无顾忌地撕碎了一切传统的形象。在他的作品中，没有等待，没有接受，没有任何消极的或者一成不变的东西。读者自始至终感觉到变化和动荡，感觉到抑制不住的活力和异常迅速的节奏。

2. 对其他超现实主义者的影响

苏波为超现实主义者们作出了榜样。他们也跟着满腔热情地参加到"下意识书写"中去。他们的努力产生了第一批下意识书写的作品。在达达主义时期就有了这种作品，不过超现实主义者使它们更丰富、更系统了。超现实主义者觉得在这些作品中发现了新奇的事物。使他们吃惊的是，是他们以前不知道的一种自身的力量，是一种无可比拟的自如和精神的解放，是前所未有的形象创造和作品的超乎自然的语调。

特别值得注意的是，超现实主义的诗人和艺术家合作得非常好。1929年，苏波作为出版社的文学编辑，建议阿尔贝·迪布在他的书中加上插图。从此以后，八十多本书中都出现了系列插图。作为漫画家，阿尔贝·迪布正是许多幽默漫画的始祖。此

---

① Bernard Morlino：*Philippe Soupault*，*Qui êtes-vous?*，LA MANUFACTURE，1987，p. 69.

外，他还为电影和广告做过海报。由于他的作品清新率真，他也为天花板画装饰画、为唱片封面做插画。诗人和画家互相交换对世界、对人生、对文学艺术的看法。画家的创作融入了超现实主义诗人给予的重要启示。

五、经典评论

路易·马丹-肖菲耶认为，苏波想从男人的身份、个体、自己的决心以及自身的多面性中解脱出来。他想失去，并不是为了重新找到自我，而是为了变得真正散漫、敏锐，就如同在时间和空间里溶解，从所有束缚中解脱出来。

布勒东评价苏波，带来了现代派的敏锐风格。他，就是欢乐，就是此时的诗学。不可思议的触觉，是掠过美妙空间的咖啡冰淇淋上用蓝色虚线表示的字母"VINS"，是调皮的童年，是信手涂鸦，是一只琴鸟，是一个空信封。很多次，布勒东都拿苏波与自己比较：他的情绪"波动比我大"。在写《磁场》的时候，苏波总是竭尽全力反对很小的改动和更正，但这种方式对我来说很难达到。我们没有才能吗？

苏波经历了两次世界大战。如果说第一次世界大战暴露了法国当权者的怯懦、自私和虚伪，给整个法国蒙上了一层死亡和失望的阴影，在很大程度上促使苏波参加超现实主义运动，以发泄自己内心的愁闷和愤怒，那么，第二次世界大战造成的动乱和惨景以及他当记者所接触到的严酷事实则使他意识到诗歌和小说的局限，于是，苏波以后更多是写论文、专著、报道乃至名人传记。他的一生并非如某些评论家所说，荒废在政治动荡和文学动乱中，而应该说，作为一个思想深刻、思维活跃的作家，苏波一直在关注和参与他生活的那个时代所发生的一切变革。

第四节　保尔·艾吕亚

保尔·艾吕亚是 20 世纪上半叶法国重要的抒情诗人，亦为超现实主义运动的创始人之一。他的诗融想象与现实、痛苦与赞美、平和与激情为一体，为诗歌辟出一块和谐、美好的新天地。他善于从平凡的事物中发掘不平凡的真理，善于表达民众疾苦，反映民众呼声。其诗歌的战斗力鼓舞着后来无数诗人与民众继续为人类的和平事业而战斗。

一、生平与创作

艾吕亚 1895 年出生在巴黎近郊工人聚居的圣·德尼区，原名欧仁·格兰岱尔。他自幼家境贫寒，父亲是会计，母亲在圣·德尼区做裁缝，从小便对劳动人民的疾苦了解并有所体验。1912 年至 1914 年，艾吕亚在巴黎读书时因患肺病辍学，父母省吃俭用送他去瑞士的达伏附近疗养，因此他有机会阅读奈瓦尔、波德莱尔、洛特雷阿蒙与阿波利奈尔的大量诗作。这期间，祖籍俄罗斯的嘉拉姑娘在疗养地与艾吕亚邂逅，后来成为艾吕亚的夫人，同时也成为诗人诗作中第一位光彩夺目的形象。《诗 1914》是艾吕亚 1914 年所写若干首诗中的一首，也可能是我们现在能见到的他的第一首诗，其第一句"心挂在树枝上你们去摘就是"，如同天籁之音，表现了诗人心怀的坦荡与热情，也暗示了艾吕亚一生的品行和艺术风格。象征主义诗人瓦莱里曾说"第一行诗是天赐的"①　而这第一行诗，决定这首诗的主要格调、中心内容，或者说这一行诗代表了艾吕亚诗歌艺术的方向。

1914 年，第一次世界大战爆发不久，艾吕亚即被动员入伍。他开始在野战医院当卫生员，后来在步兵部队服役，一次战斗中不幸负重伤。养病期间，他发表了最早的两部活页诗集《义务与不安》及《和平咏》。在这两部作品中，诗人以洗练的风格，表达了对战争的切肤之恨，抒发了青年一代的苦闷之情。通过这种在前线战壕里交换零散的诗篇，艾吕亚遂与反对战争的诗人、画家如阿拉贡、布勒东、苏波等人相识，并开始用笔名艾吕亚发表诗作。

战后，艾吕亚和布勒东、阿拉贡等人组织了巴黎的达达主义团体。1920 年，他的《兽与人》发表，在该诗序言中他袒露了一位立志改革者的心扉。1922 年，他与马克思·埃尔斯特共同创作的《不朽者的苦难》发表，这标志着他与布勒东等人从此开创超现实主义运动。艾吕亚成为《超现实主义革命》杂志的主要撰稿人。1924 年，他的《为了不死而死》发表，艾吕亚努力使感觉世界与感官协调一致，使真实与梦幻融为一体，并使它们处于一种相同的依恋关系中。

1924 年之前，诗人的创作可视为第一阶段。1924 年到 1939 年，为诗人创作的第二阶段，是诗人积极参加超现实主义运动的阶段。

1926 年，艾吕亚出版了著名诗集《痛苦之都》，这些"无意识形成的"抒情诗朴素自然，格调深沉，不追求形式的标新立异，但却显示出了文字所具有的非凡神奇的力量，十分适合表达诗人内心深处的真情实感，在表现人类的痛苦与不幸方面感人至深。梦幻与现实相交织，彼此矛盾、对立的词语组成独特的词组，创造出的形象奇妙瑰异："我随你眼睛如随月亮而变幻/忽而轻于鸿毛忽而重于灌铅/缠绕你的一泓黑色神秘之水/或在你的发中你的轻微胜利……大自然落入你的生活的罗网/你的影树指着它的肉体天空/它具有沙的声音和风的姿势/你所讲的一切在你身后晃动。"②

1927 年，阿拉贡、艾吕亚、佩雷、布勒东等先后加入法国共产党，但入党后处境尴尬。法共对他们始终怀有戒心，而超现实主义团体内部的人则对他们靠拢法共大加抨击。

1929 年，艾吕亚又推出了不同凡响的新作《爱情与诗歌》。诗中歌颂纯真爱情，使生活、幸福、友谊成为可能。他的诗作短小紧凑，高度简练。1930 年，艾吕亚认识了尼丝，1934 年两人结婚。这期间，爱情使他写出了《即时的生命》（又译《当前的生活》）、《公共玫瑰》等。这些诗歌的主要内容是歌唱爱情，分别以诗人在不同时期遇到的妇女作为抒发感情的对象。诗人写这些诗时视野开阔，灵感涌动，其心境不再与他人隔绝，转为分担他们的痛苦和不幸。诗中不乏奇异的幻象、反抗的呼声，也充

①　许自强：《世界名诗鉴赏金库》，408～409 页，北京，中国妇女出版社，1991。
②　［法］保尔·艾吕亚：《保尔·艾吕亚诗选》，李玉民译，40 页，石家庄，河北教育出版社，2003。

满唤起人们团结友爱的深厚感情。这些超现实主义诗歌着意于反传统的诗艺，继续讴歌爱情和自然，强调心声的自由外露。

1933 年 6 月，艾吕亚等人被法共开除出党。此后，他们虽然与法共保持一定距离，坚持行动自由，但从未脱离政治生活和斗争。

1936 年诗人与毕加索结下友谊，创作《丰富的眼睛》。这一年，他前往西班牙，支持反法西斯斗争。在伦敦举行的超现实主义展览会上，艾吕亚发表了题为《诗的事实》的演说，这演说与他 1939 年发表的《展示》总结了他对诗的思考，提出了粉碎现存价值观念的必要性和建立新的伦理观念的迫切性等问题。

1939 年到 1946 年，是诗人艾吕亚创作的第三阶段，这是诗人以诗歌为武器，积极参加反法西斯战争地下抗敌的阶段，这个阶段产生了诗人最著名的诗篇。自西班牙内战开始，艾吕亚的创作态度发生变化，多选择严肃的主题，有些诗歌带有强烈的战斗性。这之后他逐渐放弃了超现实主义，并于 1938 年彻底脱离超现实主义运动。1938 年 10 月，布勒东从墨西哥回来，谴责艾吕亚与亲共产党的《公社》杂志合作，艾吕亚与布勒东决裂。第二次世界大战期间他参加地下抵抗运动，并于 1942 年再次加入法国共产党。战后他荣获"抵抗运动勋章"，先后参加过洛克劳和墨西哥的和平会议，为人类的和平事业做出过卓越的贡献。这期间，他著有《诗与真理》诗集（当时由英国空军空投到各被占法国领土上），还有著名的诗集《与德国人会面》。

第四阶段是 1946 年到 1952 年，这是他创作生涯发出最后光辉的阶段。1946 年，尼丝去世，艾吕亚悲痛欲绝。1949 年，孤独的艾吕亚认识了多米尼克，由此爱情新生。写出《什么都说，凤凰》（又译《凤凰集》）。这是专门献给多米尼克的情诗。这期间，艾吕亚还积极参加保卫世界和平的斗争，著有《政治诗集》《和平的面目》等，主要描写人们的痛苦和兄弟情谊，反映了他的政治战斗精神。同时，艾吕亚还出版了几部抒情诗集，其中重要的有《不间断的诗》《伦理课》等。1952 年 11 月 18 日，艾吕亚死于心绞痛。1963 年，伽利玛出版社出版了袖珍版艾吕亚诗歌选集《最后的情诗》，印数达罕见的 6 万册。

二、美学主张

达达主义运动初期，艾吕亚醉心于锤炼诗的语言。他在《文学》杂志上撰稿，声称"言语是一个目的"，"怎么感受怎么写"。他组织出版《成语》月报，指出他的 152 个成语目的是"论证词语"。他怀疑"自动写作法"不可避免的混乱的表达能力，主张"经过推敲的意义错乱"，追求诗的透明度。这些主张构成艾吕亚参与超现实主义运动期间诗歌创作的特征。他常常用不同于日常生活的语言表达心声，将意义完全对立的词语组成新奇的形象，道破诗人某一真实的感受，如"灼人的寒冷"、"出汗的霜层"这样的诗句在他的创作中俯拾皆是。

超现实主义运动时期，"他的诗歌旨在找到和谐，超越个人的痛苦。他的赞美从心爱的女子扩展到整个宇宙。他和超现实主义画家一样，'希望拓展视野，让想象与自然结合'，从而出现了这种将最罕见的意象同最常见的物体结合的艺术，著名的诗句'大地像一只蓝色的橘子'就是佐证。"① 诗人这一时期的作品,思绪朦胧,诗句往往不着红尘,特别是"大地像一只蓝色的橘子",把蓝色的大地比喻为金黄色的柑橘,这既矛盾而又不可能的标题本身就是典型的超现实主义的语言和诗情。

"超现实主义诗歌艺术最突出的表现在于诗的语言、诗的逻辑,这与散文的语言、散文的逻辑有明显的差别,这一点,艾吕亚接受了。超现实主义诗歌形象的错综复杂与突兀,艾吕亚在一定程度上也接受了。然而他的特色在于用平易的形象,或者说,通过平凡的事物反映不平凡的深理。"② 经历了达达主义运动以及超现实主义运动的锻炼之后,艾吕亚的诗歌创作终于得以彻底突破樊笼,变得通透开放,清澈明朗。他以朴素、直接、大胆的丰富形象,歌颂爱情、友谊、自由和光明,抒发心中的孤独、抑郁和失望。他认为只有能互相交流的诗,才是真正有血有肉的好诗,即应该强调诗的语言的力量,尽量减少平庸、僵死的语言,语言应优美喜人,适于彼此交流。脱离超现实主义之后,他的诗虽也不乏突兀奇特的比喻,但这种语言简洁明快,内容深刻丰富的诗学主张已成为他日后创作的基调。

综上所述,艾吕亚是一个涉足过超现实主义营垒的诗人,诗篇中留有不少形式主义的痕迹,但他比他"旧日的伙伴们"更为重视主观感情的宣泄,更执著地追求正义的事业,更重视保持诗人那颗纯金般的童心,更钟情于将自己有意的诗写成民众无意的诗,所以他的诗——特别是他中、晚年的作品,思想明晰,感情炽热,语言朴实无华,诗歌形象明确、具体和生动。

超现实主义、爱情和介入是诗人艾吕亚毕生的写照。他的诗歌不论是歌颂爱情还是赞美英雄业绩,都从容不迫,使人感到清新淡雅、音韵和谐。他写的诗句间也许会缺乏明确的逻辑联系,但目的却在牵连、引起读者某种联系或共鸣,从而产生更加良好的效果。

1938 年他与超现实主义正式决裂(他的诗学事实上早就与这一流派的原理发生分歧),他的公民立场进一步确立,美学思想进一步发展。他认为,诗歌的本质与对它的使命的思考是不可分开的。1952 年 1 月 17 日,他在讲演《论情境诗》时说:"荷马、莎士比亚、但丁和歌德——往往还有维克多·雨果,他们说'我'的时候,他们就是代表自己时代的人来说话。他们是自己时代的良心,他们在历史的重大诉讼案中充当原告和辩护方面的见证人,他们是过去时代的花岗岩基座,同时也带有它的——过去时代的脆弱……一个人经历过饥饿之后,他就不希望世界上再有饥饿;经历过战争之后,他就谴责杀人行径。非正义唤起我们对正义的追求。"③ "果实和鲜花——这是春天的情境,就像革命是人民和各民族的幸福情境一样。革命的诗应当在鲜明的情感中寻找自己灵感的源泉,而这种情感是建立在生活和创造生活的必要性上的,是建

---

① [法]弗朗索瓦兹·普洛坎等:《法国文学大手笔》,钱培鑫、陈伟译注,176 页,上海,上海译文出版社,2002。
② 许自强:《世界名诗鉴赏金库》,410 页,北京,中国妇女出版社,1991。
③ 许自强:《世界名诗鉴赏金库》,367 页,北京,中国妇女出版社,1991。

立在明确的、合乎逻辑的意识——即渴望正义上的。既然这种革命的感情是建筑在人类的团结上，那么它也就可以而且应该具有如此丰富而严整的诗意内容，使爱的情感成为另一种为生活而斗争的表现形式。"① 艾吕亚曾写下的无数鼓舞人民斗志的爱国主义诗篇，不是正在以绝对的深刻表达着他与人民大众紧密结合的火热赤诚的心？他的诗，乐观向上、明朗欢快、色彩亮丽，与无病呻吟、孤芳自赏、消极颓废毫不相干。他的诗，质朴自然、节奏明快，或似自然流水，或似汹涌波涛，或给人以美的享受、心灵的抚慰，或给人以生存的希望、战斗的鼓舞。

从中年丧偶的悲痛，到军旅生涯、抵抗运动及共产主义事业的洗礼，艾吕亚"效法毕加索，从个人的地平线走到大众的地平线"②。他提出"诗的目的在实践的真理"，即"解决个人祸福问题，先要解决全人类的祸福问题"③，以此证明艺术的革命和社会的革命分不开，也明确显示出诗人作品中鲜明的公民立场和大众意识。

三、作品分析

艾吕亚对文学界墨守陈规、故步自封的习气以及传统作品中缺乏诗意的现象深感不满，所以他反其道而行之，加入超现实主义流派。但不久，他认识到"真正的诗应当反映现实世界，也应当反映我们的内心世界——那个我们幻想出来的变了样子的世界，那种当我们瞪大眼睛观看生活时在我们心中出现的真实……如果诗人的头脑里没有装满现实的世界，除了抽象和混乱、幻梦和迷信之外，他就永远不可能还给世界什么东西。他自己创造的诗的现实，在客观世界的诗的现实面前是站不住的。"④

诗人创作丰富而多产。其意象奇隽、悠远的超现实主义诗篇，朦胧惝恍、情意缠绵的爱情诗篇，意象丰富、慷慨激昂的政治诗篇，受到一代又一代读者的青睐。同时，他在战争中以诗歌为武器，痛斥战争暴行，抚慰、鼓舞人心的实际行动，表现了诗人对自己追求的美好未来充满信心。

1. 超现实主义作品

艾吕亚早期的超现实主义诗作中，"善"和"美"化为闪闪发光的物体，如宝石、水晶、镜子、水珠、阳光下的河流等来表达爱恋、梦境、幻想、友情等。1929 年出版的诗集《爱情与诗歌》，集中了一些抒情意味最浓、反应最敏感的诗篇，主要内容虽然是吟唱爱情，但歌颂内容让人与人之间的关系更为密切，其基调带有一种人道主义的亲切感。

《忧伤》

石头波浪的忧伤

---

① 许自强：《世界名诗鉴赏金库》，371 页，北京，中国妇女出版社，1991。
② Pierre Brunel，*Histoire de la littérature française*（*Tome 2*），239 页，巴黎，Bordas 出版社，1972。
③ 许自强：《世界名诗鉴赏金库》，415 页，北京，中国妇女出版社，1991。
④ 许自强：《世界名诗鉴赏金库》，370 页，北京，中国妇女出版社，1991。

> 利剑刺杀利剑／玻璃砸碎玻璃／灯盏熄灭灯盏
>
> 多少联系切断
>
> 飞箭与创伤／眼睛与光亮／头颅与升扬
>
> 沉寂中均不见。

不难看出，艾吕亚的诗虽然充满逻辑颠倒的形象和联想，但是，他的体验毕竟不像查拉那样汹涌澎湃，气势也不像布勒东那样咄咄逼人，但艾吕亚大大超越了超现实主义孜孜以求的喧嚣和骚动，他的诗显得平和、宁静，其间夹杂着淡淡的忧郁、惆怅。再看：

> 你眼睛的弧线绕我的心转一圈／舞蹈和柔情的一个圆／时间的光环、夜晚安全的摇篮／如果说我不全了解我所过的生活／那是因为你的眼睛有时不瞧我
>
> 日光的叶子和夜露的苔藓／风的芦苇，芳香的笑颜／被覆光的世界的翅膀／运载天空和大海的航船／天籁的猎手和颜色的清泉
>
> 孵出的一窝曙光的芬芳／曙光还一直躺在星汉草铺上／就像天光取决于清白天真／全世界取决于你纯洁的眼睛／我的全部血液在这一盼一顾中流淌。

这首诗中，诗人先是采用意象排列的手法把许多互相关联的发光事物连接起来，以衬托"眼睛的弧线"所产生的效果，只在末句点出"我的全部血液在这一盼一顾中流淌"。这正是超现实主义惯用的手法，意象的堆砌旨在构造奇幻的氛围。

2. 爱情诗

超现实主义持有爱人类的观点，认为爱可以化解世间一切矛盾。其中对女性的爱是通向人类爱的主要渠道。超现实主义作家写了许多作品讴歌、赞扬女性，这些被讴歌者有时是具体的对象，有时则是抽象化了的"妇人"，有时还代表祖国和民族。诗人赞扬她们的精神美、肉体美，以此作为通向人类爱的途径，作为打开宇宙奥秘的钥匙。艾吕亚就是一位著名的爱情歌手，讴歌的爱情细微而玄妙。例如《恋人》：

> 她站在我的眼睑上／而她的头发披拂在我的头发中间／她有我手掌的形状／她有我眸子的颜色／她被我的影子所吞没／仿佛一块宝石在天上
>
> 她的眼睛总是睁开／不让我睡去／在大白天她的梦／使阳光失了色／使我笑，哭了又笑／要说什么但却什么话也说不出来

这首诗的前段描述了恋人们的亲密无间，你我处处融合，"她有我手掌的形状，她有我眸子的颜色"成了画龙点睛神来之笔。卞之琳在《鱼化石》中有"我要有你的怀抱的形状，我往往溶化于水的线条。你真像镜子一样的爱我呢。你我都远了乃有了鱼化石。"卞诗的第一行就化用了艾吕亚的这两行句子，足见艾吕亚诗作感人、耐读的品性。后半段写到恋人的魅力，一句"使阳光失了色"足矣。

3. 战斗诗

从早年的《和平咏》中，就可以看出诗人对正义事业的向往。而在表现过程中，艾吕亚的手法却与别的超现实主义者不同，他能抓住一两个富有表现力的细节，便表达出爱憎情感。《盖尔尼加的胜利》就是这样一首控诉法西斯狂轰滥炸，使数千平民死于非命的战斗诗。诗人只用一句"都有同样的红玫瑰，每人都显出自己的血液"来描写妇女儿童纯洁的眼睛，然而却表达出了不可名状的惨相，足以体现出这场大屠杀的酷烈。第二次世界大战时期，广为流传，鼓舞人们为自由解放而战的《自由》（收入《诗歌与真理》）一诗更是成了诗人的代表作，表明艾吕亚以实际行动对祖国解放事业做出的贡献。从这首诗歌的形式上看，整首诗一律没有标点，只有最末一行"自由"后有一个句点。

> 在我的练习本上/在我的书桌上树木上/沙上雪上/我写你的名字
> 在所有念过的篇页上/在所有洁白的篇页上/在石头鲜血白纸或焦灰上/我写你的名字
> 在涂金的画像上/在战士们的武器上/在君主们的王冠上/我写你的名字
> ……
> 由于一个字的力量/我重新开始生活/我活在世上是为了认识你/为了叫你的名字
> 自由。

全诗二十一节一行，其中二十节反复说明在什么东西上，"练习本、书桌、树木、沙漠、丛林、鸟巢、花枝、童年的回音、洁白面包、蓝天、水池、湖面、田野、地平线、羽翼、大海、船舶、高山、云、雷雨、钟、羊肠小道、广场、灯、窗户……"都"写上你的名字"。这些都是平常事物，到最后一行才点出讴歌对象的名字，这个名字就是"自由"。这首诗带叠句，形式新颖，它像一则谜语，像一篇咒文，像一份演讲稿。全诗最后响亮地托出诗人念念不忘、必不可少的"自由"这个词。这样不厌其烦的写法恰好表现出法国人民对自由的渴望和执著的追求，使诗篇产生了巨大的影响。诗中那简单明了发自心声的诗句在抵抗战士中传颂，那响亮的结束语"自由"成了鼓舞人民斗志的有力武器。

同时，这首诗仍然保留了超现实主义的特点：开始是无数相关或无关，抽象或具体的意象堆砌，它们毫无次序地交替出现，表明诗人不顾一切只是念想着"自由"的那种热切情怀。最后才画龙点睛地点出"自由"二字的重要意义。处在德寇铁蹄下的法国人民，在看到这份传单后，充满对于祖国解放和生活幸福的信心。这首《自由》诗，是作者创作顶峰时期的代表作，它把反抗法西斯暴虐统治的战斗精神和追求自由光明的美好感情抒发得淋漓尽致，鼓舞了千百万法兰西儿女为争取自由解放而英勇战斗。

艾吕亚后期的诗无论是思想倾向和艺术方法，都达到了炉火纯青的程度。《勇气》

一诗写"巴黎在挨冻巴黎在挨饿/巴黎街上没有烤栗子吃了……"说的都是平常事物，却着实勾起人们对陷落中的故国的哀思。艾吕亚后期的诗，其感情更深沉、艺术更为成熟。

四、接受与影响

在成为一名超现实主义斗士之前，艾吕亚除了阅读奈瓦尔、波德莱尔、洛特雷阿蒙、阿波利奈尔的大量诗作外，他还在养病期间把惠特曼的法文译本《草叶集》带在身边，反复阅读。在诗选《诗人的荣誉》序言第一集中，艾吕亚说："深受本国人民鼓舞的惠特曼，号召拿起武器的雨果，被巴黎公社迷住了的林博特，热情奔放并激励着周围一切事物的马雅可夫斯基……伟大的诗人们坚定不移地行动的时刻或早或迟总会到来。"① 诗人们使用语言的权力是无限的，哪怕是与外部世界最尖锐的冲突也不会使他们的诗歌受到损害，反而会给他们增添新的力量。面对战争的危险，诗人们从法国四面八方挺身而出，他们怀着愤怒握紧自己的笔杆。维昂、兰波、波德莱尔、阿波利奈尔等，所有这些人，他们都怀念光辉灿烂的人世，都曾受到崇高的激情和卑微的情欲所折磨，绝望而又乐观。这些充满反抗精神的精神领袖前人促使艾吕亚要努力做一名献身正义事业的人。

艾吕亚后来在达达运动和超现实主义创作实践中，不断进行语言上的研究探索，逐渐形成自己明朗流利的风格。他爱书写平凡普通的事物以及爱情，意象丰富，文字平易，极富抒情意味。他的诗歌语言和诗歌中的公民立场对当时和后来者产生过一定的影响。

中国诗人戴望舒的诗集《我的记忆》出版于 1929 年，诗集中收录了如《我的记忆》《断指》《雨巷》等多首脍炙人口的抒情诗。《雨巷》自然是其中曾令人折服倾倒的作品，它以色彩、音节、意向取胜，戴望舒也因此而被称为"雨巷诗人"。作为书名的那首《我的记忆》不仅具有法国诗的味道，而且就其内容或形式来看都不愧是当时极其新锐的作品。诗人列举了一系列细微事物，来证明他的记忆几乎无处不在，格式虽然简单，意向却具体而丰富，如"在燃着的烟卷上，在绘着百合花的笔杆上，在破旧的粉盒上，往日的诗稿，压干的花片，凄暗的灯上，平静的水上……"。诗人朦胧的境界给我们提供了自由想象的权利和空间。这首诗无疑受到艾吕亚早年作品如《自由》的影响（其中的"在……上"，叠句连连，与《自由》中的句式如出一辙），这清楚地印证了戴望舒对艾吕亚诗歌形式上的接受与借鉴。戴望舒此诗一出，当时中国新诗的题材和语言无形中也随之拓展。

戴望舒曾自述："以前喜欢耶麦、福尔、高克多等，现在喜欢的却是苏佩维艾尔和艾吕亚。"这一说法反映出戴望舒创作从抒发个人情感向反映公众疾苦转变。这也可以看出，戴望舒诗歌开始注意公民立场，这一点诗集《灾难的岁月》有明显的表现。戴望舒虽然开始欣赏超现实主义的形式，但后来，戴诗的现实性大大增强，诗作

---

① 王忠琪等译：《法国作家论文学》，292～293 页，北京，生活·读书·新知三联书店，1984。

中的象征性、朦胧美逐渐减弱。他结束了《我的记忆》以回避政治现实的基本主题，代之以民族斗争、社会斗争，即讴歌土地和人民，抒发山河破碎、人民流离失所的悲痛。他的诗也曾成为战争中的号角和旗帜。拿戴望舒诗《眼》与艾吕亚的《人们不能》比较，"《眼》这首诗里所蕴含的自然客体与个体主体互为区别但共为一体……。其中'透明而畏寒的火的影子／死去或冰冻的火的影子'的悖论意象，颇具有超现实主义所谓'最强有力的形象，是最任意自由、最充满矛盾的形象，因而也是最难以表达的形象'、'既扰乱了理智，也扰乱了感觉'、'而梦幻的氛围和强烈的诗意就是从中产生出来的'等特征。"① 1942 年戴望舒创作《我用残损的手掌》，这首诗是对艾吕亚、阿波利奈尔与瓦莱里诗歌的创造性借鉴，其诗中幻觉与虚拟结合着隐喻和明喻的手法，及其抒发的拳拳爱国之心使这首诗成为戴望舒后期的代表作。作为一名以笔为武器的诗人，戴望舒与艾吕亚相遇了、统一了。戴望舒接受了艾吕亚精神的感召。

　　艾吕亚诗歌中的公民立场与许多受到世界大战波及的诗人不谋而合。女诗人陈秀喜 1978 年获国际诗奖的《我的笔》，由一支眉笔异化到对国家的热爱，对祖国曾经沦为帝国主义殖民地的悲怆。《我的笔》与诗人艾吕亚在德国占领期间写的《自由》如出一辙。艾吕亚，其诗歌创作的精神内涵引领了后来许多诗人的精神。

五、经典评论

　　布勒东曾经评论艾吕亚的诗作，认为他的诗是行动与沉思并存，集中了词语的精华，表现了心灵活动的宽阔、奇特、粗犷、深沉、辉煌灿烂和撕心裂肺。

　　"他的作品是现代诗的艺术与法国文化思想优良的人道主义与国际主义传统的珍贵结晶……他的抒情诗是他的淳朴、善良、平易近人、和蔼可亲的人品的表现。艾吕亚是法国（可能不止法国）现代派诗人中最富于人情味的诗人，也是将超现实主义的艺术创新应运得最出色的诗人。"②

　　面对爱情，艾吕亚自己曾经说过"进行中的爱情才不觉得疲累"，言下之意是，让人们感到倦怠的不是苦难，而是自行停下的爱情的脚步。面对法西斯的滥杀和焚尸炉，诗人说："我怎么会热爱痛苦，我，比别人更加热爱幸福！"但是，幸福不仅仅和爱情有关，它和集体、众人相关，它并不仅仅牵涉到一个个孤零零的诗人，而是整个社会、国家。这一点，艾吕亚的诗歌表现得淋漓尽致。对于幸福有这样的理解，所以，艾吕亚不仅是爱人眼中、法国人眼中的骄傲，也是具有同类感情的不同国度的读者的骄傲。

　　某些人认为，超现实派是一个具有消极、落后、幻想色彩的文艺运动，其实，他们并没有深刻理解超现实主义作家。其出发点在于反抗传统，反抗约束，从而反抗法西斯。在巴黎陷落之后，艾吕亚和阿拉贡都曾经积极从事地下工作，他们不单在文艺方面尽了抗战义务，甚至在组织群众、训练地下军方面，也成为不可缺少的积极分

---

① 曹万生：《现代派诗学与中西诗学》，123 页，北京，人民出版社，2003。
② 许自强：《世界名诗鉴赏金库》，410 页，北京，中国妇女出版社，1991。

子。《永生评论》曾是艾吕亚在抗战时期秘密刊行的一本诗与散文的杂志。这个仅出四期的杂志曾将雨果在 1875 年写的一篇短文刊于报首："文人的工作从来没有比这时候更伟大的了。……复兴法兰西……为了全世界人们……从什么地方放射出来呢？从人民的灵魂里。"这篇短文可以看成是法国文艺工作者在胜利之后重整旗鼓的宣言，艾吕亚则是切实履行这一宣言的斗士。在正义面前，谁都不是孤立无援的，这不正是诗人艾吕亚指出的人类作为共同体的特质，即守望相助，是头顶的星空与心中的道德律，当然，更是一个国家公民性格的养成。

艾吕亚是法国超现实主义运动中的一员，也是两次世界大战中的一名战士。他以生活为诗，以诗为生活，一生不倦地执着写诗。无论是用丰富犀利的笔，还是亲身参战，他都无愧于一位伟大的诗人、一名不屈的战士。他留给我们的，不仅是唯美缠绵的爱情诗，更是人之为人应有的责任感与自豪感。无论从艺术还是从为人的角度，他都为这个世界增添了一抹亮色。

第五节　超现实主义其他作家

从 20 世纪 20 年代到 60 年代，许多作家或多或少都参与过超现实主义运动。在超现实主义阵营中，除了布勒东、苏波、艾吕亚等人外，还有很多知名作家，如阿拉贡、德斯诺斯、阿尔托等。他们也为超现实主义运动作出了杰出贡献，深刻影响了当时以至后来的作家，对超现实主义在国内外的传播起了不容忽视的推动作用。

一、路易·阿拉贡

阿拉贡是法国超现实主义运动中比较重要的人物，如果少了他，超现实主义运动就不够完整。阿拉贡的一生富于戏剧性，同时也充满争议。但是，谁都不能否认他在 20 世纪法国文学史上，尤其是超现实主义时代举足轻重的地位。他逝世后，除了少数极右派，几乎每个阶层的人都公认他为一代文豪，向他致敬。法国前总统密特朗称他为"最伟大作家之一"，说他"经历了本世纪的痛苦与希望"。

（一）生平与创作

1897 年 10 月 3 日，一个"总是惊恐的孩子"在巴黎出生。作为私生子，他没有得到父母的公开承认。在受洗时，他的父名和出生地（马德里）都是虚构的，他的教名为路易—马利—安东尼—阿尔弗莱德·A，即他的教父和保护人（其实是生父）路易·安德里厄以及教母（实际上是生母）玛格丽特·图卡斯名字的结合。路易·安德里厄是一个出任过警察局局长的国民议会议员，当时已有妻室，而玛格丽特未婚。为了避免引起丑闻，玛格丽特一直把阿拉贡当成小弟弟抚养。阿拉贡在名义上是外祖母克莱尔·图卡斯的养子。直到 1916 年阿拉贡才从母亲口中得知自己身世的秘密。关于他不光明正大的出生，阿拉贡多次在作品中提到，尤其是在自传体诗《未完成的小说》中，他表达了对母亲——这个背负着难以启齿秘密的母亲——的温情：

我由生活的错误而生

你赋予我生命之际已将自己的生命给我①

玛格丽特·图卡斯是个温柔而又孤独忧郁的人，思想时而专注，时而游移。她对阿拉贡的影响很大，尤其传给儿子特立独行不受束缚的个性，这也是阿拉贡后来放弃医学而走上文学创作道路的重要原因。幼年的阿拉贡似乎隐约感觉到自己身世有隐情，因而对母亲的感情复杂。一方面被母亲温柔的爱所感动；一方面又因身世隐秘而心存疑虑。这一切造就了他羞怯、敏感的性格及强于常人的自尊心。阿拉贡的母亲开了一家膳宿公寓，常有一些外国人来往。他的两个姨母与到来的这些外国女性一起聚会。在这些人中，一个叫伊丽莎白·尼古拉奇的格鲁吉亚人尤为重要，是她给小阿拉贡读了托尔斯泰、陀思妥耶夫斯基、高尔基等人的作品，文学的种子在阿拉贡稚嫩的心中播撒萌发。后来，在阿拉贡《巴尔的钟》里，伊丽莎白成为一个重要的人物。阿拉贡从小就显露出文学天分，1904 年他就写出自己的第一部作品《多么神圣的灵魂！》。他在圣—皮埃尔中学上学时，更多地受到狄更斯、高尔基，特别是巴雷斯的影响：巴雷斯的《文学 25 年》"对我来说就如云端射出的阳光，毫不夸张地说，它决定了我生活的方向"②。巴雷斯作品宣扬的自我崇拜和无政府主义对阿拉贡的影响很深。

第一次世界大战爆发时，阿拉贡报考了医科，学医的经历使他很早接触了弗洛伊德的理论，这为他以后的超现实主义探索打下了基础。后来，阿拉贡被征召入伍，战争的残酷在他心中烙下了难以磨灭的印记，对现实世界的不满更激发了他的反抗精神。同时，阿拉贡在前线结识了布勒东，复员后，两人与苏波、艾吕亚等创办《文学》杂志。达达主义兴起后，他接受其主张并邀请查拉去巴黎。但好景不长，1922 年 5 月，阿拉贡等人就与达达主义决裂。这一时期阿拉贡创作的主要作品有：《欢乐之火》及《阿尼塞或西洋景，小说》《泰莱马克的奇遇》《梦幻之潮》及《放任集》《巴黎的土包子》及《永恒的运动》《有迫害狂的受迫害者》等。

1927 年，阿拉贡和布勒东等加入法国共产党，但后来，除了阿拉贡之外，其他人都先后退出了法国共产党。1928 年对阿拉贡来说是很重要的一年，他的感情遭受重创，又碰到超现实主义与共产主义的矛盾，内心斗争激烈以至企图自杀，所幸他遇到了生命中最重要的女性艾尔莎·特里奥莱，她的出现解决了阿拉贡的矛盾。同是作家的艾尔莎与阿拉贡志趣相投，两人不久就结为终身伴侣。阿拉贡后来写了很多与艾尔莎有关的作品：《艾尔莎的眼睛》《艾尔莎》《艾尔莎狂想》等。因为艾尔莎是苏联人，阿拉贡与苏联的联系也就紧密起来。

20 世纪 30 年代以后，阿拉贡逐渐倾向于社会主义现实主义，这一时期他的思想很矛盾，由此造成著名的"阿拉贡事件"，这一事件使得超现实主义运动内部危机达到高潮。1930 年，阿拉贡出席在苏联召开的国际革命作家代表大会，本应捍卫超现实

---

① Bernard Lecherbonnier：*Aragon*，14 页，巴黎，Bordas 出版社，1971。

② Bernard Lecherbonnier：*Aragon*，18 页，巴黎，Bordas 出版社，1971。

主义的他在会上却承认自己的错误，表示接受大会的总路线，赞扬无产阶级文学。这一行为引起了国内超现实主义者的强烈不满。他在莫斯科期间所写的《红色阵线》中的诗句使他被控犯有"煽动谋杀罪"，虽然超现实主义者组织知识分子写了一份请愿书使他免于法国政府的追究，但是，超现实主义者联合发表了抨击阿拉贡的小册子——《小丑》，使阿拉贡不得不于 1932 年与超现实主义完全决裂。

1932 以后，阿拉贡走上了社会主义现实主义的道路，多次访问苏联并发表了一系列歌颂社会主义的作品。同时，他在《人道报》担任记者。"第二次世界大战"爆发后，他又一次应征入伍。战争期间，阿拉贡以作家身份参加了抵抗运动并组织地下活动。在这前后他写了许多现实主义的作品，如以《现实世界》为总题的系列小说：《富贵区》《双层车上的乘客》《奥雷利安》等。此外还有诗歌，如诗集《断肠集》等。战后，阿拉贡的主要诗歌作品有《新断肠集》《眼睛与记忆》《未完成的小说》等。

20 世纪 50 年代初，阿拉贡写了一系列论文阐述现实主义。1954 年，阿拉贡任法国共产党中央委员。50 年代末以后，阿拉贡逐渐放弃了社会主义现实主义，由长篇小说《受难周》开始，他的创作思想又一次发生了变化。后期的一些作品，如《处死》《亨利·马蒂斯，小说》，又重新带有超现实主义倾向及新小说的特点。1970 年，艾尔莎逝世，阿拉贡在她的墓碑上也刻上了自己的名字。不过，妻子的去世并没有影响他的创作，在此后的十年间，他还完成了两部长篇巨著。也许是早有预感，在完成最后一部诗集《永别》后不久，阿拉贡也真的和这个世界永别了，终于和爱妻在圣·阿尔努园林的墓中相聚。1982 年 12 月底，法国政府为阿拉贡举行了隆重的追悼大会。

（二）作品分析

阿拉贡的作品体裁多样，包括小说、诗歌、散文、评论等，其中以小说和诗歌的成就最大。

1. 小说

虽然阿拉贡晚年声称自己从未脱离过超现实主义，但事实上，他无论是政治态度、文艺观点还是作品倾向都几经变化，严格说来，"阿拉贡的小说，只有写在他加入法共之前的《阿尼塞或西洋景，小说》和《巴黎的土包子》等才是超现实主义的作品"①。因为这些小说重视的不是故事的逻辑性，而是充满了怪异的情节和幻觉。

（1）《阿尼塞或西洋景，小说》

据阿拉贡自述，这部小说是为了向否定小说的达达主义挑战，小说受到纪德的赞赏，是阿拉贡在达达时期的代表性作品。小说由十五个章节构成，写一个叫阿尼塞的人的经历，女主角是个叫米拉蓓尔的美女。小说围绕她和她的一群追求者展开。除了阿尼塞，还有七个人，这些追求者并不是单纯的虚构的人物，而是代表当时的七个艺术家：米拉克勒代表科克托，希普勒是雅各布，奥姆——瓦莱里，布勒——毕加索，阿雅梅——布勒东，波尔——夏普兰……阿尼塞由于犯了不可饶恕的罪行而离家出走，巧遇死后复现的诗人阿尔蒂尔（象征着兰波），后受邀在米拉蓓尔的屋子里过夜，

---

① 吴岳添：《法国文学流派的变迁》，156 页，北京，北京大学出版社，1995。

同在的还有七名戴面具的男子，每个人都给了她一件意想不到的礼物，阿尼塞和这七个男子都试图引诱米拉蓓尔，然而她却嫁给了一个富翁。奥姆准备抢夺米拉蓓尔却被前来表白爱情的阿尼塞撞见并被他杀死。奥姆的同伙发现了凶手，以隐瞒真相为条件迫使阿尼塞答应与他们一起偷画。然而对米拉蓓尔的爱又让阿尼塞萌生了刺杀其丈夫的想法。就在他准备动手时，富商居然在他眼前自杀了，阿尼塞被捕受到指控。米拉蓓尔救他失败反被关入监狱，而阿尼塞却承认了罪行，面对审判，阿尼塞表现得像个局外人，仿佛已经冲破束缚，属于另一个世界……

小说的情节貌似胡言乱语，但重要的是它所传述的思想。米拉蓓尔到底是什么人？根据阿拉贡自己的解释，米拉蓓尔的外表下有一个隐藏的思想：现代美。这样解释了她身边七个戴面具的追求者以及那个新加入的人，解释了这个落入商人之手的美的象征。由此可见，她代表的是现代美，而她拒绝艺术家的追求嫁给富翁则象征着美落入商人的控制之下。其实，从米拉蓓尔的名字也能看出这象征的迹象，这名字是"奇迹"和"美"的合成。七个男子给她的礼物分别代表"现代美"的一个方面，是对现代美的思考。阿尼塞的经历可以说是征服美的过程，而阿尼塞也可以看成是作者本人的化身。小说中充满了幻象，比如那个死后复现的兰波的化身，阿尼塞与七个戴面具男子的交往，和米拉蓓尔的感情纠葛……这些都具有超现实主义的色彩，体现了虚无主义和爱情至上的思想。

(2)《巴黎的土包子》

这部小说可以说是阿拉贡超现实主义创作的巅峰之作。小说附有序曲《现代神话序》和尾声《乡下人之梦》。小说的内容很简单，写土包子初次从乡下来到大都会巴黎，倍感新奇，五光十色的都市生活让他应接不暇，胡思乱想。这部小说没有什么情节可言，是一部散文式的小说，夹叙夹议，充满了幻觉和梦想。

作者从乡下人的视角来看巴黎，这里的一切都是陌生的、梦幻的。他带领读者来到歌剧院步行街，这是个商业的艺术大长廊，有着各式各样的店铺，每个店主都充当艺术品的创造者，所有的店铺都通向梦境。在这幽灵般的长廊里，每个门槛都把人带入想象的边缘、梦境的边缘、未知的边缘。人们能看到美人鱼在玻璃橱窗中游弋，仿佛是在一个大鱼缸中。这里的一切都具有无意识的性质。另一无意识的胜地是冈峦起伏、溪流纵横的大公园，作者曾经与布勒东和诺一起在这里散过步。小说以《乡下人之梦》结束，对空想的真正本质，具体事物中诗的力量，爱情的源泉以及想象的创造力进行幻想。

《巴黎的土包子》中充满了奇异的东西，阿拉贡在"人类活动很少涉足的区域"寻找解开自身之谜的钥匙。在《现代神话序》中，他谈到"关不住无限的锁"：新的神话产生于人们的每一个活动之中。传说开始于人们曾生活过的以及现在正生活着的地方。这些容易被忽视的变化引起了阿拉贡的注意。通过肉欲，他描写了店铺里每个人的幻想，叙述了虚构出的传说。阿拉贡在他的想象中迷失，在这种精神的冒险中，他悟出了超于现实之上的事物的本质，主张通过感官发掘被人忽视的真知，拒绝理性的压抑。阿拉贡还通过幻象的性质和功能说明了超现实主义的特征：超现实主义的罪过就在于，不规则而有激情地使用具有麻醉性的幻象，或者更确切地说，是无节制地为幻象本身创造幻象以及为了产生无法预见的错乱和变形而使用的表象。

2. 诗歌

阿拉贡的诗歌创作表明，超现实主义对他来说是一种表达自由反对束缚的手段。即使是他在现实主义时期的诗作，也或多或少地保留了一些超现实主义的痕迹，比如："歌中的复句像光赤的脚/在碧波似的寂静中搅扰。"（《自由区》）

和其他超现实主义的诗歌一样，阿拉贡的很多诗歌对读者来说是难以理解的。例如，《百叶窗》中，通篇都是"百叶窗"这个词的并列组合，文本排列成百叶窗的样子，只在最后加了一个问号。似乎是没有任何意义，莫名其妙，但是文字和形象的结合却能让人产生一种奇异的感觉，跟阿波利奈尔的绘画诗异曲同工，并且比阿波利奈尔的诗更甚，因为它的诗句根本称不上是句子，只是同一个词的不同组合，这首诗可以说是超现实主义诗歌的极端代表。

超现实主义主张爱情至上，爱情是欲望的最重要形式，是创作的源泉，阿拉贡的诗中有很大一部分是爱情诗。他在《放任集》的序言中写道："与爱情无关的东西，我什么也不想……对我来说，除了爱情，任何观念都会消逝。如果能由我决定的话，所有反对爱情的东西都将被消灭。"

艾尔莎是阿拉贡诗中永远的爱人：

你的眼睛这样深沉，当我弓下身来啜泣
我看见所有的太阳都在其中弄影
一切失望投身其中转瞬逝去
你的眼睛突然这样深沉使我失去记忆

——《艾尔莎的眼睛》

这首诗充满对艾尔莎的深情，诗人迷失在爱情中，仿佛产生了幻觉。阿拉贡起初高唱"爱情"这个词，和其他超现实主义者一样，把爱情当成一种崇拜和信仰。在遇到艾尔莎之后，他发现"爱情不是一个词"（《未完成的小说》），开始相信世俗的幸福。但不管怎么变化，他始终把爱情放在首要的地位。

阿拉贡的作品把现实和想象精妙地糅合，以超现实主义为文学创作的出发点，并将其视为一种实验方法，追求语言的自由表述。从某种角度说，他并未把超现实主义看成一种思想体系，正因如此，他的创作观念才会发生多样的变化。

二、罗贝尔·德斯诺斯

（一）生平与创作

1900 年德斯诺斯生于巴黎的一个小商人家庭。年轻的时候给一位反教权的记者兼作家当秘书，得以博览群书，结识文化界人士。1919 年，他受朋友本雅明·佩雷的影响加入达达主义运动，达达主义风靡时期，他前往摩洛哥服兵役，与之疏离。回国后，他与超现实主义者来往甚密，反抗天性与自由思想使他们一拍即合。在超现实主义小组中，他以依靠梦幻进行即兴创作的能力和实践而闻名，阿拉贡说他"只要一闭上眼睛就说起话来"。

德斯诺斯的作品以诗歌为主，代表作有《为悲哀而悲哀》《自由或爱情》《身体与财产》《无爱夜之夜》等。此外，他还写过电影剧本，收录在伽利玛出版社1966年出版的《电影》中。除了写作，他也尝试过自动绘画，并和芒·雷合拍了电影《星星》（1929）。

德斯诺斯与歌星伊芙娜·乔治浪漫却痛苦的爱情广为人知。虽然他最终没有得到心上人，却留下了一部反传统的诗集《星形广场》。后来，他遇到了妻子——"美人鱼情人"尤琪（Yuki，原名露西亚·巴杜），即日文的"雪"，这个拥有梦幻般名字的姑娘带给他许多希望和悲伤，也是经常出现在他诗中的意象。直到生命的最后一刻，他仍对小雪保持痴情。

1929年第二次超现实主义宣言时期，德斯诺斯与其他超现实主义者分道扬镳。此后他做过记者，从事过广告业和广播电影事业，始终很活跃。第二次世界大战德军占领时期，德斯诺斯参加了反对纳粹和维希政府的抵抗运动，进行地下活动，其间写过很多"干预现实"的作品，如《财富》等，号召人们保持警惕，奋起反抗。1944年，他因主办地下报纸被盖世太保逮捕，不幸患斑疹伤寒。1945年6月在捷克斯洛伐克，离解放仅有几天的时候，德斯诺斯命殒特雷辛集中营。

（二）文学主张

德斯诺斯是个颇有才气的诗人，也是最早的超现实主义者之一。在超现实主义运动开始之初，他曾起到主导作用。

德斯诺斯声言："诗可以完全自由地表达一切"。在超现实主义初期，他致力于催眠实验，释放词语的所有奥秘，他是追述梦境的行家，尤其对自动写作轻车熟路。德斯诺斯把睡眠时间称为世界第七大奇迹。在《梦》里，他这样叙述梦境："我躺着，看到了我在现实中的样子。电灯亮了。带镜衣橱的门自己打开了。我看见放在衣橱里面的书。在搁板上有一把铜质裁纸刀（它实际上也是放在那儿），形状像把土耳其弯刀。它刀尖朝下竖在那里，保持了一段时间的不稳定的平衡，接着又慢慢躺倒在搁板上。橱门重新关上了。电灯熄灭了。"①

布勒东称德斯诺斯最善于表现潜意识状态下人们丰富的精神世界，他可以在喧闹的酒吧里无视周围的侵扰，任意识自由流动，就像灵媒与未知世界沟通一样。他甚至自称可以与杜尚进行纯精神交流。可是他们对催眠实验过于痴迷，这一实践走向了极端，在一次催眠中，德斯诺斯手持钢刀在花园里追杀艾吕亚，还有一些成员在半梦半醒之间试图自杀，最终，超现实主义者们不得不放弃了这种危险的尝试。

虽然德斯诺斯放弃了催眠实验，可是他一直坚持着解放语言和记叙随意产生的梦境碎片，因此他的诗常带有梦幻的色彩和醉意朦胧的意境。与其他超现实主义者稍有

---

① 柳鸣九：《未来主义　超现实主义　魔幻现实主义》，131页，北京，中国社会科学出版社，1987。

不同的是，德斯诺斯主张用简单自然的文字感动读者，"寻找一种诗的语言，很通俗同时又很精确"，把想象和幻景安放在传统的诗歌形式内，造成一种强烈的反差，体现诗的虚无和失衡。

（三）作品分析

德斯诺斯的诗充满了奇异的想象，《身体与财产》充分展现了他在文字游戏方面的超人能力，而《为悲哀而悲哀》和《自由或爱情》则摒弃了一切枷锁的束缚。

《身体与财产》中有一首著名的散文诗《我梦见了你那么多》：

　　我梦见了你那么多，因此你不再真实！

　　我依然有时间到达你那呼吸的躯体，亲吻你的嘴唇，让你可爱的嗓音再次栩栩如生而来？

　　我梦见了你那么多，因此我的手臂习惯了抱在我的胸前，犹如拥抱着你影子，也许不会朝你躯体的形态倾身。因为面对着在那么多日子和岁月萦绕并且支配我的事物的真实形态，我当然会变成一个影子。

　　哦，情感的天平！

　　我梦见了你那么多，因此我当然再也没有时间醒来。我双脚站着睡觉，成为生命和爱情的所有形态的猎物，而你，今天对于我是惟一有意义的人，我再也不能触摸你的面庞和嘴唇，而只能触摸某个过路人的嘴唇和面庞。

　　我梦见了你那么多，与你的幻影走了那么多，谈了那么多，睡了那么多，因此也许留给我的惟一事情就是去变成幻影中间的幻影，胜于影子一百倍的影子，在你生命的日晷上面明亮地移动，继续移动。

这首诗是献给"一位神秘的女子"——诗人的爱人的。梦是本诗的关键，爱人的形象始终很虚幻，笼罩在一层半透明的迷雾中。诗人在向往爱人的梦幻中逐渐迷失了自我，好像自己也变成了影子，无法从梦中醒来，爱情便在这种不真实中显出了隐隐的轮廓。"我这样深深地梦着你"在诗中重复始终，展现了浓浓的诗意，诗句在错落有致的节奏中幻化出形象。

时隔近二十年，德斯诺斯又写了一首极相似的诗（《最后的诗》），不过，这回"神秘的女子"是他的妻子：

　　我是这样深深地梦想着你，

　　我是这样走路，这样说话，

　　这样爱着你的影子，

　　你可什么也没有给我留下。

　　只留下影子中的影子，

　　比影子百倍虚幻的影子。

　　这影子会回来，一定会再回来，

回到你充满阳光的生活中间①。

　　这首诗写于集中营里，诗人死后才被人发现。其中充满了对妻子的爱和思念，不过梦幻的色彩没有前一首那么浓，从某种程度上也体现了诗人后期创作风格的变化。

　　另一首《用橡树的心》则较为全面地展示了超现实主义诗歌的一个特点——词语之间没有逻辑关联，如"用橡树的心和白桦树皮，用天空，用海洋。你会用这些拖鞋构造多少星星，夜间的小径，尘埃中的足迹，造出多少楼梯让你拾级而上/去迎接朦胧姑娘伊莎贝尔？""橡树的心"、"海洋"、"拖鞋"、"星星"、"小径"、"楼梯"等词都是随意的结合，"伊莎贝尔"更是一个虚幻的名字，不知是什么人，或是什么样的影子。句子的组合同样也很奇特，"用橡树的心和白桦树皮。让她来到我这儿徒劳无益地阅读我紧攥在拳头里的奇异诗行，当我张开手掌它们也不会离去。"这些句子之间有着一种特别的陌生感，打破了语言的常规和语法的束缚，可是这些组接在一起的诗句在深层仿佛又存在着某种联系，给人神秘的感觉。

　　《蚂蚁》一诗又给人以另外一种感觉，"一只蚂蚁十八尺长/头上顶着一座城/这不可能，不可能/一只蚂蚁拉辆车/装满企鹅和肥鸭/这不可能，不可能/一只蚂蚁讲法语/还会拉丁、爪哇语/这不可能，不可能/嗯，为什么不呢？"这首儿歌般的诗充满了奇妙的异想，流露着童趣，同时还有几分调侃的意味，荒诞的想象中弥散的是轻松的笔调，简单通俗，读来很有意思。

　　德斯诺斯的诗歌注重对无意识，尤其是对梦境的表现。在具备超现实主义作品共同特点的同时又有自己的个性，简单的语言描绘出的是不简单的形象和思绪。平凡的文字在他的手中被赋予了魔力，给读者带来丰富奇妙的感觉。

三、安托南·阿尔托

　　（一）生平概述

　　阿尔托 1896 年生于马赛，是戏剧理论家、诗人和演员，是法国反戏剧理论的创始人。他在 1924 年就加入了超现实主义小组，并主持超现实主义研究中心的工作，但很快又被开除。不管是对超现实主义，还是对法国乃至世界现代戏剧，阿尔托的影响都相当大。

　　阿尔托生于一个船业世家，5 岁时感染脑膜炎，虽然保住了性命，却留下严重的后遗症。为了减轻痛苦，医生让他服用鸦片等麻醉药，可这些药品的副作用很大，阿尔托终生都被神经疾病困扰。在不长的一生中，他不断地进出医院、疗养院，戒毒，治疗，始终摆脱不了肉体和精神的双重痛苦。不过，也正因如此，他才能进入一般人无法触及的精神世界。他过于激进的文学观点也与神经方面的疾病有较大关系。

　　尽管顽疾缠身，阿尔托还是一直热爱文学和戏剧。他从中学时代就开始写诗。起初，他的诗作带有明显的象征主义印记。1920 年，他到达巴黎，把自己的诗投给多家

---

　　① 王家新：《欧美现代诗歌流派诗选》（上），163 页，石家庄，河北教育出版社，2003。

杂志，并追随当时著名的演艺界人士杜兰、毕多耶夫等人从事剧场工作，也参演过几部电影。在巴黎他遇到了一位女演员，也是他一生唯一爱过的女人。直到1927年，阿尔托仍每天给她写信，这些信件后来结集为《给热妮卡·阿塔娜茜乌的信》出版。他在杜兰的工作室接受戏剧方面的训练，专门扮演一些极端的小角色。电影方面，他在阿贝尔·冈斯导演的《拿破仑》（1927）中扮演马拉以及饰演德雷尔的名作《圣女贞德》（1927）中的马修修士。

1924年，阿尔托加入超现实主义小组，领导研究中心，还编写了《超现实主义革命》第三期的大部分稿件。由于《新法兰西评论》的主编里维埃尔拒绝刊登他的诗作，阿尔托和他通了很多信，由诗作被拒绝的原因谈起，渐渐转向文学的可能性问题，这些书信说明了艺术和精神分析的难以相融性。他的诗集《虚幻中心》与《神经测量仪》是对精神世界的探索。他过激的反抗热情使之与超现实主义者产生裂痕。1927年，他与维特拉克创办雅里剧院，成为与布勒东不和的导火线。他们进行了激烈的论战，阿尔托在1927年发表了《愚昧无知或超现实主义的虚张声势》，拒绝介入政治的阿尔托最终与超现实主义小组决裂。

雅里剧院以达达、超现实，甚至荒谬剧的先驱阿尔弗莱德·雅里命名，并强化了他的挑衅风格。过于激烈的反抗性引起了轩然大波，最终导致剧院在仅演出了八场戏后就昙花一现，宣告失败。但是阿尔托没有放弃，1932年又致力于残酷剧院的筹划，在这里他使用极端的方式上演一些色情、暴力、恐怖的内容，以激起一种"松散而纯净的感情"。《桑西一家》是剧院的唯一制作，这部改编自雪莱和司汤达的作品，讲述一个乱伦加谋杀的故事，场面血腥恐怖，可以说全面体现了他的戏剧理论主张。但是，这出剧过于惊世骇俗，获得的反响有限，残酷剧院也随着这出戏的失败而退出文艺舞台。不过，他的1931—1933年的戏剧理论合集后出版，这就是著名的《戏剧及其双重性》，这本书在法国直到现在都还很有影响。

再次受挫后，阿尔托极度失望和不平，于是，他离开欧洲前往墨西哥等地，在土著部落中汲取神秘主义养料。1937年，他在爱尔兰与警察发生冲突，遭送回国后，被当成精神病人送往疯人院，开始长达九年的囚禁生活。在这期间，他辗转多家精神病院，又遭遇大战，受尽各种折磨，直到1946年才因友人的努力而重获自由。友人为他筹集到大笔生活资金，阿尔托的生活开始改善。重返巴黎后，阿尔托继续文艺事业，他在《凡·高，被社会逼得自杀的人》中表达了对精神科医生的极度愤慨，以及对巫术和魔魔法的信仰。

1948年，阿尔托在巴黎附近的伊夫里市因患直肠癌去世。

（二）诗歌与戏剧理论

超现实主义者对幻觉和疯癫状态很着迷，对"疯人艺术"赞赏有加，比如布勒东通过他与精神病人的交往写出了《娜嘉》，对于娜嘉被关入疯人院极为不平。阿尔托终身受神经疾病和迷幻药物副作用困扰，这方面他有比其他人更加深刻的体验。在《致所有疯人院主任医师们的信》中，他认为："狂想和人类任何其他的思想或行动体系同样合理、同样合乎逻辑，我们不容许束缚妄想的自由发展。对反社会力量的镇压从原则上讲既无法做到又不能接受。所有个人行动都是反社会的。疯子尤其是社会专制的个人受害者……我们确认他们的现实观念以及由此导出的一切行动的绝对合理性。"超现实主义者认为疯癫本身就是思想的自由发展，精神病人比正常人更加容易解放思想，疯子的想象是开启写作王国的钥匙，阿尔托更是这种非理性主义的极致，不管是他的诗作还是戏剧都有浓厚的疯狂色彩。

和超现实主义的其他诗作一样，阿尔托的诗也充满了幻觉和没有逻辑的词句，而与其他人相比，他狂热的精神状态又使他的诗缺乏理性，同时还笼罩着一种恐怖气氛。

> 声音玻璃里星体旋转，
> 杯中煮着头，
> 充满粗鄙的天空
> 吞吃星体的赤裸。
>
> 一种激烈而怪异的奶
> 在苍穹深处挤动；
> 一只蜗牛爬高并打扰
> 云朵们的安静。
>
> 极乐和狂想，整个天空
> 扔给我们一团
> 诲淫的翅膀般湍急粗野的
> 旋风，像一朵云①。

这首诗光看题目就能感觉到荒诞，声音和玻璃风马牛不相及，却被组合成一个意群，还能够让星体在其中旋转，接着诗句又突然跳到"杯中煮着头"，可以说毫无逻辑可言，怪异的文字组合带来诡异的感觉。在1926年发表于《超现实主义革命》上的《向木乃伊乞灵》中，这种阴森恐怖的氛围更甚："生命把你从骨头剥离"，"木乃伊，这些纺锤的手为你翻转内脏"，"你的黑内脏在金子里游泳"……

阿尔托的戏剧理论核心是"残酷戏剧"，通过各种手段撞击、挤压观众的感情。阿尔托竭尽全力使艺术和语言具有魔力，这样，它们就能够像新奇的巫术一样，整体发挥作用。他认为一切起作用的因素都可以归结为冷酷，这是一个极端的行动概念，基于这一点，戏剧必须推陈出新。阿尔托很迷恋东方（日本、巴厘岛）的戏剧，试图恢复戏剧的古老神话传统，他的戏剧也透着几分巫术的味道。

由于自身的原因，阿尔托有着比旁人更深切的幻觉体验，他的痛苦是二元的，既

---

① 王家新：《欧美现代诗歌流派诗选》（上），210页，石家庄，河北教育出版社，2003。

在于肉体又在于心灵，他把表现惨烈的冲突作为治病的良方，他创作戏剧的目的并不是为了繁殖暴虐和恐怖，而是为了让观众认清罪恶的现实和冷酷的命运，将人们从潜意识中解放出来。这种疯狂的令人窒息的戏剧与消遣剧、心理剧完全不同，它从多元组成一种新的语言，充分调动演员的姿势动作、舞台布景以及灯光音响效果等，把观众立体地掷入另一个世界，突破了戏剧从属于剧本的地位。

阿尔托的残酷剧场理念虽然没有实现，但是它对现代戏剧的影响是不可估量的，为戏剧开辟了新的出路。他本人也像巫祭仪式的主持人一样，使人们在一个万劫不复的境地中入魔。他的戏剧理论影响了欧洲近二十年，至今仍热力不散。

参考文献

1. 陈振尧：《法国文学》，北京，外语教学与研究出版社，2000。

2. 陈振尧：《法国文学史》，北京，外语教学与研究出版社，1997。

3. 老高放：《超现实主义导论》，北京，社会科学文献出版社，1997。

4. 李赋宁：《欧洲文学史》，第三卷，北京，商务印书馆，2004。

5. 柳鸣九：《未来主义　超现实主义　魔幻现实主义》，北京，中国社会科学出版社，1987。

6. 王忠琪等：《法国作家论文学》，北京，生活·读书·新知三联书店，1984。

7. 吴岳添：《法国文学流派的变迁》，北京，北京大学出版社，1995。

8. 许自强：《世界名诗鉴赏金库》，北京，中国妇女出版社，1991。

9. 袁可嘉：《欧美现代派文学概论》，桂林，广西师范大学出版社，200。

10. 张彤：《法国文学简史》，上海，上海外语教育出版社，2000。

11. 张泽乾等：《20世纪法国文学史》，青岛，青岛出版社，2004。

12. 张积、黄晋凯：《未来主义　超现实主义》，北京，中国人民大学出版社，1994。

13. 郑克鲁：《法国小说史》，上海，上海外语教育出版社，1998。

14. 郑克鲁：《繁花似锦——法国文学小史》，武汉，武汉大学出版社，1986。

15. ［法］弗朗索瓦兹·普洛坎：《法国文学大手笔》，上海，上海译文出版社，2002。

16. ［法］亨利·贝阿尔：《布勒东传》，袁俊生译，上海，上海人民出版社，2007。

17. Maurice Nadeau, *Histoire du Surréalisme*, Paris, 1964.

18. *Littérature française*, Larousse, 1986.

19. *Philippe Soupault*, *Qui êtes-vous?*, Bernard Morlino, LA MANUFACTURE, 1987.

20. *Dictionnaire historique*, *thématique et technique des Littératures*, Jacques DE-MOUGIN, Librairie Larousse, 1986.

21. Pierre Brunel, Histoire de la littérature française (Tome 2), Bordas, 1972

22. Pierre Brunel：*Histoire de la littérature française (Tome 2)*, Bordas (Paris)，1972.

23. Antoine Adam, Georges Lerminer, Edouard Morot-Sir：*Littérature française*

（*Tome Second*），Larousse（Paris），1968.

24. Claude Abastado：*Introduction au surréalisme*，Bordas（Paris），1971.

25. Littérature XX siècle，Pièrre MIQUEL，NATHAN，1996.

26. *Littérature française Volume* Ⅱ，Antoine ADAM，Edouard MOROT SIR，Georges LERMINIER，Librairie Larousse，1968.

27. *Guide des idées littéraires*，Hachette，1988.

28. André Breton，*Les Manifestes Surréalistes*，Paris，1971.

29. *La littérature française*，Nathan，Paris，1992.

30. *De Beaudelaire au surréalisme*，José Corti，1982.

第四章　存在主义文学

第一节　存在主义文学概述

存在主义文学是第二次世界大战之后流行于欧美的一种文艺思潮，是存在主义哲学在文学创作上的反映。主要表现于战后的法国文学中，从 20 世纪 40 年代后期到 50 年代，达到高潮。这一文学流派对欧美青年一代作家产生了极大影响，之后也被其他文艺思潮流派涉足和借用。

一、存在主义形成的社会条件

存在主义文学是在存在主义哲学的基础上形成和发展起来的，属于现代主义文学流派之一，是一种对存在主义哲学进行形象阐述的文学思潮。当然，存在主义哲学与文学，其产生有着深刻的社会历史原因。

20 世纪初，西方各国经济发展甚不平衡，尤其欧美主要国家先后进入垄断资本主义阶段。工业革命展开，科学技术迅猛发展，西方现代经济突飞猛进。20 世纪初第一个十年，德国的钢铁、煤炭生产能力翻一番。英、法、美等国的工业生产速度也相当惊人。现代科学与现代经济结合，形成了强大的经济联合体。在主要的资本主义国家中，往往少数几个集团（如美国的洛克菲勒、德国的西门子等）就控制着全国的金融、经济命脉。社会生产的高度组织化和机械化，资本的高度集中，使得资本主义社会的发展从自由竞争迅速走向垄断。当然，随着资本主义的进一步发展，其内在矛盾也日益深化。一方面，生产的社会性与生产资料的私人占有性之间矛盾突出，导致经济危机，造成生产过剩、通货膨胀，工厂倒闭，工人大批失业，而另一方面，资产阶级加大对工人的压迫和盘剥加剧了劳资之间的矛盾。人们原先对于资本主义的期望和幻想破灭，精神陷入迷茫和失望之中。另外，资本主义的垄断性也使其加大对外掠夺，这就自然加剧了殖民地和帝国主义宗主国之间的矛盾。随着民主运动、民族独立和解放运动高涨，帝国主义国家之间的矛盾激化，战争不可避免地要爆发。

两次世界大战给整个世界带来了毁灭性的灾难，千百万人死亡，社会生产力遭到极大破坏。第一次世界大战有 30 个国家参战，13 亿人卷入战争，3000 多万人相继死亡。而第二次世界大战则是一场更加疯狂、更加可怕的大屠杀，其死亡人数大约是第一次世界大战的 3~5 倍。人们面对残酷的战争和动荡混乱的社会，心理上产生极大的不稳定感，精神备受压抑。俄国十月革命爆发，更给西方世界带来危机感，随之而来的"冷战"气氛的弥漫、两大阵营的对峙，使人们原来抱有的尽享战后安宁的愿望破灭了，人们陷入一片精神恐慌中，人与人之间的关系愈加对立、冷酷。这就渐渐形成了存在主义滋生的土壤。

从思想文化角度看，科学技术空间的日益扩大，人们对已经熟悉的世界趋向陌生，科学技术深刻影响乃至规范着人们的生活方式、思维方式和文化价值观念。物质文明的高速膨胀反而使人类的精神极度空虚，人在物的控制下失去主体性，在竞争中失去自我，丧失了精神家园，人的异化程度越来越加深。正是在这种背景下，人们意识到世界的非人道与荒诞，各种非理性哲学流派联袂而出。叔本华的唯意志哲学、尼采的权力意志论、柏格森的直觉主义、弗洛伊德精神分析说等观点和学说，所宣扬的非理性主义和悲观主义，都为存在主义产生和发展奠定了社会思想基础。

德国哲学家叔本华认为，"世界是我的表象"，世界的本质是非理性的意志。人生受意志的驱使，追逐各种各样无法满足的欲望，因而人注定充满了痛苦与挣扎，人生变得毫无意义。由此得出否定生命意志的悲观主义结论。这种观点直接启发了存在主义美学中悲观主义的思想。19世纪末德国哲学家尼采提出，"上帝死了"，"一切价值重估"。他认为，权力是生命意志的集中体现，超人是权力意志的化身，它充满着活力，能超越自我，超越传统，拯救人类。艺术是权力意志的一种表现形式，真正的艺术必须摒弃理性，艺术的世界就是"梦与醉"的世界。尼采的哲学为包括存在主义文学在内的现代主义文学怀疑一切和反传统这一总的创作倾向提供了理论依据。法国哲学家柏格森提出了"创化论"，认为世界的本原是生命及其创化。宇宙的本质既非物质，也非理念或意志，而是"生命冲动"或"意识绵延"。人们只有靠直觉才能把握宇宙和生命的本质，理性是毫无作用的。弗洛伊德精神分析说关于潜意识的理论，改变了"人是以理性为主的动物"的传统观念，认为"怎样做"取决于本能冲动，这种冲动经常受到理性、道德和各种社会法规、习俗的压抑而成为潜意识。文艺创作就是抛开理性、发挥本能冲动的"白日梦"，因此，作家应该着力描写梦魇、病态心理和变态心理。

上述这些非理性哲学面向整个西方世界的人、尤其是知识分子，面向他们现实的和精神的困境，表明了世界的荒诞性和信仰的丧失，促进了人对自身意识的省察和关注。在这样的社会背景和思想条件下，试图以个人选择对抗世界荒诞之存在主义应运而生了。

存在主义首先兴起于德国，随后转移到法国。德国作为新兴的帝国主义国家，为了重新分割殖民地和划分势力范围，发动了第一次世界大战。战败后签署的"凡尔赛和约"，迫使德国放弃了一切海外殖民地，并失去了八分之一的国土，还要支付巨额的战争赔款。这使德国资产阶级陷入了内外交困的境地，他们忧虑压抑、惊慌不安，一种沮丧苦闷的心理和阴暗气氛笼罩了整个德国。人们虽然不甘失败，企图努力奋斗、东山再起，但是反抗屡次受挫，更加重了人们低迷颓废的心理。在这种心境和状态下，存在主义思想首先在德国出现。存在主义深切关注人的生存状态，一方面揭示世界的荒谬和人生的痛苦，另一方面又主张人可以选择自由，指出介入社会、介入生活的重要性，以此鼓励人们勇敢地活下去，并用行动来反抗现实。存在主义思想顺应德国资产阶级的需要，集中反映了他们的思想情绪，随后很快又传入法国旋即盛行起来。因为法国在"二战"后也充满消沉颓废、悲观失望的情绪，知识分子因苦闷孤独、被遗弃、找不到出路而玩世不恭、放荡不羁。于是，标榜个人的生活、自由、存在第一的存在主义被资产阶级和知识分子作为时髦的哲学加以推崇，20世纪五六十年代存在主义成为欧洲最流行的哲学思潮。

二、存在主义形成的历史根源

存在主义一词的词根拉丁文是 existentia，意为存在、生存、实存。存在主义哲学注重人生、注重存在，但并非指人的现实存在，而是精神的存在，且精神往往是焦虑、恐惧、颓废、绝望等低迷、病态的心理意识，存在主义者把它当成唯一的真实存在，从一开始就把探讨人的存在的问题放到首要地位。

存在主义的思想最早可以在15至16世纪文艺复兴时期人文主义那里找到印迹。人文主义思潮蔑视宗教的权威，肯定人和人性的尊严，真诚地热爱大自然，热爱自由和人间万物。存在主义继承和发扬了人文主义这一精神。如17世纪帕斯卡的《思想录》中，已有存在主义的端倪。帕斯卡一方面以理性和道德抨击怀疑主义，一方面又认为理性并不是万能的，主张以理性批判一切的同时，摒弃笛卡尔理性高于一切的观点。帕斯卡从两级观念的对立出发，考察了人的本性，讨论了人的本质和人存在的价值等问题。帕斯卡的思想为存在主义的产生提供了最初的元素。到了18世纪，启蒙运动倡导人的独立，宣扬人的解放和个性自由。存在主义反对启蒙运动的理性信仰，但继承了启蒙运动中学者们对自由的渴望和对个人尊重的思想。

存在主义作为一种思潮，源远流长，但作为一种自觉的思想被讨论，一般认为开始于克尔凯郭尔。丹麦哲学家、神学家克尔凯郭尔是存在主义的先驱。他出生于哥本哈根一个基督教商人暴发户家庭，当时丹麦是德国的属地，资产阶级特别害怕革命和社会主义运动，整个阶级处于惊慌失措之中。克尔凯郭尔家由于担心受上帝惩罚，一家人生活在焦虑忧郁的氛围中。克尔凯郭尔在哲学著作《恐惧的概念》中确立了他的基督教存在主义的思想体系。他认为，人是世界上唯一的真实，是万物的尺度，人是个人的主观意识（非感性、思维的意识），是非理性的意识，是个人的心理体验。这就否定了物质世界的存在和黑格尔式的抽象的精神存在。克尔凯郭尔还把个人存在看成无规律可循的不断生存和变化的过程，他认为个人的存在出于个人的自由决定和选择，不是本质先于存在，而是存在先于本质。人的存在过程中，对死的恐惧情绪一直始终贯穿着，人最直接、最深切体验到的是痛苦、恐惧、绝望、荒谬、孤独等的存在，这是纯主观性的最基本的存在。克尔凯郭尔的思想为后来萨特存在主义的形成奠定了哲学的基础。

德国哲学家雅斯贝尔斯继承了克尔凯郭尔的基督教存在主义，主张追求上帝，关注"存在者"人在危机中的生存问题，著作有《哲学》（三卷）、《真理论》等。雅斯贝尔斯把个人的存在作为世界的本原，认为排除了人的存在，人们就陷入了虚无。他直接把存在主义同基督教神学联系起来，认为在人的存在之外还有所谓"超越的存在"，即上帝。实际世界的存在是超越存在的"密码"，并且只有当事物成为超越的存在的"密码"时，才能成为真正的存在，所以，要想把握真正的存在，哲学就应当服从宗教真理。在他看来，存在和自由是两个可以互换的概念。人的生存充满了矛盾，是不可知的，且由于人总是存在于不同的境遇之中，行动和认识都受到制约，其抵抗也只能遭受挫折，因此，个人的存在只能表现为死亡、焦虑、苦恼和罪过。雅斯贝尔斯把艺术看作是对超越的存在密码的破译，这种破译是通过人的生存行为进行的，且只能通过具体的、个别的生存的超越行为进行。他说："就其本源而论，艺术就是通过直观地表现此在中存在的一种确认功能而使得存在得以显现。"① 显然，他完全是从自己的存在主义哲学的立场来思考艺术本质的。在诸多艺术形式中，雅斯贝尔斯偏爱悲剧，在《真理论》一书中他系统地论述了悲剧问题，认为人的存在本身就是悲剧，因为人作为存在总是处于一定的境遇中，会遇到种种挫折。悲剧知识是人类超越其有限存在的一种方法，"悲剧的本质也就是展现人的存在的一种方式"②，它极其典型地反映了人的存在的种种灾难、恐惧和紧张不安。雅斯贝尔斯悲观主义的理论深刻影响了存在主义的发展。

胡塞尔的现象学哲学也给存在主义以重要影响。存在主义最主要的代表海德格尔和萨特都曾受业于胡塞尔。德国哲学家胡塞尔指出，现象学是一种"回到实事本身"的哲学思维态度与方法。他认为在对对象经过"存在的悬置"和"历史的悬置"之后，人们才可能直接面对实事本身，而这实事本身即"纯粹意识"。胡塞尔提出了"现象学还原法"，即经过"现象的还原"、"本质的还原"和"先验的还原"三个步骤后，才可能达到对对象本质的认识，获得"纯粹的先验意识"或"纯粹的先验自我"，因此，现象学又"可以被称之为关于意识一般、关于纯粹意识本身的科学"。现象学文论也以现象学的思维态度和方法来确立文学研究的对象，并将意识作为文学研究和批评的主要对象。萨特从胡塞尔那里获得了哲学思想的出发点，他对想象问题的研究，就是直接运用胡塞尔的意识分析的现象学方法来进行的。

海德格尔是 20 世纪德国最有创见的哲学家，在《存在与时间》中他第一次提出了"存在主义"这一称谓，并使存在主义理论系统化、明确化。他的无神论存在主义成为萨特存在主义直接的哲学思想源头。海德格尔是胡塞尔的学生。其思想发端于现象学，但在中途却与老师发生了分歧。海德格尔认为，超越时空的纯粹先验自我事实上并不存在，存在的只是被抛在时空中并不得不与他人共载的具体个人，即"此在"。"此在"才是思想应回到的"实事本身"。他指出，作为"存在"的人，面对的是"虚无"，是一个荒诞的无法理解的世界，人只能永远忧虑、恐惧、孤独无依，永远陷于烦恼痛苦之中。但正是忧虑、恐惧、孤寂、烦恼，才能揭示人的真实存在。同时，人有自我选择和自我控制的自由，忧虑恐惧使人通向存在，只有存在，才谈得上自我选择的自由，它与光明和快乐相联系。海德格尔还强调"此在在世"，即人与世界的统一性。由海德格尔开创的对此在的生存论的探讨，使历史性的个人生存开始成为哲学关注的焦点，萨特的存在主义就是一种生存主义，它是对海德格尔早期此在论的特殊发挥。

---

① 蒋孔阳、朱立元：《西方美学通史·二十世纪美学》（上），456 页，上海，上海文艺出版社，1999。
② ［德］雅斯贝尔斯：《悲剧的超越》，25 页，北京，工人出版社，1986。

值得一提的是，存在主义思想在由德国传入法国的过程中，马塞尔起了重要的作用。1925 年前后，法国哲学家、剧作家加布里埃尔·马塞尔第一次把流行于德国的存在主义介绍到了法国，并在法国创立了基督教存在主义。马塞尔是第一个用文学作品来阐释存在主义哲学思想的人，虽然他的思想与作品在当时并没有产生很大反响，但却为法国后来的存在主义哲学、存在主义文学的流行打下了基础。

从文学史的角度看，存在主义文学在存在主义哲学基础上产生，同时也是西方文学自身发展演变的结果。19 世纪以前的欧洲文学主要推崇以亚里士多德为代表的"模仿说"，到 19 世纪，现实主义文学几乎发展至顶峰的境地。现实主义作家强调真实地再现客观世界，认为艺术不仅可以模仿自然，而且它所模仿的现实本身也是真实的，客观性和真实性成了现实主义文学最重要的因素。然而到了 20 世纪，现代主义作家认为，以往的文学，尤其现实主义文学，过于强调文学再现外部世界的功能，过于看重理性在文学创作中的地位，从而限制了文学的表现功能，扼杀了艺术的非理性表现和对人的意识本质的真实揭露。到了存在主义文学阶段，整个世界成了一个荒诞的存在，在存在主义作家的作品中，也就无所谓唯一的客观真实，而只有人的存在的异化和荒谬。他们将目光由客观外在的世界转向了关注人的具体的存在和本质，关注人的意识和潜意识，因此，体现在文学作品中便是抛弃了传统文学对客观真实的刻意追求，反而重视对主观内心世界的挖掘和分析，表现一种存在的真实。在表现人物的主观感受和自由选择时，存在主义文学不再去塑造表现时代特征、历史进程并为典型人物服务的典型环境，而是设定一个"生存的境遇"，让人物在特定境遇中通过自由选择来获取本质。艺术形式上也充分体现反理性的荒诞的表现特色，用荒诞的外在更深刻地挖掘人物存在的真实体验。

当然，存在主义文学在反传统的同时，也吸收和继承一些传统文学的成果和经验。从拉伯雷等文艺复兴时期的作家那里，继承了人本主义的思想，重视人和人的存在。从夏多布里昂和戈蒂埃等浪漫主义作家那里看到了对人物内在感受、体验的关注。而从福楼拜、左拉等现实主义和自然主义作家那里吸收了无需雕琢、提炼，集美丑于一身表现生活本真的艺术表达方式。

三、存在主义的理论根据

"存在主义"有广义和狭义之分。广义的存在主义指以"存在"为哲学基本问题并集中思考这一问题的哲学思潮，德国哲学家海德格尔是广义的存在主义思潮的直接肇始者和确定者。而狭义的存在主义主要指以法国哲学家萨特为代表的哲学思潮。

存在主义者一般认为，存在的不是客体而是主体，存在是作为意志或行动主体的个人的存在。他们特别强调个人的具体存在，但这并非指社会关系中的"普通人"，而是先于一般的人或社会的人。个人首先存在着，然后规定他自己，亦即在选择自己的本质时，拥有绝对的自由，不受社会关系和阶级条件的限制。尽管如此，自然和社会环境却总是跟人作对，人时常面临死亡或虚无的绝境，恐惧因而产生，这就是存在的基本内涵。存在主义分为有神论的、无神论的和人道主义的。有神论的存在主义认为宗教可以消除人的恐惧状态，如马塞尔。无神论的存在主义认为人生没有意义，只是一出永远没有终结的悲剧，悲观主义是其唯一的道德哲学，如萨特。人道主义的存在主义承认人在历史中的积极作用和一定程度的决定性，认为人应以行动来承担改变社会的责任，如梅洛-庞蒂。总的来说，无论哪一种存在主义，他们都宣称人是被"抛入世界的"，痛苦、挫折、疾病、死亡是现实人类的本质特征。

存在主义的集大成者让-保罗·萨特，在研究基督教存在主义哲学的基础上，抛弃了克尔凯郭尔的宗教神秘主义，继承并发展了胡塞尔的非理性主义，形成了他自成体系的哲学思想——无神论的存在主义。从此存在主义哲学的发展跨入了一个新阶段。萨特的理论观点可概括为存在主义的三大哲学命题：其一是"存在先于本质"。他指出，在我们的世界上，除了人以外，所有存在物的本质都是预先规定好的，它们不能自由地选择自己的本质。而人却不是这样，人是"存在"在先，"本质"在后。首先是人的存在、露面、出场，后来才说明自身，形成本质。所谓存在，首先是"自我"存在，是"自我感觉到的存在"，我不存在，则一切都不存在。萨特认为，人的存在并非理性的、物质的，更不是先验的，而是在于人不断的设计选择中。所谓"存在先于本质"，是说"首先有人，人碰上自己，在世界上涌现出来——然后才给自己下定义"，"在把自己投向未来之前，什么都不存在，连理性的天堂里也没有他，人只是在企图成为什么时才取得存在……"①，人的"自我"决定自己的本质。其二是"世界是荒谬的，人生是痛苦的"。存在主义的出发点就是对世界荒谬尤其是人生荒诞的认识，认为人既然不是上帝按照一定的程序和概念创造的，那么任何对于人的先验的概念都成为虚妄。基督教世界对于世界秩序和人生信念的种种观念都变成空中楼阁，人的存在失去了依据。而在丧失理性、失去主宰的社会及错综复杂的人际关系中，人与人之间必然是冲突、抗争与残酷，充满了丑恶和罪行，一切都是荒谬的。而人只是这个荒谬、冷酷处境中的一个孤独痛苦的人。世界给人的只能是无尽的苦闷、失望、悲观、消极。其三，"自由选择"。面对荒谬的世界、人生的痛苦和自我的丧失，存在主义的解决方法是选择存在。只有"意识"到自己的存在，才能找到人的存在的内在根据，只有努力行动才能证明存在，"人，不外乎是由自己造成的东西。"② 人在这个世界上，每个人都有各自的自由，面对各种环境，采取何种行动，如何采取行动，都可以做出"自由选择"。而一旦作出选择，人就必须为自己的选择承担责任。同时，一个人的选择，不仅是为自己，也为所有的人做出了选择。人无法避免选择，因为不选择也是一种选择。萨特存在主义的核心概念是人的"自由"，"自由"在萨特那里是作为人的本质来设定的。因此，萨特的存在主义又可以说是一种自由学说。

在法国，除萨特之外，对存在主义做出重要贡献的，当推梅洛-庞蒂，他曾与萨特一起合编过《现代》杂志，深受柏格森和胡塞尔哲学影响，他把自己的哲学称为"知

① ［法］让-保罗·萨特：《存在主义是一种人道主义》，周煦良、汤永宽译，8 页，上海，上海译文出版社，2005。

② 中国科学院哲学研究所西方哲学史组：《存在主义哲学》，342 页，北京，商务印书馆，1963。

觉现象学"。著有《行为的结构》《知觉现象学》《意义与无意义》《眼和心》等。他的哲学基本上也是一种无神论存在主义哲学，知觉是其最核心的概念。他认为事物的真相是隐藏在物质现实中的，只有通过知觉才能被体验。而艺术就是对各种事物真相的揭露，由知觉扩展而来，艺术家的任务正是揭示存在的真相，使其成为可见的东西。

加缪也是法国著名的存在主义作家。加缪的存在主义哲学和美学思想集中体现在他的哲学随笔《西西弗斯的神话》和短篇小说《局外人》中。"荒谬"是加缪哲学思想的出发点。与萨特不同，它不是把"荒谬"看成人的孤独和不幸境遇的基础，而是看成关于人和世界、人和自己的关系，看成人必然面临死亡的一种主观观念。他认为，世界是荒谬的，荒谬感首先产生于对某种生存状态的怀疑。人应当是自由的，应当反抗荒谬的世界。据此，他从荒谬中推导出三个结果：我的反抗、我的自由和我的激情。加缪用他的存在主义的"荒谬说"来分析艺术问题。在加缪那里，艺术的本源就在于模仿存在，揭示荒谬。另一方面，他把"真正的艺术作品都是属于人的"强调为一条美学规律，正反映了存在主义以人为出发点、为核心和归宿的基本特征。

另外，存在主义作家西蒙娜·德·波伏娃则从女性觉醒的意识入手进行创作，阐释其存在主义的观点。她的重要思想论著《第二性》是争取女权的理论依据。西蒙娜认为，现存的妇女的地位、女性应尽的义务、两性的差别等，都是荒谬的、不合理的，是男权中心的社会习俗长期对女性奴役的结果，也是女性被扭曲后的自我荒诞意识与心理偏见的表现。

存在主义者一般都是通过文学的不同样式，主要是通过小说、戏剧等文学样式来传播他们的哲学思想，在文学理论与批评方面，具有大致相同的观点。

首先，在对待文学的本质及其作用上，存在主义者认为文学的本质应当是对自由的选择和揭示。萨特最先把文学的本质、自由、存在联系一起，他认为人的存在首先是一种自由，这种自由的核心是自我选择。文学既然是人的一种创造，也应当反映人的自由选择。一方面，人通过文学创作将存在于意识中的世界自由地显现出来，这便是人的自由的一种实现。另一方面，艺术家的创作本身是为了用想象的世界来揭示人的自由，因此，文艺的题材只能是自由。可见，存在主义作家们对文学本质的界定完全基于存在主义自由观之上，充分肯定了人的自由本性，要求文学成为争取人的自由的工具。然而这种自由观主张的是一种虚幻的、抽象的绝对自由，艺术家的目的是创造自己的世界，表达自己的哲学思想和自己的感受，而不是艺术地再现客观世界。在这种思想的支配下，存在主义文学的主要内容往往是描写荒谬世界中个人的孤独、失望以及无限恐惧的阴暗心理。因此具有明显的消极作用，助长了极端个人主义和无政府主义。

其次，关于文学的作用，他们认为文学就是对社会的人进行揭露和变革，就是干预现实生活，文学作品应对各种政治、经济和社会问题表态。萨特就此提出了"介入说"，进一步阐释他在哲学中强调的"行动"这一存在主义基本精神。萨特认为，文学创作就是行动，就是介入社会生活，就是战斗，"文学把你投入战斗；写作，这是某种要求自由的方式;一旦你开始写作,不管你愿不愿意,你已经介入了"①。与他的文学本质是自由的观点相呼应,萨特认为介入也就是为自由说话,去争取自由。具体地说,文艺介入社会生活,首先就必须揭露社会生活中存在的种种异化现象,进而消灭这种异化现象。其次,应当直接服务于政治斗争,促进社会的变革。再次,应当充分发挥社会批评的职能。"介入说"充分肯定文学与社会生活的联系,否定脱离社会生活的唯美主义理论,通过对资本主义社会种种异化现象的批判,体现出改变资本主义现状的愿望和要求,具有强烈的战斗精神。但"介入说"也有自身的理论弱点。一方面,文学艺术要争取的人的自由在这里只是一种存在主义的自由,即脱离客观必然性的绝对的个人自由,它本身就与介入社会生活的要求相矛盾。另一方面,"介入说"过分夸大了文学艺术的社会作用,通过以文学艺术介入社会生活为手段来达到自由的理想,具有浓厚的空想色彩。

另外,关于作家的文学创作,存在主义者认为,要想用文字把内心精神的压抑和想象中的现实表现出来,就应该知道怎样"内化"外界(客观社会现实),然后再如何将内界"外化"为作品。他们尤其强调,文学创作应汇总作者的时代,配合整个形势,承担起全世界的改造。由此亦可窥见存在主义对文学介入职能的重视。存在主义文学最大的特点就是将哲理与作品结合,对存在主义基本思想进行通俗化的阐述,虽然理性多于形象,但与启蒙时期哲理小说"传声筒"的角色不同,存在主义作品对当代资本主义社会人们的生存状态作了概括,如荒诞意识、自由选择、人与人之间的敌对关系、人间恶势力的猖獗等,寓哲理于形象中,用生动丰富的艺术形象或者内涵丰厚的艺术归纳表达出来,体现了更强的思辨性和哲理性,是新的艺术创造。萨特、加缪的许多小说是"荒谬世界,人生痛苦"的存在主义哲理的形象化,因而"荒谬"和"痛苦"也是存在主义文学的基本主题。萨特的《墙》,描写了一位被捕后无意中出卖了同志的西班牙共和党人,道出了世界的荒谬:无罪的被处死,抱必死决心的偏不死;藏起来的被抓,想给敌人开玩笑的,却被现实捉弄。人与人之间的关系,就如《禁闭》中的名言"他人就是地狱"。"墙"在作品中象征对人们行动的限制。人虽有选择的自由,但现实生活中处处都遇到"墙",最终使人丧失选择的自由,因而永远生活在不安、痛苦与绝望之中。"墙"在这里被赋予了存在主义的哲学意义。萨特的"境遇剧"也多是"自由选择"的哲理图解。

在创作手法上,存在主义作家强调表现独特的真实,要求作品中的人物与情节是生活中的真人真事。塑造人物时,排斥集中、概括、典型化的技法,强调偶然、荒诞、世界的非理性,用未加提炼的情节,原原本本、朴实无华地加以展示,不去粉饰与雕琢,而是集美丑于一身。由于存在主义哲学强调人的自由选择就是人的生活,所以,在文学作品中他们不去给人物事先安排什么命中注定的生活道路和结局,只对人物的自由选择加以演示。通过有意义的细节描写和一些表面的、琐碎的动作显露人物的性格特征,在细微中表现人的完整性。萨特日记体小说《恶心》中的主人公安特纳·洛

---

① [法]萨特:《萨特文集》,第 7 卷,142 页,北京,人民文学出版社,2005。

根丁就是一个存在主义的"真实人物"，洛根丁冷漠的生存态度及荒诞的生存意识都是在生活细节或表面上无关紧要的活动中表现出来的。存在主义作品还常常把人的主观情绪作为直接描写的对象，以此刻画人物的内心世界。对恐惧、厌恶、孤独、失落感等现代人主观心理特征进行描写，揭示人荒诞的生存状态，表现自由选择的行动。《恶心》就是将恶心这一生理、心理现实抽象化、寓意化，赋予了它特殊的存在价值。存在主义文学不拘一格地大量运用隐喻、象征、无逻辑的技巧等表现手法，将简洁的语言、冷漠的叙述与作品表达的荒诞感相统一，传统的和现代的并用，萨特名剧《死无葬身之地》《恭顺的妓女》几乎用传统的现实主义手法写成，《苍蝇》有浓厚的象征色彩，《恶心》在很多地方运用意识流技巧。加缪的《局外人》则是在传统手法中加上现代派手法。

存在主义在西方哲学、美学和文艺创作领域都产生了广泛的影响，成为西方现当代许多流派的思想来源，之后又传入东方，如日本、中国等国家，带给思想界、文化界较大的震动，成为影响现代世界的重要思想潮流。

第二节　让-保罗·萨特

让-保罗·萨特是 20 世纪法国思想文化界最引人注目的人物之一。作为哲学家，他是战后风靡整个西方世界的存在主义哲学的主要代表；作为文学家，他针对"为艺术而艺术"的倾向提出了"介入文学"理论，并以自己的创作实践介入了当代社会生活的重大问题；作为社会活动家，他积极投身于政治活动，不倦不息地为反对帝国主义、殖民主义、种族主义及暴政专制而斗争，"因而被人们誉为 20 世纪的伏尔泰和雨果"[1]。

一、生平及创作

1905 年 1 月 21 日，萨特出生于巴黎一个海军军官的家庭。萨特两岁丧父，随母亲移居外祖父家中。三岁时右眼因斜视引发角膜翳，逐渐失明。外祖父是个德语教师，对萨特的启蒙教育起了至关重要的作用。在外祖父的引导下，萨特四岁便能读马洛的《苦儿流浪记》，七岁读福楼拜、高乃依和雨果的作品。八岁开始用诗与外祖父通信，并尝试写作，写有《为了一只蝴蝶》《卖香蕉的商人》，他的创作天赋初露端倪，被视为神童。1915 年，他就读于亨利四世中学。中学期间，萨特爱好文学，成绩优异。从中学开始，他研读弗洛伊德、柏格森、叔本华和尼采的著作。1924 年，萨特考入巴黎高等师范学校，攻读哲学。此间，他深受柏格森"直觉主义"和胡塞尔"现象学"的影响，也接触到马克思主义。萨特以第一名的成绩通过了全国中学哲学教师资格会考，并结识了会考成绩第二名的波伏娃，两人一见钟情，从此结成"终身伴侣"（没有结婚）。服兵役 18 个月之后，萨特一直担任中学哲学教师。1933 年，萨特作为

---

① 吴岳添：《法国小说发展史》，398 页，杭州，浙江大学出版社，2004。

公费研究生赴柏林法兰西学院攻读胡塞尔"现象学"，并研究克尔凯郭尔、海德格尔、雅斯贝尔斯的存在主义学说，开始形成自己的思想体系。第二次世界大战爆发后，萨特应征入伍，奔赴马其诺防线，翌年被捕，在狱中他初步形成了"介入"思想。1943年，萨特出版了哲学巨著《存在与虚无》，系统阐述了他的无神论存在主义和"相对自由论"思想，在知识界产生了很大反响。1944年，萨特辞去教师工作，与波伏娃、梅洛-庞蒂、雷蒙·阿隆等人一起筹办《现代》杂志。1946年，发表《存在主义是一种人道主义》，提出并论证了"存在先于本质"的存在主义第一原理，呼吁人们以人道主义为思想武器揭露和批判丑恶的社会现实。1947年，《现代》杂志连载了萨特的文学理论著作《什么是文学》，系统阐述了干预现实生活的"介入文学"理论。1960年，萨特发表了他的又一哲学巨著《辩证理性批判》，提出将存在主义作为马克思主义的补充，遂将二者结合起来，淡化马克思主义的阶级斗争性，突出"人"在马克思主义中的地位。60年代，由于社会形势的变化，萨特存在主义哲学的历史局限性暴露出来，他一方面应付与结构主义者的论战，另一方面继续坚持他的"介入"社会活动。

　　萨特是一个自由主义战士，积极"介入"社会，面对法西斯主义、殖民主义、种族主义和专制暴政，他勇敢地和人民站在一起。他以"人道主义向度"和"历史责任感"为行动准则，积极投身社会实践。他撰写文章，发表演讲，接受采访，凭借自己的威望，以不同的方式，不知疲倦地与全世界一切"不公正"和"非自由"作斗争。20世纪50年代中期开始，他先后访问过苏联、北欧、美国、中国和古巴。1956年，萨特抗议苏联出兵匈牙利；1958年，他谴责法国对阿尔及利亚的殖民战争；1964年，他拒绝瑞典皇家科学院颁发的诺贝尔文学奖奖金。

　　萨特始终以自由和正义为准则，敢爱敢恨，思考与行动并行不悖。萨特从来没有接受过"自我"以外的其他外来标准。他不属于哪个阶级、哪个派别，他属于自由、正义和全世界深陷苦难的人民。他一生都在为自由进行毫不妥协的抗争。他拒绝一切"不公正"和"非正义"的东西，包括爱情、婚姻和荣誉。萨特一生有过很多情人，但他终生未婚，他认为结婚不过是"介入"社会的一种形式。1964年，萨特以"我一向拒绝一切来自官方的荣誉"① 为由，拒绝了诺贝尔文学奖奖金。他说："我们很清楚，诺贝尔奖本身并不是西方集团的一项文学奖，但它事实上却成为了这样的文学奖，有些事情恐怕并不是瑞典皇家科学院所能决定的。"② 同时，他认为，一个作家不应该被机构化，他说："如果有列宁文学奖，我也同样拒绝。"另外，萨特认为自己是一个和平主义者，他不想把自己的名字与黄色炸药的发明者诺贝尔联系在一起。

　　1966年，萨特参加罗素组织的越南战争战犯审判法庭，担任该法庭庭长，调查揭露了美国侵略越南的罪行。1968年5月，他支持学生运动，和波伏娃走上街头散发《人民事业报》，支持法国学生的"二月风暴"。8月公开谴责苏联出兵捷克，并与苏联彻底决裂。从此，他更加积极地参加社会政治活动。1971年，他出版了《家庭

---

① 肖涤：《诺贝尔文学奖要介》，761页，哈尔滨，黑龙江人民出版社，1992。
② 龚瀚熊：《20世纪西方文学思潮》，373页，石家庄，河北人民出版社，1999。

的白痴——居斯塔夫》第 1 卷和第 2 卷，1972 年，出版第 3 卷。1974 年 5 月，萨特基本上失明，逐渐退出社会活动。1979 年，病重的萨特接受采访，谴责苏联入侵阿富汗。

萨特晚年，疾病缠身，临终之际，双目失明。1980 年 4 月 15 日，萨特因肺气肿在巴黎逝世，享年 75 岁。萨特的逝世震动了全世界。4 月 19 日举行葬礼，6 万群众从世界各地云集巴黎，自愿追随灵车，送往巴拿斯公墓。世界舆论纷纷表示哀悼。法国总统发表谈话，认为"萨特的逝世就像我们这个世界陨落了一颗明亮的智慧之星"。这是巴黎继雨果之后最盛大的一次葬礼仪式。

萨特一生印行著作 50 多部，被译成 28 种文字；发行全世界。他的主要文学作品包括：中篇小说《恶心》（1938）；短篇小说集《墙》（1939）；中篇小说《一个厂主的早年生活》（1939）；多卷本长篇小说《自由之路》（1945—1949）出版《理智之年》《缓期执行》《心灵之死》，第四部《最后的机会》（未完成）。剧作《巴厘奥纳》（1940）、《苍蝇》（1943）、《禁闭》（1944）、《死无葬身之地》（1946）、《恭顺的妓女》（1946）、《脏手》（1948）、《魔鬼与上帝》（1951）、《涅克拉索夫》（1955）、《阿尔托纳的隐居者》（1959）、《特洛伊妇女》（1960）等。主要文学理论著作有：《论波德莱尔》（1947）、《什么是文学》（1947）、《答加缪书》（1952）、《圣·谢奈：丑角和殉道者》（1952）、《家庭中的白痴》（1971—1972）等。主要哲学著作有：《论想象》（1936）、《论自我的超越性》（1937）、《存在与虚无》（1943）、《存在主义是一种人道主义》（1946）、《马克思主义与存在主义》（1957）、《辩证理性批判》（1960）等。还有自传体小说《字句》（1963）、自传性回忆录《七十岁自画像》（1975）、作品集《境况种种》（1947—1976）、《境遇剧》（1973）、政论集《造反有理》（1974）等。

萨特从一开始就是以文学家和哲学家的双重身份"介入"西方文化领域的。萨特的文学创作与他的存在主义哲学相生相融、同步发展。他的"存在"，不仅是法国存在主义哲学的标志，也是战后西方影响最大的文学流派——存在主义文学的象征。萨特的存在主义文学是他存在主义哲学的具体表现形式。他通过自己的作品阐述自己的哲学思想。他的文学创作按照他的存在主义哲学的发展，可分为两个时期。

"绝对自由论"时期（1928—1939），这一时期，萨特的创作以小说为主。萨特在总结前辈存在主义哲学思想的基础上，形成了他存在主义哲学的早期观点。这种"绝对自由论"具体表现为：客观存在的纯粹偶然性，主观存在的绝对孤独性，主客体关系的完全对抗性。这个时期，萨特创作的作品多塑造"孤独者对抗社会"的孤军奋战者形象。短篇小说《墙》中，主人公伊比塔不幸被捕。面对死亡，他万念俱灰。他选择了遗忘和冷漠，也抛弃了一切世俗的烦恼。他已不再怀念"墙"外的生活，他感到这个世界甚至连同他自己都是虚无的，人生毫无意义可言。他宁死不肯说出队长拉蒙·格里藏身之处。他的守口如瓶并非出于正义感，也非表现自己的英雄气概，而只是一种莫名其妙的固执。他为了嘲弄敌人，戏称拉蒙藏身于墓地。然而，荒诞的是，拉蒙·格里为了不连累他人，恰好转藏到墓地。伊比塔不经意的选择竟酿成了悲剧。选择决定命运。而且，这种个人的"自由选择"还可能决定着别人的命运。它表现了人的存在的荒诞性，以及极限境遇中"自由选择"的偶然性。中篇小说《恶心》（又译《厌恶》），表现了在这个"自在"的世界上，"自为"的人存在的荒诞性。小说主人公洛根丁某一天突然发现这个世界的"恶心"。他感到一切都是恶心的，恶心就是他自己，就是他存在的方式。这种"恶心感"实际上就是"荒诞感"。表现了"自在"存在的偶然性和"自为"存在的孤独性。《一个厂主的早年生活》，主人公吕西安年轻时想通过反传统来寻找"自我"，但他的传统道德观念又使他不能接受新事物。最后他以"工厂主"的身份回到传统的轨道，却又感觉丧失了自由。这体现出萨特的存在主义的自由观。

萨特的"绝对自由论"是对当时的社会现实和传统价值观念的一种反叛，为当时颓丧的法国人提供了精神食粮。但它过分强调个人的"自由选择"，并将这种"自由"绝对化、极端化，将个人与社会对立起来，这势必导致极端个人主义和无政府主义。

"相对自由论"时期（1939—1980），在此期间，萨特的创作以戏剧为主。1939年，第二次世界大战爆发，萨特亲临战场。战争的残酷，让萨特对面前这个荒诞的世界感到"恶心"。他看到希特勒的个人意志给整个世界带来空前的灾难。由此，萨特深刻反省自己前期思想中把"自由"绝对化的片面性，并在此基础上形成他"相对自由论"的思想。1943年，萨特发表了《存在与虚无》，系统地阐述了"相对自由论"的观点。萨特改变了以孤独者对抗社会的态度。他承认人的社会性，即承认个人与他人、个人与集体、个人与社会的密切联系。肯定人的自由只有相对的意义，而无绝对的可能。1946年，萨特发表了《存在主义是一种人道主义》，进一步指出，存在主义是一种人道主义，而不是随心所欲。"自由选择"需要承担责任。1947年，萨特又出版了文学理论专著《什么是文学》，提出"介入文学"的理论，主张以文学创作干预现实生活。所以，萨特"相对自由论"时期的文学就是"人道主义向度"引导下的"介入文学"。三幕悲剧《苍蝇》集中体现了萨特的"相对自由论"思想。主人公俄瑞斯特斯是"自由"的象征。他杀死国王，为民除害，超越了狭隘的报复，为"自由"的力量作斗争。最后，俄瑞斯特斯又为人民的"自由"而牺牲"自我"，带着象征邪恶与复仇的苍蝇离开阿尔戈斯城。独幕悲剧《禁闭》（又译《密室》），通过地域中三个鬼魂之间的相互纠缠，揭示了"他人就是地狱"。这是一部表现"自我"与他人关系恶化且缺乏"自为"选择能力的杰作。批判了现实中受"精神地域"的禁锢，不能做出自由选择的人们，揭示了人存在的荒诞性。四幕悲剧《死无葬身之地》中，五个人因某次"行动"而被捕。在酷刑和死亡面前，他们有的通过无聊对话来"消磨时光"，有的想让自己尽量安静下来，一动不动，"以免消耗体力"。出于对"事业"莫名的忠诚和在同伴面前证明自己并不是懦夫，他们宁死不肯"招认"。他们为此付出了惨重的代价："胆小鬼"索尔比埃跳楼自杀，有背叛倾向的弗朗索瓦被同伴活活掐死。但他们并非真的没有"希望"，最初的"消磨时光"和"保持体力"也不过是在必死的命运面前，以"冷漠"压抑了他们虚弱的生存愿望。直到最后他们才喊出："我愿活着，我愿活着"。他们最终选择了"招供"，但并没能改变命运。人可以选择自己的存在，却不能选择自己的命运，表现了极限境遇中"自由选择"的荒诞性。《恭顺的妓女》中，富有正义感的妓女丽莎迫于种族主义的压力和上层统治阶级的威逼利诱，不得不违背良知，做诬陷黑人的假证。这表现了"自在"的世界中"自为"存在的孤独性和个体意识被集体意识的淹没，揭露了美国的种族歧视和自由民主的虚妄。该剧在美国、法国上演都产生了极大的反响。

长篇小说《自由之路》共出版三部，它以第二次世界大战为背景，表现了以玛蒂尔为代表的一群知识分子在第二次世界大战前后的精神状态和悲惨命运。他们的遭遇是极限境遇中自由选择的悲剧。七幕悲剧《脏手》，塑造了一个天真的青年知识分子雨果。他在不了解党内斗争实质的情况下，醉心于追求虚幻的"自由"，他为了"理想"为政客们卖命，最终被政客除掉，成为"革命"的牺牲品。他表现了青年知识分子追求"自由"的盲目性。这是一部备受争议的剧作，因涉及了政治斗争这敏感的话题而被法共认为具有反共倾向，竟遭到禁演。导致这样的结局是萨特所始料不及的。三幕哲理剧《魔鬼与上帝》是《脏手》的续篇。萨特为了澄清《脏手》造成的误会，在这部剧作中塑造了一个跟雨果极其相似的人物格茨。格茨是贵族和农民的私生子，他受到两个阶层的唾弃，于是发誓报复。最初，他杀人作恶，以此对抗上帝，反倒被贵族利用。后来，他广行善事，以讨好上帝。他施予农民土地，却因这施舍而引起一场战争。他认识到善恶并无绝对，"上帝毁人不亚于魔鬼"。他从绝对而抽象的善恶意识中觉醒，"介入"到具体的农民起义斗争中。格茨是罪恶的自由射手和无政府主义者，又是作恶和行善的统一体。他的身上附带着萨特本人的影子。这种关于善恶辩证关系的探讨，标志着萨特思想的进一步成熟。八幕政治讽刺剧《涅克拉索夫》抨击了西方媒体的反苏反共宣传，嘲讽了他们欺骗民众的拙劣伎俩。五幕剧《阿尔托纳的隐居者》是萨特最有心理深度的一部时政剧。萨特通过一个不愿正视战争罪责的法西斯走卒在精神上的自我折磨，引导法国人民反思德国发动第二次世界大战的历史教训，借此影射和批判了法国对阿尔及利亚的不义战争。《特洛伊妇女》同样是一部影射不义殖民战争的剧作。

二、美学主张

萨特于 20 世纪 40 年代中期发表《争取倾向性文学》和《什么是文学》等重要文艺论著，提出了存在主义的主要观点，主张"艺术的自由"。他说："作家——作为一个对自由的人们讲话的自由人——只有一个题材，那就是自由。"萨特主张"艺术的再创造"，认为"艺术只有通过读者的'再创造'才能实现。因为文学作品一旦完成，'那被创造出来的客体离我而去了成了一个相对独立的东西'，'要使他显现出来，就需要一个叫做阅读的具体行为，而这个行为能够持续多久，它也只能持续多久，超过这些，存在的只是白纸上的黑字符号而已。''为时代而写作'是真正的艺术家不能回避的社会问题。"[1]

萨特美学主张的突出特点，是把美学文学问题看作有关人、人的命运以及人的自

---

① 蒋承勇：《世界文学史纲》，374 页，上海，复旦大学出版社，2002。

由问题。在他看来，美学和伦理学、美和自由是紧密结合在一起的。他的存在主义哲学把存在区分为两类，一是除我之外的世界的存在，即"自在的存在"。"自在的存在"是偶然的、荒谬的，既独立于上帝又独立于精神，既不可解释、不可知又不可改变，因此这种存在是多余的、令人恶心的。另一种人的自我存在、人的主观意识，即"自为的存在"。萨特认为这才是真正的存在。正是由于人的主观意识才在人与人、人与物之间建立起主客体之间的关系，使人成为绝对自由的、能动积极的创造主体。他认为，人并非物，人的存在不受任何概念的规定，因此，对于人来说，"存在先于本质"，人又按照自己的意志塑造自身的"选择自由"，人是由自己造成的东西。因此，在萨特看来，人的审美活动就是这种绝对自由的创造活动，其目的就在于追求自由。这是他美学思想的核心。萨特的美学主张，主要体现在以下几个方面。

1. 艺术是对人的自由的肯定

存在先于本质，这是萨特的一个基本原则。因此他认为，人先于本质，不受任何本质规定，所以人是绝对自由的创造主体，人的所有活动包括审美活动，目的都在于追求自由。他强调，审美活动根源于自由，但又以自由为目的，因此是对人的自由的肯定。艺术家的创作不仅仅是对艺术家个人自由的肯定，同时也是对读者自由的肯定。在审美活动中，之所以产生美感，是因为在审美对象上发现了自由。他把美感称作"审美喜悦"，并且下定义说："自由辨认出自身便是喜悦，他认为，不论创作者的喜悦还是欣赏者的喜悦，都是对自由的肯定，都是与一种超越性的、绝对自由的辨认融为一体的。"①

"他还对审美意识进行了现象学的分析，认为审美意识是位置意识和非位置意识的统一。所谓位置意识，是指对象的意向性所决定的意识。这里是指'创造对象被作为客体给予他的创造者。艺术家的审美愉悦就在于被创造的对象给他以享受。位置意识使艺术家意识到世界是一种价值，是向人的自由提出的一项任务。但审美喜悦不只是位置意识，它同时又伴随一种非位置意识，这是从自我产生的意识，即艺术家意识到的作品是自己的自由创造的成果，是我把非我的东西变成了价值，是我的自由使这世界得以存在。自由创造满足了我的自由本质，因而也引起了喜悦。"② 萨特将艺术审美分为三个层次来分析"读者的自由"。第一层次，"符合因果性"层次。这是表层现象。在这个层次里，读者见到的审美对象，是因为因果联系组成的一个"关系网"。如人物之间，人物内心与外在之间都有因果联系。第二层次，"符合目的性"层次。属深层现象。作家的意图是读者猜测和辨别的对象。在阅读中读者根据作家的"引导"和自己的主观性领悟作品的"意义"。第三层次，"人的自由"层次，这是更深或最深层次。现实主义的审美，到达第二个层次就可以。但对于存在主义来说，艺术审美不能止步于此，它需进入到更深的"人的自由"层次。萨特认为，"人的自由"是审美对象的"源泉"和"原始基础"。一切艺术审美都根源于它，一切艺术创造都为了

① 马新国：《西方文论史》，414 页，北京，高等教育出版社，1999。
② 马新国：《西方文论史》，414 页，北京，高等教育出版社，1999。

它。萨特说："这是艺术的最终目的"。"人的自由"层次是存在主义文艺美学区别于现实主义文学美学的一个重要标志。

2. 艺术美是由艺术家创造的想象美

萨特认为，外在的客观世界是恶心的，其中没有美，美只存在于想象世界。他在《想象心理学》中说："美的东西不可能是作为感觉经验的东西，就其本性，是世界之外的东西。"还说，"实在的东西永远也不是美的，美只适用于理想事物的一种价值，它意味着对世界本质结构的否定。"又说："我们称之为美的东西就是那些非实在的东西的形象表现。"在他看来，外在的自然和生活不仅不美，而且还令人恶心。他的小说《恶心》就是这一观点的体现。但是萨特又不完全不讲自然美和生活美。他认为，自然与生活中的事物必须经过"意识的虚无化"。总之，萨特只承认想象中的美，他认为艺术美就是由艺术家的意识创造出来的想象美。

3. 艺术作品是对自由的召唤

萨特认为，艺术创作的主要动机"在于我们需要感到自己对于世界而言是本质的。""艺术创作是一种意识活动，它能揭示世界的存在和意义，满足我们感到自己对于世界是本质性的这一需要。"① 在萨特看来，艺术创作是满足人感觉自己是世界本质的手段，不是现实生活的反映。他认为，艺术创作的冲动是来自非理性的心理体验，艺术表现的是个人的主观感受。"艺术创作对于作者永远是未完成品，只有通过读者的阅读，艺术作品才能存在，艺术家才能体验到自己对于世界是本质性的。"② 在萨特看来，艺术作品的价值就在于召唤自由，使人的自由本质得以实现。

4. 文学介入原则

"在艺术和现实的关系问题上，萨特认为，艺术不是对现实世界的单纯描述，而是对现实世界的否定、超越，艺术作品必须是以未来的名义对现实的审判。"③ 萨特既反对机械模仿现实，也反对形式主义、为艺术而艺术，他提出文艺应当介入生活。也就是说，文艺要求作家介入生活，作家不应对现实冷漠，不应对不正义的行为无动于衷。公民的自由是真正的创造和阅读的前提，没有公民的自由，作家便不能进行创作，而读者也就不能在阅读中进行自由的创造。所以，必须为保卫民主自由而斗争。如果公民失去自由，成为奴隶，作家就应该搁笔，甚至拿起武器。文学应该介入社会，干预生活。萨特认为：文学创作本身就带有"介入"性。凡是有写作欲望和创作冲动的人，无一不想把自己的喜怒哀乐传达给"他人"。在这一点上，存在主义文学和现实主义文学达成了一致。二者都主张通过"真实的事物"，能动地干预现实生活。这是萨特存在主义积极入世精神在美学观上的反映。但是，存在主义的"文学介入论"又不等于现实主义的"文学介入论"。其主要区别在于，现实主义的"介入论"有一个"客观标准"，即以某种精神或价值观念为标准尺度去评判是非曲直，以达到

---

① 马新国：《西方文论史》，414 页，北京，高等教育出版社，1999。
② 马新国：《西方文论史》，414 页，北京，高等教育出版社，1999。
③ 马新国：《西方文论史》，415 页，北京，高等教育出版社，1999。

"教化、引导"的目的。而存在主义的"介入论"则从"主观性感受"出发，强调"主观性真实"。萨特把"主观感受"视为最高标准，用以否定"客观标准"。这是他的非理性哲学思想在美学上的表现。但他过分夸大"主观感受"而否定"客观标准"，确实有些盲目和武断。

三、主要作品分析

1. 《恶心》

《恶心》被认为是法国当代小说的扛鼎之作，对后现代小说产生了很大的影响。

1931 年，萨特在勒阿佛尔中学任教，开始创作他的第一部小说《陈述偶然》，后来改名为《忧郁》。此作遭到伽利玛出版社退稿后，经过修改和删节，后又改名为《恶心》，于 1938 年出版。该小说出版后广受好评，萨特一举成名。这一部带有自传性的日记体小说，通过主人公洛根丁对世界和人生的看法，充分表达了作者的哲学观念——存在主义。它的特征是以"自我"为中心，认为人是存在先于本质的一种生物，人的一切不是预先规范好的，而是在日常行动中形成的。萨特有句名言："行动吧，在行动的过程中就形成了自身，人是自己行动的结果，此外什么都不是。"存在主义文学作为萨特存在主义哲学的一种体现形式，具有其鲜明的特征，这些特征的核心是"真实感"，即提倡文学作品要如实地、一览无余地把世界和人类表现出来，绝对不应该把作品中的人物典型化、集体化，不应该要求他们比现实世界中的人物来得更美或更丑。小说几乎没有什么外在的事情，却尽写主人公的"恶心感"。主人公洛根丁是个 30 岁的法国人，他在中南半岛待了六年，感到非常厌倦，为了摆脱这些，他开始从事对一位生活在 18 世纪的德·罗邦侯爵的研究，并准备写一本书。可是后来他放弃了，因为他发现"我只是使他活起来的一个手段，而他倒是我存在的理由"①，于是洛根丁放弃了，他开始接受自己作为一个绝对孤独的个体的存在。在书中，萨特以极其高明的冷嘲手法讽刺了种种毫无疑义的虚伪的存在。

洛根丁在这座小城里孤零零地活着，无所事事。他和饭店的老板娘睡觉，但是和她却没有共同语言；他在图书馆里认识了一个自学者，但却发现这个人是个猥亵小男孩的鸡奸者。他对这种单调的生活感到无聊透顶，以致看见别人的穿着和言谈举止都觉得恶心，就连看到酒杯等物品也感到恶心，而且似乎永远无法摆脱。最后连探险家罗邦也让他厌烦透顶，他对工作失去兴趣，什么也做不下去。

洛根丁在咖啡馆、餐馆和博物馆等地方消磨着时间，只有通过身体的动作才感觉到自己的存在。他和他的情人安妮分别四年了，当他收到她的信却只有一种失望的感觉，见面后更是无话可说，即使将她抱在怀里也难以弥补彼此内心的孤独。在他写完罗邦的书以后，不知道该怎样利用自己的生命，总之，所有的一切都是乱七八糟、没有意义的，他最终明白，原来存在本身就是荒谬的、是没有理由的。《恶心》中没有发生任何比较重大的事件，唯一内容就是洛根丁发现存在是荒谬的，所以当他在布城

---

① ［法］让-保罗·萨特：《恶心》，杜长有译，154 页，北京，中国友谊出版公司，1999。

的生活结束以后，就连他自己也搞不清自己在这里干了些什么，甚至连记忆也没有留下。洛根丁是自由的，但他不过像行尸走肉罢了。所以，他的自由就像死亡一样，他的正常状态就是恶心。这部小说通过主人公的所见所闻来表达恶心的感觉，可以看成是一个疯子的日记，但其中充满了哲理的思考。

《恶心》是萨特"绝对自由论"时期的代表作，也是标志萨特文学创作步入成熟的奠基之作。小说中的"恶心感"实际上就是"荒诞感"，表现了人"自在"存在的偶然性和"自为"存在的孤独性。洛根丁是一个"孤独者对抗社会"的典型。他不爱任何人，没有是非观念和道德底线。他生活的唯一标准就是满足自己内心的欲望。虽然他也希望改变生活的现状，希望被承认、被拯救，但他始终处于等待中。没有本质的存在等于虚无。洛根丁没有做出选择，也没有付诸行动，他毫无作为，徒劳等待，浑浑噩噩打发日子，他的"存在"不过是尚未获得本质的存在的自在状态。洛根丁的悲剧是"绝对自由论者"精神探索的悲剧，也是萨特的"绝对自由论"理想幻灭的悲剧。洛根丁的精神探索过程也正是萨特早期存在主义思想探索的反映。《恶心》是萨特从"绝对自由论"到"相对自由论"思想转变时期的小说。主人公洛根丁内心的苦闷、彷徨，正是萨特早年作为"绝对自由论"者的自画像。萨特把自己的一生分为两个半截，即上半截的洛根丁和下半截的玛蒂厄。《恶心》创作时期，萨特还是一个中学教师，他也像洛根丁一样与世隔绝，无所事事。他对生活不满，有强烈的虚荣心，渴望成名，自爱而不爱他人，只追求自己内心欲望的最大满足。所以，洛根丁的痛苦正是生活中萨特自己内心真实的外露。

从思想上看，《恶心》在很大程度上是攻击资产阶级的，目的就是要揭穿资产阶级的谎言。萨特认为，资产阶级是西方传统理性观念的代表，揭露资产阶级就是批判西方传统理性。在《恶心》中，萨特借洛根丁参观博物馆一幕，对布维尔历史上150位资产阶级"道德榜样"的画像，给予了直接的揶揄和讽刺。巴黎医学院教授巴洛丁是一个自称为"为灵魂接生"的人，他对肉体疾病未必精通，但对维护反动统治却很有一套，他实质上是一个伪装成学者的资产阶级两面派。资产阶级反动政客奥利维叶，是一个侏儒。他为了升高个头，把橡皮鞋跟装进半筒靴里。据说他的妻子身材高大，于是奥利维叶被讽刺为："她的一半是他的一倍"。他创立"秩序俱乐部"，立誓把生命贡献给"秩序的重建"。他还发表反动言论，宣称："资产阶级是最适宜于掌权的人"。萨特通过对一幅幅所谓的资产阶级"道德榜样"画像的描述和讽刺，深刻揭露了资产阶级道貌岸然、虚伪狡诈的本质。布城是法国资产阶级社会的缩影，博物馆是布城"文明"的象征，而这画廊正是对法国资产阶级种种丑态的剪辑和掠影。难怪上流参观者会恭敬地说："整个时代都在这里了"。这无疑是对法国整个资产阶级社会的绝妙讽刺。

《恶心》中，萨特还通过描述下层人民的不幸，表达对社会底层人民的同情。侍女露茜，40岁嫁给一个工厂的装配工。丈夫每天都喝得醉醺醺回家，三个月里人变得又黄又瘦。露茜知道这是酗酒的结果，但对丈夫束手无策。她只能每天对老板娘诉苦："我是说不出的真心实意宁愿他在外面乱搞女人，只要对他没有害处，我是无所谓的"。她努力压抑自己的情绪，尽可能用平和的语调向别人诉说她的不幸。这是荒谬的世界和残酷的现实把人原本脆弱的灵魂压抑、扭曲，甚至到变态。一天夜里，洛根丁在偏僻黑暗的林荫道上看到两个人影，女人扯着男人的衣袖，短促而低微地说着话。忽然，那男人怒不可遏："你还不闭嘴吗？"他一把推开女人，头也不回地走掉了。当男人消失在黑暗中，女人发出撕心裂肺的呼喊："查尔勒，回来吧，我受够了，我太不幸了！"她就是露茜，这个不幸的女人，伸开双臂，张着嘴巴，不住地哽咽着，站在那里，一动不动，仿佛变成了化石。

由于萨特讽刺资产阶级，揭示下层人民的苦难，表达了对西方资本主义社会的憎恶，《恶心》曾一度被西方评论家认为是"左翼小说"。当然，萨特跟左翼扯不上任何关系，他并不是站在马克思主义的立场上，也不是用现实主义的创作方法去批判和揭露资本主义社会的，而是作为一个存在主义者，采取客观的态度表现现实世界的荒诞和丑恶。在萨特看来，客观事物是一种纯粹偶然的"自在"的存在，而人则是一种"自为"的存在，具有个人自由和主观意识。洛根丁感到"恶心"，正是"自为"的人处于"自在"的荒诞世界中，反观自我存在的偶然性和孤独性，产生了虚无、幻灭的感觉。这部小说通过日记的形式，翔实记录了洛根丁自为的存在意识与荒诞世界产生摩擦的内心真实。洛根丁意识到了自己的存在，也感受到了世界的虚无和荒诞，因而他是一个"非理性"意义上的高层次的人。《恶心》中的"厌恶"是萨特对"存在"本身的"厌恶"的体验。他详细记述了对战前西方病态社会和漠然、扭曲的人际关系的真实感受，他用辛辣的笔触刺痛了那个病态社会的"症结"，对我们认识那个时代，体验那个时代的人们，特别是知识分子的心理特征，具有重要的意义。

从艺术上看，《恶心》打破了现实主义的"客观再现法"，采用"主观表现法"，注重挖掘人物的内心真实，表现主观感受。萨特善于把性质迥异相去甚远的事物联想到一块，给人一种超现实的感觉。洛根丁把墙上的镜子想象成陷阱，由"荒凉的街道"想到"黑色的洞口"，他甚至相信"朝镜子里看得时间太久，就会看见一只猴子"。洛根丁通过内心省察，仿佛进入了幻境，他由自己的"面孔"联想到"猴子"，甚至更低等的"腔肠动物"。这种看似荒诞的联想，却饱含深意，表现了洛根丁对荒诞世界，甚至对自己的形体都产生了恶心感。萨特还常由静态事物联想到动态事物。例如，他从"灯光"联想到"冷酷的微笑"，从"握着的手"想到"肥大的虫"，甚至连房门的"把手"都具有"冰冷的个性"。萨特还把音符想象成能跑会跳，有生命的东西，这种从死物到活物，由静态到动态的联想，深刻反映了人物的主观感情。此外，萨特还善于把抽象的观念形象化。洛根丁的恐惧是抽象的，是一种充满时间和空间，对周围世界的全面的恐惧感。这是战前丑恶、窒息的社会环境对人心理的挤压，形成一种反常的心理特征。洛根丁坐在咖啡馆里，目光极力避开面前的一杯啤酒。酒杯本身并不可怕，可怕的是他附着了令人产生恐惧意识的诱因。这样，萨特把人物内在的恐惧，外化为一种具体形象。读者可以真切感受到，这种恐惧潜伏于人物内心深处，无法逃脱，别人又爱莫能助。"恶心感"更是一种抽象的情感形式。萨特把它与有意识、有生命的事物联系在一起，通过联想，使之对象化，把它写得如影随形，像幽灵、魔鬼一样跟踪着人物，随时都有将人猎杀的可能。这更能表现人物对环境的恐惧意识，有利于诱发读者的联想，具有强大的艺术感染力。

总之，《恶心》在一定程度上艺术地图解了萨特的著名哲学著作《存在与虚无》。而萨特本人也认为，如果从纯文学的视点看，《恶心》是他写得最好的一本书。从艺术角度来说，《恶心》的确摆脱了法国传统小说的模式，在这部小说里，没有引人入胜的故事，也没有曲折动人的情节，而是向人们展现了世界荒谬的存在。所以《恶心》与其说是一部小说，不如说是向人们陈述一种哲理。

2.《禁闭》

《禁闭》创作于 1943 年。最初以《他人》为题，1944 年刊登在杂志《弩》上。同年 5 月 27 日首次上演，获得很大成功，翌年，剧本由伽利玛出版社出版。后被法国戏剧舞台作为经典剧目保留下来，1947 年获美国"最佳外国戏剧奖"。

《禁闭》是萨特哲理剧的代表作，其深刻意义和深远影响已远远超出了戏剧范畴。萨特在这一剧作中探讨了他在《存在与虚无》中重点探讨过的人与他人的关系问题，以戏剧的形式重申了他的存在主义的观点。

《禁闭》也是一部荒诞性悲剧。全剧只有四个人物。除一个不参与剧情的侍者之外，其他三人不分主次。加尔散是第一个下地狱的人。他生前是报社编辑，政论文作家，因在反法西斯战争中当逃兵，一个月前被枪决。第二个是邮局女职员伊内丝，同性恋者。她勾引表嫂，并唆使表嫂抛弃丈夫，致使表哥在车祸中丧生。表嫂又为情所迷，一周前的半夜里偷偷打开煤气管，于是，两人都中毒而亡。第三个是贵妇人艾丝黛尔，色情狂。她瞒着丈夫，另求新欢。她溺死私生女，导致情夫开枪自杀。她因肺病于昨天死去。这三个罪人被先后投入地狱，囚禁于一室。他们生前的"罪过"不停地抽打着他们负罪的灵魂。而且荒诞的是，他们都能看到自己生前的亲朋在人间的活动。加尔散能看到他"具有殉道者气质的"妻子。他整天躲在墙角，窃听报社的同事对于他的议论。艾丝黛尔对人间纵情享乐的生活仍念念不忘，并为自己再也无法"介入"人间享乐而喋喋不休："难道我真的化为乌有了吗？"她渴望活着的人能像从前一样惦记着她，渴望有人还把她当成"活水"。伊内丝在人间无亲无故，却对住在她房子的男女很感兴趣，她抱怨房间"为什么不开灯？"她为看不到男女调情的场面而焦躁。她害怕与人间一刀两断，害怕"整个全在这儿了"。然而，更让他们痛苦的是，他们死后仍本性不改，形成了"三角恋"的关系。伊内丝对艾丝黛尔软磨硬泡，又极力排斥异性的加尔散；艾丝黛尔则对唯一的男性加尔散情有独钟，竭力摆脱伊内丝的纠缠；加尔散为说服伊内丝相信自己不是胆小鬼，不停对她献殷勤，而对"粘糊糊，软塌塌"，不动脑筋，只追求动物般直感享乐的艾丝黛尔漠不关心；伊内丝想把艾丝黛尔揽入怀抱，却始终不能如愿；艾丝黛尔想借助加尔散将伊内丝驱逐出去，却遭到拒绝；加尔散非但无法说服伊内丝相信自己不是胆小鬼，反遭对方一顿羞辱；艾丝黛尔要求加尔散拥抱她，想以此报复伊内丝，再次遭到拒绝。于是，她恼羞成怒，抓起裁纸刀，向伊内丝狂砍。然而，他们都已经是死人了，不可能再死一回。他们三人争风吃醋，互不相容。这三个痛苦的幽灵，"像旋转的木马似的一个追逐一个，永远也碰不到一块去"。他们的关系正如伊内丝所言："我们当中的每个人，都是另外两个人的刽子手。"加尔散说："我宁可给鞭子抽，被硫酸浇，也不愿使脑袋受折磨。"这里，萨特用他的存在主义思想，从社会生活的反面，剖析了人性扭曲的根源。他借三个鬼魂之间错乱的三角关系，影射了现实中你、我、他之间扭曲的人际关系。最后，加尔散一语道破天机："他人就是地狱"。

在《禁闭》剧中不分主次的三个主人公都是有罪的人：加尔散是个胆小鬼和可耻的逃兵，艾丝黛尔是色情狂、溺婴犯，伊内丝是同性恋者和力图支配别人的心理变态者。三个人被送进地狱，他们要进行的戏剧行为只有一个，力图避免地狱的折磨和痛苦；换句话说，就是要实现某种意义上的解脱，获取自由。整个剧作表现的，就是三个人在禁闭环境下寻求解脱的徒劳的努力和最终的失败。剧情发生的背景和前提是没有行动，只能通过别人的目光来认识自己。地狱里没有刑具、烈火，唯一折磨和约束他们的便是他们互相的关系。他们彼此暴露在他人的目光下，并且没有黑夜，这种目光的注视是永恒不可逃避的。加尔散力图要证明自己不是懦夫，他想通过他人的目光来使自己解脱。在艾丝黛尔那里，他得不到真心诚意的回答，因此他试图通过说服伊内丝来完成自己的解放。作为色情狂的艾丝黛尔，只能从男人那里证明自己的魅力和存在。因此，唯一的男士加尔散就成了她的救命稻草。而伊内丝则与这两个人不同。如果说这两人是心甘情愿受别人目光的支配，而伊内丝则是热衷于以自己的目光来支配别人。她一方面把艾丝黛尔视为猎物，要求后者把她当成镜子，当成自我评判的标准；另一方面又冷酷地揭示加尔散的懦夫面目，不让他获得安宁，进而也要挟他不让艾丝黛尔获得安宁。这样，"他人的目光"就成为了刑具和烈火，他们互相折磨、钩心斗角，都不能获得解脱和自由。所以，他人就是地狱。

"他人就是地狱"，曾作为一句名言，广为流传。但它长期以来一直被人曲解。特别是法国迂腐的天主教人士只通过对字面的浅陋的理解，得出可笑的结论：他们认为这句话表明了萨特"仇视他人"，是"病态个人主义者"、"悲观主义者"。萨特曾为纠正这些误解做过种种努力。其中，最重要的一次是 1965 年初，在《禁闭》灌制唱片时，他口录了一段前言："我想要说的是：'他人就是地狱'。但是这句话常常被人误解，有人以为我的本意是说，我们与他人的关系总是毒化了的，总是地狱般的关系。然而我要阐明的却是另一回事。我的意思是说：要是一个人和他人的关系恶化了，弄糟了，那么，他人就是地狱，世界上的确有相当多的一部分人生活在地狱里，因为他们太依赖别人的判断了……我的用意是要通过这部荒诞戏剧表明：我们争取自由是多么重要，也就是说，我们改变自己的行为是极其重要的。不管我们所生活的地狱是如何禁锢着我们，我想我们都有权利砸碎它。"

"他人就是地狱"是这部戏剧的核心内容，主要包含有三层含义。

如果你不能正确对待他人，即不能正确处理与他人的关系，那么，他人便是你的地狱。在群体生活中任何人都不可能脱离整体而独立存在。只有尊重他人，才能得到他人的尊重。如果违背了这一规律，恶化了、扭曲了与他人的关系，置他人于痛苦之中，必然也要承受同样被扭曲的地狱之苦。萨特在剧中想通过三个"死活人"来点醒无数尚苟活人世的"活死人"。剧中的三个人生前都是罪人，他们都败坏了与他人的关系，都曾经置他人于痛苦而不顾：加尔散折磨妻子五年，他在外面鬼混，妻子只流露出责备的神色。他把混血女人带到家里过夜，妻子还会把早餐做好，送到他们床前。战争爆发，人们主张抗战，他却要创办和平主义的报纸，对战争袖手旁观。对社会、对家庭，加尔散都是罪人一个。伊内丝勾引表嫂，致使表哥惨遭车祸。她却十分高兴，每天对着表嫂讲："这下可好了，我的小娘子，我们把他杀死了。我很坏，换句话说，我活着就需要让别人受痛苦。"她还说："我是一把火，是烧在别人心里的一把火。"最后，表嫂也为恋情所迷，半夜打开了煤气管，陪她一起下了地狱。伊内丝毁了一个家庭和两条性命，恶化了与他人的关系，付出的代价就是堕入地狱，让灵魂继续受苦。艾丝黛尔发生婚外恋，并生下一个私生女。情夫高兴，她却反感。她溺死婴儿，并促使情夫开枪自杀。他们是地狱的罪人，也是现实的败类。加尔散说："我是下流坯"，伊内丝说："我是该入地狱的人"，艾丝黛尔说："我是垃圾堆。"伊内丝自我解嘲，却一针见血，"我们都是自己人哪！我们都是一伙杀人犯，我们都是地狱的罪人。我们也有快乐的时日，有一些人一直到死都在受苦，还不是因为我们干的好事！现在，我们得付出代价了"。

如果不能正确对待他人对你的判断，即过分依赖他人的判断，那么，他人的判断就是你的地狱。我们无法脱离他人的判断，又不能依赖于他人的判断。不能把他人的判断，当成自我评价的准则和行动的最终目的。过分依赖于他人的判断，必定会陷入精神的困苦之中。加尔散就是这样的人。他对自己的过错从不自省，而以追求他人对自己合意的评价为满足。报社同事的嘲笑令他耿耿于怀，但他又自欺欺人，希望能有一个人相信他、证实他并不是胆小鬼。他寄希望于伊内丝，得到的结论却是：的确是胆小鬼，毋庸置疑。他先对妻子不忠，后与众人树敌，当了逃兵，却希求别人给他一个体面的评价。在经过一番痛苦折磨之后，他终于陷入无尽的地狱般的精神痛苦之中。艾丝黛尔在没有镜子的地狱里感觉不到自己的存在，她只能靠他人的判断来寻求自我存在的证据。伊内丝对艾丝黛尔的热恋，也是为了满足自己同性恋的欲望。他们三人都不同程度地依赖于他人的判断，都希望通过别人来证明自己的存在的价值。这种以他人的判断为自我评价准则的奴性意识，也是他们自身悲剧的内在根源。

如果不能正确对待自己，即不能正确支配自己的行为，那么，你自己也是自己的地狱。在萨特的人学思想中，"正确对待自己"是一个重要命题。《禁闭》中，艾丝黛尔"粘糊糊，软塌塌"，像一条章鱼，一片沼泽。她不动脑子，只追求动物般的享乐。她无法支配自己的行为和思想，最终走上了犯罪的道路。伊内丝坚持"活着就需要让别人受痛苦"，她有思考和选择的能力，却陷入同性恋的迷狂，不能自拔。她自知很坏，却不齿作"烧在别人心里的一把火"，坚持"活着就需要让别人受痛苦"。她有思考和选择的能力，却为情所迷，不能正确支配自己的行为，她把自己的快乐凌驾于他人的痛苦和毁灭之上，最终与别人同归于尽，堕入了自己建造的精神地狱中。加尔散事前不能做出正确选择，事后又不敢面对现实。他承认自己的恶德败行，又寄希望别人能对他的品行给予体面的定位。他踯躅于此，陷入了自我设置的精神地狱中不能自拔。他的痛苦与其说是别人给的，倒不如说是他自己造成的。《禁闭》中，三人都以"自我"为中心和出发点，都没能正确支配自己的行为，他们的悲剧是"唯我论者"的悲剧。叔本华曾把唯我论者称作"关在攻不破的堡垒中的疯子"，而《禁闭》中的这三个鬼魂恰如"关在攻不破的堡垒中"的三个疯子。

萨特在他的《存在与虚无》中表示，"我"努力把"我"从他人的支配中解放出来，反过来力图控制他人，而他人也同时力图控制"我"。这就是萨特对人与人的敌对关系在思辨层面上的解释，也是《禁闭》一剧所要揭示的。萨特曾强调，《禁闭》中的人物都是死人，而我们却是活人。已死的加尔散不能采取行动，我们却能。"不管我们处于何种地狱般的环境之中，我想我们都有自由去打碎它。"如果我们放弃了自我选择，过于依赖别人的目光，把它作为评判、认识自我的唯一标准，那么我们就会陷入局中人的困境，成为一个活死人。因而，萨特再次用存在主义的理论为人们指出了自由之路，那就是人的自我选择。这也是《禁闭》的意义所在。另外，该剧提供了一个看似荒谬的背景——地狱，并通过"灯永远亮着"、"刀子捅不死死人"等细节来制造出一种间离效果，其目的正在于不欲使观众沉迷于剧情，而要诉诸他们的理智，引发他们的深思。这也正是哲理剧的一个重要特点。

3.《苍蝇》

《苍蝇》的创作开始于 1941 年，第二年完成，1943 年 4 月出版，同年 6 月 2 日首次公演，获得巨大成功。这是萨特第一个成功的剧作，也是他的哲学思想和戏剧艺术相结合的典范。

这部剧取材于古希腊埃斯库罗斯的悲剧三部曲《俄瑞斯特斯》。借助俄瑞斯特斯为父阿伽门农报仇的故事，借古讽今，隐射了希特勒的野心和法国贝当政府与法西斯德国的暗中勾结。这部戏剧被喻为"反抗暴政和信仰自由的剧本"。1943 年，《苍蝇》在敌占区公演，引起极大反响，它为沮丧的法国人民提供了精神食粮。

王后吕泰涅斯特拉与情夫埃癸斯特斯合谋杀死了国王阿伽门农。年仅三岁的王子俄瑞斯特斯侥幸逃生，十几年后他回到都城阿尔戈斯，在姐姐厄勒克特拉的帮助下杀死了国王暴君和自己的母亲，报了杀父之仇。此后，他背负了整个城市的"罪过"，将象征着复仇与邪恶的苍蝇引出阿尔戈斯。他牺牲了自我，救赎了"忏悔"的阿尔戈斯人民，使"阿尔戈斯城的罪恶由于一个人的自由行动而被净化了"。

这部戏剧基本保留了原来的悲剧情节，但又赋予人物新的时代内涵，表达了萨特存在主义的自由观。萨特认为，"人是自由的，人就是自由"。朱庇特也坦言："一旦自由在一个人的灵魂中爆发出来，神明就对这个人无能为力了。"这表达了自由高于神权的无神论思想。

俄瑞斯特斯是一个不折不扣的英雄。最初，他的消极和软弱曾让他坚持"永不介入"，并试图带着姐姐逃离这个是非之地。这个时候他的内心世界是矛盾的，怯懦的。在阿尔戈斯城他感觉不到自己的"存在"，他是一个"游荡的幽灵"。他为不能拥有臣民共同的回忆而懊恼不已。他"没有仇恨，也没有爱"，更不想为了爱和恨而贡献自己。他觉得自己"并不比一根蛛丝分量更重"，就像生活在空中。俄瑞斯特斯内心的矛盾冲突正是人的存在与虚无的胶着，体现了人的存在的"荒诞性"。俄瑞斯特斯的存在是自由的，又是虚无的，"虚无是由于人的自由而出现在世界上的"，所以他的存在就像他眼前的阿尔戈斯城一样是荒诞的，毫无意义的。

厄勒克特拉对俄瑞斯特斯的转变起了关键的作用。在她的激励下，俄瑞斯特斯终于找回复仇的决心和勇气，更重要的是找回了自我的"存在"，那就是"做出选择"、"付诸行动"。他宣称："现在谁也不能对我发号施令了"。他不为朱庇特的巧言令色所动，最终违背了他的旨意，杀死了埃癸斯特斯，并杀死了自己的母亲吕泰涅斯特拉。他承认自己是杀人凶手，但对自己的行为，俄瑞斯特斯无半点"负罪感"，他觉得这是"为民请愿，替天行道"，他认为自己的选择是正确的。为此，他敢于直面众神之王——朱庇特，并与之展开激烈的论辩，嘲笑他是诸神之王，但不是人间之王。他对朱庇特宣称："我就是我的自由，你一旦把我创造出来，我就不再属于你了。""我命中注定除了我自己的意愿之外不受任何法律的约束。"俄瑞斯特斯是唯一灵魂中爆发出自由而让神明无能为力的人，只有他真正获得自由并超脱罪恶之外，自由是他的"存在"和一切"行动"的原动力。萨特在概述《苍蝇》的基本内容和宗旨时说："俄瑞斯特斯是超脱于罪恶的，他是无罪的。我把他写成为自由而牺牲，就像俄狄浦斯为自己的命运而牺牲一样。"

厄勒克特拉是第一个"觉醒者"。她敢于当面羞辱朱庇特的雕像，骂他是"下流坯"。她用"果皮菜叶和炉灰渣，长满蛆虫的臭肉块"来祭拜朱庇特。祭祀大典上，她公开揭穿埃癸斯特斯"公开忏悔"的把戏，并用欢快的舞蹈来嘲笑招魂的骗局。其实，厄勒克特拉本质上是软弱的，她不是一个真正的无神论者。她的一切反抗行为都是自发的，她的反抗只是对自己和被蒙蔽的臣民悲惨命运的"不平则鸣"。她的追求只停留在了"正义"的层面，并没有上升到"自由"和"存在"的高度。她始终想着报仇，到头来只不过是一场梦想而已。在鲜血面前厄勒克特拉变得神志恍惚，"负罪感"就像铅块一样压在她心上，最终她在朱庇特的"攻心战术"轰击下精神崩溃了。她选择了"终生赎罪"，做神的奴隶。这注定了她永远不能像俄瑞斯特斯一样摆脱神明的控制。

埃癸斯特斯是一个"盗窃悔恨的人"。他弑君篡位，蒙蔽百姓，他是朱庇特在人间"恶"的化身。十五年间，他只做了两件事：杀死一个人和让两万人堕入悔恨之中。十五年来，他日夜都活在"负罪"的阴影中。年复一年，"公开忏悔"的把戏，一次次鞭笞着他负罪的灵魂，让他身心疲惫。他不想再按照朱庇特的意图行事，他不想继续在"赎罪"中活下去。他拒绝叫卫士，只等着俄瑞斯特斯来结束他的痛苦。埃癸斯特斯的悲剧是一个性格与命运的悲剧。为了满足"治"的权欲，他引诱王后，弑君篡位。十五年来，他做到了"治"。他用"公开忏悔"的把戏来蒙蔽臣民，他把自己的负罪感传染给臣民，形成一种"集体无意识"，从而，逐步淡化了自己过去的丑行。他驯化了臣民，满足了自己的野心。但他无法驯化自己，他根本无法控制自己的负罪感。他的"行动"和"选择"给整个城市造成了悲剧，他自身命运的悲剧不过是整个悲剧的一个片段。

朱庇特原本是"全能而无处不在"的众神之王，而他在剧中的雕像却"眼珠发白，满面血污"。萨特有意识将朱庇特形象丑化，表现了萨特蔑视权贵的一贯态度。在这部剧中，朱庇特脱去了神化的外衣，像小丑一样出入凡人中间，导演了整个悲剧。从埃癸斯特斯弑君篡位到一年一度"公开忏悔"，再到俄瑞斯特斯的复仇，这一切无不在朱庇特一人掌控之中。他不齿于充当"说客"，劝说俄瑞斯特斯放弃复仇，又花言巧语哄骗厄勒克特拉"赎罪"。是他把苍蝇带到了阿尔戈斯，是他唆使埃癸斯特斯举行公开忏悔的把戏，是他利用世人的"负罪感"，用"亡人"的阴魂来折磨活着的人，让他们永久活在赎罪的不安中。用萨特本人的话说，"上帝毁人不亚于魔鬼"。他的"目的就是让世人看不到自己的力量"，也忘了"人是自由的"。他要把这个世界变成一个"制造顺民的大工厂"，以满足他"治"的欲望和至高无上的权威。虽然他是神，虽然他自称"我就是忘却，我就是安宁"，但他并未超脱凡人的权欲，他的内心也并不安宁。他甚至比埃癸斯特斯还要可怜，因为他害怕世人有自由的意识，害怕天下不"治"，从而失去神位。

这部戏剧带有明显的象征性和隐射性。朱庇特的野心影射了希特勒独霸世界的野心。苍蝇象征着邪恶和全城陷入的忏悔和不安。阿尔戈斯臣民的"悔恨"正是法西斯高压下法国人民精神状态的真实写照。埃癸斯特斯和朱庇特的暗中勾结正是对贝当政府外通敌国、内奸民意的绝妙讽刺。萨特借此号召法国人民摆脱"悔恨"的精神状态，积极"介入"社会，为"自由"付诸"行动"。

《苍蝇》是一部关于命运的悲剧。此剧批判了追求自由的人们莫名其妙的负罪感，暗示了"悔恨"中法国民众萎靡、颓丧的精神状态。同时，《苍蝇》又是一部关于选择与责任的关系问题的悲剧。它一方面表达了萨特存在主义的自由观，又对"自由选择"与承担责任的关系进行了深入的剖析。埃癸斯特斯与王后吕泰涅斯特拉受野心驱使做出错误的选择，让他们为此付出了十五年"赎罪"的折磨。俄瑞斯特斯最后把全城的"罪恶"和"悔恨"集于己身，代民受过，他认为这是一个新国王应尽的责任，"它正是我活着的目的，我的骄傲"。这正表达了萨特的"相对自由论"的思想。这部剧也是萨特第一次将"相对自由论"思想付诸创作实践。

《苍蝇》剧最突出的艺术特征在于，通过俄瑞斯特斯和朱庇特的争辩，表现了两种哲学思想的冲突和神权专制理想的破灭。朱庇特坚持"专制"人学，以达到统治宇宙和人间的目的。他凭借至高无上的神力，维护"惟我是从"的统治秩序。他害怕人们知道，人是自由的。他劝说王子放弃复仇，但他担心的并不是复仇本身，而是害怕俄瑞斯特斯的灵魂中爆发出自由，摆脱他的控制。"自由"这一人灵魂中潜在的本能力量让他恼怒和惶恐。他不择手段地压抑人性，怒不可遏地扑灭一切"自由"的苗头。他把世人推入"罪孽"的万丈深渊，让他们终生忏悔，不得救赎。而俄瑞斯特斯则坚持"自由"人学，相信"人类是自由的"，坚持"自由选择"，以"人性"对抗"神性"，以"人权"对抗"神权"。在剧作中，俄瑞斯特斯与朱庇特的论辩颇为精彩。王子不承认自己是所谓"正在赎罪的人"，也不想去赎自己所不承认的罪孽。朱庇特对他无计可施，转而蛊惑意志不坚定的厄勒克特拉。他要求公主忘却十五年的仇恨和希望，回到"赎罪"的道路上，通过"忏悔"赎清罪孽。俄瑞斯特斯当即指出：自己的所为，不应该"让别人作出判断"，不能听凭他人"歪曲那已经再也否认不了的过去"。只有他认识到了神不过是蒙在人眼上的一块布，堵在人耳上的蜡塞。在这里，厄勒克特拉成了他们争夺的对象和论争的"题材"。她也成了"自由"人学和"专制"人学两种思想的一个摩擦点。他们都想用自己的"说教"，让厄勒克特拉"皈依"自己的人学思想。朱庇特一计不成，又生一计，他拿出"王位"当诱饵，但他的良苦用心又一次被俄瑞斯特斯识破。王子知道，一旦他们放弃自由，登上王位，他们就会像埃癸斯特斯和王后一样沦为朱庇特的奴仆，堕入万劫不复的深渊。最后，朱庇特黔驴技穷，恼羞成怒。他打开宇宙，炫耀自己创造了万物，但俄瑞斯特斯并不为他的淫威所动。他坚持"自由"人学的信念，怒斥朱庇特："要归罪于我，搬出你的整个宇宙都不够！你是诸神之王，朱庇特，你是岩石、群星之王，你是大海波涛之王，但你不是人间之王。"以至于朱庇特再次现身时，弯腰曲背，疲惫不堪。尽管他大呼："我的统治尚未结束"，但他已意识到王子就是他预料中宣告他末日的人。俄瑞斯特斯的胜利，不仅是"自由"哲学对"专制"哲学的胜利，也是"人权"挑战"神权"的胜利，它标志着专制神权的破产。

4. 萨特作品鲜明的艺术特征

第一，境遇的极限性。为凸显"自在"世界的荒诞性和人"自为"存在的孤独性，萨特常将人物置于极限境遇中进行选择。萨特的作品不同程度地带有这种境遇性，这也是萨特的存在主义戏剧区别于传统戏剧的最大特点。所谓"境遇"，即给人物提供特定的环境，并让他们在这种特定环境中做出选择、付诸行动，创造自己的本质。《苍蝇》中，俄瑞斯特斯面临着是"介入"阿尔戈斯的命运，还是悄然离开；是违抗神意，杀死仇敌，还是屈从神意，放弃复仇；是向朱庇特认罪忏悔，还是坚守"自由"阵地。《墙》中，伊比塔和他的伙伴面对的是招供活命，还是等待死刑。《死无葬身之地》中的极限境遇是"招供"、当懦夫、遭同伴耻笑，还是忍受酷刑、宁死不屈。《恭顺的妓女》中，妓女丽瑟处于威逼利诱的重重包围，即"坚持正义"还是"出卖良心"的两难选择。他们都处于"极限境遇"，却都有一定的选择能力。这种处于生死边缘的"极限选择"正是表现生存选择取向的最佳氛围，更能说明自由选择并不存在绝对的自由，更能表现人"自在"存在的荒诞和"自为"存在的孤独。

第二，荒诞世界中的文学真实。萨特的作品，题材往往十分荒诞，如《禁闭》中三个"死活人"之间的矛盾冲突；《苍蝇》中的"亡魂"出洞、臣民的"公开忏悔"；《厌恶》中洛根丁的"冒险"思想和他由树根引起的"恶心"；《墙》中伊比塔的戏言惹祸；《脏手》中雨果盲目追求抽象的"自由"、为政客卖命，却被政客除掉，成了"革命"的牺牲品；《魔鬼与上帝》中格茨报复社会，杀人"作恶"，反被贵族利用，他转而"行善"，分给农民土地，却因此引发战争，导致生灵涂炭等。这些荒诞的题材更能凸显世界的荒诞和人生的孤独，以传达萨特存在主义人学思想。萨特善于改造古典神话，借古喻今，如《苍蝇》中的"公开忏悔"正隐射了在法西斯势力和贝当政府的双重精神桎梏下，法国人民"悔恨"、萎靡的精神状态。同时，萨特还善于改造现实题材，以此来象征和影射社会现实。如《禁闭》中的"地狱"场景和人物设置，最初的构思是第二次世界大战时期为躲避轰炸而躲在地窖中的一群人，萨特在写作过程中突发奇想，把地窖改成了地狱。戏剧通过三个鬼魂之间的纠缠不清，表现了西方资本主义社会人与人之间的复杂关系。《厌恶》中洛根丁的"恶心"正是当时青年知识分子苦闷彷徨、精神崩溃的真实写照，其中也包含了萨特本人自高等师范学校毕业以后的亲身经历和生活理念。这在某种程度上正是萨特内心真实的流露。萨特一贯坚持文学"介入"社会生活，这种渗透在荒诞世界背后的文学真实性，一方面体现了世界的荒诞性和个体"自为"存在的孤独，另一方面，又体现了萨特力求文学"介入"社会，发挥文学社会功用的根本目的。

第三，人物的自由选择性。在萨特的存在主义人学中"存在"并不等于"活着"，也不等于受神性或某种意志的支配去盲从他人。"存在"的过程是一个不断选择的过程。人必须通过选择，不断选择，来把握自己的命运，创造自我的本质。《苍蝇》中俄瑞斯特斯为自由而"介入"阿尔戈斯的命运，最后又为自由牺牲自我，背负着整个城市的"罪恶"离开了阿尔戈斯。他的复仇不是命运赋予他的使命，而是从一开始就出于他自由的选择。他自愿"介入"了整个城市的命运。他要告知人们：他们存在的本质是"自由"而不是"忏悔"。他通过多次选择，把握住了自己的命运，创造并深化了自己的本质。《死无葬身之地》中，人们面对严刑拷打和死亡的阴影，却并未丧失"自由选择"的能力。虽然他们的选择从根本上改变不了他们必死的命运，但是，无论"求死"还是"求生"，至少他们都做出了选择。《脏手》中雨果追求盲目的"自由"，他为政客卖命，参与暗杀事件，最后反被政客除掉，表现了盲目选择的悲剧。

第四，深刻的哲理性。萨特很善于将存在主义哲理化为具体的戏剧冲突。《禁闭》中的地狱便是对反面人生的深入剖析，揭露了资本主义社会就像地狱一样冷漠无情。"地狱"中三个鬼魂之间的纠缠不清正如西方社会中人与人的复杂关系。通过三个鬼魂之间的"畸恋"，讽刺了资本主义社会扭曲、畸形的社会关系。《禁闭》最初取名"他人"，以说明"自我与他人的关系"。这其中不可避免地存在两种意识，即"自我意识"和"他人意识"。这两种意识共同存在于同一境遇中，表现为三种特征。一是相互依赖性。加尔散想通过伊内丝的目光来证明自己并不是懦夫；艾丝黛尔想通过加尔散的目光来证明自己的魅力和存在；伊内丝试图以自己的"目光"作为评判他人的标准。他们之间形成了复杂的"三角关系"。他们相互联系，另外两方是第三方存在的依据。加尔散为避免她们的打扰，宣布三人各坐一角，谁都不要说话；为了不听她们的谈话，他用手指塞住耳朵，但仍感到她们就像在自己耳朵里说话一样；他提议大家"闭上眼睛，每个人尽量忘掉别人的存在"，却遭到伊内丝连珠炮般的轰击："您可以封上嘴巴，您可以割掉舌头，但您能排除自己的存在吗？您能停止自己的思想吗？我听见您的思想，它像闹钟一样嘀嗒嘀嗒在响，我知道您也能听得到我的思想"。伊内丝精辟的论断，彻底将加尔散推入了绝望的自暴自弃的深渊。这揭示了人的存在的孤独性和对群体的依赖性。二是相互排斥性。加尔散要竭力摆脱"色情狂"艾丝黛尔"只追求动物本能般直感享乐"的纠缠；艾丝黛尔苦于逃避"同性恋者"伊内丝的无理取闹；伊内丝想把艾丝黛尔揽入怀抱，却终不可得；她讨厌加尔散，笑他是胆小鬼，却又无法回避他的"存在"。他们钩心斗角，相互折磨，谁都无法解脱。何必用烤架呢，他人就是地狱。这正是对他们这种复杂矛盾关系的绝妙形容。三是彼此超越性。加尔散为了证明自己不是胆小鬼，总想用自己的意志去征服对方，希冀获得自己满意的答案。伊内丝追求同性恋的根本目的，就是要将艾丝黛尔揽入她的怀抱，完全受她意志的支配。艾丝黛尔要把加尔散据为己有，不过是想用自己女性的妩媚和柔情去扑灭对方的异性自由意识。这说明三者之间，任何两者都有不是超越对方、就是被对方超越的可能性。他们永远都不可能和谐共处。而且，他们都强调"自我"对他人的超越性，而忽视彼此之间的依赖性，这才导致了他们之间错综复杂的矛盾关系。作者通过三者意识之间既依赖又排斥的矛盾冲突，表现了以个体意识去征服他人意识的徒劳，说明了在群体生活中任何人都不可能脱离整体而独立存在。他们的悲剧是"唯我论者"与他人关系的悲剧。这种富有逻辑性、思辨性和形而上色彩的理论，更进一步表明了萨特作品中普遍蕴涵的哲理性。

四、接受和影响

"萨特自诩为一个思想独立的自由知识分子，我行我素，天马行空，他继承了西方文化中的人道主义、自由主义和个性主义的原则，并有创造性的发展，但他同时又是当代西方社会、西方政治、西方规范最激烈的批判者"。① 萨特思想的形成，受到过许多哲学家的影响，而他在进行文学创作中，也借鉴了许多作家的创作手法。萨特的思想早期主要受纪德和柏格森的影响，后来受到胡塞尔现象学和海德格尔的影响，晚年又接受了马克思主义。但纵观其一生，对他影响最大的是胡塞尔现象学。他的"存在主义"思想就是建立在对胡塞尔现象学的研究的基础之上的。

早在 19 世纪中叶，丹麦基督教哲学家克尔凯郭尔就对人的存在提出悲观意识。德国哲学家胡塞尔、海德格尔、雅斯贝尔斯发展了克尔凯郭尔的理论。他们从现象学和本体论的角度，阐发内涵。他们在承认客观世界的同时，又过分强调意识的主导性，割裂了存在于本质的联系。萨特则在总结前人思想的基础上，提出"存在先于本质"的存在主义学说。即首先有人的存在，有自主选择的行动和可能，才能判定人的本质，对人下结论。萨特认为人不是由上帝创造的，没有先验的性善和性恶之分。人只有通过不断的选择，超越自我，在一系列的选择和超越中深化对本质的认识。而客观存在性，为人的本质的实现提供了可能性。关于选择，萨特认为，人的本质不可能通过一次选择来完成，人"存在"的过程，就是一个不断选择、创造自我本质的过程。人不可能逃离选择，不选择也是一种选择，因为你选择了不选择。关于存在，萨特一方面继承了笛卡尔的"我思故我在"，同时，又批判了笛卡尔将灵魂与肉体割裂的唯心主义二元论。他认为意识的活动并不只局限于意识的范围，它不可避免地与他物发生关系。人的意识活动首先要面对的便是自己身体的存在。一个人只有通过身体才能

---

① 柳鸣九：《法兰西文学大师十论》，309 页，上海，复旦大学出版社，2004。

发挥意识的主观性和能动性，才能有意识地去看、去听，才能看到、听到、感觉到"他物"的存在。人的存在的本质特征，便是人存在的意识性，以及这种意识的自在性。人的存在，"从一开始便是意识的存在，便是以意识为轴心的，便是从意识中获取其存在的一切价值的"。① 在萨特看来，正是意识的存在和活动，使人的存在真正地成为了存在，使人由"自在"的存在变为"自为"的存在，使人成为自为自在的统一体。

在文学上，福楼拜无疑是萨特最为敬仰的一个作家。萨特从童年时代就对福楼拜具有深厚的感情。他在《字句》一书中说："我反复二十多次阅读《包法利夫人》的最后几页；最后，我都能把它整段整段地背诵下来。"《恶心》中，萨特在景物描写和人物性格塑造方面，都借鉴了福楼拜的风格。甚至连《恶心》中的主要人物名字洛根丁都接近于福楼拜的《情感教育》和《布瓦尔和佩居谢》中的某些人物的名字。从 1956 年开始，萨特以福楼拜为中心，创作《家庭中的白痴》，通过对福楼拜的全面批判，来充实和发展他的存在主义哲学思想，总结自己的思想发展过程。萨特早期的小说创作还受到奥地利小说家卡夫卡、爱尔兰小说家乔伊斯、俄国作家陀思妥耶夫斯基、美国小说家多斯·帕索斯和福克纳等人的影响。卡夫卡对荒诞世界和扭曲心理的揭露及表现手法给萨特的小说创作很大启发。《恶心》也为萨特赢得了"法国的卡夫卡"的美誉，但他的作品比卡夫卡更深刻，更具有哲理性。萨特受多斯·帕索斯的影响也很大，特别是他塑造人物的手法和写作技巧正与萨特崇尚自由的理论相契合。萨特小说集《墙》中的几部作品都带有这种影响的痕迹。这些小说中的人物与多斯·帕索斯笔下的人物一样处于决定论与自由论之间，处于现在与过去、内在与外在之间。如《房间》中的爱娃在"正常"与"癫狂"的两个精神世界徘徊；《艾罗斯特拉特》中的小职员想通过极端的反人道行动让自己的名字永垂不朽；《亲密》中的罗拉为刻意制造夫妻生活的"亲密"而显示出虚假主动性。这些作品不注重情节曲折和文辞优美，而重在表现深受存在折磨的人们痛苦扭曲的内心体验。

1934 年，萨特写出他的第一部哲学著作《论自我的超越性》，这是他研究胡塞尔现象学的心得。萨特沉醉于现象学的思路，可以追溯到他的巴黎高师同学雷蒙·阿隆对萨特说过的话：如果你是现象学家，你就可以谈论这杯鸡尾酒，而且这就是哲学。据波伏娃回忆，听到这话，萨特激动得脸色都发白了。从此，在现象学道路上，萨特一发而不可收，1935 年写《论想象》，1937 年《论心理》，1939 年发表《情感现象学理论纲要》，1943 年是《存在与虚无》。所有这些现象学性质的著作，在思路上都是一脉相承的，都可以追溯到《论自我的超越性》。

在文学创作上，萨特主要借鉴了海明威、福克纳、乔伊斯和赛林纳的艺术手法。《自由之路》中的对话和戏剧的特点来自海明威。萨特是乔伊斯在法国最早的读者之一，"当时象征主义正在盛行，无意识理论刚刚开始提出。但是乔伊斯的《尤利西斯》

---

① ［法］高宣扬：《萨特传》，135 页，北京，作家出版社，1988。

让他完全体会到了这种技巧的重要性，因此才有了《恶心》中的独白"①。萨特的主要作品，先是《恶心》，接着是《自由之路》，甚至到《存在与虚无》，都可以看出赛林纳影响的蛛丝马迹。

20世纪的两次世界大战，使全人类陷入了空前的精神危机和信仰危机。在"上帝已经死了"的荒诞世界中，除了精神的"荒原"，人们一无所有。萨特的存在主义就是在这种现实条件下产生、发展和传播的。可以说战争和苦难是萨特的存在主义人学得以生存和发展的土壤。萨特的存在主义人学思想不仅对法国，而且对欧美，甚至对整个世界的思想文化界都曾产生过深远的影响。他作为战后法国知识界的一面旗帜，对一代甚至数代青年都曾产生巨大影响。在法国，萨特成为青年一代的偶像。萨特的《厌恶》在美国大学中已列为经典著作，《禁闭》《脏手》等已成为美国舞台上的保留剧目。萨特对美国剧作家爱德华·阿尔比的戏剧创作启发很大，他的剧作进一步诠释了"他人就是地狱"的深层内涵。透过米兰·昆德拉的《不能承受的生命之轻》，人们也能看到萨特存在主义思想的痕迹。萨特的存在主义思想在亚洲影响仍然很大。在萨特存在主义思想的影响下，日本结合本民族的文学传统和社会现实，形成了存在主义文学流派。曾受萨特影响比较深刻的作家有椎名麟三、安部公房，特别是大江健三郎深受萨特"介入文学"的影响，他的作品中明显凸现着生存危机意识，具有强烈的历史责任感和社会使命感。萨特对印度的拉盖什和沃尔玛等作家影响也很大。

在中国，萨特一直备受思想文化界关注，并深受人民喜爱。中国从20世纪40年代开始翻译萨特的作品。1955年9月至11月间，萨特和波伏娃曾作为"进步作家"应邀到中国，在中国住了45天，其间受到党和国家领导人的接见和热情接待。同年底，《人民日报》刊发了萨特撰写的《我对新中国的观感》，文中萨特充分肯定了中国人民的精神面貌并对新中国的未来充满了信心。但这一时期中国人对萨特的了解是他的名气而不是思想。60年代，由于国内外政治形势的变化，为保持意识形态的纯洁性，中国在思想文化上是奉行"闭关锁国"政策，萨特的思想和著作处于被禁止状态。

"文化大革命"以后，中国进入了新的历史时期。政治思想上的"拨乱反正"和"思想解放"运动，激发了思想解放和文艺界对萨特研究的热情。1978年1月号的《外国文艺》发表了林青译的《脏手》，这是"文化大革命"后首篇被译介过来的萨特作品。同年，柳鸣九批评了国内长期以来的单一化文艺批评模式，强调应把萨特作为当代西方文学的一个突出代表重新予以评价和肯定，萨特研究在中国开始解冻。萨特逝世后的第二天，新华社发布消息称萨特是"中国人的朋友"。同年八月，柳鸣九在《读书》上发表《给萨特以历史地位》，对萨特在当代西方思想史和文学史中的地位给予了极高的评价，并强调无产阶级应该"接待"萨特。1981年，柳鸣九编选了《萨特研究》，对萨特的思想和创作做了在当时最为全面的介绍，这标志着中国的萨特研究正式启动。80年代，特别在萨特死后，中国形成了"萨特热"，具体表现在：第一，

① ［法］贝尔纳·亨利·列维：《萨特的世纪——哲学研究》，140页，北京，商务印书馆，2005。

萨特思想的传播与当时思想界和学术界关于"异化与人道主义"的讨论相联系，成为80年代中国思想启蒙的重要思想武器。萨特对异化人性和扭曲灵魂的充分揭示，对马克思主义所怀有的特殊好感以及为使"马克思主义人道主义化"而做出的艰辛探索，使他深得中国思想界和学术界的关注。第二，与当时文艺界的创新思潮紧密联系以及与人道主义变革相呼应。文艺界也在为突破长期以来僵化单一的创作模式，进行着艰苦的探索。部分作家以萨特的自由论和自由选择为主题，高举"文学即人学"的旗帜，发展形成一种"人道主义文学"；也有部分作家以萨特的荒诞感、虚无感为表现对象，掀起了新时期"现代派文学"的浪潮，其中最有代表性的就是先锋派小说和新写实小说。中国当代的作家，如徐星、刘索拉、格非、潘军、残雪、张承志、谌容等都深受萨特的影响。徐星的《无主题变奏》，描写了一个年轻人的日常感觉和内心的调侃，他没有丝毫的伪饰，幽默得近乎冷酷，他对什么都提不起足够的兴致和热情，总是以一种超然物外的态度对待生活。这部小说也没有复杂的故事情节，却能引发读者对人的"存在"的思考。小说的主人公有《墙》中伊比塔一样的冷漠和玩世不恭的态度，又有《厌恶》中青年历史学家的"厌恶感"和精神上的折磨。表现了人在荒诞的世界中"存在"的孤独性。残雪作品中多表现个人独立生存的危机意识。她的《山上的小屋》，便带有萨特存在主义哲学的烙印，表现了对人的自由和存在的焦虑；刘索拉的《你别无选择》，表现了自我选择和个人奋斗的无意义，是一部自我存在的荒诞性悲剧；张承志的《黑骏马》，表现了对自由和爱情的无限向往以及对自我超越性的卓越探索。第三，与80年代倡导自由、追求"个性解放"的思想观念联系在一起，萨特成为新时期青年一代的精神偶像，成为青年人张扬个性，寻求自我价值的人生向导。或许，他们当时还不能真正理解"他人即是地狱"、"存在先于本质"，但不管理解不理解，单是这种新鲜感就足以点燃他们麻痹已久的精神世界。可以说，萨特是在时代青年的"猎奇心理"和"伤痕心理"的双重推动下走到中国思想史的前台上来的。他满足了精神和信仰极度贫乏的中国青年追求新思想，追求个性解放的强烈欲望。

萨特的存在主义在战后风靡整个西方世界。从20世纪50年代到七八十年代，萨特一直是西方社会的批判者，是国际暴力的反抗者。法国人曾痴迷萨特哲学，《存在与虚无》人手一册曾成为一种奇特的时尚。

在中国80年代青年的心路历程中，萨特抹下了浓重的一笔。到80年代中期，中国出版界对存在主义文学作品的译介达到一个高潮，"萨特热"一直持续到进入90年代之后。萨特就是当时中国青年的文化偶像，如今"萨特热"渐渐消退，但介入西方哲学家的著作和思想的工作却从未停止。进入20世纪90年代之后，弗里德里希·哈耶克、马克思·韦伯、罗尔斯、列维-斯特劳斯，哈贝马斯以及米歇尔·福柯，都曾经在知识界奉行一时，但再无人能够达到萨特所曾具有的影响力。虽然一贯保持强悍而绝对拒绝手势的萨特已经被安葬，但伟大的存在主义大师留给我们不朽的精神食粮仍旧"存在"，它提醒我们，世俗的桂冠永远不如内心的独立自由。

五、经典评论

在 20 世纪的思想史和文学史上，萨特无疑是一颗耀眼的明星。他的学说对法国及整个欧美的思想文化界曾产生过深远的影响，至今仍具有强大的生命力。他是战后法国知识界的一面旗帜，对整整一代甚至数代青年都产生过深刻影响。

在中国，学者柳鸣九认为萨特是精神文化领域的一位巨人。他认为萨特的强大在于，他不仅是体系与思辨的大师，而且善于把他的哲学用文学、戏剧的方式通俗地解释给人听。在哲学上，萨特是 20 世纪存在主义哲学的重要代表，其专著《存在与虚无》《想像》《存在主义是一种人道主义》等，已经成为 20 世纪西方哲学思想发展史上的经典。萨特哲学思想的核心"自我选择"已经发展成一种生活哲理，在全球范围内都有旺盛的生命力。萨特是 20 世纪世界文学中哲理文学巨匠，他把自己的存在主义哲学与现实生活的形象水乳交融地结合在一起，像他的境况剧《苍蝇》《间隔》《死无葬身之地》都是脍炙人口的作品。其小说《自由之路》，可以说是法国知识分子的心路史诗，其自传《文字生涯》可与卢梭《忏悔录》相比，严酷的自我剖析显示出他独特的人格力量。

法国前总统德斯坦在致萨特的唁电中称："萨特是时代的一颗明亮的智慧之星"。萨特一生都在为自由、和平和正义不懈地斗争。他不属于任何一个阶级和派别，他只属于自由和人民。在帝国主义、殖民主义、种族主义和一切不公正的社会现实面前，他义无反顾地与全世界一切遭受压迫和奴役的人民站在了一起。他一生都在"用自己的自由保证他人的自由"。他被西方评论界称之为"不断以人的名义和人的自由的名义向现代世界提出抗议，想恢复人的价值"的思想家。作为文学家，他以尖锐而辛辣的笔触，揭露和批判现实的黑暗、人性的丑恶，表现世界的荒诞和人生的孤独。他揭示了"他人就是地狱"，鼓励人们"自由选择"，"付诸行动"。他针对"为艺术而艺术"的倾向提出了"介入文学"的理论，并以自己的创作实践介入了当代社会生活中的重大问题。作为哲学家，他向我们揭示了："存在先于本质"，"人是自由的，人就是自由"，也阐明存在主义的立场是一种人道主义。作为思想家，萨特的思想就像一把手术刀，而他就是那个为人类灵魂动手术的人。他一边抚慰苦难者满是创伤的心灵，又无情地解剖资产阶级丑陋、肮脏、负罪的灵魂。作为一个社会活动家，萨特深具历史责任感和社会使命感。他勇敢地站在受奴役、受压迫的人民一边，勇于对抗一切"非正义"、"非人道"和"破坏人类和平"的恶势力。他以人民的利益为取舍，广泛参与社会政治活动，广交各国首脑政要，最大限度地为人民谋求利益。他的足迹遍布几十个国家，他的心随全世界的苦难人民一起跳动。西方评论界称萨特是"二十世纪人类的良心"、"历史上最大众化的哲学家"。

萨特晚年承认了马克思主义的价值，并试图将存在主义作为马克思主义的补充，将二者结合起来，突出"人"在马克思主义中的地位。在政治上，面对以美苏为代表的两个社会阵营，萨特不偏不倚，坚持走"第三条道路"。法国著名哲学家、社会活动家埃德加·莫林说萨特的探索是为了保护受压迫的人民，与特权阶级无关。萨特严厉谴责苏联对匈牙利和阿富汗的侵略战争，嘲讽法国对阿尔及利亚的不义殖民战争；参加"战犯审判法庭"，调查美国的侵越罪行；年届古稀，他仍走上街头，支持法国学生的"五月风暴"运动。这一切都是为了自由，为了人的"存在"。他被当时评论界称之为"总是颂扬以自发性破坏自觉性"的人。

法国著名哲学家阿兰·雷诺在他的《萨特，最后一位哲学家》一书中称，"萨特是最后一位哲学家"。这"最后一位哲学家"之语最早是福柯以嘲笑的口吻加给萨特的。说萨特是最后一位哲学家，首先因为在他之后，没人还能有他那样的勇气和执著的信念，试图在著作中回答一切有关人的问题。其次，是因为他是最后一位认为自己可以用思想去改变人的观念、世界的面貌，改变人与世界的关系的思想家。他大概是最后一位想用意识形态改变人们思维方式的知识分子代表。正如美国《华盛顿邮报》盛赞萨特"是他那一代知识分子的伟大榜样"。

法国列维-斯特劳斯在《萨特的世纪》里说，"二十世纪是萨特的世纪"。尽管由于他坚持走中间路线而不时成为双方利用的工具，不断遭到左翼和右翼的双重夹击，但他在政治上实践了自己的哲学观点，而且用文学介入政治斗争，在哲学、戏剧、小说、评论和社会活动等各个领域都取得了卓越的成就，终成一代大师，即便是与他立场对立的人也不能不对他由衷地敬佩。他的对手雷蒙·阿隆说不得不赞叹萨特是当代一个杰出的思想家。萨特正是用他的伟大思想和人格魅力赢得了他人的尊重和全世界亿万人民的爱戴。正如法国著名评论家布阿罗·德尔贝斯说，本世纪没有一个法国知识分子，没有任何一个诺贝尔奖金获得者，产生过像萨特那样深刻、久远和广大的影响。

第二节 西蒙娜·德·波伏娃

西蒙娜·德·波伏娃，现代妇女运动最早的权威理论家、现代存在主义思潮的发起者之一、龚古尔文学大奖获得者，法国总统密特朗和希拉克把波伏娃的才华和成就引为法兰西民族的骄傲。

一、生平与创作

1908年1月9日，波伏娃出生于巴黎一个天主教家庭，"第一次世界大战"期间，由于父亲的律师工作受到影响，全家生活困顿。在枯燥闭锁的家庭环境中成长的波伏娃性格沉稳、酷爱读书，14岁时对神失去信仰。19岁时，波伏娃发表了一项个人"独立宣言"，宣称"我绝不让我的生命屈从于他人的意志"。就读于法国第一高等学府巴黎高师时，她与萨特、梅洛-庞蒂、列维-斯特劳斯这些影响战后整个思想界的才子们结为文友。在通过令人望而生畏的教师资格综合考试时，波伏娃的名次紧随萨特排在第二。以后她便在马赛、巴黎、里昂教书并和萨特同居。但是，这两个有志于写作的人并没有结婚，而是彼此维护着自己的自由和独立，一起工作，一同参加政治活动。纵观波伏娃的一生，萨特可以说是她最深爱、最尊重的人物，不过，两人也都曾有被其他异性吸引的时期。

1943 年前后的战争期间，波伏娃和萨特度过的是一个跌宕起伏、荣辱俱存的时代。这期间，波伏娃弃教失业，萨特于战中被俘而身陷囹圄。也是在这个时期，波伏娃出版《女宾》，萨特完成一系列文章。更重要的是，1943 年是他们发起著名的存在主义运动的标志和里程碑。

第二次世界大战后的整个欧美文坛黯然沉寂。而这时，被誉为世界大都会的巴黎却独报佳音。一个新的文学思潮——存在主义文学在法国独放异彩。它的出现给第二次世界大战后的欧美文学注入了活力、带来了新的契机。随着存在主义文学思潮在欧美各国的影响日益扩大，这一派别的创立者萨特、加缪和波伏娃自然就成为人们关注的新闻人物。各国纷纷邀请这三位存在主义文学大师前往访问讲学。从 1945 年起，波伏娃、萨特和加缪应邀到许多国家的大学里访问讲学，向人们介绍法国存在主义哲学的理论和存在主义文学的发展状况。而在被邀请的这三位存在主义作家中，波伏娃和萨特最受人们青睐。

1955 年开始到 1967 年是波伏娃和萨特在国际舞台上活动最为活跃的时期。这期间，这对相依共度大半生的伴侣开始了世界漫游式的社会生活。他们广泛参与国际事务，继续他们的事业追求。在许多国家，包括中国、苏联、古巴、南斯拉夫、捷克斯洛伐克、巴西、日本、埃及、以色列，都留下了他们珍贵的足迹。

1986 年 4 月 14 日，波伏娃于巴黎去世，享年 78 岁。她的逝世在全世界引起了巨大反响，各种美誉纷至沓来。当时的法国共产党总书记马歇的话尤其深刻："波伏娃永远不同意共产党人的所有观点，她同我们的争论是毫不动摇的，但我代表法国全体共产党员向她致意，因为她始终代表着我们社会进步思想发展的一个重要时刻。"

使波伏娃首先闻名于世的是她阐述女性何以成为第二性的《第二性》。此书被誉为"有史以来讨论妇女的最健全、最理智、最充满智慧的一本书"，甚至被尊为西方妇女的"圣经"。她以涵盖哲学、历史、文学、生物学、古代神话和风俗的文化内容为背景，纵论从原始社会到现代社会的历史演变中妇女的处境、地位和权利的实际情况，探讨了女性个体发展史所显示的性别差异。《第二性》堪称一部俯瞰整个女性世界的百科全书，它揭开了妇女文化运动向久远的性别歧视开战的序幕。1952 年《第二性》译成英文后在美国一版再版，成为当时美国最畅销的书籍，后来又被译成各种文字发表，波伏娃因此而在国际上声名大震。

波伏娃还将自己作为"一种特殊的女性状态"，以四卷本回忆录"暴露给世人"。她用卢梭《忏悔录》式的笔调坦诚率真地剖析自己。尽管《第二性》曾经使她遭受到恶毒狂怒的攻击，但是这并不能阻止她将自身作为反传统、追求个体独立的典范，不加粉饰和修改地奉献出来。

波伏娃与萨特的"契约式爱情"关系一直备受人们关注。总体来说，他们的爱情是成功的典范——他们是一生的伴侣和忠实的战友。但是其中不可避免地也存在一些问题。一方面，波伏娃在与萨特是伴侣又不像伴侣，像夫妻又不是夫妻这种多重身份的分裂中迷失，无法适应他既属于自己又不属于自己，既是自己的情人又是别人的情人这种古怪关系；另一方面，她也无法使自己轻松愉快地同时与其他男子展开多重连接。由于深爱萨特，又厌恶混乱的两性关系，所以，像大多数处于这种精神状态下的女子一样，她在感情和肉体上对萨特都非常专一。萨特在认识波伏娃 3 年后即开始实践"协议"伴侣的全面含义，波伏娃则在认识萨特 18 年后才开始做同样的事，而且直接原因也是由于萨特。他们也曾就一些敏感问题回答过记者的提问。诸如谈到生孩子，波伏娃认为她与萨特的关系主要是建立在知性而非婚姻或家庭的基础上，因此她没有生小孩、复制一个萨特的欲望。

"我一生中最成功的事情，是与萨特保持了那种关系。"这是波伏娃在《清算已毕》中的陈述。她是用自己的一生实践了自己的主张。波伏娃去世后，与萨特合葬在一座公墓里。尽管不是夫妻，但人们已公认他们融为一体。

二、美学主张

波伏娃的《第二性》不仅渗透着存在主义哲学的思想，更多的是一位女权主义先驱的思索。1972 年波伏娃在接受德国女权主义者史瓦兹的采访时，将女性主义界定为"独立于阶级斗争之外，专门为女性问题而奋斗的主义"，认为女性主义总体上虽然不排斥为改变妇女处境而奋斗的男性，但在运动中的某个阶段、某种程度上排斥男性的做法对于妇女发挥独立自主的积极作用是有利的。波伏娃结合自己的亲身经历，将《第二性》演绎得生动且不失深刻。

波伏娃女权理论又是与存在主义哲学紧密相联的。《第二性》便是以存在主义为哲学基础的女性宣言。其中大量使用了存在主义哲学术语，思考问题的角度和方式也与存在主义哲学一脉相承，因此波伏娃的女权理论被称为"存在主义女权理论"。波伏娃女性主义的文学理论建树主要体现在四个方面：

第一，对男性主义文学的批评标准进行重新界定。波伏娃对女性作家及其作品以及未来的发展前景基本持肯定态度，她明确反对传统的文学批评对女作家及其作品的贬损并为其辩护。

第二，对男性笔下的女性形象"对抗性阅读"。波伏娃第一次对蒙泰朗、劳伦斯、克洛岱尔、布勒东、司汤达等男性作家笔下的女性形象进行了剖析，打破了男性文本为女性塑造的虚假神话，揭示男性对女性的性歧视观念，倡议女性读者识破男性文本的本质，从而维护自身利益。

第三，对传统话语中男女对立的二元对立观念进行批判，反对将男女两性作为优劣、尊卑的两个对立因素。在文艺创作领域，这种二元对立的菲勒斯中心话语导致了对女性作家及作品的不公正，甚至错误的评价。

第四，探寻女性自由创作的文学理想，创建理想的女性文学王国，即摆脱传统的陈腐观念，超越性别处境与角色，进行开放型自由创作。

这里需指出，波伏娃的"我的哲学是关于存在的哲学"，对于澄清人们对萨特哲理的模糊认识颇有意义。据此"存在主义文学"也可名为"存在文学"，亦即探讨人存在之意义的文学。另一方面则是明确指出了存在主义文学的思想倾向来自"我的人生体验"，而非"理论系统"。

三、主要作品分析

波伏娃说："当生活乱了套时，文学就出现了。"波伏娃这位对文学界和哲学界都产生了重大影响的杰出女性，就是在用自己灵魂体验自己生活的过程中为人们留下了一部部鸿篇巨制。

1.《女宾》

《女宾》是波伏娃的处女作，也是她的成名作，代表了波伏娃早期在"他人"问题上的观点，它与存在主义哲学中的"他人观"非常吻合。意识主体之间的关系是一种冲突关系。这部小说与波伏娃的另两部重要作品《第二性》和《名士风流》共同确定了波伏娃在法国 20 世纪文学中的不朽地位。

《女宾》的主要内容取材于 1933 年的萨特、波伏娃与奥尔加的三角情感纠纷。罗兰·巴特说，波伏娃是作家，通过写下她所思所想从而为自己辩护。这一点在《女宾》中表现得特别明显。在这部小说中，弗朗索瓦兹与皮埃尔之间八年稳固而亲密的关系由于格扎维埃尔的介入而遭到破坏，弗朗索瓦兹发现自己逐渐从中心人物转化为无关紧要的角色。波伏娃避开写此类题材惯用的心理分析手法，第一次以存在主义模式向读者展现了"人性本质上是孤独的"这一独特观点。

女作家弗朗索瓦兹和著名的戏剧导演、演员皮埃尔是一对生活多年的同居夫妇，他们采取一种很独特的生活方式，即不结婚而保持稳定的性关系。皮埃尔充分享受这种生活方式，这给予他和其他女人交往的自由。他在和弗朗索瓦兹保持同居关系的同时，还即兴地爱上别的女人并发生性爱关系。弗朗索瓦兹没有嫉妒，或者说是克服了嫉妒，她相信那些事情只是暂时的、瞬间的，是皮埃尔受男性本能的驱使爆发出的短暂激情。为此她自我约束了她与其他男人交往的自由。她明明爱上了小伙子热贝尔，但她却克制住了身体深处的冲动。"她爱皮埃尔，别的爱情在她的生活中没有位置"。但是她却抑制不住心灵的某种孤独，她把女孩子格扎维埃尔带进她和皮埃尔的关系中，她需要由自己来照顾这个从里昂来到巴黎的格扎维埃尔，以此来抚平心灵的孤独。

然而事情并没有按弗朗索瓦兹的意愿发展，相反是格扎维埃尔的加入导致了三个人之间关系复杂、心灵孤立、相互间隔膜难融。三个人在一起的时候，常常会变成皮埃尔和格扎维埃尔两人在不停地争论，把弗朗索瓦兹晾在一边。弗朗索瓦兹无法理解这一切是如何发生的。她突然领悟到，自己和皮埃尔原来是两个独立的心灵，是不可能合而为一的，她清楚地看到她和皮埃尔的爱情"里面尽是灰烬和尘埃"。弗朗索瓦兹试图从孤独中挣脱出来，她放弃了性爱专一的自我约束而和热贝尔发生关系。

弗朗索瓦兹试图与卷入到这个复杂的关系中的每一个人沟通，可她的努力是徒劳的，她和格扎维埃尔最终成了势不两立的情敌。弗朗索瓦兹最终承认人的心灵孤独是无法抹去的。当她打开煤气企图杀死格扎维埃尔时，弗朗索瓦兹"面对着她的孤独，超出于空间，超出于时间"，"她将整个世界都禁锢到她自己那得胜的孤独之中"。弗朗索瓦兹与格扎维埃尔大吵一架，杀死格扎维埃尔，最后自杀身亡。

波伏娃这部作品宣扬的是存在主义哲学，即人与人之间关系的不可沟通，要获得自由就必须正确选择。所谓"三人小团体"的自由爱情不可能成功。当然，这只是波伏娃早期对"他人"的一种悲观主义看法。在这个时期，对个人主观意志和个人自由的过分强调，使她在人类关系中除了冲突和毁灭之外看不到任何希望。

2. 《他人的血》

"第二次世界大战"的爆发使波伏娃的思想发生了变化。人类关系中由于共同的命运和利益而产生的团结一致开始引起她的注意。这一阶段，波伏娃试图阐明关于自由以及人与人关系的一种新观点："要获得我们的自由，也是要使他人获得自由。"他人的存在与行动创造出我们的行动。没有他人也就没有新的目标，我们也就无法超越自己。从《女宾》到《他人的血》，波伏娃在"他人"观点上的演变可见一斑。

《他人的血》以第二次世界大战中法国的抵抗运动为背景。小说主要表现的不再是人与人之间的冲突，而是原本有着种种冲突的人们为了共同的利益而团结一致对抗敌人的主题，其核心是"个人"与"集体"的关系问题。小说的主人公布马劳由于憎恨资本主义制度和反对阶级差别而背叛了自己的家庭和阶级，加入了共产党。不久又因对"个人"问题所持的不同观点而退党。这正反映了以存在主义作家为代表的资产阶级左派知识分子对马克思主义的矛盾态度。萨特、加缪和波伏娃都曾试图调和存在主义与马克思主义，但结果是失败的，原因在于存在主义作为一种主观唯心的、个人主义的哲学与作为客观唯物的、强调集体的马克思主义哲学之间矛盾的不可调和性。

小说中布马劳与共产党人保尔在革命的"目的"与"手段"问题上多次发生争论，争论的实质是道德理想主义与政治现实主义之间的对立。波伏娃认为追求人类自由平等的社会革命中没有理由忽视个人，个人的意志不应该被集体的利益和意志淹没。在波伏娃眼中，"人本身"更是一种目的。

然而，小说主人公在现实社会中的遭遇暴露了存在主义哲学的困境。波伏娃晚年在谈到这部小说的时候流露出深深的遗憾。浓重的说教意味、缺乏深度和现实依据的人物，使小说失去了文学作品应有的丰富内涵，只剩下一堆空洞干瘪的哲学概念和道德格言。

3. 《人总是要死的》

波伏娃在《人总是要死的》中写尽了一个"长生不老者"的痛苦。女演员雷吉娜成名后害怕死亡，羡慕长生不老的福斯卡，于是与男友分手而和福斯卡共同生活。而福斯卡用自己吃了长生药几个世纪不死的经历证明：正是因为人都要死，人才是幸福的，不死只能给人类和自己带来痛苦。最后福斯卡离开了雷吉娜不知所终。雷吉娜终于明白，人总有一死，期望的应该到生活中寻找。

人人生而平等，不论社会制度和法律如何努力，人的一生都要受到不可选择的体力、智力、环境的影响。如果说，平等有什么"超越性"的"天赋"根据，那就是死亡。这就是波伏娃《人总是要死的》这篇小说给予人思想的启发。人皆有死，复归于虚无，这是一切价值存在的前提。这一观点颠覆了一切宗教的基本假定。

4.《第二性》

《第二性》是波伏娃影响最大的论著。该书分为上下两卷，第一卷主要是从女性群体的角度去讨论妇女问题，是全书的理论框架。作者首先从生物学的角度探讨了雌雄两性的性生活，从最简单的单细胞动物一直到复杂的哺乳动物，详细地论述了单性生殖和有性生殖的种种表现，揭示了动物界当中出现的雌雄分体、雌雄同体、雌雄间体和雌雄嵌体的有趣现象，认为单性生殖和有性生殖具有同等重要的作用，驳斥了将女性等同于子宫或卵巢的观点。接着，作者介绍了精神分析学的妇女观，认为弗洛伊德的所谓"恋父情结"，是根据他依照男性模式得出的"恋母情结"炮制出来的，实际上女性是否存在"恋父情结"是大可质疑的。以此批评弗洛伊德以男性为中心，把女性的生理、心理和处境归结为"性"的"性一元论"。作者还用大量篇幅论述了从原始社会到社会主义社会（苏联社会）妇女的处境、权利与地位的变化，提到了许多鲜为人知的历史事实。作者接着讨论了东西方神话中的妇女权利与地位，指出了对处女的崇拜只是在私有制出现以后，男性为了保证世袭财产能够在父系范围内继承才确立的一种制度，而妇女因此才成为生产继承人的工具这一重要的历史事实。在该书的第二卷，作者沿着从童年到老年这条生命轨迹，以各类妇女（女性同性恋者、妓女、恋爱中的女人或情妇、神秘主义的女人或修女、独立的女人或职业妇女）为对象，广泛探讨了女性的个体发展史，尤其是探讨了各个年龄阶段、各种类型女性的生理、心理及处境的变化，并得出结论，妇女要得到解放，就必须正视她们同男性的自然差异，同男人建立手足关系。

全书以马克思的一段话作为结束语："人和人之间的直接的、自然的、必然的关系是男女之间的关系……男女之间的关系是人和人之间最自然的关系。因此，这种关系表明人的自然行为在何种程度上成了人的行为，或人的本质在何种程度上对他来说成了自然"。可见，波伏娃认同马克思主义在妇女研究中不可取代的地位的。

波伏娃的许多哲学论著大都是解释和宣传萨特的存在主义。然而《第二性》却是一部独立的、至今仍具重要意义的巨著。此书真正为人们所接受并引起世界性反响是在1970年以后。波伏娃在该书的第一卷从生物学、弗洛伊德心理学及马克思主义的角度分析女性的条件，通过宗教、神话、文学分析批判了"女人性"的观点。她指出："女人并非生来就是女人，而是被变成女人的。"波伏娃尖锐地抨击了把女人规定为他者的男人强加在女人身上的种种神话，她指出："在历史的长河中，男人是主人，女人总是奴隶。"在第二卷中，波伏娃对女人从童年到老年的条件进行了一系列考察，展望女人从如此处境里解放出来之后的前景。这部书在发表30年后被公认是妇女思想史中独一无二的著作，在20世纪西方文化史中占有重要的地位，被称为西方女性的《圣经》。

5.《名士风流》

题献给尼尔森·艾格林①的《名士风流》是波伏娃最重要的长篇小说。作品描写

---

① 尼尔森·艾格林：美国小说家，与波伏娃保持了三年多的情侣关系。

了法国左翼知识分子在冷战时的精神危机，展示了一代法国知识分子在战后困惑、复杂的社会历史环境中坚定不移的自我选择。这种自我选择是人之存在价值的体现，是真正英雄主义的源泉。

法国战后困顿、迷茫的一代，曾经满怀着进步的理想与革命的激情，一直在奋斗，不甘碌碌无为。然而，在那个充满了困顿的世界里，谁也无法预料自己的前景。这一批在抗德时期曾风流一时的知识精英，困惑感与迷茫状态如此深重，以致全书以"谁知道呢"这迷茫色彩十足的疑问句结束。《名士风流》就像一部史书，忠实准确地记录了冷战期间摇摆于苏、美两大阵营之间的法国知识分子所经历的从充满希望到最终流于失望的心路历程。在这一点上，战后没有一部小说可与之媲美。

小说中的人物不可避免会带着作者生活的影子。《名士风流》中人们对于未来的希望，他们对行动的热情以及他们之间的争论，对生活在那个圈子里的知识分子来说是非常熟悉的。书中的左派知识分子面临着如何把文学活动和政治介入协调起来的问题。存在主义者都厌恶被萨特称作"政治烹饪"的东西，他们认为唯一的解决办法就是放弃政治。正如小说中人物杜布勒伊德的反应："政治和我——一切都结束了。我又爬回到自己的洞中。"小说虽然以知识分子的放弃介入、放弃行动告终，但这种放弃只是暂时的，因为与之相随的还有对未来的崭新的计划。

《名士风流》中的人物可以说都是性开放主义者，他们的自由大胆程度着实让人瞠目结舌。这与波伏娃《第二性》中"女人并非生来就是女人，而是被动地变成女人的"思想不无联系。《名士风流》继《第二性》五年后出版，本着《第二性》的思想观点，波伏娃在《名士风流》中以赞许的态度描写了亨利对自己的"家室"波尔的腻烦与他的性自由；带着怜悯的感情描写了波尔如何死抱住关于女人的神话不放，在女人的从属地位上建立起自己的虚幻理想，因而"误入歧途"，最后落得悲惨下场；她还以平等的原则，对称地安排了两个与男人一样也享受着性自由的女人：安娜与纳迪娜。安娜身上那种非从属性的、非传统规范的思想特点，在她酒店里与斯克利亚西纳的对话就表露得很清楚。当这个俄裔美籍作家单刀直入问她是否会有外遇时，她宣告自己"完全是自由的"，宣告自己的丈夫也是"完全自由的"。《名士风流》反映了作者本人的政治态度、哲学观与男女观。波伏娃以其《第二性》观点描写这些主人公的时候，没有忘记安排他们周围的人认可与容忍两性关系中的独立和自由。

1954年，波伏娃因《名士风流》而获龚古尔文学奖。这部小说是法国左派知识分子圈子里最优秀的小说之一。小说把浪漫的爱情故事、犀利的政治论辩、存在主义的哲学思考以及明显的自传内容熔于一炉，集中了波伏娃作品的所有特点，是对其创作风格的一个总结，在法国知识界引起极大反响，也对现实社会产生了巨大冲击。她的社会影响和声誉与日俱增，这是她人生的顶峰时期。而这一时期，她无论是在思想上还是在创作上都逐渐摆脱了萨特的影响。在思想上，她表现出了女性学者特有的对一些社会重大问题的纤细、敏锐的认识，表现出她能抓住与自身有关的社会热点问题，并在这方面开拓、探索。在创作上，她一改以往内心体验式的创作风格，开始积极地把握时代脉搏、及时反映社会现实问题的写实创作。在思想和创作领域，她走出了一条完全属于自己的路。

四、接受与影响

波伏娃的女权理论以及她本人的先锋实践活动很早便引起了具有独立女性意识的妇女、女权运动活动家及妇女解放支持者的关注。国外关于波伏娃的研究最早、最突出、也最深入系统的无疑是关于《第二性》的。这部著作与伍尔夫的《一间自己的屋子》一起被视为女权主义运动的精神指导，开启了当代新女权运动的先河。

《第二性》成为女性主义文学的经典，其代表的女性主义文学批评影响了后继的女性主义批评者，甚至是以后的女性主义文学批评流派。

首先，《第二性》成为女性主义文学批评的重要理论著作，文中认为"女人并非生来就是女人，而是被动地变成女人的"，这一论点直接引导了英美女性主义批评的理论与实践。这种两性后天特征的形成，并非由生物因素决定，而是社会文化因素的理论后来被发展成生理性别和社会性别的对立理论，成为 20 世纪 60 年代第一阶段女性主义文艺批评的理论依据和出发点。

其次，对男性主义话语的消解构成女性主义批评的重要内容。波伏娃将男女两性处境进行详细对照，批判以男女二元对立为中心的男尊女卑的性别等级观念，这与后继的法国女性主义者颠覆男权主义的理论是一脉相承的。

再次，开创了女性形象研究的批评道路。波伏娃提醒女性读者警觉男性文本利用文学作品的感染力进行男性意识形态的灌输，提倡"对抗性阅读"，以后的女性主义文学批评者大大发展并完善了这一点。

最后，超越性别的创作方法奠定了双性和谐的基础。从波伏娃到现在的女权主义者，大多数还是以两性和谐的共同发展作为人类的终极目标。毋庸置疑，这一点极具有正面意义。

作为西方女性主义理论大师和存在主义作家的波伏娃已经被中国读者喜爱。总体上说，波伏娃在中国的传播与接受是比较广泛的。

波伏娃在中国的译介最早见于 1983 年朱虹编选的《美国女作家短篇小说选》序言中。文中简要介绍了《第二性》等女性主义批评经典及美国女性主义文学的概况。1986 年出版的《第二性》第二卷本《第二性——女人》是中国第一部西方女性主义译著，对中国女性主义文学创作与批评产生的影响最为深远。1998 年陶铁柱翻译的《第二性》则是中国国内第一个全译本。在作品译介方面除波伏娃的第一部小说《精神至上》没有中译本外，其他四个长篇和一个短篇小说都在 1985 至 2000 年间被陆续翻译。六部回忆录全部译出后，形成了一套四卷本的《西蒙·波伏娃回忆录》和纪念萨特的《萨特传》；1999 年出版了她十七年间写给美国情人奥尔格伦的书信集《越洋情书》，唯一的剧本《白吃饭的嘴巴》则被收录在李清安等编选的《西蒙娜·德·波伏娃研究》中。但是，波伏娃的大量随笔、评论文章和哲学论著却几乎未被译介，其中包括中国随笔《长征》。

中国对于波伏娃的研究热潮兴起于 20 世纪 80 年代，其成果主要集中在三个方面。

一是对波伏娃小说中存在主义哲学思想的解读：如葛雷的《评波伏娃的小说〈他人的血〉》和杨传鑫的《活着，做一个人——评波伏娃的〈人都是要死的〉》等；二是论及其女权主义理论和对中西妇女运动与实际生活的影响，典型的有荣维毅《西蒙·波伏娃妇女解放运动理论探讨》；三是对她与萨特反抗传统世俗婚姻的两性关系的探讨与评价，如余凤高的《波伏娃写〈名士风流〉——解脱爱情中断后的痛苦》和李杰的《生命的激情：萨特与西蒙·波伏娃的奇特恋情》等。以上三方面的研究是指专门研究波伏娃及其作品的论文。但对波伏娃的研究更常见的是在论及中外女性主义文学作品和理论的文章中引用波伏娃的相关理论进行分析及评述。

作为存在主义大师的波伏娃，其女性主义在中国被界定为"存在主义女性主义"。60 年代后期至 70 年代末结束的"文化大革命"留给人们太深的创伤和太多的阴影。此时，存在主义思想恰好为迷惘的中国人提供了一种个人体面对历史沧桑的生存态度。如同当年的法国一样，中国在 20 年后（80 年代初）掀起了存在主义狂潮。波伏娃作为存在主义先驱正是在这时进入中国的。其小说《他人的血》《人都是要死的》等存在主义作品引起不少学人的注意。中国关于波伏娃作品讨论较早的论文是齐彦芬发表于 1984 年第 2 期《国外文学》的《西蒙娜·德·波伏娃小说中的女性形象及其所反映的存在主义观点》。作者探讨了波伏娃如何运用文学手段来表达和阐释存在主义哲学中"世界荒诞"和"自由选择"这两个基本原则，认为波伏娃创造的女性形象是其存在主义哲学思想的具象，是由她的世界观、哲学观及其所处的社会和个人处境所决定的。然而令人悲哀的是，中国学者更多的是将波伏娃当成萨特的"终身伴侣"、存在主义哲学的"追随者"，很少有人严肃、系统地关注波伏娃为存在主义文学做出的创造性贡献。所以波伏娃对中国存在主义的影响是有限的。

但是，波伏娃的《第二性》在中国却起到了震撼心灵、启发心智、引领女性主义潮流的作用。虽然中国缺少西方意义上的女权运动背景，但随着西方女权主义文论的涌入，波伏娃的女性主义理论也同样深刻地影响了中国的女性文学界，这在文学创作和批评上均有明显的体现。中国学者李小江曾在《世纪末看"第二性"》（1999）中坦言，波伏娃的《第二性》影响过她，影响过较早从事妇女研究的女性学人。波伏娃"研究女人的女性立场和自我反观的态度"给了她极大的启示。因此，波伏娃在中国所具有的影响除其理论之外，她特立独行、敢为人先的先驱姿态也为中国学人提供了一种看问题的角度和态度。这种启示意义和激励作用是突出和强大的。

第一，波伏娃运用存在主义女权理论分析克洛岱尔等男作家作品中女性形象的研究方法被广泛沿用并取得了大量成果。中国女性主义批评者开始重新审视并赞美在文学作品中长期受压抑的女性形象，批判男性文本的性别歧视。波伏娃开创的妇女形象的研究方法引导女性主义批评者从女性经验出发，以女性视角对男性文本中的女性形象进行重新审视，并清算其中所隐含的男权意识，有助于打破传统男性文化对女性形象的歪曲，为中后期女性主义批评了解、表述女性自身的真实历史和感受、主动书写及评判自己的历史奠定了基础。

第二，波伏娃明确反对传统文学批评以男性文学的批评标准对女作家及作品贬损，从整体上肯定了女性边缘写作的优势及其创作，并以其受男性文化毒害为由为其辩护。李洁非《"她们"的小说》中，"忧伤的萧红"的作品被更多阐发的是隐藏在文本中的女性意识的萌芽及煎熬。

第三，波伏娃认为，两性后天特征的形成是由社会文化因素决定而非生物因素，这后来演变为西方女性主义文艺批评的理论依据和出发点，并且被赋予了重要的政治和社会涵义，而其后的性别研究、女性主义文学研究亦多从这个方面着手。刘光宇《女性角色演变与中国妇女解放》的论述就很典型。

第四，波伏娃为探寻改变女性处境的途径倾注了毕生心血。其"女性后天形成理论"的目的就在于提醒女性，她们是与男人平等的人类的另一种性别。波伏娃认为，女性的理想处境是在社会制度、男性观念全面解放的前提下，超越不利处境，全面实现女性作为个体的"人"的价值。而妇女解放的目标和理想结果是男女在差异基础上实现完全平等并和谐共处，共同创造两性组成的世界的美好未来。因此她坚决反对将女性从男性世界中割裂出来，建立一个完全由女性主宰、把女性置于男性之上的新社会系统，并认为那种社会系统纯粹只是传统男性社会的翻版，没有任何理论和现实的意义。她的理论实质上是把妇女解放问题提到了"人"的解放的高度。20 世纪 80 年代的张洁、张辛欣等女作家在作品中表现了做人与做女人的分裂以及家庭和事业的冲突等。刘思谦的《中国女性文学的现代性》将中国女性文学对女性自我认识、自我价值的探寻的思路概括为"女性：人——女人——个人"，认为女性人文主义思想应作为女性文学批评的理论基点和价值目标，这是完全符合波伏娃的理论思路的。徐坤的《出走》、铁凝的《玫瑰门》和陈染的《无处告白》等作品，正是从人性和人的价值高度来探寻女性的生存处境和解放道路的。

综上所述，波伏娃的女性主义思想和文学理论曾在西方世界振聋发聩，不仅指导了欧美声势浩大的女权主义社会运动，也直接影响了凯特·米勒特、西苏等女性主义批评家的思想和创作。我国对女性主义理论的引进和接受，虽然在时间上晚于欧美，但发展相当快，李小江、刘思谦等一大批女性主义学者及陈染、徐小斌等当代女性主义作家，都明显地受到波伏娃和其他一些女性主义先驱的影响。时至今日，一方面，女性的社会处境和地位得到明显改善，另一方面，妇女解放直至人类解放这一任务还远未完成。因此，波伏娃及其女性主义理论还远非过时，它对包括中国在内的全世界女性主义思想和文学的影响不会消失，而只会更加广泛和深远。

五、经典评论

西蒙娜·德·波伏娃是 20 世纪最有影响的存在主义哲学代表者之一，也是西方最负盛名的女性主义者。她的名字与 20 世纪对人类思想产生过深刻影响的两大运动——存在主义运动和女权主义运动紧密地联系在一起。一部《第二性》极大地震撼了世界，唤起了人们对妇女问题的关心和重视。波伏娃这个"具有男人的头脑"的女性主义先驱用一生的理论与实践，向人们展示了一个拒绝做第二性女人的坚强自信，她勇敢地追求妇女的自由、独立和平等，为妇女解放运动做出了巨大贡献，成为战后女性主义的杰出领袖。

波伏娃的女性主义文学理论和女性主义文学思想紧密结合，其中女性主义思想在其作品中占据了首要地位，"将可能成为使她在法国文学中流芳百世的一个基本因素"，波伏娃因此被称为"二十世纪最重要的女性之一"①，其代表作《第二性》是讨论女人的最健全、理智、充满智慧的一本书，也被公认为法国当代女性主义批评的奠基之作。美国《时代》周刊还将此书评为 20 世纪改变人类思想和生活的 10 本书之一，指出该书是迄今为止对女性问题研究得最为透彻的一本。

法国总统密特朗称波伏娃为"法国和世界最杰出的作家"，《纽约客》誉其为"最美丽的存在主义者"，萨特称她既有男性的智慧，又有女性的敏感。

对于波伏娃来说，文学创作的最大乐趣来源于作家与读者之间的思想交流与沟通。她说"作家不仅是清晰地看到世界的人，而且是社会政治事件的目击者，他的任务就是'充当证人'，将他的经历通过文字艺术的再创造传达给读者。"② 这应该是波伏娃对自己文学思想最准确、精炼的总结了。

第四节　阿尔贝·加缪

著名作家、哲学家阿尔贝·加缪 1957 年获诺贝尔文学奖，令整个欧美文化界震惊。法国作家弗朗索瓦·莫里亚克称赞他是"最受年轻一代欢迎的导师"，而福克纳则把他视为"一颗不停地探求和思索的灵魂"。新时期以来，以萨特与加缪为代表的存在主义思想在中国曾形成一股热潮，其影响至今尚存。

一、生平与创作

1913 年，加缪生于阿尔及利亚（当时沦为法国殖民地）蒙托城郊区的一个农业工人家庭，其父吕西安·加缪原籍法国。"第一次世界大战"爆发后，吕西安即被征入伍，不幸于 1914 年因伤去世。小加缪一家从此在阿尔及尔的贫民区过着穷困的生活。

加缪起先在市内私立小学读书，由于他天赋聪颖且勤奋，小学毕业后在老师的帮助下通过了中学奖学金会考，后转入能享受助学金的公办学校，学习成绩优异。少年时期的加缪过早地体验了生活的不易，但丰富而优秀的书籍在他的精神家园种下了启蒙的种子。

贫穷的物质生活无法使加缪获得同龄孩子优裕而无忧的童年，但在精神上却受赐于阿尔及利亚无限的风光熏陶。大自然的美、阳光和大海给加缪难以为继的生活增添了无穷乐趣。作为地中海的孩子，加缪对于温暖的阳光与浩瀚的大海天生有一种热爱，不仅给予他生活激情，而且驱散埋在他心底的忧愁。阿尔及利亚宜人的风情给予

---

① ［德］瓦尔特·凡·洛索姆：《波伏娃与萨特》，朱刘华译，52 页，沈阳，春风文艺出版社，2000。

② Aune Whitmatsh：*Simone de Beauvoir and the Limit of Commitment*，Cambridge University Press，p. 91.

加缪源源不断的灵感，成为他后来创作不竭的源泉。

陪伴加缪度过少年时代的另一件事，是对其一生都产生重大影响的肺结核对生命的威胁。年轻的加缪突然间意识到死亡离自己很近，少年人敏感而深邃的感觉力使他从中预感到生命的某些不可理喻，同时对生命投注了更大热情，感谢上天对自己的眷顾，珍惜来之不易的生活。加缪的一生都在与命运作不懈的抗争，他面对病痛无情的折磨，表现出坚定的勇气，以一种决绝的力量抵抗病魔对身体的吞噬。

童年生活的穷苦，少年时代疾病的折磨，使加缪度过了本应属于人生最欢乐的时光。一方面是贫困的家庭给他造成的对饥饿的恐惧，卑微的出身又让他尝尽了他人的白眼，但生活又是公平的，地中海沿岸旖旎的风光，将贫穷的步伐阻挡在他心灵的门槛外，阳光与大海给予他无尽的精神慰藉。于是，加缪在贫苦与幸福的二元交织的矛盾生活中，进一步肯定了自身的价值，摆脱了主观主义与虚无主义的思想。

1932 年，加缪依靠半工半读考上了阿尔及尔大学文学院，攻读哲学与古典文学专业。他通过勤工俭学来维持生活和上学的费用。在大学学习期间，加缪成为文学创作和社会活动的积极分子。他在准备自己的哲学论文时，看到了全国声势浩大的反法西斯运动的热潮，因而对政治斗争充满激情。1933 年他参加了由著名作家巴比塞领导的反法西斯左翼运动同盟。1935 年在老师的建议下，他加入了法国共产党阿尔及利亚支部。同年发起组织戏剧团体"劳动剧社"，深入到工人群众中，编写剧本并表演矿工罢工题材的话剧。

大学毕业后，加缪成为阿尔及利亚某报的新闻记者，负责时事专栏和文学专栏，开始对重大的社会政治问题作一系列的调查，写出报告。阿尔及尔地区难以想象的贫困与落后、人与人之间被金钱异化的"吃人"现象，激起加缪对正义的渴望，对一切侮辱人的行为的反抗。这一经历对加缪的生存观产生不小的触动，启发了他对生存条件的看法。此时，第二次世界大战的序幕拉开，报纸的生存状态陷入低谷。1937 年，加缪因不满法共对阿尔及利亚施行殖民政策，愤然退出了法国共产党。此后，他便投身到以戴高乐为首的法国资产阶级民主主义派系中，以新闻记者身份长期从事政论散文的写作。

1937 年，加缪发表第一部作品散文集《反与正》。虽然他此前陆续发表过散文心得和抒情诗，但都没有完整地、成体系地总结过自己的思想，这部作品则是他第一次对生活的全面反思。翌年，查尔罗出版社出版了加缪的另一部抒情散文集《婚礼集》。1939 年第二次世界大战爆发，加缪来到巴黎谋求工作。1940 年德国法西斯的魔爪伸向巴黎，加缪不得不随《巴黎晚报》撤到后方，而后又因与报纸观点不同而携妻子到阿尔及利亚奥兰市的一所私立小学教书。单调的工作使他压抑，在这孤独的气氛中他完成了著名的"荒诞"三部曲，即小说《局外人》、剧本《卡里古拉》和哲学随笔《西西弗斯的神话》。

法国沦陷后，他积极参加地下抵抗运动，这段经历对他的思想转变以及人生观有不可忽视的影响。因为就在加缪离开阿尔及利亚，来到巴黎到出版社任职时，他结识了与其一生都关系重大的人物——萨特。巴黎解放前夕，加缪经朋友介绍进入地下报纸《战斗报》编辑部，他写文章鼓励人民振作精神，把抵抗运动进行到底。1947年，《战斗报》的经费拮据困难，加缪决定离开报社，回到创作中去。在战争中和战后，他一直酝酿自己的第二个系列作品。这一系列以反抗为主题，以现实为题材，是关于时代的思考成果，与"荒诞"系列相呼应，表现了他思想发展过程中的一个飞跃。这时期主要有三种体裁的作品：小说《鼠疫》、剧本《正义者》和哲学论著《反抗者》。特别要指出的是，正是1951年《反抗者》的出版，导致了加缪与萨特友谊的终结。当时任《现代》杂志总编的萨特公开发表《答加缪书》，恶语攻击《反抗者》"抛弃了历史"，加缪无奈地放弃了曾经伟大的友谊，此后一直笼罩在深深的阴郁中。

加缪在政治斗争中深感疲倦，因此，他带着友谊破碎的伤痛回到了日夜想念的阿尔及利亚。之后的几年，加缪尽量远离是非，极少参与政治活动，但天生的正义与怜悯之情使他不得不为阿尔及利亚急剧恶化的局势担忧。当他再次被众人的攻击打倒后，他陷入孤独与苦闷的情绪中，同时，开始着手他第三次创作的准备。很快，1956年，加缪最令人费解的小说《堕落》出炉。紧接着，1957年，他又出版短篇小说集《流放与国王》。1957年10月17日，加缪生命中一件最值得自豪的事情降临：瑞典皇家学院因"他的作品热情而冷静地阐明了当代向人类良知提出的种种问题"① 而决定授予加缪以诺贝尔文学奖，在斯德哥尔摩市政厅为他举行了颁奖仪式。这一年，加缪年仅44岁，是法国获此殊荣的最年轻的作家。《纽约时报》社论评价说：加缪"是屈指可数的具有健全和朴素的人道主义外表的文学声音"。正因如此，他战胜了法国的九位候选人，甚至包括加缪非常崇敬的远比他声名显赫的大作家马尔罗、圣琼·佩斯、萨特、贝克特。加缪在他的获奖演说辞中诚恳地表达了一个作家对社会、对人生的态度，他把文学创作看成是至高无上的使命。

当加缪决定不再参加那些无休止的争论之后，他在南方的普罗旺斯买了一栋房子，开始安静地潜心创作他的长篇小说《第一个人》。1960年1月4日，加缪在外出返回巴黎时不幸遇车祸丧生，年仅47岁。他的意外罹难使法国文坛失去了一个满怀激情却又不苟言笑的作家。

二、美学主张

作为小说家的加缪，其成就在20世纪的世界文坛上是极其卓越的。但作为哲学家的加缪，学术界对他的评价却并不很高，评论家约瑟夫·祁雅理说："加缪在哲学上的地位和重要性是微不足道的。"② 而加缪的老对手萨特在《反抗者》的论战中，嘲笑加缪在哲学上是个外行。

加缪公开声明他自己"不是一个哲学家"。他清楚地知道，相对于"体系严密的存在主义哲学"，他更愿意"探讨怎样行动"。加缪固执地坚持对生活本身的意义及人类命运、同时代人的生存问题的关注，对存在、死亡、荒诞等问题的现实意义的思

---

① 柳鸣九：《法兰西文学大师十论》，360页，上海，复旦大学出版社，2004。
② ［法］约瑟夫·祁雅礼：《二十世纪法国思潮》，吴永泉等译，135页，北京，商务印书馆，1987。

考。可以说，加缪的哲学是从艺术家的角度，把文学创作与哲学思辨糅合在一起的哲学。

如果说"荒诞"是一种认识，是对现状的忠实描述，而"反抗"就是一种主张，是对"荒诞"现状的反抗。加缪的小说《鼠疫》体现了反抗精神，体现了作者对集体反抗的承认。萨特提倡的是人对各种事情的"介入"，然而正如雅斯贝尔斯所说，多数情况下我们不是"介入"，乃是一种不得不这样的"卷入"。加缪自己曾说，"《局外人》写的是人在荒谬的世界中孤立无援，身不由己；《鼠疫》写的是面临同样的荒唐的生存时，尽管每个人的观点不同，但从深处看来，却有等同的地方。"《局外人》的主人公莫尔索和《鼠疫》中的主人公李尔医生面对同样荒谬的世界时，态度完全不同：莫尔索冷淡漠然，麻木不仁，连对母亲的逝世以至自身的死亡都抱着局外人的态度；李尔医生在力搏那不知从何而来的瘟疫时，虽然有时感到孤单绝望，但他清晰地认识到自己的责任就是跟那吞噬千万无辜者的毒菌作斗争，而且在艰苦的搏斗中，他看到爱情、友谊和母爱给人生带来幸福。李尔医生不是孤军作战，他最后认识到只有通过一些道德高尚、富于自我牺牲精神的人共同努力，才能反抗肆无忌惮的瘟疫，人类社会才有一线希望。

历史上著名的萨特与加缪的论战，也缘起于二人对哲学本体的不同理解以及对待政治问题的不同态度。加缪对自己被归入存在主义者常觉得无奈和苦恼，他一再声明"不，我不是存在主义者"。他对世人把自己和萨特归为同类作了最彻底的否定："萨特是存在主义者，而我发表的唯一理论著作《西西弗斯的神话》正是反对那些存在主义哲学家的。"① 即便如此，大多数人更倾向于将加缪视为萨特的同类。事实上，加缪的哲学思想不属于狭义的萨特的存在主义，而应该属于广义的存在主义。

他们二人生活在同时代，面临相同的社会问题，处在相同的社会舆论中，不可能没有相同的思想基础，但加缪更感兴趣的是对荒谬问题的理解、分析，并得出与存在主义哲学相异的结论。因此，他不加掩饰地指出"存在主义哲学的结论是错误的"。正如前面提到的，加缪更多地是站在文学的立场来阐释他的哲学思想的。作为一个善于运用语言的天才，他将自己的艺术才能与哲学思想紧密地结合在一起，哲学依赖于文学作品存在，又为文学作品注入思想。加缪哲学思想的起点即是荒诞。在他的思考过程中，荒诞上升为哲学意识。在《西西弗斯的神话》这本讨论荒诞问题的论著中，加缪从多角度多层次深刻而又形象化地阐明了这一概念。

加缪认为，荒诞既不是产生于原初而存在的世界，也非人的独立创造。它"是在人类的需要和世界的非理性的沉默这两者的对立中产生的"，即荒诞产生于二者的比较中：有了世界、人的参与才有了荒诞的存在。"西西弗斯"正是加缪倍加推崇的荒诞英雄，他用这个神话人物阐明自己的思想。当痛苦与无情的命运摆在西西弗斯面前时，他勇敢地反抗，内心充实并快乐。这反抗中蕴含的悲壮意味正是由于西西弗斯的反抗是徒劳的，他不能改变现实的任何东西，以意识的胜利代替行动的、结果的胜利。

---

① 郑克鲁：《现代法国小说史》，219页，上海，上海外语教育出版社，1998。

三、主要作品分析

1.《局外人》

《局外人》酝酿于 1938 至 1939 年，不久之后即动笔，1940 年 5 月完成，1942 年出版便大获成功。这是加缪文学黎明的第一道光辉。

"局外人"名称看似简单无奇，却非常适合加缪的意图。小说由两部分组成。第一部分写政府小职员"我"（莫尔索）收到养老院发的电报，告知他母亲去世。随后，"我"向老板请假，去为母亲守灵。当"我"赶到养老院时，母亲已入殓，看门老头问"我"是否想再看母亲一眼，"我"拒绝了。"我"和院长、护士等一同去给母亲送葬，可"我"一滴眼泪也掉不出来。回到阿尔及尔那天，"我"实在无聊去游泳，遇到了曾经共事过的打字员玛丽。二人游玩了一整天后，一起回到我的家。周一上班，老板还算客气，"我"在忙完上午工作后，和同事闲逛。下午下班后，"我"碰到邻居雷蒙，他央求为他写封警告信给他的情妇，对其进行侮辱。"我"无奈，只好照办。那情妇收到信后，立即来找雷蒙，雷蒙打女人并惊动警察。"我"在警局做了对雷蒙有利的证词，晚上和他在大街上随便逛逛，就回家了。晚上，"我"约会玛丽，她问"我"是否愿和她结婚，"我"说无所谓。几天后，雷蒙邀请"我"和玛丽去海滩玩，半路上遇见雷蒙情妇的弟弟，他拉了一帮人挑衅并刺伤雷蒙，"我"用手枪打死他，并连续开了四枪。当时天气炽热难耐，我只觉得天旋地转，意识有些混乱。

第二部分写"我"被关进了监狱，开庭后，法庭对"我"把母亲送到养老院后不闻不问很是不满。"我"对自己的行为没有辩解，检察官对"我"在母亲葬礼的第二天所为感到义愤，由此断定"我"是预谋杀人，是没有灵魂的冷血动物。"我"被判死刑，希望早日实行处决。为避免孤单，"我"希望受刑那一天有许多人来看，对"我"发出咒骂声。

加缪在为美国版的《局外人》写序言时曾告知读者，"如果你阅读完此书后认为它讲述了一个无任何英雄行为而自愿为真理而死的故事，那么你的理解基本上并无错误"①。人们可以从作者的创作本意来理解莫尔索这个"冷漠"的人。莫尔索的理性是赤裸裸的，母亲终有一死，所以"我"没有权力哭泣。牢房尽管狭小，但与外界本质相同。当莫尔索对这个世界的荒谬与人的悲剧结局认识透彻时，他也就破坏了自我存在的合理性与完美性，同时，也把这种不合理性、荒谬性展示给了自己的同类。于是他成了这个世界、这个世界上的人、这个世界上的自己的局外人，如此自身的荒诞体验进一步深化。

在莫尔索眼中，荒谬感产生于对自己处境的冷眼旁观，产生于自己局外人的姿态，产生于对世界的陌生化的体验。在《局外人》的自序中，加缪为莫尔索做了辩解："他远非麻木不仁，他怀有一种执著而深沉的激情，对于绝对和真实的激情。"②

---

① ［法］加缪：《局外人·自序》，柳鸣九等译，4 页，石家庄，河北教育出版社，2002。

② ［法］加缪：《局外人·自序》，柳鸣九等译，4 页，石家庄，河北教育出版社，2002。

的确，莫尔索是一个拒不接受社会强加于他的观念的人，一个对世界的荒谬性比其他人有着更为自觉的体验的人。对于荒诞，莫尔索丝毫不会逃避，事实上也无法逃避，虽然大多数人都摆出一副自欺欺人的架势，但却没有一个人可以幸免。与大家不同的是，莫尔索不但能理性地认知荒诞，也能坦然地面对，直视在荒诞的掩映下并无意义的生活。的确，他不会像达达主义者或超现实主义者那样，大声疾呼要摧毁现实世界，但他的沉默却正是对社会的蔑视和反抗。就揭示世界和社会的先进性而言，他不动声色的反抗要比达达主义、超现实主义更为深刻。

莫尔索把自身存在的美丽外衣剥离了，他的生活中既无谎言也无掩藏，可以说他在义无反顾地生活，他行走在这个世界上好比一个裸体的人，展示着真实同时又以自己的行为嘲笑别人的虚伪。一个理性的人，一个真实的人，然而他更是一个异化的人、孤独的人、冷漠中体现热情的人。莫尔索个人的经历无疑是一场悲剧，但当人们通过莫尔索更多地发现现实中的局外人时，莫尔索形象的意义便真切地体现出来。

2.《鼠疫》

《鼠疫》创作于第二次世界大战期间，发表当年（1947）获得文学批评奖。加缪自称这部小说是深受麦尔维尔《白鲸》的影响，并且也是一部象征小说，其内容是欧洲对纳粹主义的抵抗斗争。

故事发生在阿尔及利亚奥兰城，在这个没有鸽子、没有树木和花园的城市，人们日复一日地过着无聊的生活，麻木地对待任何人与事。直至灾难突然降临，成群的老鼠在大街上、楼道里死去，开始有人呼吸困难，医生确认这是一场鼠疫。市长决定封闭全城，不经特别允许，任何人不准出城。鼠疫感染者迅速被隔离，因鼠疫死亡的尸体立即被掩埋，全城陷入恐慌和悲痛之中。李尔医生尽一切努力减少死亡人数，其精神打动了周围的一批人，在大家齐心努力下，疫情得以遏制，人们重新唤起生活的希望。但在这场残酷的人与"自然力"的斗争中，许多鲜活的生命在拯救他人时奉献了自己。当鼠疫真正离开奥兰之后，分别已久的人们相互拥抱，庆祝奥兰城的新生。李尔医生面对此景，感慨万千，决定记录下这一切，警示后人。

在谈到创作动机时，加缪说："我想通过鼠疫来表现我们所感到的窒息和我们经历的那种充满了威胁和流放的气氛，我也想就此将这种解释扩展至一般存在这一概念。"加缪实现了他的初衷，《鼠疫》出版以后惊人的发行量使它与《局外人》成为法国小说史上无可替代的文学双璧。在小说的序言中，加缪坦言是"以现实的厚度"为依据写这部作品的。所谓"现实的厚度"，其一即以严格的细节真实构想了一个被鼠疫即将毁灭的城市的象征的故事；另一隐喻性的意义即影射第二次世界大战期间，德国法西斯在欧洲惨无人道的肆虐和暴行。小说清晰明确的历史意识，不仅暗示着社会进步的借鉴价值，并含有深刻隽永的哲理——关于人如何面对荒诞的哲理。瘟疫流行的小城奥兰，大批市民离奇死亡，恐怖的谣言如阴雾笼罩在每个活着的人的心头。这样逼真的描写正是当时阴影下的欧洲真实的写照。人们在危机面前的奋起反抗，齐心合力地消灭鼠疫病菌及其来源，是法国抵抗组织极力抗击法西斯的生动反映，而最终奥兰的胜利象征着反法西斯战争的胜利。《鼠疫》除了在现实意义上给我们以启迪外，还通过鼠疫这一象征深化了加缪对荒诞世界的阐释。小说从头至尾呈现给读者这样的气氛——极度的痛苦、完全的黑暗、彻底的毁灭，即与人的生存愿望、正常人性要求合理的社会理想完全相反的反人道的荒诞世界图景。因此可以说，联系时代背景与社会现实，《鼠疫》是有明确的社会指定性和政治指定性的。

3.《西西弗斯的神话》

加缪于 1941 年完成、1943 年出版了他隽永的哲理之作《西西弗斯的神话》。书中更明确地提到反抗的问题，"一个紧张的身体千百次地重复一个动作：搬动巨石，滚动它并把它推到山顶，我们看到的是一张痛苦扭曲的脸，看到的是紧贴在巨石上的面颊，那落满泥土、抖动的肩膀，沾满泥土的双脚，完全僵直的胳膊以及那坚实的满是泥土的人的双手，经过被渺渺空间和永恒时间限制着的努力之后，目的就达到了，西西弗斯于是看到巨石在几秒钟内又向着下面的世界滚下，而他则必须把这巨石重新推向山顶，他于是向山下走去……"西西弗斯不可能将岩石推上山顶，但他永远处于对命运的反抗之中。《西西弗斯的神话》起于荒诞感的萌生，从荒诞概念的界定出发，论述面对荒诞的态度与化解荒诞的方法，进而延伸到文学创作与荒诞的关系。加缪所思考的荒诞，归根到底来自客观世界的荒诞。加缪在这本著作的开篇提出了一个永恒的难题，即面对荒诞，人应如何选择？他给出人们三个答案，生理自杀、哲学自杀和反抗。但前两者是作者否定的消极对策，他肯定的是坚持奋斗所体现的抗争意义，正如西西弗斯在荒诞绝境中所得的幸福感和满足感。

《西西弗斯的神话》又被称为《局外人》的哲学读本，西西弗斯则是莫尔索的抽象化形象，莫尔索的本质便是西西弗斯，而莫尔索的幸福也正是西西弗斯的幸福。西西弗斯永远不可能将岩石推上山顶，他永远处于命运的戏弄之中，但却永远保持着反抗。命运让他受荒谬的摆布，他却直面荒谬、漠视荒谬，他不会去乞求神的恩赐，也不逃避这无休止的较量。笛卡尔说"我思故我在"，而加缪则说"我反抗故我们存在"。存在使人幸福，认识到自己存在的主体性是一种幸福。莫尔索发现的正是这种幸福，他一直处于反抗荒谬生活的斗争中，直到生活的最后一刻。"为了把一切都做得完善，为了使我感到不那么孤独，我还希望处决我的那一天有很多人来观看，希望他们对我报以仇恨喊声"①，悲剧是注定的，最重要的是不因为悲剧感到可悲。

四、接受与影响

加缪在法国 20 世纪文学史中是杰出的，然而，任何伟大的人物都不是凭空诞生的，他或多或少地都要继承前人思想的精华，之后凭自己的智慧与勤奋向时代作出回答。加缪也不例外。

加缪赞赏尼采对基督教的清醒认识，肯定尼采对基督教批判的态度，对不符合人性的旧道德深恶痛绝。对尼采的权力意志说和超人哲学，加缪持不同的看法：因为尼采在否认了神的意志之后，却用超人的意志代替神的意志。所谓的超人，在加缪看

① ［法］加缪：《局外人》，柳鸣九等译，104 页，石家庄，河北教育出版社，2002。

来，不过是另一种贵族的权力表现。他们掌握对人类的生杀大权，具有发动战争与征服的能力，这种权力的交替对人类并无本质的区别。加缪的戏剧作品《卡利古拉》便塑造了这样一位疯狂的皇帝，他走完了自己短暂而充满绝望的一生。卡利古拉的悲剧正是一出超人国王自我毁灭的悲剧，而加缪正是通过这一具有特殊地位的人物的启示意义，传达出自己对人性最本质的认识：人的尊严是生而平等的，是至高无上的，无论世界的秩序怎样改变，人才是第一位的。

现今的法国批评界，仍然把加缪与萨特的"存在主义"区别对待：认为萨特是真正的存在主义者，而加缪所关注的是世界和人之间不可调和的"荒诞哲学"。但是英美批评家则依然把加缪归入"存在主义"的营垒，至少是右翼的存在主义者。

在文学渊源上，卡夫卡对加缪的影响是最直接、最明显的。卡夫卡是荒诞文学之父、现代派文学的鼻祖，是表现主义文学的先驱，其作品主题曲折晦涩，情节支离破碎，思路不连贯，跳跃性很大，语言的象征意义很强，阅读和理解其作品有一定困难。卡夫卡笔下描写的都是生活在下层的小人物，他们在这充满矛盾、扭曲变形的世界里惶恐、不安、孤独、迷惘，遭受压迫而不敢反抗，也无力反抗，向往明天又看不到出路。看到他描绘出的一幅幅画卷，人们会感到一阵阵震惊和恐惧，因为他仿佛在为人类的明天敲起阵阵急促的警钟，他为人类的未来担忧。

在卡夫卡作品专论《弗朗兹·卡夫卡作品中的希望与荒诞》中，加缪明确表示，自己十分赞赏卡夫卡作品中的"客观性"风格。加缪和卡夫卡家庭背景、成长经历相似，甚至二人都曾经得过肺结核。从卡夫卡那里，加缪找到了表现荒诞处境的方法，用一个封闭的世界来表现荒诞。《局外人》中莫尔索的离奇经历和卡夫卡《变形记》中格里高尔的尴尬处境是何其相似啊！

加缪喜欢俄国作家陀思妥耶夫斯基，他曾表示陀氏的作品给自己带来一生都持续存在的震动，因为在陀氏的书中，加缪发现"陀思妥耶夫斯基个人的痛苦也融入其中，同时也在拒绝它。他那悲剧性的希望是通过谦逊来治愈屈辱，通过拒绝来治愈虚无主义。"[①] 陀氏的作品主题使加缪寻找到他力图表达的内心苦闷，并产生了许多共鸣，如负罪感、虚无感、孤独感等。

加缪受到过前辈哲学家的启发，同时，其作品也感染和吸引了大批的后来人，许多人对他的文学作品及作品中的哲学观点进行了善意的批判。

存在主义文学最初译介到中国，应该是 1943 年展之翻译发表萨特的小说《墙》。之后则有戴望舒、孙晋三、罗大纲等人从不同视角、不同层面对存在主义，特别是对它的领袖人物萨特的介绍和传播。从法国归来的这些学者对存在主义有很深的了解，法语专家吴达元在《大公报》上，对"存在派作家加缪"的新作《局外人》进行了评介，用加缪的《西西弗斯的神话》所表达的"人生是荒诞无稽的"哲学观来阐释其作品《局外人》，并提醒读者，存在主义倡导的人道主义绝非普通人的人道主义。20 世纪 50 年代末以后，随着存在主义作家自身处境的改变，加之中国国内政治形势突变，

---

① 张蓉：《形而上的反抗——加缪思想研究》，154 页，北京，社会科学文献出版社，1998。

主流话语对存在主义译介发生转向，即以批判为宗旨，连萨特这样的"进步作家"也变成了反面人物，更不要说加缪的遭遇。《阿尔贝·加缪》的编者按中说，加缪"只是一个丧失了人生高贵理性的人……（他）反对人类为明天的幸福而斗争"。联想当年加缪站在弱势的被殖民者的立场，对法共在阿尔及利亚施行殖民统治政策极力反对，因矛盾无法协调而愤然退党，此行为在 50 年代的中国引起误解，则是具有反讽意味的。

　　总而言之，中国文化界一度因为加缪对于共产党的认识及政治态度产生过怀疑，加之当时萨特以社会主义的同路人著称，加缪又与萨特决裂，而法国的左翼知识分子几乎都站在萨特一边，以至于加缪在获得诺贝尔文学奖之后仍被孤立。中国知识分子也因为社会政治舆论的压力，统统对加缪以资产阶级腐朽分子视之，作品则被视为资本主义的糟粕。直至 20 世纪 80 年代，文化"松绑"之后，人们开始关注加缪，并从文化、文学、哲学的角度来重估他的价值。人们对加缪的作品有了新颖的、叛逆的、冲破旧价值标准的认识，大批的青年人不无例外地从加缪那里获得满足，如作家王小波、刘索拉等，80 年代成长起来的不少青年作家大都程度不等地受过加缪的影响。

五、经典评论

　　瑞典皇家文学院在给常任秘书加缪颁发诺贝尔文学奖时评价，"加缪具有活跃的创造力，即使在法兰西以外，也属于文学界的中心人物之一。他被一种真诚的道德观念所鼓舞，把整个生命奉献于对人生最根本问题的探讨。而这种内在的自觉无疑符合诺贝尔奖的理想主义原则。他虽然不断肯定人类处境的荒谬，却不是出于消极的否定论。他的荒谬观可说是由一种强有力的使命所充实的、背叛荒谬的意志。他为了唤醒这种意志，便创造了一种价值。"①

　　"他在本世纪顶住了历史潮流，独立继承着源远流长的警世文学。他怀着顽强、严格、纯洁、肃穆、热情的人道主义，向当今时代的种种粗俗丑陋发起胜负未卜的宣战。但是反过来，他以自己始终如一的拒绝，在我们的时代，再次重申反对摒弃道德马基雅维利主义的反拨，反对趋炎附势的现实主义，证实道德的存在。"作为挚友，萨特于 1960 年在《法兰西观察家》发表悼念加缪的文章，满怀深情地回忆了加缪的一生及其对世界文学的贡献。

　　这些话无疑是对一位有良知的作家客观而中肯的赞扬。无论从文学史意义上，还是从反法西斯战争的胜利之政治意义上，加缪都值得后人向他致以崇高的敬礼。如果说，每一位获得诺贝尔文学奖的作家都是杰出的，那么，加缪的特殊价值则应该用伟大来形容。

---

　　①　肖涤：《诺贝尔文学奖要介》，683 页，哈尔滨，黑龙江人民出版社，1992。

第五节　存在主义文学其他作家

著名作家除萨特、加缪、波伏娃以外，存在主义文学的其他作家还有安德烈·马尔罗、加布里埃尔·马塞尔、梅洛-庞蒂、雷蒙·阿隆以及法国思想大师昂利·列斐伏尔等。

一、安德烈·马尔罗

在存在主义作家中，安德烈·马尔罗是一位重要的代表人物，他的小说甚至比萨特和加缪更早地揭示出人的生存状态及生存的荒诞性。

安德烈·马尔罗是法国 20 世纪上半叶重要的小说家、艺术评论家和政治家，他的一生充满英雄主义的传奇色彩。由于他的小说经常以革命运动和反法西斯战争为背景，刻画时代历史事件，积极地介入政治与社会现实，所以有评论家将他的小说归入"反战小说"、"行动小说"或"介入小说"之列。但从他作品中透射出的文学观念来看，他更应当是一位较早反映存在主义思想，并对存在主义文学发展产生过极大影响的存在主义作家。

1901 年 11 月 3 日，马尔罗出生于巴黎一个小资产阶级家庭。四岁时父亲离家出走，他随母亲跟开杂货铺的外祖母一起生活。他从小爱好书籍，常在塞纳河畔的旧书摊前流连忘返。1918 年中学尚未毕业，他就给出版商当了助手，同时对艺术品和考古产生了浓厚的兴趣。马尔罗于 1920 年开始发表评论、出版诗集。此后，他结识了许多文艺界知名人士。他关于纪德的论文受到纪德的赞赏，两人由此结下深厚友谊。1923 年，马尔罗和妻子一起去柬埔寨探险，在丛林里发现几座古代雕塑，想把它们运到美国出售，不料刚到金边就被捕入狱，被以"盗窃文物"罪判处三年徒刑。他妻子回国后呼吁各方营救，在纪德、阿拉贡、布勒东等文化界著名人士的声援下，他被改判一年徒刑，缓刑一年，才得以回到法国。

1932 年，马尔罗结识了海德格尔，又先于萨特、加缪在作品中描绘世界的荒诞。他的小说较早地反映了对人生存意义的深入思索和人道主义观念，所以评论界认为他是存在主义文学史上又一位重要的代表人物。他小说的主旨在于揭示人的悲剧性就是人生存的荒诞性，他把一切与人类生存相悖的社会问题都归于荒诞，甚至认为整个社会的本质就是荒诞。

第二次世界大战后，马尔罗成为戴高乐的忠实追随者，是法兰西人民联盟主要领导人之一，曾任政府情报部部长和文化部部长。期间创作了《沉默的声音》《诸神的变异》等作品，从美学角度继续探讨关于人的生存状况的哲理主题，在文艺领域颇具影响。晚年写有风格独特的回忆录《反回忆录》《被砍伐的橡树》等几部著作。1965 年曾代表戴高乐总统访问中国。

人生存的荒诞性是马尔罗作品的一大主题，他被法国作家安德烈·莫洛亚称为"荒诞派先驱"。在哲学思想上，17 世纪法国哲学家帕斯卡尔、19 世纪德国哲学家尼采和 20 世纪哲学家施本格勒都对马尔罗存在主义观念的形成有着深刻的影响，其中以帕斯卡尔的影响最为显著，也可以说，马尔罗是最早接受帕斯卡尔关于人类状况悲观哲学的人。帕斯卡尔有这样一段名言："请设想一下，带着锁链的一大群人，他们每个人都被判了死刑；每天，当着其他人的面，将一些人处死；留下来的人，从他们同类的状况中，看到了他们自己的状况，痛苦而绝望地互相对视着……这就是人的状况的图景"。① 帕斯卡尔在这里描绘了人生存的荒诞性，认为凡是人都对这种荒诞可悲的生存状况无能为力。然而，马尔罗并非完全赞同帕斯卡尔的观点，他超越了帕斯卡尔绝对悲观的思想，认为面对人的状况和生存的荒诞性，人应当积极反抗，如以冒险、革命和艺术创造等对抗行动来战胜人生存的荒诞。

1931 年，马尔罗来到中国，曾分别以中国革命中省港大罢工及上海工人第三次武装起义为题材创作了《征服者》（1928）和《人的状况》（又译《人类处境》或《人类命运》，1933），还以东南亚殖民地为背景创作了长篇小说《王家大道》（1930）。这几部小说无一例外地透射出马尔罗对"人类状况"与"人类命运"的深刻反思。其中，《征服者》塑造了加林式的一类英雄，声明加林的基本问题不是要知道怎样参加革命，而是要知道怎样才能摆脱他称之为"荒诞"的东西。《人的状况》这部书，出版当年就荣获法国龚古尔文学大奖。这部小说则被看成是集中反映马尔罗存在主义观念的代表作，它对萨特 1946 年发表的剧本《死无葬身之地》产生过很大影响。

《人的状况》描绘了发生在 1927 年上海这个充满谋杀、镇压、疯狂与仇恨的恐怖"地狱"中，蒋介石发动"四·一二"反革命政变时的场景，塑造出形形色色具有冒险精神和大无畏牺牲精神的革命人物。革命者陈执意要刺杀蒋介石，惨遭失败后自杀。蒋介石大肆屠杀工人和共产党人，共产党领导人乔和俄国顾问卡托夫等被捕，被捕的共产党人被鞭笞后被投入燃烧的火车头煤炉中活活烧死。乔和一些人吞下毒药，卡托夫在最后关头把毒药让给别人，自己走向了火车头。故事结尾，生命在最残酷的形式中得到检验。烈火是黑夜中唯一的光明，在死亡面前，死已经变成一种激昂的行动，成为人生最崇高的表现。

《人的状况》中描绘的革命场景与中国革命真实的历史进程实际大相径庭。1927 年的革命只是一个框架，重要的是框架中表达的"他存之于心的一种图景、一种意识形态、一种哲理、一种人生观与人生态度"②。从主题看，《人的状况》没有涉及有关中国革命的重大理论问题，相反，人生存的荒诞性构成了《人的状况》的主题之一。

基于对人生存荒诞性的认识，马尔罗笔下，人普遍生活在荒诞的社会里，要忍受一切人与生俱来的痛苦、孤独、忧虑和恐惧，想逃避已注定不能更改的可悲命运是荒诞的。在《人的状况》中，小说中的人物无一例外地受到这种荒诞性表现的戏弄。各种肤色的外国人和中国共产党人所经历的孤独、痛苦、恐惧，所遭受的凌辱、伤害，

---

① 柳鸣九、罗新璋：《马尔罗研究》，128 页，桂林，漓江出版社，1984。

② 柳鸣九：《中国革命与马尔罗这里——对〈人的状况〉基本内容的说明》，载《当代外国文学》，1989（2）。

充分揭示出人类共同的可悲状况。马尔罗塑造了一个由不同肤色、国籍和信仰的人组成的有代表性的群体，以 20 年代上海这个有典型意义的恶劣环境中的活动来反映人生存状况的荒诞性。

马尔罗创作出一系列"可能达到英雄主义的条件"，臆造出外国职业革命家和中国冒险主义者一系列典型人物，这些人都参加革命、暴动乃至谋杀活动，后来却一个个英勇牺牲，他们的斗争并未改变人类的命运和处境，却在斗争过程中显示了力量。正如法国文学社会学家戈尔德曼评论这部小说时指出的："在谈到中国的同时，马尔罗既不想陷于异国情调，也不想描绘一种具体的环境，而是谈普遍的人，而且不言自明地是谈西方人、他自己和他的一切同事。从这个角度来看，中国、广州和反英斗争代表着历史性的和普遍的革命行动，是使人对自己的存在和尊严有一种新意识的解放行动。"① 小说的宗旨在于探索整个人类的命运以及人的生存处境和生存意义。"世界是荒谬的，人生是痛苦的、虚无的"，这一荒诞主题也被后来的存在主义文学继承并发展。萨特等人的存在主义观念同马尔罗的哲理一样，都着力于描写异化的荒诞世界和人面对荒诞的异化世界所感到的焦虑和孤独，正因为人与世界、人与人的关系是荒诞的，所以人只能忍受可悲的命运。

马尔罗在《人的状况》中成功地反映了人生存的荒诞状况，却没有让人物面对荒诞的世界悲观绝望，而是让他们在感受到自己所处的这种任人支配、凌辱、宰割的异化状态的同时，不同程度地认识到人生存的意义，按照自己对人生的不同理解，以各不相同的方式对抗世界的荒诞性。这是马尔罗比帕斯卡尔的悲观哲学明显进步的地方。小说中，"社会集团之间的冲突，个人与个人之间的冲突，革命的理想和旧的价值观念之间的冲突，个人内心矛盾的冲突等等，构成了马尔罗小说世界的'无意义性'"。

《人的状况》中以乔为代表的革命者，都显示出自由选择的意象。他们都想通过具体行动来摆脱人的悲剧生存状况，对抗并战胜世界的荒诞性。小说塑造的各种各样人物对自己的人生有着不同的理解与选择。吉佐尔认为，鸦片可消除人对死亡的恐惧，便以吸鸦片麻醉自己，寻求对命运的解脱。费拉尔认为，人的本质在于强制别人，无限的权力能摆脱人的状况。葛拉比克则采取玩世不恭、放荡不羁的生活态度。梅认为两性关系是自由的。无政府主义者陈醉心于冒险性的恐怖活动，认为这才是人生的真谛，通过暗杀来否定死亡，否定人的状况。只有乔要建立"人的尊严"，抗拒"人的耻辱"。在他看来，在革命斗争中壮烈牺牲是对死亡的胜利，是对人的状况的否定。萨特等存在主义作家深受马尔罗小说主人公自由选择对抗荒诞世界这一观念的影响，进一步完善并发展了存在主义观念。比较而言，萨特笔下的自由选择更多涉及道德标准，强调"自由选择和对行动负责是紧密相连、不可分割的。人一旦在某种境遇

---

① ［法］戈尔德曼：《论小说的社会学》，吴岳添译，56～57 页，北京，中国社会科学出版社，1988。

中做出一种选择，他就必须对行动承担相应的责任，即对自己、对他人和世界承担责任"①。

《人的状况》中流露的马尔罗的人道主义思想通过小说人物的言行得以体现。

乔对惨遭看守毒打的疯子给予的同情，是对人的可悲状况的深切体察，是马尔罗人道主义思想的自然流露。卡托夫受刑之前想到人的尊严，毅然把自己那份氰化钾让给别人，毅然决然地走向火车头。这种战友的情谊、友爱、关怀，这种对中国人民的深情厚谊，都是马尔罗人道主义精神的生动体现。马尔罗把乔塑造成自由的卫士，无疑也是其人道主义思想的组成部分。与萨特的自由选择和加缪的抽象反抗不同，马尔罗的存在主义观念充分显示出他面对人生的坚强乐观态度，更具有积极意义。

马尔罗认为人要根据各自的生活态度和境遇做出反应，这种反应就是不断地"行动"，从而证实自己的存在和价值。小说中的人物大多停留在死就实现了人生存的意义，死就是对世界荒诞性的胜利，就是否定人的可悲状况的层面上。"（死亡）是无可辩驳的证据，证明了生存的荒谬性"②。这段话是马尔罗对人的状况进行思索的主导思想，这个思想贯穿于他的全部小说创作中。

马尔罗是除萨特、加缪、波伏娃等存在主义大师之外又一位重要的存在主义作家。他的创作将人生存的荒诞性及人以行动对抗荒诞生存处境等存在主义文学观念贯穿始终。代表作《人的状况》更是具有鲜明的存在主义文学色彩。虽然他的存在主义思想与萨特等人的存在主义思想有很大差别，但在表述人生存的荒诞性、人生存的意义和人道主义等存在主义观念时却几无二致。他的作品对存在主义在法国乃至世界的传播都具有重要的意义。他对荒诞主题的深刻表现影响了之后的存在主义作家和文学，尤其是他荒诞和反荒诞的人道主义存在哲学对现代派文学的影响十分明显。此后，荒诞的观念被存在主义和荒诞派作家沿用和发展。可以说，马尔罗是现代派文学的先驱者之一，他树立了现代派文学的第一块丰碑，也为后世的文学发展做出了不可磨灭的贡献。萨特的存在主义也是建立在存在是荒诞的、存在是一种人道主义的基础上，但马尔罗在主张依靠行动战胜人生存荒诞，在奋斗中实现人生价值及突出人的尊严方面显得更加积极。加缪在接受诺贝尔奖时说过，照他看来，这个奖应当颁发给马尔罗。可见，马尔罗对存在主义文学影响之大。

二、加布里埃尔·马塞尔

加布里埃尔·马塞尔是法国哲学家、剧作家、文艺批评家，是法国"基督教存在主义"的代表人物。不同于萨特的"无神论存在主义"，马塞尔的"基督教存在主义"着重于渲染孤独的人的存在及痛苦，带有明显的宗教色彩和浓厚的贵族文化特色。宗教伦理问题是他思想的核心问题。他强调，人的本质是一种过渡性的存在，人永远生

---

①　黄新城：《马尔罗哲理与存在主义——论〈人的状况〉及其对〈死无葬身之地〉的影响》，载《重庆大学学报》（社会科学版），2000（2）。

②　李钧：《存在主义文论》，21页，济南，山东教育出版社，1999。

存在"旅途"中，始终达不到终点，也根本没有终点，人只有与上帝"交往"，在上帝的指引下生存，才能真正体验到自己的存在。代表作《存在的秘密》是其基督教存在主义观念的集中体现。他创作的《他人的心》《破碎的世界》《山顶之路》等剧本，形象地反映了世纪初人们的困惑、烦恼。这些作品充满超验、神秘的宗教色彩，旨在描写灵魂和肉体的矛盾冲突及灵魂的再现，剧中人物也多是忧郁型的悲剧角色，在绝望中呼求上帝的恩典。马塞尔没有著名的追随者，他的学说和作品也受到基督教教会的抵制，所以他的思想与作品在当时都没有产生很大反响，他流行时段主要是在两次世界大战期间。

三、梅洛-庞蒂和雷蒙·阿隆

法国著名现象学家梅洛-庞蒂和哲学家、政治学家雷蒙·阿隆深受存在主义思潮的影响，作品中含有浓厚的存在主义观念，评论界将他们称为"存在主义边缘作家"。

梅洛-庞蒂在存在主义盛行的年代里几乎与萨特齐名。不同的是，他在存在主义文坛上更多是作为存在主义哲学家出现的，他的存在主义观念寓于其哲学思想或文论观念中。代表作《知觉现象学》是对胡塞尔的现象学所做的生存哲学意义上的深刻阐发。他于 1955 年发表了《辩证法的探险》，将存在主义与马克思主义这两种截然不同的思想体系结合起来，以致在西方有"存在主义马克思主义者"或"现象学马克思主义者"的称号。有人为了将他与萨特等人区别开来，甚至称他为"现象学存在主义马克思主义者"①。

雷蒙·阿隆与萨特曾一同在巴黎高等师范学院学习，阿隆比萨特高两届，两人在 40 年代中期以前一直保持合作，后因思想政治观念不同而决裂。阿隆曾被称为"存在主义者"，不仅因为他与萨特共编《现代》的短暂经历，更重要在于他与萨特在思想上有一致的地方。在其代表作《历史哲学引论》中，他指出，时代是多样化的，而这多样化，更需要人们思想的自由与选择的权利。②

四、昂利·列斐伏尔

昂利·列斐伏尔是法国著名的马克思主义理论家，"存在主义的马克思主义"的重要代表人物。列斐伏尔早期受马丁·海德格尔的存在主义与萨特思想的影响，1946年发表了《存在主义》一文，其中专门讨论了存在主义先驱索伦·克尔凯郭尔和尼采，对克尔凯郭尔的"生存哲学"作了具体阐发。克尔凯郭尔直面"个人"生存与虚无之境的哲学思考深刻地影响了列斐伏尔，同时还强调存在主义与马克思主义之间的互文性，使二者达成"互补"。

---

① 张文喜：《论梅洛·庞蒂含混的现象学存在主义马克思主义》，载《马克思主义与现实》，2011 (6)。

② 李钧：《存在主义文论》，19 页，济南，山东教育出版社，1999。

参考文献

1. 陈惇、何乃英：《外国文学史纲要》，北京，北京师范大学出版社，2003。

2. 陈振尧：《法国文学》，北京，外语教学与研究出版社，2000。

3. 董学文：《西方文论史》，北京，北京大学出版社，2005。

4. 蒋承勇：《世界文学史纲》，上海，复旦大学出版社，2002。

5. 蒋孔阳、朱立元：《西方美学通史·二十世纪美学》（上），上海，上海文艺出版社，1999。

6. 李钧：《存在主义文论》，济南，山东教育出版社，1999。

7. 李明滨：《20世纪欧美文学史》，北京，北京大学出版社，2001。

8. 刘怀玉：《现代性的平庸与神奇：列斐伏尔——日常生活批判哲学的文本学解读》，北京，中央编译出版社，2006。

9. 柳鸣九：《法兰西文学大师十论》，上海，复旦大学出版社，2004。

10. 柳鸣九：《加缪全集·小说卷》，石家庄，河北教育出版社，2002。

11. 柳鸣九、罗新璋：《马尔罗研究》，桂林，漓江出版社，1984。

12. 柳鸣九：《萨特研究》，北京，中国社会科学出版社，1981。

13. 马新国：《西方文论史》，北京，高等教育出版社，2002。

14. 吴晓东：《20世纪外国文学专题》，北京，北京大学出版社，2002。

15. 肖淲：《诺贝尔文学奖要介》，哈尔滨，黑龙江人民出版社，1992。

16. 张蓉：《形而上的反抗——加缪思想研究》，北京，社会科学文献出版社，1998。

17. 张秀章、谢灵芝：《萨特哲思录》，长春，吉林人民出版社，2003。

18. 郑克鲁：《现代法国小说史》，上海，上海外语教育出版社，1998。

19. 中国科学院哲学研究所西方哲学史组：《存在主义哲学》，北京，商务印书馆，1963。

20. 周宪、许钧：《20世纪两位知识分子萨特与阿隆》，陈伟译，南京，江苏人民出版社，2001。

21. ［德］雅斯贝尔斯：《悲剧的超越》，北京，工人出版社，1986。

22. ［法］贝尔纳·亨利·列维：《萨特的世纪——哲学研究》，北京，商务印书馆，2005。

23. ［法］高宣扬：《萨特传》，北京，作家出版社，1988。

24. ［法］加缪：《西西弗斯的神话》，杜小真译，天津，天津人民出版社，2007。

25. ［法］罗歇·格勒尼埃：《阳光与阴影：阿尔贝·加缪传》，顾嘉琛译，北京，北京大学出版社，1997。

26. ［法］梅洛-庞蒂：《符号》，姜志辉译，北京，商务印书馆，2003。

27. ［法］梅洛-庞蒂：《行为的结构》，杨大春、张尧均译，北京，商务印书馆，2005。

28. ［法］梅洛-庞蒂：《眼与心》，刘韵涵译，北京，中国社会科学出版社，1992。

29. ［法］梅洛-庞蒂：《知觉现象学》，姜志辉译，北京，商务印书馆，2001。

30. ［法］萨特：《存在主义是一种人道主义》，上海，上海译文出版社。

31. ［法］萨特:《萨特戏剧集》(上)，沈志明等译，合肥，安徽文艺出版社，1998。

32. ［法］约瑟夫·祁雅礼：《二十世纪法国思潮》，吴永泉等译，北京，商务印书馆，1987。

第五章　荒诞派戏剧

第一节　荒诞派戏剧概述

一、荒诞派戏剧的概念

荒诞派戏剧是 20 世纪 50 年代产生于法国，而后流行于许多西方国家的戏剧流派，又称"新戏剧"、"先锋派"、"反戏剧"等，1961 年，因英国著名戏剧评论家马丁·埃斯林发表《荒诞派戏剧》一书而定名。在戏剧创作方面他进行大胆的尝试，对传统剧发起了冲击，使荒诞本身戏剧化、使戏剧形式荒诞化。

荒诞派戏剧的代表人物及作品有法国的欧仁·尤奈斯库的《秃头歌女》《椅子》《阿麦迪或脱身术》《犀牛》《国王正在死去》和萨缪尔·贝克特的《等待戈多》《美好的日子》《终局》，俄裔法籍作家阿达莫夫的《一切人反对一切人》《塔拉娜教授》和《弹子球机器》等，让·热内的《女仆》《阳台》《黑人》等。除此，英国的哈洛尔德·品特的《生日晚会》《一间屋》《升降机》《看守人》《昔日》，美国的爱德华·阿尔比的《美国之梦》《动物园的故事》，以及谢阿岱、塔尔迪厄等也是较有影响的荒诞派剧作家。

1950 年 5 月 11 日，巴黎的梦游者剧场上演了尤奈斯库的《秃头歌女》，演出期间，观众纷纷离去，最后只剩下几位观众。随后上演的还有其他一些同类作品，但都没有造成太大的影响，直到 1953 年 1 月 5 日巴比伦剧院上演了贝克特的《等待戈多》，才获得成功。此后，这类戏剧陆续出台并被人们理解，20 世纪 60 年代到 70 年代初，得到越来越广泛的承认和赞扬。

荒诞派戏剧在思想上直接师承了存在主义"荒诞"的观念，艺术上吸收了超现实主义等流派的文学手法，以荒诞的形式表现荒诞的意识，实现他们对"荒诞真实"的追求。荒诞派戏剧的核心是"荒诞"，这个词本来是指音乐中的不协调音，词典上说明的意义是指不合道理和常规、不调和、不符合逻辑、不可理喻、荒诞可笑。在荒诞派戏剧中，"荒诞"的意义要广泛和复杂得多，它是荒诞派戏剧作家们心目中人与世界、人与人、人与物、人与自我四个方面关系的体现。荒诞派戏剧揭示了世界、人的处境和人自身的生存状态的荒诞性，其表现主题大多是世界的荒诞、人生的无意义、人的异化、人与世界的隔膜、人与人之间关系的疏远。在表现形式上荒诞派戏剧断然拒绝现实主义，"作家感兴趣的既不是一定的社会及其问题，也不是对成功处理的戏剧活力的兴致，又不是心理研究及其细致入微。""戏剧不再是一部作品，而是一种重新创造人和社会的深刻的神话表演，与观众的交流应该在这种具体表现的层次上进行，无须作者在大部分时间中提出或加强一种智力的设计。"按照阿达莫夫的说法，这种戏剧乃是富有多种潜在性的"意义的汇合"，它不再是"谜语的戏剧"，而是"寓言的戏剧"。因此，荒诞派戏剧完全放弃了"理性手段和推理思维"，故意采用与传统戏剧相反的手法来制造强烈的荒诞效果，如完全丢弃了在传统戏剧中必不可少的情节和结构，以模糊的背景取代确定的时间和地点；以象征、寓意、夸张、非逻辑的片段场面取代一以贯之、起伏跌宕的冲突和情节；以破碎的舞台形象代替性格鲜明、生动的人物；以毫无意义的胡言乱语和令人啼笑皆非的反语甚至语无伦次的"梦呓"代替传统戏剧中机智的应答和犀利的对话等。作品大多模仿梦幻结构，让过去、现在和将来相互交织，把幻觉、回忆与现实混合起来，还调动布景、服装、道具、灯光、音响、动作等手段，把各种不同的民间艺术形式，如哑剧、闹剧、杂耍歌舞等插入戏剧。在这些戏里，多以喜剧的方式表现悲剧的内容，人的存在具有强烈的悲剧性，而人却对这种悲剧性的处境麻木不仁，这种反差造成了一种喜剧效果，使荒诞成为无奈的笑声中咽下的一颗苦果。正是这种表面的喜剧手法、闹剧场面却包含着对痛苦人生的极大关注，使人在品味之余能领略其震撼人心的力量。但是，这些似乎是毫无"戏剧性"的戏剧，在刚刚搬上舞台时受到冷遇，甚至贬斥，但经过较长时间的考验，终于被社会接受，认可了它的独特魅力。

二、荒诞派戏剧产生的社会条件

20 世纪是一个多灾多难、动荡不安的世纪，两次世界大战给人类身心留下了难以平复的创伤；20 世纪又是一个科学技术迅猛发展的世纪，科技发展使人们对已经熟悉了的世界感觉愈加陌生，它改变了人们的生活方式、思维方式和文化价值观念。20 世纪后半期，西方发达国家核技术、电子科学、生物科学、信息产业的发展日新月异，带动了思想领域的推陈出新。同时，核技术在军事上的广泛运用、"冷战"的威胁，使得具有深厚人文主义传统的法国文学家常以犹豫和怀疑的眼光审视现代科学技术，他们的作品常表现科学技术以及它所支持的现代思想与人性的对立，常以荒诞的手法和讽刺的笔调，表达这种来自心灵深处的疑惧。从 70 年代开始，工业国家自觉地逐步调整发展生产与维护人的精神家园之间的关系，80 年代以后，冷战结束，核战威胁缓和，在这种情况下，文学作品中对现代科技和产业的忧虑明显淡化，作家们以平常心态接受现实的发展。

第二次世界大战期间，法国作为主战场之一，损失惨重，德国法西斯占领期间的暴行，所有这些都给战后死里逃生的法国人留下了痛苦的记忆。另一方面，法国在战时的抵抗运动维护了法兰西民族的尊严，用生命和鲜血为世界反法西斯斗争做出了贡献，对此，法国人深感骄傲和自豪，这就造就了战后许多法国人心底里屈辱与骄傲相混杂、痛苦与喜悦相交织的复杂感情。法国国民经济在战争中遭受严重破坏，人口锐减，空前的浩劫使不少法国人感到悲哀和绝望，接踵而来的政治危机和社会动荡又加剧了他们对现实和未来的困惑和不确定感，怀疑并否定传统价值观的情绪进一步加深。

战后的第四和第五共和国期间，法国的政治形势一直动荡不安。非洲的民族解放和民族独立运动沉重地打击了法国的帝国主义政策，随着原法属殖民地国家先后独立，法国在非洲的政治势力逐渐减弱，而经济势力也在美国咄咄逼人的攻势面前日益萎缩。与此同时，法国国内左翼和右翼围绕立法和行政权的斗争时紧时松。法国知识分子传统的人道主义关怀使他们始终关注社会，关注人类命运，仍旧有不少人努力从马克思的学说中寻找理论支撑和思想材料，法国知识界仍旧是与权利中心相抗衡的重要力量。在这种抗衡中，文学无疑扮演了不容忽视的重要角色。

1968 年 5 月，法国经历了一次较大的社会危机，爆发了巴黎大学生反对新教育法的"五月事件"，戴高乐总统被迫下野。这次事件的发生有着深刻的社会历史原因。就文化层面说，它与大战结束后 20 多年来出现的对现代资本主义文明的质疑和批判直接相关。就社会内因讲，它是民众对社会的不满情绪经过长时间蕴积之后一次火山爆发式的发泄，所以，当时有些法国报刊称这个事件是"不满意现状运动"。这次事件后，不论在思想领域还是在文化领域，总的趋势是，以激烈的态度或方式变革现实的狂热逐渐降温，公众对政治似乎感到厌倦，而知识精英对社会的政治、经济、文化诸方面的考察也逐渐显出冷静的一面，学术气息逐渐浓厚。当然，冷静并不一定削弱批判的锋芒，有时正好相反，反而增强了批判的力度。

法国文化在第二次世界大战后进入了一个转型期。哲学、语言学、心理学、精神分析学、人类学等学科迅速发展，而且以前所未有的广度和深度渗透进文学领域，影响到文学理论设计和方法规范，文学批评也成为一个引人注目的门类。在对资本主义现代文明的反思和批判中，产生了一批重要的思想家，如存在主义者萨特、梅洛-庞蒂、加缪，实证的历史主义批评家朗松、布吕那蒂埃、勒麦特尔、蒂波代、李维埃尔等。20 世纪 50 年代开始的"新批评"，人类学家列维-斯特劳斯借用结构语言学的理论研究原始部落的宗教、婚姻、饮食等文化因素，寻觅人类文化的共同结构，文化学者、文学评论家巴特运用符号学原理考察各种文化现象，揭示其资产阶级性质。结构主义精神分析学家拉康提出镜象理论，发展了弗洛伊德的学说，哲学家阿隆站在自由派立场上，从历史学的角度批判所谓的极权政治。历史学家布罗代尔继承了年鉴学派的优秀学术传统，对资本主义社会中复杂社会心态的诸多因素进行了富有启示意义的研究。法国文化在这个时期发生的转型和这些思想家理论的传播有密切的关系。20 世纪 70 年代以后，又有福柯、德里达、德勒兹、布迪厄、波德里亚尔等人先后进入法国思想界的核心。他们的理论也同时受到整个西方思想界的密切关注。

法国的戏剧在第二次世界大战中就取得了相当可观的成就，巴黎的舞台上不断推出新剧目，其中一部分作品后来发展成经典。出现这种情况的原因比较复杂，简单地说，在占领期间，到剧场看戏几乎成了巴黎民众唯一能够合法享受的娱乐。人们在剧院聚会，并且得到情绪的排遣，特殊时期形成的这种特殊需要刺激了民众对戏剧演出的渴望。虽然德国占领当局实行严格的审查制度，但是政治意义不强或是倾向比较隐蔽的作品经常能够通过审查而上演。战后，法国的荒诞派戏剧得以发展的原因还在于巴黎的气氛有利于文化的繁荣。巴黎是现代思潮的中心，是一些现代主义流派的发源地，它吸引着世界各地的艺术家，向他们提供自由实践的环境和在剧院上演作品的机会，尤奈斯库、贝克特、阿达莫夫都是定居法国的外国移民，他们的经历就是生动的例证。

三、荒诞派戏剧产生的历史根源

荒诞派戏剧作为一个文学流派产生于 20 世纪 50 年代的法国，之后才在世界范围内流行。荒诞派戏剧并非无源之水，它的源头可以追溯到阿尔弗雷德·雅里的《乌布王》系列剧（1896 年的《乌布王》、1900 年的《戴镣铐的乌布王》、1944 年的《乌布王当王八》），此系列剧被公认为荒诞派戏剧的开山之作，是法国喜剧开始向 20 世纪荒诞派戏剧演变的标志。早期的荒诞派戏剧作品还有 1947 年上演的热内的《女仆》和次年他的《死牢看守》。不过，文学史上通常把 1950 年尤奈斯库的剧本《秃头歌女》看作荒诞派戏剧的滥觞。此剧在巴黎的"梦游者"小剧院演出后，在批评界引发争论，荒诞派戏剧开始引起世人的广泛注意。以后几年，上演了多部类型相似的剧作，其中贝克特的《等待戈多》获得了相当大的成功，剧本被迅速译成多种文字排练演出。1958 年，英国人肯尼斯·泰南著文批评尤奈斯库作品的反现实主义倾向，引发了一场争论。尤奈斯库在反驳泰南的文章中比较系统地阐述了荒诞派的戏剧主张。1961 年，英国著名戏剧理论家马丁·埃斯林出版《荒诞派戏剧》一书，为荒诞派戏剧最终正名。不过，荒诞派戏剧的两位重要作家尤奈斯库和阿达莫夫对这个名称很不以为然，因为他们不愿意看到自己的作品与存在主义哲学挂钩，所以，至今许多法国人仍习惯用"新戏剧"这个名称。

此外，梅特林克的象征主义戏剧和阿波利奈尔的超现实主义戏剧情节荒诞、表演夸张，带有后来被称为"黑色幽默"的那种凄凉的喜剧性，因此也被认为带有荒诞派戏剧的影子，阿拉贡和维特拉克等人在这一领域曾进行探索。然而，直接奏响荒诞派戏剧前奏的应推盖尔德罗德，"他在人的微不足道面前的痛苦和冷笑的焦虑，预示着成为新戏剧（即荒诞派戏剧）核心的形而上学问题的激烈"。在蒙泰朗、阿努伊、奥迪贝尔狄的部分作品里，观众也已经或多或少地感受到世界和生活的荒诞，而存在主义作家的作品里，荒诞更成为作家思考的中心，这个时期的戏剧在戏剧语言和戏剧手法上进行了许多大胆的革新。不过，这些革新和第二次世界大战的革新一样，没有构成对传统的全面否定。

这里需要注意的是，我们不能把只具有某种荒诞形式的作品都视为荒诞文学，荒诞文学并不是指涉及人间荒诞的所有作品，它"描写的场景必须是一种发人深省的象征，使人联想起抽象的荒诞"。荒诞文学是揭示世界和人的荒诞，即人与环境的隔膜和人与人之间的无法交流以及人在不同程度上对荒诞的世界和社会的反抗。从这个意义上说，荒诞文学就是自卡夫卡开始的西方现代派文学，但直到 20 世纪 50 年代出现了尤奈斯库、贝克特等人的剧作后，才最为充分地显示了荒诞文学的特色。

四、荒诞派戏剧的理论根据

面对两次世界大战下硝烟弥漫的世界，人们自然会对传统的价值观和人生的意义产生疑问，于是，便产生了非理性主义思潮，影响较大的有叔本华的唯意志哲学、尼采的权力意志哲学、柏格森的生命哲学和弗洛伊德的精神分析理论，这些都给包括荒诞派戏剧在内的现代主义文学提供了思想基础。

　　然而，对荒诞派戏剧产生直接影响的是超现实主义戏剧和存在主义戏剧。超现实主义戏剧对无意识的表现形式进行探索和运用，表现在形象的荒诞性和风格的游戏性上。以荒诞反对传统戏剧的逻辑，以游戏反对传统戏剧的正统，通过荒诞与游戏来拒绝社会秩序与美学规范。超现实主义诗人安托南·阿尔托的论文集《戏剧及它的有关物》曾被整整一代戏剧界人士尊为"圣经"，他的"残酷剧"理论在戏剧的作用、戏剧语言、戏剧与观众的关系等基本理论问题上对荒诞派戏剧的影响十分明显；存在主义戏剧认为，存在先于本质，存在面对虚无，这就除去了人的形而上的基础，把人悬置在虚无的世界中，世界和人分离，世界和人都失去了意义。存在主义戏剧着重表现在这种处境中人的感觉和情绪，虚无、恶心、烦恼，"他人就是地狱"，也就是荒诞，存在主义作家加缪就曾用"荒诞"一词称呼"人与世界之间的深渊，人类的精神渴望和在世界上实现这些渴望的可能性之间的深渊"。加缪在出版了《局外人》一书后，写了一本解释《局外人》的随笔《西西弗斯的神话》，用西西弗斯推石的故事来形象具体地解释"荒诞"二字。西西弗斯被剥夺了理想和希望，余下的只是没有前途的无止境的努力，加缪借此比喻人生的荒诞也不过如此，总是像西西弗斯那样，在与荒诞不经的现实拼搏，但结果总是令人失望，人的主观理性与不合理性的客观现实总是格格不入的。加缪的这些观点为荒诞派剧作家们解释所处社会和进行创作提供了重要的理论依据。荒诞派剧作家后来得出的观点——世界是荒诞的、人是荒诞的、世界与人的关系是荒诞的，都从此而来。荒诞派戏剧继承和发展了超现实主义戏剧和存在主义戏剧的上述主张，由此创造了新的戏剧风格。

　　从广义上说，超现实主义戏剧、存在主义戏剧和荒诞派戏剧都属于所谓的"荒诞文学"，但不同的是，超现实主义是以荒诞的形式表现传统的主题，存在主义是用传统的形式来表现荒诞的主题，即用哲学家对荒诞世界的深刻思考，来取代年轻人对荒诞世界的绝对反抗。而到了荒诞派戏剧则是用荒诞的形式表现荒诞的主题，因而内容和形式得到了统一，使荒诞文学达到了完美境界。荒诞派戏剧是存在主义戏剧发展的必然结果，两者有着相同的主题和寓意，只是萨特和加缪"依靠力度清晰、逻辑严谨的说理来表达他们所意识到人类处境的荒唐无稽，而荒诞派戏剧家公然放弃理性手段和推理思维来表现他们所意识到的人类处境的毫无意义"，如果说存在主义戏剧是用可以理解的情节和语言来反映现实世界的荒诞，从而使人感到不安和焦虑的话，荒诞派戏剧则已超越了现实世界的荒诞性，利用非聋即哑或只露出脑袋的残缺不全的人物、支离破碎和莫名其妙的呓语、垃圾桶等稀奇古怪的背景和毫无意义的场面等荒诞形式，把人的存在集中地表现为永恒的荒诞，从而使观众对人生感到永恒的幻灭。因此，荒诞派戏剧在本质上是悲观消极的文学，它的主人公不再反抗、观察或评论世界，或者即使反抗也属徒劳，因为他们本身就是荒诞世界的组成部分。"它展现在我们面前的竟是一个什么事也没有发生的世界——一种没有穷尽的、显然是无法赎救的炼狱形象，而人就在其中耗费掉其毫无意义的一生。"① 从超现实主义戏剧到荒诞派戏剧，荒诞文学对世界的反抗，经历了从绝对反抗到哲理式的思考，最后与荒诞世界融合的过程，随着反抗程度的降低，人物的荒诞性越来越强，最后成了荒诞世界的一部分。以后还会有运用荒诞手法和形式的作品，但荒诞文学作为一个历史阶段，则已随着荒诞派戏剧的衰落而告终。

五、荒诞派戏剧对中国的影响

　　法国荒诞派戏剧被介绍到中国是在 20 世纪 60 年代初。1962 年 10 月 21 日，《人民日报》发表了程宜思的文章《法国先锋派戏剧剖视》，第一次向中国人民介绍法国荒诞派戏剧；同年 11 月，由董雨石翻译的尤奈斯库的荒诞派剧作《椅子》在中国刊出。随后，有人陆续发表文章，翻译荒诞派剧作。翌年，《前线》发表了一篇题为《戏剧艺术的堕落——谈法国"反戏剧派"》的文章，对法国"反戏剧派"四个主要成员尤奈斯库、贝克特、阿达莫夫、热内进行一一点评。1964 年，《世界知识》又发表了《西方世界的"先锋派"文艺》，对包括荒诞派戏剧在内的"先锋派"文艺做了深刻的批判。60 年代初的中国，由于国际和国内的政治气候，以阶级斗争为纲再次被强调，政治成了评判任何文艺的首要原则。因此，作者都不可避免地要从无产阶级和社会主义的立场出发，来阐释西方资本主义国家所盛行的荒诞派文艺。1978 年，朱虹撰文论述了荒诞派戏剧的兴起及思想的出发点和艺术的特色，这是经过"文化大革命"之后我国对荒诞派戏剧评介最早、最充分的一篇文章。一年过后，荒诞派戏剧的译本相继出现。1979 年，《外国文艺》第 3 期发表尤奈斯库的《阿麦迪或脱身术》。1980 年《外国戏剧》第 1 期发表尤奈斯库的《犀牛》。1980 年 12 月，上海译文出版社推出《荒诞派戏剧集》。1981 年，《当代外国文学》第 2 期刊登了贝克特的《啊，美好的日子!》《剧终》和尤奈斯库的《秃头歌女》。1981 年，上海文艺出版社推出的《外国现代派作品选》中除收录了《等待戈多》外，还收录了尤奈斯库的《新房客》和阿达莫夫的《侵犯》。1983 年，外国文学出版社也推出了一部《荒诞派戏剧选》。在前后五年时间内，形成了一个翻译出版荒诞派剧作的热潮，完成了对法国荒诞派戏剧主要作品的翻译工作。1986 年底，上海戏剧学院还把尤奈斯库的作品搬上话剧舞台。中央戏剧学院于1992 年内部演出了《椅子》，同时也对作家文论进行了翻译。1979 年，《外国文艺》第 3 期发表了尤奈斯库的《起点》。1981 年，《外国文艺报道》第 5 期发表尤奈斯库的《〈秃头歌女〉——语言的悲剧》。1982 年，《外国戏剧》第 4 期发表对尤奈斯库的采访录《荒诞派戏剧家纵谈古今》，1983 年第 1 期发表了尤奈斯库的《戏剧经验谈》。当然，当时介绍西方现代主义戏剧是为了达到展示腐朽、批判"荒诞"、教育民众的目的。随着存在主义哲学思潮在 80 年代的兴起，荒诞派戏剧受到了中国读者，特别是青年学生的广泛关注。法国荒诞剧在中国的翻译与研究形成热潮，这是因为当时的中国刚刚从"文化大革命"动乱的历史中走出，正处在伤痕文学、反思文学兴盛的文化背

① 袁可嘉等:《现代主义文学研究》(下册)，673 页，北京，中国社会科学出版社，1989。

景下。正因如此，从西方译介过来的荒诞派艺术之风，让戏剧工作者从中捕捉到了可以表达人们当时某些情绪和思想的新的艺术表现形式。于是，从80年代初期开始，中国很快出现了创作、演出及讨论荒诞剧的热潮。一批荒诞剧作相继出现，最有代表性的是高行健的《车站》和魏明伦的《潘金莲》。

魏明伦的荒诞剧《潘金莲》在中国引起了轩然大波。1986年，《戏剧与电影》第3期发表文章指出，"此剧的'荒诞'之处，乃在于跨朝越代，跨国越州，集古今中外人物于一台，不仅大胆地突破了传统编剧的各种'规矩''程式'，而且，借鉴了'荒诞'的某些手法，达到了'外壳荒诞、内核合理'的艺术效果"。《潘金莲》虽然被称为荒诞戏，但荒诞的只是形式与方法，其内容却有着浓烈的理性思辨色彩。剧作家将施耐庵、贾宝玉、安娜·卡列尼娜、武则天、七品芝麻官、红娘、吕沙沙、法庭庭长、现代阿飞等古今中外人物和其他艺术形式中的形象云集在同一舞台，对潘金莲的命运遭遇进行评说，这看上去好似荒诞无稽，其实却是剧作家对妇女问题进行深刻反思的结果。正如剧本结尾女庭长的台词："一部沉沦史——千年封建根。想救难挽救，同情不容情。覆辙不可蹈，野史教训深！"

20世纪80年代后期，中国对荒诞派戏剧的研究已从先前的单就外国的荒诞戏剧或单就中国的荒诞戏剧探讨，转而走向兼顾中、西戏剧的综合与比较研究，而且，越来越淡化政治色彩，逐渐开始增强对其艺术性和学术性的探讨。进入90年代，中国对法国荒诞剧的研究仍热情不减，但研究的特点表现为专家学者以著书立说的方式阐述见解。吴岳添的《法国文学流派的变迁》，把荒诞剧作为现代主义的终点，从继承与发展的视角梳理其脉络。张容的《荒诞、怪异、离奇——法国荒诞派戏剧研究》是我国第一部研究法国荒诞剧的专著，作者从法国荒诞剧的概貌和作家作品两大方面进行全面和深入的研究。进入21世纪，刘明厚在《二十世纪法国戏剧》的有关章节中，从荒诞剧的创作思维模式和人的情感体验的角度对其艺术意境进行了分析。刘成富在《20世纪法国"反文学"研究》中，对尤奈斯库与贝克特进行了探讨。

荒诞派戏剧作为20世纪五六十年代西方戏剧舞台上最有影响力的戏剧流派之一，对中国戏剧界影响之大是毋庸置疑的。但由于中西方剧作家对荒诞剧理解的差异，中西方荒诞剧在主题的表达、人物的塑造、时空的安排、语言的运用等多方面有较大区别。虽然今天"荒诞剧热"已经降温，但对荒诞派戏剧的社会意义、艺术价值进行冷静客观的分析还是很有必要的。

总的来说，荒诞派戏剧虽然有悖于西方传统的戏剧理论，但荒诞的本体化不仅没有否定荒诞派戏剧，反倒构成了荒诞派戏剧的意义与价值，以至最终被西方文学界接受。荒诞派戏剧的影响从法国蔓延到欧美各国，各种褒奖接踵而来。1969年贝克特获得诺贝尔文学奖，1970年尤奈斯库被选入法兰西学院。创作家的艺术手法还影响到小说、电影、舞蹈等领域。虽然荒诞剧没有得到绝大多数剧作家的认同，在荒诞剧之后，又相继出现过"新新戏剧"、"咖啡剧"等新的先锋派剧作，但是这些形式都没有获得荒诞剧那样的成就。荒诞派戏剧毕竟曾是当代西方文学中的一朵奇葩。

第二节　欧仁·尤奈斯库

欧仁·尤奈斯库是法国荒诞派戏剧的奠基人。其作品《秃头歌女》的演出，标志着荒诞派戏剧的诞生。作品被译成 20 多种文字，在世界各地上演。1970 年，他当选为法国最高学术机构法兰西学院院士。

一、生平与创作

尤奈斯库 1912 年生于罗马尼亚斯拉西纳市。父亲是罗马尼亚人，母亲是法国人。1 岁时随父母迁居法国。4 岁时父亲回罗马尼亚，他随母亲留居法国度过童年时代。他以法语作母语，深受法兰西文化熏陶。他自幼喜爱戏剧，常随大人去看戏。13 岁时就曾写了一个爱国主义的剧本。1925 年父母离婚后他回罗马尼亚同父亲一起生活。上中学、大学，获布加勒斯特大学法国文学学士学位后，在布加勒斯特一中学任法语教师，并为几家杂志撰稿，直到第二次世界大战爆发。1938 年获政府奖学金赴法国从事法国文学研究，准备博士论文《自波德莱尔以来法国诗歌中的罪恶与死亡题材》。1940 年起定居法国，在一家出版法律书籍的公司谋职。1950 年取得法国国籍。

尤奈斯库 1949 年创作《秃头歌女》，1950 年 5 月 11 日，由法国"尼古拉·巴塔耶"剧团在巴黎的"梦游者"剧院首演，剧本标题下作者特别注明"反戏剧剧本"。结果，连好猎奇的巴黎观众也大失所望。因为此剧完全破坏了传统的戏剧程式和舞台规范。观众眼前的舞台全是难以捉摸的迷离梦幻，甚至连题目《秃头歌女》也文不对题。剧中不仅没有秃头歌女，就是跟有头发的歌女也不沾边。巴黎观众虽热衷追求新颖，但在观此剧时却直觉如坠雾中。不等演出结束，纷纷退场，有人挥舞戏票在场外大叫"退票！退票！"到演出结束剧场仅剩三名观众。首演惊动了巴黎，有人嘲笑、谩骂，称其为发疯之作，也有人称它是"对一切传统戏剧的严重挑战"，还有人讽刺它是"天才的作品"。其实，《秃头歌女》的演出，标志了荒诞派戏剧的诞生，也引起人们对尤奈斯库这位前卫剧作家的关注。1956 年起，《秃头歌女》一剧才引起较大关注，连演 70 多场，成为法国历史上连续演出时间最长的戏剧之一，也被译成多种文字。

尤奈斯库的创作高峰在五十年代，主要有《秃头歌女》《雅克或屈服》《致敬》《上课》《汽车沙龙》《主人》《未来在鸡蛋里》《椅子》《责任的牺牲者》《阿麦迪或脱身术》《新来的房客》《阿尔玛即兴》《不为钱的杀人者》《温莎公爵夫人即兴》《犀牛》等。其中，影响较大的是《秃头歌女》《椅子》《上课》和《犀牛》等。1960 年，三幕剧《犀牛》在巴黎国立奥戴翁剧院上演。这是法国国家剧院上演的第一个荒诞派剧作。《犀牛》的上演标志着尤奈斯库的剧作得到了人们的认可和肯定。

尤奈斯库的后期创作，较重要的有《国王正在死去》《煮熟的蛋》《饥与渴》《流行病或屠杀的游戏》《麦克白》，带有自传性质或梦幻色彩的《乱七八糟》《可怕的妓院》《带行李的旅客》《在死人中的旅行》等。尤奈斯库一生的剧作大大小小有 40 多部。

除了戏剧，尤奈斯库还写短篇小说，作品有《一个责任的牺牲者》《焰形旗》《上校的照片》《犀牛》《空中步行者》等。其实，尤奈斯库的上述短篇小说与剧本也有千丝万缕的联系，如《焰形旗》和《上校的照片》与剧本《阿麦迪或脱身术》和《不为钱的杀人者》可视为互为雏形或解释，至于小说《犀牛》与剧本《犀牛》，后者更是对前者的脱胎与继承。

尤奈斯库的作品还有评论性、自传性的文集《笔记和反笔记》《零碎的日记》《过去的现在，现在的过去》《解毒剂》《一个有关的人》等。其中《笔记和反笔记》收集了尤奈斯库散见于报刊上的评论文章。《零碎的日记》并非普通意义上的日记，既没有确定的日期，也没有太多的实录，更多的是戏剧家本人内心的种种感受和意识的不断流动，这部作品很能反映尤奈斯库的世界观，对我们理解他的荒诞剧美学思想大有裨益。

尤奈斯库的作品已被翻译成 20 多种文字，在英国、德国、中国、意大利、西班牙等国家上演。1970 年，尤奈斯库当选为法国最高学术机构法兰西学院院士。1957 年起，巴黎的一家剧院把《秃头歌女》《上课》作为常年保留的节目，到 1994 年尤奈斯库去世，这两出戏已经上演了近 12000 场，这为法国现代戏剧史创造了一个纪录。

二、美学主张

"荒诞"一词不能简单地按字面意理解为"极不真实或不近情理的"、荒唐无稽、荒谬怪诞的，因为该词源于音乐，本指音乐中的不和谐音。"荒诞"本身还包含了"与众不同、反传统、激进、创新"等意，后来用在哲学上，指个人和生存环境的不协调，有不合道理与常规、不调和、不可理喻、不合逻辑等含义。所以 20 世纪 60 年代初，英国著名戏剧评论家马丁·埃斯林第一次用"荒诞派"来命名这类作品时说："从广泛的意义讲，荒诞派剧作家的作品与主题，都是人类荒诞处境中所感到的抽象的苦闷心理……我们只能用荒诞派戏剧的准则来衡量这些戏。"[①] 有的法国人也把这类戏剧叫"先锋派"、"新戏剧"。

尤奈斯库称自己的剧本为"反戏剧"。他的作品不被人理解，作家本人对此一点也不惊奇。他说一切革新尝试必然会受到来自各方因循守旧者的反对。他之所以写剧本，就是因为"讨厌"戏剧，他对当时统治法国舞台的变了味的所谓浪漫主义、现实主义戏剧，从内容到形式都反感。这或许是促使他在戏剧领域进行"改革"的动因。

改革的第一步是创作"反戏剧"剧本。既然传统戏剧充满虚伪的陈词滥调，作为新的一代就要冲破墨守陈规的"传统主义"。他反对戏剧的教育作用，尤其反对当时盛行的接近自然主义的现实主义戏剧，主张戏剧只提出见证，无须说教。在反传统戏剧真实观的基础上，他提出了自己一套"反戏剧"理论。"我写下了所有这些剧本、所有这些文学作品，为了表明谁都没法无视的事实，为了确认自己一直知道的现象：宇宙的怪诞，唯有残暴才能刺穿日常生活的庸俗……荒诞是指缺乏意义，和宗教的、形而上学的、先验的根源隔绝之后，人就不知所措，他的一切行为就变得没有意义，

---

① ［英］马丁·埃斯林：《荒诞派戏剧》，刘国彬译，228 页，北京，中国戏剧出版社，1992。

荒诞而无用。"① 尤奈斯库认为戏剧是"内心斗争在舞台上的一幅投影图"，提倡"纯粹戏剧性"，认为"艺术家通过直喻把握世界"，宣称"我试图通过物体把我的人物的局促不安加以外化，让舞台道具说话，把行动变成视觉形象……我就是这样试图伸延戏剧的语言。"

尤奈斯库对戏剧所谓的主题思想或社会政治内容不感兴趣，而感兴趣的是社会现实在人们头脑中引起的梦一般的意境。"认真严肃地对待荒诞的人生则是荒诞可笑的"。他的戏剧从一开始就向人们揭示了这样一种漂泊的生命：失去了内心的和宇宙间的依附和坐标，找寻着无法找到的避难所。悬而未决的人类的寓意处在"人的戏剧"的瓦砾中。在戏剧与生活的关系上，他主张戏剧"不要太切合时代"，应表现"超即时的、超历史的精神状态和思想状态"，表现"纯粹的思想危机和根本现实的危机"。对他而言，重要的不是社会现实，而是人类的境遇。他认为世界是荒谬的，人生是毫无意义的。

在戏剧冲突上，他主张戏剧"不提供出路"，因为"只有无法解决的事物才具有深刻的悲剧性"。他的作品抛弃了传统戏剧中的绝大部分合乎逻辑的结构，在剧中几乎没有通常意义上的情节。不论角色怎样狂乱地表演，他们的忙碌只不过强调了这样一个事实，即任何改变他们生存状况的事情都未发生。他提出首先要对情节加以"分解"，加以"必要的变形"，在剧中一切都是允许的，戏剧是想象和梦幻的领域，为了追求梦境的可视形式，他大量运用象征手段，把夸张推向极端，使观众感到压抑和恐惧，因为只有极端化的艺术手法才是"悲剧根源"所在。

尤奈斯库说，"在一个现在看来充满幻觉和虚假的世界里，人类的一切行为都表现得荒诞无稽，整个历史绝对无益，这存在的事实使我们惊讶，一切现实和语言都仿佛失去了意义而土崩瓦解了"。② 实际上，只有荒诞派戏剧在这个层面上呈现了彻底的荒诞意识。尤奈斯库戏剧创作的"出发点"就是"语言支离破碎，面目全非，文字落地如石块或如死尸"。因人类理性的终极追问而产生的荒诞意识在荒诞派戏剧中获得了接近极致的表现。

三、主要作品分析

1. 《秃头歌女》

《秃头歌女》（副标题《语言的悲剧》），是尤奈斯库的第一部剧作，也是最早的荒诞派剧作。

它是在一部英语课本的启发下创作的。1948 年，尤奈斯库在用一本简明英语读本当教材自学英语时，发现了书中许多"令人吃惊的普通道理"，如"一周有七天"、"天花板在上，地板在下"、"人们走路用脚，但是人们取暖用电或煤"等等。他从这里得到启示，觉得荒诞之中往往蕴涵着哲理。于是决定用这一类不连贯的语言材料写一个

① 南黛、鲁越：《老随笔——20 世纪世界演艺大师卷》，205 页，北京，海潮出版社，2001。
② 南黛、鲁越：《老随笔——20 世纪世界演艺大师卷》，200 页，北京，海潮出版社，2001。

剧本。这个剧本于 1949 年写成，最初的剧本名称就是《简易英语》，后来剧团排练时，有个演员把一句台词中的"金发女教师"误念成"秃头歌女"，作者就用这名不符实的题目来强调剧本的荒诞性。

《秃头歌女》不分幕，按场上人物的组合分为十一场。地点是一间英国式的中产阶级家庭的起居室。剧中一共有六个人物——两对夫妻和一对恋人。

剧一开始，时间是傍晚九点钟，可是挂钟却敲了十七下。史密斯先生一边读报，嘴里一边啧啧发声。在这奇怪声音伴奏下，史密斯太太百无聊赖地自言自语："哟，9 点钟了。我们喝了汤，吃了鱼，猪肉煎土豆和英国色拉。孩子们喝了英国酒。今儿晚上吃得真好。要知道我们住在伦敦郊区，我们家又姓史密斯呀。"剧一开始，剧中人就显得语无伦次。

《秃头歌女》至少在三个方面揭示了生存的荒诞性。

其一，由于没有一个超越存在赋予人的生活以目标，生活变得琐碎、不连贯、无意义，史密斯夫妇极端无聊的生存状态证明了这一点。

史密斯太太先东拉西扯、毫无意义地唠叨，史密斯也加入了闲扯，并且思维逻辑混乱，他把病人比作船，"大夫跟军舰一样健康"，看了报纸他愤愤不平："有件事我不明白，为什么这民事栏里总登去世的人的年龄，却从来不登婴儿的年龄？真荒唐。"

接着是女仆玛丽上场，告诉他们客人马丁夫妇到。史密斯夫妇退场去换衣服，可是上场时却穿着原来的衣服，而嘴里则对客人说，为了迎接贵客，他们赶紧换上了节日的盛装。道纳尔和伊丽莎白（马丁夫妇）是史密斯夫妇家的客人，应邀前来吃晚饭。进屋后他们攀谈起来，觉得好像在什么地方见过。他俩都出生在曼彻斯特，也许是在那里见过。他俩都是五个星期前从曼彻斯特乘火车于四点三刻到达伦敦的，同坐在二等车八号车厢第六室。因此，也可能是在火车上见过面。到了伦敦以后，他俩都住在布朗菲尔德 19 号 6 楼 8 号房间，同睡在一张铺着绿色鸭绒被的床上，他们可能是在那儿相遇的。他俩都有一个小女儿，名叫艾丽斯，两岁，一只眼珠白，一只眼珠红。多么奇怪，多么巧啊！谈到这里，挂钟敲了二十九下。于是二人恍然大悟：原来他们是夫妻！

有人说，《秃头歌女》反映了人际间的隔膜和陌生感。连同床共寝、朝夕相处的夫妻尚且生疏到互不认识的程度，一般人之间的隔膜、关系的疏远冷漠就可想而知了。

宾主面面相觑，令人尴尬地沉默着，很久才打破僵局。为了活跃气氛，马丁太太讲了一件亲眼所见的"令人难以相信的事情"：一位先生在马路上系鞋带。马丁讲了一件比这"更特别的"事：一位先生在地铁里坐到长椅上看报。其间来了个消防队长，前来打探火情，听说平安无事，感到十分懊丧。他总是希望别人家失火，这样他才会因救火而增加收入。他口口声声说有任务在身，不能久留，可是却迟迟不走，在众人的要求下讲了许多故事。而这些故事全像是胡诌出来的，矛盾百出、不合情理。后来史密斯夫妇和马丁夫妇争吵起来，越吵越激烈，但观众根本不知道他们在吵什么。落幕前，在一片吼叫声中，舞台灯光熄灭了。全体演员不断地喊："不从那儿走，从这儿走!"突然，吵闹声停止，灯光复明，恢复开场时的场面，不过人物更换了，马丁夫妇代替了史密斯夫妇，准确地重复着史密斯夫妇在戏剧开始时的姿态和对话……

这部剧的结尾暗示：没有目的和意义的生活只能是一种单调的轮回，似乎发生了什么，却什么都没发生，因为所发生的一切都没有意义。

其二，没有超越存在对人的规定，人丧失了自我的本质。

作家对司空见惯的普通市民的日常生活现象进行了喜剧性处理，从而突出了这种"古怪的感情"。马丁夫妇之所以经过艰难的努力才想起他们是夫妇，就是因为他们没有一种叫灵魂或本质的东西，而仅仅拥有琐屑的、缺乏同一性的、不断消逝的生存的碎片。而且"伊丽莎白才不是伊丽莎白"，"道纳尔也不是道纳尔"，连他们本身是谁也不知道，用象征手法表现人物"自我的丧失"：没有心理活动，没有个性生动的语言，也没有思想，人云亦云，全像是机器加工出来的可以互换的零件。

马丁夫妇的关系也并非那么确定。女仆玛丽上场，说马丁先生的女孩的左眼是红的，而马丁太太的女孩右眼是红的。于是他俩通过逻辑推理确定的夫妻关系，竟被这个普通的事实给推翻了。不仅他们之间的关系不能确认，甚至他们自己的身份、他们究竟是谁都无法确认，因为他们丧失了作为人的本质和彼此区分的个性。

再如，演出开始时史密斯夫妇说他的朋友勃比·华特森死了，但一会说"他死了有两年了"，一会又说"一年半前去送过葬"，等了一会儿却又说"三年前有人讲他死了"，"死了四年了，还热乎乎的"。究竟他死了多久？越说人越糊涂。甚至是哪一个勃比·华特森，也不清楚。因为他的妻子也叫勃比·华特森，而且与丈夫长得一模一样。不仅如此，他的儿子、女儿、叔叔、姑妈、堂兄、另一个叔父、姑妈的儿子，统统同名，而且长得都差不多，都是同样的职业——推销员。后来才知道这个城市里居民四分之三都叫勃比·华特森。尤奈斯库要表达的意思十分明显：个人的本质、独立的人格已完全消失在人们的群体之中，成了一个个无血肉、无灵魂的"他们"、"人家"。剧本结尾，马丁夫妇与史密斯夫妇调换了位置，又开始了第一场中的荒诞台词。他们的"自我"失去了明确的界限，人格可以互换，既是马丁，也可以是史密斯。人物失去了独一无二的个性，丧失了本质，亦丧失了"自我"，成了存在主义哲学中所说的"共在"。

不仅是人失去了个体的本质，而且动物也没什么区别和界限。比如，在消防队长的故事中，不是母牛生了小牛，而是小牛生了母牛，小牛母牛，也没有什么本质的区别。

其三，生存失去了目的，事件的先后、事物的逻辑顺序对人不再有意义，面对世界，人的理性是无能为力的。

譬如说，门铃响，有人来，这是常理，可是《秃头歌女》中门铃响了三次，却都没有人来。第四次响，怎么样呢？史密斯认为门铃响必定有人来。可太太反驳说，这在理论上是对的，然而事情不是由理论而是由事实证明的。三次门铃响都没有人来，这就证明了不会有人来。二人相持不下。孰是孰非？史密斯在推理方面是对的，可在事实上却是错的；史密斯太太在理论上是错的，在事实上却是对的。第四次门铃响，消防队长来了，这一事实肯定了实际上犯了错误的史密斯，否定了事实上正确的史密斯太太。由此看来，门铃响，有时有人来，有时没人来，不可知。现实太荒诞了，总是捉弄人，无论根据理论还是根据实践都无法认知，它变幻莫测，无从把握。

剧中人物"一个接一个地说出的基本而又清楚的真理变成了胡言乱语"。剧中人物的对话令观众莫名其妙。一头小公牛吃下玻璃生下母牛，后来又同人结了婚！消防队长临走前发出了预言：再过三刻钟又十六分钟将有火灾发生！匆匆离去时的问题："倒忘了，那秃头歌女呢？"观众在笑过之后，似乎可以体味到语言背后的空虚与荒诞。因此有人说，《秃头歌女》剧中的主人公是"语言"，因为人与人之间的沟通已经不能想象，语言也就不再是交际、表达思想感情的工具。人们互不了解，各说各的，说出来的也互不相干。因为心灵空虚，不知道自己想说什么，说话毫无内容、混乱不堪，反映了人思维的混乱。

外在世界里的一切都失去了常规。时钟丧失了报时的功能，不可理喻地乱敲，忽少忽多，有一次竟然连敲29下；打点的声音忽高忽低，时轻时重，数序混乱。消防队长讲的故事荒谬悖理，马丁太太听完评论道："最后，讲到神甫的祖母时，就纠缠不清了。"史密斯解释说："涉及到神甫的事情，总是纠缠不清的。"这点睛之笔揭露了宗教的荒唐。其实在现实世界里，纠缠不清的何止宗教？现实如此，让剧中人物怎能讲得条理分明、清清楚楚呢？

剧本表现了这样一个主题：世界是一场漫无边际的噩梦，人生充满了琐屑、乏味、平庸和空虚，没有生气，不可理喻，也毫无希望；然而人们对这一切却习以为常。这才是真正的悲剧！这看似荒谬的结论，是剧作家长期理性思索的结果，虽然他认为理性本身也是一种荒诞。尤奈斯库说："评论家认为《秃头歌女》是我唯一的一个'纯喜剧性的'戏剧。而戏剧性对我来说，又像是表达异常事物的一种方式。但是，在我看来只有最平淡无奇的日常工作、最乏味的言语被应用得超过限度时，才会从其中涌现出异常事物来。"[1]

2.《椅子》

《椅子》是尤奈斯库的又一部力作，有人称之为典型的"悲闹剧"。随着这部剧的上演，尤奈斯库名声鹊起。剧中描绘一对年逾九旬的老夫妇，住在一座荒岛上的孤塔里，寂寞无聊便玩起了童年游戏。他们胡编怪诞故事，老头儿像个小孩似的哭喊着要妈妈，老太婆把他搂在怀里哄他，说他是"天才"，将来一定可以当"总统"、"国王"，说他从上帝那儿获得了真理，掌握了"人生的秘密"。于是，老头儿邀请来一批名流参加演讲会，并雇一位天才演说家代他宣布这一喜讯。不断响起划船声、门铃声，客人似乎在陆续到来，但谁都看不见，只有一把把由老两口儿搬上舞台的椅子，象征性地表明客人就座。老头儿跟这位聊一阵，又同那位扯几句，老夫妇甚至分别向一个"美女"和一个"照相师"调情。演说家到了，皇帝居然也到了！不一会儿，舞台上就摆满了椅子。他们在椅子中艰难地穿来穿去，最后连立锥之地也没有了。老头儿连连

① 南黛、鲁越：《老随笔——20世纪世界演艺大师卷》，202页，北京，海潮出版社，2001。

感谢与会者，并向演说家交代："我完全信赖你。你一定要替我把所有的话都讲出来……把我的信息留给人类"，说完与妻子高呼"皇帝万岁"，双双跳出窗口投海自杀了。负责传达救世福音的天才演说家登台后，人们发现他竟又聋又哑！只是在咳嗽、叹息，发出阵阵哑巴式的喉音。这样，老人所发现的人生奥秘到底是什么，世人永远无从得知。

这出剧的含义是丰富的。

首先，满台的椅子令人震惊地感觉到剧本的主题——椅子。尤奈斯库指出，这出戏的主题不是老人的信息，不是人生的挫折，不是两个老人的精神崩溃，而是"椅子"本身。也就是说，缺少了人、上帝，世界空洞无物。戏的主题是形而上的虚无。在强大的物质洪流的挤压下，人已经失却了自己应有的位置，物质越来越多，人却越来越无立身之地，最终无法存在，连上帝也不可能占有一席之地，世界最终是一片虚无。这样，椅子就不再是一种简单的道具，它成了剧中的主角，成了世界的象征。

满台都是椅子却没有一个实在的人，说明"物质"对人的排挤，又说明想了解人生奥秘是不可能的，人与人之间不可能沟通。尤奈斯库表达的思想非常明确：真理是荒谬的，想要得到真理也是荒谬的，世上原本就不存在什么真理，一切都是荒诞。

尤奈斯库的创作，如果以1957年"贝朗热"的形象开始出现为界，大致可划分为前期、后期。"贝朗热"是在后期剧作中塑造的人物。

贝朗热这个人物先后贯穿在《不为钱的杀人者》《犀牛》《国王正在死去》《空中步行者》等剧中。贝朗热的出现标志着尤奈斯库剧作风格的变化。虽然这个人在每出剧中的身份并不相同（前两出是普通公民，后两出分别是国王和作家），但面对各种形式的恶和死亡，他不再是早期剧作中那种逆来顺受、一味被荒诞命运摆布的可怜虫，而是敢于抗争，他具有了明显的反抗意识。因而被称为"荒诞英雄"。这种反抗意识在《犀牛》中表现得尤为明显。

3.《犀牛》

《犀牛》十分突出地表现了"自我"丧失、人性异化的主题。一家出版社的职员贝朗热来到广场咖啡馆借酒浇愁，发现一头犀牛号叫着向人群冲来，这是城里第一次出现犀牛。随后，犀牛越来越多，而且都是人变的。对于人异化为犀牛的现象，市民们非但麻木不仁、无动于衷，相反，还在为是"亚洲犀"还是"非洲犀"、是"一只角"还是"两只角"争论不休。有人抱怨犀牛踩死了自己的猫。有人不信，认为是新闻记者编造的无稽之谈。出版社的一位科长担心雇员们议论犀牛影响工作。有人说，犀牛和人同是生物，同样有权利生活，不必为变成犀牛担忧。有人觉得既然这种现象体现了一种不可抗拒的力量，就应该听之任之。贝朗热与他的好友让意见不同。贝朗热认为"值得重视的是在每个人内心深处存在的犀牛"，让因此否定了两人的友谊。贝朗热眼睁睁地看着人变犀牛的怪病蔓延开来，全城人一个个失去了人形：同事、邻居、官员，甚至大主教和公爵也变成了犀牛。广播电台也被控制了，收音机中只有犀牛的嗥叫声。最后只剩下贝朗热和他的女友苔丝，看到四面八方的犀牛，苔丝走过去，"自愿"地变成了犀牛。

作者揭示，人之所以变成犀牛，不只是因为不可理解的外部原因，还因为人在这场灾难面前的态度。贝朗热在经历了要不要变成犀牛的心理痛苦后，终于决定不屈从于这种集体变异，他近于绝望地喊道，"我要保卫自己，对付所有的人，我要保卫自己！我是最后一个人，我将坚持到底，我决不投降！"但这喊声是无力的，充满悲剧意味。因为在周围人纷纷变为犀牛后，只有他仍以人的面目存在，孤零零的他在这世上能坚持多久呢？而且，在"犀牛"们看来，这个唯一与众不同的贝朗热是个新的怪物。它们又能容忍他多久呢？

正如尤奈斯库所指出的，更"值得重视的是在每个人内心深处存在的犀牛"，每个人的内在人性都有多变性，在丑恶势力占上风、自己成了少数或不利于自己的情况下，为求自保，有几个人能保持清醒，坚持作为一个有良知的"人"的高贵、善良，能坚持正义真理，宁愿牺牲自己而坚持反对野蛮、残酷、屠杀，反对将自己等同于一个动物呢？

尤奈斯库在谈到他创作《犀牛》的经过时说，他主要是以30年代在罗马尼亚时的亲身感受为依据。当时，法西斯主义像病毒一样腐蚀着人们的灵魂，整个社会迅速地染上法西斯病。对于法西斯病毒在人们中间的蔓延，很少有人表示过怀疑和反抗。作者对法西斯主义非常反感，但却无力改变现实。这是他1938年离开罗马尼亚的主要原因。尤奈斯库声明："我采取的立场就是斥责法西斯主义、极权主义、集体的歇斯底里以及有时左右了社会的狂热病。"①

作者最初的锋芒是直接指向法西斯主义的，但这出戏又有更高的哲学意义。一些评论家认为这出戏的意义不仅在于它的历史意义，而且可以把人变犀牛看成是一种盲目的随大流，不用脑子的狂热，怯懦的屈从，听之任之的异化。所以说《犀牛》不是对某一具体社会现象的确指，而是对异化现象理性思考后的艺术反映。情节虽然荒诞，但却深刻反映了"人"作为一个本应有头脑、有思想、有人形、有人性的个体，可能出现的种种不同的处世之道。

四、接受与影响

历史地说，荒诞剧的源头可追溯到法国戏剧家阿尔弗雷·雅里的木偶剧《乌布王》系列，追溯到法国"超现实主义"剧作家阿波利奈尔的《蒂雷齐娅的乳房》。传统喜剧对尤奈斯库的影响，源于即兴喜剧、轻歌舞剧和杂耍歌舞，并同笑剧、杂技等戏剧艺术结合在一起。尤奈斯库少时常看的雅里的木偶系列剧《乌布王》，情节怪诞，表演夸张，尖声尖气、机械性的声音，断断续续、时高时低的说话方式，机器人般的姿态动作给尤奈斯库留下了难以磨灭的印象。尤奈斯库曾说："我小时候，我母亲简直无法把我从木偶戏那里拉回去……木偶戏把我吸引在那里，它比真实更真，它通过一种极其简单、极其夸张的形式呈现在我眼前，似乎是为了突出表现那滑稽而原始的

---

①　南黛、鲁越：《老随笔——20世纪演艺大师卷》，206页，北京，海潮出版社，2001。

真理。"①

"超现实主义戏剧"一词，源出于法国诗人、剧作家阿波利奈尔于 1917 年 6 月 24 日上演的剧本《蒂蕾霞丝的乳房》他曾在该剧本的剧名下特地标明：这是一出"两幕及一序幕"的"超现实主义的戏剧"。超现实主义戏剧真正作为一个有纲领、有组织、有理论的独立的流派，则形成于 1924 年。在阿波利奈尔之后的年轻诗人首先继承了这一词汇，发起了一场以反传统为基本特征的文化运动。他们主张在思想、意象和语言的某种属于非理性（像弗洛伊德运用梦呓为患者治病那样）的联结关系中，采用绝对随意表现的原则。到了超现实主义剧作家那里，有不少剧作家甚至常把很多毫不相关的字母无规则地组合在一起，它们在字义上并不能作出解释，但是读起来很好听，极富音乐感。此外，超现实主义戏剧强调所谓绝对"根本的语言"，这种语言是未被人工雕饰过的。他们认为，人不应该被虚假的客套语言束缚起来，人与人之间应恢复根本的对话，"纯"对话。这些话的根本意思，就是指人应把自己在非理性状态中的思想活动直接地暴露出来，而不要加任何伪装和掩饰。法国超现实主义主张颠倒思想和逻辑并通过特殊的动作、音响效果、布景、灯光组成一种超越传统戏剧语言的新手段，以使观众在震惊中猛然惊醒，看清世界的真实面目。这个见解对荒诞派产生了很大影响。在这样的戏剧观指导下，荒诞派戏剧的道具使戏剧的"直观艺术"特点发挥到了极限。

面对 20 世纪政治、经济、思想、文化的巨大变化，特别是第二次世界大战后"这个充满战争、机器和神经病的世界"，"这么一个杂乱的、非理性的世界"，被历史捉弄了的人们既感到悲剧式的幻灭、绝望，又对命运的无常感到喜剧式的无奈、茫然！经历过两次世界大战的荒诞派作家，大多是受过精神创伤又难以医治的一代人，面对冷漠混乱的现实，过去的幻想、信仰，以及稳定、安全的感觉彻底瓦解、消失了。他们认为人生瞬息万变，世界不可理解，一切都是荒诞的、无意义的。从表现上看，他们作品的内容的确是荒诞不经，让人费解的。《椅子》被认为是尤奈斯库的代表作，在作品中，作者力图"深入到平凡的（事情）中去寻找那些不平凡的，奇特的和新鲜的东西"。他取消了认识、理解、把握世界的共同尺度，即理性。

尤奈斯库在《荒诞派戏剧》中指出："现实主义是谎言的戏剧，不诚实的戏剧……真正的真诚与此相距甚远，它来自非理性的深处，无意识的深处。"在这种非理性美学追求下，荒诞派戏剧完成了审美观念的转向，即舞台上最重要的是人，戏剧承担着反映人的内心的使命。于是我们看到，人物的心灵冲突取代了戏剧冲突，跌宕起伏的故事变成了紧张不安的现场，情节消失了，性格消失了，逻辑消失了，舞台上剩下的只有"当下"。所谓"当下"，就是人物心灵的一个又一个瞬间，是处在高度物质化社会生活中的人的心灵反应。荒诞剧的创作者面对的是基本的人，是内心里渴望生命、恐惧死亡、恐惧命运的人，这样的人物，他的言行不再与现象世界呈现着一一对应的关系，而是颠倒的、散乱的、错位的、荒诞不经的，然而却反映出一种更深层

---

① 袁可嘉等：《现代主义文学研究》，616～617 页，北京，中国社会科学出版社，1989。

次的真实。

在荒诞派作家看来，"一切现实和语言都仿佛失去了意义而土崩瓦解"，"语言以一种不同的方式坍塌了，辞汇象石块或死尸一般坠落下来"。在荒诞派戏剧中，准确、鲜明、生动的语言台词已经失去其表情达意的社会交际职能，成了单纯的只是为了证明自己存在的生理现象，人物对话不再是揭示人物性格、引出矛盾冲突、展开故事情节、体现作品主题的重要手段，因而不注重准确性和逻辑性。它用荒诞的语言来反映资本主义世界这个荒诞的社会和人生。作者说："没有什么比陈词滥调更让我感到惊讶的，'超现实'其实就在我们日常谈话之中，唾手可得。"

荒诞派作家们在摸索一种新的表现形式的过程中，提出了"纯粹戏剧性"。尤奈斯库说，"戏剧结构就是要剥去非本质的东西；要更多的纯粹戏剧性"①。所谓"纯粹戏剧性"，就是更多依靠演出本身，依靠舞台形象、场面等来达到效果。其实，由于夸张与变形，所有喜剧都带有一定的荒诞性。荒诞派把这种特殊表现手法叫做"直喻"。在这样的直喻之下，我们看到，满台的椅子，遍地的鸡蛋，禁闭在垃圾桶里的人，还有无限增多的家具，膨胀的尸体，毫无理性目的的动作等。在这种直喻之下，道具会说话，《秃头歌女》中，无须什么台词，一连打二十九下的时钟就宣布了世界是荒诞的；《新房客》等作品中，堆放满台的物体就给人以压迫感。与"直喻"相联系的就是降低甚至彻底剔除语言的表意功能。《雅各或屈服》中罗伯达一家人决定用一个"猫"字来表达一切，它说明语言的丰富己毫无意义。"人们走路用脚，人们取暖用煤或电"，《秃头歌女》中马丁夫妇那些听来毫无意义的言谈表明，在一个非理性化、非人化的世界里，人既然失去了作为人的本质，就没有思想，他的语言就只能是空洞的形式。总之，荒诞戏剧不是"读剧"是"看剧"，在这里，什么戏剧结构、舞台规范、悲喜剧界限等等全被踢开，作家自由驰骋在主观臆想的新天地里，试图扩大艺术表现的领域。

尤奈斯库就是这样汲取超现实主义的精神营养，以人在高度物质化的社会生活中的主观感受代替了客观现实作为戏剧表现的中心。一方面，他的戏剧艺术扎根于充满矛盾和苦难的现实生活中，另一方面又拒绝对现实生活进行现实主义的描绘，他反对传统的价值观念，连上帝也失去了被尊崇的地位。他也反对把艺术看成自然和印象的再现，主张人们应当舍弃看到的表面上的具体现象，追求普遍本质。这不是每个人都能做到的。所以荒诞剧还曾经征询 7 万个"有知识"的观众。

荒诞派还突破了传统的戏剧创作方法，努力使舞台形象远离现实生活中的清晰性和逻辑性，将事物本来清晰、明确的形象打碎，重新组合，追求超乎形象之上的抽象，现实与非现实、生与死相互交错，像奇异、混乱的噩梦一样紧紧压迫着人。《秃头歌女》剧中人物主客围坐在一起，尴尬地沉默着或各人自言自语地请客；在《阿麦迪或脱身术》中停放在家里 15 年的尸体以及尸体突然间的无限膨大……总之，描写奇异、怪诞的幻觉场面，强调戏剧是想象和梦幻的领域，表达在荒诞残酷的社会现实中

---

① 朱虹：《荒诞派戏剧集·前言》，上海，上海译文出版社，1980。

感受到的抽象的心理苦闷，重视精神上的深刻讽喻效果，反映荒诞现实的抽象本质，这些都是各剧的共同特点。

荒诞派戏剧还接受了法国超现实主义所主张的运用大量抽象、象征手法的影响。剧中不光使用个别的单一象征物（胡乱响的时钟、摆满舞台的椅子）来象征荒诞、"不可理喻"的现实、无限增长的"物"对人的精神压迫，而且整部作品都成为作者主观精神的抽象表达。这种生存的荒诞感，就是对世界的苦闷、迷茫，就是被放逐的孤独感、压抑感、陌生感。这就是尤奈斯库借助象征表达的总的主题。

不可否认，荒诞派戏剧在对揭示西方社会的弊病，反映现代人的精神方面具有积极的认识作用，直接促使了"忧郁与绝望的喜剧"——"黑色幽默"的产生。

尤奈斯库作品中的幽默与绝望、胡说八道与无法言喻的深刻之间的反常混合，对许多剧作家产生了巨大影响，他开创的荒诞派戏剧，成为西方战后最重要的戏剧流派之一，这一流派中，涌现出了阿达莫夫、让·日奈等荒诞剧作家，同存在主义文学和新小说派一起被称为法国当代文学史上的"三大流派"。他的首创荒诞派剧作《秃头歌女》《椅子》和贝克特的《等待戈多》一起，并称为世界荒诞派戏剧的"三驾马车"，成为诸多大学教材中现代派剧作的代表篇目。

荒诞的本体化不仅没有彻底否定荒诞派戏剧，反倒构成了荒诞派戏剧的意义与价值。荒诞派宣告一切理解和表现都是不可能的，而荒诞派戏剧又引起世人普遍的关注与共鸣，以致贝克特1969年获得诺贝尔文学奖，尤奈斯库1970年被选进了法兰西学院，这便是不可理解的理解。荒诞派戏剧从"反传统"开始发展到成为传统的一部分，它所认定的"一切均无意义"又引起广泛而持久的影响和效应，这即是"无意义的意义"。

20世纪80年代始，中国也出现过有意识地模仿西方荒诞剧的作品，实现对传统现实主义的反动。作为中国荒诞戏剧的先行者，《绝对信号》《车站》《野人》《W—M我们》《魔方》《彼岸》等剧在全面克服现实主义幻觉效应的同时，有着明显的对西方荒诞剧的模仿的痕迹。以高行健的《车站》为例，这是一出典型的贝克特式的"等待戏"：一群人为"进城"这一共同目的在某车站等车。除"沉默的人"外，其余七人贯穿全剧的唯一一个戏剧行动即是"等车"，直到最后发现让他们付出了十年时光的地方，竟是一个被废弃了的公共汽车站。他们意识到了自己的荒诞处境，但却彻底丧失了行动意志，直到剧终，仍旧没有迈出"走"的第一步。稍稍了解西方荒诞戏剧的人在看完《车站》之后都不能不联想到贝克特的《等待戈多》，可以说从主题到情节，从荒诞意识到怪诞手法，《车站》一剧均可看成是对《等待戈多》的翻版。可见，中国早期的荒诞戏剧在主题、手法、风格上，均体现出对西方荒诞戏剧的敏感性。

当代中国荒诞戏剧的创作者们，在提取西方荒诞戏剧的主题因子的同时，也在进行着美学观念的转换，把戏剧中心由戏剧冲突转变到对心灵的舞台拷问。这种美学观念的转换也可以表述为一系列的淡化和强化：传统戏剧的情节冲突被淡化了，人物的社会学特征和性格特征被淡化了，语言作为传达信息的功能被淡化了；人物的"当下"状态得到了强化，那种弥漫在剧场里，透过剧中人物对白和灯光、音响等效果紧紧抓住观众的心的剧场气氛被强化了。鉴于这种对内心世界的拷问，对自我灵魂的抒情，就必然要把人物的心理世界放大，从中烛照出哲学意味与人生感悟。如魏明伦的川剧《潘金莲》，虽然被作者称作"荒诞戏"，但荒诞的只是形式与方法，其内容却有着浓烈的理性思辨色彩。这一剧作的产生，多少也受到法国荒诞派戏剧的影响。

五、经典评论

尤奈斯库剧作总的特点是：标新立异，荒诞离奇，舞台的象征性强，善于从总体构思上勾勒人生的荒诞，选取的荒诞角度多而新颖，震撼效果强烈。

在残酷现实的教育下，人们意识到那些"实在"的事物和"不可动摇"的基本概念可以清理和商榷。于是，越来越多的人开始看懂并欣赏荒诞剧，有人甚至站出来回敬那些轻蔑嘲笑、贬损指责它的人。美国荒诞派剧作家阿尔比说："据我看，荒诞派戏剧是对某些存在主义和存在主义后的哲学概念的艺术吸收。这些概念主要涉及人在一个毫无意义的世界里试图为其毫无意义的存在找出意义来的努力。这个世界之所以毫无意义，是因为人为了自己的'幻想'而建立起来的道德、宗教、政治和社会的种种结构都已经崩溃了……荒诞剧派，作为一个真正的当代剧派，正视人的现实，是我们时代的现实主义剧派。"[1] 观众看了荒诞戏感到忍俊不禁，但在笑声中隐藏了深深的寂寞与悲哀。"尽管剧情虚妄，台词荒唐，我们仍不难发现某些方面剧中人和老百姓十分相似。剧中出现的荒谬现象正是对不合理生活极度夸张的结果。"

尤奈斯库开创的荒诞派戏剧探求生活复杂底蕴的勇气，直面人生，不囿于传统的成见的精神及思维方式，将为人类的文艺形式继承和借鉴。在戏剧理论上，他们强调戏剧的表演性，这无疑是对有着几千年历史的古老艺术的拯救。现代各艺术门类，为了加强自己的表现力，互相取长补短，这无疑是丰富了自己的表现手段和表现力，但同时，也在消灭着自己，因为它使自己的个性日趋模糊。同时，随着科学技术的发展，新的艺术门类也在不断地诞生。戏剧，因其古老而"德高望重"，久踞艺术廊庙之上，而又因其古老而步履蹒跚，缺乏竞争力，在这场弱肉强食的生存斗争中，在强有力的挑战面前，如何使这日趋式微的古老艺术重新焕发青春？唯一的办法，便是强化并弘扬戏剧为其他艺术种类不能取代的特点，那就是它的表演性。它是视觉的，又是听觉的，它是"一个整体结构，是舞台形象的动态的建筑结构"，这种立体效果，这种立体效果的直接感受性，才是戏剧永远为其他艺术种类难以取代的独特性，才是戏剧的生命之源。荒诞派戏剧力求将自己的感受物质化，把自己充满激情的思想变为可以直接感受的视觉形象、听觉形象，这一切舞台形象成为"有意味的形式"，"有血肉的思想"，无疑是紧紧抓住了这一特性。那分解现实过后重铸的整体，也将观赏者的意识从现实生活中剥离出来，从传统戏剧的情节、人物中剥离出来，从固有的思维定势中摆脱出来，以一个新的视角，在较少的"背景"的情况下，直接和剧作者产生心灵的交流。罗大冈说，看了《秃头歌女》后，常情不自禁地想起这出剧，并且心灵

---

① 转引自《哪家剧派是荒诞剧派？》，载《外国文学》，1981（1）。

很久都有一种压抑感，过了很长一段时间终于恍然大悟，"作者要求他的戏剧给观众的效果影响"，"正是这种压抑感，这种苦闷甚至痛苦的感觉"。"我是不折不扣地落入了尤奈斯库精心设置的圈套了"①。分解现实后重铸的动态的整体结构，产生的整体性情境形成了一种浓重的艺术氛围，它全面笼罩了观众的整个心灵，用荒诞的手法表现荒诞感，将内心情感物质化的"直喻"手法，使观众和剧作者融为一体，产生出震撼心灵的持久的美感，而不是迷醉于人物命运、情节过程之中。

但荒诞派戏剧不可能是一种永久性的艺术样式：它只存在于新旧理想的间隙，人类寻找和建立新的超越理想的生命冲动注定了荒诞派戏剧的过渡性。正因如此，荒诞派戏剧在 20 世纪 60 年代达到鼎盛以后，在 70 年代初就迅速衰落了。几乎所有的荒诞剧作家都转而采取了别的戏剧表达方式。当事物的特征已经被夸张到极限以后，能如何再夸张下去呢？1982 年尤奈斯库坦率地承认："我确实曾是反戏剧的剧作家之一。我们的路已经走到了尽头，现在不太清楚应该怎样走下去。"②

荒诞派戏剧作为一个流派已经成为历史，美国荒诞派戏剧的代表人物阿尔比说："一个剧作家创作时，应做到三件事：改变人们观察现实的看法努力创造一种趣味盎然的艺术形式，敢于突破戏剧的清规戒律，扩大人们的戏剧视野。"③ 荒诞派戏剧虽已成为历史，而"荒诞"作为一种题材，作为一种风格必然在文艺的百花园中，占有自己的一席地位。荒诞派戏剧的手法，亦将为后人借鉴。特别是它对张扬不同艺术门类的个性，从而使之不断获得新生的思考，大胆探索、勇于创新的精神，将更加影响深远。

第三节　萨缪尔·贝克特

萨缪尔·贝克特，是先用法语后用英语写作的爱尔兰裔作家，也是荒诞派戏剧的代表性作家，他一生创作了大量的小说和戏剧。贝克特的剧作使现代人从精神贫困中得到振奋，"具有希腊悲剧的净化作用"。1969 年，"由于他的作品以一种新的小说与戏剧的形式，以崇高的艺术表现人类的苦恼"，获得诺贝尔文学奖。

一、生平和创作

1906 年 4 月 13 日，萨缪尔·贝克特生于爱尔兰都柏林的一个犹太中产阶级家庭，父亲是建筑工程估价员，家人虔信新教。贝克特童年在法国人办的小学读书。1920 年入恩米斯基伦的波尔托拉王家学校学习。1923 年，进入都柏林三一学院学现代文学，1927 年毕业，获法文和意大利文的学士学位。1928 年，他到巴黎高师担任英语助教，与意识流大师乔伊斯相识，并作他的秘书。1929 年，贝克特结识了庞德，发表《但

---

① 罗大冈：《耐人寻味的〈秃头歌女〉》，载《外国戏剧》，1982 (4)。
② 王忠琪：《法国作家论文学》，532 页，北京，生活·读书·新知三联书店，1984。
③ 冯汉津：《卡缪和荒诞派》，载《译林》，1979 (1)。

丁、布鲁诺、维柯、乔伊斯》一文。1930 年，与友人合作把乔伊斯的作品译成法文，并与一些超现实主义者来往。1931 年，贝克特回到都柏林三一学院任法语教师，在伦敦发表有关研究普鲁斯特的文章，研究笛卡尔的哲学思想，获哲学硕士学位。1932 年以后，贝克特漫游欧洲，并为"先锋派"撰稿。后因为对爱尔兰的"神权政体"、"书籍检查"不满，于 1938 年定居法国巴黎。同年在伦敦发表长篇小说《莫尔菲》。第二次世界大战德国占领法国期间，贝克特参加了巴黎的地下抵抗运动，一度因组织暴露被迫逃到非占领区沃克吕斯的一个小村庄，当农业工人。从 1929 年至 1942 年，贝克特用英文写作。战争结束后，他又重返巴黎，集中精力从事文学创作。直至 1947 年开始写剧本。70 年代，他的创作进入晚期。发表了一些剧本和诗歌，但数量明显减少。1989 年 12 月 23 日，贝克特在巴黎一家简陋的养老院中孤独地逝去。

贝克特 1952 年发表剧本《等待戈多》，次年 1 月该剧在巴比伦剧院上演，贝克特由此一举成名，确立了他作为荒诞派戏剧经典作家的地位。除了《等待戈多》，重要的剧作还有《终局》《最后一盘磁带》《啊，美好的日子》等。《终局》1957 年上演，叙述在一个灰暗的房间里有四个落魄的人，刽子手哈姆坐在椅子上，一边虐待克洛夫，一边哀求克洛夫杀掉自己。他们面前有两只垃圾箱，纳格和奈尔关在里面，他们是哈姆的"可诅咒的后代"，想死，可死总是不来。同年发表的广播剧《所有倒下的人》，写一对夫妇坐火车回家，因有个孩子被人谋杀，从火车上掉下去，使火车误点。《最后一盘录音带》叙述一个老人克拉普几乎耳聋，总在听 30 年前录制的带子，聊以自慰。1962 年上演的《啊，美好的日子》，描写一个老妇人被埋，泥土逐渐埋到脖子根，可她仍然关心自己的日常用品，提包、指甲锉等。她幻想自己得不到的幸福，老伴却在她身边咕噜着。

贝克特的作品还有诗作《婊子镜》，评论集《普鲁斯特》，短篇小说集《贝拉夸的一生》和《第一次爱情》，中篇四部曲《初恋》《被逐者》《终局》《镇静剂》，长篇小说《莫尔菲》《瓦特》，三部曲《莫洛瓦》《马洛纳正在死去》《无名无姓的人》及《如此情况》《恶语来自偏见》等。这些小说以惊人的诙谐和幽默表现了人生的荒诞、无意义和难以捉摸，其中的《莫洛瓦》三部曲最受评论界重视，是贝克特最重要的小说，有人称其为 20 世纪的杰作。

《莫洛瓦》是贝克特用法文写的第一部作品。主要的写作手法是独白式的意识流，主人公用想象和幻想演绎出故事的情节。《莫洛瓦》共两章，第一章写主人公莫洛瓦寻找母亲、寻找故乡的故事。莫洛瓦是一个脚有残疾、失去记忆的作家。他不知道自己是谁、故乡在哪里、为什么找母亲，到后来也不确定母亲是否存在。莫洛瓦最后迷失在一片森林里。第二章出现另一个人物——作家莫兰。一天，莫兰接到一项任务，调查"莫洛瓦事件"，而且要他带上儿子立即出发。此时，莫兰突然精神混乱。他和儿子历尽艰辛磨难，后来因病痛缠身，儿子逃跑，他陷入了绝境。忽而又接到任务结束的命令。回到家中，发现家园一片荒芜，儿子正在那里睡觉，一次梦幻似的旅程结束了。在第二部《马洛纳正在死去》和第三部《无名无姓的人》中，主人公本身已经非人化，只是一些精神流浪者被限在极小的空间里。

二、美学主张

青年贝克特喜欢哲学，也喜欢新潮文艺。一生经历过两次世界大战，亲眼看到战争给人们带来灾难，现实世界令人绝望，因而陷入对存在主义哲学的迷恋，认为存在是荒诞的，历史毫无规律，命运是不可知的，人类无能为力。这种观点曾明显地反映在他的小说和戏剧中。世界总是时时处处威胁、压迫着"自我"，人所存在的周围世界充满了"敌意"、"荒诞"、"冷酷"，人活着毫无意义，只是痛苦和孤独、恐惧和失望。他的作品旨在揭示生活的毫无意义和存在的极其荒诞。另外，20 世纪 20 年代，欧洲盛行的意识流文学新潮也深深吸引了贝克特，创作上受乔伊斯、普鲁斯特和卡夫卡的影响，一开始走的就是远离现实主义传统的创作道路。

贝克特在戏剧创作上主张艺术形式与内容的和谐统一。他说，戏剧"需要一种新的形式，这种形式能容纳混乱的生活而不试图改变混乱的性质……寻找一种能容纳混乱的形式是当前艺术家的任务"。贝克特也正是以"反传统"的戏剧形式来反映人类荒诞、混乱的生活，他的作品也正是从内容到形式都存在着一种"荒诞"。

1937 年，贝克特预见到了一种"非语言的文学"的诞生，他说："我们不能马上消除语言，但是我们可以尽我们所能，让语言渐渐声名狼藉。我们必须让语言千疮百孔，这样，隐藏在语言背后的某种东西，或者根本就没有东西的东西，就显露出来。"① "语言是一种自满的形式"，而"写作好比是'用尘土来堆雪人'怎么堆也堆不起来。"贝克特作品中的语言形式与要表达的内容紧密结合。戏剧中对话很少，几近沉默，即使有对话，也充满非逻辑性，不是语无伦次、胡言乱语，就是支离破碎，令人莫名其妙。其目的不是交流，而是表现人物的孤独。通过这些非理性的语言揭示人物的复杂心态，表现他们的焦虑、欲望、恐惧以及对待死亡的矛盾心理。随着语言的逐渐消失，贝克特说，"我想这可能就是当代作家最崇高的理想了吧……有什么理由不让语言表象这种可怕的物质像声音表象一样融化呢?"②

相对语言力量的削弱，贝克特关注舞台形象的震撼力，他曾说，"形象的力量比语言的力量强多了，而且形象也比语言清晰、准确"。贝克特笔下的人物形象没有独特的个性，很少或没有具体的身份和背景。"贝克特所塑造的形象越来越静态、专注、神秘。他们岌岌可危地悬挂在物质边缘的上空，但是，他们仍极具影响力、大胆，甚至令人震惊。尽管它们处于缩小、甚至融化和消失的边缘，但是它们给观众留下了极其深刻的印象。"③ 他往往选取一些流浪汉、老人、残疾者或奄奄一息的人作为主人公，其遭遇比一般人悲惨。他们不会深入思考，没有性格，身份也难以确定，角色甚至可以对换。《等待戈多》中两个乞丐流浪汉，《终局》中的四个人物：一个又瞎又瘫，整天坐在轮椅上；一个得了奇怪的病，能站能走就是不能坐；另外两个则双腿残废，

---

① ［英］詹姆斯·诺尔森：《贝克特肖像》，王绍祥译，49 页，上海，上海人民出版社，2006。
② ［英］詹姆斯·诺尔森：《贝克特肖像》，王绍祥译，49 页，上海，上海人民出版社，2006。
③ ［英］詹姆斯·诺尔森：《贝克特肖像》，王绍祥译，49 页，上海，上海人民出版社，2006。

始终待在垃圾箱里。《啊，美好的日子》中的老夫妻，一个埋进土丘动不得，一个只能笨拙地爬行，话都懒得说。这些人物被夸张扭曲，生活在死亡与疯狂的阴影中，以野蛮的方式无意义地生存着。贝克特彻底掀翻了传统戏剧的舞台，不用具体真实的布景，而关注舞台的艺术效果，使台上的一切隐含象征意义，以此揭示人类荒诞的生存状态。在道具的使用上，贝克特虽将之简化到极致，但也赋予了道具强烈的象征意味，强化人物的局促不安。《等待戈多》的剧情发生在一条光秃秃的小路上，道具只有一棵仅有四五片叶子的小树。《终局》是一个没有家具的房间，在海洋和陆地之间。《灰烬》的背景是废弃的海滩。《哑剧》和《啊，美好的日子》在荒漠里进行。贝克特像很多荒诞派戏剧家一样，依靠道具的巧妙运用，夸大其功效，将荒诞感视觉化，很好地实现了对"能容纳混乱的形式的"探索。

贝克特还是一个小说创作的试验者，他的小说，曾吸取过意识流小说家乔伊斯和普鲁斯特的内心独白艺术手法，但主要还是从存在主义观点出发着意描写荒诞的主观感觉，表现"在人类的荒诞处境中所感到的抽象的心理苦闷"。① 他的小说从创作题材到叙事方式及主人公的形象塑造都打破了传统小说的模式，表现出违反传统的"荒诞"性。例如，在《莫洛瓦》中，主人公莫洛瓦开始出发的目的是寻找母亲，寻找故乡；第二章中的莫兰，出发的目的是寻找莫洛瓦，可他不知道为何寻找，寻找的目的在寻找的过程中不断被遗忘，情节不停中断，变成他个人的冒险经历和意识状态的漫游，结果是不仅寻找者一无所获，而且连他自己也失去了自我，变成了莫洛瓦。

三、主要作品分析

1. 《等待戈多》

《等待戈多》是贝克特的代表作，也被视为荒诞派戏剧的奠基作。《等待戈多》的创作艺术集中体现了贝克特的美学主张，荒诞的思想内容和艺术形式在作品中达到高度统一。

《等待戈多》是一个两幕剧，出场人物共五个：两个流浪汉——爱斯特拉冈（又称戈戈）和弗拉季米尔（又称狄狄），波卓和他的奴隶幸运儿，还有一个报信的男孩。地点是在荒野外的路旁，背景只有一棵光秃秃的树。

第一幕，黄昏时分，荒野路旁，一棵光秃秃的树。两个无家可归的流浪汉（戈戈和狄狄）相遇，他们在等待一位叫戈多的神秘人士到来。在等待中，他们滔滔不绝说一些东拉西扯的胡话。无事可做，却又不停地做一些荒唐可笑的动作：戈戈在不停地脱靴子，闻靴子，狄狄不停地脱下帽子窥视帽子里的东西，但什么也没找到。在极度孤寂中，他们想上吊，又怕吊死身体轻的，身体重的会坠断树枝而留下，心情更加孤寂。于是急切地等待戈多，并不停地啃胡萝卜。波卓和奴隶幸运儿上场，作了一番莫名其妙的表演，与戈戈、狄狄恋恋不舍地分手。不久，戈多的信使小男孩上场，报告说，戈多今天不来了，明天准来。第二幕，还是黄昏，同一地点，仅有的不同，是那

---

① 袁可嘉等：《现代主义文学研究》，675~676 页，北京，中国社会科学出版社，1989。

棵光秃秃的树一夜间长出了四、五片叶子。两个流浪汉又相聚在一起等待戈多。他们迷迷糊糊地回忆着昨天发生的事，甚至无法辨认自己是否仍在昨天的地点等待戈多，突然一种莫名的恐惧袭来，为了"可以不思想"、"可以不听"，他们无话找话，不停地同时说话。他们对自己"要什么"一无所知，于是，再次寻找失去的记忆，谈论胡萝卜，谈靴子。戈戈做了一个噩梦，狄狄不让说，他们要离开，却又不能。在等待中，两个人突然精神迷乱，互相对骂，做毫无意义的动作来消磨时间。这时，波卓主仆再次上场，波卓已成瞎子，不认识他们，幸运儿也奄奄一息。戈多的信使小男孩再次上场，说戈多今晚不来了，明晚准来。两个流浪汉一听想要上吊，结果一拉裤带，断了，决定明天再上吊。除非戈多来了，那样就能得救。他们口里喊走，却仍然站着不动，真是毫无希望地等待。

《等待戈多》是一部没有情节的戏剧，它的全部意蕴就在琐碎拼接的画面中，它的艺术魅力也凝聚在观赏、阅读过程中，单借转述戏剧情节大意是不能完成的。《等待戈多》非常集中、突出地体现了荒诞派戏剧的荒诞色彩。在这个概念中，人既不是世界的主人，也不是社会的牺牲品，他对外部世界无法理解，他的任何行为和喜怒哀乐情感对世界都不起作用，世界只呈现冷淡、陌生的面孔。被荒诞派剧作家尊为先师的加缪在《西西弗斯的神话》中讲："一个能用理性方法加以解释的世界，不论有多少毛病，总归是一个亲切的世界。可是，一旦宇宙中间的幻觉和光明都消失了，人便自己觉得是个随时生人，他成了一个无法召回的流放者，因为他被剥夺了对于失去家乡的记忆，而同时也缺乏对于未来世界的希望。这种人与他自己生活的分离，演员与舞台的分离，真正构成了荒诞感"。《等待戈多》就是这种荒诞感的形象的体现，表现在人与客观世界，人与人隔膜及对人、对自身生活的迷失，而所有这些，都是以一种非理性的形式呈现。

首先，作品展示了人与外部客观世界处在无法感知的隔绝状态。在贝克特的世界里，人与空旷的大自然隔绝开来。这种看法不但没有给他安慰，反倒令他倍感恐慌。第二幕里，那株枯树一夜间长出了四、五片绿叶，以至戈戈、狄狄无法辨清自己是否仍在昨天的地点等待戈多。在作品中，作者多次写到戈戈和狄狄无法辨清自己所处的环境和时间，而这外部的环境给人以压迫感。戈戈和狄狄有段对话，戈戈问："那么，我们主人公是在什么地方呢？"狄狄："你以为我们可能在别的什么地方？你难道认不出这地方？"戈戈："认不出。有什么可认的？我他妈的这一辈子到处在泥地爬！你却跟我谈起景色来了！瞧这个垃圾堆！我这辈子从来没离开过它！"无论是时间的变化，还是空间的变化，都无助于人的生存状态改变，无论生活在哪里，是麦康地区还是凯康地区，是白天还是黑夜，这一切，都与人的生存状态无关，所以，是否能搞清自己所处的环境无关紧要。剧中波卓说："你干吗老是用你那混账的时间来折磨我？这是十分卑鄙的。什么时候！什么时候！有一天，难道这还不能满足你的要求？有一天，任何一天。有一天，他成了哑巴，有一天我成了瞎子，有一天，我们会变成聋子，有一天我们诞生，有一天我们死去。同样的一天，同样的一秒钟，难道还不能满足你的要求？"正因为人对外在客观世界毫无所知，正因为外在世界荒诞不经，所以，人常常被荒诞的现实所惊吓。在第二幕里，戈戈和狄狄突然精神迷乱，认为戈多来了，认为自己被包围了，而又无处藏身，那种可怜可笑的处境和模样正说明了这一点。

其次，人与人之间处于一种无法分开又相互隔膜的状态。戈戈对狄狄多次说："咱们要分开手，各干各的，是不是会更好一些。""你瞧，我不在你身边，你反倒更好。""你瞧，有我在你身边，你的心情就差多啦。我也觉得独自个儿呆着更好些。"但人类群居的本性又使他们注定无法离开。用狄狄对戈戈的话说就是："我想念你……可是，（一个人）同时又觉得很快乐，这不是怪事吗？"所以，戈戈嘴上说想离开狄狄先上吊，因为狄狄重，"要是它吊得死你，也就吊死我"。否则，戈戈先上吊，戈戈死了，狄狄再去上吊时，因为狄狄重，把树枝坠断，就会只留下狄狄一个人。波卓也是如此，"不喜欢在真空讲话"，他说："不错，一个人独自个儿赶路，路就显得特别长，尤其是一气儿走……不错，诸位，我不能老往前走，一点儿不跟我的同类交往，尽管相同之处并不多"。尽管他与戈戈、狄狄情感上不能沟通，但"想跟你们在一块儿消磨一些时间，随后再赶我的路"。作者用走路象征人生的历程，而在人生中，人与人之间就是这样毫无目的，相互之间也无法理解地聚居在了一起。贝克特这样形容这种关系："我们是孤独的。我们不懂得如何去了解别人，也不知道怎样才能够被了解。"①波卓在第二幕里，搞不清来报信的小孩就是昨天来报信的那个，用荒诞的手法来突出这种不能理解和沟通。而且，他们这种聚居，是以别人的痛苦来减轻自己的痛苦。波卓与幸运儿是这样，波卓与戈戈、狄狄交谈也是这样："跟最卑下的人分手后，你就会觉得更聪明，更富足，更意识到自己的幸福"。作者反复宣扬的是，人的痛苦不能靠别人的拯救、安慰或自身的奋斗解除，只能靠别人的痛苦来解除，人类的生存历来就是如此。戈戈安慰幸运儿，幸运儿就不再哭泣。"他不哭了，可以说是你（戈戈）接替了他（幸运儿）。世界上的眼泪有固定的量，有一个人哭，就有一个人不哭。笑也一样。因此，我们不必说我们这一代的坏话，它并不比它的前几代更不快乐。"波卓的话道出作者眼中人与人之间的关系。

再次，对人、对人的生活的迷失，构成了《等待戈多》荒诞感的又一个重要方面。在作品中，人既不知自己从何而来，也不知自己向何处去。人既不了解自己的历史，也无法弄清楚自己在现实中生活的意义，更无从预测自己的明天。人已经完全失去了自己的精神家园。戈戈和狄狄搞不清楚自己过去在麦康地区抑或凯康地区的生活，甚至只经过了一夜，戈戈就失去了对昨天的记忆。波卓和幸运儿呢？一夜之间就变成了瞎子和哑巴。命运对于人类来说，就是这样丝毫无法把握无法预测。谁也无法知道正在发生着什么，谁也无法知道将要发生什么，人不知道自己生存的意义是什么。戈戈说自己当过诗人，那证据就是穿在身上的破烂衣裳。戈戈又说自己名叫卡图勒斯——公元前罗马著名抒情诗人，而戈戈已经穷愁潦倒，那是说，那些传统意义上的美德、崇高、追求早已不值一提，早已沦落了。人在现实生活中受尽苦难，甚至连笑也不敢笑，但人又不知道自己痛苦的原因是什么。戈戈被靴子挤痛了脚，但当他终

---

① ［英］詹姆斯·诺尔森：《贝克特肖像》，王绍祥译，88页，上海，上海人民出版社，2006。

于费力脱下靴子来，反复向靴子里窥视之后，却仍然是一无所知。狄狄不断地翻来覆去地查看帽子也是如此。人类奋斗过，挣扎过，但这种奋斗、挣扎毫无用处，而且，既然对外界对自身一无所知，那么，这些奋斗、挣扎也就毫无作用、毫无目的，而且显得可笑。戈戈和狄狄玩幸运儿的帽子，他们想上吊，相互对骂，都是如此。对未来呢？他们没提出什么要求，或者说，他们再也提不出什么新的要求。正因为人对自身迷失，所以，他们放弃了自己所有的权力，把希望寄托于外在的力量，而且，在他们眼中，任何外在的力量都是十分强大可怕的。戈戈和狄狄对波卓毕恭毕敬，甚至对幸运儿起初也唯唯诺诺。他们把希望寄托在戈多的到来上，把自己"拴在戈多身上"，生活的全部意义就是等待，但是，这种等待也依然是一种绝望的等待，戈多一直未能出场。"希望迟迟不来，苦死了等待的人。"这等待，变得同希腊神话里的西西弗斯一样，是永远推不到山顶上的飞石。因此，有人称贝克特的《等待戈多》为"等待的西西弗斯神话"。无论等待是多么痛苦，多么令人腻烦，多么可怕，但等待的东西却始终不来。其实，即使戈多来了，又能如何？戈戈和狄狄曾一度把波卓当成看不懂的"思想"，有对"夜"——也就是幻境的迷人描绘，但所有这些，太可怕了。所以，美国一个监狱的犯人看过《等待戈多》之后说："即使戈多最终来了，他也只会使人失望"。这就是贝克特笔下的人的现实生存状态。

对戈多的等待是贯穿全剧的中心线索，戈多是剧中最神秘莫测的人物。但剧中没有说戈多是谁，两个流浪汉似乎见过他，但又说不认识他，也不知道他什么时候要来。他们等待他是因为他们要向他"祈祷"，要向"他提出源源不断的乞求"，要把自己"拴在戈多身上"，从戈多那里，他们可以"完全弄清楚"他们的处境，就可以"得救"。所以，他们生存的意义就是等待，尽管希望渺茫，等待是一种痛苦的煎熬，但他们把等待当成唯一的精神支柱，不停地一天天等待。

戈多究竟指何人？西方评论界众说纷纭，有人说指上帝，是因为"贝克特承认《等待戈多》的灵感来自于卡斯帕·戴维·斐德里克的作品，月光是基督和他的承诺的象征，即他一定会归来"①，并且戈多也是由上帝一词演变而来；有人说他就是波卓，因为在剧本的法文手稿中，波卓曾自称是戈多；还有人说他是在影射现实生活中的某个人物。还有一些学者，认为戈多无非是一种象征，是虚无与死亡的象征，代表了西方社会对未来盼望渺茫的精神危机。

有人曾为此问过贝克特，他说要是他知道，早在戏里说出来了。这样的回答，正是贝克特所表现的荒诞。他看到了社会的混乱、荒谬，看到了人在西方环境中生存状态的绝望和无奈，他们离不开现实，又害怕现实，无法找到生活的出路。只是在惶恐之中又抱有一种模糊的希望。而"希望迟迟不来，苦死了等着的人。"英国剧评家马丁·埃斯林曾指出："这部戏剧的主题并非戈多而是等待，是作为人的存在的一种本质特征的等待。在我们整个一生的漫长过程中，我们始终在等待什么；戈多则体现了我们的等待之物——他也许是某个事件，一件东西，一个人或是死亡。此外更重要的

---

① ［英］詹姆斯·诺尔森：《贝克特肖像》，王绍祥译，49页，上海，上海人民出版社，2006。

是，我们在等待中纯粹而直接地体验着时光的流逝。当我们处于主动状态时，我们可能忘记时光的流逝，于是我们超越了时间；而当我们纯粹被动地等待时，我们将面对时间流逝本身。"

《等待戈多》中没有剧情发展，结尾是开端的重复，第二幕几乎是第一幕的完全重复，时间好像没有流动，戏演完了却好像什么也没有发生；没有戏剧冲突，只有杂乱无序的对话和荒唐可笑的动作；人物没有正常的思维能力，记忆模糊，说话颠三倒四；舞台的气氛令人窒息，空荡荡的舞台只有一棵枯树，灯光忽明忽暗，时间脱离了常规（一夜间枯树长出叶子）。这些创新的荒诞的艺术，本身就是贝克特戏剧内容的表现。重复的剧情显示、强调了生活的枯燥，没有变化，没有生机，只是时间的无限延伸，等待的时间永无尽头。表面看来东拉西扯的胡话，表现了人物内心世界的空虚、恐惧，既离不开现实，又害怕现实的矛盾心态。舞台上的荒凉、凄惨、黑暗，象征了人在现实世界中处境的悲哀和荒诞。

2.《终局》

1957年，50岁的贝克特用法语写出了继《等待戈多》之后的又一部力作《终局》，该剧成为他最钟爱的作品。《终局》取材于贝克特本人此前在病房中的经历。当时，他哥哥躺在病房里，已经临近生命的尽头。时间过得出奇的慢，简直就是一种煎熬。病房里的每个人都知道终局马上就要到来，然而却迟迟没有出现。《终局》中有四个人物出场：一个又瞎又瘫，整天坐在轮椅上；另一个得了奇怪的病，只能站立而不能坐；另外两人则双腿残废，始终待在垃圾桶里。他们将所处的地方看成是世界的中心，于是舞台便成了世界中心。这个中心显得封闭、压抑。在其所处空间里只有两扇窗子，两个垃圾桶及一把轮椅。其余四壁皆空，没有多余的装饰。也没有激烈的矛盾冲突，展示出的是一幅悲凉凄苦的人生画面。

这是一个挑战观众艺术鉴赏力的故事：在一个狭小封闭的地下室里，有这样四个奇怪的人：一个坐不下去，一个站不起来，还有两个住在垃圾桶里。他们是父子，是夫妻，是主仆，是朋友。他们相互依赖，又彼此厌烦；他们分不开，却又沟通不了；他们回忆、希望、梦想，在相互牵扯间走向了终局。该剧法文版的首演是在英国伦敦的皇家花园剧院，之后，贝克特亲自完成了该剧的英文版创作，比之法文原版，荒诞灰暗的成分更加浓郁。

由于剧作家特别的人物安排，观看《终局》的观众只能在演出前10分钟入场，而且，为了完整地传达出贝克特的思想，迟到的观众将被禁止中途进场。从演员到观众，从创作到观赏，《终局》要给所有参与其间的人一次纯粹的戏剧体验——台上一无所有，凄凉可怕，显示出人类生活的痛苦和绝望。

贝克特打破传统的戏剧章法而主张封闭的情节结构。传统的剧作一般都很注重情节、事件的完整、矛盾冲突的组织与解决，而贝克特开辟了过去艺术家从未开垦过的新天地，或者说这类戏根本谈不上情节或结构。他的剧本，没有传统的戏剧冲突，没有情节和转折突变，也没有高潮和结局。常常用一种反复、重现的手法，开端与结尾、场景或生活片段在剧中多次再现，终点又回到起点，迂回盘旋，整个戏剧的封闭式静态结构暗示了一种无法结束的感觉。这样的结构强调了生活的乏味、枯燥、空洞和荒诞，又暗示了人类的孤独与痛苦永无尽头，同时也与作品内容和谐统一。

四、接受与影响

贝克特学识渊博，博览群书。他曾对但丁、弥尔顿、莱辛、莱奥帕尔迪、莎士比亚、赫尔德林的作品进行再创作。在写给乔治·达修式的一封信中，贝克特说自己对叶芝的作品一向都非常崇拜。1928 年贝克特到巴黎高师担任英文助教，结识了爱尔兰小说家詹姆斯·乔伊斯。精通数国语言的贝克特被分派做失明的乔伊斯的助手，负责整理《芬内根的觉醒》手稿。在与乔伊斯及其著作的接触中，贝克特的思想、创作渐渐受到影响，加上对新创作手法有意识地吸收借鉴，他的作品开始表现出荒诞意识流特色。贝克特的成名作《等待戈多》问世后，名声大噪，他成了第二次世界大战后文学界杰出的先锋派人物，荒诞派戏剧的代表。

生活的经历加深了贝克特对生活的认识，现代艺术启发了贝克特创作的灵感。贝克特对现代绘画艺术有着浓厚的兴趣，被人称作是一本活的艺术百科全书。20 世纪 30 年代，他和许多画家建立了友谊，在频繁的书信来往中谈论绘画。只要有机会，贝克特就想方设法四处搜罗、寻访现代画家的作品。他参与达修式的著作《野兽派画家》的翻译，和不少野兽派画家成莫逆之交。在《与乔治·达修式的三次对话》中，贝克特发表了对现代艺术的一系列看法。他从大师的作品中寻找自己舞台形象设计所需要的灵感，把自己对艺术家与世界的看法成功地融进了自己的作品。贝克特说，《等待戈多》的灵感来源是他 1937 年看到的德国画家卡斯帕·戴维·斐德里克的作品《两个男人共赏月》。两者有着相似的场景画面。他在后期剧作中采用的一些形象设计手法，如不同寻常的视角、扭曲法、分裂法等，又可以和德国表现主义画家的手法比照。

贝克特以不屈不挠的精神和新奇形式的小说、戏剧，刺激了不止一代的作家、哲学家对自我和时代的思索。法兰克福学派一代宗师阿多诺可算其中的代表。1969 年，这位极具反叛精神的斗士正准备把积聚十几年心血完成的著作《美学理论》题献给曾给他带来巨大启发的贝克特时，阿多诺却不幸撒手人寰，未遂心愿。但这部未完稿出版时，封底还是印上了一张贝克特的照片。这是后来人替一位大师表达了对另一位大师未了的敬意。《美学理论》一书的广泛译介、宣传，可以印证阿多诺真是贝克特的知音。

贝克特的戏剧创作手法，还影响了不少欧美剧作家，如 2005 年诺贝尔文学奖的获得者英国的品特，还有斯托普特等。品特在一次访谈中承认自己曾受到贝克特的影响，他至今还保存着他年轻时候从图书馆借来的《瓦特》一书。哈罗德·布鲁姆在其主编的《品特论文集》的序言中，第一句就称品特是"贝克特的正子正孙"。不少剧作家试图模仿贝克特，运用类似的技巧，创造出相近的舞台气氛。

五、经典评论

贝克特的《等待戈多》1953 年在巴黎首次演出后，引起强烈的反响，受到戏剧界及广大观众的关注，后来相继被搬上世界各地的舞台。贝克特与尤奈斯库、热内等剧作家一样，成功地获得了文学界议论最多的荣誉。他既是先锋派文学的代表，又是荒诞派戏剧最为出色的作家。在他的思考中，时时渗透着一种令人深思的黑色幽默。他刻意地把小说和戏剧写得十分怪诞，而且具有挑衅性。他的"反文学"作品固然触犯了传统，甚至引起了激烈的争议，但是感人至深，发人深省，或者说总给人以强烈的精神震撼。

贝克特在戏剧艺术的探索方面，做出了相当多的贡献。当代英国戏剧家沁费尔德指出："就贝克特而言，他的剧作对人生所作的阴暗描绘，我们尽可以不必接受，然而他对戏剧艺术所做的贡献却是足以赢得我们的感谢和尊敬。他使我们重新想起：戏剧从根本说不过是人在舞台上的表演，他提醒了我们，华丽的布景、逼真的道具、完美的服装、波澜起伏的情节，尽管有趣，但对于戏剧艺术却不是非有不可。……他描写了人类山穷水尽的苦境，却将戏剧引入了柳暗花明的新村。"①

贝克特在面对痛苦和逆境时所表现出的旺盛的生命力和不屈不挠的精神，激励了很多人。在他的作品中，不管描写的人生多么阴暗，都总能发现一种形态、一种活力，这种力量抵消了作品中的虚无主义。萨缪尔·贝克特是独一无二的，"是有史以来最勇敢、也最冷酷的作者……他的手从不高过他的心……他催生了美好的事物。他的工作如此美好。"②

第四节　荒诞派戏剧其他作家

荒诞派戏剧是第二次世界大战以后西方戏剧界最有影响的流派之一，20 世纪 50年代巴黎戏剧舞台上演了许多优秀的荒诞派剧作。著名的荒诞派剧作家除了尤奈斯库、贝克特之外，还有阿达莫夫、让·热内、阿拉巴尔、维昂等。他们的戏剧创作手法以及风格在戏剧史上影响深远。

一、阿达莫夫

阿尔图尔·阿达莫夫是法国荒诞派戏剧奠基人之一，与尤奈斯库、贝克特并称为荒诞派戏剧的代表人物。阿达莫夫 1908 年 8 月 3 日出生在俄国高加索一个油井主家庭，在巴库度过童年。第一次世界大战后，阿达莫夫随家人旅居德国，1924 年移居巴黎，开始尝试用法语写作，并用俄文和德文翻译荣格、里尔克、契诃夫、高尔基、果戈理、陀思妥耶夫斯基等作家的作品。在此期间，参加了以艾吕亚为中心的超现实主义团体，这对他以后的创作产生了一定的影响。第二次世界大战前，阿达莫夫曾写过一出哑剧《白色的手》。第二次世界大战中，阿达莫夫被关在集中营一年之久，这段苦难生活使他患上抑郁症，严重影响了他的身体和后来的创作。第二次世界大战后，

---

① 郑克鲁：《外国文学史》，下，169 页，北京，高等教育出版社，1999。
② 转引自蒋楚婷：《中国掀起"贝克特百年"热》，载《读书周报》，2006-04-16。

他完成自传《自白》，这是一部深受卡夫卡影响的忏悔体文学作品，含有精神分析性质，表达人生的离弃之感。1947 年，阿达莫夫创作《戏仿》，剧本表现了普通人在日常生活中的孤独寂寞与缺乏交流。

实际上，阿达莫夫真正的创作生涯开始于 1950 年。从这一年到 60 年代，他全力投入戏剧创作，写了不少有名的荒诞派剧本。他的戏剧情节几乎是支离破碎的，着意于表现人的内心痛苦、人际间的无法交流和人物间的彼此伤害。很快，阿达莫夫和贝克特、尤奈斯库一起成为著名的荒诞派作家。1950 年，他完成《侵犯》和《大小演习》。《侵犯》揭示人际关系荒诞、相互损害的主题。主人公皮埃尔无法恢复让留给他的手稿原貌，妻子又背叛他，最后在孤独中死去。《大小演习》是作者根据自己的一场噩梦写成。小演习指战斗者为自由和理想而进行的革命斗争，但遭到失败；大演习则意味着为改善人类状况的斗争。次年，阿达莫夫上演了《塔拉纳教授》《行军的方向》《一切人反对一切人》《像我们以前那样》。他的重要剧作还有《弹子球机器》《帕奥罗·帕奥利》《一八七一年春天》《残存者的政治》等。《帕奥罗·帕奥利》是他创作的转折点，这个剧本虽然遵循了作者一贯的风格，没有完整的戏剧情节，没有戏剧冲突，语言古怪散乱，但其政治意义却很清楚：嘲讽第一次世界大战之前法国所谓的鼎盛时期，认为资本主义必须为战争承担责任。

20 世纪 60 年代，阿达莫夫还写过几个短剧，如《可笑者的诉怨》《我不是法国人》。此外，《稳健者先生》描写了一个以稳健著称的酒店老板在成为瑞士国家元首后被警察厅长赶走，最后以一个滑稽小丑的形象收场。《禁止出入》描写年轻人吉姆和萨莉无法摆脱金钱世界，在社会边缘苦苦挣扎。《人和孩子》收集了阿达莫夫的回忆和日记，是他的人生历程的反映。60 年代的阿达莫夫在布莱希特戏剧理论的影响下向左派靠拢，全盘否定自己以前的作品，认为荒诞派戏剧是对现实问题的一种轻巧的逃避，一种转移视听的做法。从此，阿达莫夫与荒诞派戏剧分道扬镳，走上现实主义创作道路。他用三年时间搜集和研究巴黎公社史料后创作了《一八七一年春天》（被称为"文献戏剧"）。1970 年 3 月 14 日，阿达莫夫因无法忍受病痛的折磨在巴黎自杀身亡。

阿达莫夫曾在他自传中清醒地分析了自己内心的痛苦，这源于他对现实的绝望和自身的病痛，他认为自己生活在一个失去一切意义的时代，指出任何社会都不能消灭人的忧愁，任何政治制度都不能使人从生的痛苦中摆脱出来。正是在这种悲观思想和卡夫卡的影响之下，他用写作来发泄自己的痛苦，用剧本表现人类绝望的境地。

所以，表现人生的绝望与离弃，反映压迫和迫害成为阿达莫夫戏剧中的首要主题。《大小演习》中残暴的政权引起一场反抗革命，而这场革命反过来又成了产生新暴虐的根源。主人公想摆脱压迫和迫害，可是自己却在追求自由的过程中变成刽子手去迫害别人。战争带来无止境的痛苦和死亡，人类的生存已找不到出路。《戏仿》中积极乐观的职员最后成了瞎子被关进监狱；悲观主义者"N"被车轧死后当成垃圾扫掉。无论是职员的积极争取还是"N"的无所作为，最终都以失败告终，这深刻地表现了作者对人生绝望境遇的思考。总之，阿达莫夫的戏剧展现了在噩梦般的环境中，主人公永远无法与别人交流，在神秘力量的操作下注定了失败的结局。

其次，阿达莫夫的剧作有一定的现实内容。20世纪50年代早期到中期，阿达莫夫开始注意剧本的思想内容，挖掘历史和社会题材，依此进行创作。此类剧本保留了一些比较接近现实的情节，人物之间也保持一定的关系。例如，《侵犯》说明人与人之间的冷漠和互相侵犯，即便是亲如家人也难以真正交流。

《侵犯》是阿达莫夫早期的荒诞派代表作，全剧四幕，描写了一家人无法交流、相互隔膜。让去世前把自己的手稿托付给主人公皮埃尔，可是手稿晦涩难懂，无法辨认，皮埃尔焦头烂额。家人不理解皮埃尔的工作，给他造成了很多困扰，随后妻子也投向了别人的怀抱。最后，心力交瘁的他撕掉文稿，绝望地死去。

《侵犯》较之作家的其他荒诞剧，情节完整，主题也更明确。作家用"侵犯"这一词命题，含有影射第二次世界大战给人类精神上留下深重创伤的意图。剧中体现了多种侵犯关系，夫妻间的侵犯：皮埃尔忽视家庭和妻子，侵犯了妻子的利益；妻子在丈夫的冷落和婆婆的侮辱下离家出走，给丈夫精神上以沉重的打击；母亲对儿子婚姻的侵犯：母亲挑唆不速之客勾引贤良的儿媳，破坏了儿子的婚姻，是对儿子的侵犯；皮埃尔与助手之间的侵犯：皮埃尔不能给生活窘迫的助手以经济上的援助，还禁止手稿出版发表，减少了助手的收入；而助手工作马虎，还偷偷出版手稿部分章节以获取经济利益，反过来又侵犯了皮埃尔的权利；工作对人的侵犯：皮埃尔为整理手稿失去了妻子和家庭，工作时遇到的重重障碍使皮埃尔的精神处于崩溃状态。总之，作者就是想通过这一系列的侵犯关系来说明社会的丑恶、荒诞及不合理，人与人之间只有互相伤害、彼此侮辱。由于作家对生活的绝望态度，使剧中的人物都陷入深深的悲哀和苦闷，最终皮埃尔只能以死来摆脱无尽的孤独、痛苦和灾难。

《侵犯》在艺术上也体现了荒诞派戏剧的特征。与传统戏剧相比，该剧情节和结构相对简单，所有人物都是通过间断的对话来表现他们有某方面的性格特征，而不是一个完整的、栩栩如生的典型性格。而且人物的语言也十分荒诞，或前言不搭后语，或答非所问。此外，作者还喜欢通过夸张或象征的手法来强化主题。

《塔拉纳教授》是阿达莫夫受卡夫卡影响的又一部剧作。主人公塔拉纳教授是一位著名学者，但他却陷入了一系列无法摆脱的罪名中。他先是被指控在海滩边行为下流，然后又因为把文件丢在浴室里而受指责，最后，校长质疑他讲课内容抄袭了同事的著作。塔拉纳愤怒地表示自己是清白的，但是不利于他的证据很多：一位夫人认为他就是行为不端的人，警察也找到了他的笔记。可是证据本身也很可疑，那位夫人可能认错人，而笔记本里的某些迹象说明它又不是教授的物品。这时，一封来自某大学的信似乎可以证明主人公的教授身份，但是信的具体内容却是拒绝邀请他前往讲学。人们无法弄清教授的身份，而他也无法提供有力的证据。在这种无法辩解的境遇下，塔拉纳教授最终被迫脱下衣服。

剧中塔拉纳教授为自己的辩护，就像卡夫卡的《审判》中一样，他越努力证明自己的身份，就越带来大的麻烦；越否认对他的控告，就越无法洗清自己的罪名；他提出的每一个证据，都使他同时受到更多的怀疑。塔拉纳教授如同陷入了一个噩梦般的处境，最后，甚至连他自己也相信自己的确犯了罪。作家以现实的人物与事件表现荒诞的存在与处境，把荒诞戏剧的特点表现得淋漓尽致。剧中将几种矛盾全部集中在一个人身上，表现了主人公境遇的可悲，而这种无法摆脱的恶意指控，正是作家悲观的内心世界的流露。

《弹子球机器》是阿达莫夫的另一部荒诞剧代表作。剧中的两个年轻人维克托和让对弹子球机产生了浓厚的兴趣，陷入了对机器疯狂的研究和崇拜。他们想使这部机器更加完美，对机器中细微复杂的结构进行研究，将一生都消磨在这机器上面。在最后一场戏中，维克托和让已是行将就木的老人，他们还在玩一台经过大大改进的弹子球机器，这台机器游戏规则复杂，可维克托在这个过程中死去，只剩下让与这台机器守在一起。

剧本的主题在于表现作家对工业社会的批判、对物化世界的抗议。弹子球机器是工业革命后生产力发展的产物，是文明进步的体现，它们为人们所创造，本应作为娱乐工具服务于人。然而作为物的机器最终反客为主，成了一种强大的支配力量，反过来控制了人类，压迫着人的精神。这是阿达莫夫剧作表现压迫和迫害主题调侃现实的进一步发展。意味深长的是，弹子球机器虽是文明进步的结晶、科学技术的骄傲，可它毕竟是个玩具，人对此投入毕生的精力和心血，实质上并无意义，表现了现代社会机械般的空虚。剧本正是用人物的庸俗目的与他们投入的热情形成强烈对比，表现了社会人生的荒诞性。

阿达莫夫是一位与众不同的荒诞派戏剧家，他的视野随着他的戏剧作品拥有了更多观众而变得更为开阔。阿达莫夫最初是一个甚为主观的超现实主义诗人，受到过斯特林堡、阿尔托等作家的影响。20世纪40年代后期，阿达莫夫在斯特林堡"梦幻剧"的影响下开始了他的戏剧创作，从梦幻中分析生活场面，并喜欢描绘双重或多重人物。1946年，他发表了简短的自传体小说《自白》，叙述了自己在1924年参加超现实主义运动时期与该派作家相处和参加他们某些实验的情况，分析了这些作家对自己的影响，反映出他在超现实主义集团瓦解后精神趋于崩溃的状态，也初步显示他以后荒诞派戏剧创作可能的感受。阿达莫夫还受现代戏剧理论家安托南·阿尔托的"残酷戏剧"的影响，揭示人类思维最深刻的冲突，在一种推进到所有极限的极端行为观念的基础上重建戏剧。"通过迫使观众面对他们自己内心冲突的真实形象，一种诗意的和魔术的戏剧能够带给他们释放和解脱。"①

20世纪50年代中期，阿达莫夫明确地转向马克思主义，接受了布莱希特的戏剧理论，采取了积极的创作态度，并且完全投身于社会现实主义的戏剧事业。但是他的作品在进行布莱希特式的批判的同时，仍然坚持了斯特林堡的那种梦幻的风格。在《帕奥罗·帕奥利》中，现实主义风格表现得更为明显，该剧本是以马克思主义的观点对第一次世界大战前法国资本主义的讽刺。

有评论者评价，"阿达莫夫不仅是一位著名的戏剧家，而且是一位著名的思想家，

---

① ［英］马丁·艾斯林：《荒诞派戏剧》，华明译，204页，石家庄，河北教育出版社，2003。

他为我们提供了一份记录完整的个人历史，即成见和执念如何使他创作那些描写一个毫无意义和可怕噩梦般的世界的剧作，而理论思考又如何引导他归纳出一套荒诞美学，最后他又是如何组建回归一种以真实为基础的戏剧，一种再现社会状态，具有明确社会目的的戏剧。"①

总之，"阿达莫夫的作品是从表现他对这个不合理的世界的不理解，到表现他是如何理解这个不合理的世界的；他的全部作品中所贯穿的批判精神说明正直的艺术家可以使用的认识和表现方法是无限的"。② 虽然他的戏剧作品成就不一，但是他的最佳剧作肯定能够流芳百世。

二、让·热内

在法国荒诞剧的历史舞台上，还有另一位让人不能忽视的作家，他就是让·热内。热内是荒诞派戏剧的创始人之一，也是法国当代著名的小说家、诗人。他一生曲折坎坷的经历和由此产生的异乎寻常的作品，使他被称为法国乃至世界文坛上的奇才。

1910 年 12 月 19 日，热内生于巴黎的一家公共救济院，被生母抛弃后，由儿童救济院收留。1918 年被一名乡村小工匠收养，后送往小学读书。在写一篇名为《我的房屋》的作文时，热内因为弃儿身份遭到全班同学耻笑，幼小的心灵受到很大打击，"我顿时感到心被挖空了，蒙受了奇耻大辱。"（《公开宣布的敌人》），他认为自己被社会、被父母抛弃。从此，内心便埋下了抗拒社会的种子。1923 年 7 月，热内小学毕业之后再也没有接受任何学校教育。

1924 年 10 月，14 岁的热内被送到巴黎附近当印刷工学徒，他无法忍受那里的生活而出逃。为了生存，他开始以偷盗为生，逐步走上了与社会对抗的道路。正如他在《小偷日记》中写到："我由此断然拒绝了这个曾经把我拒之门外的世界。我几乎怀着喜悦的心情急不可耐地投身于最被人羞辱的生活经验之中。"1926 年，法院委托一家儿童教养所对热内进行监督劳改。年满 18 岁后，他应征到法国东方部队服役，于1930 年 1 月随军入驻大马士革。这是他生平第一次和阿拉伯世界接触，为他晚年的阿拉伯情结埋下了伏笔。在服役期间，热内阅读了大量的国内外名著，对俄国作家陀思妥耶夫斯基的作品颇感兴趣。1936 年 6 月，热内不堪忍受长期待命而逃离部队，为了躲避追捕，他不得不四处漂泊。此后至 1940 年，他在欧洲各地流浪，与小偷为伍，以盗窃为生，多次锒铛入狱。

1942 年热内又因偷窃入狱。此时，他感到自己已经被社会挤压到精神的边缘。劳累、耻辱和贫困一起压在他身上，逼得他不得不向世外寻求出路，寻找寄托，寻找属于自己的精神家园。因此，热内开始写作。"写作转移了热内的痛苦，幻化出他对现

---

① ［英］马丁·艾斯林：《荒诞派戏剧》，华明译，59 页，石家庄，河北教育出版社，2003。
② 汪介之：《20 世纪欧美文学史》，323 页，南京，南京师范大学出版社，2003。

实的一切幻想和渴望，写作给予他绝妙的心灵补偿，成为抚慰其灵魂的一剂良药"。①
而不可思议的是，在这片罪恶的土壤中竟孕育出热内绮丽的文思。坎坷的经历让热内
洞悉了西方文明的所有污垢和卑鄙勾当，他对西方社会在自由、民主、人权、法制光
环笼罩下的丑恶、肮脏、黑暗暴露得格外真实无情，对西方首脑自鸣得意的西方价值
观进行了辛辣尖酸的讽刺和批判。他的作品"充满了绝望中的欢愉、禁锢中的解脱、
耻辱中的神圣，污垢中的纯洁，怪诞的社会产生了怪诞的心态，怪诞的心态产生了怪
诞的作品"②。正因如此，热内又被称为"罪恶诗人"。

热内在狱中写作了《死囚》，他以自身切身经历深刻揭示了囚犯们善恶兼容的心
理和美丑并存的品质，初步形成了一套与社会对抗的理论。1943 年他在狱中创作《鲜
花圣母》，这部作品是他内心生活的一部分，把自己不堪的经历和人世百态以玩世不
恭的口吻写出来。1946 年他完成同类作品《玫瑰奇迹》。

热内的文学生涯真正开始是 1947 年，在萨特和科克托的帮助下，他发表了《葬
仪》和《布列斯特的争吵》。1948 年上演《走钢丝演员》，同年又因偷窃被判处终身流
放。为了挽救这个才华毕露的"小偷作家"，在科克托、萨特等为代表的"全巴黎文
学界"呼吁下，热内获总统特赦，从此声名鹊起，其作品也开始受到文学评论界的注
意。1949 年上演《高度监视》，同年发表《犯罪的孩子》和《小偷日记》。《小偷日记》
是热内最后一部长篇小说，也是他对自己前半生的总结。此后，热内专事戏剧创作，
成为荒诞派戏剧的代表作家。

1951 年伽里玛出版社出版了《让·热内全集》，萨特为其写了 30 万言的长序《喜
剧演员和殉道者圣热内》，成为法国文学史上一个奇观。此后，热内的创作进入高峰，
几部代表性的荒诞派剧作先后出版。1954 年上演的《女仆》获七星诗社奖，为热内的
文学生涯打下了基础。1956 年上演《阳台》，1959 年发表《黑人》，1961 年又完成
《屏风》。1968 年，热内表示对西方社会及其价值观感到失望，因此放弃写作，转而支
持第三世界被压迫人民的斗争。尽管如此，热内的作品却在国内外产生了广泛影响，
奠定了他在文坛上的重要地位，使他成为受人尊敬的作家，1983 年荣获法国国家文学
大奖。晚年的热内因患喉癌住进医院，于 1986 年 4 月 14 日逝世，享年 76 岁。在他的
最后一部作品《一个恋爱中的附录》中有这样一句耐人寻味的话："我的看得见的一
生只是精心伪装的一个个圈套"。

热内的文笔非常优美。他自己也说道："我的成功全仗文字上的功夫，我把它归
功于文词藻丽。"热内的文学创作也涉及诗歌、小说、自传等，其中某些作品，如《布
莱斯特之争》《小偷日记》，都不同程度地融入了他的个人经历，淋漓尽致地为人们描
绘了一个鲜为人知的世界。揭示了热内的苦难历程和灵魂变奏，透射出热内对世界的

---

① 赵秀红：《对苦难的精神的超越——探寻〈小偷日记〉作者让·热内的心路历程》，载《外语
研究》，2004（5）。
② 赵秀红：《对苦难的精神的超越——探寻〈小偷日记〉作者让·热内的心路历程》，载《外语
研究》，2004（5）。

看法和内心的真实写照，是作者对往昔流浪生活的追忆与反思。

热内戏剧的首要特点是象征性仪式的模仿。他的戏剧不像小说那样以个人经历为蓝本，他的关注面更为广泛。从戏剧理论方面说，热内反对传统的西方戏剧，他认为戏剧应该是人们融洽相处的最有价值的形式，应该建立在仪式的基础之上，演员是这种仪式的教士，而观众则是信徒。所以热内的每一部剧都像一场宗教仪式。例如，在《黑人》中热内强调，这个剧本是给白人看的，至少应有一个白人参加演出，或者黑人进场时戴上白人面具，如果黑人不愿乔装成白人，就用人体模型来代替，来完成这个象征性的仪式。

热内剧作的另一特点，就是展现了社会边缘人颠倒的世界。剧中的人物就像热内一样，不愿进入所谓正常的社会生活，深陷堕落的泥潭而无法自拔，最终被社会摒弃。他们世界的价值和等级与他人的世界完全相反。《女仆》中仆人扮演女主人是角色的颠倒；犯罪者属于穷人的世界，守法者属于有钱人的世界，是两个世界的颠倒。《黑人》描绘生活在世界边缘的人，他们就像"光闪闪的人的阴影和背面"。剧本中黑人想满足报复的欲望，完成处死一个白人女人的仪式，表现处在被压迫状态下黑人的翻身愿望。剧中的白人由黑人扮演，但露出他们的黑皮肤和卷曲的头发。这种黑白颠倒，象征黑人受压迫的地位。

热内戏剧的第三个特点是镜像反射手法的运用，以折射的方式表现人间只不过是幻象、欺骗和噩梦，所有的一切都是人们自身形象的扭曲反映。他认为人们眼中的现实，只是表面现象，覆盖了永远无法看到的真实情况。例如，《阳台》中的刽子手和女被告是法官的影像折射，闹事者首领是警察局局长的影像折射，一切都是注定毁灭世界里的幻象。《女仆》给人们提供了"人、表面、想象物和现实这种旋转陈列盘最不同寻常的典范"（萨特语）：两个女仆都在对方身上看到自己的形象，同时又从对方身上看到女主人的形象。在热内看来，人在现实中不能自我实现，而镜子作用的假象，或者舞台表演的假象，相对来说比现实更真实、更纯粹、更有迷惑人的力量。在热内的剧中，人置身于影像与影像的反射之中，根本无法看清楚事物的本来面目，一切都无情地被扭曲的幻想所欺骗，表现了一种绝望与孤独。

此外，热内在他的戏中精心设计了错位式的结构形态和戏中戏的情节设置。热内与荒诞派的其他作家不同的地方，在于他不是单纯的运用荒诞的语言和动作，他更注重剧情和结构，用精巧的戏剧结构造成荒诞。在他独特的错位式的结构形态中，经常出现人自身角色的错位，人物与人物关系的错位，人与物关系的错位以及现实与幻想等不同层面的错位。《女仆》便是一个人物与人物关系错位的例子。开幕时，观众看见一个贵妇人由女仆克莱尔为其穿戴，当人们记认了两人之间的主仆关系时，突然闹铃响了，原来贵妇人是女仆克莱尔，而原以为是克莱尔的人却是索朗日。剧本通过几次人物关系的错位，构成了该剧精巧的结构。热内通过错位来完成一种镜像反射，这是揭示一切存在荒诞本质的一种有效的手法。同时，热内偏爱"戏中戏"情节：即剧中人也在上演着一出戏。《女仆》中的两个女仆扮演女主人，《阳台》中的人物扮演他们自己想演的角色，《黑人》上演一出仪式戏。这些作品都是热内戏剧"戏中戏"情节设置的体现。

热内成名作《女仆》的题材来源于一宗女仆谋杀主人的命案。开场时，女仆克莱尔为女主人梳妆，主仆二人话不投机产生冲突。忽然闹钟响起，打断了两人之间的冲突，原来刚才的主仆冲突是一场"戏中戏"：两个女仆趁主人不在家，每天都以扮演主仆的游戏取乐，克莱尔扮主人，索日朗则扮克莱尔，闹钟是游戏停止的信号。真的女主人回家后，两人为主人冲了一杯毒茶。关键时刻，女主人得知自己的情人获释出狱而赶去与情人会面，没有喝下茶。两个女仆非常紧张，女主人情人锒铛入狱正是因为她们写诬告信所致。她们预感阴谋即将暴露，在绝望中互相埋怨、互相攻击。克莱尔重又扮演起女主人，在假戏真做中叫索朗日把茶端给她，将毒茶一饮而尽，全局也在此戛然而止。

剧本的"戏中戏"里，妹妹克莱尔成为女主人，姐姐索朗日成为妹妹克莱尔。事情的复杂在于，克莱尔在扮演女主人时，她真实的自我和她的意识中的女主人混合，而索朗日也成为自身和妹妹克莱尔的错杂。女仆对主人的美貌和富有既羡慕又仇恨，两个女仆之间也因这种迷幻的错位身份彼此怨恨，所有的情感在"戏中戏"里犬牙交错，叫人分辨不清她们究竟是在演戏，还是借演戏发泄愤恨。这时，她们好像没有了自己的本质，只有借别人的人格、身份才能找到"自我"。在这出戏里，两个女仆都在进行双重意义上的演戏——既在舞台上演给观众看，也在戏中演给自己的姐姐（妹妹）看；同时，她们每个人又都是观众，一直在观看对方的表演。这样一种复杂的角色组合，造成了舞台与观众之间的间隔，也造成了一种莫名的荒诞感。

该剧的荒诞感还来自于作品的暴力话语与主要人物柔弱、胆怯性格形成极大反差。虽然作品并无意讲述凶杀事件，但是它却通过人物的语言着意揭示人性中的暴力倾向。在这一点上，可以看到热内本人生活经历与体验的烙印。作品的着眼点也并不在暴力行为本身，当扮演克莱尔的索朗日产生了要掐死克莱尔扮演的女主人的冲动时，猛然间响起的闹钟铃声制止了她，使暴力行为不能发生，这个细节就有力地证明了这一点。因此，作品的重点在于揭示暴力倾向产生的根源，即人的存在之间的互相排斥。剧中三个人物的关系，可以用后来萨特《禁闭》中的名言"他人就是地狱"来概括。事实上，热内的这出戏在思想、结构和语言上都与《禁闭》有相似之处。

《阳台》是热内的另一部代表作，这是一出惊世骇俗的荒诞剧，是对传统戏剧的颠覆。剧本以妓院为背景，写一群顾客在妓院里以随心所欲地扮演主教、法官、将军等各种他们想要扮演的人物为乐。而妓院外是一场爆发的革命。最后，革命被镇压了，社会所有的一切都没有改变。该剧用妓院象征社会，把严肃隐含在庸俗之中，给人以极为荒诞和疯狂的感觉。

《阳台》首先反映了热内戏剧象征性仪式模仿的风格。在结构上，九个场景并不构成连贯的情节，而仅仅是某种象征性场面的展示；在表现手法上，无论是残酷的场面，还是暗含讥讽的场面，都显示出典礼的庄严，同时又明确地让观众意识到，这庄严不过是表演而已。其次，"戏中戏"手法在这出戏里再次得到运用。其结果让观众感到，他们所看到的是经过多次折射的镜像——妓院是社会的镜像，人们在这里展示自己的欲望，是现实社会的缩影。热内通过该剧说明，艺术中的一切不过是生活中的一切的幻象。归根到底，一切都是镜像。

热内在剧中对主教等权力代表进行了辛辣的讽刺。例如，在第一场景中，主教大人一边嫖妓，一边宽恕妓女的罪过。在第二场景中，法官在对妓女进行虐待的同时逼迫妓女承认自己是小偷。以他们如此尊贵的身份，竟使自身的权利功能发挥到如此荒唐的地步，使人哑然失笑。这些尖刻的讽刺，说明作者对社会权力以及社会权力所维护的主流社会怀有深切的痛恨，包括对这个社会和世界的绝望。而与此相联系的则是作者对社会边缘人群的认同感。这种认同感未必是同情，但是无疑来源于作者本人长期的社会边缘生活经历。这种经历使他对一些为主流社会道德眼光所不齿的"恶"，例如卖淫、偷盗、同性恋等，以审美的态度来对待。在热内最初的剧本中就已本能的显示出，他的创作动力是"标榜恶行、渲染幻觉"，描写被社会摒弃的人。不过，对此他既不加以客观描写，也不加以赞美，而是以向主流社会挑战的姿态进行夸张的表现。在这方面，我们多少可以窥测到萨特作品的影响。

热内与尤奈斯库、贝克特同属荒诞派，可是热内的作品在风格和表现手法上都与《秃头歌女》《等待戈多》这些今天已可以称为经典的荒诞剧大相径庭。最大的差异是，热内的作品没有荒诞剧作品通常使用的戏剧性夸张，他的作品在内容上，与萨特、波德莱尔、洛特雷阿蒙一脉相承，在手法上，与德国表现主义和意大利作家皮兰德娄的戏剧不乏相通之处。从这些方面说，他的作品可以说是两次世界大战间戏剧的延续，并不完全属于新兴的荒诞剧。

但是仍可以看到，热内写"恶"以及以"恶"为"美"，在文学史上可以上溯到波德莱尔、俄国小说家陀思妥耶夫斯基，甚至美国小说家爱伦·坡等。他们共同以"恶"向传统美学发出了尖锐凌厉的挑战。此外，名作《女仆》一剧角色易位的游戏，深刻的心理分析与《阳台》所表现的权力即是社会，无论怎么努力去改变，社会本质始终不变的这一深刻的看法，与现代主义大师卡夫卡"社会每一次变革之后仍是在原来的泥淖中"的观点颇为一致。他的白日梦的题材奇特、反常、颠倒，类似于托马斯·曼和卡夫卡许多小说的题材。

热内的美学思想和创作也影响了许多作家。如法国同时代的让·塔尔迪厄的作品《锁》就有热内戏剧的影子。20世纪50年代的作家如彼得·魏斯的《马拉·萨德》，运用了疯子的幻想，表达了对人的状况本身的关注，明显的受惠于热内；约翰·奥登的《教养院的驴子》中把有罪的政客作为镇上的替罪羊加以驱逐的仪式具有热内的风格。此外，奥地利先锋派运动也受到了热内的影响。

一位美国戏剧评论家曾说："热内作为一个被宣判了的罪犯和'真正的堕落者'，他之所以成名，与其说是由于他的才能，倒不如说是由于他的作品反映了他的历史更合适。"① 可是，热内更"是一个深陷泥潭却学会了如何在逆境中生存的人，一个以其独特的方式发泄悲愤，控诉肮脏社会的人，一个窥见了人生真谛，痛并快乐着的人。"

① 转引自《外国戏剧资料》，1979（3）。

"热内的内心是世界丰富，他的灵魂曲线是独特的，从小偷到大作家，坎坷和艰辛构筑了他深厚的人生积淀；绝望和希望的并存造就了他不屈的灵魂。怪诞的社会产生怪诞的心态，怪诞的心态促成怪诞的行为，热内正是以怪诞对抗怪诞，在'作恶'中解脱，在'变态美'中升华，在写作中超越。热内是快乐的，因为他用罪恶、堕落铸成的复仇之剑，打败了把他逼上绝路的人们。他是幸福的，因为他用行动实现了对苦难的精神超越。"①

作为一位承上启下的"精神叛逆者"，在热内身上，建设的愿望与破坏的狂热势均力敌。"热内反对现有的东西，反对社会，反对善行，意欲建立一个相反的世界。建设，但那是为了最大限度地颂扬虚无。积极性为最彻底的消极性服务：这就是供养其作品的反常血压。"有人说，"他的一生是一个反叛者的悲剧。但他如推石上山的西西弗斯，带着恶意而高贵的微笑冷静地扮演着自己的悲剧角色。而'悲剧的微笑起源于对诸神的一种谐谑。悲剧的英雄微妙的嘲笑着他的命运。他是那么优雅地完成自己的命运，以至于此时被操纵的不是人而是诸神'（热内语）。因为神不能，无法征服他。热内嘲笑了命运，操纵了诸神。它是社会与文学两个世界中的胜利者。"②

荒诞派戏剧有影响的剧作家除了阿达莫夫和热内之外，还有阿拉巴尔、维昂等。他们以自己的创作和独有的风格为荒诞派戏剧的发展做出了自己的贡献。此外，随着荒诞派戏剧的传播，欧洲其他国家的作家也受到影响，创作了一些颇有荒诞派风格的作品，其中比较著名的有英国作家哈洛尔德·品特的《生日晚会》《升降机》《昔日》等。

参考文献

1. 龚瀚雄：《20 世纪西方文学思潮》石家庄，河北人民出版社，1999。
2. 龚瀚雄：《现代西方文学思潮》，成都，四川大学出版社，1987。
3. 李赋宁：《欧洲文学史》，第三卷（下），北京，商务印书馆，2002。
4. 李明滨：《二十世纪欧美文学史》，北京，北京大学出版社，1999。
5. 廖星桥：《外国现代派文学导论》，北京，北京出版社，1988。
6. 刘象愚：《从现代主义到后现代主义》，北京，高等教育出版社，2002。
7. 柳鸣九：《法兰西文学大师十论》，上海，复旦大学出版社，2004。
8. 汪介之：《20 世纪欧美文学史》，南京，南京师范大学出版社，2003。
9. 吴元迈：《20 世纪外国文学史》，南京，译林出版社，2004。
10. 吴岳添：《法国文学散论》，北京，东方出版社，2002。
11. 徐葆耕：《西方文学：心灵历史》，北京，清华大学出版社，2002。

---

① 赵秀红：《对苦难的精神的超越——探寻〈小偷日记〉作者让·热内的心路历程》，载《外语研究》，2004（5）。

② 仵从巨：《地道的小偷与非凡的作家——热内与他的〈小偷日记〉》，载《世界文坛之窗》，2001（7）。

12. 徐新：《西方文化史续编（从美国革命至 20 世纪）》，北京，北京大学出版社，2003。

13. 袁可嘉等：《现代主义文学研究》，北京，中国社会科学出版社，1989。

14. 张泽乾等：《20 世纪法国文学史》，青岛，青岛出版社，2004。

15. 郑克鲁：《法国文学史》，上海，上海外语教育出版社，2003。

16. ［法］安托南·阿尔托：《残酷戏剧——戏剧及其重影》，桂裕芳译，北京，中国戏剧出版社，1993。

17. ［法］让·热内：《小偷日记》，杨可译，北京，海天出版社，2002。

18. ［英］马丁·艾斯林：《论荒诞派戏剧》，华明译，石家庄，河北教育出版社，2003。

19. ［英］詹姆斯·诺尔森：《贝克特肖像》，王少祥译，上海，上海人民出版社，2006。

第六章　新小说

第一节　新小说概述

　　法国的新小说派形成于 20 世纪 50 年代，是第二次世界大战以后法国最重要的小说流派。新小说派作家对传统的艺术理论和技巧进行大胆的改革和创新，在当时的文学界引起了强烈的反响。虽然人们对如何评价新小说的艺术探索一直存有异议，但有一点不可否认，在新小说作家的创作成果中，有为数不少的作品已被当代文学批评和众多读者所接受，其中有的已被视为当代欧洲小说的经典。新小说作家们关于小说乃至文学创作的探索，对当代西方文艺界产生了重要的影响。

一、新小说形成的社会条件

　　1939 年爆发的第二次世界大战是一场全球性的灾难，它所持续的时间之久，涉及范围之广在世界历史上是罕见的。就欧洲而言，很少有国家能够幸免于难。绝大部分的参战国都由于这场战争的巨大消耗而削弱了实力。像法国这样过去拥有众多殖民地的大国，在第二次世界大战结束后，随着世界性民族独立运动的高涨，越南、阿尔及利亚等原法属殖民地都相继获得独立地位，使法兰西之前的辉煌一去不复返。战后的法国政治形势一直动荡不安，从 1947 年开始，持续了七年的越南战争使法国在政治和经济上陷入了捉襟见肘的困境，而席卷非洲的民族解放和民族独立运动又对法国帝国主义政策和海外势力给予重重一击。此时，法国的经济也在美国资本咄咄逼人的攻势下呈现日益萎缩之态。昔日大帝国的辉煌和现实的黯淡形成了强烈的反差，给一部分法国人心理上投下阴影，如噩梦般缠绕心头，挥之不去。社会的剧变引起了人们对自身存在意义、对现代文明的质疑，使不少法国人感到悲哀和绝望，这种情绪在当时的文学作品中得到反映。

　　另一方面，第二次世界大战后 50 至 60 年代，西方发达国家的核技术、电子科学、生物科学、信息产业的发展呈现日新月异之势，这场新工业革命像旋风一样席卷法国社会的角角落落，经济的高速发展给社会生产和人们的生活带来了巨大变化，“法国奇迹”遍及各行各业。科学与技术的迅猛发展，人类知识领域的空前扩张，深刻地影响乃至规范了人类的心理倾向与行为模式，科技的发展不仅使一切事物失去了其神圣性与神秘性，而且改变了文化在社会生活中的地位和人的文化意识。“冷战”的威胁、工业发展的负面效应，如贫富不均、失业人口增长、环境的破坏等，这些现代化过程中所付出的社会文化代价越来越引起人们的思考、忧虑和恐惧。刚刚从战争阴影下走出的法国文学家又将这种对现代科学技术的忧虑和怀疑表现在他们的作品中，表现科学技术以及它所支持的现代思想与人性对立主题的文学作品在当时比比皆是。

　　社会的发展和时代的演变，必然会带来思想观念的变化。战争带给人们物质的贫困和精神的创伤逐渐隐退，取而代之的是资本上升阶段社会对人本身的忽视和机器大工业对人的异化。在继承上半世纪的思潮和文学流派的基础上，在对资本主义现代文明的考察、反思、质疑和批判的过程中，20世纪后半期的法国思想界异常活跃，呈现出色彩缤纷、演变纷繁的局面。以萨特、梅洛-庞蒂和加缪为代表的法国存在主义哲学是20世纪下半叶对西方乃至整个世界影响最大的哲学思潮。法国的存在主义构建于第二次世界大战前，20世纪50年代最终完成并开始传播。萨特等人对德国哲学家海德格尔等创立的存在主义哲学进行了部分的改造，其哲学思想带有明显的法国文化的特点，最明显的特征是它更关注人的存在的时间性方面。此外，人类学家列维-斯特劳斯借用结构语言学的理论研究原始部落的宗教、婚姻、饮食等文化因素，寻觅人类文化的共同结构；文化学者、批评家罗兰·巴特运用符号学原理考察各种文化现象，揭示其资产阶级性质；结构主义精神分析学家拉康提出了镜像学理论，发展了弗洛伊德的学说；另外，还有哲学家阿隆对极权政治的批判，历史学家布罗代尔对资本主义社会的复杂社会心态诸多因素的研究都加剧了法国文化在这一时期的转型。20世纪70年代后期，思想领域更是革新不断，出现了理论林立的局面。福柯、德里达、德勒兹、布迪厄、波德里亚尔等先后进入了法国思想界的核心，他们的理论为整个西方思想界所密切关注。福柯抛弃了传统历史学研究的总体方法，以"考古学"的耐心和方法，挖掘整理"性史"、"精神病史"、"监狱史"等之前不为人们重视的历史领域，揭示权力话语对人类生活的深刻影响。德里达在结构主义理论的基础上，对以柏拉图为源头的西方形而上的学说进行了解构，企图从根本上质疑现代西方文明体系。德勒兹对斯宾诺莎、尼采、柏格森、福柯等人的著作进行了广泛、深入的分析，力图否定柏拉图关于范畴分类的方法。布迪厄对资本主义社会的生产和交换、政治结构、大众传媒以及知识分子自身做了独具慧眼的考察，寻找现代生活发生危机的根源。波德里亚尔在建立自己关于资本主义社会文化符号体系的时候，揭示了"消费"在资本主义社会中的权力作用。他们的研究不仅在法国，而且在整个西方世界都产生了重大的影响。他们的思想绝对不乏批判性和建立民主多元格局的美好愿望，毋庸置疑都具有较高学术价值和现实意义。然而在机器统治的大一统世界里，最终的结果是未能逃脱被资本主义意识形态所包容的无奈命运。

二、新小说形成的历史根源

新小说的出现，除了战后欧洲及法国社会的文化条件以外，一个重要的原因是新一代欧洲小说家希望小说的写作技巧能适应迅速变化的时代。尽管任何一场思想运动都建立在对以前思想活动批判的基础上，但又不可能完全凭空而起，无中生有。从某种意义上说，新小说是法国和欧洲小说史上早已存在的某些变革倾向的发展，像福楼拜、陀思妥耶夫斯基、普鲁斯特、卡夫卡、乔伊斯、纪德这些作家的思想主张对新小说的影响就十分明显。福楼拜作为形式主义文学的先驱，总是梦想着创作一种仅仅以完美的文笔作为支撑点的小说。而后来法国作家普鲁斯特和塞利纳，奥地利作家卡夫卡、英国作家乔伊斯和美国作家福克纳，在对全新写作方式的追求中大放异彩，开启了以后新小说的探索道路。而超现实主义的经验和写作手法，又从"潜在文学工场"发展而来，他们彻底打破了各种形式的成规，主要贡献是将语言从"驯化"的用途中解脱出来。而被奉为超现实主义先驱的鲁塞尔，因其作品中不拘一格的构想、戏谑笑谈的独有方式，受到了新小说理论家和领军人物罗伯-格里耶和里卡尔杜等人的赞美和推崇。

新小说刚在法国文坛上出现时，仅是个受到地理限制（仅限巴黎地区）和历史限制（主要是 20 世纪 50 年代和 60 年代）的俱乐部式的文学集团，并不具有统一的美学纲领，只意味着一群作家对小说和小说技巧有着背离传统的一些新颖看法。最初，新小说家们的文学活动都是独立进行的。1939 年，俄国出生的法国女作家娜塔丽·萨洛特出版了她的第一部小说《陌生人肖像》。在这部作品中，娜塔丽·萨洛特一反传统写法，"在书中安排了一个兴致勃勃的业余侦探模样的人，此人对两个平平常常的人（一个老父、一个小姑娘）深感兴趣，又是窥探、又是盯梢，有时还在脑子里对他们进行远距离的揣测，可压根儿就不明白他们在搜集什么，而父女俩又是何许人氏。他们后来什么也没有发现。"① 萨特为小说写了一篇著名的序言，但这部小说和萨特的序言在当时未能引起人们的重视。

1950 年，娜塔丽·萨洛特发表了著名的论文《怀疑的时代》，文中对传统小说的形式和写作方法，包括人物描写、故事情节等提出了一连串带根本性质的质疑和挑战，它被视为新小说派的宣言书和对 19 世纪现实主义小说的挑战书。娜塔丽·萨洛特认为，现代生活已大不同往昔，现代人的教养、生活经验、思想感情等大大改变。19 世纪现实主义小说所展示的内容在现代读者看来已经十分乏味，而对那些东西的反复描写只能助长人们因循守旧的倾向。娜塔丽·萨洛特主张抛弃以巴尔扎克为代表的现实主义小说传统，另辟蹊径。认为当今的小说应该摆脱故事和人物。既然传统小说里的人物都是作家的传声筒，是僵化的、标签式的，那么就应该把小说从人物中解放出来。她还认为想要复制复杂的现实生活徒劳无益，应该让读者运用自己的生活经验去探索日常生活表层下的人的内心活动，顺着乔伊斯和普鲁斯特的足迹去发现真实和复杂的内心世界。

1953 年，阿兰·罗伯-格里耶的处女作《橡皮》出版，次年，他的《弑君者》问世。格里耶独具一格的叙事形式引起了评论家们的关注，人们将这两部作品看作新小说的发端。此后，格里耶发表了向传统小说提出挑战的理论文章《未来小说之路》和《自然·人道主义·悲剧》，系统地提出了关于小说的新观点。关于新小说的理论和创作试验这才引起了人们的高度注意。人们联想到萨洛特从 20 世纪 30 年代以来的艺术探索，同时，还有米歇尔·布托尔在《米兰巷》《时间的支配》《变》等作品中对小说新技巧进行探索；克洛德·西蒙在《风》《草》《弗兰德公路》《豪华旅馆》《历史》《农事诗》的创作中独立地从事新小说的试验。另有玛格丽特·杜拉斯的后期小说创作《琴声如诉》《劳尔的劫持》《情人》等作品在小说语言和叙事方式上的革新也与"新

---

① 柳鸣九：《新小说派研究》，480～481 页，北京，中国社会科学出版社，1986。

小说"的革命性探索不谋而合。由于他们对传统小说持共同态度，他们的作品又多由子夜出版社出版，于是就很自然地形成了一股新潮流。早在萨特为《陌生人肖像》写序言时，就将其称为"新小说"。1951 年，著名诗人、小说家、评论家埃米尔·昂里欧在读了格里耶的《嫉妒》和再版的萨洛特的《向性》之后，在《世界报》上发表文章，第一次称他们的作品为"新小说"，以后，"新小说"这一概念术语就逐渐流传开来。新小说的代表人物除了前面提到的几个作家之外，还有罗贝尔·潘热、克洛德·莫里亚克、菲利普·索莱尔、克劳德·奥利埃、让·利加尔杜等。另外，著名荒诞派剧作家、爱尔兰作家萨缪尔·贝克特因为写过几本和传统小说很不一样的小说，也被一些人认为是新小说派的重要作家。新小说出现之初，曾激起人们的普遍反感，很多人甚至不承认这种与他们习以为常的小说相去甚远的作品是小说，认为它"误入"了文学史中"最糟糕的歧途"。但出乎人们的预料，新小说非但没有很快消失，反而被一些探索新小说形式的作家逐渐接受，并出现了更多新的追随者，反传统的写法成为一种时尚。此后，根据罗伯·格里耶的剧本《去年在马里安巴》拍摄的电影在 1961 年第 22 届威尼斯电影节获奖，新小说派声势大增。1984 年，玛格丽特·杜拉斯的小说《情人》获得了著名的龚古尔文学奖，使新小说派更为振奋。格里耶就此发表评论，认为《情人》受到读者和批评界的欢迎表明了新小说的成功。1985 年，克洛德·西蒙又获得该年度的诺贝尔文学奖。新小说则在更大的范围获得了广泛的影响。新小说，这种 50 年代以来法国文学中反传统、激进的创作潮流，这种充满现代意识的大胆的文学实验，终于获得了真正官方媒体以及大众的承认、肯定和赞扬。

三、"新小说"的理论基础

两次世界大战将世界与人生的荒诞展露无遗，现代派小说也因此应运而生。在新小说之前，达达主义、超现实主义以及存在主义文学已使人们深刻地意识到了世界的变化，但无论是以大喊大叫表达愤怒的达达主义的诗歌，还是以哲学思想为基础的表现人类荒诞处境的存在主义小说，所采用的形式基本上是传统的。到了荒诞文学的第三个、也是最后一个阶段，即新小说阶段，文学再也无须大喊大叫地反抗世界，也不用向人们揭示异化，只要把世界的本来面目呈现给观众和读者就足够了。与前两个阶段相比不同的是，新小说以全新的形式和创作手法来表现荒诞主题，使现代派小说达到了形式与内容统一的完美的境界。

"新小说"作家在创作中反对传统的现实主义小说，力图革新小说艺术，但在创作中又各有各的特点，毫不雷同。在法国，"新小说"一般不被看成一个流派。萨洛特曾说："我们这些人毫无共同之处，因为我的创作涉及内心世界，而他们的则是侧重于外部描写。我们的作品很不相同，对作品的内容我们也有很深的歧见……新小说派对于我来说，只是一种文学观，而与作品的内容毫不相干。"[①] 许多新小说作家的创作特征不能一言蔽之，即使是同一作家，在不同的阶段，不同的小说中，往往也会采

---

① 柳鸣九：《新小说派研究》，62 页，北京，中国社会科学出版社，1986。

用不同的写法。但是，新小说的基本特征还是可以总结概括的。

首先，新小说的作家认为，法兰西辉煌的人道主义历史已经过去。格里耶在《自然·人道主义·悲剧》一文中，反对以人道主义"容纳一切"。他指出，人道主义把人作为世界的中心，一切从人出发，使客观事物从属于人，混淆了人与物的界限。他认为，世界是独立于人之外的物质构成，既不是有意义的，也不是荒诞的，仅仅只是存在。这种人道主义思想的幻灭，正是新小说形成的思想根源。布托尔提出"小说是一种探索"，是"叙述的实验室"。格里耶也认为，"新小说不是一种理论，而是一种探索。"这些作家觉得，以巴尔扎克创作为代表的传统小说的规则，与当今世界和时代的要求已经不相适应了，19 世纪以来蓬勃发展的那种文学模式已走到了末路，于是他们以创新的名义，提出完全摒弃传统小说写作手法的新小说理论。

其次，"新小说"作家反对传统小说，反对文学的倾向性。新小说忽视，甚至贬低文学的社会性、思想性，对萨特提出的"介入"文学是一种反驳。格里耶认为，萨特提倡的介入文学，试图通过探讨社会问题唤醒人们的政治觉悟，这只是乌托邦的幻想，文学如果试图表现艺术以外的东西，那就会后退。按照他的观点，艺术只讲形式，不讲内容。关于小说对将来的世界和社会产生什么意义，最明智、最诚实也是最巧妙的方法就是创作时对此不予考虑。他宣称："我们必须创造一个更实体、更客观的世界。让物件和姿态首先以它们的存在去发生作用，让它们的存在继续为人们感觉到，而不顾任何企图把它们归入什么体系的说明性理论，不管是心理学、社会学、弗洛伊德主义，还是形而上学的体系。"[1] 萨洛特则认为，带有强烈政治色彩的小说是没有文学性的。西蒙也认为，小说的意义不在于与某一重大主题有关联。新小说的作家们对文学的社会现实意义确实没有兴趣，"远离社会问题，避免对社会问题表示自己的态度、观点和见解"。[2] 如有人认为，理解格里耶的作品关键就是把作者的眼睛看成一个"不带任何感情的摄像机镜头"。读者难以从他们的作品中找到什么有重大社会意义的历史或现实的题材，以及和对社会生活的明确评价。

最后，新小说探索的重点是反传统的小说技巧。新小说家攻击传统小说形式的成规，进行各种与之相悖的文学实验，更多着眼于形式的更新，这是对 19 世纪末以来小说领域出现变化的极端发展。新小说反对有计划地安排人物的命运和遭遇，反对像传统小说那样巧妙地安排故事情节，反对作者像上帝一样任意摆布读者，反对叙述手法的全知全能和以此向读者提供完整画面。它打破了传统小说对事件和特定空间的依赖，建立了完全自由的艺术时空，过去、现在、未来混为一体，现实、幻觉、回忆交织一团，此地、彼地同时交织于同一瞬间，想象、记忆、梦境重叠交错，从而构成了与传统小说完全不同的、表面上杂乱无章的场面，而这一切原本就是经过作者精心安排的；还有，新小说在人称、视点上进行了各种反常规的实验，许多新小说家还借鉴其他艺术形式，如绘画、音乐、电影的手段，丰富了小说的表现力；另外，"新小说"

---

① 伍蠡甫：《现代西方文论选》，34 页，上海，上海译文出版社，1983。

② 柳鸣九：《新小说派研究》，7 页，北京，中国社会科学出版社，1986。

作家力求在语言方面进行探索，并将其推向极端。随处可见语言的重复、句子中断而不连贯、叙述突然跳跃、文字游戏，不仅没有标点符号，而且分段不在一个句子的开头，等等。这种语言实际上表达了人的意识的混乱状态，令读者阅读起来困难重重。但"新小说"作家认为，这种语言能促使读者参与创作。此外，他们还在小说的结构、时态等方面进行大胆的创新，将以往作家对小说形式的试验推到了无以复加的地步。

新小说作家以他们别开生面、富有创新精神的创作令人刮目相看。同时，评论家褒贬之声杂沓而来，纷纭不一的争论持续了半个多世纪，正如萨特所言："这些怪诞而难以归类的作品并不能证明小说体裁的衰退，而只能表明我们自身处于一个思考的年代，小说正在反省自身。"① 20 世纪 80 年代后，有的新小说家放弃小说而转向写其他体裁，有的则向传统小说靠拢，有的继续写新小说。近些年来，法国文坛又出现了第二代、第三代新小说家，他们比第一代新小说家更"激进"，对传统小说成规的破坏和反叛更彻底，人们称其创作为"新新小说"。

第二节　阿兰·罗伯-格里耶

阿兰·罗伯-格里耶，法国"新小说派"最杰出、激进的作家，被公认是"新小说派"的首脑人物。1984 年，在东京国际笔会上被选为"当今世界七大文化名人"之一，并作为 20 世纪做出卓越贡献或最有影响的 320 位现代文化名人之一，载入英国 RKP 公司 1984 年出版的《现代世界文化词典》。2004 年，81 岁的格里耶当选为法兰西学士院院士。

一、生平与创作

1922 年 8 月 18 日阿兰·罗伯-格里耶出生在法国的海港布莱斯特。1928 年进入巴黎第 14 区布拉尔街的市镇小学，1933 年进入巴黎布封中学，1939 年进入布莱斯特初等数学班，1940 至 1942 年在巴黎圣路易高中就读农学预备班，1942 至 1945 年在国立农艺学院攻读工程师学位。毕业后至 1948 年任国家统计与经济院特派员，1949 年为写作而离开该院并撰写了《弑君者》。1950 至 1951 年担任"殖民地果品及柑橘学院"农艺师，曾去非洲的摩洛哥、几内亚、瓜德罗普岛和马提尼克岛工作。1951 年，由于患病被迫从安的列斯群岛返回法国，归途中在船上构思了第一部小说《橡皮》，1953 年由"子夜出版社"出版。从此开始了他的早期小说创作，也与子夜出版社社长热罗姆·兰东熟稔，并从 1955 年起在该出版社任职（曾任子夜出版社审读员、文学部主任、文学顾问等），发表了大量作品。60 年代起开始向电影发展，作品风靡一时。70 年代开始在美国几所著名大学任客座教授，80 年代出版了自传小说《重现的镜子》，加上后来发表的《昂热丽克或迷醉》和《克镜兰特的最后日子》，并称为《传奇三部

① 转引自张容：《当代法国文学史纲》，98 页，沈阳，辽宁教育出版社，1993。

曲》。1992 年德国维茨堡大学授予他荣誉博士，直到 2001 年，他还发表了小说《反复》。

罗伯-格里耶的作品有三十部之多，《弑君者》是格里耶的处女作，但当时未能发表，直到 1978 年才出版，此作品写作手法与"新小说"大相径庭。真正让他名声大振的是小说《橡皮》。这是格里耶的代表作，开辟了新小说创作的先河，获得了费内昂奖。受到鼓舞的格里耶从此一发而不可收，创作了大量的小说、电影作品。其中著名的有《窥视者》《嫉妒》《在迷宫里》、电影《去年在马利昂巴德》、短篇小说集《快照集》《反复》等。

罗伯-格里耶不仅是一个小说家，而且是一名出色的电影剧本作家。他自从在霍乃的帮助下进行了第一次剧本写作的尝试之后，就一发而不可收，共拍摄了 9 部长片。他创作的影片也一度获得一些电影奖的青睐。1961 年推出的《去年在马利昂巴德》可以算作一个高潮。这部影片不仅轰动了法国，而且在很多国家风靡一时，当年即获得了威尼斯电影节金狮奖。

罗伯-格里耶所进行的电影活动与小说写作是截然分开的。"我制作的电影越多，就越感受到写作和电影中遇到的问题的不同。"[1] 认为电影比小说在记录世界和描绘现代人复杂心理方面更具优势。时间的跳动、现实的变换、心理的摇摆不定、想象的变化以及在很多时候出现的梦境般的幻觉，它们的综合，很难在浮表的文字上飘动，倒是更易于在电影世界里，在一个个镜头中呈现。另一方面，人们也能在图像中更好地综合、归纳自己的思维，并得出结论。

二、美学主张

按照格里耶的理论，小说创作应当与巴尔扎克式的小说传统告别，这种告别并不是与写真实告别，恰巧相反，是要与传统小说写真实中的任何人为的因素告别，以达到更加纯粹、更加客观、更加真实的真实。他反对传统小说的一些基本概念，尤其是反对小说要有情节、人物描写和倾向性。认为"故事只是描写客观的现实，不追求任何寓意的价值。在颠倒混乱的时间和空间里，根本不可能表现思想或情节，剩下的只能是对物的繁琐描绘。"[2] 格里耶认为描写人物的小说已经过时，当今的小说应该反映个人高于一切的时代。在这里，人物只是无关紧要的花名册，世界的命运与某些个人和家族的沉浮无关。除人之外，世界上还有与人毫不相干的东西，那就是人感觉到的东西。在格利耶的作品中人只是被感觉物的媒介，而不是小说的中心。他主张小说家的目光应该如纯客观的摄影机一样，坚定地落在对象物之上，描写物本身。所以在他（或者其他新小说作家）的小说里，对一个细节就能写上一章，一件小事也有十几页，把物的描写提到首要地位，这种写法已经见怪不怪了。在他看来，写作之前，作家没

① 转引自［法］克洛德·托马塞：《新小说·新电影》，李华译，48 页，天浮，天津人民出版社，2003。

② 转引自吴岳添：《法国小说发展史》，422 页，杭州，浙江大学出版社，2004。

有任何东西，没有任何确切的主题或信息。如果以为作者有话要说，然后寻找说的方式，那是误解。作者最初的创作计划是不清晰的，后来才写成含糊不清的内容。另外，格里耶反对作品与政治、社会内容有关。

格里耶的论文集《为了一种新小说》一直被认为是新小说派的理论宝库。新小说派的地位之所以能确立，格里耶功不可没。他在理论探索和创作实践两个方面都取得了突出成就，为新小说的发展作出了很大贡献。"不仅促成了这个集团（指"新小说派"）的形成和凝聚，而且推动了读者接受一种崭新的令人迷乱的美学观点"①。1956年发表的《未来小说的道路》、1958年发表的《自然·人道主义·悲剧》等论文，明确地阐述了新小说派的文艺观点，推动了新小说的创作。1970年至1971年，法国文学界两次召开国际性的文学讨论会，对"新小说"派的理论与实践进行了深入的总结。认为作为小说艺术的探索，格里耶的作品丰富了当代小说的表现手法，其彻底反传统的美学思想在西方文学史上是罕见的。

三、主要作品分析

1. 《橡皮》

作为新小说的开山之作，对《橡皮》的评价起初是仁者见仁、智者见智。有人认为该小说是"物本主义小说的发端，因而在新小说的发展过程中具有重大意义"。② 而这部在法国"新小说"运动中可算是"第一只燕子"的作品，在当时并没有引起文坛的普遍重视（在当时巴黎《文学新闻》周刊的"新书报道栏"中，仅仅被称为一部"侦探小说"）。该作品主要内容为：杜邦是某个城市里有重要影响的经济学家，一天晚上遭到恐怖分子暗杀，逃跑时受了轻伤。内政部长让他待在医院里，故意散布他已经死去，暗地里派密探瓦拉斯去调查这桩案件。瓦拉斯白天在街上闲逛，几次到文具店里去买一块绘图用的橡皮，晚上埋伏在杜邦家里等候凶手。杜邦不放心家里的文件，打算回家取出文件后再到内政部长家里避难。结果当他戴着墨镜，拿着手枪，走到漆黑的房间里的时候，却阴差阳错地被瓦拉斯当成凶手打死了。这部小说无头无尾，没有跌宕起伏、严密的和连续一贯的情节，时序前后颠倒，场景重复出现，细节支离破碎，人物形象扑朔迷离。卷入此案的凶手、被害者、警长等都没有明确的外貌或特征。他们对凶杀案漠不关心，对一切事物毫无反应。这些人在街上游荡，思绪也不可捉摸。格里耶通过这个很快显示其空壳的侦探故事情节，把广大读者的期待引到相反的方向。读者只能按照自己的思路去理解，探索其中的意义。"橡皮"这个词在故事中出现共5次，但它的内容和情节风马牛不相及，非但如此，它还把那24小时中发生的事件，擦得支离破碎、面目全非。即使这样，它仍然是作者着墨的中心物件。

罗伯-格里耶自己对这部小说评价很高，说这是一部"真实"、"创新"的书，有自己的独特风格和样式。作家采用意识流手法，有意打乱时间的顺序和空间的界限，让

---

① ［法］克洛德·托马塞：《新小说·新电影》，李华译，天津，天津人民出版社，2003。
② 柳鸣九：《新小说派研究》，604页，北京，中国社会科学出版社，1986。

不同的时空相互交错，让人物的意识自由驰骋，形象不断变化，或隐或显，有虚有实，虚实相间。这种手法，使现实、想象、记忆、梦幻、潜意识活动都活灵活现地出现于人物身上，使小说在时空上呈现出多层次、全方位、新角度的立体规模。这种别开生面的表现手法和全新的观察角度，虽然在当时未尽成熟，但无疑开启了小说创作的新天地，并为格里耶及其他作家以后的创作奠定了基调。"从此以后，就谈不上什么现实主义了，而且小说的结局也不像传统小说所描写的那样，把故事融入合理的时序之中，把来龙去脉讲得一清二楚。"①

2.《窥视者》

1955 年 1 月，罗伯-格里耶成为子夜出版社的审读员，同年出版了《窥视者》。该作品由于巴塔耶·波朗和布朗绍的帮助，获得了文学批评奖。就像《橡皮》一样，评论界对《窥视者》的获奖也是褒贬不一并引发了一场争论。马塞尔表示愤怒，克鲁阿尔大吵大闹地辞去评审委员职务。昂里奥以开除格里耶相威胁，他在《世界报》上明确指出，罗伯-格里耶的书应该交到轻罪法庭审判，而不是交文学评审委员会来评审。但与此相反，巴尔特和布朗绍分别在《文学批评》和《新法兰西杂志》上发表了赞扬该书的文章。加缪和布勒东向获得德勒·杜卡基金会资助的作者表示勉励。《快报》为格里耶开辟专栏，发表了 9 篇专评文章。

这部引起激烈争议的小说《窥视者》，主要写推销员马蒂亚斯到一个小岛上去推销手表，奸杀了一个和他的女友维奥莱极为相似的 13 岁的牧羊女雅克莲，马蒂亚斯竟然没有丝毫的恐惧与悔恨。他满以为这件事无人知晓，殊不知他的一切犯罪行为都被雅克莲的追求者于连窥见，书名"窥视者"指的就是于连。但是于连没有告发马蒂亚斯。小说出版后引起了轰动，人们认为格里耶将文学界的注意力转移到一种全新的小说形式上来，虽然这种形式在当时还不能赢得人们的认可与赞扬。这本小说最终被授予"评论界奖"。

3. 其他作品

《嫉妒》（1957）是罗伯-格里耶出任子夜出版社的文学顾问之后所作。此书出版后，评论界目瞪口呆者有之，读者中愤而毁书者有之。而今天，在此书的原出版社——法国子夜出版社的陈列架上，《嫉妒》已是作者所有作品当中拥有外文译本最多的一本。"这部作品篇幅相当小，只有几万字，可是艺术容量却并不小，而且写得颇为精致，在我看来，是罗伯-格里耶的作品中最为出色的一部。"② 这是一部采用意识流技巧写作的典型作品。主人公是某殖民地国家里的一个香蕉种植园主，他怀疑妻子和邻居偷情。男主人公在小说里没有姓名，只用"他"来表示。但他一直掩蔽在幕后，出场活动的只有女主人公 A 和邻居弗兰克。一天 A 搭乘弗兰克的汽车到城里去，据说车出了故障，他们只好在旅馆里过了一夜。小说里没有什么情节，只是写"他"

---

① ［法］罗歇-米歇尔·阿勒芒：《阿兰·罗伯-格里耶》，苏文平、刘苓译，41 页，上海，上海人民出版社，2004。

② 柳鸣九：《从选择到反抗——法国 20 世纪文学史观》，186 页，上海，文汇出版社，2005。

躲在百叶窗后窥视妻子和弗兰克的行动，不厌其烦地记录物与物之间的距离，阴影在不同时间里的移动，反复描写同样的姿态和语言，以及一条被弗兰克捻死的蜈蚣的痕迹等微不足道的细节，使小说看起来就像一个动作的万花筒。小说没有什么情节，主人公也没有姓名，可以说基本没有出场。作品体现了新小说的特点，更体现了格里耶的理论主张。曾写过电影剧本并当过电影导演的作者还在这部小说中借用了电影蒙太奇手法，试图把对文字符号的接受转换成某种银幕上的视觉效果，这也是作者的大胆尝试之一。

格里耶的另一部《在迷宫里》（1959），描写从前线归来的士兵，带着战友的遗物要交给其父亲。但这士兵在大雪覆盖的城市中迷路，一阵枪声，这个士兵在街头毙命。作者没有交代逃兵死前在想什么，想走出"迷宫"还是担心自己的安危。作者渲染的是主人公周围的一切：房屋、积雪、门庭、走廊、墙壁、人行道、夜晚等。这种朦胧如梦的环境就是"迷宫"的写照。作者心目中的世界既无意义，也不荒谬，仅仅存在着而已。事物掩盖了情节，也消除了人物。这正体现了格里耶的主张，人物已经不是世界的中心，而应该转到以物为主。可是文学界没有接受格里耶提出的"物化艺术论"，读者对这类小说也不很感兴趣，但是评论界对作品和作者却非常关注。

四、接受与影响

现象学对格里耶的影响是深刻的，他对现象学的接受也比较多。他坦然承认自己是呼吸着现象学的空气步入文坛的。他把现象学的精神灌注于创作之中，又以现象学为武器捍卫自己的创作成果。1989 年，他在接受一位中国学者的访问时就说："20 世纪 50 年代，我们一同起步时有一种共同的想法，就是要用全新的形式，即接近于胡塞尔、海德格尔和柏格森的形式来反映社会的关系。正是这种新思维的形式使得我们和广大读者之间出现了一个鸿沟。""格里耶是最早把现象学的基本原则灌注于小说创作之中的当代作家之一。""格里耶早期创作的新小说是现象学在文学领域里的第一批收获。他用现象学的思维形式来理解社会关系和现实世界……使小说成为了现象学的文学实验场。"① 法国卡特丽娜·阿尔冈在访谈中也曾问格里耶是不是胡塞尔对他的影响最大，格里耶说："我认为我这一代受现象学和萨特的工作的影响。"② 在受胡塞尔影响的基础上，格里耶提出了走出文学深度模式的两条重要途径：一是用"虚无意识"注视世界；二是平民化的写作原则。

格里耶是一个热爱中国的当代西方作家。他曾多次在巴黎接待过中国文化界人士，1984 年和 1998 年两次访问中国，广泛地与中国学者、读者密切交流，《幽会的房子》就是以香港为背景。可以说，他已经被中国接受，对诸多作家产生了较大的影响，是在"健在的法国作家中，被译成中文作品最多的"。③ 余华曾承认法国新小说派

① 转引自张唯嘉：《格里耶与现象学》，载《四川师范大学学报》，2002 年第 29 卷第 1 期。
② ［法］卡特丽娜·阿尔冈：《罗伯-格里耶访谈录》，谈亚锦译，载《当代外国文学》，2002（1）。
③ 吴岳添：《法国文学散论》，319 页，北京，东方出版社，2002。

在 20 世纪 80 年代对中国作家影响很大，而其中格里耶是他最能接受的。在散文《虚伪的作品》里，他表明自己的创作得益于西方文学的影响："我这里所指的传统——也包括 20 世纪的卡夫卡、乔伊斯，同样也没有排斥罗伯·格利耶、福克纳和川端康成。"① 他尤其推崇格里耶的语言，说他的语言很有方向。格里耶曾在北京国际图书博览会上露面并和余华进行过座谈交流。座谈中余华说格里耶的"描写很精细"（这是公认的影响之一）。还有一种影响在于冷酷，迷信"血管里流的都是冰碴子"的余华善于用冰冷的、解剖似的文字描绘暴力场景，以此展现他的冷酷。这种客观的、不作任何道德评价或心理分析、给读者强烈阅读冲击的描写，是余华对格里耶采用摄影方式进行叙事的模仿与借鉴。余华曾在《内心之死》中又一次点明了这一点，"一切的描述都显示了罗伯-格里耶对眼睛的忠诚，他让叙述关闭了内心和情感之门，仅仅是看到而已……正因为如此，罗伯·格利耶的《嫉妒》才有可能成为嫉妒之海。"② 在随笔集《内心之死》中的一篇文章里，余华明白无误地告诉我们，海明威与罗伯-格里耶的叙事手段对他本人的影响。"理性的手段对余华来讲……余华叙述的这个特点与新小说派的罗伯-格里耶极为相似。"③ 余华追求的是格里耶的不动声色的"零度写作"方法。同时，像格里耶一样，余华放弃了传统小说对人物的追求，如《世事如烟》用数字来代表人物。《河边的错误》则显然受到《橡皮》和《嫉妒》的影响。余华巧妙地将《橡皮》的侦探结构和《嫉妒》的心理结构结合到《河边的错误》中。余华受格里耶的影响还有其它方面，格里耶的《橡皮》采用了颠覆性的结构，而余华的《河边的错误》《鲜血梅花》《古典爱情》《爱情故事》运用的亦是颠覆性结构。"法国新小说派的主要作家罗伯-格里耶也特别强调重复，认为对同一场景或食物的重复描写能产生奇特效果，它能使场景或食物成为各种散乱片段的凝聚点而形成一种网络……余华在场景和人物、情节的不断重复方面吸取了罗伯-格里耶的叙事经验，却采取了截然不同的美学态度，抛弃了他那种只是停留在食物表面的、冰冷的、机械式的，往往流于自然主义的描写，而代之以充满生活气息的民间的旋律。"④ "至于格里耶的《窥视者》中对于时空交错化手法的运用，与余华《在细雨中呼喊》不断倒叙手法的运用则有雷同之处。格里耶还有非人格化的情感零度写作状态等在余华作品的某些片段中也时有所见"。⑤

除了余华，先锋作家潘军、格非也受到格里耶较大的影响。潘军喜欢像格里耶一样用侦探小说的外壳进行小说实验。他的《南方的情绪》《蓝堡》《陷阱》都和格里耶的《橡皮》相似，气氛捉摸不定，时序前后颠倒，场景重复出现，人物形象扑朔迷离。作家格非则一心致力于像格里耶的《在迷宫里》的"迷宫叙事"，他的作品《青黄》《迷舟》《镶嵌》都是此种叙事技巧指导下的产物。

① 余华：《没有一条道路是可以重复的》，183 页，上海，上海文艺出版社，2004。
② 余华：《我能否相信自己——余华随笔选》，27 页，北京，人民日报出版社，1998。
③ 李野：《精神超越的可能》，载《文艺评论》，2003（3）。
④ 倪玲颖：《论余华小说的，重复叙事艺术》载《理论与创作》，2003（6）。
⑤ 程凤：《论马尔克斯、博尔赫斯和罗伯-格里耶对余华的影响》，载《黄山学院学报》，2002（4）。

五、经典评论

经历了时间的考验，跨越了空间的限制，格里耶现在已为大多数人接受并喜爱，可谓好评如潮，盛赞不断。这里不妨撷取一些对他具有经典意义的评论，以飨读者。

格里耶是"法国当代著名作家，新小说派的创始人和代表作家。作为新小说的领袖和中坚，他集创作和理论于一身，站在理论和实践的立场上率先负起了创造新小说的重任。经过他的不懈努力，新小说终于被欧洲文坛接受并繁盛一时。"①"由于罗伯-格里耶刻意写物的倾向，他获得了'物的作家'的称号。"②"作为艺术家，他的声望早已超越国界，尤其是在大洋彼岸，20年来，他所引起的兴趣从未中断过。""20世纪60年代美国大学里的一颗璀璨明星"③。

第三节 玛格丽特·杜拉斯

玛格丽特·杜拉斯，20世纪法国著名作家、剧作家、影视艺术家。以自己独特的创作风格——在似与真之间讲述着自己的故事，同时将奇异的东方风情与西方现代表现手法完美结合，成为20世纪世界文学史上的一朵奇葩，不仅赢得无数读者的喜爱，同时缔造了一个"杜拉斯式"的文坛神话。

一、生平与创作

玛格丽特·杜拉斯原名玛格丽特·多纳迪奥，1914年4月4日凌晨出生在法国东方殖民地越南嘉定，并在这里一直度过了让她永生难忘的童年和少年时代。这块神秘而古老的东方土地留下了她的爱，她的恨，她一生都纠缠不清的回忆。父母由于受到法国当局对殖民地的鼓吹，以及当时擅长描写异域殖民地冒险、爱情、获得财富而著称的小说家皮埃尔·洛蒂作品的吸引，他们先后来到印度支那。父亲亨利·多纳迪奥来到越南后被任命为西贡嘉定师范学校的校长，之前曾与一叫阿丽丝的女子结婚，并与其生有两子，让和雅克。由于种种原因，杜拉斯在作品中很少提及他们，阿丽丝到越南后不久病逝。母亲玛丽·勒格兰特是一名小学教师，之前也曾在法国故乡和一个叫奥布斯居尔的男子结婚，玛丽婚后一年即1905年来到越南。第二年，奥布斯居尔不知何因死于阿美利亚海滨浴场。在阿丽丝死后不到半年时间一对鳏夫寡妇闪电般结婚，他们的这次结合在当时引起了白人上层社会的普遍指责，关于他们是如何相遇存在着许多争议。在杜拉斯之前，亨利与玛丽先后在1910年生了杜拉斯的大哥皮埃尔，翌年生下二哥保尔。因而，他父亲特别希望能生一个女孩，所以杜拉斯的出世让他欣

① 蒋承勇、项晓敏、李家宝：《20世纪欧美文学史》，449页，武汉，武汉大学出版社，2007。
② 郑克鲁：《现代法国小说史》，619页，上海，上海外语教育出版社，1998。
③ ［法］罗歇-米歇尔·阿勒芒：《阿兰·罗伯-格里耶》，苏文平、刘苓译，245页，上海，上海人民出版社，2004。

喜万分。然而，命运多舛，在玛格丽特 4 岁的时候，父亲在法国故乡因病医治无效去世。父亲在杜拉斯的记忆中没有留下太多的印象。失去至亲的孤儿寡母并没有相依为命、共度难关。相反，失去父亲的这个家庭变得多少有些畸形——母亲过分溺爱大儿子，大儿子占据了母亲全部的爱。皮埃尔在母亲的纵容下，在外成为人们所痛恨的流氓地痞，吸毒、赌博、打架，无恶不作；在家对弟弟非打即骂，还常常挑拨母亲打骂杜拉斯。在这种情况下，这个家形成一种畸形的家庭关系，母亲冷漠，大哥粗暴，玛格丽特则与二哥保尔同病相怜，并产生了一种畸形的爱恋关系——玛格丽特亲切地称保尔为"小哥哥"，而这在越南语中正是用来称呼年轻的情人的。父亲去世后，为了养活她和她的两个哥哥，母亲玛丽于 1924 年用二十年的积蓄在柬埔寨的贡布省买了一块地，结果上了土地部门的当。这块地每年要被海水淹没 6 个月，玛丽虽然顽强奋斗，但终告破产。童年家庭的不幸和母亲的悲惨命运深深地影响了杜拉斯的一生——这段痛苦的经历在她的名篇《抵挡太平洋的堤坝》中有深刻的描述。值得庆幸的是，在大哥被送回法国机电学校学习，母亲在忙着修筑她那抵挡太平洋的堤坝的时间里，杜拉斯和他的小哥哥保尔度过了一生中最美好的时光。这段美好幸福的经历以及那里的山、那里的水、那里的一景一物都深深地留在她的记忆中。"玛格丽特在这片太平洋边上的土地上住下来，体验到大自然的碰撞，体验到自由释放的身体，对森林的惧怕和对捕猎的向往，这段时间在她身上和想象世界里留下绝对的痕迹。"①

1924 年，在母亲修堤绝望后，玛格丽特随她搬回到湄公河岸，在一个离西贡很近的白人居住区沙沥居住，并被送往一所寄宿学校上学。经历了太平洋堤坝事件后，家境更加贫寒。此时大哥皮埃尔在没有通知任何人的情况下，一声不响地回到家中，家里再一次被暴力和不和所笼罩。太平洋边上的美好时光被单调无望的寄宿学校取代，玛格丽特也由天真的孩童出落成一位懵懂的少女。西贡白人区上层社会生活的诱惑，巴尔拜特小姐的性启蒙，使得一次从寄宿学校回家的玛格丽特，受到一位开着豪华汽车富有的中国男子注意，此后则自然而然地成就了玛格丽特一段毕生难忘的恋情。在当时，一位贫困的白人女子与一个富有的中国男子结合不可避免地会遭遇双方家庭的强烈反对。不久后，玛格丽特要被母亲送回国参加中学会考。刚刚步入爱河的少女，不得不面对人生最大的痛苦——生离死别。如果说上一次父亲去世时，她还懵懂无知，不识人间愁苦，那么这一次，个中滋味恐怕只有事中之人才能品知。相见时难别亦难，无情的离别对玛格丽特而言，不仅是个人爱情的一次磨炼，而且是对玛格丽特所认同的东方文化与她的一次割裂分离，所以，巨大的痛苦在所难免。那时玛格丽特并没有意识到这一别就是一生一世。她在此后的岁月中再也没能踏上这片让她梦萦魂牵的土地，再也没见到让她终生难以忘怀的初恋中国情人。然而那段让人刻骨铭心的经历、爱恋并没有随风而去，却在她心中越来越鲜活，像一坛陈年老酒越酿越香，越酿越浓，终在她历尽人间沧桑，步入古稀之年后喷薄而出。当年苦酒入肠，而今却化为一部地老天荒的人间传奇——《情人》。

---

① ［法］劳拉·阿德莱尔：《杜拉斯传》，袁筱一译，56 页，沈阳，春风文艺出版社，2000。

1932 年，18 岁的玛格丽特回到法国，按照母亲的要求在巴黎大学学习，并获得法学学士和政治学学士学位。1935 年到 1941 年，玛格丽特在法国移民部担任秘书，并与当时殖民地情报资料处的管理员罗贝尔·安泰尔姆结婚。第二次世界大战期间，罗贝尔·安泰尔姆曾被关进集中营，杜拉斯多方营救却均告失败。战后，罗贝尔获释，但此时杜拉斯却爱上了他的朋友马斯科罗，后来与他生有一子，而罗贝尔则娶莫尼克为妻。直到 1990 年去世前，杜拉斯与他们两人都保持着终生的友谊。他们三人在 1945 年加入了法国共产党，但后来都被开除，原因之一就是杜拉斯与两个男人生活在一起。

自 1941 年起，杜拉斯踏上了痛苦而欢乐的文学创作之路，按照不同时期的创作状况，可以分为三个时期简要描述。

第一阶段（1941—1950）的主要作品有《厚颜无耻的人》《平静的生活》《抵挡太平洋的堤坝》，这一时期是杜拉斯创作的初级阶段，基本上是中规中矩地模仿法国现实主义大家如莫里亚克等的作品，可称之为"正步"阶段。初涉文坛的杜拉斯严格遵守创作规矩。以处女作《厚颜无耻的人》为例，在取材上以常见的法国外省家庭生活为背景，以大段环境描写为烘托，以莫德与乔治、让、女仆几人之间的感情纠葛为主线展开故事情节，这都严格遵从了现实主义的创作原则。即使是差点获得法国龚古尔文学奖的《抵挡太平洋的堤坝》，虽然在取材上转向她熟悉的东方，但在整体上仍没摆脱这一模式。不过这时已显示了她扎实的创作功底，为以后的发展打下了坚实的基础。

第二阶段（1952—1984）的主要作品有《直布罗陀的水手》《塔吉尼亚的小马》《林中的日子》《街心花园》，《琴声如诉》《广岛之恋》（电影剧本）、《劳尔的劫持》《爱》《恒河女子》《印度之歌》（电影剧本）、《伊甸影院》（电影剧本）、《卡车》（电影剧本）等。这一时期，玛格丽特受法国文学思潮影响，且以自身的创作风格与之并进，可称之为"齐步"阶段。如《直布罗陀的水手》同时平行的讲述着两个爱情故事：男主人公"我"是一个不幸的男人，和一个不爱的女友到意大利旅行，途中在一个小渔村邂逅了一个美丽而富有的美国女人安娜。她的全部生活就是走遍世界寻找她爱过的直布罗陀水手，于是"我"决定抛弃女友和工作，跟这女人走。安娜有一艘游艇，"我"上了船，要帮她找心上人。爱情在这个想改变生活的"我"和这个追寻旧爱的女人之间产生了。从欧洲到非洲，从地中海到大西洋，"我们"的海上旅行在微妙的感情交流中度过。可直布罗陀水手却一直没有出现，也许他仅仅是一个臆想中的人物，但"我们"决定继续寻找。能否找到直布罗陀水手，"我"与安娜的感情将会维持到什么时候，作品中没有交代，这段没有结局的爱情明显受到当时萨特等人鼓吹的"存在主义"即所谓"过程大于结果"的影响。《塔吉尼亚的小马》讲的是两对夫妇及一位好友同去一个荒僻的地中海岸边村庄度假，试图来摆脱单调、乏味的日常生活。然而小村庄四面都濒临大海，没有出路，非常偏僻、荒凉，加上天气酷热难当，反而使他们陷入另一种苦闷中。对爱情的迷惘，对婚后一成不变生活的厌倦使女主人公萨拉觉得仿佛生活在困苦之中。不久，萨拉在酒店结识一位驾着漂亮摩托艇的男子，两人一见钟情、彼此吸引。然而，丈夫却成了她获得这段感情的最大障碍。封闭的环境、"他人就是地狱"都与存在主义大家萨特的名篇《禁闭》有许多相似之处。不同的是结局，萨拉最终放弃这段私情，意识到世界上并不存在完美的爱情，所有的爱情，都是一种爱逐渐消失的过程。于是，毅然与丈夫一起旅行，去塔吉尼亚看那美得难以形容的小马群。这就是杜拉斯，她可能受别人的影响，但绝对有自己独特的风格。接下来发表的《街心花园》已初具"新小说"的特色，特别是《琴声如诉》被奉为"新小说"的经典之一。纵观这一时期的创作，她与时俱进却不失自身风格，已预示着一位大家正在走来。

第三阶段（1984—1996）的主要作品有《情人》《痛苦》《物质生活》《中国北方的情人》等。这一阶段以获得法国龚古尔文学奖的《情人》为代表，标志着"杜拉斯式"的创作风格最终形成，达到洒脱自如的"散步"阶段。《情人》在写作上的突破，正如杜拉斯在她《相爱的故事》中阐述的："什么妥协，什么在样式上需要按惯例做出'合理布局'，对它嗤之以鼻，丢掉它……"这就是杜拉斯在《情人》中的创作风格，但事实上这并不是一般意义上简单的"丢掉"。此时杜拉斯在自己的人生道路和写作生涯上，已达到了炉火纯青的地步。创作上如风行水上，无所滞带，达到"人书"合一。在阅读《情人》的过程中，读者往往会产生一种错觉：不知杜拉斯的一生就是《情人》，还是《情人》就是杜拉斯的一生。这就是《情人》这部小说的魅力，也是杜拉斯的魅力所在。正如她自己说的"我写作是为了走出自己，走进书本，是为了减轻我重量。让书本取代我的位子，为了让自己湮没、销蚀，沉落在书的分娩中。让自己浪迹人间，露宿街头。这成功了。我越写就越不存在。""我发现书就是我。书的唯一主题就是写作。写作就是我。因此我就是书。"① 事实上，直到1996年3月3日，杜拉斯在巴黎辞世的前一刻，她一直都在坚持着、体验着、享受着那痛苦欢快的文字人生。

二、杜拉斯的美学主张

杜拉斯虽然从未写过任何关于文学创作的论著，在理论方面也没有明确地提出过自己系统的观点，但她的创作实践让人们对文学有了许多新的认识。例如，她打破了小说语言的界限，重视作品的诗意性和音乐性以及融小说风貌、戏剧情景、电影画面、音乐色彩于一炉等，这些都对后世的文学观以及创作产生了影响。这里先具体分析杜拉斯创作中所表现出来的独特的叙事结构和"自动互文性"。

独特的叙事结构。杜拉斯的大多数作品打破了传统叙事逻辑的单一视点，一般都有两个或两个以上的叙事层面组成：叙事者叙述行为的层次——第一叙事层，叙述者和作品主人公所叙述故事的层次——第二叙事层。有时在第二叙事层之下有可能有第三叙事层等等。各个叙事层之间的关系属于纯主题关系，即各个叙事层共同为主题服务，在内容上形成类同或对照等平行并列关系。因此有论者称杜拉斯的小说为"二分

---

① ［法］米歇尔·芒索：《闺中女友》，胡小跃译，53页，桂林，漓江出版，1999。

对立、双层复调"结构，但这种复调有别于陀思妥耶夫斯基的复调小说。陀氏小说中"有着众多的各自独立而互不相容的声音和意识，由具有充分价值的不同声音组成的真正的复调"，"在他的作品里，……众多地位平等的意识连同它们各自的世界，结合在某个统一的事件之中，而相互不发生融合。"而杜拉斯的作品是众多性格和命运构成的一个统一的世界，在作者统一的意识支配下层层展开。作为现代叙事文本的一种结构方式，纯主题关系中的类同关系在杜拉斯的小说中是以"层层镶嵌结构"的形式表现出来。例如，《情人》中就存在两个叙事层，第一叙事层是"我"的心理叙事层面，童年的困苦遭遇带来的"我"对家庭的爱和恨，大哥和母亲带给"我"的绝望，"小哥哥"带来的温情，"情人"形象的难以磨灭，都展示出"我"对岁月流逝、世事变迁的感受和体验。同时，这一切又凝聚成一股力量，时时激发起"我"写作的欲望，于是便有了第二叙述层："我"以写作追求着"我"过去的那段刻骨铭心的爱情。《琴声如诉》同样是在两个叙述层上展开的。第一叙事层面，即安娜和肖曼的恋情；第二叙事层则是安娜和肖曼通过对话和想象构建起来的虚拟的爱情故事。杜拉斯对这种双层或多层的叙事层面的巧妙组织和运用，使其小说呈现出独特性，其中大部分可以称作"关于创作小说的小说"。《情人》中的"我"持续"创作"着"我与情人"的故事。《琴声如诉》中安娜和肖曼通过对话不断"创作"着情杀案中的恋情。正是这样的结构安排，让小说产生了双重复调效果的同时，加深了作品的深度和内涵，凸显了作品的主题，增强了文本的表现力，拓宽了读者的期待视野，加深了他们的感受和体验。

互文性是在当代西方结构主义与后结构主义中产生的一种文本理论。总的来说，"互文性通常用来指示两个或两个以上文本发生的互文关系。"① 克里斯蒂娃认为，任何文本都是引语的镶嵌品构成的，任何文本都是对另一文本的吸收和改造。这里的"另一文本"也就是我们通常所说的"互文本"，可用来指涉文学作品，也可指涉文学作品以外的社会历史文本。到了杜拉斯的笔下，主要表现为杜拉斯内部自我的吸收和改造，及"自动互文性"。例如，"情人"、"母亲"及相关故事都先后出现在《抵挡太平洋的堤坝》《情人》《来自中国北方的情人》，但它们的再次出现，不是简单的重复，而是形成"对话"关系——或同意或反驳、或保留或发挥、或判断或补充……"情人"由《抵挡太平洋的堤坝》里猥亵下流的诺先生，到《情人》里胆怯纤弱，一直到《来自中国北方的情人》里较强壮较富有男性魅力，那么为什么都是以自传的形式叙述同一事件，会有这么大的差别呢？这就涉及"互文性"另外一个重要的诗学概念"前理解"。"一般来说，前理解有三种含义：一是前在的理解，即主体心灵的能动性、判断力、理解力；二是语言、传统、历史；三是由主体根据当下情况选出来的当下判断的前提。"② 通过这些理论就不难理解"情人"的"变化"了。在《抵挡太平洋的堤坝》中由于当时的写作背景，为了树立母亲的艰辛、无奈的形象——整天让女儿等富

① 王瑾：《互文性》，1页，桂林，广西师范大学出版社，2005。

② 王瑾：《互文性》，136页，桂林，广西师范大学出版社，2005。

人娶走，儿子嫁与富婆，以解除家庭的贫困与苦难。因而这时"选择"的"情人"必须是一个肮脏、下流的形象，这样才构成悲剧性，符合突出"母亲"最后惨死的悲惨命运，引起人们的震动，如果这里的"情人"像《情人》中的情人一样善良，恐怕《抵挡太平洋的堤坝》就真的难以角逐龚古尔文学奖了。反之如果《情人》中的"情人"像诺先生一样无耻，那份感人至深的爱情恐怕就要大打折扣了。"母亲"在该篇中变得不可理喻，在"大哥"挑拨下不分青红皂白地打"我"、骂"我"，只有这样才能从反面突出那份"爱"的深沉，突出《情人》的底蕴。而这与作者当时的"前理解"是分不开的，创作该作品时杜拉斯由青年转为老年，又在一次偶然的机会翻起相册，瞬间回忆起从前。回忆是美好的，距离可以产生美，时间是治疗伤痛最好的手段，所以，当年绝望的爱情不免变得凄美起来，"情人"的形象也美好起来，正如在用词造句以及表现手法上也由现实主义转变为"杜拉斯式"风格。而《来自中国北方的情人》是在杜拉斯得知真正的"情人"李云泰去世的消息而写的，可能是怀着对死者的敬意，该文中的"情人"形象空前的高大起来，在形式上为了符合当时拍摄电影的需要，风格上也更像电影剧本了。通过分析，不难发现杜拉斯笔下的"情人"并不矛盾，而是与一种"互文性"理论暗合。矛盾是解决了，那么这样写的好处、用意又在哪里？这又涉及"互文性"的另外两个概念，"作者死了"，"文本意义生成中""受者"视角的强调，这样使得文本呈开放性，不再为作者的观点所束缚，形成文本与文本之间、文本与文本之外的"非文本"的东西、文本与读者之间的对话，从而构成了"文本"不断"生产"的过程，不断有新的"文本"、"文本"意义的产生。

三、主要作品分析

1. 《琴声如诉》

《琴声如诉》又译《如歌的中板》，发表于 1958 年，在被称为当时"新小说"殿堂的子夜出版社出版，杜拉斯本人也因此被评论界归入"新小说派"。

小说的主人公名叫安娜·德巴莱丝特，是一个企业家的妻子，住在外省的一个海滨城市。每周五带着自己的儿子到一个叫罗吉的女钢琴教师家去上钢琴课，但儿子的注意力老是不集中。这天在上钢琴课的时候，外面忽然传来一位妇人撕心裂肺的叫声，钢琴课被打断了。只见罗吉家楼下不远处的一家咖啡馆门前，围着一大群人，附近几条街上还有人不断跑来，都团团围在咖啡馆门前，所有的人都向里张望。只见咖啡馆里有一位男子发了疯似的亲吻着一位满身血迹的女子，原来一位男子开枪打死了自己心爱的女人。第二天，在对这一事件真相近于痴狂追寻欲念的驱使下，安娜又鬼使神差地来到这家咖啡馆，遇见一位自称叫肖曼的工人，他同样也表现出对前一天发生的那件事有着极大的兴趣。他俩一边喝酒，一边聊天。肖曼做了各种各样的假设来想象悲剧发生的环境和原因，同时他把自己的身份告诉安娜并想方设法让安娜谈谈自己的情况。慢慢地，他俩避开了众人谈论的话题，两个人之间显然有了某种亲密感。在随后几天的时间里，安娜又到那家咖啡馆去了三次。肖曼和安娜总是不厌其烦地提起发生在咖啡馆里那让人惊心动魄的一幕。每次的谈话都从那对不幸的男女谈起，中心就是重新设想、重新构建那个爱情故事。由于他们掌握的材料实在是少之又少，所以他们所做的并不是重新构建爱情故事，而是通过那些本来就不多的材料凭想象去创造他们脑海中的爱情故事。他们特别想知道的就是那对恋人为什么会用鲜血来表达他们的爱和激情，他们认为肯定是那位女子主动要求去死，而男子满足她的愿望只是想最后一次表明他们之间的爱情有多深。就这样从每日乐此不疲的聆听故事到满怀激情地和一位陌生的见证人去想象悲剧的原委，安娜已经陷入了一种难以自拔和解脱的状态。在她逐渐沉醉到别人的爱情中的同时，也就慢慢地依赖起眼前的肖曼。而肖曼只是利用安娜对发生在她眼前生死之恋的沉醉和向往，来引诱安娜本人罢了。就在这天晚上，安娜很晚才回到家，而她的丈夫，还有应邀到她家吃饭的客人都在等着她。这是一顿世俗味十足的宴会，个个都穿金戴银、珠光宝气，人人都在高谈阔论。表面上大家对安娜的反常举动都很理解，但事实上他们又都把安娜排除在外。安娜依然沉醉在那个爱情故事里，茫然不知现实中发生的事情。由于她回来太晚，既不愿意吃某道菜，也跟不上与别人谈话的节奏。最后，她独自回到自己的房间，设法要吐出与肖曼所饮的过量酒水，可是无济于事。与此同时，她猜到肖曼就在别墅外注视着她。这次家庭宴请之后，安娜算是名声扫地，在城里那些好人家的眼里，她成了没有廉耻的贱女人。两天后，安娜最后一次到咖啡馆，她来告诉肖曼，家里决定以后陪小孩学钢琴的事情由仆人负责，再也用不着她自己操心了。在这最后的会面中，他们手握着手，而且还完成了一次所谓的"死亡"之吻。在如血的残阳中，安娜走出咖啡馆，故事戛然而止。

就杜拉斯本人来说，她是个难以归类的作家。不可否认，她早期创作主要以传统写作方法为主，但她后来却一直在尝试各种新的创作方法，试图不断超越自己，特别是《琴声如诉》呈现出风格与传统的写作方法迥然相异。如不再注重人物形象的塑造，故事情节淡化。打破了传统叙事逻辑的单一视点，叙事层次多重性。反对社会说教，侧重表现其荒诞的一面等。从这些角度来看，将其作品归为"新小说"一类是毋庸置疑的。至于把她归为新小说派，大概由于当时"新小说派"正如日中天，尚未成名的杜拉斯那时并没有反对。等到三十年后，她名满天下，她才敢不屑地说："什么'新小说'，我就是我，杜拉斯不属于任何人……"① 不过，《琴声如诉》确实是一部典型的"新小说"。

原因在于，首先，小说远离了传统小说特有的社会意义和道德说教，着重表现世界的荒诞性。描述两对男女荒诞的恋情。第一对男女之间是所谓的"绝望爱情"——以杀死心爱人的方式来证明爱；更荒诞的是第二对之间的恋情，让读者不解的是安娜本人，她何以会对那对素不相识的男女之间的恋情产生那么大的兴趣，并每天都来咖啡馆和一位龌龊的工人厮守在一起，最后又毫不犹豫地与其诀别？从他们两人的初次会面时起，那一突发事件仅是促使他们相遇，加快见面的借口。在他们的五次会面中，他们之间到底发生了什么？其性质如何？他们正在经历的又是什么性质的游戏？

① ［法］劳拉·阿德莱尔：《杜拉斯传》，袁筱一译，56页，沈阳，春风文艺出版社，2000。

最后，安娜事到临头却又突然临阵脱逃，这都从侧面揭示了这个世界的荒诞性。其次，《琴声如诉》在叙事方式上也反对叙述一个完整但不符合现实的故事情节，主张只把世界的本来面貌呈现出来就足够了。"传统小说是对现实的浓缩，'新小说'是对现实的截取。截取的结果自然是无头无尾，没有完整的故事，自然就会留下一个又一个谜。"① 例如，开篇，那个男子为什么要杀死他心爱的女人，他们之间究竟发生了什么事情？中间，安娜和肖曼之间到底发生了什么？最后，安娜事到临头却突然临阵脱逃，后来又发生了什么？作者并没有交代，只能靠读者自己分析与感受，这也是"新小说"的一个特点，读者不再是被动的接受，而是根据文本信息，自己进行独立的分析和判断，甚至参与小说的创作。可以说《琴声如诉》开创了杜拉斯创作的一个新方向，奠定了她"新小说"作家（法国文学评论界曾称杜拉斯为"新小说之母"）的地位。

2.《劳儿·维·斯坦茵的迷狂》

玛格丽特·杜拉斯交替用小说和剧本的形式表现着剪不断、理还乱的爱情。在1960 年相继发表了小说《广岛之恋》和《夏日夜晚十点半》后，她对男女间那种绝望、病态的爱情越来越关注，《劳儿·维·斯坦茵的迷狂》就是对割断、难以弥合的岁月及其所隐藏的爱情进行重建的最好尝试。

1961 年发表的剧本《长别离》以极端的形式表现了这种绝望。失去记忆的男人近在咫尺，却无视深爱着自己的女人。她想尽办法，试图让他回忆起他们之间的爱情，但是更让人心碎的是，每当希望即将降临，他就要想起那份爱时，在人们的企盼中，他又漠然地走开了。《长别离》成了杜拉斯无望爱情的证明。在这种交替反复之中杜拉斯渐渐地接近那孕育了很长时间，但却无法表述的爱情；接近了那次难以定位，非常中性的经历。杜拉斯不知道从什么角度去论述童年时所听到的那个可怕而诱人的爱情故事。《劳儿·维·斯坦茵的迷狂》发表后，立即引起了众多的猜想，为此杜拉斯专门接受了《大众阅读》栏目的记者皮埃尔·杜玛叶的采访。

"'你是什么时候第一次创作或者想象劳儿·维·斯坦茵这个人物的？'

'我是在巴黎附近一家精神病医院的舞会上见到她的，当时正在举办圣诞节舞会。'

'精神病医院里面组织的舞会？'

'是的，就在精神病医院里面。后来我又提出再见她一次，我又一次见到了她，时间很长。'

'她在舞会上的表现如何？'

'跟机器人一样，确实让我大吃一惊，因为她不但漂亮，而且看上去没有任何问题。病人通常都看得出来，她一点都看不出来。'

……

'这次舞会是否成了故事的起因？'

---

① ［法］劳拉·阿德莱尔：《杜拉斯传》，袁筱一译，246 页，沈阳，春风文艺出版社，2000。

'正是遇到这位女子和这次舞会。我尽量让她多说话，一整天都说话，过去她从来没有这样说过话……'"

"正是看到这么一个人才使杜拉斯产生了写一部精神病人的书的灵感，后来就写出《劳儿·维·斯坦茵的迷狂》。杜拉斯给这部小说起名为《劳儿·维·斯坦茵的迷狂》，并于1964年由伽利码出版社出版。"①

著名作家杜拉斯在诺弗勒城堡的邻居米歇尔·芒索在她的《闺中女友》是这样记述的："我只记得当玛格丽特神魂颠倒地从犹太城精神病院回来时，我曾想念过弗朗索瓦丝。她在访问中所产生的激情与我有时被弗朗索瓦丝唤起的激情混杂在一起。玛格丽特遇到了一个患有精神分裂症的年轻女人，我觉得她的脸长得与弗朗索瓦丝一模一样。"

……

《劳儿·维·斯坦茵的迷狂》，部分归因于犹太城的那场相遇。在众多的采访中，玛格丽特通过笔头和口头解释过。她本人也曾大加评论。"② 这位与众不同的女患者，看上去和常人一模一样，她与人讲话，与人跳舞。要不是精神病院的医生告诉杜拉斯她是一位女患者时，杜拉斯根本不敢相信这一切会是真的。只有心灵受到爱情创伤的人，只有被人夺取了心爱的人，才会产生这种生活的断裂，才会陷入神经错乱之中。因此杜拉斯产生了写一部与这位患有神经病的女子有关的小说的念头。杜拉斯用这种大胆的假设把这位女患者移植到她的作品中，并给她起名为劳儿·维·斯坦茵。这部让人费解的小说把重心放在了过去，放在了让劳儿心醉神迷的爱情之中。

故事梗概：劳儿·维·斯坦茵出生在萨塔拉，父亲是大学教授，19岁那年，她遇到了一位名叫米歇尔·理查逊的男人并与之订婚。那年夏天，她来到滨城度假，正赶上市立娱乐场举办本季度的舞会，劳儿在好友塔佳娜的陪同下和未婚夫参加了舞会。来自法国驻印度加尔各答的领事夫人也陪着女儿安娜·玛丽·斯特雷泰尔参加舞会，米歇尔·理查逊在与安娜·玛丽·斯特雷泰尔跳舞之后，就再也没有回到劳儿身边。劳儿的未婚夫就这样被人夺去了，她在失去未婚夫的瞬间如五雷轰顶，时间在这一瞬间冻结，记忆也被凝固。她完全丧失了记忆，只模模糊糊记住了米歇尔·理查逊这个名字。一天夜里，她一个人独自出门的时候，遇到了在一家飞机制造厂工作的音乐家让·倍德福。在陪劳儿回家的路上，让·倍德福才发现，原来这位夜间独自出门的女子就是劳儿·维·斯坦茵。没有过多久，让·倍德福向斯坦茵求婚，结婚后，带着她离开了萨塔拉。6年后因为工作关系，又回到了这座城市，住在劳儿原来的房子。他们有了三个孩子，婚后的十几年时间，劳儿·维·斯坦茵外表上看起来没有任何异样，正常地生活着。可是，有一天，劳儿在自家的花园里偶然间碰到了自己的好友塔佳娜，后者已经与一位萨塔拉城里的医生皮埃尔·柏涅结了婚，但同时还与医生的助手雅克·霍德保持着情人关系。劳儿与过去的好友相认时，女友就把雅克·霍德介绍

① 王东亮：《话语符号学》，36页，北京，北京大学出版社，1997。
② ［法］米歇尔·芒索：《闺中女友》，胡小跃译，22页，桂林，漓江出版社，1999。

给劳儿。这位助手很快就被劳儿倾倒，劳儿也乐于加入他们的秘密爱情游戏。她常常尾随女友，窥视她与雅克·霍德在林中旅馆的约会。雅克·霍德知道劳儿在窥视他们，这更激起了他的激情。他们的幽会就像一道亮光在劳儿的脑海中划过，使劳儿仿佛回到了过去的岁月，她与米歇尔·理查逊的故事也开始解冻，她渐渐把雅克·霍德等同于米歇尔·理查逊。最后，她与雅克·霍德约定一同去萨塔拉，去那年夏天举办大型舞会的市政府娱乐厅。通过多方的刺激，劳儿终于记起了过去的事情。过去的爱随之变成了现在的爱，过去不复存在，劳儿幸福地生活在今日的爱情中，她的生活在中断了十几年后又恢复了。

有关《劳儿·维·斯坦茵的迷狂》的评论文章数不胜数。其中一个很重要的原因，就是这部小说从标题到内容都与传统小说格格不入，也与杜拉斯的其他作品大相径庭，由此所引起的争论也在所难免，争论最多的要数书名《劳儿·维·斯坦茵的迷狂》，主要集中在对 Ravissement 的理解上。

雅克·拉康曾经对这个词有过非常精彩，也常常被人引用的解读。他在《向玛格丽特·杜拉斯致意，论〈劳儿·维·斯坦茵的迷狂〉》中这样写道。

"关于迷狂（或劫持、沉醉），这个词本身就让读者迷茫。从劳儿·维·斯坦茵所给定的含义里，这个词表达的是主观还是客观含义？迷狂，指灵魂，是美在起作用。从这一唾手可得的含义，我们可以尽其所能，生出无限的想象。劫持者也是这位受到伤害、被排除在事情之外的人所强加给我们的含义，我们不敢触及，但是它却让你成为猎物。"雅克·拉康与杜拉斯交往深厚，他的这篇文章对杜拉斯这部小说的宣传起到了极大的促进作用，同时也使这部小说打上了精神分析的烙印，也使这部小说陷入迷踪游戏的陷阱之中。杜拉斯—拉康成为这种游戏的设计者和创作者，读者在里面摸索前行。米歇尔·芒索在她的《闺中女友》这样记述了杜拉斯和拉康共同创造的神话："也许在一场让人精疲力竭的暴风雨后她缓过气来了？她刚刚完成了作品的文学大转折。她创造了洛尔·维·斯泰茵，这个头脑不清的女主人公被拉康本人神圣化了。"① 著名传记作家劳拉·阿德莱尔这样评论道："杜拉斯从来没有用过无意识这个词，但是不拒绝。只是让她屈从于精神分析的条条框框未免过于简单化、过于夸张了。"②

关于这个词的翻译，国内法语界也有不同的看法。主要分歧恰好来自对 Ravissement 本身的不同含义的取舍上。翻开《小罗伯特大词典》可以发现，这个词有三层意思：1. 旧意，劫持、强行带走；2. 宗教含义，被带走，升天；3. 人在沉醉、迷狂时的情绪。国内学者的争论集中在 1 和 3 的含义上，王东亮在他编译的、1997 年由北京大学出版社出版的高概的《话语符号学》中把书名翻译成《劳儿·维·斯坦茵的迷狂》。许钧教授主编的《杜拉斯文集》（春风文艺出版社，2000 年 1 月）中，译者王东亮把书名翻译成《劳儿的劫持》。2007 年，上海译文出版社出版的中文译本，译者王

① ［法］米歇尔·芒索：《闺中女友》，胡小跃译，26～27 页，桂林，漓江出版社，1999。
② ［法］劳拉·阿德莱尔：《杜拉斯传》，袁筱一译，438 页，沈阳，春风文艺出版社，2000。

东亮又一次对译名进行了调整，翻译成《劳尔之劫》，可见译者本人也是在不断研究和探索中，反复修订自己的译名。上海译文出版社出版的王道乾先生翻译的《物质生活》中，则翻译成《洛尔·瓦·斯泰茵的迷狂》。许钧教授则在《杜拉斯文集》中以编者说明的方式对该书的译名作了专门提示："《劳儿的劫持》即《劳儿·维·斯坦茵的迷狂》，虽然我们更喜欢后一种译法，但我们尊重译者的权利。"相同的出版社，相同的译者在不同时期对这部小说的译名的认识也有变化，由此可以看出这部小说之与众不同之处。国内外学者这种仁者见仁、智者见智的看法和探讨精神，有助于我们更好地理解和品味杜拉斯带给我们的文学享受。

也许，著名作家雷蒙·让对《劳儿·维·斯坦茵的迷狂》的解释综合了两种含义："劳儿·维·斯坦茵沉醉在这种劫持中。"这种解释有助于理解，却无助于翻译。也许，我们真应该尊重杜拉斯的意愿，她在 1992 年再一次接受《阅读与写作》栏目的主持人，曾经在小说刚出版时采访过自己的皮埃尔·杜玛叶的采访："《劳儿·维·斯坦茵》是某种庆典：我们在某种程度上进入了我从未涉足的文学，我对此很陌生，但又很需要。谈到《劳儿·维·斯坦茵》时，我对自己一点信心都没有。"1987 年，她在《物质生活》中写道："书中和影片里写的女人行列中所有这些女人，从《恒河的女人》到劳儿·维·斯泰茵最后定稿，即我已遗失的那个手写稿都是相似的。"① 所以，劳儿·维·斯坦茵也许不失为一个可以参考的译名。

劳儿·维·斯坦茵是一个无法归类、没有国籍的女子，她可以是西班牙人、法国人或德国人。劳儿，典型的西班牙名字，V-维是 Valerie 瓦莱莉的缩写，斯坦茵则属于日耳曼民族。劳儿·维·斯坦茵，西班牙的头上长着法国身体，后边的尾巴是德国制造。格萨维尔·戈蒂埃在与杜拉斯在《话多的女人》中也谈到了劳儿：

"M. D. -斯坦茵，她已经处在某种被侵犯的状态。

X. G. -是的，劳儿·维·斯坦茵（Lol V. Stein）的名字是否也如此？

一回事。

跟劳儿，点，维，点，是一回事。在我看来这简直太棒了。这种删除，人们不会知道，永远也不会知道后边是什么。又是空白，不是吗？"②

拉康更是不同寻常，他是这样论述的：

"劳儿·维·斯坦茵（Lol V. Stein）：纸制翅膀，V，剪刀，Stein，石头，玩起猜拳的游戏，你就死定了。"③

心理学家的解读确实不同寻常，也提供了另外一种可能的诠释。其实真正的原因并没有那么复杂，杜拉斯在与皮埃尔·杜玛叶的电视访谈中在回答为什么起名劳儿时说："是因为劳儿·贝隆。我特别希望劳儿·贝隆能扮演劳儿·维·斯坦茵的角色。"

还有许多精辟的论述，这里仅列出有代表性的几段。

---

① ［法］玛格丽特·杜拉斯：《物质生活》，王道乾译，39 页，上海，上海译文出版社，2004。
② ［法］玛格丽特·杜拉斯、格萨维尔·戈蒂埃：《话多的女人》，巴黎，子夜出版社，1974。
③ ［法］玛格丽特·杜拉斯、格萨维尔·戈蒂埃：《话多的女人》，巴黎，子夜出版社，1974。

"Jacqueline PIATIER，《世界报》，一九六四年四月二十八日：

据书名看，应该把《劳儿的劫持》当成一次着魔来接受。除此之外，该书是让人不适、令人生厌的……"①

"我们不得不相信，玛格丽特·杜拉斯有意要让我们瞠目结舌，要让我们产生似乎理解，其实并不明白，或者相反的感觉。"②

"显而易见，这本书的细节可以说明问题，我们可以从中得出这样的结论，这本书给人的第一印象就是让人不知所措……"③

著名作家布朗舒在谈到劳儿·维·斯坦茵时这样写道。

"既不是纯粹的虚无，也非人物的完全丰满，而是活生生的人似虚幻一般。"④

评论文章众口一词，对这部小说的不同寻常、让人别扭、令人生厌之处进行多角度、多视觉的品尝，同时赞美之词溢于言表。寻求每一个词语的含义，寻求每一个情节的含义，把词语赋予行为之中，用词语理解行为成为其中的任务。解读细节，解读词语，就像面对科学实验中的每一个现象一样，都试图予以某种解释。多元的解读赋予了作品更为广阔的想象空间，所以在词语的高速公路上，要固定自己的目标并不容易，当然这肯定也不是杜拉斯的选择。

杜拉斯对《劳儿·维·斯坦茵的迷狂》情有独钟，也在不同的场合多次谈到劳儿·维·斯坦茵。

"《劳儿·维·斯坦茵的迷狂》另当别论，是一部独立的书，这本书在某些参与《劳儿·维·斯坦茵的迷狂》的读者—作者和其他读者之间划定了界线。

我要区分我曾经说过的、重复过的以及还没有说过的话。我认为，我曾经说过下面这些话：在萨塔拉的舞会上，劳儿·维·斯坦茵被未婚夫与那位陌生的黑衣女人跳舞的场景所震惊，忘记了痛苦。她并没有因为被忘记、被背叛而痛苦。她将为之迷狂的正是因为痛苦被剥夺。我们也可以换一种表达方式，可以说，她明白，未婚夫投入了另外一个女人的怀抱，她完全接受这个冲着自己来的选择，也正因为如此，她才神志不清。这是遗忘。冰冻中有一种现象，水在零度时结为冰，有时在冰冻的过程中会发生空气的静止，这时水忘记了结冰。要到零下5度，水才会结冰。

我没有说过的话是，我书中的所有女性，无论年龄大小，均来自劳儿·维·斯坦茵，意即，来自某种对她们自身的遗忘。"⑤

关于"另当别论，独立的书"，杜拉斯在1992年再一次接受皮埃尔·杜玛叶的采访时做了进一步的解释："独立。一本始终超越了其他书籍的书。"

……

① ［法］玛格丽特·杜拉斯：《劳儿的劫持》，许钧、王东亮译，144页，沈阳，春风文艺出版社，2000。

② R. M. Alberes：《今日小说》，185页，Albin Michel出版社，1971。

③ Jean Pierrot：《玛格丽特·杜拉斯》，203页，José Corti书局，1989。

④ Danielle Bajomée：《透视空白的意义》，33页，载《文学杂志》，1990年6月，278期。

⑤ ［法］玛格丽特·杜拉斯：《物质生活》，32页，P. O. L出版社，1987。

冰冻—解冻，起点与终点之间的循环：

如何超越？超越从冰冻开始。小说一开始就以冷峻的笔调描述了参加萨塔拉市属娱乐厅的舞会，尤其是冰冻的开始：

"乐队停止演奏。一曲终了。

人们缓缓退出舞池。舞池空无一人。

……

他看到了适才的来客，停下来，然后将劳儿拖到酒吧和大厅尽头的绿色植物那边。

劳儿也一样，看到了那个令人折服的风韵女子，惊呆了。

……

乐队停止了演奏。舞厅看上去差不多空了。……他们没有注意到乐队停止了演奏：在乐队本该重新演奏的时刻，他们又自动拥在一起，没有听到音乐已经没有了。……她看不到他们时，摔倒在地，昏了过去。"①

劳儿被冰冻，她的未婚夫被冰冻，音乐被冰冻，舞会被冰冻，时间被冰冻在那一年的夏天。这时，因为劳儿而起的故事好像才开始。劳儿被冰冻在那个夏天、那场舞会中，但是，生活并没有停止，故事并没有停止。书中的主人公被冰冻却没有死，她在没有知觉地生活着。为她解冻就是让她恢复对生活的感觉，对爱情的感觉。可是到底谁能为她解冻？生活在被冰冻的地方，曾经经历过那个场面的人和物成为解冻的催化剂。这个过程注定是漫长的，同时也被杜拉斯"别有用心"地设计出来。自从那次"中断"之后，除了那个跟另外一个女人走了的未婚夫之外，劳儿的中学好友也没有了音信。直到她又搬回萨塔拉之后"某个灰色日子的午后"，她才在自己的花园里看到了一对男女，两个人的接吻突然使劳儿闪现出另一幅场景。

"劳儿，在花园里，不太确信认出那个女人。似曾相识的情景在这张脸周围，也在其行姿和目光周围漂浮。但是劳儿所窥视到的他们临别时那罪恶、美妙的一吻，难道也没有对她的记忆产生一点影响？"②

记忆在劳儿的脑海中划过一道亮光，在劳儿混沌的世界里，突然闪现出已经成为记忆碎片的脸。被冰冻在过去空间中的这张脸开始活动，随之带来的是脸上的目光和身体的行姿。女人的身体又会引出其他被冰冻在她周围的回忆，男人的形象依然模糊，但是当他与那个已经苏醒的女人接吻时，催醒的是记忆中心的原罪——她曾经那么渴望过的吻。那是谁给谁的吻，此时此刻其实并不重要，重要的是那要命的一吻也开始松动，那好像就是米歇尔·理查逊给自己的吻，那张脸既是好友，也是十年前的自己。有了恋人，有了好友，解冻劳儿记忆的下一个因素是什么？情人，劳儿曾经希望时间永远停留在那年夏天，停留在她与米歇尔·理查逊恋爱的季节。女友代替她出场了，她既是劳儿，也是那个给出罪恶一吻的女人。情人随之也出现了，这个人就是

① ［法］玛格丽特·杜拉斯：《劳儿·维·斯坦茵的迷狂》，16-22页，巴黎，伽利玛出版社，1964。
② ［法］玛格丽特·杜拉斯：《劳儿·维·斯坦茵的迷狂》，38页，巴黎，伽利玛出版社，1964。

雅克·霍德。当劳儿尾随着他来到麦田时，她的记忆再次被触动。

"某些记忆，经仙女的手指，从远处掠过。劳儿刚躺在麦田里，记忆就轻轻地抚摩她，展现在她的眼前，夜色渐深的时刻，黑麦田里的女人看着一扇长方形的小窗，狭窄的舞台像石头一样局促，上面还没有一个人出现。"①

对劳儿而言，有一种仪式必须完成，那就是要为自己空洞的躯体找到依附物，结婚使她有了最佳的依附对象——让·倍德福。结婚也意味着某种仪式的完成，成就了她躯体存在的最佳形式，她就这样空洞地存在着，存在成为她生活中的某种必要形式。但是，这个空洞的躯体早在那年夏天被人掳走了灵魂，仅仅这样存在远远不够，更重要的是要为她游荡的灵魂找到依附物，不是空洞、干枯、没有生气的躯体，而是活生生的、能够爱人并被人爱、能够在自我享受的同时替劳儿享受昔日爱情的躯体。

"劳儿将她的虚无贴附在构成全书的噩梦中的'我思'之上。这样做赋予了劳儿一种存在的意识，但是这一存在的支撑点在她自身之外——在塔佳娜的身上。"

情人出现时，记忆之窗才真正打开。那个代替劳儿出场的女人，同时又成为那个夺走劳儿未婚夫的女人与情人在劳儿眼前上映的，就是当年米歇尔·理查逊与安娜·玛丽·斯特雷泰尔在离开劳儿之后所上映的一幕。"他，目光低垂到她脖颈后裸露的地方"的情景继续在劳儿眼前上映："当她摆弄自己头发的时候，男人走过来，他俯下身，将他的头搭在她柔软、浓密的头发上，她继续撩起她的头发，任他亲抚，他继续撩头发又放下来。他们从窗户的背景中消失了很长时间。"② 这个身躯中依附着劳儿，又与人偷情的女人替劳儿打开了记忆的闸门。因此，女人对面的男人必须是劳儿当年钟爱的人，这个男人："他将为永恒的米歇尔·理查逊、T 滨城的男人尽职，与他相混，彼此不分的搅在一起，合二为一，不再能认出谁是谁……"③

窥视让劳儿意识到了自身的存在，虚无缥缈的'我思'又实在地在眼前闪现。劳儿在恢复某些记忆的同时，忍受着爱与被爱的痛苦，也享受着那曾经有过、属于别人的激情。而雅克·霍德这位与别的女人偷情的人曾经："试图在死去的事物中让她（劳儿）复活。"④ 在女友和情人的帮助下，劳儿的记忆开始解冻，但这仅仅是部分解冻。解铃还需系铃人，最后的解冻还需要回到故事开始并被中断的地方。劳儿在"我"——女友塔佳娜的情人——的陪同下，来到了萨塔拉的娱乐厅，此时劳儿完全解冻了，随之又被风化："劳儿看着。在她身后，我试图紧紧追寻着她的目光，每一秒都更多地回忆起她的回忆。我回忆起与目睹过她的事件相毗邻的事件，我回忆起黑暗的舞厅之夜若即若现的近似轮廓。我听到了一段没有历史的青春的狐步舞。一位金发女郎在大笑。一对情侣向她走来……劈啪作响的次要事件，母亲的叫喊出现

---

① ［法］玛格丽特·杜拉斯：《劳儿·维·斯坦茵的迷狂》，63 页，巴黎，伽利玛出版社，1964。
② ［法］玛格丽特·杜拉斯：《劳儿·维·斯坦茵的迷狂》，63 页，巴黎，伽利玛出版社，1964。
③ ［法］玛格丽特·杜拉斯：《劳儿·维·斯坦茵的迷狂》，63 页，巴黎，伽利玛出版社，1964。
④ ［法］玛格丽特·杜拉斯：《劳儿·维·斯坦茵的迷狂》，172 页，巴黎，伽利玛出版社，1964。

了。……一阵壮观的沉静掩盖了一切，吞噬了一切。……一切都被淹没了。劳儿与一切。"①

此时的劳儿既非那年夏天的少女，也非今日他人的妻子"……她被非人化了；既不是纯粹的虚无，也非人物的完全丰满，而是活生生的人似虚幻一般。"劳儿在解冻之后彻底被淹没了。故事在开始时中断，又在中断处结束，终点此时就是起点，起点成为了终点。"'在河流之后'，在她之后，还有S·塔拉，遗忘之地，变化之地，难以区分的地方。"② 被摧毁的一切在虚构之中复活，最终又被彻底遗忘。

对这样一种爱情题材的挖掘并非一种艺术手段能够穷尽的，杜拉斯还把它写成剧本，拍成电影。1972年的11月，杜拉斯在特鲁维尔的住所里迎来了许多人，其中不但有著名的电影演员卡特琳·塞莱、尼科尔·伊丝、热拉尔·德帕迪厄等，还有杜拉斯的朋友迪奥尼·马斯科罗和儿子让·马斯科罗等。杜拉斯要借着秋天特鲁维尔游客较少的季节把劳儿·维·斯坦茵的故事搬上银幕。秋末的特鲁维尔海滩已经空空荡荡，这夏日繁华之后的空荡与萨塔拉城市那年秋天举行的盛大舞会之后所留下的杯盘狼藉多么相似。杜拉斯一行人就是要在这空空荡荡的海滩上再现劳儿·维·斯坦茵那痛苦的爱情经历和漫长的复苏过程。黑色岩石大楼成了萨塔拉的市政府娱乐厅，演员们时而仰望着那座黑色岩石大楼，时而漫步在特鲁维尔的沙滩上，用晃动的身影，漫步的脚步表现着劳儿·维·斯坦茵沉睡的爱情。影像的电影中声音很少，只有人物间断断续续的对话，这种同期录制的对话与影像构成了电影的一部分。杜拉斯指挥着摄像师，指挥着演员。与此同时，声音的电影也在录制中，这是一部独立于影像电影的电影，它构筑出电影的另一个空间，把观众带向了与看似与电影无关，实则密不可分的空间中。声音与影像最后融合在一起，共同完成了对劳儿·维·斯坦茵爱情的再现与复活。这部影像和声音的电影就是《恒河女子》。杜拉斯以文字、声音和影像的手法完成了这一困扰她多年的爱情主题。从此以后，她不再为劳儿·维·斯坦茵寝食不安。但是，劳儿·维·斯坦茵却像一个从胆形黄铜瓶里放出的魔鬼，演化成无限循环的人物，成就了杜拉斯在文坛上无比美丽的辉煌。

3.《副领事》

在杜拉斯的作品中，《副领事》是一本晦涩难懂的小说。杜拉斯不但提到了那个让她恐惧又对她充满诱惑的女乞丐，而且还提到了让她无法割舍的安娜·玛丽·斯特雷泰尔和遭受别人排斥的副领事。这几位行为怪诞的男女主人翁使这部小说犬牙交错，结构复杂，让读者云里雾里，不知所云，具备了现代小说的基本特点。然而正是这些特点才使小说呈现出多元、多角度、多视角的阅读可能，也给小说带来了立体的多元空间。

① ［法］玛格丽特·杜拉斯：《劳儿·维·斯坦茵的迷狂》，180～181页，巴黎，伽利玛出版社，1964。

② ［法］阿兰·维尔贡德莱：《玛格丽特·杜拉斯：真相与传奇》，胡小月译，156页，北京，作家出版社，2007。

童年记忆中的伊丽莎白·斯特耶德泰尔、这个拥有无数情人的女人的故事始终是压在杜拉斯心头挥之不去的往事，成了她心中无法驱赶的阴影。有关这位从童年起就珍藏起来的女人，杜拉斯觉得有许多话要说，但是始终找不到合适的表述形式。直至1964 年《劳儿·维·斯坦茵的迷狂》发表时，才找到了某种可能的表述形式和契机。

1964 年，杜拉斯接受了电视台记者皮埃尔·杜玛叶的采访。当她面对话筒开始接受采访时，她突然忘记了自己的存在，忘记了对面的皮埃尔·杜玛叶，许多羞于启齿的童年往事涌上心头。她滔滔不绝地讲起了自己的童年，讲起了《劳儿·维·斯坦茵的迷狂》，讲起了她曾经遇到过的女乞丐的故事。面对话筒，杜拉斯感到了一阵放松，她不需要担心什么，她自由奔放，终于把压在自己心中的故事讲了出来。这是她第一次面对记者直接谈及安娜·玛丽·斯特雷泰尔，谈起那个让她刻骨铭心的女乞丐。但是就因为这第一次，杜拉斯才摆脱了多少年的羁绊，她感到了一种自由的力量。但是，仅仅以这种形式表述与发泄，远不能表达多少年来郁积在杜拉斯心中的情结，也难以穷尽她积攒了多年的不快和辛酸，所以她还需要用其他形式来表白，小说是她选择的形式之一。面对记者所不能直述的感情，可以通过小说再一次表达出来，因此，童年的故事、童年那位让她不能忘怀的女乞丐以及母亲那段不堪回首的往事渐渐地走进了杜拉斯的创作。与记者那次面对面地谈论起童年的那些奇怪的人物后，杜拉斯的心情不再那么沉重，她甚至有点兴奋。她着手把女乞丐和伊丽莎白·斯特耶德泰尔这两个没有牵连的人物并列在同一个小说里。《劳儿·维·斯坦茵的迷狂》中的安娜·玛丽·斯特雷泰尔的故事在千里之外的另外一个空间中继续，这就是《副领事》。

"1965 年，杜拉斯开始写同样重要的《副领事》。通过这本书，杜拉斯又与印度的白人建立了联系，巧妙地把自己的出生地移了位。她现在知道了，一切都来自'童年'。"①

这个移了位的印度支那甚至成了杜拉斯经常光临的地方，她在《情人》中就提到自己所播撒的种子："我使得全城都充满了大街上那种女乞丐。流落在各个城市的乞丐，散布在乡间稻田里的女穷人，暹罗山脉通道上奔波的流浪女人，湄公河两岸求乞的女乞丐，都是从我所怕的那个疯女衍化而来，她来自各处，我又把她扩散出去。"

《副领事》不如《如歌的中板》《广岛之恋》和《劳儿·维·斯坦茵的迷狂》等作品的名气大，知道这部小说的中国读者也不多，但它仍不失为一本值得读的好书。其原因正如杜拉斯所说，"《副领事》是第一部关于她生活的著作，是一部最难懂的，也最冒险的小说，因为它最大限度地描写了不幸。""我对自己说，也许，我还可以写作。此前，我曾写过一些书，但都被我抛弃了。我甚至忘了书名。《副领事》则不一样，我从未放弃过，至今，我还常常想到它。"②"这是一本我自己想写的书。"关于那个浑身上下满是虱子的女乞丐，杜拉斯不止一次在自己的作品中讲到过，她曾经在

① ［法］阿兰·维尔贡德莱：《玛格丽特·杜拉斯：真相与传奇》，胡小跃译，127 页，北京，作家出版社，2007。

② ［法］玛格丽特·杜拉斯：《写作》，23 页，巴黎，伽利玛出版社，1993。

《抵挡太平洋的堤坝》提到过："母亲……最后收养的是个一岁的女孩，是她从路上的一个女人手里买来的，这女人一只脚有毛病，用了 8 天时间从朗镇来到这里，沿途她一直求人收养她的孩子，她路过的村庄里，人们告诉她：'一直走到旁代去，那里有个白种女人对孩子感兴趣。'那女人终于来到这块租借地。她向母亲解释说她的孩子是个拖累，使她无法回到北方去，她绝不可能把孩子带到北方去的……她用伤脚的脚尖走了 35 公里路，为了把孩子带给母亲。……她本想把孩子还给这个女人，但是这个女人还年轻漂亮，还想好好地生活，所以固执地拒绝了母亲，母亲只有留下小孩，已经 1 岁的女孩看上去只有 3 个月"① 当时还是小学教师的母亲收养了这个孩子，但孩子不久便死了。女乞丐的形象始终萦绕在杜拉斯的脑海中。直到她写作《情人》时，又一次触及到这个让她恐惧不安，却又难以释怀的女乞丐："永隆一条长长的大街延伸到湄公河的岸边。入夜以后，这条大街总是空无一人。那天晚上，几乎像每个晚上那样，突然停电了。……于是我拔腿就跑，因为我害怕黑夜。我越跑越快。突然，我似乎听见后面有人跑。我肯定后面那个人正跟着我跑。我一边跑，一边回头看。一个又高又瘦的女人边跑边笑，瘦得像干尸一般。她光着脚丫，紧跟在我后面，想把我抓住。我认出了她，她就是镇上的女疯子，是永隆的女疯子。……"② 1966 年《副领事》发表后，杜拉斯在 3 月 23 日接受了电视台那位在《劳儿·维·斯坦茵的迷狂》发表时采访过自己的记者皮埃尔·杜玛叶的电视访谈。当记者问到女乞丐是谁，她在什么地方认识她时，杜拉斯这样说道："一个跟在后边追我的人。从我……从我 10 岁那年起，……那时我的母亲是小学教师。有一天，她来了，听说我母亲收小孩，她走了几百公里，带来了一个已经无法养活的孩子……"26 年后，杜拉斯再次谈到孩子时泪流满面："我的母亲把孩子交给了我，对我说：'你去照看她……我没有时间。'我让人喂孩子，我开始喜欢她。有一天，人们发现她死了……我还没能够……（杜拉斯哭了）""女乞丐一半是女人，一半是野兽，像扔掉熟透的水果一样遗弃了自己的孩子，她穿越田野，不是寻找自己的孩子，而是把自己永远赶出家门的亲生母亲。"③ 因为贫穷、苦难，才有了孩子的死亡，才有了乞丐和麻风病……杜拉斯又是如何把副领事和女乞丐放在一起的？"副领事确有其人，他是杜拉斯的大学同学，后来成为外交官，才被调往孟买。他叫弗莱蒂，在调职前回巴黎短暂停留，杜拉斯的朋友都见过他。……当时的背景是昂佛尔实验室对精神病患者做一次大型调查，他们建议马兰·卡尔米茨和作家合作，拍摄一部半个小时的影片。第一个主题是酗酒，卡尔米茨想到了玛格丽特，……她很快接受了这项神奇的任务。……但是玛格丽特回到了这个男人的故事上，……"④ 两个真实的故事被杜拉斯用文学糅合在一起："'我必须彻底编造一个加尔各答，它的闷热，到处都是风扇，它们像受伤的小鸟发出飒飒的响声，还有

① ［法］玛格丽特·杜拉斯：《抵挡太平洋的堤坝》，82 页，巴黎，法兰西墨丘利出版社，1950。
② ［法］玛格丽特·杜拉斯：《情人》，103 页，巴黎，子夜出版社，1884。
③ ［法］劳拉·阿德莱尔：《玛格丽特·杜拉斯传》，399 页，巴黎，伽利玛出版社，1998。
④ ［法］劳拉·阿德莱尔：《玛格丽特·杜拉斯传》，399～400 页，巴黎，伽利玛出版社，1998。

一个曾经见到过的年轻女人的爱情。'"杜拉斯在谈到与副领事的关系时这样说："他朝萨里玛的花园里开枪，里面有麻风病人，有狗。夜晚他朝拉合尔的苦难开枪，因为那里有苦难……""写副领事。我不得不花了三年时间创作这本书。我不能谈论它，因为任何外来干预，任何'客观'意见都会将这本书一下子抹去。如果我采用另一种写作方法，一种被修正的写作方法，就会毁掉这本书的写作，毁掉我对这本书的所有思想。"① 不管是早期的《抵挡太平洋的堤坝》，还是获得龚古尔文学奖的《情人》，女乞丐的故事都属于杜拉斯在叙述家庭或者个人生活中的要素之一，都围绕着其他人的故事。但是在《副领事》中，她却成为主人公，她的故事与副领事的故事交织在一起。这是一部压抑了很长时间才得以公开的故事，也是杜拉斯心头的难解之谜。

"《副领事》中有三个故事，只有将三个故事的文本交叉来看才可以理解，《副领事》作为一本书，始终是开放的，由夏尔·罗塞特的故事开始，到副领事的幻想结束。"这两个故事中间穿插的是，一位名叫摩根的男人写的故事，他刚刚来到亚洲。他在市场看到一位饥饿难耐的年轻姑娘卖掉她的孩子，他讲述了她的流浪经历，并在其中插叙了他在印度的所见所闻。一个秃头女乞丐，由于怀了孕被母亲赶出家门，从此过着颠沛流离的生活。她跋山涉水，饱尝饥饿艰辛，就是要把女儿分娩出来，并为她寻一个好人家。她怀着这样的希望，唱着故乡的歌，渐行渐远。故乡在她身后抹去，记忆逐渐模糊。多少个日晒雨淋的日子，多少个饥饿难忍的昼夜，也没有磨去她的希望。10年后，她终于来到加尔各答，不但找到了自己的归宿，也把女儿托付给一位白人妇女。从此以后，恒河岸边的麻风病人中间，多了一位夜里唱歌游荡，白昼沉睡的秃头疯姑；第三个故事讲述的是法国驻拉合尔的副领事，他性格孤僻，总是把自己关在黑暗的官邸里。一天夜里，他朝萨里玛的花园里开枪，打死了几个麻风病人，接着就大吼起来，由于这件案子，他被调离拉合尔，在加尔各答等待重新安排。在此期间，使馆组织了一次招待会，他也在被邀请之列，但人人都厌恶他，不敢靠近他，他成了一名恬不知耻、道貌岸然的人。他深深地被大使夫人安娜·玛丽·斯特雷泰尔夫人所吸引。最后在哀求无果之后，他依然用他那嘶声浓重的吼叫结束了在加尔各答的等待。

女乞丐年纪轻轻就怀了孕，怀孕原因不得而知，"就像是从一棵很高很高的树上失足，没有疼痛，坠落下来怀了孕的。"就像受到诱惑的夏娃一样，怀孕成了一切罪恶的根源。如同原罪，一旦铸成，就必须有人承担结果。她对母亲，对家庭犯下了不可饶恕的罪恶。惩罚是残酷的、恶毒的，也属于某种犯罪，她被母亲撵出家门，这时便产生了别人对她的犯罪，是母亲和家人对她的遗弃。她不停歇地走着，从路边的一座座界碑旁走过。一路上饱尝饥饿艰辛，单凭大自然来填充日渐空瘪的胃。路上遇到的孩子钓的鱼，她一口咬掉头生吃起来。即使是在艰难无望的生活中，她也满怀着对生活的希望，她希望把孩子分娩，结果却分娩在田边的草棚中。分娩成为第三次犯罪，在杜拉斯看来是另外一种形式的遗弃："我认为在一位生过小孩与没有生过小孩

---

① ［法］玛格丽特·杜拉斯：《写作》，曹德明译，12页，沈阳，春风文艺出版社，2000。

的女人之间有着本质差别。我把分娩看作犯罪，好像被丢掉，被遗弃了，我认为分娩无异于谋杀。"① 被狗追逐，与人抢食也不能使她忘记自己的使命，把孩子送给一个可靠的人家。分娩已经是某种犯罪了，把孩子送给别人，更是不可饶恕。所以女乞丐应该受到惩罚，她在加尔各答的生活就是惩罚的实现形式，她同当地的麻风病人睡在一起，麻风病人混杂着野狗。她睡在麻风病人中，居然不会染上麻风病，这非常令人惊奇。她整天疯疯癫癫、跑来跑去，每晚都像一个幽灵一般，嘴里唱着不知名的歌曲，扰得人心里忐忑不安，难以入睡。她精神错乱，受到惩罚，是因为她犯下了原罪，好像那是上帝的旨意，无形的手在不知不觉之间把人世的苦难压在了她的头上。饥饿，家庭的抛弃，社会的抛弃给她造成了巨大的痛苦，所有的理智都消失了，"只充斥着某种精神失常，某种恐惧，那是可怕的疯狂的前奏。"这才是一切苦难的根源，真正的原罪，导致了女乞丐与麻风病人们的苦难生活。在杜拉斯看来，苦难、悲惨、癫狂、抛弃就是童年时代和西方殖民主义背景中的麻风病，以极快的速度在加尔各答传播，在印度、在世界传播。殖民主义者给世界带来了不公平，带来了贫富的差距，带来了对人权、对人性的蔑视。曾经亲眼目睹了这一切的杜拉斯，在这部"政治小说"里，以非常规的手法，把印度人受到的非人待遇，把殖民者对他们猪狗一般的虐待，通过那个其实什么罪都没有犯的女乞丐表现出来。她就用这种疯狂与缺乏公平的世界相抗衡，用这种疯狂来获得自由。关于这部"政治小说"，她的朋友兼邻居米歇尔·芒索曾经在一篇标题为《杀吧，她说》的文章中这样写道："杜拉斯，作家，通过中间人杀人。《副领事》，这本她确认为本世纪最重要的政治书籍中的副领事，大喊着死亡，将枪瞄准了一些狗。"②

"加尔各答成了恐怖之地，人类和历史的所有恐怖之事都汇聚在那里，这是巨大破坏的起点，也是普遍灾难的原型，'加尔各答起点'甚至妨碍了权力的重建。一切都在旁边重新开始，在无边的沙滩上，在变化不定的新土地上。"③ 造成这种苦难、悲惨、癫狂的是殖民主义者，所以就需要有人来消除这种不公和贫富差距，这个人就是副领事，他要与所谓的理性世界对抗，书名也由此产生。副领事名叫约翰·马克·H，独子，约莫三十五岁，从小就会弹奏"印度之歌"。从童年时代起，他就爱搞恶作剧，喜欢作弄别人，这是他与苦难、悲惨、癫狂的殖民主义对抗的方法之一，然而并不能取得令他满意的结果："副领事说，除了蒙福尔的办法之外，他再也没有见过更好的。首先是每一次让臭球出现在餐桌上，随后出现在自修室，出现在教室，随后又出现在接待室，出现在宿舍，随后还有……假臭球，假大粪，假鼻涕虫，假耗子……他们被弄得脏透了。"④ 他最后终于被学校开除。当上拉合尔的副领事之后，这种对抗进一步

① ［法］玛格丽特·杜拉斯、米歇尔·波尔特：《玛格丽特·杜拉斯的住所》，23 页，巴黎，子夜出版社，1977。

② ［法］玛格丽特·杜拉斯：《写作》，劳佳明译，133 页，沈阳，春风文艺出版社，2000。

③ ［法］阿兰·维尔贡德莱：《玛格丽特·杜拉斯：真相与传奇》，胡小跃译，127 页，北京，作家出版社，2007。

④ ［法］玛格丽特·杜拉斯：《副领事》，宋学智、王殿忠译，63 页，沈阳，春风文艺出版社，2000。

升级。他喜欢自己待在官邸，孤独伴随着他，而"疯狂总是伴随着孤独。"他在家里对着镜子——对着自己开枪，夜里他朝萨里玛花园里的麻风病人开枪，然后发疯似地吼叫。"副领事每天都在吼叫……就像人们每天祈祷那样，他每天在吼叫。一点不错，他大声吼叫，在拉合尔的夜里，朝萨里玛花园开枪杀人。他杀任何人，为杀人而杀人，从整个印度被瓦解起便射杀任何人。他在寓所、在那里吼叫，在荒凉的加尔各答的黑夜里吼叫。副领事发疯了，过于聪明而发疯，他在拉合尔每夜都杀人。"① 所有的人都认为他发了疯，即使在他的姨妈看来，他也得了神经忧郁症。副领事为何会有如此疯狂粗暴的行为呢？弗洛伊德认为，人有潜意识，"潜意识之所以存在，是因为生来就是'阴暗的'——正是因为'不道德''见不得人'，所以才被压抑到深不见底的暗层。人的心灵天生是不安全的，像是火山的内部，充满了矛盾和斗争、反抗和压制、混乱和焦虑、不安和绝望……"副领事长时间受到压制，他比别人聪明，他能洞察到一切，他看到了社会的黑暗，看到了人民的疾苦却又无能为力，"他的沮丧和最深刻的痛楚正是世界的痛苦。"心灵内部的火山不断蓄积能量，愤怒在心中油然而生，然后从怒火中走向了行动，杜拉斯曾说道："不应该撒谎，任何人都有杀人的想法"副领事其实是个"火爆而充满火药味的死亡工具"，他"朝穷人开火，朝数百万在几个月内饿死的孩子们开火。他朝灾难、痛苦以及罪行开火"，朝着"平庸的思想，朝着那些原则和哲学开火……他也朝上帝开火"。副领事必须迎合这个世界的恐怖，去击碎、去毁灭，然而他所进行的是幼稚的革命斗争。他没有摧毁拉合尔，却摧毁了自己。"这是一部始终能使我心动的小说。是一部政治小说。是本世纪最伟大的小说之一。人们不愿意理解它，其实他们也无法理解。"② 摧毁一个充满绝望、癫狂、贫穷和悲惨的世界，这就是杜拉斯的追求和理想，能够完成这一任务的并非人们想象中的合乎常人思维的人。绝望、癫狂，以暴力对暴力，才能根除毒瘤和劣迹。

约翰·马克·H又是一个纯洁的人，是一个从来没有爱过女人的童男，但他从未停止过追求爱的努力。在他遇上了安娜·玛丽·斯特雷泰尔夫人后，深深地被她吸引，平生头一回，一个女人触发了他的爱情。他经常去那冷冷清清的网球场，那是因为他常看到斯特雷泰尔夫人从此经过，他甚至抚摩着安娜·玛丽·斯特雷泰尔夫人丢弃在网球场旁边的自行车，把它当作自己所爱的女人，与之拥抱，与之缠绵。"他好像在盯着那辆自行车，伸手触摸着它，他身体伏在上面，好一阵才直起腰，眼睛一直没有离开过自行车。"③ 无法企及的爱情，却可以用一种变通的办法达到目的。"一件物品，比如她触及过的树木，比如那辆自行车，都会使人产生特别的兴趣。"④ 在他看来，爱是纯净的信念，爱是超越闲言蜚语的行为和举动，爱是不为他人所动的执著和追求。他渴望与她相遇，在她经常走过的网球场旁，她经过的树木间，她所到之处都

---

① ［法］玛格丽特·杜拉斯：《写作》，曹德明译，9 页，沈阳，春风文艺出版社，2000。
② ［法］玛格丽特·杜拉斯：《写作》，曹德明译，9 页，沈阳，春风文艺出版社，2000。
③ ［法］玛格丽特·杜拉斯：《副领事》，巴黎，伽利玛出版社，1966。
④ ［法］玛格丽特·杜拉斯：《副领事》，宋学智、王殿忠译，61 页，沈阳，春风文艺出版社，2000。

会有爱的火花和情感的流畅，之后便成为一片寂静和空白："'我发觉在她离开之后，网球场变得冷冷清清。她的裙子在树木间飘过，发出一阵窸窣声。'"① 招待会是他与大使夫人身体接触的最佳机会，也是他表达爱情的最佳场所。在场的人都厌恶他，不愿接近他，他成了众矢之的。在别人看来，"这个拉合尔副领事，他有点儿像死人一样……"。客人们渐渐地离去，但副领事一直不曾离开，他在等待，等待机会。在与大使夫人跳舞时，他的"目光里面有一种极度的快乐，那是曾经在拉合尔燃烧的火焰"。在招待会将要结束时，副领事突然发怒，吼叫起来，使他与大使夫人间的那种默契以最激烈、最实际的形式表达出来。他对斯特雷泰尔充满了激情，"激情就是我们的疯狂……抑郁者心理上的痛苦就在于无法与别人交流这种激情、这种疯狂"。他的叫喊同时显示了他的反抗。可是在这个没有四季，没有爱情的地方，副领事那句"留下我吧！……就一次。一个晚上。只要这一次，让我和你们留在一起"。的乞求，竟是那样的没有着落，没有回应，他终于被排除在加尔各答的白人圈之外。疯狂的发泄撞击着空空荡荡的网球场，也撞击着荒漠无助的城市，但是在城市的某个地方，这种叫喊有了回音："他们在听，不是叫喊的声音，是一个女人的歌声，从马路上传来。竖耳细听，好像也有人叫喊，但声音很远，像是来自马路尽头，大概副领事已经走到那里。"② 副领事的叫喊就这样与女人的歌声融在一起，就是愤怒的吼声和枪也没有能够驱除人间的悲惨与苦难，他也只能以这种疯狂的叫喊结束在加尔各答的日子。

《副领事》从表面上看由两个毫无关系的故事构成，一是彼德·摩根写的女乞丐的故事，另一个是副领事的故事，然而故事中的人物都有相似点或交叉点。杜拉斯在出版此书时就说道："没有她（女乞丐），《副领事》就不存在"。"他富有、彼此之间正好相反。从来未曾相遇，但是他们非常接近，都在不幸中生活"。他俩都因痛苦、压抑而疯狂，并且都被社会所摒弃。同时，副领事和女乞丐又是一对矛盾。女乞丐的苦难，麻风病人的癫狂都需要他用枪杆子去驱赶，他是受苦受难者的解救人。他们从不同的地方来到加尔各答，叫喊交织在一起，歌声交织在一起，脚步交织在一起。同时，副领事也和安娜·玛丽·斯特雷泰尔是同样的人，一种"共同的病"使他们结合在一起，这就是："理解"。他们理解看到的东西，但不能对其作任何改变。"'总之，拉合尔副领事像谁？像我。'"安娜·玛丽·斯特雷泰尔夫人说。不但如此，她还能理解副领事对她母亲般的眷恋，对她的身体的渴望。流浪、沉沦（与无数男人做那种事，拥有无数情人），甚至向往自杀，都使斯特雷泰尔夫人像一个流浪的女乞丐、妓女。女乞丐总是跟随斯特雷泰尔夫人的脚步，使她隐隐约约地和大使夫人酷似，她和安娜-玛丽·斯特雷泰尔交错在"蓝色的月亮"俱乐部，交错在后者海浴或者企图自杀的海岸线。女乞丐长期流浪的脚步以及伴随着脚步的歌声所形成的"音乐场"酷似一个更大的舞台，人生的舞会，副领事在这个"音乐场"上朝安娜·玛丽·斯特雷泰尔走去。女乞丐因加尔各答而激动，安娜-玛丽·斯特雷泰尔因她和痛苦而激动，副领事

①　［法］玛格丽特·杜拉斯：《副领事》，宋学智、王殿忠译，60页，沈阳，春风文艺出版社，2000。
②　［法］玛格丽特·杜拉斯：《副领事》，宋学智、王殿忠译，123页，沈阳，春风文艺出版社，2000。

则因安娜·玛丽·斯特雷泰尔对女乞丐的痛苦的激动而激动，因对安娜·玛丽·斯特雷泰尔的爱情而激动。他们的故事，他们的人生无法挽回，因为他们都拥有："固定在激情的顶点的爱情故事。"

安娜·玛丽·斯特雷泰尔和劳儿·维·斯坦茵也许是杜拉斯作品中出现次数最多的人物。《劳儿·维·斯坦茵的迷狂》拉开了安娜·玛丽·斯特雷泰尔的故事的序幕。她的出场就不同寻常："她身体纤瘦，穿着双层黑色罗纱紧身裙，领口非常低。她自己愿意如此穿戴，愿意如此以身示人，她如愿以偿。她身体与面部的奇妙轮廓令人想入非非。她就是这样出现，以后也将这样死去，带着她那令人欲火中烧的身体。她是谁？人们后来才知道：安娜·玛丽·斯特雷泰尔。"①

杜拉斯在 1964 年 4 月 15 日接受电视台的记者皮埃尔·杜玛叶采访《劳儿·维·斯坦茵的迷狂》时谈到了安娜·玛丽·斯特雷泰尔：

"玛·杜：当时是子夜，凌晨 1 点，舞会达到了高潮。她们是最后来到舞会的人。米歇尔·理查逊与这个女人几乎就是一见钟情。

皮·杜：安娜·玛丽·斯特雷泰尔？

玛·杜：安娜·玛丽·斯特雷泰尔。"

这个在《劳儿·维·斯坦茵的迷狂》中出现并夺去了劳儿的未婚夫的女人，在《副领事》中，与劳儿的未婚夫米歇尔·理查逊来到了加尔各答，结果却成了法国驻印度大使夫人。无穷的疑问留在了这两部小说之间，没有疑问的是，她依然是米歇尔·理查逊的情妇，他们的爱依然如故，但是他们的相识却有了不同的版本："'我在加尔各答，'米歇尔·理查逊说，'是先听到安娜·玛丽弹钢琴，后才认识她的；刚开始时，有一天晚上，我在路上听到钢琴声，一下惊呆了，不过那时，我还不知道她是谁，我记得，我是来加尔各答观光的，我受不了了……刚来第一天，我就想走……是那首曲子，当时我听到的乐曲把我留了下来，让我在加尔各答待了下来……"②

因为爱和音乐，米歇尔·理查逊在加尔各答待了下来，也为了分担安娜·玛丽·斯特雷泰尔的痛苦。"安娜·玛丽就是这里的一切，别的都不重要。"米歇尔·理查逊曾经这样说。

"这个女人"在杜拉斯的生活中占据着重要地位，就像劳儿·维·斯坦茵，女乞丐游荡在杜拉斯的作品中，只要谈到其中的一个，就有可能涉及另外两个。杜拉斯曾经这样说到过"这个女人"：

"湄公河上，那里是白人的场所，那里有笔直的街道和花园，栅栏门和河流，还有法国俱乐部，网球场，也许还有安娜·玛丽·斯特雷泰尔，这位永隆总督的妻子……

她来到这里后不久，我们得知，一位年轻人因为对她的爱，因为她的爱而自杀。我还记得当时给我的震动，我实在搞不明白。当我得知这一消息时，震惊非常之大，

---

① ［法］玛格丽特·杜拉斯：《劳儿·维·斯坦茵的迷狂》，巴黎，伽利玛出版社，1964。
② ［法］玛格丽特·杜拉斯：《副领事》，187 页，巴黎，伽利玛出版社，1966。

因为表面上看，这个女人不是爱调情的女人，而是一个世俗的女人；她有某种看不见的东西，那就是与一个女人相反的东西特别引人注目，她沉默寡言，据说没有朋友，总是一个人或者与两个女儿散步，就像《副领事》的书中所描写的那样。突然间，我们得知这一消息。长期以来，我认为，她身上体现出来一种双重的权力，死亡的权力和平常的权力。她抚养孩子，是总督夫人，她打网球，招待客人，散步等。同时她身上隐藏着这种死亡、慷慨地献出死亡、产生死亡的权力。有时我对自己说，因为她我才写作。"①

也许，1993 年是杜拉斯最后一次谈到安娜-玛丽·斯特雷泰尔："副领事的喊叫声，'唯一的政治'也在这儿，在诺夫勒城堡被记录下来。他就在这里叫过她，是的，就在这里。她就是安娜·玛丽·斯特雷泰尔，安娜·玛丽亚·瓜尔迪。是她，德尔菲娜·塞里格（安娜·玛丽·斯特雷泰尔的扮演者）。拍这部电影的人都哭了。那是不受约束的、没有缘故和无法避免的哭声，真正的哭声，贫苦人民的哭声。"②

唯一的政治或者唯一如此露骨地谈论到政治，但是这种政治和萨特所谓的"介入"完全不同。因为政治之中隐藏着让人绝望的情感，隐藏着某种"摧毁"的力量。当政治和情感如此错乱地混杂在一起时，小说的深度和厚度被大大地拓展了。"副领事的故事被当成是一个爱情故事，一种不可得到的爱情。这毫无疑问，但它首先还是文学中控诉一个'走向灭亡的世界'的第一声真正的呐喊。对于世界的没落，谁都不愿意有所动作，宁愿生活在谎言和幻想中。"③ 当副领事喊出了那传遍加尔各答的喊声时，一切就这样被定格了，被凝固在恒河岸边。女乞丐的歌声陪伴着那位为了黑夜中的爱情而自杀的年轻人，岸边永远成了爱情走向完美和高潮的自杀场。

斯特雷泰尔夫人是某种象征，多角度呈现出来的美的化身。她时而现出一种阴郁的美，时而也呈现出一种平静的美，"她的世界被扯开了"。她经常莫名其妙地哭泣，呈现出一种病态，让人捉摸不定的美。斯特雷泰尔夫人"有着永恒的年龄，是坟墓和摇篮的入口，是欲望的几乎是非物质的幽灵般的身体。她还是在被分门别类的世界上的混乱，是使世界的虚假程序发生动摇的意外事件。""她给人一种感觉，仿佛正在受一种痛苦的煎熬，那种痛苦，离现在太遥远，再想为之流泪已经流不出来了。"④ 她长期关闭在像笼子一般的大使馆里，过着远离社会的生活，其实她也同样被剥夺所占有，达到了孤独的状态，因此"绝望有着自由场，这个自由场使她向任何爱情开放，也使她向任何痛苦开放，并把她引向自杀"。这位以最美丽的方式结束自己生命的女性在杜拉斯的笔下被完全混淆了："副领事对着麻风病开枪，向麻风病患者、穷人和狗射击，然后向白人、向白人总督开枪。除她以外，他逢人便杀，她便是某一天早上

　　① ［法］玛格丽特·杜拉斯、米歇尔·波尔特：《玛格丽特·杜拉斯的住所》，63～65 页，巴黎，子夜出版社，1977。

　　② ［法］玛格丽特·杜拉斯：《写作》，25 页，巴黎，伽利玛出版社，1993。

　　③ ［法］阿兰·维尔贡德莱：《玛格丽特·杜拉斯：真相与传奇》，胡小跃译，128 页，北京，作家出版社，2007。

　　④ ［法］玛格丽特·杜拉斯：《副领事》，198 页，巴黎，伽利玛出版社，1966。

淹死在三角洲的劳儿·维·斯坦茵，我和塔拉童年时的女王，永隆总督的妻子。"① 劳儿·维·斯坦茵与安娜·玛丽·斯特雷泰尔在这里重合了，分属两部小说的美丽女性在杜拉斯生命最后的作品《写作》中合二为一，共同走向完美的终点。

"《副领事》是一本到处都在无言大喊的书。我不喜欢这种词语，但是当我重读这本书时，我又重新体验到了这样的感觉，类似的东西。真的，副领事，他每天都在喊叫……但是在一个对我而言秘密的地方喊叫"②。悲怆就像生活酿造的美酒放在了《副领事》中，给读者所提供的空间是多层次、多角度的。无言，没有词语，但却有声音，却有肢体活动，却有身躯移动的语言。声音如音乐；肢体如舞蹈；移动如韵律。但是它们中间包含着苦难，包含着无奈，包含着愤怒，包含着悲怆。女乞丐多次重复的词语 Battambang 不断延伸，不但延伸成 Baattamambbanangg，而且延伸成饥饿、苦难和迷茫："男人问她从哪里来，她说从 Battambang……说着便跑，男人笑了，被赶出家门？是的……

Battambang。

三个音节同样铿锵有力，字字圆润，像从一个紧绷的小鼓面上蹦出。Baat-tamambbanangg，那男人听说过，她径自离去。

Battambang，她什么也没有多说。……她出了山洞，把鱼洗了又洗，然后慢慢地吃着，咽下去的唾沫又泛了上来，满口咸味，她哭了，口角流着涎水，她很久没有沾过盐了，太多了，实在太多了，她跌倒在地，跌倒后还在吃。"③

音节（从 a 到 aa，从 am 到 amam 从 ang 到 anangg）在延伸，韵律在延伸，含义在延伸。在这种无限延伸之中，音节、文字变成了无言悲怆曲，和着女乞丐的行走、她的悲惨命运和彼德·摩根的文字前行：

"她走着，彼德·摩根写到。"

……

"她在走。

她足足走了一个星期。"

……

"夜色中，她按照那位老者指引的方向，沿着洞里萨湖顺着原路往回走。……

在炙热、耀眼的阳光下，她还怀着孩子，不再恐惧，她正在远去。她要走的路，已经决定，那是永远离开母亲的路。眼泪挂在脸上，但是她却努力地唱起 Battambang 的歌谣。"④

Battambang 是女乞丐唯一能够说出口的一个词，Battambang 是一首歌，一首远离故乡，寻求自己生活之路的悲歌。她在成功地把那个半死不活的孩子送给白人妇女之

① ［法］玛格丽特·杜拉斯：《写作》，曹德明译，25 页，沈阳，春风文艺出版社，2000。
② ［法］玛格丽特·杜拉斯：《写作》，25 页，巴黎，伽利玛出版社，1993。
③ ［法］玛格丽特·杜拉斯：《副领事》，21 页，巴黎，伽利玛出版社，1966。
④ ［法］玛格丽特·杜拉斯：《副领事》，28 页，巴黎，伽利玛出版社，1966。

后，再次唱起了离别的歌，这次她将离开自己的孩子。

"她迈着乡下姑娘笨重而均匀的脚步，开始沿着一排排帆船，向前走去。今夜，她也起程……

经过十年风尘，一天，她来到了加尔各答。

她留在了那里。"①

动感以及由此所产生的美妙旋律，正是彼德·摩根在自己所写的小说中赋予给女乞丐的基本性格。她可以不说话，可以忍饥挨饿，可以不知疲倦，但是她决不可以没有歌声，没有脚步的移动，没有伴随着歌声的行进。彼德·摩根在谈到他正在写的人物时说："她走着，我特别强调这一点……她人本身，可以说，就是一次漫长的旅程，这个旅程被我分成若干段，在每一个阶段，我都突出地去描写同样的永动——她的不息的脚步，她走着，那句话伴随着她……"② 她的脚步就像美妙的音乐，"任意从一点出发纵横驰骋，在不同程度上节外生枝，对这个音调或放或收，都全凭一时的心血来潮，然后又像长江大河，急泻直下。"③ 最后融进了大海，终止在加尔各答。Battambang 的歌谣和她一起留在了那里。从此之后，大街小巷、海滩上、恒河岸边响起了她的歌声和无言悲怆曲，和着副领事的"印度之歌"，和着安娜·玛丽·斯特雷泰尔的钢琴演奏声，构成了加尔各答巨大而美丽的音乐舞台。

政治、音乐、文字，杜拉斯就这样从病理和心理的角度刻画了三位主人公的绝望、无助，刻画了加尔各答的荒漠、郁闷。她的文字洗练，既合混又质明，还充满了空白无语，留下了弦外的袅袅余音。她感觉自己也"被疯狂冰冻了"，"全身都散了架"。从恒河岸边女乞丐的歌声到副领事的爱的呐喊，所有这些咏叹调，就像一部歌剧。政治的残酷无情、文学的忧伤、美丽，就这样被杜拉斯搅浑在《副领事》中，挥之不去的是那些无言的抗争、绝望的悲歌。

4.《情人》

《情人》是根据杜拉斯亲身经历而写成的一部自传体小说。小说讲述了"我"在印度支那与一个中国男子绝望而凄美的情爱故事：已是垂暮之年的"我"坐在一个大厅里，突然，一个男子走过来，他对"我"说："我认识你，永远认识你。那时候，你还很年轻，人人都说你美，现在，我特来告诉你，对我来说，现在的你比年轻的时候更美，那时你是年轻女人，与你那时的面貌相比，我更爱你现在备受摧残的容貌。"一切都仿佛在瞬间又回到了从前，那年"我"15 岁半，在湄公河的渡轮上，那天"我"头戴男帽，身穿磨的快透明的连衫裙和一双削价处理的镶金条带的鞋。在无聊的渡船上，无意发现一位男子在注视着"我"，他是一位中国人，穿一身西贡浅色柞绸西装，更吸引"我"的是他身旁那辆黑色的利穆新轿车。他走过来找我搭讪，"我"发现他非常紧张，递给"我"烟的手直打战。船到岸后，他提议用自己的车送"我"。

---

① ［法］玛格丽特·杜拉斯：《副领事》，68～69 页，巴黎，伽利玛出版社，1966。
② ［法］玛格丽特·杜拉斯：《副领事》，179～180 页，巴黎，伽利玛出版社，1966。
③ ［德］黑格尔：《美学》，朱光潜译，第三卷，上册，339 页，北京，商务印书馆，1984。

家庭的冷漠、贫困，加上"我"天生就一副耽于逸乐的面孔，那时"我"就知道了欲望是性关系的及时通道。因此"我"虽然犹豫却接受了他的邀请。从此以后，他每天用他的车接"我"上学。他老家在中国北方的抚顺，他是独生子，母亲已经去世，父亲是当时华侨中少数几个经营殖民地不动产的中国金融家之一。他刚从巴黎回来，已经与老家抚顺的一名富家女订婚，但他还是不可救药地爱上了"我"。一切都是命中注定，那天是星期四，像往常一样他又来接"我"，不同的是这次他把"我"带到城南的一座单身公寓。"我"知道并期待着即将发生点什么，却发现他非常胆怯。于是"我"就告诉他，希望他像往常把女人带到他房间习惯怎么办就怎么办。在"我"的鼓励和诱导下，一切都发生了。透过百叶窗，外面是熙熙攘攘的中国街，房间里弥漫着各种气味，有焦糖的气味，炒花生的香味，中国菜汤的气味，烤肉的香味，各种绿草的气息，茉莉的芳香，飞尘的气息，乳香的气味，烧炭发出的气味。还可以听到他们发出的声音，全部声响，全部活动，就像一声汽笛长鸣，声嘶力竭地悲哀地喧嚣，但没有回应。所有的一切都永远深深地刻在"我"身体里，血液里，"我"的生命里，永远、永远……后来母亲不知在哪里听闻了一些有关"我们"的事，在大哥那个该杀的混蛋的挑拨下，母亲用最下流的话骂"我"，打"我"。但当时"我们"的家，在经历几次灾难后，加上大哥的胡作非为，已经是一贫如洗了。然而他们需要"我"情人的钱，他们要利用"我们"的关系骗吃骗喝。尽管如此，他们仍不理睬他。同时他们家也强烈反对，他的父亲宁愿他死也不让他娶一名白人家的穷女子为妻。

不久后，当知道母亲要送"我"回国读书时，之后每次幽会，"我们"已经没有激情做爱，他只是忧伤而又怜惜地一遍又一遍给"我"洗澡。一切无法改变，离别的日子终于到了，那天他把车孤零零地停在码头上，坐在车里边没有出来。但根据特征"我"还是认出了那辆车，他身形模糊不清，坐在那里一动也不动，十分颓丧。"我"就像初次在渡轮上见面时靠在船舷上，"我"知道他在看"我"，"我"也看着他，由于家人在旁边，"我"什么也不敢表示，只是静静地望着、望着……最后，轿车消失了，港口消失了，陆地消失了，一切都消失了……

后来，许多年过去了，也发生了许多事情，结婚，生子，离婚，战争，死亡。有一天，一个人打电话给"我"，一听声音，"我"就知道是他。他说他想听"我"的声音，和过去一样，他的声音有点打战，"我"立即听出了他的中国口音。他说，和过去一样，他依然爱"我"，他根本不能不爱"我"，他说他爱我一直爱到他死。

这就是《情人》——杜拉斯的代表作，"杜拉斯式"风格的完美体现，1984 年法国最高文学奖龚古尔文学奖得主，250 万册的年发行量，同时被译为 40 多种语言，在全世界范围内都拥有自己的读者，那么又是什么缔造了这样一个"杜拉斯神话"呢？

首先，浓郁的自传性后面饱含作者言说不尽的深情。也许书中的一些情节可能经过加工、改造，甚至并不存在，但后面所隐藏的那份痛彻心扉的情感却来自作者自身经历的切身体会，这谁也无法否认。它令读过作品的每一位读者都感叹良久，难以忘怀。以作品的开头为例，这应该是怎样的一个场景?！当在历尽人间沧桑后，一个人由美丽的少女变成满脸皱纹的老太太，这时她遇见了自己的初恋情人，这情人见面第一句话就说:"与你年轻时相比,我更爱你现在备受摧残的容貌。"多少爱情誓言为之失色,多少海誓山盟为之苍白。这应该是一份怎样的爱!就单单这几个字又打动了多少读者,又让多少心灵为之颤动。正是这种情感推动着杜拉斯如泣如诉的创作,正是这份情感牵引着读者如痴如醉的阅读。20世纪的西方文坛,各种文学思潮应运而生。而大多数的文学流派及思潮往往过于注重探索新的形式、技巧,追求创作上标新立异,多停留在少数精英学者研究的层面,从而忽略了作为普通人的最广大的读者。对大多数读者而言,他们并不太关心作品的形式以及是否受哪种流派或思潮的影响,更多在乎作品是否能带来美的享受、愉悦,情感上的触动、共鸣。因此也就不难理解这部在杜拉斯尝试各种创作方法之后,以自传性写实手法创作而成的《情人》何以一次又一次打动无数读者的心,一次又一次让他们爱不释手。

其次,浓郁的东方异域色彩,使杜拉斯的作品蕴涵了独特的品位,也让东西方读者为各自心中的追求而痴迷。东方是杜拉斯出生的地方,更是她灵魂获得重生的源泉。再看杜拉斯以前以西方为背景的创作,所有的人无不生活在一种无声的绝望中——对爱情的绝望,对家庭、对生活的绝望,对一切事物的"厌倦",所以才有了《街心花园》中"几乎无事的悲剧",才有了《直布罗陀的水手》无休止的对可能并不存在的爱的追寻,所以《劳尔的劫持》中的劳尔疯了,《琴声如诉》中的男人杀死了自己心爱的女人。简言之,这是一个被现代理性牢笼禁锢了的场域。与之相反,杜拉斯笔下的东方却是一个充满野性、活力、欲望而又神奇的地方,它没有遭到现代文明的破坏,它的泥土里孕育着生命的种子,可以让在现代社会中迷失方向的西方人获得重生。在西方语境下东方成了西方克服"异化",重新找回自我,再一次获得重生的地方。因而《情人》中关于东方的描写:川流不息永远奔腾的大河,没有四季一望无际的大地,充满神秘色彩的原始森林……都让现代西方人向往,特别是曾经在这块他们曾引以为豪的殖民地上生活过的一代,这里留下他们太多的东西,《情人》已经成了那一代人的集体记忆。于此,他们可以找回心中最后一点还未丧失的情感,可以唤醒他们尚未完全麻木的心灵。《情人》实际上象征了现代人类对共同失去的一个古老梦想的追忆。

最后,看似随意的写作中隐含着"杜拉斯式"的创作风格。首先,杜拉斯打破了小说语言、诗歌语言与散文语言的界限,在《情人》这部小说里把三者融合在一起,这就造就了《情人》中一道道如诗似画的独特景观。见时是画,别时是诗。画悦目,在开篇,展现在读者眼前的是很久以前,在遥远而神秘的东方,在奔腾不息的湄公河上,在两岸如画的风景中穿梭的一只渡轮上,怀春少女与情人初次相会图。诗伤心,在结尾,当如泣如诉的笛声鸣响起时,那离别的愁绪也仿佛是幽怨缠绵的小诗萦荡在心间,久久不能挥去。还有小说中时间和场景大幅度任意的切换,叙述的距离和焦点忽远忽近,时而沉浸于昔日往事,时而又勾起新的回忆,但整个故事却在推进——一种呈波浪式前进、螺旋式上升的结构推动着整个故事情节的发展。这种淡化传统小说所标榜的故事性、完整性,追求"新小说"叙述的断裂性、破碎性,甚至将两者完美结合的手法,成为叙事方式上的一大奇观。

四、接受与影响

如果说杜拉斯作品中震撼人心的情感是来自于自身的生活经历，那么她在艺术上所达到的高度却是通过自身不懈的努力获得的。杜拉斯自《厚颜无耻的人》起，就积极努力学习和尝试各种创作，早期是模仿现实主义大家的作品，中期无论在思想上还是创作方法上都大量借鉴心理小说、存在主义，最终形成自己独特的创作风格，赢得身前身后名的还是"新小说"。其实早在20世纪50年代初，她就以差点获得龚古尔文学奖的《抵挡太平洋的堤坝》赢得广大读者的喜爱。1984年《情人》出版，奠定了她在整个世界文坛的地位。她去世后，有关她的各种研究著作和传记不断问世，读者对她表现出越来越浓厚的兴趣。

在中国，大众是通过读王道乾翻译的《情人》《琴声如诉》《广场》等经典译本而开始了解杜拉斯的。在《情人》中文版出版之前，《世界文学》《外国文艺》上已刊登了一些杜拉斯的作品，《琴声如诉》等深受众多读者喜爱。接着，在中国出现了两次声势浩大的"杜拉斯热"。第一次是在20世纪80年代，以王道乾译《情人》为发端，当时杜拉斯的《情人》刚刚获得龚古尔文学奖，加之20世纪80年代中国特有的文化背景，杜拉斯的"现代"思想、"前卫"艺术都深深地影响着当时刚复苏不久正在寻找新出路的中国文坛，其中包括史铁生、张贤亮、王小波、迟子建等多位作家。英年早逝的作家王小波生前多次在随笔中谈杜拉斯及其作品，认为杜拉斯的小说才是真正意义上的现代小说，并承认杜拉斯对自己的影响。第二次"杜拉斯热"是1992年由梁家辉、玉珍·玛琪主演的电影《情人》为引领，作品由对少数精英作家启蒙影响转向公众和大众层面。如果说第一次影响主要接受杜拉斯小说反道德形态着重表现人的爱恨情欲，并吸收其"新小说"创作的艺术手法的话，那么，第二次更多的是学习以自传方式袒露女性关于自我、原欲等隐匿在女性内心深处的精神世界。主要以林白、陈染、卫慧、安妮宝贝等一批"新生代"女作家为代表，她们大胆地以自白方式袒露女性各种隐私的做法，无不受杜拉斯作品的深刻影响。卫慧在谈对自己影响最大的作品时，毫不犹豫地把杜拉斯的《情人》排在第一位。虹影甚至认为，"中国的女作家都受杜拉斯的影响"。进入新世纪，特别在杜拉斯去世十周年之际，中国出版了大量关于杜拉斯的系列作品、传记、研究文集，并举行了众多纪念活动，这再一次证明杜拉斯在中国的影响广泛而深远。

五、经典评论

法国当代著名女诗人德尼丝·勒当岱克在《巴黎信札》中说："法国当代最伟大女作家玛格丽特·杜拉斯，她已是73岁的老人了，正好和我母亲同龄。""如果我们认真对待，便不难发现，杜拉斯在20世纪末占据着雨果在19世纪的地位……"菲利普·索拉尔在《她是怎样成为杜拉斯的》一文中拿杜拉斯和雨果相媲美。王小波曾表示："凭良心说，除了杜拉斯的《情人》之外，近十几年来没读到过什么令人满意的小说。"还有人评价"六七十年代，法国有一批新小说家，立意要改变小说的写法，作品也算是好看，但和《情人》是没法比的"。① 今天，回头再看杜拉斯，她以自己传奇的生命历程、惊世骇俗的才情，为世人谱写了一曲痛苦欢快的人生之歌。

第四节　娜塔丽·萨洛特

娜塔丽·萨洛特，法国新小说派先驱作家，一生笔耕不辍，出版了 12 部小说、6个剧本和 3 卷评论集，终生探索小说新的表现领域，并致力于对传统小说的创作方法和语言的革新，被认为是法国二十世纪一流的作家。

一、生平与创作

娜塔丽·萨洛特闺名娜塔莎·切尔尼亚克，1900 年 7 月 18 日出生于莫斯科附近伊万诺夫·沃孜内森斯克的一个犹太知识分子家庭。父亲是化学家，母亲是作家，外祖父是沙俄时期唯一的犹太教授。1902 年，父母离异，娜塔丽开始过居无定所的生活，先是随再嫁的母亲定居巴黎，四年后返回俄罗斯彼得堡父亲的家里。1909 年又随再婚的父亲定居巴黎。受家庭影响，幼小的娜塔丽博览群书，酷爱文学，从小就表现出很高的语言天赋，可以流利地说俄语、法语和德语。她的早慧可能是她幼时的家庭不幸造成的。在晚年自传体作品《童年》中，她讲述了自己在巴黎—日内瓦—彼得堡，在父亲和母亲之间的奔波及其孤独苦闷的生活。娜塔丽青年时期爱好文学和登山，曾经登上欧洲最高峰勃朗峰，这对当时的妇女来说是很不容易的。1921 年，娜塔丽在巴黎索邦大学取得英语学士学位，继而赴英国牛津大学学习历史，后又在柏林学习社会学。1922 年，她又在巴黎大学法律系注册，获得法学学士学位。1925 年，她与学法律的同学雷蒙·萨洛特结婚，生育了三个儿女。除了到一些国家短期任教外，她一直潜心创作，雷蒙对娜塔丽的文学创作给予了极大的支持。婚后的萨洛特对于律师工作并未投入多少热情，倒是对普鲁斯特、乔伊斯很感兴趣，而沃尔夫、巴尔扎克、福楼拜和陀思妥耶夫斯基对她更产生了决定性影响。

1932 年起，如同当年许多法国作家一样，萨洛特开始在咖啡馆里构思并创作她的第一部作品《向性》。这是一部借用生物术语命名的短篇小说集。这部早期的作品通过人物处于意识边缘的活动，即有意或无意的言谈举止，来挖掘人物内心深处的秘密。她认为心理活动则是人们表现情感的来源，这种心理活动就如同植物的向光性，向光或背光是植物在受到外因的刺激时朝某个方向生长的特性，因此说明人在受到刺激时内心作出的反应，而言语和动作都是其外在的表现。

1939 年，为躲避战乱，萨洛特化名尼考尔·索瓦热（法文 Sauvage 有离群索居的意思）逃到乡下，藏身于当地的一所寄宿学校当教师。1940 年，律师团以她是犹太人为名将她除名。1942 年，有面包师举报她不佩带"黄星"，她险些被捕。娜塔丽通过

---

① 转引自宋学智、许钧：《简论杜拉斯作品在中国的译介、研究与接受》，载《当代外国文学》，2003(4)。

丈夫（抵抗运动成员）取得假身份，伪装成她女儿们的家庭教师，一直到法国解放。

　　第二次世界大战结束后，萨洛特继续坚持写作，并探索小说新的创作方法，于1948年发表《陌生人肖像》。这部小说故意模仿巴尔扎克的《欧也妮·葛朗台》，却没有按照传统小说叙事的模式描写父亲的财产或女儿的爱情，而是主要通过"我"的眼睛观察父女的生活以及父女之间相互依存又相互排斥的心理。萨特认为这是一部"反小说"并为之作序。只是这部小说并未引起多大反响。但萨洛特并不灰心，继续自己小说革新的道路。

　　1956年，针对当时反传统小说在法国的兴起，萨洛特结合自己的创作，将1947年开始写作的《鸟瞰》《对话与潜对话》等论文结集出版，取名为《怀疑的时代》。在论文集中，她质疑了传统的文学观念，赋予写作以新的意义。"没有人物，没有情节"，阐明了自己的创作意图。论文集被认为是"新小说"理论的先声。而此时"新小说"的其他成员阿兰·罗伯-格里耶、米歇尔·布托尔、克罗德·西蒙等还仅是文坛的小字辈。1959年，她出版代表作《行星仪》（又译《天象仪》），奠定了她在法国文坛上作为优秀小说家的地位。

　　从20世纪60年代开始，萨洛特的创作进入了新的阶段。"她彻底地抛弃了人物和情节，力图直接反映人的潜意识，这就需要把读者置于和意识的空间相同的水平上，而做到这一点的惟一途径就是探索语言的影响。"[①] 萨洛特开始语言的探索，萨洛特努力捕捉人在话语刚说出口刹那间的下意识的感觉，这是个艰苦的尝试。1964年出版的《金果》里面的人物不再有姓名，只是简单的代词"他"、"她"和"他们"，而就是这些人在作品中也只闻其声，不见其人。人们听到的仅是一群人对一部名为《金果》的作品的议论。臧否褒贬各执一词，却可以洞悉评论者内心对这部别开生面的作品的看法。小说出版后，受到评论界重视，获得1964年国际文学奖。1967年，萨洛特开始"触电"，为斯图加特电台制作广播剧《沉默》，后被搬上银幕。随后，她又发表剧作《谎言》《这真美》《她在那儿》《是，或非》。1983年，虽然坚称自己不善于自传体写作，她的《童年》却为她赢得了较多的读者，她的创作力似乎永不枯竭。1995年，已96岁高龄的萨洛特出版了《这里》，随后，她的作品全集被收入法国文学宝典"七星文库"，她也成为在有生之年作品全集被全部收录的第11位法国作家。但1997年，她又以98岁的高龄发表了新作《打开》。这最后一部著作，也是她最有创新性之作。小说清新、智慧，充满快乐和幽默，展现了一个既现实又神奇的世界。作家对语言的把握出神入化，每个词都有了自己的活力、张力及深含的意蕴。1999年10月19日，100岁高龄的萨洛特去世，法国文化界多了一笔世纪末的苍凉。

二、美学主张

　　萨洛特的美学主张主要体现在她的论文集《怀疑的时代》里。该论文集共收有《从陀思妥耶夫斯基到卡夫卡》《怀疑的时代》《对话与潜对话》《鸟瞰》4篇。这是新

---

① 吴岳添：《法国文学散论》，321页，北京，东方出版社，2002。

小说的重要理论文献，甚至是新小说派的理论纲领。作者大胆向传统小说挑战，提出了自己独特而全新的文学主张。

首先，作家反对传统小说编织和虚构故事，以人物为中心进行创作。主张书写生活的片段，取消人物和情节。传统小说所描写的充满戏剧、奇遇和悬念的情节与现实生活相差甚远，有悖情理。现实生活是平庸和琐碎的，现代读者对虚构的故事已感到厌倦。萨洛特认为传统小说以生动的情节和栩栩如生的人物形象取悦读者已遭受质疑，巴尔扎克时代已一去不复返。所有的情节和关于人物的描写，都是没有任何价值的细枝末节，只会误导读者。"当人物变得生动自如而逼真时，以人物为支架的心理刻画就会丧失深刻的真实性，因此，要避免分散读者的注意力，不让他被人物所吸引住。为了达到这个目的，小说家必须尽量不提供有关人物的标志，因为读者会出于自然倾向，不由自主地抓住这些标志来制造出一些具有逼真感假象的人物。"① 在萨洛特的小说里，故事情节被淡化，甚至是人为地割裂。人物不再有肖像，甚至名字都用"他"和"她"代替。如其小说《金果》，全书基本上没什么情节，只是一群人对一部名为《金果》的作品进行议论。有的说好，有的说坏，还有的是墙头草，态度多变。作者也不介绍谈话的人是谁，所谈的小说的内容是什么，谈论到最后也没有结果，整部作品就是一个没头没尾的片段。另外《马尔特罗》的人物称谓多是"我"、"叔叔"、"婶婶"、"表妹"，只有一个人物有名字就是马尔特罗。"马尔特罗的姿态、动作是那样清晰、纯洁，实际上什么也没有：只是一张白纸"。②

其次，萨洛特推崇独特的"内心描写"。萨洛特在《从陀思妥耶夫斯基到卡夫卡》一文中，阐明了"作家一旦摆脱了迫使他就近仔细端详每件物品，妨碍他看得比自己的鼻子尖更远些的那种可悲的近视症，就可以到那些尚未开发的领域中去探索。"③ 这里，萨洛特所说的"未开发的领域"指的就是心理描写。但萨洛特的心理描写却不同于一般的心理描写，有其独特之处："我没有像普鲁斯特那样对内心世界进行描绘性和分析性的描写，我与伍尔夫、乔伊斯也有不同，他们写的都是内心独白，而我不仅写内心独白，而且还写内心独白的前奏，即内心独白前一瞬间的心理活动。我总是抓住某种感觉刚开始发生的那一刹那，如一个人脸红了，他脸红的心理内容是什么？等等。"小说《陌生人肖像》基本上没有什么完整的情节，通篇都是窥视者内心的独白以及父女之间既相互吸引又相互排斥的心理的描写。这种描写着力表现一对亲人似曾相识，却又形同陌路。

第三，萨洛特追求语言的变化。尤其注重语言结构的变化和对话中的潜对话。萨洛特曾经写过一篇名为《语言的用途》的文章，认为词语是人的心理活动的基础，力求以流动的语言描绘转瞬即逝的感觉。小说《金果》里基本上都是些琐碎的谈话，一大群人围绕着《金果》这部作品谈自己的看法。作者正是要通过这些表面上杂乱无章

---

① 柳鸣九：《新小说派研究》，37 页，北京，中国社会科学出版社，1986。
② 柳鸣九：《新小说派研究》，172 页，北京，中国社会科学出版社，1986。
③ 柳鸣九：《新小说派研究》，5 页，北京，中国社会科学出版社，1986。

的语言，来挖掘人物内心深处的潜意识。另一部小说《您听见吗？》在语言的探索方面更是大胆，语言的不确定因素在这里表现得淋漓尽致。两个少年在欣赏一只石雕时所发出的笑声，是天真还是放肆？是快乐还是嘲笑？作者不再说明，读者也如坠雾里，不知所云。其晚年出版的《童年》在语言的创新方面更具反叛性。其中的语言是破碎的、断裂的。从头到尾，几乎每句话后面都是省略号，并用种种方法妨碍读者的阅读，其目的也是力图把读者圈于作者的意识范围之内。萨洛特一直认为日常人们的谈话中，都潜藏着不为人知的深层含义。人们的意识流动总是在不经意间表露出其深含的意义。"言语的灵活、细腻、多样和丰富使读者感觉到言语背后有比他们能在行动背后发现的更多、更细微、更秘密的活动"。① 这就是萨洛特所努力探索的。

三、主要作品分析

1. 《行星仪》

《行星仪》是娜塔丽·萨洛特的代表作，也是新小说的重要作品之一。在这部小说里萨洛特打破传统小说模式，取消或淡化情节和人物，用新的表现手法反映当代纷繁而复杂多变的现实。《行星仪》全书没有起伏跌宕、激动人心的故事情节，主要是一些人物心理活动的串联。年轻的大学生阿兰·吉迈斯在上大学期间，同性格顺从、软弱的姑娘吉赛尔结了婚。吉赛尔的母亲却对阿兰不满意，认为阿兰还是学生，没有固定的工作和薪水，于是怂恿女儿让阿兰去向贝特姑妈要她那套漂亮而宽敞的住宅。贝特姑妈很爱自己的侄儿，常以保护人自居。自从丈夫死后，她一个人住在巴黎富人区的一处豪宅里，无所事事。整天醉心于房间的装饰，甚至因为对一个门把手的样式不满而日夜不安，耿耿于怀。阿兰不愿受丈母娘的摆布而向姑妈索要房屋，于是离家出走，去找他崇拜已久的女作家热曼娜·勒梅尔夫人。女作家很热情地接待了阿兰，这让阿兰受宠若惊。在他们的谈话中，阿兰向女作家谈到了贝特姑妈房子的事，并表达了自己的看法。女作家劝说阿兰接受丈母娘的建议，向贝特姑妈索要房子，并为阿兰出谋划策。于是，阿兰千方百计逼迫姑妈交出房产，贝特姑妈为此甚是伤心。最后，阿兰通过父亲向姑妈施压，并最终得到了房子。后来，阿兰从一个哲学家口中得知，原来女作家只不过是巧妙的模仿者和抄袭者。这让阿兰遭受重大打击。原以为自己与女作家交往，可以提升自己的地位，增加自己的人生阅历，没想到却遭到了欺骗。于是，阿兰开始怀疑人生，气愤、彷徨，认为这个世界到处充满了欺骗。带着一颗失落的心他转而投向哲学家的怀抱，想从正直的哲学家那里获得真理和正义。这又一个人造的偶像是否也会像勒梅尔夫人一样是骗人的呢？

萨洛特在这部小说中以人物的对话、内心独白和潜语代替作家的直接叙述，读者只能从无休止的人物语言中去理解作者的意向，从人物的意识活动中间接地去揣摩事物和社会的脉搏。人物的语言是琐碎的、零乱的，谈的都是些家常话，但是从家常话的潜语中可以看到闪闪烁烁的意识交流，从最一般化的谈吐和内心独白中，可以领悟

---

① 柳鸣九：《新小说派研究》，53 页，北京，中国社会科学出版社，1986。

到生活的真谛。萨洛特正是要努力去显露被文明、教育、偏见、陈词滥调、社会环境包裹着的人的意识深层的真我，揭示人物深层心理活动的真实。作者的真正目的是要揭露这些谈话的虚伪性和不真实性，揭露出在不真实的空话掩盖之下存在着的雏形、萌芽状态的、未经加工的生命。

《行星仪》的书名立意新颖，萨洛特用行星仪来象征社会，象征人与人之间的关系。书中人物似乎就是整个社会的缩影，人们像宇宙中运行的星体一样，彼此间既有引力，又有斥力，互相追逐、碰撞，虽然都共同生活在一个空间，但彼此都像仇敌，永远走不到一起，不断地聚合，又不断地分裂，再进行新的组合。萨洛特试图用天体运行的规律来阐释人与人之间关系的奥秘。人物之间基本的关系是对立，但他们要互相利用，于是要互相表示好感和亲热。萨洛特识破了自己笔下的人物在他们那平静、明朗、纯真的表象之下，在他们那种清白、安详的神态里，隐藏着的是一种深沉的暧昧。在艺术手法上，萨洛特大胆创新，为了削弱人物的吸引力，她很少用人物姓名，而广泛地用各种人称代词，令人颇费猜测，摸不着头脑。她的用意是明确的，一反传统小说以情节取胜、以塑造典型人物为中心的写法，淡化情节，淡化人物，以滔滔不绝的对话，内心独白、潜语为小说主体，让读者从中揣摩人物内心活动的细微处，挖掘出内心的真实。

2.《童年》

与那些少年成名的自传体小说不同，《童年》不是用传统的线性的叙述，而是把片段的回忆和记忆中对话的只言片语剪辑在一起，是作家童年成长经历的回顾，也是作家内心深处最珍贵的部分。小说没有完整的情节，断断续续地讲述了作家少时的生活，父母的离异，使得"我"不停地辗转在父亲和母亲之间。童年的快乐、童年的辛酸都在琐碎的故事中一一展现。小说艺术地再现了作家从五六岁到十一二岁的成长过程。她和一般儿童有相似点：单纯幼稚、天真烂漫，善良诚实。她爱爬山、喜欢肆无忌惮地从雪堆上往下滚，她无忧无虑勇敢地玩各种游戏。她讨厌虚伪和做作，大人让她扮演一个比她年小的孩子，她感到是对自己的屈辱和背叛。她是一个好奇心极强，爱做别人不做或别人禁止她做的事的孩子。她具有强烈的自尊心，同时又很敏感容易被伤害。她对后母的偏心眼很气愤，就采取她仅能采取的报复手段，故意偷了一袋糖果，被人当场抓住，让后母当众出丑。她在儿童时就具备了一个艺术家所特有的气质。她有崇高的理想和意愿，她崇拜像伊凡诺夫那样视死如归的革命家。她渴望荣誉崇尚英雄主义，时常觉得自己就是那个胖胖的、大腹便便的拿破仑。她具有丰富的想象力、敏锐的观察力、高度的审美情趣和艺术感受力。她能够很准确的概括和分析出母亲五官及肤色的优缺点，得出母亲不如玩具娃娃美的结论。对大自然的酷爱也陶冶了这位未来艺术家的美好性情，她时常陶醉在红、黄、蓝、绿、青等各式温馨、柔和的花草中达到忘我的境界。她从小就对各种知识表现出极大的兴趣，如饥似渴地看小人书以及许多难以理解的书。她上学时，要求自己每门功课必须拿第一，她把作文课看成是一种最自由、最美丽、最高尚的享受，这一切都在一个八十岁老人的笔下生动地再现了出来。

在这篇小说里作者运用了新小说的心理描写法取得了极佳的效果，尤其是她最擅长的对话的运用，她将内心独白、独白前奏等穿插交错运用，更令人耳目一新。作者采用老年人口气和儿童口气，以便不断相互提醒、相互补充、相互纠正，使童年往事的回忆更加清晰，内容和性格特征也更加突出。在语言上，作家保留了自己的特点，大量地运用短句、断续句及省略号，以此赋予人们一双孩童的眼睛，让他们用这双眼睛和她一起来看那新鲜有趣的世界，而不是被动地去听她的讲述，这样，她就把传统叙事法和新小说心理描写及自己的语言特点更巧妙地结合了起来。

3.《马尔特罗》

1953 年，萨洛特发表了被称为新小说发轫之作的《马尔特罗》。整部小说由四个场景构成：叙述者的叔叔想在乡下买一所房子，侄子建议叔叔找马尔特罗。叔叔把钱交给马尔特罗，但没有要收据。侄子怀疑马尔特罗不诚实，可结果是马尔特罗把事情办得井井有条。虽然如此，马尔特罗却失去了人们的信任。萨洛特后来在谈到这部作品时曾说："我在 1953 年发表的《马尔特罗》里，试图从最普通的对话中的最普通的句子开始，构成四个不同的戏剧性情节，这四个情节是从想象提供的那些不计其数的可能性中挑选出来，就现实性和真实性来说，谁也不比谁强。"① 通过一个或几个简单的场景，作者表现了一个潜在的主题：人与人之间是无法沟通的。《马尔特罗》出版后，受到人们较多的关注和评议。

四、接受与影响

如果我们将文学看成是一场永不中断的接力赛的话，萨洛特承接了前辈作家传递的接力棒。巴尔扎克，虽然是萨洛特首当其冲攻击的作家，却给萨洛特以深刻的影响。她曾反对巴尔扎克式的传统小说的创作方法（即传统小说所重视的三要素：完整的故事情节、生动的人物形象和逼真的环境描写）。萨洛特的反叛是在扬弃中进行的，诚如作家本人所说："巴尔扎克也只表现出了事件与人物的表面的真实，而没有表现出人物意识深处原始的真实与建立在这种真实的基础上的人与人之间的那种敏感的感应关系。"萨洛特的小说《陌生人肖像》就是模仿巴尔扎克的《欧也妮·葛朗台》创作的，只不过作者从对人物情节的描写转向心理描写。从《从陀思妥耶夫斯基到卡夫卡》一文中，可以看出萨洛特对陀思妥耶夫斯基和卡夫卡的推崇。特别是对陀思妥耶夫斯基的心理描写，萨洛特表示高度赞赏："他的全部注意力，他笔下的每一个主人公的注意力，读者的注意力，都集中在人物内心活动上。"② 可以说，萨洛特的心理描写注定受到陀思妥耶夫斯基的影响，同时也受到卡夫卡的一些影响。其小说中主人公几乎没什么名字，也都以 K 为代号。荒诞的叙述、变形的心理描写都是萨洛特的新小说创作的重要手法。《陌生人肖像》中描写父女像两只大昆虫一样盲目的不可调和的斗争，显然是受到了卡夫卡《变形记》的影响。

---

① 柳鸣九：《新小说派研究》，652 页，北京，中国社会科学出版社，1986。
② 柳鸣九：《新小说派研究》，21 页，北京，中国社会科学出版社，1986。

西方意识流的三位代表普鲁斯特、乔伊斯和伍尔夫对萨洛特的影响则更为直接。萨洛特说："我是在 1924 年读了普鲁斯特的作品以后，1926 年，1927 年又读了乔伊斯和伍尔夫的作品，他们对我有很大的影响，使我发现了自己。"① 虽然受上述三位作家的影响，但萨洛特却不满足他们的意识流的心理描写。因为他们所写的意识流虽然是片段的，琐碎的，但合起来仍旧有一个完整清晰的形象。另外，他们虽然善于对人物进行细致入微的分析，却不免有时介入和解释隐含的意义，这样就取消了对话的复义。萨洛特站在他们的肩膀上，宣称自己的心理描写更胜一筹："我不仅写内心独白，而且还写内心独白的前奏，即内心独白前一瞬间的心理活动。"萨洛特还说："对我们中的大多数人来说，乔伊斯和普鲁斯特的作品已经耸立在远处了，标志着一个时代一去不返。"②

萨洛特接受了前辈作家的影响，同时，她对别的国家、别的文学产生了影响。比如对中国，无论是在小说观念还是写作技巧方面，法国新小说都深刻地影响了先锋派小说。在观念上，和法国新小说一样，中国当代先锋小说旗帜鲜明地反对传统小说的叙述模式，不再追求小说的人物和情节。高行健的《现代小说技巧初探》在谈到小说的叙述语言和人称的转换及时间与空间等，表明是接受新小说的启示而形成的观点。在写作技巧方面，萨洛特强调语言的反传统性和对话下的深层意义被中国先锋派作家接受。马原《冈底斯的诱惑》的叙述语言就具有纯粹的操作性，新小说"录话"的方法在其中也被娴熟运用。萨洛特十分看重的心理描写在《冈底斯的诱惑》中亦有浓重的抒写。另外，萨洛特称小说人物的姓名对现代的小说家来说是一种束缚，此观点中国先锋派小说家也十分看重。马原的《拉萨河女神》、余华的《世事如烟》中的人物只是一个编码，或是几个阿拉伯数字，标明他们存在及与周围"物"的不同。单个作家对中国先锋文学的影响是难以定论的，但作为一个团体，新小说派的确对中国先锋派文学产生了较大的影响。

五、经典评论

娜塔丽·萨洛特创作伊始就带有明显的创新色彩，以其反动的精神与传统的小说技巧决裂。萨特在看完萨洛特的《陌生人肖像》之后，欣然为之作序，称其为"反小说"。他说："娜塔丽·萨洛特最擅长的，是她那跟跟跄跄、窸窸索索的文笔，那么襟怀坦荡，那么充满着反省。她的触笔小心谨慎地趋近目的物，可是出于某种羞耻，或出于对复杂事物的怯懦，突然又远离目的物；末了，猛然给我们放出一个满嘴流涎的妖魔来，但是由于某种形象的神奇功效，几乎一点儿都碰不到这个妖魔。这是不是一种心理现象呢？娜塔丽·萨洛特对陀思妥耶夫斯基是推崇备至的，她也许想叫我们相信心理现象。我们却认为，萨洛特有意让人猜测某种不可捉摸的真实性，显示出从特殊到一般的无尽徘徊，想方设法要描绘出令人宽慰而又遗憾的非真实世界；与此同

---

①　柳鸣九：《巴黎对话录》，152 页，长沙，湖南人民出版社，1983。

②　柳鸣九：《新小说派研究》，41 页，北京，中国社会科学出版社，1986。

时，她摸索出一种技巧，不用心理分析的方法，也能从人的存在本身中获致人的实在性。"① 这是对萨洛特充分的肯定。

吴岳添在谈到萨洛特时说："娜塔丽·萨洛特为探索新的小说技巧奋斗终生，直到 95 岁还在发表作品，这种锲而不舍的精神本身就值得敬仰，更何况她的实验本身并不失败，她终于探索出一种直接描写潜意识的方式，实现了预期的目标。这不仅对她个人而言是个胜利，而且将在法国文学史上留下光辉的一页，因而她被认为是法国 20 世纪第一流的大作家，这种评价她完全当之无愧。"②

作为一个在有生之年其全部作品就被收录到《七星文库》的作家，娜塔丽·萨洛特在法国已得到充分的肯定和较高的评价。

第五节　米歇尔·布托尔

米歇尔·布托尔是新小说派的一位重要作家和理论家。1954 年开始写小说，他的第一部作品名为《米兰巷》。其成名之作是 1957 年出版的长篇小说《变》。布托尔是一个勇于探索并提供了各种"新样品"的文学实验家，以才华出众著称于法国文坛。由于他对既定的传统的习惯不大在乎，所以他不但在艺术上不遵从传统的规范，在平时也不修边幅，不愿受任何陈规陋习的约束。由于他的技巧层出不穷，所以他获得了"百科全书式的新小说技巧"作家的美称。

一、生平及创作

米歇尔·布托尔，法国当代小说家、文艺评论家。1926 年 9 月 14 日生于法国蒙昂巴洛尔一个信奉天主教的中产阶级家庭，父亲是北方铁路局的高级职员。布托尔三岁时随父亲到巴黎，受耶稣会教士培养，在路易大帝中学上学，后在巴黎大学攻读哲学和古典文学。毕业后当过中学哲学教员，并到海外当过多年法语老师。后来成为大学文学教授，是小说家、散文家和诗人。青年时期在巴黎受超现实主义的影响开始写诗。20 世纪 50 年代起开始小说创作，连续发表长篇小说《米兰巷》《时间的支配》《变》《度》等，其中《时间的支配》和《变》曾先后获得"费内昂文学奖"、"勒诺多文学奖"。此后布托尔暂停小说创作，发表了较多游记、评论等。收入《文集》中的《小说是一种探求》等理论文章，成为"新小说"理论不可分割的组成部分。发表的几部文学作品以其创新的小说技巧而被视为"新小说"，并奠定了布托尔在法国"新小说"派中举足轻重的地位。与同时代的罗伯-格里耶、纳塔丽·萨洛特、克罗德·西蒙一道被标举为法国"新小说"的奠基人。此后，他继续进行新的文学实验，作品有《运动体》《航空网》（广播剧）等，他在进行小说技巧创新的同时，还在文学理论上进行新的探讨。20 世纪 70 年代至 90 年代布托尔生活在尼斯，并在日内瓦教法国文学。

① 柳鸣九：《新小说派研究》，485～486 页，北京，中国社会科学出版社，1986。
② 吴岳添：《法国文学散论》，324 页，北京，东方出版社，2002。

1996 年又发表小说《陀螺仪》。他的富有才智的写作实验、独特的风格、渊博的知识以及大胆的创新精神奠定了他在法国文坛的地位，被萨特预言为"最有希望的伟大的小说家"之一。

二、美学主张

布托尔在文艺理论特别是小说叙述技巧方面，提出了异于常人又非常有价值的主张。

第一，借鉴音乐、绘画等相近艺术门类的艺术技巧，实现小说时空的深度掘进。布托尔认为，小说与艺术的其他门类特别是音乐、绘画有着极为亲切的关系，因为艺术的灵魂总是相通的。"音乐和小说可以相互借鉴"，"音乐的结构可以在小说中加以运用"。① 这种借鉴不是概念与术语的简单借用，而是体现为小说结构的独特安排。小说如果一味刻板地按照线性时序进行叙事，不仅单调沉闷，而且也难以展示人物外在的社会空间与内在的心理空间，最终导致把本来千差万别的人降低到物的水平。借鉴音乐的复调结构，表现小说故事进程的自然时序应该被刻意打乱，作家在故事里羼入数目不等的人物与事件，设置事件、人物、声音、意识的多重性，让事件与事件、人物与人物、观念与观念、意识与意识既相互勾连缠绕又回荡共鸣，从而使整部作品显得张力十足，摇曳多姿。

拼贴、组合、叠印等是绘画艺术的重要技法但绝非其专利，小说家同样可以拿来用于描绘场景、组织事件、渲染气氛，在淡化事件之间的因果联系背后，强化事件、场景并置时产生的视觉冲击力，给读者以巨大的阅读震撼，在变幻莫测中表现生活的复杂意味，从而取得引人入胜的艺术效果。

其次，摒弃第三人称（或第一人称）叙事的单一模式，尝试运用第二人称乃至多重人称复合叙事的可能性。布托尔认为，无论是第三人称还是第一人称叙事，小说家从营造真实性效果方面着意较多，而从读者接受的角度则考虑较少。现代小说应当打破常规，尝试将第一人称与第二人称叙事相结合，交替互换。这种人称互置的好处是，可以在叙述者与读者之间建立起一种近距离的、真切的对话关系。

第三，突破单向叙述的局限，实现同一事件的多角度反复叙述。因为仅凭单一叙述视角的使用无法反映出生活纷繁复杂的现实情状。布托尔主张采用同一事件的多视角反复叙述方式，把对事件的认识权与判断权交给读者，令其自行进行对比、选择与思考。事件在此成为不同叙述的起点，成为"好几个叙述行程的汇合……叙述不再是一条线，而是一个面"，一个以某事件为中心形成的多重集合体。叙述者的任务不是以各自的态度与倾向去影响读者，而仅仅是从不同的角度努力地还原生活里某个层面的本来面目，接近事件的真相，"像雕塑家似的对每个角落负责，任凭人家从每个角度拍摄塑像"。② 事件的真实性在此并不是像单一视角所展示的那样绝对，而是由多个

---

① 柳鸣九：《新小说派研究》，111 页，北京，中国社会科学出版社，1986。
② 柳鸣九：《新小说派研究》，147 页，北京，中国社会科学出版社，1986。

相对主观的真实构成。在布托尔看来，这样或许更加接近绝对真实。而对读者来说，同一事件的多重叙述为他们的阅读提供了多个入口，从而为读者打开了广阔的、通向自由选择与自由判断的大门。

布托尔的技巧革新理论带有很大的实验性质。除了上文言及的类型之外，他还积极地尝试了其他表现途径，诸如强调文本版式的精巧设置，发挥插图与图案符号的叙述作用，运用排字设计来显示风格差异等，以具体的创作实践着自己的理论主张。

在小说创作表现的内容方面，布托尔有一些值得注意的理论主张。

首先，布托尔主张文艺与世界的关系是反映与被反映的关系。他认为小说是一种媒介与载体，人们可以通过创作小说，在描绘、再现生活中阐述一种心理学的、社会学的、道德的或其他的理论。他把小说与现实的这种总体关系称为小说的"象征性"。这种"象征性"关系决定了通常所说的小说题材或主题，小说家的任务就是努力去表现和阐明这种"象征性"关系。布托尔指出"象征性"关系包含两个层面的意思：一是由小说内容与客观世界构成的"外在的象征性"。小说总是以外部世界中的人物与事件为描写对象，是对现实世界情状的某种折射。从这一角度来说，小说可以成为外部世界的象征；二是由小说形式与内容构成的"内在的象征性"。由于小说的内容总是要通过一定的形式来组织承担，由此，形式又成为内容的象征，或者说内容成了本体，形式成为象征体。这也就是布托尔所说"小说外在的象征性趋向于反映在内在的象征性之中"。① 在布托尔看来，一方面社会时代的变迁势必引起小说观念与形式的变化，另一方面，随着小说观念的不断发展，艺术技巧的日趋完善，形式已不仅仅是某种装饰与表现内容的途径，更是一种有意味的、可以自足的东西。

其次，发掘小说形式演进与时代变迁的关系。布托尔结合欧洲小说的发展史，考察了小说形式演进与时代变迁的关系。布托尔指出，西方小说由英雄史诗而浪漫传奇，而流浪汉小说，再在19世纪发展成熟，始终与时代社会生活的发展变迁息息相关。随着资本主义的发展，人们开始对资本主义社会伪善的文明与现实感到厌倦与怀疑，远离尘嚣、寄情神秘色彩与异国情调之事物、抒发感伤情怀渐渐成为文学表现的新趋向，阴郁浪漫的"秘密社会成了十九世纪浪漫文学的基本题材"。② 于是，在新的现实面前原来那种单一的线性小说结构被多重的小说结构取代成为历史的必然。总之，欧洲小说的形式是在适应时代变化的过程中不断演变、丰富与完善起来的，另一方面，小说形式的变化又清晰地标志着时代变迁的历史轨迹。

三、主要作品分析

1. 《米兰巷》

布托尔发表的第一部小说《米兰巷》叙述巴黎米兰巷15号一幢七层楼房里居民从晚上七点到次日七点的生活片段，时间集中在五楼暴发户维尔提克家女儿昂冉娜过20

① 柳鸣九：《新小说派研究》，92页，北京，中国社会科学出版社，1986。
② 柳鸣九：《新小说派研究》，127～128页，北京，中国社会科学出版社，1986。

岁生日的晚会上。这栋楼二层住着寡妇拉龙夫人、她两个当教士的儿子亚力克西和让。三层是十一人的大家庭莫尼一家,包括莫尼夫妇,他们的两个儿子和三个女儿,莫尼的父亲和他妻子的母亲,还有一个已出嫁的女儿,她带着她的女婿来做客。四层是老单身汉雷奥纳和他的侄女昂丽埃特,还有厨娘。五层住着新暴发户维尔提克一家。六层是一对画家夫妇德·维尔和他们的三个女儿。顶层住的是莫尼先生的三个儿子中的两个,还有拉龙夫人的外甥路易。五层当晚要举行晚会,庆祝独生女昂冉娜的20岁生日,舞会把楼里的年轻人都聚在一起,还有昂冉娜的朋友亨利·德雷唐。小伙子争着与昂冉娜跳舞,以博得她的青睐。深夜舞会结束后,昂冉娜还幻想着未来的婚姻。这时德雷唐又返回,抱着昂冉娜狂吻不止,姑娘吓得大叫。路易闻声赶来,德雷唐逃走了,可是昂冉娜因惊吓撞在石凳角上当场死亡。

平行地叙述几个家庭的事,人物与人物交叉,事件与事件重叠,楼层的叠合与时间的交替呼应。每个小时与一个章节相对应,在每一章节里,研究大楼里一些叠合部分。布托尔只描写六个楼层的房客,其中章节与楼层在数字上有些出入、混乱,但并不重要,重要的是布托尔通过楼层叠合和时间的交替,成功地为读者表现时间的同时性和时间的空间化,很像那种蛛网结构。作者想把哲学原理和诗的激情结合起来,读者从中似乎可以看到马拉美的"波形运动感",乔伊斯的"梦幻潜在说"和抽象派画家的"倒笔成画",八个故事发生在一天中,地点局限在一座七层楼的房子里。

2.《日程表》

日记体小说《日程表》也是一部有代表性的作品。小说中的主人公是赴英谋生的法国青年雅克·勒维尔。他前后几个月,一直忙于找公寓、逛公园,与两个女子谈情说爱,到处寻找饭菜可口的馆子,甚至于自封"侦探"去追查一切车祸的"凶手"。7个月过去了,他想回忆一下经历过的事件,发现当前的生活不过是过去事件的结果:情人远去了,生活纷乱如麻,英国不是他立足的地方,小说在他起程回国的时候结束。这部小说分为五个部分(5—9月)。他写的日记已不是按照正常的时间顺序展开,而是将现在、过去、未来,现实、历史、幻想交织在一起。书中的时间顺序重叠交错,但又有一定的规律,就像是一个递进的乘法口诀表或铁路上的价格表:五个月首先按5、6、7、8、9直线顺序写,然后从5月到2月按斜线顺序写;其次,每一个月所写的东西在递增,因此每一个月的日记增加对一个月的记述。虽然只写了5个月,但1个月的事都包含在这5个月里,而这一年又象征着一生,象征着整个时代。作者把笔墨倾洒在时间的分配上,使风马牛不相及的各个时间片段,犬牙交错地连接在一起,好像"分割的时间"就是小说的各个篇章,拼凑在一起的"时间分配表"就是主人公的生活。读者如果以读巴尔扎克式小说的理智去读这部小说,就会坠入五里云雾,不知所云。读者如果按照新小说的方式阅读新小说,层层解析作者精心设计的结构,就会产生一种一步步走出迷宫的愉悦和快感,就不得不叹服作者的艺术匠心。

3.《变》

《变》一直被认为是布托尔的创新代表作,曾获勒诺多奖。小说不仅打破了时空观念,让场面情景孤立隔缘,让时间日光时断时续,让人物心理变化起伏跌宕,而且还改变作品与读者的关系，别出心裁地直接对读者讲话。全书用第二人称开头："你把左脚踩在门槛的铜凹槽上，用右肩顶开滑动门，试图再推开一些，但无济于事。"直到最后，小说用第二人称结尾："走道是空的，你瞧瞧月台上的人群。"这样读者一下子进入人物，仿佛成了小说的主人公或至少与主人公同舟共济，产生了强烈的参与意识。这个"你"以咄咄逼人的节奏向主人公即读者提出抽象又玄妙的疑问："你来自何方？你此去何方？你想干什么？等等"。这个"你"就是作品的主人公——罗马打字机行意大利贝利巴黎分行的一个经理戴尔蒙。他在巴黎有妻子和四个孩子，他常来往于巴黎—罗马之间。有一天，他一时心血来潮，登上去罗马的火车，要把情妇塞西尔接到巴黎来，并打算与妻子离婚。旅途中，他思绪万千：过去、未来、现实、梦境、巴黎、罗马，虚虚实实一齐浮现在眼前，犹如在云里雾里遨游一番。反复的思考与混乱的回忆和梦想，不知不觉改变了他的计划，决定仍维持现状，不接塞西尔，继续过去的巴黎—罗马之行，保持"罗马之梦"，并立志从此闭门写作。

《变》的精巧的艺术性，集中地表现作者想把人物的思想、感觉、外部语言和内心独白粘连在一起，创造出"迷宫"一般的现实来。

布托尔的其他作品，如《度》，就像一个"集成块"。小说由数不清的细小部件组成，活动地点在一所泰纳中学。每间教室、每门课程、每节课、时隐时现的课堂对话以及以物见人的意欲，七拼八凑集中在一幅生活的彩图上。《航空网》（广播剧）更加独异。全部故事发生在一架飞机的机舱里。飞机的声响、旅客的交谈、形象的符号既像众乐齐鸣的"合奏曲"，又像图文相间的画册。飞机符号是否表示空中的"生灵"？人头符号是否代表人间的存在？无生命的轰鸣和有生命的话语又是否想展示途经各国的风采、人情和每位旅客的人生经历？这一切只好由读者"创作"了。

四、接受与影响

布托尔深受乔伊斯、马拉美、卡夫卡等多种流派的作家及抽象派画家的影响，从他们那里获得了"小说的诗情"，创造性地处理了时空观念。他最早的小说《米兰巷》，套用了名著《尤里西斯》的结构。小说的情节虽十分简单，但作者意在探索一种同时同地的写法。《米兰巷》"把他起先的愿望实现了，即把哲学和诗学结合起来"。另外，小说《日程表》"内容和标题，显然受到普鲁斯特的影响"，说他有意模仿普鲁斯特也不过分。《日程表》中的人物写日记追述过去，实际是普鲁斯特式的对过去已逝去的时间的寻找，只不过这部小说中那种通过人写日记寻找已逝去时间的方式，远不如普鲁斯特的"小玛德莱娜点心"式的无意识联想来得自然。更主要的是，在这部小说的日记追述中，远远不具有那种《寻找失去的时间》中那种鲜明、生动、有声有色、精细入微的真实生活的再现，而只见若干并不具有丰富感性内容但却不断重复的事实与细节。当然，陪衬着这些事实与细节的，不乏环境氛围中的一幅幅印象画派式的图景……布托尔的"时间的运用"也有一番妙趣，显然带有某种程度游戏的性质，作家提供的是近乎摆积木或解魔方的情趣。

在艺术方法的运用上，回忆、联想、幻觉掺杂叠加，把不同的地域空间交错重合，从而形成一种时空杂糅的混合体。这一方法并非新小说家创造，意识流小说、结构现实主义作家常用这一手法，特别是普鲁斯特、乔伊斯、伍尔夫等意识流作家对此更是娴熟至极，为人称道。不过，布托尔运用此法倒有自己独到的理解和考虑。他把时空交错，不仅贴近生活本质，也可以起到阻断情节，吸引读者参与的作用，以使读者自己把握人物与事件，得出自己的结论。《变》就是把空间与空间交织，《日程表》则是把现在、过去、未来不同的时间交织重叠。

另外，布托尔的创作也有对现实主义和浪漫主义的借鉴和吸收。在《小猴艺术家的肖像》里，布托尔以真名实姓讲述他年轻时代的真实回忆，讲述了在德国巴伐利亚州一座城堡里的一段经历，所以，单就这部作品的风格说，肯定有现实主义的成分。同时，虚构的成分也很多。小说里的"年轻人"一下子变成一只"小猴"，这又有点卡夫卡《变形记》的味道。米歇尔·布托尔的这部小说的题目，究根溯源是用来纪念《青年艺术家的肖像》的作者乔伊斯的。

布托尔对后来文学创作的影响十分明显。新小说《变》其中有从普鲁斯特的意识流小说《追忆似水年华》到索莱斯的新新小说《娘儿们》承上启下过渡的作用。大量运用心理时间来表现人物的意识和行为超越了以往小说的表现手法。布托尔的创作还影响其他作家，如作家佩雷克·乔治受布托尔的影响，以描绘日常生活琐事及对事物的记忆法为基调表现各样动作；法国当代作家米歇尔·图尼埃，创造了富有个性的世界，其《繁琐小事》描绘家里日常具体事物与布托尔《变》《米兰巷》影响不无关系。特别是布托尔的小说理论对中国当代先锋小说作家余华、马原等产生了重要影响。布托尔在《日程表》中采用"时间切割"的技巧颠覆了传统的"时间流"，呈现出新颖奇特的阅读视野。而余华在《往事与惩罚》中也把穿越了十几年时间的"清晨、中午、傍晚、深夜整合在新的时空里达到了同样的效果"。[1] 马原对布托尔的叙事技巧有所接受，最早开始叙事革命，发表了《拉萨河的女神》《虚构》等作品。这些作品改变了故事和世界的仿照关系，按照作者的虚构和想象任意编排情节，玩弄叙事圈套。马原在《虚构》中劈头就交代了这么一句，"我就是那个叫马原的汉人，我写小说。——马原"[2]。当小说到了第一人称叙述的部分时，你会以为是马原说别人的故事，然后换了另外一个角度另一个人称描述时，你会觉得是那个叫马原的人在说自己的故事。这明显是对布托尔叙事技巧的借鉴。

五、经典评论

法国作家安德烈·埃尔波曾说，"不断摧毁重新征服的运动的终极目标，这大概就是布托尔创作的终极目标，不断死滞的神话以求在广泛的集合体中重新利用时而虚假、时而被歪曲、时而充满希望的一种轨迹——艺术的终极目标"。[3] "这种艺术即是

---

① 宋学智、许钧：《法国新小说与中国当代先锋文学》，载《外语与外语教学》，2005（3）。
② 马原：《虚构》，344 页，长春，时代文艺出版社，2001。
③ 柳鸣九：《新小说派研究》，519 页，北京，中国社会科学出版社，1986。

信号，然而也是'再现'，即接触现实世界，指示生活，转变生命的存在，同时也是繁荣昌盛、不断重新勃兴，周而复始以致无穷"。①

柳鸣九在会见布托尔时说："您是一个具有百科全书式的小说技巧的小说家。"布托尔点头笑道："的确如您所说的，我以前的小说中，也像罗伯-格里耶一样，有对'物'的具体、客观的描写，我使用过很多非常确切的表现'物'的度与量的词汇，包括一些科技方面的词汇。另一方面，我也像娜塔丽·萨洛特一样，对人物的内心独白有细致的描写。此外，我因对绘画很感兴趣，所以我又把绘画和造型艺术的方法引进了文学创作。我作过这样的尝试，在书的每一页排印上，使用造型艺术，使得书就像绘画一样。"② 布托尔使用的艺术形式，是为了表达他新的"艺术哲学"，即用自己对应该如何行动的认识和决断，代替既定的规范。人称他的创作为"布托尔的多声部文词"。所谓布托尔的"多声部文词"，是借用《苏联大百科全书》上评论布托尔创作风格的一种提法，意即他把对事物的描写，对心理的刻画和对人和事的论说有机地融合在他的创作中了。

布托尔追求自己所特有的表现现实的方法，特别是适应当今现实世界复杂性的表现方法，无疑是符合艺术发展规律的。因为，艺术贵在独创，文学表现方法也不是一成不变的，应该随着现实世界的发展而更臻丰富、深刻。他认为，表现现实世界可以采用各种各样的方式，当然也有道理，这有助于开拓艺术表现的广阔道路，使文学艺术出现百花齐放的局面。

布托尔为自己的艺术主张已经进行了长期的辛勤劳作，他尝试用不同方式去表现现实，他已经创造出多种的样品。他也有缺陷，太看重艺术技巧，而对作品的历史内容和思想意义过于忽略。但是他喜欢大量运用意识流手法，随意将回忆、梦想和现实交错混合。打破时间和空间的顺序，在平凡的生活中揭示资产阶级知识分子混乱而脆弱的心灵，这一点，倒是应该充分肯定的。

第六节　克洛德·西蒙

克洛德·西蒙是第二次世界大战后的著名新小说派作家。虽然人们对如何评价新小说派艺术探索一直存有异议，但不可否认，在新小说的成果中，西蒙的作品已被当代文学批评和众多读者所接受，其中《弗兰德公路》已成为 20 世纪欧洲小说的经典，西蒙也因这部作品而获得 1985 年诺贝尔文学奖。

一、生平与创作

克洛德·西蒙，1913 年 10 月 10 日生于原法属殖民地马达加斯加首都塔那那利佛。父亲是骑兵军官，在他出生几个月后即在大战中阵亡。母亲携子返回法国。西蒙

①　柳鸣九：《新小说派研究》，519 页，北京，中国社会科学出版社，1986。
②　柳鸣九：《新小说派研究》，589 页，北京，中国社会科学出版社，1986。

在法国南部东比利牛斯省省会佩皮尼昂市度过童年。11 岁时母亲去世，他由祖母抚养，迁往巴黎。在巴黎的斯塔尼斯拉斯中学学习，后在英国牛津大学和剑桥大学学习绘画。1933 年他放弃去海军学校的机会，跟立体派画家安德烈·洛特学绘画，这一段经历基本为其艺术观定型奠定了基础。1934 至 1935 年服兵役前后，西蒙在欧洲游历，去过德国、希腊、意大利、苏联等国。1936 年西蒙抱着支持西班牙政府的立场赶赴巴塞罗那参加了西班牙内战，正赶上西班牙政府跟叛乱部队激战，这场残酷的内战对他一生有深远的影响。他对革命感到幻灭、悲哀乃至发展到抱虚无主义的态度，当时的印象和感受在他以后的作品中一再出现。第二次世界大战中他应征入伍，作为骑兵团的一员，1939 年参加了加默兹战役，经历了法军的溃败。1940 年 5 月在梅茨战役中受伤被俘，不久从集中营逃脱，回国参加地下抵抗运动。从 1946 年开始，他回到位于东比利牛斯省鲁西永的家传地产，深居简出，从事葡萄种植和写作。写有剧本、散文、随笔和论文，但主要还是小说。他的经历，后来成为其创作战争小说的源泉。西蒙曾在 1968～1970 年间担任法国五大文学奖之一的"梅第西文学奖"评委会成员。1985 年，时年 72 岁的他因"善于把诗人和画家的丰富想象与当年的深刻的时间意识融为一体，对人类的生存状况进行了深入的描写"① 而获得诺贝尔文学奖，这标志着法国"新小说派"的艺术成就得到了国际文坛的肯定。

西蒙一生创作了 20 多部小说。他的处女作《作假者》出版于 1945 年，之后他以传统的写作方式持续进行创作，其间虽然有一些新形式的探索，但还没有构成一种明显的倾向。1947 年发表作品《如走钢丝》，叙述对往事的回忆，其中出现了对自己身份的探索。此后他来往于巴黎和鲁西永的葡萄园之间，进入了创作高峰期，几乎每年都有作品问世。在创作最后一部具传统风格的小说《格列佛》之后，于 1954 年发表了仿效福克纳的《春之祭》，他开始使用断断续续的不连贯的叙述手法，表现一青年男子因家庭冲突、战争而产生的种种强烈印象。

从 1957 年发表《风》开始，西蒙的小说风格发生了变化，他的创作进入成熟阶段。《风》这部小说着力探索独特的结构，创作方法跟新小说派接近，可以说这部小说成为他创作生涯的转折点。《风》的内容根据主人公的见闻拼凑而成。描写善良的主人公被现实逼得走投无路，只好卖掉遗产，以此说明世界如同永远走不出的迷宫，而命运则像无法把握的风，使人迷惘，最终将人毁灭。其后的四部小说均以历史为主题，即《弗兰德公路》《大酒店》《历史》和《法萨尔战役》。亲历第二次世界大战的经历，直接促成西蒙在 1960 年创作出经典小说《弗兰德公路》，并于当年获得"新潮文学奖"。西蒙的代表作《弗兰德公路》与罗伯-格里耶的《橡皮》一起，成为中国评论界在谈论法国"新小说"流派时无法不重视的两部作品，给后人留下了宝贵的财富。创作手法别具一格的《大酒店》1962 年问世。《大酒店》写的是西班牙内战时主人公在巴塞罗那的经历。《弗兰德公路》和《大酒店》这两部小说都渗透着因使用大量隐喻而失去现实感的回忆，叙述由一个个近似电影镜头的蒙太奇般的片断组成，物体和词语如同在缥缈的梦中那样自由，成为人们挥之不去的一个个印记。逝去的昨天在梦幻般的今天重现，而今天则以不断使用现在分词并取消简单过去时的方法加以强调，叙述者因此而摆脱过去的历史，并使人产生一种幻觉，觉得作家曾经历、重现并叙述了这种幻景，而这种幻景，仿佛是在读者自己内心看到的。

　　1967 年、1969 年西蒙又写出了《历史》和《法萨尔战役》，其中《历史》在 1967 年荣获"梅第西文学奖"。作者仍把历史置于"故事"之中。从《法萨尔战役》开始，西蒙不再虚构故事，而是进行题材的"直接挪移"（如《导体》）。作品中的词语和形象光彩夺目，"犹如一枝枝罗马蜡烛，朝各个方向发射其光束"（《盲人俄里翁》卷首语）。20 世纪 60 年代这几部杰作将西蒙推上了法国文坛举足轻重的位置。20 世纪 70 年代西蒙又创作了《盲人奥利翁》和《导体》，《三折画》和《农事诗》。《三折画》中有三个故事，分别讲述新郎为情妇而抛弃新娘，女人和情夫幽会导致孩子淹死河中，女人为儿子的前途向政客出卖自己的肉体，这都反映出生活中埋藏在谎言底下耸人听闻的事实真相。《农事诗》用战争题材把法国大革命、西班牙内战和 1940 年法军溃败汇集在一起。其中一个人物被说成是作家的祖先，书中引述的维吉尔、米什莱和奥威尔，通过这位祖先的日记贯穿起来，而三个时代军人的命运在书中交织一起，使读者恍然中感觉时间似乎万古不动，变化的只是不同面孔的人罢了。《百年槐树》是作者对自己家族史的回忆。在长着一棵槐树的古宅里，百年前曾住着拿破仑麾下的一位将军，他在战败后自杀了，他的孙女嫁给了一位军官，这位军官在 1914 年阵亡。25 年后，他们的儿子坐上开往前线的列车，预感到自己一步步走向死亡。《植物园》也是关于作者个人的回忆，但其中的文字排列成一块块大小不等的几何图形，如同巴黎植物园的布局。直到晚年，西蒙仍未辍笔，于 2001 年出版了回忆录式小说《有轨电车》。

　　西蒙不仅在文学创作上多有建树，还热心当代社会问题。除早年赴西班牙援战外，他在 1983 年与其他文学艺术界人士联名写信表达对"大国军备竞赛"的担忧。1996 年，他又与其他 81 位诺贝尔奖获得者一道呼吁尽快解决逼迫"儿童卖淫"的犯罪问题。西蒙表示，任何方式的言行都比保持沉默有益。

　　2005 年 7 月 6 日，克洛德·西蒙去世，法国文坛陨落了一颗明星，但他给后人留下了宝贵的财富。

二、美学主张

　　西蒙的新小说究竟"新"在哪里？其基本特征是什么？这些问题曾引起了广泛而持久的争议。西蒙在与《快报》记者谈话时说："在传统小说中，人们总是认为表现时间的经过只有用时间，我认为这想法幼稚……在我看来，问题不在表现时间、时间的持续，而在描绘同时性。在绘画里也是这样，画家把立体的事物变为平面的绘画。在小说作品中，问题也是在于把一种体积转移到另一种体积中：把一些在记忆里同时存在的印象在时间持续中表现出来。"① 也就是说，在创作过程中，涌入作者脑海的不

---

　　① 宋兆霖：《诺贝尔文学奖获奖作家访谈录》，261 页，杭州，浙江文艺出版社，2005。

是某个单一的事物、单一的线索，也不是按时间先后呈现出来的事物、它们的发展线索，而是时间意义已经淡化了的众多事物。顺着小说文本去追踪各个事件、场景的时间关系，会发现好像是在时空的轮回中，不断地一而再再而三地回到早已经历的一个个"点"（事件、场景），并且从这种角度来看，时间似乎一点也没有流逝。这种写法几乎推翻了小说的时间先后性。过去，人们总是说小说是时间的艺术，而西蒙向这种观点提出挑战和质疑。他要让他的小说像绘画一样摆脱时间的限制而成为空间的艺术，把写小说当做作画，从三维的角度去描写小说里的事件，从而使事件在时空中不断地被重复。

文学批评界普遍认为，西蒙新小说的"新"体现在如下几个方面。

首先，他强调写物。新小说派作家反对传统的巴尔扎克式的小说，它们在语言、故事、人物等传统要素上，从内容到形式进行抛弃与变革。传统巴尔扎克式小说以故事及人物命运为主要支柱，而新小说则反对有计划地安排人物的命运和遭遇，反对刻意地将生活写成连贯集中、惊心动魄的样子，反对塑造典型人物。新小说派作家让故事及人物退居二线，对物的不厌其烦的描写成为小说的中心；他们认为传统现实主义小说以人为中心，一切以描写人为出发点，从描写人的命运以及故事情节的需要出发来对客观世界进行描写，这样就使人和物的界限变得模糊，有意贬低物的地位和作用，把物降低到从属陪衬的地位。就这一点来说，传统的现实主义小说无法真实地反映客观世界。新小说派作家采用意识流和虚实交错、时空颠倒等手法，对物的世界进行纯客观的描绘，重在揭示世界和人生的荒诞，他们否定人类世界有现成的意义存在。西蒙认为，相对于物质世界来说，人是渺小而脆弱的，人无法穿透物质世界对人的重重束缚，所以，人所能看到的也只是事物的表面，而不能凭主观感情赋予客观世界任何意义。因此，西蒙在接受诺贝尔文学奖时演说道："（我）活到今天七十有三，凡此种种，我还没发现出什么意义来。除非像莎士比亚以后，我想大概是巴特说的，'要是世界有什么意义的话，那就是它毫无意义可言，——除了世界本身的存在。'——仅此而已"①。这既是对西方传统理性主义的反叛，也是对19世纪以来非理性主义的背叛。

其次，注重语言创新，以场景组合代替传统小说的完整情节。《弗兰德公路》没有格里耶等人的新小说那么极端，表现在它没有因有意的突出面对"物化"强调、对现实参照排斥、对事物意义拒绝而显得特别激进。在这部小说里，首先给读者留下深深印象的是西蒙描绘事物的方式。西蒙写长句、长段手法十分高明，有人统计过西蒙写的最长的一个句子竟然用了一千多个单词。西蒙小说中的语言是彼此脱节的，服从离题叙述。那些绵延不绝迷宫般的句子，不厌其烦地描述着事物的场景，人物的动作、语言、幻境等等，尤其对事物细节的精确雕琢，让人不得不叹服作家观察的敏锐，想象的细致与精确描摹的惊人本领。这里可以看出绘画训练对西蒙小说创作的影响。西蒙认为绘画要达到和谐，小说也要达到和谐境界，"它和我们的记忆一样，各

---

① ［法］西蒙：《在斯德哥尔摩的演说》，载《世界文学》，1986（4）。

种往事、形象、情感不停地复叠、交叉在一起，再被理想结合起来，互相渗透。立体派画家什么原则也不遵守，将虚构的、有时甚至是'真实的'物体碎片（如报纸、物品或木头等）粘在一起，互相冲突……借助于各种各样的材料或板条、硬纸板、家具的碎片或机器零件，或直接把颜料倒在画布上，等等，这样来创作大型作品"。①

再次，西蒙主张打破传统的时空观，反对虚构做作的情节，使小说具有迷宫式的情节结构。新小说在写作手法上也大都打破传统的时间概念，抹杀过去、未来、现在之间的距离，忽视现实、幻觉、回忆之间的区别，从而构成了一些与传统小说完全不同的，表面上杂乱无章的场面；而这一切其实都是作者精心策划安排的。这就是西蒙所主张的"作家举步向前，却又是原地踏步"。这种回环往复的叙事效果，使小说形成如音乐一般的节奏和韵律，又有如绘画一般的色彩和层次感。

值得一提的是，作家主张不带一丝主观情感的客观、精确，甚至冷漠的情境描写，开创了一种新的文学价值观，即零度写作和读者参与。面对新小说，读者不再是被动的接受者，而成为主动的创造者。作者的"零度写作"决定了读者必须积极参与到文本中，而读者的参与又会更好地体现出作品的不确定性，极大地丰富和深化作品的思想内涵，从而赋予作品更强的生命力。西蒙自己是这样说起这种不确定性的："这种'不确定性'，使我与'新小说'运动中的朋友们超越了许多分歧的意见，在我们之间建立了牢固的关系……我感到一种共同的感觉把我们联系在一起，那就是人们对于任何东西都没有十分的把握，我们始终在流动的沙滩上前进。"②

三、主要作品分析

1.《弗兰德公路》

西蒙擅长通过人物的内心独白和意识流的记录来表现战争、灾难和死亡对人的心灵的摧残，而作品中所记录的大多来自他对往昔生活经历的回忆。他的代表作《弗兰德公路》被称为"现代记忆小说"，是当代文学中最富探索性、挑战性的新小说之一。在感觉、回忆、联想的交织中，一幅幅相互穿插、错落纠结的战争画面浮现在眼前。作品描绘了1940年春季法军被德军击败后，在法国北部弗兰德公路上溃退的情形。小说没有多少情节可言，叙述散乱。主要描写一支骑兵队仅剩下的四个人——骑兵佐治、布吕姆、伊格莱兹亚和他们的队长雷谢克在同一条公路上行军、溃逃的情景，以及失败后三位骑兵在德军战俘营里的痛苦遭遇。骑兵队长雷谢克是中心人物，佐治是他的远房亲戚，伊格莱兹亚是他家雇佣的赛马骑师，布吕姆是个犹太人。雷谢克出身贵族，他的曾祖父是第一帝国的将军，在大革命时背叛了贵族阶级，参加了国民工会，投票赞成处死国王。波旁王朝复辟后他在负罪的重压下开枪自杀。150年后，他的后裔、骑兵队长雷谢克又重蹈他的覆辙。雷谢克无法接受法军溃灭的事实，而他的妻子科丽娜对他又不忠，因此他终于选择进入敌人的埋伏圈中弹身亡。科丽娜比雷谢

---

① 张爱华、徐启华：《克洛德·西蒙谈小说》，载《外国文学报道》，1986（2）。
② 张爱华、徐启华：《克洛德·西蒙谈小说》，载《外国文学报道》，1986（2）。

克小 20 岁，是个轻佻的女人，与骑师有暧昧关系，战后与佐治相遇并过了一夜。这部作品充分表现了战争的恐怖、残酷、荒谬与丑恶，展现了第二次世界大战给人类带来的身体和心灵上的累累伤痕。小说题材来自西蒙亲身经历过的战争生活。瑞典皇家科学院 1985 年给克洛德·西蒙的诺贝尔文学奖授奖词中说："这位作家以诗和画的创造性，深入表现了人类长期置身其中的处境"。这无疑充分肯定了《弗兰德公路》中描绘战争灾难感时独辟蹊径的表达方式。

从内容来看，小说以战争为背景，以性爱活动为线索。从表现形式看，作者善于将事件切割成一个个片段，随后将这些片段打乱并拼贴成一幅画，描写"内心景象"，小说的时间性因此被消解，情节之间也失去了前后的逻辑顺序。作者受印象派和立体主义绘画影响，将小说绘画化，通过绘画的空间性和共时性取代传统小说的时间一元性。对于习惯阅读传统小说的读者来说，作品显得杂乱、晦涩，甚至令人看不下去。但是如果像西蒙自己所建议的那样，换一种阅读方式，把它当成现代绘画来看，人们会发现，作品不仅结构井然有序，层次分明，而且色彩缤纷，韵味无穷。

从分析中可以看清楚，作品叙述的各部分既无逻辑上的因果联系，也不反映各种事件时间上的承续关系，读者只能见到叙述时间顺序（先叙述什么，后叙述什么），无法"见到"事件的本来时间；在各个相对稳定的叙事段内部随处可见的是纵横交错、盘根错节的写法，它改变了传统小说的时间原则。这种写法使小说的描写不断往空间维度上扩展，结果是大大地淡化了小说的时间性。为了让文本的语言有绘画般的效果，作者还做了十分艰苦而大胆的文字实验，如拉长句子、大量使用分词、经常使用括号以暂时离开主线另作描写或说明等等。

总之，《弗兰德公路》的构思借鉴了绘画原理，在结构方面进行了大胆的尝试。驱使西蒙进行这种尝试的因素很多，其中最根本的原因在于作者文学观念的改变。西蒙认为："从小说不再建立在一种多少带有'儆戒性'的、（心理学的或社会学的）'寓言'之上的时候起，人们肯定要为小说的组织或者构造探索别的原则（或别的结构）。"①

西蒙在谈到《弗兰德公路》的创作时，曾对记者这样说："没有一件事物是确凿无疑、固定不变的"②。

2.《有轨电车》

回忆录式的小说《有轨电车》，以西蒙家乡地中海海滨某小城的有轨电车为贯穿全文的纽带，依次写出了电车线路两端，分别是以电影院为标志的市中心和以卡西诺赌场为标志的海滩，以及沿途 15 公里的风景—主要是新崛起的住宅区、成片绵延的葡萄园和一个网球场的种种物质风貌，充满了从过去到现在这些地点上存在过或者正存在着的人物和故事。西蒙把对于这些形象的描述和故事的叙述掩埋于他对周围客观事

① 1974 年国际文化中心瑟里西讨论会专集《克罗德·西蒙：分析与理论》，412 页，巴黎出版总公司，1975。

② ［法］克洛德·西蒙：《〈弗兰德公路〉创作经过》，载《巴黎快报》，1960-11-10。

物的大量描写中，使全书的结构具有很大的跳跃性。而这种跳跃性加强了画面的生动，产生了电影蒙太奇一般的效果。

《有轨电车》的主人公、九岁男孩西蒙是个孤儿。第一次世界大战带走了他的父亲，母亲则沉浸在失去"她爱过的惟一的男人"的痛苦中，从那以后就永远病恹恹的。她对西蒙的教育严厉得近乎无情，不久之后，她也死去了。只剩下那个脸上始终漠无表情的残忍的女仆与西蒙相伴，她让西蒙看被扔进火里的老鼠垂死挣扎的惨状，使本就内向的西蒙更加自闭。家以外的世界也远非美好：有轨电车的车厢里，躺着在战争中被摧残得没有了人形的怪物一般的人；地狱般的医院里，病人都像任人摆布的木偶一般，从家里被拖出来，又被丢进这个阴森可怕的地方。医院里动作极为"经济"的老年病友，给西蒙留下了不可磨灭的恐怖感受。"这部小说不是西蒙擅长创作的多声调作品，而是一个未成年人的独唱。……在单调的背景里，小说描绘的是已经过时而变得模糊的、正在消失的人和事，种种业已褪色的图像和医院里苍白的气氛融合在这幅单色画里，就像这辆消失在沙滩里的、滑稽的有轨电车"[①]。

3.《大酒店》

在克洛德·西蒙的创作中，《大酒店》是第一部尝试将文字与绘画相结合的作品。《大酒店》带有自传性质，写的是发生在西班牙内战期间巴塞罗那的事件。小说从描绘一个大饭店的陈设而引出一个大学生，他从报纸上读到一个大标题——《谁暗杀身经百战的勇将圣地亚戈司令官》。接着又写到他和另外四个人就这件谋杀案进行讨论。小说通过这名法国大学生相隔十五年的两种迥然不同的心态去看西班牙那场内战。通过这种遥相呼应，两个时代被连结在一起，产生一种不真实的幻梦感。《大酒店》以重复前一章的最后一句话作为每一章的开头，以此将全书章节相连。这样，通过相同的情境的循环，将时间上相异的事件叠加起来，造成一种令人不安的重新开始的感觉，仿佛一切都在毫无意义地绕圈子。小说时而以大学生作为叙述对象，时而以那个曾经是大学生的人作为对象，把两个时代之间流失的那十五年时间抵消。人物掩埋在事件和时间的漩涡里，人对现实无能为力，人的作用微不足道，人物只有身份，没有名字，甚至没有个性，主人公的思想也只是若有若无。西蒙向读者传递的不是一个传统意义上的故事，而是那种朦胧飘忽的印象。他利用词、词组、标点、空白组成一幢巴洛克式的建筑物，进行一场感觉的狂欢，通过文字透出的梦幻感挥之不去。世界在西蒙心中具有模糊性、多面性和同时性，作者认为只有把文字当做色彩、音符和镜头一样使用，才能够淋漓尽致地表现这些特点。《大酒店》的中文译者马振骋在《艺术，领会重于理解》一文中谈到，西蒙在1962年曾说："《大酒店》不是一部写西班牙革命的书。这是一部写'我的'革命的书。西班牙革命，要写得有价值，必须花几年工夫，查阅档案，做历史学家的工作。一名小说家只能对事物有一个主观的、局部的，从而是虚假的看法。"西蒙的书是根据西蒙对巴塞罗那发生的事的模糊回忆写出来的。

---

① 吴岳添：《法国小说发展史》，432页，杭州，浙江大学出版社，2004。

4.《历史》

1967 年发表的以西班牙内战为背景的《历史》获得了梅第西文学奖。《历史》的故事在一天之内进行：早晨，天气炎热，主人公走出家门在运河边遇到一个讨厌的朋友并一起来到朋友的银行，然后在餐馆吃饭；下午两点，主人公回到家中，将几件家具卖给一个古董商，无意中发现一只柜子抽屉里有几张旧照片和明信片；下午 5 点，他乘车到海滨的一个亲戚家，天黑时回家，在一个酒吧吃了一份三明治，半夜时分才回到家中。

这部小说可称为西蒙的杰作。故事在一个男子平凡的一天中展开，这种安排看来平淡如水，但片言只语就能带给读者整个家庭奇特故事的蛛丝马迹，故事中人物的出现和消失，都跟他们和叙述者的直接体验有关。作者在叙述中使用大量插入语，对事件不按时间的顺序肆意摆放，原封不动地转述对话，并将它插入文本之中，用省略号把句子割裂、中断——有时甚至在一个词的中间，每个段落的首个字母都不大写，并且在长长的插入句后续写另一句，以表示思想的连贯性。不使用任何标点符号来破坏句子的统一和流畅，并让一个意象生成很多分支。这种细致入微的描述，让读者有身临其境的感受，在这种繁复详细的事物的描写中，夹杂人物匆匆掠过的一瞥，叙事紧紧跟随意识的流动而进行，以此再现历史。

西蒙这样解释他这部小说："《历史》的结构也许可以用几个变动的波长曲线来表示。这些曲线有时跑在一条延绵不断的线上面，有时跑在下面（这时便看不到）……或者出现，或者消失，或者相交，或者相切，或者互相干扰，或者互相分开。因为直线实际上是个幅度很大的弧，是个回到起始点的环（躺在床上的叙事者），而各根曲线的摆动周期越来越短，曲线的波峰以越来越快的速度先后交替出现。"[①]《历史》通过叙述形成的线条来体现绘画艺术，这种用线条的变化来写小说，是西蒙创作小说的一种新实验。

四、接受与影响

1947 年，西蒙发表的《钢丝绳》力图运用印象派画家塞尚表现运动的技巧来描绘多变的世界、对个人痛苦经历的回忆与对疯狂世界的敏感，围绕战争和对艺术家职能的思考而展开。他非常推崇塞尚的理论，即要把各种平面互相重叠在一起，各种物体互相渗透，世界处于一种混浊不清的混沌状态中。西蒙借鉴塞尚是明显的。

1954 年发表的《春之祭》体现了福克纳的影响，开始试验一种断断续续的叙述方式，意识被它力图理解的事件切断和吞没。以表示时间和生活过的时期之间的分离，描写充满回忆和外界刺激的意识。西蒙逐渐接近了自己的创作主体。

大约在 20 世纪 60 年代，相对封闭的中国的批评界开始对法国的"新小说"有了一些认识，一些文章根据从苏联文学批评界那里传来的结论，批评"新小说"是对现实主义的反动，不认为它代表了文学发展的新潮流。直到 70 年代末 80 年代初，中国

---

① 转引自廖星桥：《法国现当代文学论》，62 页，长沙，湖南师范大学出版社，1991。

的翻译界才对新小说开始了尽管滞后，但有规模、有系统的翻译，也取得了一些成果。"新小说"进入中国的高潮开始于 20 世纪 80 年代。西蒙的作品也是在这个年代才被翻译介绍到中国来。

林秀清翻译了西蒙的《弗兰德公路》，柳鸣九主编了《新小说派研究》，为中国读者提供了研究法国新小说的基本资料，使中国的读者和批评家初步接触了新小说的"崭新理论"，令人有醍醐灌顶、茅塞顿开的感觉。当时，柳鸣九已经比较客观地评价了新小说："新小说派是一个以在具体的写作方法上力求创新为其主要特征的大文学流派"，而"这样一个在反映社会生活、社会思想意义上有明显缺陷的流派，不足以成为文学上的典范与楷模"。① 如此的评价，在 20 世纪 80 年代的中国，应该说是比较公正客观的。后来，柳鸣九等人主编的《20 世纪法国文学丛书》，收入了格里耶的《嫉妒》《去年在马里安巴》《幽灵城市》《金姑娘》，还有西蒙的《弗兰德公路》等。

20 世纪 80 年代，中国对法国新小说的介绍研究达到了一个高潮。90 年代，中国加入了国际版权贸易组织，对新小说的介绍更是形成了系统，余中先翻译了西蒙的三部作品，其中《植物园》和《有轨电车》是西蒙晚年的作品，另一部《常识课》出版早一些，还有《大酒店》也译成了中文。

对于西蒙小说的研究较多。有人着重梳理其创作发展的三个阶段，揭示了作家在"诗和画"上的创造性；有人探讨了他的"语言文字的魔力"；还有人则主要从绘画学的角度，进一步探讨了其创作风格的形成。有人对新小说四位代表作家一一作了评论：格里耶是用即时的瞬间体验，从各个方面和各个层次去细致客观地反映一种漂浮的世界；西蒙在画面的拼贴组合与意识的自由流淌里建立创作中的立体感；萨洛特运用"潜对白"，在普鲁斯特和乔伊斯未曾深入涉足的心理领域，精确描绘了她那个"怀疑的时代"。布托尔以音乐效果和造型艺术以及全新的时空观为自己赢得"百科全书式技巧作家"的称号。

对于西蒙的文本研究，主要集中在他的成名作同时也是他的代表作上。这些作品深受中国当代不少作家的偏爱，论者们的探讨涉及它的"多媒体的技术美学特征"，"绘画结构"和"性爱与战争"等主题。柳鸣九的研究开始得比较早，他带领我们领略了作者多重立体艺术手法的交融：作品内涵与外在之间的相互背离，追逐与统一，意识流画面的繁复变化和影视蒙太奇效果以及别具一格的意识流方法的运用。

五、经典评论

当初，西蒙由时任子夜出版社文学顾问的新小说派作家格里耶发现。他的作品很快获得一部分读者的青睐，但却十分晦涩难懂，因此在获得诺贝尔文学奖时有人甚至感到气愤。2001 年当选为法兰西学院院士的作家昂罗·里纳尔迪就是如此。他当时在《快报》周刊上撰文说："如果说一位大小说家是因其风格和展现的世界特殊，有一种表现人际关系的新方式，有一种一听就能认出的声音，能表达个人的激情即所有人的

① 柳鸣九：《新小说派研究》，前言，北京，中国社会科学出版社，1986。

激情，那么，这些特点，克洛德·西蒙是一无所有。他有的只是形式，即一种纯属装饰性的形式，有的只是作者虽作出努力却难以把这袋子装满的困难，这袋子永远只能发出空洞的声音。"① 这批评虽说听来有点刺耳，却也在某种程度上反映出西蒙小说的难以把握。虽然如此，他的作品已译成 30 多种语言出版，可以说在国外要比在法国更加出名。

西方评论家把西蒙看成最富于"现实主义倾向"的优秀小说家。对于他的逝世，法国总理德维尔潘称"法国文坛失去了其中一位最伟大的作家"。德维尔潘表示，西蒙作品文笔独特，其小说极富个性地向世人展现了 20 世纪的惊人历史画卷，而西蒙正是见证了这个世纪人类的战争与暴力。法国文化部长雷诺·当诺迪欧·瓦布尔表示，作为法国"新小说"流派的代表性作家，西蒙无论在法国还是在世界上都享有盛誉。

记者采访了翻译过《有轨电车》等三部小说的余中先，他说："作品没有什么故事性，写作始终是回忆性的，片断性的，带着浓烈色彩的……我觉得西蒙对线性文字背后的形象的处理透着一种平面感甚至立体感。他特别善于把绘画所能表现的画面，甚至把电影所能表现的动态形象，用线性的文字流畅地表达出来。"

吴岳添认为，"西蒙的全部创作都是在贯彻新小说的宗旨，他在否定传统小说的创作方法，不断对文体革新进行探索的同时，始终认为世界是荒诞的。他认为过去的小说是老一套的道德说教，而他的小说则要反映世界的无意义"②。

第七节 "新小说"派其他作家

"新小说"派是一个松散的文学流派，它没有统一的宣言、统一的纲领，但具有很大的"社会性容量"。除了公认的几位著名作家外，其他如罗贝尔·潘热、克洛德·莫里亚克、克洛德·奥利埃以及菲利普·索莱尔、让·皮埃尔·法耶等由于他们具有与新小说家相同或相近的创作倾向和特点，也被认为是新小说派的作家。

一、罗贝尔·潘热

罗贝尔·潘热，小说家。潘热天赋凛然，热爱艺术，尤其喜爱文学与绘画。年轻时与法律结缘，做过司法工作。他曾游历欧洲、北非和以色列。1946 年定居巴黎，潜心学画并于 1950 年到英国教授绘画。以后转向写作，写过多部戏剧和广播剧，但创作重点是写小说。

1951 年，潘热开始发表作品，短篇小说集《在方图瓦纳和阿加帕之间》于当年问世。在这些短篇中，作家虚构了许多城市和景色，方图瓦纳、阿加帕、西朗希等地方就像一块块胎记，不断地出现在他后来的作品中。

---

① 转引自徐和瑾：《注重视觉效果的法国"新小说派"作家——诺贝尔文学奖得主克洛德·西蒙逝世》，载《文学报》，2005-08-11。
② 吴岳添：《法国小说发展史》，431 页，杭州，浙江大学出版社，2004。

　　1952 年，潘热发表小说《马余或者物质》。小说是由诸多无休无尽的"故事"组成，以致小说的主人公都不理解自己在说什么、做什么，分不清谁是谁，现实和回忆混淆在一起。随后发表的《海盗格拉尔》也是如此，里面的人物情节错综复杂。作家虚构了一个名为桑切斯谷的地方，那里有各种奇异怪诞的现象，有没有根的树，还有异常奇怪的动物。

　　20 世纪 50 年代末到 60 年代是潘热创作的黄金时期，一系列小说名作均于此期间完成，同时开始尝试戏剧创作。1958 年，潘热发表小说《巴加》和剧本《阿希特吕克》。1959 年发表小说《小伙子》和剧本《死的信》。《小伙子》是一部类似《等待戈多》主题的小说，写的是父亲等待儿子回家的故事。小说叙述了年老的父亲勒维尔一封长信里记述的逸闻趣事和日常琐事以及儿子不可理解的离家出走和自己无望的等待。

　　1961 年发表的《卷宗里的克洛普》是一部模仿侦探小说的著名作品。像其他侦探小说一样，侦探只是表面，只是载体，作者挖掘出了现实主义背后所隐藏的非现实的因素。小说围绕对一件罪案的怀疑而展开，但这种展开却是矛盾的，因为展开的是两个主体意识构架下的同一叙事内容。在预审法官的卷宗里面是一种叙述，而在闲谈中又是另一种情景。另外两个老人波马尔和图潘的谈话先让人感觉滑稽可笑，后给人的感觉更像是"梦话"，像神经病人的"疯言疯语"。小说省略了许多标点符号，语句重复，颇似意识流作家大段的无标点的描述，让读者"大伤脑筋"。获得批评奖的《公诉状》也是模仿侦探小说，不过是作者用审讯提问的形式写出。文中写一个老仆人对警察关于一件罪案向他提问，老仆人不理提问，自己作出回答，答非所问。警察的固执使人烦躁不安，有时的提问甚至近乎折磨。最后，老仆人索性拒绝回答问题，因为回答了也没有意义。

　　1965 年发表的《某人》被认为是潘热作品的一个高峰，代表了他的创作水平，获得费米纳奖。小说采用第一人称的叙述方法，用平实的语言，娓娓叙述关于往事的回忆。在关于自己生平和身边的人的回忆中，对物和人的描写细致入微，如名不见经传的小公寓、形形色色的房客、让人厌恶的女仆等。关于叙述者教育白痴的章节看似滑稽，却表达了作者对人生充满悲观失望的情绪。

　　潘热的作品有自己鲜明的特色。作为新小说派的一员，他和其他成员一道在理论上不遗余力地反对传统的巴尔扎克式的小说。但巴尔扎克小说所采用的现实主义的方法有的新小说家却赞同，潘热即是如此，他的小说描摹的均是现实中的人和物以及被物质所扭曲的人与人之间的关系。这点有些像巴尔扎克塑造人物的再现方法。其次，他的小说还有一个显著特点，是各个文本相互呼应，同一人物和地点不断出现在多个文本里，这构成了他小说的巨大的互文性结构。潘热小说里的情节结构充满矛盾、充满张力。如果说一部小说就是一个故事，那潘热的小说则是诸多故事的累加。在一个叙事模式下，他不断开掘新的故事主体，使他的小说人物、情节逻辑显得凌乱不堪，但这也是其张力所在。总之，潘热是一位有创新精神的作家，也是新小说派中颇具特色的作家。

二、克洛德·莫里亚克

克洛德·莫里亚克，小说家、评论家、散文家，是诺贝尔文学奖获得者弗朗索瓦·莫里亚克之子。1914 年出生于巴黎，大学期间学的是法律，1941 年获得法律博士学位。

莫里亚克是一位具有传奇色彩的作家，这与他的出身和经历有很大关系。父亲是当时法国文坛上最负盛名的作家，于 1952 年获得诺贝尔文学奖。童年时期的莫里亚克在父亲的督促下，阅读了大量文学作品，为以后的创作奠定了良好的基础。在莫里亚克青年时期，父亲开始悉心指导他阅读一些有关心理描写的书，普鲁斯特、陀思妥耶夫斯基和乔伊斯等心理描写大师们的作品让莫里亚克如醉如痴。第二次世界大战期间，莫里亚克追随戴高乐，1944 年成为戴高乐的特别秘书，直到 1949 年，前后长达 5 年。另外他还与哥克多、纪德等众多名人有过接触。与名人的接触，深深地影响了莫里亚克的创作。

1949 年以后，莫里亚克开始从事新闻和文学创作，撰写了大量的文章。他长期为《费加罗报》《快报》撰稿。1914—1953 年创建并领导《自由》杂志，从 1978 年起又为《世界报》撰稿。

1957 年，他的第一部小说《所有的女人注定要倒霉的》问世，这是一部很有创见的"新小说"。这部作品共有四个片段。每个片段在时间上都具有一定的连续性。小说唯一的人物是贝尔特朗·卡尔内儒。前三章描述的是他三十至四十岁之间不同时期的生活。第四章描写的是他二十五岁前后的生活。这是一个矛盾的时间安排，从时间顺序上来说，最后一章应该被视为第一章，但这种时间上的回顾是作者刻意的构思与安排。它不仅有助于主人公贝尔特朗·卡尔内儒了解强制性的意象或模糊记忆的本来面目，而且有助于他明白意象和记忆的本质意义。作者不仅巧妙地表现了时间的共时性，而且很好地把握了时间的历时性。

继《所有的女人注定要倒霉的》以后，莫里亚克连续发表了《城里的晚餐》《侯爵夫人五点出门》《扩大》。这四部小说被作者统称为《内心对白》。在这四部连环小说中，作家颠倒了时间的过去和现在。小说几乎没有真正的人物，所有的故事以时间为纲全面展开，充斥着大量的内心独白。作品充分体现了新小说的创作特点。

作为评论家，莫里亚克采用结构主义的批评方法，他的文学批评不注重作者而只看重文本，通过使用同一个文学系统对不同形式的作品进行深入的分析，揭示文学作品的特点以及它们之间的相互联系和相互影响。他的第一部批评著作——《地狱神秘性导论》和后来的《安德烈·布勒东》《普鲁斯特自评》《今日的人和思想》以及评论卡夫卡、格利耶、布托尔、贝克特的《现代反文学》，都是这种批评方法的生动体现。

莫里亚克的小说有新小说的一般性特点又有自己先锋的实验性质。首先，善于运用剪接手法。《静止的时间》是一部回忆录性质的小说，是由作家对自己所接触的名人（哥克多、纪德、戴高乐，尤其是他的父亲弗朗索瓦·莫里亚克）的回忆构成的。他别出心裁地对多年来所写的日记进行了随心所欲的剪辑，把日记的时间彻底打乱，然后再根据某一事件、某一主题或某一思想观点重新加以排列组合。这是一部时间打乱的有关真人真事的回忆录。其次，大量的内心独白的运用。莫里亚克的笔下，明显带有普鲁斯特和乔伊斯的影子，特别是他们对人物的内心描写。在《所有的女人注定要倒霉的》和《城里的晚餐》里，他描写了大量人物对话中暗含的潜对话、内心独白和内心对白。在《侯爵夫人五点钟出门》里，他进一步将这种技巧变得复杂。因为进行交流的人不再是两个彼此不讲话的人，而是一群素不相识的、来自不同社会阶层的人。他们在十字路口通过目光的交流进行着无声的对话和无声的回答。

莫里亚克在创作上，特别是在心理描写和潜对话的运用方面，受到普鲁斯特、陀思妥耶夫斯基、乔伊斯，及同是新小说家的娜塔丽·萨洛特的影响。但他又是一位创新的作家和评论家，特别是在文学理论方面，他提出了"反文学"的概念，深刻地影响了当时法国的文学创作。

三、克洛德·奥利埃

克洛德·奥利埃出生在法国巴黎，年轻时攻读法律，并游历过欧洲和北非，曾在摩洛哥当了 5 年外交官，丰富的阅历给奥利埃的创作带来直接的影响。他的获奖作品《导演》直接取材于他在摩洛哥的见闻和自己的经历。20 世纪 60 年代奥利埃的创作进入高产期，相继发表了小说《维持秩序》《印度之夏》和《诺朗的失败》，并于 1967 年结集出版了短篇小说集《梭子》。这些奥利埃前期的作品，基本是在沿着新小说所提倡的反传统方法进行创作的。这些小说显示了他作为新小说家的创作特点：人物形象模糊不清，情节淡化，连篇累牍的心理分析，对物的描写细致入微、不厌其烦。

进入 20 世纪 70 年代以后，奥利埃的创作有了初步的实验性质。随着作家对世界认识的日益成熟，奥利埃的小说叙事艺术也逐渐复杂起来。他对单一有序的叙事模式提出了质疑和挑战，并强调复杂的艺术才有内涵和生命力。为此，奥利埃打乱了自己小说的界限，几部小说互为一体、前后照应。前一部作品的开头，后一部小说竟能一字不漏照抄；后面的作品自动衔接前面作品的故事情节。另外，作家对语言的追求近乎实验，玩起了文字游戏。奥利埃 20 世纪 70 年代的作品如《埃尼格马》《乌尔或二十年后》《富齐·塞茨》等明显带有上述色彩，深深地打上了实验的烙印。

总之，奥利埃的作品溶入了新小说的潮流，成为新小说派的一员。不过，其后期的实验性创作，却是其他新小说家所望尘莫及的。

四、菲利普·索莱尔和让·皮埃尔·法耶

菲利普·索莱尔和让·皮埃尔·法耶属于新小说的边缘作家，他们曾围绕在《原样》（1983 年更名为《无限》文学季刊）杂志周围，不满足新小说的发展模式，并肩树立了小说在形式和语言上的大旗，被称为"反文学"的舵手。菲利普·索莱尔生于1936 年，原名菲利普·若瓦约。1960 年，索莱尔创办《原样》杂志，吸引了一大批青年前卫作家和理论家，他们以杂志为阵地，提出了许多颇具颠覆性的理论，形成了一个重要的思想理论流派——"原样派"。"'原样派'既是一个理论研究团体，也是一

个从事文学实践的团体，他们不仅要求文本理论可以结合文学实践，而且进一步要求文本理论必须与文本写作合二为一"。① 作为"原样派"领袖的索莱尔提出了"文本写作"的内涵，他指出，自从有了作家，世界上只有一本书，这是一本冗长的、连续的、却无法完成的无名的书。这就强调了互文的重要性。索莱尔认为，任何文本都不是孤立存在的，都处在一个或多个文本的结合部，文本与文本之间相互联系、相互渗透、永无止境。

1965 年，索莱尔发表了《悲剧》，这是一部没有情节的小说，整部作品由 64 首歌组成。像是一个棋局，用文字和话语去填满棋盘的 64 个方格。黑白棋局，"我"和"他"是一对模糊的主体对应关系。"我"不知道我将要干什么、过去干什么、甚至现在是谁都不知道。在这里，作家表达了对主体"我"的意义和存在的怀疑，其实也是对传统小说主体人物的否定。

1968 年发表的《数字》更是文本写作实验的典范。小说共有四段，各段占文本篇幅的四分之一。第一、二、三段作者采用的是未完成过去时，第四段用的是现在时。小说运用开放性的叙事结构，由一个个断断续续的场景推动着情节的展开。由于时空的交错，读者看到的只是一个影像，而不是真实的现实以及现实中的人。这给文本的解读增加了阻隔，也给读者留下了各种潜在的可能的意义，增加了文本的容量。

除了以上作品外，索莱尔还有《古怪的孤独》《公园》《媒介》《天堂》等。

同是"原样派"的让·皮埃尔·法耶不仅是小说家，还是诗人、散文家和戏剧家。法耶出生于 1925 年，1958 年开始发表作品，小说、诗歌、戏剧等领域都有涉足。成就最大又能代表其风格的是其最初发表的三部小说《街道之间》《破裂》和《闸门》。这三部小说合起来是一个整体，说明了作者试图创造出一种文学整体观，这也是"原样派""整体理论"的体现。和索莱尔的《数字》一样，法耶的《街道之间》中的人物和时间是模糊的、混乱的。作者把未完成过去时插入到现在的叙述平台中，试图用一种"永恒的现在"代替一切。小说的语言充满了张力，任何一个句子都有其深刻的含义。对人物行为的描写更是别具一格，不是人决定人的行为，而是人的行为决定了人的存在。到了小说《破裂》中，作家对人物行为的描写更进一步，一个眼神、一次举手、一声叹息都有意义。对物细致入微的描写可以看出其受罗伯-格里耶的影响。《闸门》的发表，显示出了法耶创作艺术的圆熟。这是一部具有象征意义的小说：闸门相当于柏林墙，西边代表的是光明、东方代表的是黑暗。小说由四个部分构成，第一部分的视角在西柏林，那里象征着光明，在那里瓦娜找到了他的男朋友。第二部分的视角转到了东柏林，人称也转到了埃瓦尔的身上，这是对往事的回忆，也解释了瓦娜见不到他的原因。第三、四部分像是电影"蒙太奇"手法的运用，剪接的镜头纷繁复杂。人物走向模糊、走向迷茫。小说用隐含的手法，通过闸门东西强烈的对比，表达了对人生的无奈。

菲利普·索莱尔和让·皮埃尔·法耶以其激进的姿态登上文学圣坛，把新小说延

---

① 王瑾：《互文性》，33 页，桂林，广西师范大学出版社，2005。

伸到一个更深更远的境界。但其创作的实验性因素过重，成就和反响就要小一些。

参考文献

1. 龚翰熊：《20世纪西方文学思潮》，石家庄，河北人民出版社，1999。
2. 何仲生、项晓敏：《欧美现代文学史》，上海，复旦大学出版社，2002。
3. 户思社：《痛苦欢快的文字人生——玛格丽特·杜拉斯传》，北京，中国文联出版社，2002。
4. 李赋宁：《欧洲文学史》，第三卷，北京，商务印书馆，2004。
5. 李亚凡：《一位不可模仿的女性——杜拉斯》，北京，人民文学出版社，2006。
6. 廖星桥：《法国现当代文学论》，长沙，湖南师范大学出版社，1991。
7. 刘成富：《20世纪"反文学"研究》，南京，江苏文艺出版社，2002。
8. 柳鸣九：《巴黎对话录》，长沙，湖南人民出版社，1983。
9. 柳鸣九：《从选择到反抗——法国二十世纪文学观》，上海，文汇出版社，2005。
10. 柳鸣九：《从选择到反抗——法国20世纪文学史观》，上海，文汇出版社，2005。
11. 柳鸣九：《二十世纪现实主义》，北京，中国社会科学出版社，1992。
12. 柳鸣九：《新小说派研究》，北京，中国社会科学出版社，1986。
13. 王瑾：《互文性》，桂林，广西师范大学出版社，2005。
14. 王忠琪等：《法国作家论文学》，北京，生活·读书·新知三联书店，1984。
15. 吴岳添：《法国文学散论》，北京，东方出版社，2002。
16. 吴岳添：《法国小说发展史》，杭州，浙江大学出版社，2004。
17. 伍蠡甫：《现代西方文论选》，上海，上海译文出版社，1983。
18. 张容：《当代法国文学史纲》，沈阳，辽宁教育出版社，1993。
19. 郑克鲁：《现代法国小说史》，上海，上海外语教育出版社，1998。
20. ［法］克洛德·托马赛：《新小说·新电影》，天津，天津人民出版社，2002。
21. ［法］克洛德·西蒙：《弗兰德公路》，林青译，桂林，漓江出版社，1987。
22. ［法］劳拉·阿德莱尔：《杜拉斯传》，袁筱一译，沈阳，春风文艺出版社，2000。
23. ［法］玛格丽特·杜拉斯：《抵挡太平洋的堤坝》，张容译，沈阳，春风文艺出版社，2000。
24. ［法］玛格丽特·杜拉斯：《副领事》，宋学智译，沈阳，春风文艺出版社，2000。
25. ［法］玛格丽特·杜拉斯：《广岛之恋》，边芹、郑若麟译，沈阳，春风文艺出版社，2000。
26. ［法］玛格丽特·杜拉斯：《厚颜无耻的人》，王士元译，沈阳，春风文艺出版社，2000。
27. ［法］玛格丽特·杜拉斯：《街心花园》，刘和平译，沈阳，春风文艺出版社，2000。
28. ［法］玛格丽特·杜拉斯：《来自中国北方的情人》，周国强译，沈阳，春风文艺出版社，2000。

29. ［法］玛格丽特·杜拉斯：《劳儿的劫持》，许钧、王东亮译，沈阳，春风文艺出版社，2000。

30. ［法］玛格丽特·杜拉斯：《塔吉尼亚的小马》，刘云虹译，沈阳，春风文艺出版社，2000。

31. ［法］玛格丽特·杜拉斯:《直布罗陀水手》，边芹译，沈阳，春风文艺出版社，2000。

32. Claude Mauriac，*La Littérature Contempotraine*［M］.，Albin Michel，1969.

33. Didier，*Précis d'histoire de la Littérature Française*，1981.

34. G. Raillard，*Butor in La Bibliohèque Idéale*［M］. Gallimard，1968.

35. Jacques Bersani，*La Littérature en France Depuis* 1945，Bordas，1974.

36. Larousse，*Littérature Française*，1986.

37. Nathan，*La Littérature Française*，Paris，1992.

38. Pierre Brunel，*Hisorie de la Littérature Française*（tome2），Bordas，1972.

后　记

　　几年前，北京师范大学出版社的马佩林先生出于对出版事业和学术的兴趣，提出希望我们在法国文学教学和研究方面推出有新意、有分量的成果。经过反复思考，我们认为法国文学史或与此类似的著作已经不少，如果沿着过去梳理法国文学史的思路撰写著作的话，一方面工程量会非常庞大，同时也可能重复；另一方面可能会更多地关注史料的扒梳，在研究视角和创新上难有大的突破，所以我们把关注的重点放在了法国现当代文学上。

　　最初我们希望以文学流派的勾勒带动文学研究，不仅仅是一部供法语专业本科、研究生研修的教材，而且也希望能够给法国文学爱好者和研究者提供学术探索的新视角和新观点，其中学习性和研究性是我们力图突破的重点。我们特别强调研究的原创性和独特性，期望以比较个性的视角和观点引起法语专业、外国文学专业的学生以及法国文学爱好者和研究者对法国现当代文学本身，对法国文学与其他国家文学之间的相互借鉴，对法国文学对中国作家的影响等问题进行思考，期望以此帮助学生和研究人员拓宽学术视野，激发其从事学术研究与创新的热情。

　　撰写的过程异常艰难。参与的研究人员有法语和中文专业的教师，他们常常因为工作变动退出本书的讨论，使得研究工作时常中断，推进缓慢，每一次的修复和再启动都影响了进度。同时又因为参与该项目的人较多，所以，组织协调工作非常艰难，篇章体例的统一需要反复地沟通和修改，即便如此，在统稿的过程中也难免出现这样那样的问题，有的会让我们重新思考观点正确与否、表述畅达、准确与否。在反复修改和更正的过程中，学术的乐趣也因此从内心深处产生，促使我们不断探究。深入未知世界探寻的诱惑使我们陶醉于一种精神享受之中。

　　曾经设想过的书名——《法国现当代文学流派教程》《法国现当代文学史教程》，似乎都过于拘谨，不能充分体现作者的初衷，研究性特点还不够突出，未来的研究空间也不够充分，所以最后确定了现在的书名。

　　最后，需要特别指出的是，本书之所以能够完成，一方面要感谢参与部分章节初稿撰写的向征（第一章、第六节）、于长飞（第一章、第七节）、何红梅（第二章），参与初稿讨论或部分章节撰稿的陈曦、谢飞、张蕾、李志花、曲昀、韩成美、柴旭健、张改莉、潘桂英、戴荣、崔盈华、何文、雒娜、张喜荣、王敬霞、刘一静、陈海红、杨洁、张毛毛、韩飞、黄见营、陈洁等同志的辛勤工作；另一方面要感谢北京师范大学出版社，感谢诸位编辑所贡献的智慧和劳动。值此拙作出版之际，我们谨对各位的付出表示敬意。由于水平和认识所限，书中所论，难免偏颇甚至错误，衷心期望广大读者不吝批评，慷慨赐教。

户思社　孟长勇

2013 年 8 月于西安外国语大学